Versicherungsgesetz für Angestellte

vom 20. Dezember 1911

Erläutert von

K. Meinel,

Senatspräsidenten im K. B. Landesversicherungsamt

2. Auflage

1916

München, Berlin und Leipzig

J. Schweitzer Verlag (Arthur Sellier).

Druck: Dr. F. P. Datterer & Cie. (Arthur Sellier), München-Freising.

Vorwort zur ersten Auflage.

Das vorliegende Werkchen ist nicht nur für Juristen bestimmt, sondern namentlich auch für die Versicherten selbst und ihre Arbeitgeber. Die Wirkungen des Gesetzes sind für alle, die es angeht, so einschneidend, daß es im Interesse jedes Beteiligten liegt, sich über das Gesetz rasch und gründlich zu unterrichten. Dazu soll dieses Buch ein Hilfsmittel bieten.

Bei der Bearbeitung ist auch darauf Rücksicht genommen worden. Die Erläuterungen enthalten manches, was in einem nur für Juristen bestimmten Werke hätte wegbleiben können, während anderes weggelassen oder kürzer gefaßt werden mußte als in einer rein fachwissenschaftlichen Bearbeitung. Die für das Verständnis des Gesetzes wichtige Vergleichung mit der Invalidenversicherung ist überall durchgeführt. Beigegeben ist eine Einleitung, aus der sich der Leser über die Art des Zustandekommens und über die Grundzüge des Gesetzes leicht unterrichten kann, sowie ein ausführliches Sachregister.

Der Verfasser hofft, daß es ihm gelungen ist, etwas Brauchbares zu schaffen. Möge das Werkchen eine freundliche Aufnahme finden!

München, am 31. Dezember 1911.

Meinel.

Vorwort zur zweiten Auflage.

Die erste Auflage war rasch vergriffen, die zweite war in Vorbereitung, als der Krieg ausbrach; dieser hat ihr Erscheinen aus verschiedenen Gründen stark verzögert.

Gegenüber der ersten Auflage, die nur ein erster Wegweiser durch das neue Gebiet der Angestelltenversicherung sein sollte, hat sich die zweite ihr Ziel etwas weiter gesteckt. Sie berücksichtigt die Rechtsprechung, die bisher erwachsen ist, und die zahlreichen Vollzugsvorschriften vollständig. Daher ist auch der Umfang beträchtlich gewachsen.

Möge die zweite Auflage eine gleich günstige Aufnahme finden wie die erste!

München, im Juli 1916.

Meinel.

Inhalt.

Abkürzungen.

Anl.	=	Anleitung der Reichsversicherungsanstalt, betr. den Kreis der nach dem Versicherungsgesetz für Angestellte vom 20. Dezember 1911 versicherten Personen, vom 20. Juni 1912.
AN.	=	Amtliche Nachrichten des Reichsversicherungsamts.
AVN.	=	Die Angestelltenversicherung. Amtliche Nachrichten der Reichsversicherungsanstalt für Angestellte.
BGB.	=	Bürgerliches Gesetzbuch.
KonkO.	=	Konkursordnung.
RGBl.	=	Reichsgesetzblatt.
RStGB.	=	Reichsstrafgesetzbuch.
RStPO.	=	Reichsstrafprozeßordnung.
RVAmt	=	Reichsversicherungsamt.
RVAnstalt	=	Reichsversicherungsanstalt für Angestellte.
RVO.	=	Reichsversicherungsordnung.
ZPO.	=	Reichszivilprozeßordnung.

Einleitung.[1])

I. Entstehung des Gesetzes.

Die Bemühungen der privaten Angestellten um eine bessere Versorgung, als sie ihnen und ihren Angehörigen durch die Arbeiterversicherung geboten wird, reichen schon bis in das Jahr 1901 zurück. Um ihren Wünschen mehr Nachdruck geben zu können, haben die Angestellten einen Hauptausschuß zur Herbeiführung einer staatlichen Pensions- und Hinterbliebenenversicherung gebildet, in dem bis jetzt über 700000 Angestellte vertreten sind.

Der deutsche Reichstag hat diesen Bestrebungen gegenüber von Anfang an eine wohlwollende Stellung eingenommen. Schon am 13. Januar 1902 ist die Sache im Reichstag zum ersten Male zur Sprache gekommen, und seitdem ist alljährlich durch Interpellationen, Anträge und Resolutionen die Regelung der Angestelltenversicherung von allen Parteien gefordert worden.

Die Regierung hat im Frühjahr 1903 die erste Besprechung der Angelegenheit mit Vertretern der Organisationen im Reichsamt des Innern abgehalten. Dabei wurde aber festgestellt, daß Voraussetzungen, Zweck und Ziele der Bestrebungen in den Kreisen der Beteiligten noch nicht genügend aufgeklärt waren. Es erschien daher geboten, zunächst durch die Organisationen Erhe-

---

1) Wir folgen bei der Darstellung in Abschnitt I und II der Einleitung hauptsächlich der Begründung des Gesetzentwurfs.

bungen anstellen zu lassen, die über die wirtschaftliche Lage und die bestehenden Versicherungsverhältnisse der Angestellten bessere Aufklärung gäben. Diese Erhebungen haben im Oktober 1903 stattgefunden; es lag ihnen ein Fragebogen zugrunde, der im Einvernehmen mit dem Reichsamt des Innern aufgestellt worden war.

Der Staatssekretär des Innern sagte in der Sitzung des Reichstags vom 10. Mai 1904 zu, daß das von den Organisationen der Privatbeamten gesammelte Material im Reichsamt des Innern oder im Kaiserlichen Statistischen Amt aufgearbeitet und daß, soweit das Material sich hiezu eigne, auch über die Ergebnisse dieser Bearbeitung eine Denkschrift ausgearbeitet werden solle. Am 8. Februar 1905 wurde das Kaiserliche Statistische Amt beauftragt, die eingegangenen Fragebogen statistisch zu bearbeiten. Die Ergebnisse dieser Bearbeitung sind dem Reichsamt des Innern am 2. Juni 1906 vorgelegt und von diesem zu einer Denkschrift verwertet worden, die dem Reichstag unter dem 14. März 1907 mitgeteilt worden ist. In dieser Denkschrift sind zugleich die Kosten berechnet, welche die Angestelltenversicherung erfordern würde, wenn die Leistungen in gleicher Höhe wie die den Reichs- und Staatsbeamten zustehenden Fürsorgesätze angenommen würden. Der für die Versicherung erforderliche Betrag ist damals auf 19 vom Hundert des Jahresgehalts der Angestellten berechnet worden.

Die Denkschrift hat in den beteiligten Kreisen Bedenken hervorgerufen, namentlich wegen der Höhe des für erforderlich erachteten Beitrags.

In der Sitzung des Reichstags vom 2. Dezember 1907 hat der Stellvertreter des Reichskanzlers eine neue Denkschrift in Aussicht gestellt, welche den Plan einer Angestelltenversicherung technisch erörtern und mit ihrer Veröffentlichung zugleich den Beteiligten die Möglichkeit gewähren sollte, ihrerseits die wirtschaftliche

Durchführbarkeit und die wirtschaftlichen Folgen des Unternehmens zu beurteilen.

Diese zweite Denkschrift ist dem Reichstag am 11. Juni 1908 mitgeteilt worden. In der Kostenberechnung ist dargelegt, welche Leistungen gewährt werden könnten, wenn der Gesamtbeitrag der Arbeitgeber und der Angestellten in der Höhe von 8 vom Hundert des Jahreseinkommens festgesetzt, die Berufsinvalidität eingeführt und als Altersgrenze zum Bezuge der Altersrente das 65. Lebensjahr bestimmt würde. Die Denkschrift kommt im übrigen zu dem Ergebnis, daß die Versicherung neben der Invalidenversicherung durch eine besondere Reichsanstalt durchzuführen sei.

Die Ausführungen der Denkschrift haben fast durchweg die Zustimmung der beteiligten Kreise gefunden; besonders hat der Hauptausschuß für die Herbeiführung einer staatlichen Pensions- und Hinterbliebenenversicherung sich eingehend mit dieser Denkschrift beschäftigt und einstimmig dem Wunsche Ausdruck gegeben, eine Angestellten- und Hinterbliebenenversicherung auf der Grundlage, wie sie die Denkschrift vorsah, zu erbitten.

Der Entwurf des Gesetzes, an dem im Reichsamt des Innern mit Eifer gearbeitet wurde, war im Herbst 1910 fertiggestellt; am 26. November 1910 konnte der Staatssekretär des Innern dem Reichstage mitteilen, daß der Entwurf fertiggestellt und dem preußischen Staatsministerium zur Beschlußfassung vorgelegt sei.

Der Entwurf ist auch der öffentlichen Kritik unterbreitet worden. Die durch den Hauptausschuß vertretene große Mehrheit der Angestellten erblickte in dem Gesetzentwurf eine brauchbare Grundlage für die Lösung der Angestelltenversicherung; in den Kreisen der Arbeitgeber waren die Meinungen geteilt. Am 20. Mai 1911 gelangte der Gesetzentwurf zur verfassungsmäßigen Beschlußfassung an den Reichstag. Von diesem wurde der Entwurf am 20. Oktober 1911 der 16. Kommission, die bereits mit der Beratung des Entwurfs der Reichsversicherungsordnung betraut gewesen war, überwiesen. Diese trat am 25. Oktober in die Beratung des Entwurfes ein und veranstaltete zwei Lesungen. Ihren Bericht erstattete sie dem Reichstage am 18. November 1911.

Die Kommission nahm zwar zahlreiche Verbesserungen einzelner Bestimmungen, aber keine Änderungen grundsätzlicher Art an dem Entwurfe vor. Sie beantragte demgemäß, der Reichstag wolle dem Entwurfe in der Fassung, die er in der Kommissionsberatung erhalten hatte, die verfassungsmäßige Zustimmung erteilen.

Der Reichstag begann die zweite Lesung des Gesetzentwurfs am 30. November und beendete sie am 2. Dezember 1911; die dritte Lesung, welche zur einstimmigen Annahme des Gesetzentwurfes führte, fand am 5. Dezember 1911 statt.

II. Die grundlegenden Erwägungen des Gesetzgebers.

Das Gesetz will den Angestellten, besonders den Werkmeistern, Technikern, Betriebsbeamten und anderen, in einer gehobenen Tätigkeit berufsmäßig Beschäftigten sowie den Handlungsgehilfen und den nicht mit niederen oder lediglich mechanischen Dienstleistungen beschäftigten Bureauangestellten **einen Anspruch auf ein höheres Maß staatlicher Fürsorge sichern, als ihnen durch die Arbeiterversicherung geboten werden kann.** Ein großer Teil dieser Personen ist der reichsgesetzlichen Invaliden- und Hinterbliebenenversicherung überhaupt nicht unterstellt; für ihn besteht keine gesetzliche Fürsorge. Die Invaliden- und Hinterbliebenenversicherung umfaßt bekanntlich alle Arbeiter, Gehilfen, Gesellen, Lehrlinge und Dienstboten, die Schiffsbesatzung deutscher Seefahrzeuge sowie die Besatzung von Fahrzeugen der Binnenschiffahrt mit Ausnahme der Schiffer, auch wenn sie mehr als zweitausend Mark Jahresarbeitsverdienst haben; Betriebsbeamte, Werkmeister und andere Angestellte in einer ähnlich gehobenen Stellung sind dagegen nur versicherungspflichtig, wenn die dienstliche Beschäftigung ihren Hauptberuf bildet und ihr regelmäßiger Jahresarbeitsverdienst zweitausend Mark an Entgelt nicht übersteigt. Dasselbe gilt von Handlungsgehilfen und -lehrlingen, Gehilfen und Lehrlingen in Apotheken, Bühnen- und Orchestermitgliedern ohne Rücksicht auf den Kunstwert ihrer Leistungen sowie von Lehrern und Erziehern, endlich von den Schiffern.

Die Aussicht für diese Personen, jemals selbständig zu werden und eine Erwerbsquelle im eigenen Unternehmen zu begründen, das über die Zeit der Arbeitsfähigkeit hinaus den Unterhalt der Familie sichert, ist, wie die Ergebnisse der berufsstatistischen Erhebungen von 1882, 1895 und 1907 über die Zusammensetzung der Bevölkerung schließen lassen, gering. Die Ergebnisse zeigen, daß die Zunahme der Zahl der Selbständigen keine steigende, sondern eine abnehmende Tendenz aufweist und weit geringer ist als die Zunahme der Angestellten.

Es ist hiernach seit dem Jahre 1882 eine große Veränderung in dem Aufbau der Bevölkerung eingetreten. Es werden die kleineren Unternehmungen auf vielen Gebieten in bedeutendem Umfang von großen Unternehmungen aufgesaugt und die früher selbständig werdenden Personen in die unselbständige Angestellten- und Beamtentätigkeit hineingedrängt. Die Zahl der Angestellten hat infolgedessen beträchtlich zugenommen. Es sind nämlich als Angestellte gezählt worden

im Jahre	1882	307 268
„ „	1895	621 825
„ „	1907	1 290 728.

Die Zunahme beträgt somit von 1882 auf 1895 insgesamt 314557 oder 102,4% der 1882 gezählten und von 1895 auf 1907 insgesamt 668903 oder 107,6% der 1895 gezählten Angestellten. Mit Einschluß der Handlungsgehilfen und der im Handelsgewerbe mittätigen Familienangehörigen erhöhen sich diese Zahlen noch beträchtlich.

Der gesamte Aufbau der Bevölkerung nach den drei Berufszählungen ergibt sich aus folgenden Zahlen:

Auf 1000 Personen der Gesamtbevölkerung kamen

im Jahre	Selbständige	Angestellte usw.	freie Berufe	Arbeiter	sonstige Personen	Zusammen
1882	114,8	11,0	22,8	232,6	618,8	1000
1895	105,7	18,2	27,5	241,4	607,2	1000
1907	89,0	29,7	28,2	280,2	572,9	1000.

Die vorstehenden Darlegungen lassen erkennen, daß die Zahl derjenigen Angestellten, welche dauernd zu den unselbständig Erwerbstätigen gehören, die überwiegende Mehrheit bildet. Aus der fortdauernden Unselbständigkeit der überwiegenden Mehrheit der Angestellten ergibt sich ebenso wie bei den der reichsgesetzlichen Arbeiterversicherung unterstellten Personen die Notwendigkeit, durch Versicherungen die wirtschaftliche Notlage zu beseitigen, die der Familie für den Fall der Berufsunfähigkeit oder des frühzeitigen Todes des Angestellten droht. Die reichsgesetzliche Invalidenversicherung gewährt einem Teile dieser Personen beim Eintritt der allgemeinen Invalidität Invalidenrenten, deren Höhe über das allgemeine Existenzminimum, das nur die Möglichkeit einer bescheidenen Lebenshaltung an billigen Orten bietet, nicht hinausgeht. Diese Renten können schon aus dem Grunde nicht von einem früheren Zeitpunkt oder in höherem Betrage gewährt werden, weil das Reich namhafte Zuschüsse zu den Renten aus öffentlichen Mitteln leistet, die nicht zu rechtfertigen wären, sobald die Bezüge über das allgemeine Existenzminimum hinausgehen würden. Auch die Hinterbliebenenbezüge müssen aus dem gleichen Grunde niedrig gehalten und für die Witwen auf invalide Witwen beschränkt werden. Der Bildungsgang, die Lebensverhältnisse und die soziale Stellung bedingen indessen bei der Mehrheit der Angestellten eine weitergehende Fürsorge. Dies gilt sowohl wegen des frühzeitigeren Verbrauchs der geistigen Fähigkeiten für die Gewährung von Bezügen im Falle der Berufsunfähigkeit als auch für die Gewährung von Hinterbliebenenbezügen, um so mehr als die Frauen der Angestellten vielfach nicht erwerbstätig sind, auch wegen mangelnder Ausbildung nach dem Tode des Mannes in vielen Fällen schwer eine geeignete Berufstätigkeit finden oder sich beliebigen Erwerbsformen nicht so leicht anpassen können wie Arbeiterwitwen. Hierzu kommt, daß die höheren Aufwendungen für die Ausbildung und Erziehung der Kinder gegenüber dem Arbeiterstande die Notlage der Familie noch verschlimmern. Das praktische Leben bietet täglich solche Fälle in großer Anzahl. Man kann deshalb nicht bestreiten, daß *ein ernstes und allgemeines sozialpolitisches Bedürfnis* vorliegt, das völlig und sicher nur befriedigt werden kann, wenn die Versicherung *nicht dem freien Willen des Beteiligten* überlassen bleibt.

Dieselben Gründe, welche für die bestehende Arbeiterversicherung den gesetzlichen Zwang haben unabweisbar erscheinen lassen, treffen auch hier zu. Stellt man die Versicherung in das Belieben der einzelnen Angestellten oder ihrer Arbeitgeber, so kann das Ziel, daß die zu schaffende Fürsorge allen Beteiligten zugute kommen soll, nicht erreicht werden. Denn es werden namentlich die jüngeren sowie die sich in ihrer Vollkraft fühlenden Angestellten zunächst der Versicherung fern bleiben und sich ihr freiwillig erst dann anschließen, wenn sie in vorgerückteren Jahren stehen oder in den Ehestand treten. Je älter die Versicherten beim Eintritt in die Versicherung sind und je größer das Prozentverhältnis der Verheirateten ist, desto höher werden die Beiträge. Denn einerseits ist die Versicherungsdauer, in der die Mittel zur Deckung der Leistungen aufgebracht werden müssen, beim späten Eintritt in die Versicherung nur kurz, und andererseits wächst das Risiko infolge der vermehrten Zahl der Versicherungsfälle. Gerade in den jüngeren Jahren müssen die Angestellten der Versicherung zugeführt werden; es steht ihnen dann nicht nur die weit längere Beitragszeit zur Aufbringung der Mittel und zur Steigerung der Leistungen bevor, sondern sie sind auch viel eher in der Lage, diese weit niedrigeren Beiträge zu ersparen als später, wenn sie beim Eintritt im vorgerückteren Alter aus dem Jahresarbeitsverdienste nicht nur die bedeutend höheren Beiträge und die eigenen Lebensbedürfnisse, sondern auch die Aufwendungen für die Familie bestreiten müssen. Daß die jüngeren Versicherten nur in verhältnismäßig geringer Anzahl freiwillig Versicherungen abschließen, das lehrt die Erfahrung auf dem Gebiete des privaten Versicherungswesens.

Eine gesetzliche Beschränkung des Versicherungszwanges der genannten Personenkreise ist jedoch nach zwei Richtungen hin erforderlich. In Übereinstimmung mit dem auf ähnlichen Gebieten beobachteten Vorgehen liegt auch hier kein Bedürfnis vor, die gesetzliche Fürsorgepflicht über eine gewisse Gehaltsgrenze auszudehnen. Für Personen mit Gehaltsbezügen von über 5000 ℳ ist die Pflichtversicherung nicht mehr gerechtfertigt. Die Angestellten mit solchen Gehaltsbezügen sind in der Lage, sich die eigene und die Versorgung ihrer Angehörigen aus eigenen Mitteln zu sichern und den wirtschaftlichen Notlagen, in die sie und ihre Angehörigen beim frühzeitigen

Eintritt der Berufsunfähigkeit oder des Todes geraten können, durch anderweiten Abschluß von Versicherungen möglichst vorzubeugen. Hierzu bieten die privaten Versicherungsgesellschaften ausreichende Gelegenheit.

Sodann ist es nötig, den Kreis der zum Eintreten in die neue Angestelltenversicherung verpflichteten Personen in bezug auf die höheren Altersjahre einzuschränken. Zur Feststellung dieser Altersgrenze ist zu prüfen, ob die in die Pflichtversicherung eintretenden älteren Personen wegen der Wartezeit im Durchschnitt noch einen Anspruch erwerben können, der für ihre voraussichtliche Beitragsleistung eine genügende Gegenleistung bietet. Das Gesetz sieht die Erhebung eines Beitrags von 8% des versicherten Einkommens vor. Nach den angestellten Berechnungen würde die Anwartschaft auf die Leistungen des Gesetzes, mit Einschluß der weiter vorgesehenen Leistungen während der zehnjährigen Wartezeit, für einen 59jährigen männlichen Angestellten durch einen Jahresbeitrag von 8,13% des versicherten Einkommens gedeckt werden, so daß Angestellten dieser Altersjahre im Durchschnitt noch mindestens ein ihren durchschnittlichen Beitragsleistungen entsprechender Anspruch erwächst. Hiernach empfiehlt es sich, diejenigen Angestellten, welche beim Inkrafttreten des Gesetzes das 60. Lebensjahr bereits vollendet haben oder nach diesem Zeitpunkt im Alter von 60 oder mehr Jahren in eine die Versicherungspflicht an sich begründende Beschäftigung eintreten, von der Versicherungspflicht zu befreien. Die beim Inkrafttreten der neuen Versicherung im Alter von 56, 57 usw. vollendeten Jahren stehenden Personen würden hiernach das Ruhegeld ohne Nachweis der Berufsunfähigkeit bei regelmäßiger Beitragsentrichtung nach Ablauf von 10 Jahren, d. i. vom Alter von 66, 67, 68 usw. Jahren ab erhalten. Dagegen empfiehlt es sich nicht, die Altersgrenze für die Pflichtversicherten weiter herabzusetzen. Es würde als eine Härte von den Beteiligten empfunden werden und die Wirkung des neuen Gesetzes wesentlich einschränken, wollte man die Altersklassen unter 60 Jahren vom Eintritt in die Versicherung ausschließen.

Wie bei der Invaliden- und Hinterbliebenenversicherung, so ist auch hier der Versicherungszwang nicht auf diejenigen Personen auszudehnen, welchen eine Anwartschaft auf Ruhegeld oder Hinterbliebenenbezüge anderweitig durch das Reich, die Bundesstaaten, Gemeinden usw. gewährleistet ist oder welche in der Vorbereitung für ihren künftigen Beruf begriffen sind.

Des weiteren bleibt zu erörtern, ob die Durchführung des Versicherungszwanges privaten Versicherungsunternehmungen oder zweckmäßiger öffentlichen Versicherungseinrichtungen zu übertragen ist. Die Durchführung der neuen Versicherung durch private Versicherungsunternehmungen würde notgedrungen zu einer Auswahl von Risiken und zu einer Prämienabstufung nach den verschiedensten Richtungen führen. Die Versicherung von älteren oder weniger gesunden oder von verheirateten Personen, die Versicherung von kinderreichen Familienvätern oder von Personen, deren Beruf eine besondere Gefahr für Leben und Gesundheit bietet, würde wegen der unerschwinglichen Beiträge unmöglich sein; auch würden die verschieden hohen Prämien zu einer bedenklichen Verschiebung des Arbeitsmarkts für die von den hohen Beiträgen betroffenen Angestellten führen. Hierzu kommt die Belästigung der Arbeitgeber, die bei größerem Wechsel des Personals zu den verschiedensten Versicherungsunternehmungen Beiträge zu entrichten haben würden. Diese Art der Regelung würde nicht nur nicht befriedigen, sondern auch wegen der Schwierigkeit und der hohen Kosten der Kontrolle dazu führen, daß eine große Anzahl von Angestellten sich der Versicherung mit Erfolg dauernd entziehen würde. Die Absicht des Gesetzentwurfs, für alle Angestellten eine Fürsorge zu schaffen, würde dadurch vielfach vereitelt werden.

Gegen die Durchführung der neuen Versicherung durch private Versicherungsunternehmungen spricht aber auch die Verteuerung der Versicherung. Die gesamten Unkosten der deutschen Lebensversicherungsunternehmungen haben im Jahre 1909 auf 557 956 000 ℳ Prämieneinnahme 92 327 817 ℳ oder 16,5% betragen. Auf eine Police umgerechnet, sind aufgewendet worden 8,80 ℳ. Die hohen Aufwendungen sind erklärlich, wenn man sich den scharfen Wettbewerb der zahlreichen Unternehmungen auf dem Gebiete der Lebensversicherung vergegenwärtigt, der die gleichen kostspieligen Organisationen für alle in Frage kommenden Unternehmungen in den verschiedenen Bezirken des Reichs erfordert. Hierzu kommen die Gehälter, Tantiemen usw. der Direktionen und Aufsichtsräte, die Dividenden der Aktionäre, die Kosten der vielen Geschäftshäuser und dergleichen mehr. Die für die Invalidenversicherung eingerichteten Landesversicherungsanstalten weisen einen verhältnismäßig wesentlich geringeren Kostenaufwand auf. Sie umfassen alle Versicherungspflichtigen des Bezirkes, für den sie errichtet sind und brauchen nicht in einen gegenseitigen Wettbewerb einzutreten und hierfür Kosten aufzuwenden. Vergleicht man ihre Aufwendungen mit der Zahl der Personen, für die nach der Berufsstatistik vom 12. Juni 1907 Beiträge zur Invalidenversicherung entrichtet wurden, so ergibt sich für dieses Jahr auf den Kopf der Versicherten ein Kostenaufwand von 1,16 ℳ.

Ein gewichtiger Grund gegen die Übertragung der Versicherung auf private Versicherungsunternehmungen ist endlich der, daß den Angestellten und ihren Arbeitgebern eine ausschlaggebende Mitwirkung bei der Verwaltung und Rechtsprechung, insbesondere bei Bewilligung der Versicherungsleistungen, zu sichern ist. Es muß vermieden werden, daß jene zahlreichen Prozesse, wie sie nach Erlaß des Haftpflichtgesetzes vom Jahre 1871 dadurch entstanden, daß das Haftpflichtrisiko aus diesem Gesetze durch private Versicherungsunternehmungen übernommen wurde, erneut entstehen. Es gibt aber wohl kaum einen Versicherungsfall, dessen Feststellung so sehr geeignet ist, Streit zu erregen, als die Feststellung der Berufsunfähigkeit. Die Streitfälle lassen sich aber auf eine Mindestzahl herabdrücken, wenn die Ansprüche durch die Versicherten und deren Arbeitgeber selbst geprüft und entschieden werden. Aus all diesen Gründen kann die Durchführung der Zwangsversicherung der Angestellten nicht privaten Versicherungsunternehmungen übertragen werden.

Von vielen Seiten wird befürwortet, den Angestellten ein höheres Maß staatlicher Fürsorge durch den Ausbau der reichsgesetzlichen Invalidenversicherung zuzuwenden. Will man den als berechtigt anerkannten Wünschen der Angestellten einigermaßen entgegenkommen, so könnte der Ausbau der Invaliden- und Hinterbliebenenversicherung nur in der Richtung stattfinden, daß

1. den bisherigen fünf Lohnklassen weitere höhere Lohnklassen hinzugefügt würden,
2. die Begriffsbestimmung der Invalidität durch die der Berufsunfähigkeit ersetzt, die Altersgrenze für den Bezug der Altersrente von 70 auf 65 Jahre herabgesetzt und an Stelle der Rente für die invalide Witwe die allgemeine Witwenrente gewährt würde.

Zu 1. Die finanziellen Bedenken, die gegen die Vermehrung der Lohnklassen bei der Invalidenversicherung wegen der Zulässigkeit der Versicherung in höherer Lohnklasse und der Berechnung des Grundbetrags nach den fünfhundert höchsten Lohnklassenbeiträgen geltend zu machen sind, wurden eingehend im allgemeinen Teil der Begründung zum Vierten Buche des Entwurfs der Reichsversicherungsordnung dargelegt. Von einer Wiederholung wird Abstand genommen.

Es kommen aber auch die folgenden, sowohl die Belastung des Reichs als auch die der Arbeitgeber und der Arbeitnehmer treffenden Bedenken in Betracht.

Die Ergebnisse der Invalidenversicherung über die Zahlen der in den einzelnen Lohnklassen vereinnahmten Beiträge zeigen ein sehr großes Anwachsen der Beiträge in der höchsten Lohnklasse. In der V. Lohnklasse ist die Verhältniszahl dieser Beiträge zu den anderen Lohnklassen auf das 2,491fache gestiegen (seit 1900), die wirkliche Zahl hat sich von 53089328 auf 171683879 Beiträge oder auf das 3,2fache erhöht. Eine weitere Steigerung muß bei dem bisherigen Verlaufe der Zahlen auch für die Zukunft erwartet werden. Würden vier neue Lohnklassen VI bis IX angefügt werden und würde hierfür der Beitrag zur Invaliden- und Hinterbliebenenversicherung auf nur 2% des durchschnittlichen Einkommenssatzes der vorstehenden Klassen festgesetzt werden, so würde die jährliche Mehrbelastung der Arbeitgeber und Arbeitnehmer voraussichtlich

79171800 ℳ

betragen gegenüber der Belastung nach den Beitragssätzen in der Reichsversicherungsordnung. Hierzu würde noch die Belastung durch rund 500000 Angestellte mit etwa 24 Millionen Mark jährlich kommen, die der Invalidenversicherung nicht angehören. Die Mehrbelastung würde sich somit auf rund

103,2 Millionen Mark

jährlich stellen. Diese Schätzung hat aber nur dann Wert, wenn angenommen werden darf, daß die Invaliden- und Hinterbliebenenversicherung in ihren Grundlagen nicht erschüttert wird. Das dürfte aber der Fall sein, sobald durch höhere Lohnklassen die Möglichkeit geboten wird, höhere Renten versichern zu können. Denn es ist anzunehmen, daß ein großer Teil der Personen, die aus dem Versicherungsverhältnisse jetzt ausscheiden, die Versicherung demnächst wegen der gebotenen höheren Leistungen freiwillig fortsetzen würde. Ebenso darf erwartet werden, daß sehr viele von den bereits Ausgeschiedenen die Versicherung erneuern würden. Dadurch fällt aber für die dauernd Pflichtversicherten die große Ersparnis weg, die ihnen aus dem Verfalle der Anwartschaften der Ausgeschiedenen bisher erwachsen ist und die die niedrigen Beiträge der Invalidenversicherung rechtfertigt. Fällt aber die Ersparnis ganz oder zum Teil weg, so müssen die Beiträge entsprechend erhöht werden.

Die hierüber angestellten Berechnungen haben ergeben, daß je nach dem Umfang der freiwilligen Versicherung die Beitragserhöhung bis auf das 1,8fache der Beiträge, wie sie sich nach der Reichsversicherungsordnung stellen, steigen kann. Auf die Beitragszahlen des Jahres 1909 übertragen, würde dies eine jährliche Mehrbelastung von rund 196,6 Millionen Mark ausmachen, die sich bei Anfügung der gedachten neuen Lohnklassen auf jährlich rund 382,3 Millionen Mark steigern könnte. Den Wünschen der Angestellten wäre trotz dieser großen neuen Opfer auch nicht annähernd genügt.

In ähnlichem Verhältnis würde sich die Reichsbelastung erhöhen, wenn die aus dem Versicherungsverhältnisse künftig Ausscheidenden die Versicherung freiwillig fortsetzen würden.

Die Arbeitgeber würden hiernach weit mehr als das Doppelte derjenigen Belastung zu tragen haben, welche ihnen durch die neue Versicherung zugemutet wird; das Reich hätte Zuschüsse zu leisten, deren

Deckung nur durch Einführung neuer Steuern ermöglicht werden könnte.

Die Gewährung höherer Bezüge durch Vermehrung der Lohnklassen der Invalidenversicherung würde auch den Interessen der Angestellten durchaus nicht entsprechen und deshalb wenig befriedigen können. Denn die versicherungstechnischen Grundlagen, die die Höhe der Belastung bestimmen, sind für den Kreis der Angestellten wesentlich günstiger als für die Pflichtversicherten der Arbeiterversicherung, weil die Arbeitskraft der Angestellten infolge der besseren Lebenshaltung und der verhältnismäßig geringeren körperlichen Anstrengung von längerer Dauer ist, wodurch der Versicherungsaufwand erheblich vermindert wird. Man würde also durch die neuen Lohnklassen den Angestellten keine Wohltaten zuweisen, sondern die Leistungen der Arbeiterversicherung auf Kosten der Angestellten erhöhen. Bei der Versicherung des Existenzminimums der Invalidenversicherung unter Leistung von Reichszuschüssen kann dies, um die Durchführung des Gesetzes zu vereinfachen, mit in den Kauf genommen werden. Anders liegt die Sache bei Einführung höherer Leistungen durch Anfügung höherer Lohnklassen, die über das durch die allgemeine Arbeiterversicherung zu befriedigende Bedürfnis hinausgehen. Hier muß eine von der Invalidenversicherung völlig getrennte Gefahrengemeinschaft der Angestellten eintreten und die Versicherung der letzteren deshalb besonders durchgeführt werden.

Zu 2. Gleich schwerwiegend sind die Bedenken, die dagegen geltend zu machen sind, die allgemeine Invalidität des Invalidenversicherungsgesetzes in Berufsunfähigkeit umzuwandeln. Dies verbietet sich schon aus dem Grunde, weil die daraus folgende Belastung zu hoch wird.

Die Bestimmung im § 5 Abs. 4 des Invalidenversicherungsgesetzes von 1899 (jetzt § 1255 Abs. 2 der Reichsversicherungsordnung) hat nicht den Begriff der Berufsinvalidität einführen, sondern, wie es in den Motiven heißt: die komplizierte und infolgedessen schwer verständliche Berechnung im § 9 Abs. 3 des Invaliditäts- und Altersversicherungsgesetzes von 1889 über die Verdienstgrenze beim Eintritt der Erwerbsunfähigkeit beseitigen wollen.

Ohne ausdrückliche Änderung des § 1255 Abs. 2 a. a. O. würden also die Wünsche der Privatangestellten auf Einführung der Berufsinvalidität nicht erfüllt werden.

Die Einführung der Berufsinvalidität an Stelle der allgemeinen Erwerbsunfähigkeit im § 1255 a. a. O. kann aber nicht in Aussicht genommen werden wegen der Höhe der Kosten, welche alsdann die Invalidenversicherung der Arbeiter erfordern würde.

Eine weitere Mehrbelastung würde infolge der gewünschten Herabsetzung der Altersgrenze für den Bezug der Altersrente auf das 65. Lebensjahr eintreten.

Auch aus der Gewährung von Witwenrenten für alle Witwen würde eine sehr große Mehrbelastung erwachsen.

Beim Rückblick auf die besprochenen Steigerungen der Kosten für die Invalidenversicherung kann nicht verkannt werden, daß eine Umgestaltung der Invalidenversicherung im Sinne der Wünsche der Angestellten schwerwiegenden Bedenken begegnet.

Um diese Bedenken zu beseitigen, wird von verschiedenen Seiten geltend gemacht, daß es möglich sei, die bestehende Invalidenversicherung unberührt zu lassen und die durch Einführung der Berufsunfähigkeit und Herabsetzung der Altersgrenze entstehenden Mehrkosten durch besondere Zusatzbeiträge zu decken. Indessen sprechen auch gegen diese Lösung gewichtige Gründe.

Große Gruppen der Angestellten werden auch künftig im Anfang ihrer Berufstätigkeit lediglich als Arbeiter usw. gegen die bei der Invalidenversicherung vorgesehenen Beiträge versichert sein. Rückt ein solcher Versicherter in die Stellung als Angestellter auf und in die für den Ausbau der Invalidenversicherung geforderten neuen Lohnklassen ein und wird er später Berufsinvalide, so entsteht die Schwierigkeit, wie die Rente für diejenige Zeit bemessen werden soll, in welcher die Beiträge nach den Sätzen der Invalidenversicherung entrichtet worden sind. Die volle Anrechnung dieser Beiträge ist ausgeschlossen, da durch sie ein ganz anderes Risiko, die allgemeine Erwerbsunfähigkeit, versichert worden ist. Der Versicherte ist auch im Sinne der Invalidenversicherung noch nicht erwerbsunfähig, so daß ihm eine Rente auf Grund dieser Beitragsleistung nicht gewährt werden kann. Dasselbe gilt vom Reichszuschuß, dessen Bewilligung gleichfalls vom Eintritt der allgemeinen Erwerbsunfähigkeit abhängig gemacht ist. Die gleichen Schwierigkeiten ergeben sich für die Festsetzung der Altersrenten. Die Zusatzbeiträge sollen zum Bezuge der Altersrente vom 65. Lebensjahre, die übrigen Beiträge zum Bezuge der Altersrente vom 70. Lebensjahr an berechtigen. Noch verwickelter wird der Fall, wenn ein Versicherter im weiteren Verlaufe wieder nach der Invalidenversicherung und nicht mehr als Angestellter versichert wird, oder auch, wenn den nicht invaliden Witwen von Angestellten Renten gewährt werden sollen. Eine einwandfreie Lösung all dieser Fälle ist kaum zu finden. Entweder werden die Pflichtversicherten der Invalidenversicherung benachteiligt oder die Angestellten. Hierzu kommen die kaum zu überwindenden Schwierigkeiten der Verteilung der Renten auf die verschiedenen Versicherungsträger, denen die Beiträge zugeflossen sind.

Eine weitere Schwierigkeit bietet die Bemessung

von Zusatzbeiträgen dieser Art. Werden sie, wie es bei einer sozialen Versicherung in der Regel notwendig ist, für die Rentenbemessung als gleichwertig angesehen, so stehen im einzelnen Leistung des Versicherten und Gegenleistung des Versicherungsträgers nicht im Einklang. Der versicherungstechnische Wert einer Einzahlung ist je nach dem Alter, in dem sie erfolgt, verschieden.

Werden aber die Zusatzbeiträge so bemessen, daß Leistung und Gegenleistung einander im einzelnen entsprechen, wird z. B. ein Tarif aufgestellt, der für jede in den einzelnen Altersjahren geleistete Einzahlung die im Falle der Invalidität, der Erreichung der festgesetzten Altersgrenze oder des Todes zu gewährenden Renten darstellt, so erfolgt die Versicherung abseits von der bestehenden Invalidenversicherung in einer besonderen Versicherungseinrichtung. Ob es bei der jetzigen Organisation der Invalidenversicherung zweckmäßig ist, daß jedem Versicherungsträger eine besondere Versicherungsabteilung für die nach Zusatzbeiträgen versicherten Angestellten angegliedert wird, ist zum mindesten sehr fraglich. Es empfiehlt sich daher die Errichtung einer besonderen Versicherungsanstalt für die Angestellten.

Die neue Angestelltenversicherung verlangt von den Arbeitgebern und ihren Angestellten neue Opfer. Von vielen Seiten wird die berechtigte Frage aufgeworfen, ob die deutsche Volkswirtschaft diese neue Last überhaupt tragen könne. Diese Frage muß bejaht werden. Zunächst kann festgestellt werden, daß ein Teil der deutschen Arbeitgeber bisher schon freiwillig sich der Aufgabe unterzogen hat, für die Angestellten in höherem Maße zu sorgen, als das durch die Arbeiterversicherung geschehen kann. Nach den von den Organisationen der Angestellten im Oktober 1903 angestellten Erhebungen zahlten viele Arbeitgeber Zuschüsse zu den von ihnen eingerichteten Pensionskassen oder zu den für ihre Angestellten anderweitig abgeschlossenen Versicherungen, die im Durchschnitt die jetzt im Gesetz vorgesehenen Beiträge nicht unerheblich überstiegen. Sie betrugen durchschnittlich mehr als 4% des wirklichen Jahresarbeitsverdienstes der Angestellten. Die Angestellten zahlten im Durchschnitt etwas niedrigere Beiträge. Es erschien an sich nicht unbillig, wie auch von der Mehrheit der Arbeitgeber anerkannt wurde, allen Arbeitgebern Aufwendungen für ein höheres Maß der Fürsorge für ihre Angestellten zuzumuten; nur über deren Höhe bestanden Meinungsverschiedenheiten. Den Angestellten, besonders den technischen und den kaufmännischen Beamten, ist in gewissem Sinne die Führung der deutschen Arbeiter anvertraut und von ihrer Mitarbeit hängt vermöge ihrer Vorbildung und ihrer Fähigkeiten der Erfolg der produktiven Tätigkeit des deutschen Volkes, die gesamte deutsche Volkswirtschaft, wesentlich ab. Werden sie von ihren Zukunftssorgen um das Wohl ihrer Familien befreit, so erhält das ihre Zufriedenheit, sichert die freudige Einsetzung ihrer vollen Arbeitskraft und ihren für Staat und Gesellschaft in wirtschaftlicher und politischer Hinsicht gleich wichtigen Bestand.

Die deutsche Volkswirtschaft hat die bisherigen Lasten der sozialen Versicherung getragen, ohne in ihrer Entwickelung gegen die anderen Staaten zurückzubleiben. Die Kosten der sozialen Versicherung sind dabei einmal infolge des Umlageverfahrens bei der Unfallversicherung und sodann wegen der Bevölkerungszunahme und allgemeinen Steigerung der Lohnverhältnisse fortgesetzt gestiegen. Die Bevölkerung stieg von 49,2 Millionen Personen im Jahre 1890 auf 63,9 Millionen im Jahre 1909 oder um rund 30%; die von den gewerblichen Berufsgenossenschaften für die Unfallversicherung nachgewiesenen Lohnsummen haben sich im Durchschnitt auf den Kopf von 646,24 ℳ im Jahre 1890 auf 953,77 ℳ im Jahre 1909 oder um 47,6% erhöht. Die Kosten der sozialen Versicherung sind in demselben Zeitraum von 139,1 Millionen Mark im Jahre 1890 auf 810,7 Millionen Mark im Jahre 1909 oder um 483% gestiegen. Die deutsche Volkswirtschaft zeigt in dieser Zeit ein stetes Ansteigen und eine lebhafte Geschäftstätigkeit auf den Hauptgebieten unseres Wirtschaftslebens. Trotz des immer heftiger werdenden Wettbewerbes auf dem Weltmarkt hat Deutschland seine Stellung innerhalb der Weltwirtschaft gewahrt und gekräftigt. Diese Stellung wird auch durch die Belastung, die aus der Angestelltenversicherung entsteht, nicht erschüttert werden. Die Nützlichkeit der Versicherung, ihr hohes Ziel und ihre politische Bedeutung können nicht wohl bestritten werden und müssen etwaige noch bestehende volkswirtschaftliche Bedenken überwiegen. Die Angestelltenversicherung befreit den Arbeitgeber nicht nur von der Pflicht, alternde, größtenteils berufsunfähige Angestellte wegen langjähriger treuer Dienstleistungen gegen ihre bisherigen Gehaltsbezüge weiter zu beschäftigen, sie erleichtert ihm auch die Verjüngung seines Personals. Die neuen Opfer werden dem eigenen Unternehmen förderlich und zweckdienlich sein, seine Leistungsfähigkeit heben und für die weitere Entwickelung der deutschen Volkswirtschaft von weittragender Bedeutung sein.

Von diesen Gesichtspunkten ausgehend, hat der Gesetzgeber die Angestelltenversicherung auf folgenden Hauptgrundsätzen aufgebaut, nämlich

1. auf dem Grundsatz des Versicherungszwanges,
2. auf dem der Berufsinvalidität,
3. auf dem der gleichen Beitragsleistung der Arbeitgeber und der Versicherten,

4. auf dem einer besonderen Versicherungsanstalt für das ganze Reichsgebiet, und
5. auf dem der gleichberechtigten Mitwirkung der Arbeitgeber und der Versicherten bei der Verwaltung und Rechtsprechung.

III. Die Grundzüge des Gesetzes im einzelnen.

Das Gesetz beruht, wie erwähnt, auf dem Grundsatze des Versicherungszwanges; es steht nicht im Belieben des einzelnen Angestellten (oder seines Arbeitgebers), ob er versichert werden soll oder nicht. Der Versicherung unterliegen kraft Gesetzes alle Personen der in § 1 genannten Art. Die Versicherungspflicht unterliegt jedoch verschiedenen Beschränkungen. Was das Lebensalter anlangt, so beginnt die Versicherungspflicht mit dem vollendeten 16. Lebensjahre, wie bei der Invalidenversicherung; wer aber beim Eintritt in eine versicherungspflichtige Beschäftigung das 60. Lebensjahr schon vollendet hat, ist nicht mehr versicherungspflichtig. Hinsichtlich des Einkommens ist eine untere Grenze nicht gezogen; wohl aber sind solche Angestellte, deren Jahresarbeitsverdienst 5000 ℳ übersteigt, versicherungsfrei. Nicht versicherungspflichtig ist endlich auch, wer nicht gegen Entgelt beschäftigt wird.

Über den Kreis der versicherungspflichtigen Personen hat die Reichsversicherungsanstalt eine „Anleitung" herausgegeben.[1])

Die Versicherung erfolgt für den Fall der Berufsunfähigkeit und des Alters sowie zugunsten der Hinterbliebenen. Die Invalidenversicherungspflicht der Angestellten, die zugleich unter die

[1]) Im Anhang abgedruckt!

Bestimmungen der Reichsversicherungsordnung (§ 1226) fallen, wird durch die Angestelltenversicherung nicht berührt; diese Angestellten werden daher künftig doppelt versichert.

Als berufsunfähig ist nach Vorschrift des Gesetzes (§ 25) anzusehen, wer durch körperliche Gebrechen oder wegen Schwäche seiner körperlichen und geistigen Kräfte zur Ausübung seines Berufes dauernd unfähig ist. Die Altersrente tritt mit der Vollendung des 65. (nicht wie bei der Invalidenversicherung erst des 70.) Lebensjahres ein. Unter den Hinterbliebenen, zu deren Gunsten die Versicherung erfolgt, sind zu verstehen die Witwe, die Waisen und der erwerbsunfähige Witwer (§§ 28 ff.). Die Witwe braucht nicht, wie bei der Invalidenversicherung, erwerbsunfähig zu sein. Versicherte, welche zwar noch nicht dauernd berufsunfähig sind, aber schon 26 Wochen ununterbrochen berufsunfähig gewesen sind, erhalten für die weitere Dauer der Berufsunfähigkeit (also bis zur Wiederherstellung) das sog. Krankenruhegeld (§ 25 Abs. 2).

Die der Versicherung unterliegenden Personenkreise sind in § 1 des Gesetzes aufgezählt, doch enthält dieser Paragraph keine absolut scharfe Umgrenzung des Kreises der Versicherungspflichtigen, da sich eine solche durch das Gesetz überhaupt nicht gut geben läßt; es bleibt der Rechtsprechung überlassen, hier die Grenzen zu finden. Der Begriff der Angestellten ist nach der Absicht des Gesetzgebers nur insofern umschrieben, als nach unten alle der bloß handarbeitenden Bevölkerungsklasse angehörigen Personen (Arbeiter, Gehilfen, Gesellen, Lehrlinge, Dienstboten usw.), nach oben aber die beruflich selbständigen Personen ausscheiden.

Eine wesentliche Voraussetzung der Versicherungspflicht ist es, daß die Beschäftigung gegen Entgelt stattfindet. Zum Entgelt gehören aber nicht bloß Barbezüge, sondern auch Gewinnanteile, Sachbezüge u. dgl. (§ 2). Eine Beschäftigung jedoch, für welche nur freier Unterhalt gewährt wird, ist nicht versicherungspflichtig (§ 7).

„Vorübergehende" Dienstleistungen sind versicherungsfrei nach näherer Bestimmung des Bundesrats (§ 8 und Bekanntm. des Reichskanzlers vom 9. Juli 1913).

Die Beschäftigung eines Ehegatten durch den anderen begründet keine Versicherungspflicht (§ 6). Versicherungsfrei sind auch die in Betrieben oder im Dienste des Reichs, eines Bundesstaates, eines Gemeindeverbandes, einer Gemeinde oder eines Trägers der reichsgesetzlichen Arbeiter- oder Angestelltenversicherung beschäftigten Personen, wenn sie mit Anwartschaft auf Ruhegeld und Hinterbliebenenrenten angestellt sind (§§ 9ff.), ferner die in § 10 genannten Personen. Andere Personenklassen können auf ihren eigenen Antrag (§ 11) oder auf den des Arbeitgebers (§ 14) von der Versicherungspflicht befreit werden. Zu diesen Bestimmungen sind sowohl von Seite des Reichs als auch der einzelnen Bundesstaaten zahlreiche Ausführungsvorschriften erlassen worden. Zu § 14 ist auch einschlägig das Reichsgesetz über die Angestelltenversicherung der Privatlehrer, vom 22. Juli 1913, das eine Ergänzung dieses Paragraphen bildet.

Mit der Befreiung von der Versicherungspflicht darf die Befreiung von der Beitragsleistung (§§ 390ff.) nicht verwechselt werden.

Wer aus einer versicherungspflichtigen Beschäftigung ausscheidet, kann unter gewissen Voraussetzungen entweder die Versicherung freiwillig fortsetzen oder sie in eine beitragsfreie — durch Zahlung einer Anerkennungsgebühr von jährlich 3 Mk. — umwandeln (§ 15).

Nach der Höhe des Jahresarbeitsverdienstes werden für die Versicherten neun Gehaltsklassen gebildet (§ 16).

Gegenstand der Versicherung sind, wie schon erwähnt, Ruhegeld und Hinterbliebenenrenten. Um in den Genuß der Versicherungsleistungen zu kommen, genügt es jedoch nicht, daß der Versicherte berufsunfähig geworden ist oder das 65. Lebensjahr vollendet hat (oder für die Hinterbliebenen, daß der Versicherte verstorben ist), sondern es müssen auch die weiteren Voraussetzungen gegeben sein, daß die Wartezeit erfüllt und die Anwartschaft aufrechterhalten ist (§§ 20—22).

Die Wartezeit dauert beim Ruhegeld für männliche Versicherte 120, für weibliche 60 Beitragsmonate, bei den Hinterbliebenenrenten 120 Beitragsmonate ohne Unterschied des Geschlechts der Versicherten (§ 48). Während der Übergangszeit nach dem Inkrafttreten des Gesetzes sind gewisse Abkürzungen der Wartezeit vorgesehen (§§ 395, 396).

Die Anwartschaft erlischt durch gewisse längere Unterbrechungen der Beitragsleistung nach näherer Bestimmung des § 49. Sie kann aber durch Nachzahlung der Beiträge wieder aufleben (§ 50).

Eine sehr wichtige und für die Versicherten segensreiche Bestimmung des Gesetzes besteht darin, daß die Versicherungsanstalt, um die infolge einer Erkrankung drohende Berufsunfähigkeit eines Versicherten abzuwenden, ein Heilverfahren einleiten kann (§ 36). Von dieser Vorschrift wird voraussichtlich in weitem Umfange Gebrauch gemacht werden. Die Reichsversicherungsanstalt hat denn auch hiezu schon umfassende Vorkehrungen getroffen durch Aufstellung gewisser Grundsätze über die Durchführung des Heilverfahrens, Instruktion der Vertrauensmänner und Anstellung von Vertrauensärzten. Das Heilverfahren ist bis auf weiteres, solange Ruhegelder und Hinterbliebenenrenten — weil die gesetzlichen Wartezeiten noch nicht erfüllt sein können — noch nicht bezogen werden können, die einzige Versicherungsleistung, die den Versicherten gewährt werden kann. Zur Aufklärung der Versicherten über die für die Einleitung des Heilverfahrens maßgebenden Grundsätze hat die Reichsversicherungsanstalt ein „Merkblatt" herausgegeben.

Die Höhe des Ruhegeldes und der Hinterbliebenenrenten richtet sich nach den für den Versicherten geleisteten Beiträgen nach näherer Bestimmung in §§ 55 ff.

Eine Erstattung von Beiträgen findet nur bei weiblichen Versicherten und nur in beschränktem Maße statt (§§ 60, 62). Wichtig ist ferner die Vorschrift, daß weiblichen Versicherten, welche aus der Versicherungspflicht ausscheiden (einerlei aus welchem Grunde), auf ihren Antrag eine Leibrente gewährt werden kann; die Festsetzung des Beginns und der Höhe dieser Rente kann auch für einen späteren Zeitpunkt vorbehalten werden (§ 63).

Die Witwen- und Witwerrenten fallen bei der Wiederverheiratung weg, die Waisenrenten, sobald die Waise das 18. Lebensjahr vollendet oder sich verheiratet (§ 64). Als Abfindung wird der Witwe — aber nur dieser — das Dreifache ihrer Jahresrente gewährt.

Ist der Empfänger eines Ruhegeldes nicht mehr berufsunfähig, so wird ihm das Ruhegeld wieder entzogen (§ 68); unter gewissen Voraussetzungen ruhen auch die Leistungen der Versicherung, d. h. sie werden, solange die Voraussetzungen bestehen, nicht ausbezahlt (§§ 73 ff.).

Hervorzuheben ist sodann noch die Bestimmung, daß die Leistungen, die nach diesem Gesetz gewährt werden, keine öffentlichen Armenunterstützungen sind (§ 92). Der Berechtigte hat daher weder den mit dem Empfang einer Armenunterstützung verbundenen Verlust staatsbürgerlicher Rechte zu befürchten noch die armenpolizeiliche Ausweisung oder dgl. zu gewärtigen.

Träger der Versicherung ist die in Berlin errichtete Reichsanstalt (§ 96), die ihre Tätigkeit im März 1912 begonnen hat. Ihre Geschäftsräume befinden sich in Berlin-Wilmersdorf, Hohenzollerndamm 193/195. Die Anstalt gibt eine eigene Zeitschrift heraus, in der fortlaufend alles für den Vollzug des Gesetzes Wichtige oder Wissenswerte (Erlasse, Entscheidungen u. dgl.) mitgeteilt wird. Neben der Reichsversicherungsanstalt sind auch besondere Zuschuß- sowie Ersatzkassen zugelassen (§§ 365 ff., 372 ff., 387). Ferner kann ein Angestellter, der am 5. Dezember 1911 (d. i. dem Tage, an dem das Gesetz im Reichstag angenommen wurde) bei einer Lebensversicherungsunternehmung versichert war, unter gewissen Voraussetzungen von der Beitragsleistung befreit werden (§§ 390 ff.).

Die Reichsversicherungsanstalt ist rechtsfähig und hat die Eigenschaft einer öffentlichen Behörde (§ 97). Ihre Organe sind das Direktorium, der Verwaltungsrat, die Rentenausschüsse und die Vertrauensmänner (§ 98).

Das Direktorium vertritt die Anstalt gerichtlich und außergerichtlich; es besteht aus einem Präsidenten und der erforderlichen Anzahl von beamteten Mitgliedern, sowie aus je zwei Vertretern der Versicherten und ihrer Arbeitgeber (§ 100). Diese Vertreter werden vom Verwaltungsrat auf 6 Jahre gewählt (§ 103).

Der Verwaltungsrat hat das Direktorium bei Vorbereitung wichtiger Beschlüsse gutachtlich zu beraten. Vorbehalten ist ihm die Festsetzung des Voranschlags und die Abnahme der Rechnungsabschlüsse und Bilanzen (§ 108), sowie die Wahl der nichtbeamteten Mitglieder des Direktoriums. Der Verwaltungsrat besteht aus dem Präsidenten des Direktoriums und mindestens je zwölf Vertretern der Versicherten und ihrer Arbeitgeber. Diese Vertreter werden von den Vertrauensmännern gewählt (§ 109); die Wahl findet nach den Grundsätzen der Verhältniswahl statt (§ 111).

Den Rentenausschüssen obliegt namentlich die Feststellung (und unter Umständen auch die Entziehung) der Versicherungsleistungen (§ 122). Bei der Beschlußfassung hierüber sind sie, obwohl Organe der Versicherungsanstalt, an deren Weisungen nicht gebunden (§ 123). Sie werden von der Versicherungsanstalt nach Bedarf mit Genehmigung des Bundesrates errichtet. Vorläufig ist (laut Bekanntmachung des Direktoriums der Reichsversicherungsanstalt vom 27. Dezember 1912) für das ganze Gebiet des Deutschen Reichs nur ein solcher Ausschuß errichtet, der seinen Sitz in Berlin hat. Seine Diensträume befinden sich in Berlin-Wilmersdorf, Hohenzollerndamm 20. Den Vorsitzenden des Rentenausschusses ernennt der Reichskanzler; ferner werden den Rentenausschüssen Beisitzer (Versicherungsvertreter) beigegeben, welche je zur Hälfte aus den Versicherten und aus ihren Arbeitgebern entnommen werden und in den vom Gesetz bestimmten wichtigeren Fällen zur Beschlußfassung beizuziehen sind (§ 131). Ihre Zahl beträgt mindestens 20 (§ 132); gewählt werden sie gleichfalls von den Vertrauensmännern (§ 133).

Den Vertrauensmännern endlich obliegt, wie schon erwähnt, die Beisitzer für die Rentenausschüsse und für den Verwaltungsrat, außerdem aber auch für die (nachher zu besprechenden) Schiedsgerichte und das Ober-Schiedsgericht (§ 143) zu wählen. Vom Rentenausschuß können ihnen bestimmte Obliegenheiten übertragen werden; außerdem aber sollen sie auch ohne Auftrag alle ihnen bekannt gewordenen Tatsachen mitteilen, die nach ihrer Ansicht für den Rentenausschuß oder für die Reichsversicherungsanstalt wichtig sind (§ 144). Die Zahl der Vertrauensmänner beträgt für den Bezirk einer jeden unteren Verwaltungsbehörde mindestens 6; gewählt werden sie direkt von den Versicherten und ihren Arbeitgebern, und zwar je zur Hälfte aus den Versicherten und den Arbeitgebern (§§ 145, 146) nach den Grundsätzen der Verhältniswahl (§ 149).

Die Vertrauensmänner, die Versicherungsvertreter bei den Rentenausschüssen, die Mitglieder des Verwaltungsrates und die nichtbeamteten Mitglieder des Direktoriums verwalten ihr Amt unentgeltlich als Ehrenamt. Doch erhalten sie Entschädigungen für Auslagen, Zeitverlust, Verdienstentgang usw. nach näherer Vorschrift des Gesetzes (§§ 118, 140, 155). Das Gleiche gilt auch von den Beisitzern der Schiedsgerichte und des Oberschiedsgerichts (§§ 161, 164).

Die Schiedsgerichte (vorläufig ist nur ein solches errichtet mit dem Sitze in Berlin) und das Oberschiedsgericht (mit dem Sitz in Berlin) sind die rechtsprechenden Behörden höherer Instanz (§§ 156, 157 ff., 162 ff.). Die Entscheidungen des Oberschiedsgerichts sind endgültig, d. h. mit keinem weiteren Rechtsmittel anfechtbar, und unabänderlich (§ 163).

Die Mittel für die Versicherung werden durch Beiträge aufgebracht, welche von den Versicherten und ihren Arbeitgebern zu gleichen Teilen entrichtet werden (§ 170). Ein Reichszuschuß wird nicht geleistet. Die Beiträge werden monatlich entrichtet und sind nach den schon oben erwähnten neun Gehaltsklassen abgestuft, innerhalb einer jeden Gehaltsklasse aber für die sämtlichen Versicherten (also namentlich auch für männliche und weibliche Versicherte) gleich hoch. Auch ein Unterschied nach dem Alter wie bei Lebensversicherungen findet hier nicht statt (§ 172). Die Beiträge sind von den Arbeitgebern im ganzen zu entrichten; die Arbeitgeber können dann den Versicherten die sie treffende Beitragshälfte am Gehalt wieder abziehen (§§ 176, 178). Zuwiderhandlungen sind mit Strafe bedroht (§ 340). Für den Fall, daß mehrere Arbeitgeber während eines Monats den Versicherten beschäftigt haben oder daß die Beschäftigung nicht den ganzen Monat hindurch stattgefunden hat, sind besondere Bestimmungen getroffen (§§ 177, 187).

Die Arbeitgeber haben nach Schluß eines jeden Monats die fälligen Beiträge den zur Einhebung bestimmten Stellen spätestens bis zum 15. des nächsten Monats portofrei einzuzahlen (§ 181). Die in § 186 vorgesehenen besonderen Beitragsstellen sind nicht errichtet, als Beitragsstelle ist vielmehr die Reichsversicherungsanstalt selbst erklärt worden (Bekanntm. vom 24. Mai 1912).

Der Arbeitgeber hat bei der ersten Beitragszahlung eine Nachweisung (§ 181 Abs. 2) über seine versicherungspflichtigen Angestellten und die fälligen Beiträge aufzustellen und vor der Einzahlung der Beiträge oder bei dieser an die Reichsversicherungsanstalt einzusenden. Hierzu sind besondere Vordrucke zu benützen, die bei der Ausgabestelle (§ 194) des Betriebssitzes zu entnehmen sind. Beschäftigen mehrere Arbeitgeber den Versicherten während des Monats (§ 177), so können an Stelle der Nachweise Postkartenvordrucke benutzt werden, die gleichfalls von der Ausgabestelle ausgehändigt werden. Bei den folgenden Beitragszahlungen müssen auch die im Stande der Versicherten eingetretenen Veränderungen angezeigt werden.

Für Lehrer und Erzieher aller Art, die bei mehreren Familien während eines Monats tätig sind, können die fälligen Beiträge nach vorheriger Anzeige an die Reichsversicherungsanstalt vierteljährlich einbezahlt werden. In diesem Falle müssen die eben erwähnten Postkartenvordrucke benützt werden.

Über die eingezahlten Beiträge sollte nach dem ursprünglichen System des Gesetzes durch Marken quittiert werden, welche den Arbeitgebern von den Beitragsstellen für die eingezahlten Beiträge überwiesen werden und von ihnen in die Versicherungskarten der Angestellten eingeklebt und entwertet werden sollten. Die Marken sollten die Quittung für die Entrichtung der Beiträge bilden (§§ 183, 185).

Anstatt dessen hat die Reichsversicherungsanstalt mit Zustimmung des Reichskanzlers (§ 184) den **Postscheckverkehr** für den Fall des § 176 (Beschäftigung bei einem Arbeitgeber den ganzen Monat hindurch) zugelassen, für den Fall des § 177 (Beschäftigung bei mehreren Arbeitgebern während eines Monats) aber vorgeschrieben. Es sind also die Beiträge bis zum 15. des nächsten Monats dem Konto der Reichsversicherungsanstalt bei dem Postscheckamt in Berlin zu überweisen. Hierfür sind besondere (rote) Zahlkarten und Überweisungsformulare eingeführt, die der Arbeitgeber bei seiner Postanstalt erhält.

Lehrern und Erziehern gestattet die Reichsversicherungsanstalt, die Beiträge an Stelle des Arbeitgebers selbst einzusenden, wenn dieser zustimmt. Ein Anspruch auf dieses Verfahren besteht jedoch nicht.

Auf Grund der eingehenden Nachweise (§ 181 Abs. 2) stellt die Reichsversicherungsanstalt für jeden Versicherten ein Konto für die Berechnung seiner Ansprüche und der seiner Angehörigen auf (§ 182), auf welchem dann die eingehenden Beiträge fortlaufend gebucht werden.

Die Versicherungskarten haben die Versicherten sich ausstellen zu lassen. Die Ausstellung wird durch sogen. Aufnahmekarten bei den Ausgabestellen beantragt (§ 188). Als Ausgabestellen sind meistens die Ortspolizei- oder Gemeindebehörden bestimmt worden. Die Aufnahmekarten werden der Versicherungsanstalt eingesendet und dienen dieser zur Kontrolle.

Der Versicherte kann stets eine neue Versicherungskarte verlangen (§ 190). Abgesehen hievon soll die

Karte binnen fünf Jahren nach dem Tag der Ausstellung durch eine neue ersetzt werden (§ 195), und zwar der Kontrolle halber. Eine Einsendung der Versicherungskarten an die Reichsversicherungsanstalt findet nur in besonderen Fällen statt (§ 195 Abs. 2).

Wie bei der Invalidenversicherung, so darf auch hier die Versicherungskarte nur die gesetzlich vorgeschriebenen Angaben enthalten und keine besonderen Merkmale tragen; vor allem darf nach ausdrücklicher Vorschrift des Gesetzes aus ihr nichts über Führung oder Leistungen des Inhabers zu entnehmen sein (§ 198). Auch darf niemand eine Versicherungskarte wider den Willen des Inhabers zurückbehalten (§ 199).

Bei freiwilliger Versicherung (§ 15) haben die Versicherten der Reichsversicherungsanstalt die Beiträge selbst einzusenden, und zwar alljährlich (§ 201).

Die rechtzeitige und vollständige Entrichtung der Beiträge wird von der Reichsversicherungsanstalt überwacht (§ 214).

Das Gesetz enthält sodann genaue Bestimmungen über die Verwendung der Mittel der Reichsversicherungsanstalt und die Anlegung ihres Vermögens; dieses muß im allgemeinen wie Mündelgeld angelegt werden (§§ 219, 220). Doch kann bis zu einem Viertel des Vermögens auch in anderer Weise, namentlich für Unternehmungen verwendet werden, die ausschließlich oder überwiegend den Versicherten zugute kommen (§ 225).

Weitere Bestimmungen des Gesetzes regeln sodann das Verfahren vor den Rentenausschüssen (§§ 229 ff.), vor den Schiedsgerichten (§§ 270 ff.) und vor dem Oberschiedsgericht (§§ 281 ff.).

Anträge auf Feststellung der Versicherungsleistungen, d. h. also die Ansprüche auf Ruhegeld, Witwenrente usw. sind an den örtlich zuständigen Rentenausschuß[1]) zu richten (§§ 229, 230), doch kann der Antrag rechtswirksam auch bei einem anderen Organ der Reichsversicherungsanstalt oder bei einer anderen inländischen Behörde gestellt werden. Der Rentenausschuß erteilt über den Antrag einen schriftlichen Bescheid (§ 250), welcher sodann mit Berufung an das Schiedsgericht angefochten werden kann (§ 270). Gegen dessen Entscheidung ist beim Vorliegen der gesetzlichen Voraussetzungen das Rechtsmittel der Revision zulässig, über welches das Oberschiedsgericht entscheidet (§§ 281—283).

Über Anträge auf Einleitung eines Heilverfahrens entscheidet die Reichsversicherungsanstalt selbst (§ 238); ein Rechtsmittel gegen diese Entscheidung findet nicht statt (weil die Einleitung des Heilverfahrens im freien Ermessen der Versicherungsanstalt steht).

Die Versicherungsleistungen werden wie bei der Invalidenversicherung durch die Post ausbezahlt, und zwar in der Regel durch die Postanstalt, in deren Bezirk der Empfänger wohnt (§ 313).

Verfehlungen gegen die Bestimmungen des Gesetzes, so namentlich die Einreichung falscher Beitragsnachweisungen seitens eines Arbeitgebers, die Unterlassung der rechtzeitigen Beitragsentrichtung, die Vornahme zu hoher Gehaltsabzüge, die widerrechtliche Vorenthaltung einer Versicherungskarte, die Beschränkung der Versicherten in der Übernahme oder Ausübung eines Ehrenamtes, das ihnen auf Grund des Gesetzes übertragen wird, die Abschließung von Vertragsbestimmungen u. dgl., durch die die Bestimmungen des Gesetzes zum Nachteil der Versicherten ausgeschlossen werden sollen, die Vornahme unzulässiger Eintragungen in Versicherungskarten oder die Anbringung unzulässiger Merkmale an solchen usw. ist vom Gesetz mit Stra-

[1]) Wie schon vorhin bemerkt, ist vorläufig nur ein solcher Ausschuß in Berlin errichtet.

sen, und zwar teilweise mit ziemlich strengen, bedroht (§§ 339 ff.).

Das Gesetz regelt sodann genau die Bedingungen, unter denen private Pensionseinrichtungen als Zuschußkassen fungieren dürfen (§§ 365 ff.). Ferner sollen durch den Bundesrat auf Antrag Versicherungseinrichtungen dieser Art als Ersatzkassen zugelassen werden (§ 372); ähnliche Bestimmungen bestehen auch für öffentlich-rechtliche Pensionskassen, wie Knappschaftsvereine oder Knappschaftskassen (§§ 387 ff.).

Daß Angestellte, welche vor dem 5. Dezember 1911 mit einer Lebensversicherungsunternehmung einen Versicherungsvertrag abgeschlossen haben, auf ihren Antrag unter gewissen Voraussetzungen von der Beitragspflicht der Angestellten-Versicherung befreit werden können (§ 390), wurde schon oben erwähnt.

Endlich sind im Gesetz gewisse Erleichterungen für die Abkürzung der Wartezeit in der Übergangszeit, d. i. in den ersten Jahren nach dem Inkrafttreten des Gesetzes, vorgesehen (§§ 395, 396). Ferner sind im ersten Jahre nach dem Inkrafttreten des Gesetzes Angestellte mit einem Jahresarbeitsverdienst zwischen 5000 und 10 000 ℳ zur freiwilligen Versicherung unter gewissen Bedingungen zugelassen (§ 394).

Dies sind die hauptsächlichsten Bestimmungen des Gesetzes. Zufolge Kaiserlicher Verordnung vom 8. November 1912 (§ 399 Abs. 2) ist es am 1. Januar 1913 in Kraft getreten.

Versicherungsgesetz für Angestellte.

Vom 20. Dezember 1911.

(RGBl. 1911, Nr. 68.)

Wir **Wilhelm,** von Gottes Gnaden Deutscher Kaiser, König von Preußen etc. verordnen im Namen des Reichs, nach erfolgter Zustimmung des Bundesrats und des Reichstags, was folgt:

Erster Abschnitt.

Umfang der Versicherung.

I. Versicherungspflicht.

§ 1.

Für den Fall der Berufsunfähigkeit (§ 25) und des Alters sowie zu Gunsten der Hinterbliebenen werden vom vollendeten sechzehnten Lebensjahr an nach den Vorschriften dieses Gesetzes versichert

1. Angestellte in leitender Stellung, wenn diese Beschäftigung ihren Hauptberuf bildet,
2. Betriebsbeamte, Werkmeister und andere Angestellte in einer ähnlich gehobenen oder höheren Stellung ohne Rücksicht auf ihre Vorbildung, Bureauangestellte, soweit sie nicht mit niederen oder lediglich mechanischen Dienstleistungen beschäftigt werden, sämtlich, wenn diese Beschäftigung ihren Hauptberuf bildet,
3. Handlungsgehilfen und Gehilfen in Apotheken,

4. Bühnen- und Orchestermitglieder ohne Rücksicht auf den Kunstwert der Leistungen,
5. Lehrer und Erzieher,
6. aus der Schiffsbesatzung deutscher Seefahrzeuge und aus der Besatzung von Fahrzeugen der Binnenschiffahrt Kapitäne, Offiziere des Decks- und Maschinendienstes, Verwalter und Verwaltungsassistenten sowie die in einer ähnlich gehobenen oder höheren Stellung befindlichen Angestellten ohne Rücksicht auf ihre Vorbildung, sämtlich, wenn diese Beschäftigung ihren Hauptberuf bildet.

Als deutsches Seefahrzeug gilt jedes Fahrzeug, das unter deutscher Flagge fährt und ausschließlich oder vorzugsweise zur Seefahrt benutzt wird.

Voraussetzung der Versicherung ist für alle diese Personen, daß sie nicht berufsunfähig (§ 25) sind, daß sie gegen Entgelt (§ 2) als Angestellte beschäftigt werden, daß ihr Jahresarbeitsverdienst fünftausend Mark nicht übersteigt und daß sie beim Eintritt in die versicherungspflichtige Beschäftigung das Alter von sechzig Jahren noch nicht vollendet haben.

1. Die Versicherung nach dem vorliegenden Gesetz schließt die Versicherungspflicht auf Grund der Reichsversicherungsordnung nicht aus.

2. Berufsunfähigkeit: Nach § 25 ist als berufsunfähig anzusehen, wer durch körperliche Gebrechen oder wegen Schwäche seiner körperlichen und geistigen Kräfte zur Ausübung seines Berufes dauernd unfähig ist; näheres hierüber bei § 25.

Anders § 1255 der RVO.: Hienach kann ein gegen Invalidität Versicherter nicht schon deshalb als erwerbsunfähig angesehen werden, weil er seinen Beruf nicht mehr auszuüben vermag.

3. Alter: Vollendetes 65. Lebensjahr (§ 25). Bei der Invalidenversicherung ist bekanntlich das vollendete 70. Lebensjahr erforderlich (§ 1257 RVO.).

Das 65. Lebensjahr ist vollendet nach der Ausdrucksweise des Gesetzes mit dem 66. Geburtstage, den Tag der Geburt selbst eingerechnet (§ 187 Abs. 2 Satz 2 BGB. und ABR. 1913 S. 127), nach gewöhnlichem Sprachgebrauch mit der 65. Wiederkehr des Tages der Geburt (in manchen Gegenden herrscht ein davon abweichender, unrichtiger Sprachgebrauch).

4. der Hinterbliebenen: Das sind die Witwe (§ 28), die Waisen (§§ 29, 30, 31), der erwerbsunfähige Witwer (§ 30).

5. vom vollendeten 16. Lebensjahr an: Wie bei der Invalidenversicherung (§ 1226 RVO.). Der Versicherungszwang ist bei Personen unter 16 Jahren noch entbehrlich, weil hier die Invaliditätsgefahr nur gering ist und die Beitragsleistung schon aus diesem Grunde den in der Regel geringen Arbeitslohn der Jugendlichen über Gebühr belasten würde.

Wegen der Berechnung des Lebensalters s. Anm. 3 Abs. 2.

6. nach den Vorschriften dieses Gesetzes versichert: Grundsatz des Versicherungszwanges, wie bei der Invalidenversicherung (§ 1226 RVO.). Gemäß Abs. 3 des § 1 bestehen für den Eintritt der Versicherung die Voraussetzungen,

a) daß die zu versichernde Person noch nicht berufsunfähig ist,

b) daß sie gegen Entgelt als Angestellter beschäftigt wird,

c) daß ihr Jahresarbeitsverdienst 5000 ℳ nicht übersteigt, und

d) daß sie beim Eintritt in die versicherungspflichtige Beschäftigung das Alter von 60 Jahren noch nicht vollendet hat.

Keinen Unterschied für die Versicherungspflicht (und ebenso für die Beitragsleistung) begründet das Geschlecht; wohl aber ist dieses von Belang für die

Bemessung der Versicherungsleistungen (vgl. §§ 48, 52, 56, 60, 62, 63, 64).

Ohne Bedeutung für die Versicherungspflicht ist auch der Familienstand; Ausnahme: § 6. Das gleiche gilt auch von der Staatsangehörigkeit; Ausnahme: § 3, s. ferner auch §§ 362 Abs. 2, 363. Die im Inland beschäftigten Ausländer sind auch dann versicherungspflichtig, wenn sie demnächst in das Ausland zurückzukehren beabsichtigen und daher keine Aussicht auf Erfüllung der Wartezeit und Bezug der Versicherungsleistungen haben (Anl. Ziff. 3).

Da die Gesetzgebungshoheit des Deutschen Reiches nicht über dessen Grenzen hinausreicht (vgl. auch § 1 Abs. 2, sowie § 3), so kann sich der Versicherungszwang grundsätzlich nur auf die Angestellten erstrecken, die im Inland beschäftigt sind. Das gilt auch für die Binnenschiffahrt. Eine Ausnahme bildet aber die Seeschiffahrt. Hier entscheidet lediglich die Staatsangehörigkeit des Fahrzeugs. Die deutschen Seeschiffe gelten, wo sie sich auch befinden, gewissermaßen als deutscher Boden, die Tätigkeit der Besatzung (der Inländer wie der Ausländer) als Tätigkeit im Inland (Anl. Ziff. 2). Doch kann auch eine andere Beschäftigung im Ausland unter Umständen als Teil oder Ausstrahlung einer inländischen Beschäftigung oder eines inländischen Betriebes anzusehen, und daher versicherungspflichtig sein. Hierüber kann im Zweifel nur nach Lage des einzelnen Falles entschieden werden.

Der Wohnort (Wohnsitz) des Versicherten ist ohne Belang. Deutsche Schutzgebiete gelten hier als Ausland. Wer aber im Inland beschäftigt wird (in einer Weise, die unter das Gesetz fällt), ist versicherungspflichtig ohne Rücksicht darauf, ob etwa seine Tätigkeit mit einem ausländischen Betriebe zusammenhängt, z. B. auf Fahrzeugen eines ausländischen Binnenschiffahrtsbetriebes geleistet wird (die Besatzung fremder Seefahrzeuge ist auch in deutschen Gewässern von der Versicherung frei). Über die Berechtigung, die Versicherung im Ausland freiwillig fortzusetzen, s. § 15 Abs. 2.

Da auch die Angestelltenversicherung eine Zwangsversicherung ist, so stellt sich auch bei ihr gleichwie bei der Invalidenversicherung als Grundlage des Versicherungsverhältnisses zunächst nicht die Beitragsentrichtung, sondern allein die Ausübung einer versicherungspflichtigen Tätigkeit dar; erst diese bedingt ihrerseits die Beitragspflicht, deren Erfüllung allerdings der Bewilligung der Versicherungsleistungen vorausgehen muß (die Kranken- und die Unfallversicherung weichen in diesem letzteren Punkte von der Invaliden- und der Angestelltenversicherung ab; denn dort kann die Bewilligung der Versicherungsleistungen grundsätzlich nicht deswegen versagt werden, weil keine Beiträge geleistet seien).

Erweiterungen der Versicherungspflicht enthalten die §§ 3 und 4, Einschränkungen die §§ 6—14. Über die Versicherungsberechtigung s. die §§ 15, 394.

7. Der Kreis der versicherten Personen ist im Anschluß an § 1226 RVO. abgegrenzt.

Dieser Paragraph lautet:

„Für den Fall der Invalidität und des Alters sowie zugunsten der Hinterbliebenen werden vom vollendeten sechzehnten Lebensjahr an versichert:

1. Arbeiter, Gehilfen, Gesellen, Lehrlinge, Dienstboten,
2. Betriebsbeamte, Werkmeister und andere Angestellte in ähnlich gehobener Stellung, sämtlich, wenn diese Beschäftigung ihren Hauptberuf bildet,
3. Handlungsgehilfen und -Lehrlinge, Gehilfen und Lehrlinge in Apotheken,
4. Bühnen- und Orchestermitglieder ohne Rücksicht auf den Kunstwert der Leistungen,
5. Lehrer und Erzieher,
6. Die Schiffsbesatzung deutscher Seefahrzeuge und die Besatzung von Fahrzeugen der Binnenschiffahrt.

Voraussetzung der Versicherung ist für alle diese Personen, daß sie gegen Entgelt (§ 160) beschäftigt werden, für die unter Nr. 2 bis 5 Bezeichneten sowie für Schiffer außerdem, daß nicht ihr regelmäßiger Jahresarbeitsverdienst zweitausend Mark an Entgelt übersteigt."

Wie schon in der Einleitung erwähnt, hat die Reichsversicherungsanstalt am 20. Juni 1912 eine „Anleitung betr. den Kreis der nach dem Versicherungsgesetz für Angestellte vom 20. Dezember 1911 versicherten Personen“ herausgegeben. Sie ist im Anhang abgedruckt.

Zu Ziffer 1:

8. Angestellte: Deren Begriff ist vom Gesetz nicht bestimmt. Der Kreis der Versicherungspflichtigen ist jedoch dadurch abgegrenzt, daß nach unten hin alle der handarbeitenden Bevölkerungsklasse angehörigen Personen (Arbeiter, Gehilfen, Gesellen, Lehrlinge, Dienstboten usw.), nach oben hin die Selbständigen (s. aber §§ 4, 394 Abs. 2) von der Versicherung ausgeschlossen sind (unbeschadet der Vorschrift in § 1 Abs. 3, wonach auch Angestellte mit einem Jahresarbeitsverdienst von über 5000 ℳ, da für sie das Bedürfnis der Versicherung nicht mehr besteht, versicherungsfrei sind). Angestellte im Sinne des Gesetzes sind auch Reichs- und Staatsbeamte und die diesen in §§ 9—14 gleichgestellten Personen (AVN. 1913 S. 209). Jedoch begründen bei ihnen die §§ 9—14 Ausnahmen von der Versicherungspflicht. Näheres hierüber s. in den Anmerkungen zu diesen Paragraphen.

Im einzelnen sind hinsichtlich der Versicherungspflicht von Reichs- und Staatsbeamten usw. noch die folgenden Erlasse anzuführen:

a) Für das Reich: Bekanntm. des Reichskanzlers vom 30. Sept. 1912 (Reichsanz. Nr. 234), letzter Absatz, die Versicherungspflicht im Bereich der Reichseisenbahnverwaltung betr.;

Verfügung des Reichspostamts vom 14. Okt. 1912 (Amtsbl. d. Reichspostamts S. 235) über die Versicherungspflicht im Bereich der Reichspost- u. Telegraphenverwaltung;

b) für Preußen: Erlaß des k. pr. Ministers der öffentl. Arbeiten vom 19. Sept. 1912 (Min.-Bl. f. innere Verw. S. 281), Ziff. I Abs. 2, den Bereich der allg. Bauverwaltung betr.;

Zwei Erlasse des k. pr. Ministers der geistl. und Unterrichtsangelegenheiten vom 28. Dez. 1912 (Min.-Amtsbl. der pr. Handels- u. Gewerbeverw. 1913 S. 80, 82), betr. die Versicherungspflicht im Bereiche der Verwaltung der geistlichen u. Unterrichtsangelegenheiten, und die Versicherungspflicht der im Kirchendienst Angestellten,

Erlaß des k. pr. Ministers für Handel u. Gewerbe vom 31. Dez. 1912 (Min.-Bl. der pr. Handels- u. Gewerbeverw. 1913 S. 24), betr. das Personal der Eichverwaltung,

Zwei Erlasse des k. pr. Ministers für Landwirtschaft, Domänen u. Forsten vom 31. Dez. 1912 (Min.-Bl. der k. pr. Verw. f. Landw. usw. 1913 S. 29) und vom 17. Febr. 1913 (ebenda S. 78), betr. die Vers.-Pflicht der Meliorationstechniker und der Rechengehilfen in den Landmesserbureaux der k. Generalkommission,

Erlaß des pr. Kriegsministers vom 29. März 1913 (Armee-Verordn.-Bl. S. 50), letzter Absatz, den Bereich der Heeresverwaltung betr.;

c) für Bayern: Min.-Bekanntm. vom 10. Jan. 1913 (Amtsbl. der k. Staatsministerien des Königl. Hauses und des Äußeren und des Inneren S. 81), betr. das Personal der inneren Staatsbauverwaltung,

Ziff. I Abs. 3 der Min.-Bekanntm. vom 23. Dez. 1912 (ebenda — 1913 — S. 71), betr. die Notariatsgehilfen, und

Ziff. II der Min.-Bekanntm. vom 11. Nov. 1912 (ebenda — 1912 — S. 1075), betr. das Verhältnis der Gemeindebeamten zum Versicherungsgesetz für Angestellte.

9. in leitender Stellung: S. Anl. Ziff. 10. Den Gegensatz bildet die bloß ausführende Tätigkeit. Solche Angestellte (in nicht leitender Stellung) folgen in Ziff. 2—5 des § 1 Abs. 1.

10. Hauptberuf: S. Anl. Ziff. 10. Eine bloße Nebenbeschäftigung, auch wenn sie eine leitende Stellung bildet, begründet daher die Versicherungspflicht nicht. Die Entscheidung darüber, was der Hauptberuf ist, wird vielfach nur nach Lage des einzelnen Falles getroffen werden können. Werden mehrere Tätigkeiten ausgeübt, die unter das Gesetz fallen, so kommt es zur Feststellung, was der Hauptberuf sei, darauf an, ob die Gesamtheit dieser Beschäftigungen gegenüber sonstigen (nichtversicherungspflichtigen) Tätigkeiten den Hauptberuf bildet. Hierbei ist eine gem. § 7 versicherungsfreie Tätigkeit als versicherungspflichtig zu betrachten und mit zu berücksichtigen (AVN. 1913 S. 125). Der Hauptberuf bestimmt sich ferner bei mehreren Erwerbstätigkeiten nach dem Verhältnis der auf sie verwendeten Arbeitszeit und des daraus erzielten Einkommens (AVN. 1914 S. 28).

11. Hierher gehörige Einzelfälle sind die folgenden: Als versicherungspflichtig anerkannt wurden Aufsichtsdamen zur Überwachung von Haltekindern (AVN. 1913 S. 125), Bademeister je nach der Art ihrer Beschäftigung (s. ebenda), Desinfektoren (s. ebenda), Meieristen, denen die gesamte Leitung eines Meiereibetriebes obliegt (s. ebenda), ein Miterbe, der ein Gut für eine Erbengemeinschaft gegen Entgelt verwaltet (AVN. 1914 S. 42), Oberschäffler in Brauereien je nach der Art ihrer Beschäftigung (AVN. 1913 S. 179), technische Assistentinnen im Laboratorium des pathologischen Instituts einer Universität (s. ebenda), Ziegelmeister, die gegen Akkordlohn tätig sind (AVN. 1914 S. 9). Für nicht versicherungspflichtig erklärt wurden ein Kirchenrechner, d. i. ein Mitglied des Kirchenvorstands einer kath. Pfarrgemeinde im Geltungsbereich des preuß. Gesetzes vom 20. Juni 1875 (AVN. 1913 S. 209), ein Oberschweizer (AVN. 1914 S. 8), Totengräber (AVN. 1913 S. 265). Die Herausgeber von Zeitungskorrespondenzen (Inhaber von Korrespondenzbureaux) sind nicht versicherungspflichtig, desgl. Schriftsteller, die gelegentlich ohne Bestellung den Zeitungen Arbeiten übersenden (AVN. 1913 S. 127); dagegen sind ständige Berichterstatter der Zeitungen versicherungspflichtig (s. ebenda).

Zu Ziff. 2:

12. Betriebsbeamte: S. Anl. Ziff. 12. Auch die Entscheidung darüber, wer als Betriebsbeamter anzusehen ist, wird vielfach nur von Fall zu Fall möglich sein.

13. Werkmeister: S. Anl. Ziff. 12.

14. Andere Angestellte: S. Anl. Ziff. 13. Die Bureauangestellten sind vom Gesetz gesondert behandelt; vgl. Anm. 16.

15. ohne Rücksicht auf ihre Vorbildung: Wichtige Abweichung von der Invalidenversicherung. Einbezogen sind daher hier auch Personen in einer über das Maß der Betriebsbeamten und Werkmeister hinaus höher gehobenen Stellung, besonders auch solche mit Hochschulbildung.

16. Bureauangestellte: S. Anl. Ziff. 14. Für die Versicherungspflicht ist es nicht erforderlich, daß die nicht niederen oder nicht lediglich mechanischen Dienstleistungen überwiegen (AVN. 1914 S. 6, 17). Als „niedere" Dienstleistungen sind anzusehen Botendienste, Reinigungs-, Aufräumungs- und ähnliche Arbeiten (AVN. 1913 S. 190).

Hinsichtlich der Versicherungspflicht der im Reichs- und Staatsdienst usw. Angestellten s. Anm. 8; über die Versicherungsfreiheit der Lohnschreiber und Hilfsschreiber vgl. für Preußen die Min.-Erlasse vom 7. Nov. 1912 (Handelsmin.-Bl. 1913 S. 79), 18. Nov. 1912 (Handelsmin.-Bl. 1912 S. 561), 9. Dez. 1912 (Just.-Min.-Bl. S. 409) und vom 10. Dez. 1912 (Zentr.-Bl. d. Abg.-Gesetzg. u. -Verw. S. 381); für Bayern die Min.-Bekanntm. vom 23. Dez. 1912 (Min.-A.-Bl. d. Äußeren u. d. Innern 1913 S. 71), Ziff. IV; für Sachsen-Meiningen Min.-Erlaß vom 24. Dez. 1912 (Reg.-Bl. 1913 S. 3).

17. Auch die sämtlichen in Ziff. 2 genannten Angestellten unterliegen der Versicherungspflicht nur, wenn die betr. Beschäftigung ihren Hauptberuf (vgl. oben Anm. 10) bildet.

18. Hierher gehörige Einzelfälle: Für versicherungspflichtig erklärt wurden Aushilfsrevisoren in einer königl. Waffen- und Munitionsfabrik (AVN. 1914 S. 12), Betriebsschreiber in Fabriken (AVN. 1913 S. 163) und in staatlichen Werkstätten (AVN. 1914 S. 29), ein Bureaugehilfe, der zugleich Registrator (AVN. 1914 S. 17), Erklärer in Kinematographentheatern (AVN. 1913 S. 125), Hotelportiers je nach der Art ihrer Beschäftigung (s. ebenda), Katastergehilfen (AVN. 1913 S. 125, 265), Kontordiener, die zugleich Registratoren (AVN. 1913 S. 125), Korrektoren je nach der Art ihrer Beschäftigung (s. ebenda), Krankenpflegerinnen, die aus der Krankenpflege bei wechselnden Auftraggebern ein Gewerbe machen (s. ebenda), Maschinenschreiber und -schreiberinnen je nach Art ihrer Beschäftigung (AVN. 1913 S. 125, 189), Masseure (AVN. 1913 S. 126), Gehilfen in medikomechanischen Instituten (s. ebenda), Meistergehilfen in staatl. Munitions- u. Pulverfabriken (AVN. 1914 S. 31), ein Musikergehilfe als Mitglied einer Stadtmusikkapelle (AVN. 1914 S. 35), Oberhäuer (s. ebenda), Oberkellner je nach ihrer Beschäftigung (AVN. 1913 S. 125), Obersteiger (AVN. 1913 S. 126), Paliere (Poliere) in Baugeschäften (s. ebenda), Pianisten in Kinematographentheatern (AVN. 1913 S. 125), der Portier einer Werft (AVN. 1913 S. 171), Rechercheure einer Auskunftei (AVN. 1913 S. 126), Registratoren in kaufmännischen Betrieben (s. ebenda), Gehilfen in Röntgenlaboratorien (s. ebenda), Schächter jüdischer Gemeinden (AVN. 1913 S. 125), Schutzleute, die zugleich Vollziehungsbeamte u. dgl. (AVN. 1913 S. 126), Steiger (s. ebenda), Stenotypistinnen (AVN. 1913 S. 165, 187), Straßenbahnkontrolleure (AVN. 1913 S. 126), Stuhlmeister in Webereien je nach ihrer Beschäftigung (s. ebenda), Trichinenschauer in städtischen Schlachthöfen (AVN. 1914 S. 34), Zuschneider je nach der Art ihrer Beschäftigung (s. ebenda).

Für nicht versicherungspflichtig erklärt wurden Diakonissen (AVN. 1913 S. 126), der Einkassierer eines Abzahlungsgeschäfts (AVN.

1913 S. 167), Hausväter und -mütter in Altersheimen (AVN. 1913 S. 125), Kellner (s. ebenda), Kopisten (s. ebenda), ein Milchkutscher (AVN. 1914 S. 42), der Photograph einer Maschinenfabrik (AVN. 1913 S. 185), Probebrüder der evangel. Brüderhäuser Deutschlands als Gehilfen in Krankenhäusern (AVN. 1913 S. 126), Probeentnehmer bei Handelskammern (AVN. 1913 S. 125), Prozentmeister in Zuckerfabriken (AVN. 1913 S. 179), Telephonistinnen (AVN. 1913 S. 126), Vorführer in Kinematographentheatern (AVN. 1913 S. 125), Wärter in Anstalten für Epileptische (AVN. 1913 S. 126).

Zu Ziff. 3.

19. Handlungsgehilfen: S. Anl. Ziff. 15, sowie § 59 des Handelsgesetzbuchs. Hienach ist Handlungsgehilfe, wer in einem Handelsgewerbe (s. §§ 1—3 des Handelsgesetzbuchs) zur Leistung kaufmännischer Dienste gegen Entgelt angestellt ist. Darunter fällt auch die Anstellung in einem Laden oder einem Warenlager. Es kommt wesentlich darauf an, daß jemand zur Leistung kaufmännischer Dienste angestellt ist; die jeweilige tatsächliche Beschäftigung, mag diese auch zeitweise in anderen Diensten bestehen, ist nicht maßgebend. Bei Handlungsgehilfen ist es nicht erforderlich, daß diese Anstellung ihren Hauptberuf bildet (AVN. 1913 S. 209).

Gewerbsgehilfen unterliegen nicht der Angestelltenversicherung, sondern nur der Invalidenversicherung; ebenso Handlungslehrlinge.

20. Einzelfälle: Als Handlungsgehilfen anerkannt wurden Kutscher, die Waren zu den Kunden fahren und verkaufen und Kunden anwerben (AVN. 1913 S. 126), Maschinenschreiber in kaufmännischen Betrieben je nach der Art ihrer Beschäftigung (AVN. 1913 S. 209), Schaufensterdekorateure (AVN. 1913 S. 126), Stenographen in kaufmännischen Betrieben je nach der Art ihrer Beschäftigung (AVN. 1913 S. 209), Verkäuferinnen in Bäckereien (AVN. 1913 S. 126), Verkäufer von Büchern und Zeitschriften auf Bahnhöfen (s. ebenda); keine Handlungsgehilfen sind Lageristen in Musikalienhandlungen, die lediglich mit dem Heraussuchen von Musikalien nach Nummern beschäftigt sind (ABR. 1913 S. 209) und Einkassierer von Abzahlungsgeschäften (ABR. 1913 S. 165).

21. Gehilfen in Apotheken: Lehrlinge in Apotheken sind von der Angestelltenversicherung ausgenommen (ebenso wie Handlungslehrlinge, s. oben Anm. 19).

Zu Ziff. 4:

22. Bühnen- und Orchestermitglieder. S. Anl. Ziff. 16.

23. ohne Rücksicht auf den Kunstwert der Leistungen: Wie bei der Invalidenversicherung (§ 1226 Ziff. 4 RVO.). S. auch Anl. Ziff. 16 Abs. 3.

Zu Ziff. 5:

24. Lehrer und Erzieher. S. Anl. Ziff. 17. Hieher gehören auch solche, die bei wechselnden Auftraggebern Stunden geben (ABR. 1913 S. 127). Diese Auffassung wird zwar von verschiedenen Seiten bekämpft, jedoch mit Unrecht (es wird hierbei der Begriff des selbständigen Unternehmers zu weit gefaßt). S. ferner Anm. 5—7 zu § 14.

Einerlei ist es, ob die Lehrer usw. in den Wohnungen ihrer Auftraggeber oder in ihren eigenen Wohnungen Unterricht erteilen (ausgenommen sie wären Inhaber einer Lehranstalt; denn dann liegt überhaupt kein Angestelltenverhältnis mehr vor, sondern ein selbständiges Unternehmen).

Als Lehrer und Erzieher im Sinne des Gesetzes sind jedoch nur solche anzusehen, die höheren Unterricht in Wissenschaft und Kunst und zur Bildung des Charakters und Gemüts erteilen (also in Musik, Sprachen, Zeichnen und Malen usw.); ausgenommen ist dagegen, wer nur in körperlichen oder mechanischen Fertigkeiten (Reiten, Schwimmen, Tanzen, Radfahren u. dgl.) unterrichtet. Doch können solche Lehrer gleichwohl aus anderen Gesichtspunkten (§ 1

Ziff. 1—3) versicherungspflichtig sein. — Hochschullehrer fallen nicht unter das Gesetz.

Auch bei Lehrern und Erziehern ist es nicht erforderlich, daß diese Beschäftigung ihren Hauptberuf bildet.

Zu Ziff. 6:

25. Schiffsbesatzung. S. Anl. Ziff. 18, sowie Anm. 6. Bei den in Ziff. 6 des § 1 Abs. 1 Genannten ist es wieder, wie bei Ziff. 1 u. 2, erforderlich, daß die betr. Beschäftigung den Hauptberuf bildet.

Zu Abs. 3:

26. gegen Entgelt: S. Anl. Ziff. 6—8. Nach § 2 gehören zum Entgelt zunächst Arbeitsverdienst, Gehalt und Lohn, sodann aber auch Gewinnanteile, Sach- und andere Bezüge (Tantièmen, Naturalbezüge usw.). Siehe jedoch § 7.

Bei Feststellung des Jahresarbeitsverdienstes im Sinne des § 1 Abs. 3 ist, soweit Provisionen und ähnliche ihrem Betrage nach nicht feststehende Bezüge in Frage kommen, grundsätzlich die Berechnungsart des § 17 anzuwenden. Als „letztes Jahr" im Sinne des zweiten Satzes dieses Paragraphen gilt dabei das Geschäftsjahr und zwar dasjenige, für das die Beträge feststehen (AVN. 1913 S. 127).

Über die Löhnung durch Dritte oder an Dritte s. Anl. Ziff. 8 und AVN. 1913 S. 127.

Über die Versicherungsfreiheit einer nur ehrenamtlichen Tätigkeit (Kirchenrechner) vgl. AVN. 1913 S. 209.

27. als Angestellte beschäftigt. „Angestellte" sind nur solche Personen, die bei einem Arbeitgeber eine der im § 1 Abs. 1 bezeichneten Tätigkeiten tatsächlich ausüben. Stellenlose sind daher keine Angestellten; ihnen kann keine Versicherungskarte (§ 185) ausgestellt werden (AVN. 1913 S. 127).

Teilnehmer einer offenen Handelsgesellschaft können nicht gleichzeitig Angestellte der Gesellschaft sein (AVN. 1913 S. 127). Rechtsanwälte, die in einem Erwerbsgeschäft als kaufmännische

Leiter, Syndici usw. angestellt sind und deren Hauptberuf diese Tätigkeit bildet, sind versicherungspflichtig (AVN. 1913 S. 126). Der bisherige Inhaber einer in Konkurs geratenen Firma, der im Auftrag des Konkursverwalters gegen Entgelt das Geschäft während des Konkurses für Rechnung der Masse fortführt, ist Angestellter der Masse (AVN. 1913 S. 127). Ein Miterbe, der ein Gut für eine Erbengemeinschaft gegen Entgelt verwaltet, ist Angestellter der Gemeinschaft (AVN. 1914 S. 42).

Zur Frage, ob ein Angestelltenverhältnis oder Selbständigkeit vorliegt, sind ferner noch folgende Fälle einschlägig: AVN. 1913 S. 125 (Probeentnehmer bei Handelskammern sind selbständige Gewerbetreibende), AVN. 1913 S. 169 (Werkmeister in einer Zigarrenfabrik kein Unternehmer), AVN. 1913 S. 127 (Zeitungsberichterstatter als Angestellte) und AVN. 1914 S. 9 (Ziegelmeister, der gegen Akkordlohn tätig, kein Unternehmer).

Wenn ein Angestellter seinem Arbeitgeber gegenüber vertraglich verpflichtet ist, seine Ehefrau mit zu beschäftigen, so ist auch die Ehefrau als Angestellte des Arbeitgebers anzusehen, wenn ihre Tätigkeit unter das Gesetz fällt, und hiernach versicherungspflichtig; in dem dem Manne gewährten Entgelt ist dasjenige seiner Ehefrau mit enthalten (AVN. 1913 S. 127).

28. 5000 ℳ: S. Anl. Ziff. 9. Bei einem Jahresarbeitsverdienst von über 5000 ℳ erachtet der Gesetzgeber ein Bedürfnis für die Versicherung nicht mehr für gegeben. Solche Angestellte werden imstande sein, selbst für sich und ihre Hinterbliebenen zu sorgen.

Eine untere Grenze des Jahresarbeitsverdienstes besteht nicht (ebenso wie bei der Invalidenversicherung).

Maßgebend ist nur das Einkommen aus dem versicherten Beruf; anderweitiges Einkommen, z. B. aus Grundbesitz, aus Kapitalrenten usw. bleibt außer Betracht (anders §§ 176, 178 RVO.).

29. Beim Eintritt in die versicherungspflichtige Beschäftigung: Oder beim Inkrafttreten des Gesetzes, d. i. am 1. Januar 1913 (AVN. 1913 S. 127, 167, 186).

30. von 60 Jahren: Durch die Festsetzung dieser Altersgrenze soll verhütet werden, daß die Versicherung von Personen in Anspruch genommen wird, welche nicht mehr imstande sind, durch ihre Beiträge eine genügende Gegenleistung zu bieten. Die Grenze ist übrigens nicht willkürlich gewählt, sondern sie beruht auf statistischen Berechnungen.

§ 2.

Zum Entgelt im Sinne dieses Gesetzes gehören neben Gehalt oder Lohn auch Gewinnanteile, Sach- und andere Bezüge, die der Versicherte, wenn auch nur gewohnheitsmäßig, statt des Gehaltes oder Lohnes oder neben ihm von dem Arbeitgeber oder einem Dritten erhält.

Der Wert der Sachbezüge wird nach Ortspreisen berechnet, welche die untere Verwaltungsbehörde festsetzt.

Zu Abs. 1:

1. S. Anl. Ziff. 6 u. 8, besonders wegen der Begriffe „Gehalt", „Lohn" und „Gewinnanteil" Ziff. 6 Abs. 4.

Abs. 1 des § 2 stimmt wörtlich überein mit § 160 RVO.

2. Sachbezüge: Namentlich Kost und Wohnung, weiter aber alles, was als Gegenstand des menschlichen Gebrauchs oder Verbrauchs verwendbar oder verwertbar ist.

3. andere Bezüge: Taschengeld, Provisionen, Reisespesen (soweit sie für den Versicherten einen wirtschaftlichen Vorteil bedeuten), Gelegenheit zu einem lohnenden Nebenerwerb usw. Weihnachtsgratifikationen gehören im allgemeinen ebenfalls zum Entgelt, wenn sie neben anderen Bezügen regelmäßig gewährt werden; in anderen Fällen aber können auch Zweifel bestehen, so daß nur von Fall zu Fall entschieden werden kann.

Weihnachtsgratifikationen, die den Empfängern ohne anderes Entgelt gewährt werden, zählen nicht als Entgelt und begründen daher die Versicherungspflicht nicht.

Die Vergütung eines Lehrlings (Bürolehrlings) ist im allgemeinen nur als Taschengeld, nicht als Entgelt im Sinne des Gesetzes, anzusehen, wenn sie nicht mehr beträgt als die Hälfte des Ortslohns junger Leute (§ 150 RVO.). In solchen Fällen besteht daher Versicherungsfreiheit (AVN. 1914 S. 14).

Gratifikationen sind bei der Berechnung des Jahresarbeitsverdienstes, soweit für die Frage der Versicherungspflicht § 1 Abs. 3 in Betracht kommt, grundsätzlich in derjenigen Höhe, in der sie im letzten Jahre bezogen worden sind, anzusetzen. Dieser Ansatz ist solange maßgebend, als neue Beträge nicht gewährt worden sind. Wird z. B. im Jahre 1913 die Versicherungspflicht geprüft, so kommt hiebei zunächst die Gratifikation aus dem Geschäftsjahr 1912 in Ansatz; wird aber dann im Jahre 1913 ein neuer Jahresbetrag für Gratifikationen festgesetzt und gewährt, so gilt von dem nächstfälligen Beitrag an dieser Betrag (AVN. 1913 S. 209).

Mankogelder, die in bestimmter Höhe gezahlt werden, sind voll (also auch soweit sie tatsächlich zur Deckung von Fehlbeträgen verwendet werden müssen) als Entgelt im Sinne des Gesetzes anzusehen, da sie eine Gehaltserhöhung mit Rücksicht auf das besondere Risiko darstellen (AVN. 1913 S. 265, 1914 S. 19).

Wenn der Arbeitgeber kranken- und invalidenversicherungspflichtiger Angestellter deren gesetzliche Beiträge zur Versicherung freiwillig übernommen hat, so ist die Summe dieser Beiträge dem Jahresarbeitsverdienste hinzuzurechnen. Das gleiche kann auch von der den Versicherten auf Grund der Angestelltenversicherung treffenden Beitragshälfte gelten. Die Übernahme dieser Verpflichtung kann sonach die Zugehörigkeit zu einer höheren Gehaltsklasse begründen. Wird durch die Anrechnung der für den Versicherten übernommenen Beiträge der Betrag von 5000 *M* überschritten, so tritt gleichwohl die Versicherungsfreiheit gemäß § 1 Abs. 3 nicht ein, da nur eine tatsächlich erfolgte Barleistung die Versicherungsfreiheit begründet (AVN. 1913 S. 128).

Der Zuschuß des Arbeitgebers zur Lebensversicherung des Angestellten (und gegebenenfalls der ganze Prämienbetrag) ist bei der Berechnung des Jahresarbeitsverdienstes in Ansatz zu bringen, wenn die Versicherung derart abgeschlossen ist, daß dem Angestellten ein unmittelbares Recht auf die Versicherungsleistung zusteht; dagegen nicht, wenn der Arbeitgeber Anspruch auf die Versicherungsleistungen hat (AVN. 1913 S. 127).

Die Extravergütung, die eine Verkäuferin vom Arbeitgeber für die im Geschäft gebrauchte Wäsche erhält, ist dem Jahresarbeitsverdienst nicht hinzuzurechnen.

4. wenn auch nur gewohnheitsmäßig: Auf die der Versicherte also keinen Rechtsanspruch hat.

5. statt des Gehaltes oder Lohnes: Also für die Arbeitsleistung, und nicht etwa auf Grund gesetzlicher oder vertragsmäßiger Unterhaltspflicht. Wird als Entgelt für die Beschäftigung nur freier Unterhalt gewährt, so besteht keine Versicherungspflicht (§ 7).

6. oder einem Dritten: Es kommt nicht selten vor, daß Angestellte auf Trinkgelder, Gebühren usw., die sie von Dritten erhalten, angewiesen sind.

Der Entgelt kann auch an einen Dritten gezahlt werden, z. B. Mitbeschäftigung einer Ehefrau durch ihren Ehemann; die Frau gilt gleichfalls als Angestellte des Arbeitgebers, ihr Entgelt ist in dem an den Mann gezahlten inbegriffen (AVN. 1913 S. 127).

Zu Abs. 2:

7. nach Ortspreisen: Welche z. B. der Angestellte aufwenden müßte, wenn er sich die Sachbezüge selbst verschaffen müßte. Der Selbstkostenpreis des Arbeitgebers ist nicht maßgebend.

8. untere Verwaltungsbehörde: S. § 321 Nr. 1. In § 160 Abs. 2 RVO. ist diese Zuständigkeit dem Versicherungsamt übertragen.

9. festsetzt: Nach Bedarf im einzelnen Fall (so die überwiegende Auffassung; anderer Ansicht sind die Lan-

desregierungen im Königreich Sachsen, in Württemberg und Baden; vgl. die in Anm. 10 angeführten Erlasse).

Ein Rechtsmittel gegen die Festsetzung ist nicht zugelassen; sie ist auch bindend für Renten- und Beitragsstreitigkeiten. Im Streitfalle ist sie, wenn nötig, durch die entscheidende Behörde noch nachträglich herbeizuführen.

10. Als landesrechtliche Vollzugsvorschriften zu § 2 Abs. 2 sind anzuführen:

Für das Kgr. Sachsen: § 2 der K. Verordnung vom 30. Dez. 1912, Ges.- u. Verordn.-Bl. S. 565;

für Württemberg: Min.-Erlaß vom 24. Sept. 1912, Amtsbl. d. Min. d. J. S. 377;

für Baden: § 4 der Min.-Verordnung vom 5. Aug. 1912, Ges.- u. Verordn.-Bl. S. 339;

für Mecklenburg-Schwerin: Min.-Bekanntm. vom 26. Juli 1912 (letzter Absatz), Reg.-Bl. S. 464;

für Mecklenburg-Strelitz: Min.-Bekanntm. vom 8. Aug. 1912 (letzter Absatz), Offiz. Anzeiger f. Gesetzg. u. Staatsverw. S. 364.

§ 3.

Versichert sind auch Deutsche, die bei einer amtlichen Vertretung des Reichs oder eines Bundesstaats im Ausland oder bei deren Leitern oder Mitgliedern beschäftigt sind.

1. Dieser Paragraph geht davon aus, daß im allgemeinen die Versicherten, welche im Ausland beschäftigt werden, von der Versicherung frei sind. Eine Ausnahme hievon sollen indes — neben den unter anderen Gesichtspunkten zu beurteilenden Angestellten deutscher Betriebe, die ihre Betriebstätigkeit im Ausland ausüben — die deutschen Bediensteten derjenigen Behörden, ihrer Leiter und Mitglieder, die zur Vertretung des Reichs im völkerrechtlichen Sinn im Ausland berufen sind, bilden (vgl. RVO. § 1228).

2. Deutsche: Gleichbedeutend mit „Deutsche Reichsangehörige".

3. amtlichen Vertretung: Dazu gehören die Botschaften, Gesandtschaften, Ministerresidentschaften, Generalkonsulate und die Berufskonsuln. Ob auch Wahlkonsuln hierher zu rechnen seien, ist bestritten.

4. Ausland: Deutsche Schutzgebiete können hier nicht in Betracht kommen, weil das Deutsche Reich dort keine „amtlichen Vertretungen" (im Sinne des § 3) unterhält.

5. Nach § 200 bestimmt der Bundesrat, wie die Beiträge für die nach § 3 Versicherungspflichtigen erhoben werden.

Hierzu vgl. die Bekanntmachung des Reichskanzlers vom 11. Januar 1913, RGBl. S. 18.

§ 4.

Der Bundesrat kann allgemein die Versicherungspflicht auf solche Personen erstrecken, welche eine ähnliche Tätigkeit wie die im § 1 genannten auf eigene Rechnung ausüben, ohne in ihrem Betrieb Angestellte zu beschäftigen.

1. Auf eigene Rechnung: Also selbständig. Hier können nur ganz vereinzelte Personengruppen — keine einzelnen Personen — in Frage kommen, für die ein besonders dringendes Bedürfnis nach einer auf Zwang beruhenden Fürsorge vorliegt, und Personenkreise, deren wirtschaftliche Lage im allgemeinen die gleiche ist wie die Lage der nach diesem Gesetz Versicherungspflichtigen. Werden aber von solchen Personen in ihrem Betriebe Angestellte beschäftigt, so ist die Anwendung des § 4 ausgeschlossen.

Hausgewerbetreibende fallen nicht unter § 4, da sie nicht auf eigene Rechnung arbeiten. Bezüglich der Krankenpfleger s. AVN. 1913 S. 125.

2. Von der Befugnis des § 4 hat der Bundesrat bisher noch keinen Gebrauch gemacht.

§ 5.

Der Bundesrat kann bestimmen, wieweit die deutschen Bediensteten ausländischer Staaten und

solcher Personen, welche nicht der inländischen Gerichtsbarkeit unterstehen, die Pflichten der Arbeitgeber zu erfüllen haben.

1. nicht der inländischen Gerichtsbarkeit unterstehen: Die sog. Exterritorialen. Dazu gehören die fremden Botschafter und Gesandten, deren Familienmitglieder und Geschäftspersonal, das Dienstpersonal jedoch nur insoweit, als es nicht die deutsche Reichsangehörigkeit besitzt; auf die deutschen Bediensteten bezieht sich eben § 5.

Die gleiche Bestimmung findet sich für die Invalidenversicherung in § 1231 RVO.

2. S. Bekanntm. des Reichskanzlers vom 29. Juni 1912, RGBl. S. 407.

§ 6.

Die Beschäftigung eines Ehegatten durch den anderen begründet keine Versicherungspflicht.

Die Bestimmung entspricht der bisherigen Rechtsprechung des Reichsversicherungsamts zu den Unfallversicherungsgesetzen und zum Invalidenversicherungsgesetz (siehe auch § 159 RVO.). Der Grund ist der sittliche Charakter des Ehebundes, welcher die Annahme eines Arbeitsverhältnisses des einen Ehegatten gegenüber dem anderen ausschließt.

Im einzelnen Falle kann jedoch die Beschäftigung des einen Ehegatten durch den anderen nur eine scheinbare, die Sache vielmehr so aufzufassen sein, daß beide Ehegatten Angestellte eines Dritten sind; vgl. AVN. 1913 S. 127.

§ 7.

Eine Beschäftigung, für die als Entgelt nur freier Unterhalt gewährt wird, ist versicherungsfrei.

1. S. Anl. Ziff. 7. Nach § 2 gelten als Entgelt auch Sachbezüge. Eine Beschäftigung dagegen, für welche nur freier Unterhalt gewährt wird, soll die Versicherungspflicht nicht begründen (ebenso § 1227 RVO.). Ob

und inwieweit eine neben dem freien Unterhalt gewährte geringfügige Geldentschädigung (Taschengeld usw.) geeignet ist, die Versicherungsfreiheit zu beseitigen, muß von Fall zu Fall entschieden werden. S. auch AVN. 1913 S. 126 (Diakonissen).

2. Bei Beurteilung der Frage, was als Hauptberuf (§ 1 Abs. 1 Ziff. 1, 2, 6) anzusehen sei, wenn mehrere unter das Gesetz fallende Tätigkeiten ausgeübt werden, kommt es darauf an, ob die Gesamtheit dieser Beschäftigungen gegenüber der sonstigen (nicht versicherungspflichtigen) Tätigkeit den Hauptberuf bildet. Dabei ist eine gemäß § 7 versicherungsfreie Tätigkeit gleichwie eine versicherungspflichtige mit zu berücksichtigen (AVN. 1913 S. 125).

3. War der Angestellte, ehe er in die unter § 7 fallende Beschäftigung eintrat, schon in einer anderen, nach § 1 versicherungspflichtigen Beschäftigung gestanden, so hat er (wenn die Voraussetzung des § 15 Abs. 1 gegeben ist) auch hier das Recht der Weiterversicherung.

Eine den §§ 1243 Nr. 3, 1227 RVO. entsprechende Berechtigung gibt es bei der Angestelltenversicherung nicht.

§ 8.

Der Bundesrat bestimmt, wieweit vorübergehende Dienstleistungen versicherungsfrei bleiben.

1. Auch diese Bestimmung entspricht der analogen Vorschrift bei der Invalidenversicherung (§ 1232 RVO.).

Es soll dadurch vermieden werden, daß Personen unter das Gesetz fallen, die voraussichtlich nicht imstande sind, die Wartezeit zu erfüllen.

2. Auf Grund des § 8 hat der Bundesrat bestimmt (Bekanntm. des Reichskanzlers vom 9. Juli 1913, RGBl. S. 571):

Versicherungsfrei bleiben

1. vorübergehende Dienstleistungen als Handlungsgehilfe, Gehilfe in Apotheken, Bühnen- oder Orchestermitglied, Lehrer oder Erzieher, wenn sie

a) von Personen, die überhaupt berufsmäßig keine die Versicherungspflicht begründende Beschäftigung ausüben, nur gelegentlich, insbesondere zur gelegentlichen Aushilfe ausgeführt werden,

b) von Personen, die sonst berufsmäßig keine die Versicherungspflicht begründende Beschäftigung ausüben, zwar in regelmäßiger Wiederkehr, aber nur nebenher und gegen einen geringfügigen Entgelt ausgeführt werden. Als geringfügig gilt ein Entgelt, wenn er für den Lebensunterhalt während des Zeitraums, innerhalb dessen die Beschäftigung in regelmäßiger Wiederkehr ausgeübt wird, nicht wesentlich ist;

2. vorübergehende Dienstleistungen von Deutschen, die bei einer amtlichen Vertretung des Reichs oder eines Bundesstaats im Ausland aushilfsweise beschäftigt werden.

§ 9.

Versicherungsfrei sind die in Betrieben oder im Dienste des Reichs, eines Bundesstaats, eines Gemeindeverbandes, einer Gemeinde oder eines Trägers der reichsgesetzlichen Arbeiter- oder Angestelltenversicherung Beschäftigten, wenn ihnen Anwartschaft auf Ruhegeld und Hinterbliebenenrenten im Mindestbetrage nach den Sätzen einer vom Bundesrat festzusetzenden Gehaltsklasse (§ 16) gewährleistet ist; dabei ist das Durchschnittseinkommen der betreffenden Beamtenklassen zu berücksichtigen.

Das Gleiche gilt für die Geistlichen der als öffentlich-rechtliche Korporationen anerkannten Religionsgesellschaften sowie für Lehrer und Erzieher an öffentlichen Schulen oder Anstalten.

Ob eine Anwartschaft als gewährleistet anzusehen ist, entscheidet für die Beschäftigten in Betrieben oder im Dienste des Reichs oder eines vom Reiche beauf-

sichtigten Trägers der reichsgesetzlichen Arbeiter- oder Angestelltenversicherung der Reichskanzler; im übrigen entscheidet die oberste Verwaltungsbehörde desjenigen Bundesstaats, in dessen Betrieben oder Dienst die Beschäftigung stattfindet oder in dessen Gebiet der Gemeindeverband oder die Gemeinde liegt oder der Träger der reichsgesetzlichen Arbeiterversicherung seinen Sitz hat. In den Fällen des Abs. 2 entscheidet die oberste Verwaltungsbehörde desjenigen Bundesstaats, in dessen Gebiet die Korporation oder die öffentliche Schule oder Anstalt ihren Sitz hat.

1. An sich fallen auch Beamte unter die Bestimmungen des Gesetzes; doch entspricht dies, sofern die Beamten mit Pensionsberechtigung angestellt sind, im allgemeinen nicht der Absicht des Gesetzgebers. Es sind daher Vorschriften notwendig, daß solche Beamte nicht unter das Gesetz fallen; sie sind enthalten in den §§ 9 ff. Allerdings beschränkt sich nun der Gesetzgeber nicht darauf, nur die mit förmlicher Pensionsberechtigung angestellten Beamten von der Versicherung auszunehmen, sondern er geht weiter; näheres darüber im folgenden!

Die §§ 9 ff. sind den §§ 1234—1242 RVO. nachgebildet.

Zu Abs. 1:

2. Versicherungsfrei sind: § 9 befreit von der Versicherungspflicht kraft Gesetzes (anders §§ 11, 14) die Personen, denen eine Anwartschaft auf Ruhegeld und Hinterbliebenenrenten gewährleistet ist. Im Falle des § 9 bedarf es daher keines Antrags des Beteiligten, auch seine Zustimmung ist nicht erforderlich.

3. eines Gemeindeverbands, einer Gemeinde. Es kommen nur die politischen Verbände und Gemeinden in Betracht (Anl. Ziff. 20). Welche Verbände als Gemeindeverbände zu gelten haben, bestimmt nach § 321 die oberste Verwaltungsbehörde des betr. Bundesstaats (s. die Anm. zu jenem Paragraphen); hat sie bezüglich eines Verbands keine Entscheidung getroffen, so entscheiden die rechtsprechenden Behörden.

4. eines Trägers der reichsgesetzlichen Arbeiter- oder Angestelltenversicherung. Das sind die Krankenkassen (§ 225 RVO.), die Berufsgenossenschaften (§§ 623, 956, 1118 RVO.) samt den einer Anzahl von ihnen angegliederten Zweiganstalten (§§ 629 Abs. 1 mit 783, 1120 mit 1186 RVO.), die Versicherungsgenossenschaft für das Halten von Reittieren und Fahrzeugen (§ 629 Abs. 2 RVO., Bekanntm. d. Reichskanzlers vom 10. Okt. 1912), die Landesversicherungsanstalten (§ 1326 RVO.) und die Reichsversicherungsanstalt der Angestelltenversicherung (§ 96 dieses Gesetzes). An sich würden auch die Ausführungsbehörden der Unfallversicherung (§§ 892, 1033, 1218 RVO.) und die Sonderanstalten der Invalidenversicherung (§ 1360 RVO.) hierher gehören; doch wird sich die Beschäftigung bei einem solchen Versicherungsträger regelmäßig als Beschäftigung im Dienste des Reichs, eines Bundesstaats oder eines Gemeindeverbands darstellen und daher ohnehin schon unter § 9 fallen. Nicht hierher gehören die Ersatzkassen der Krankenversicherung (§ 503 RVO., vgl. auch § 3 RVO.), die Knappschaftskassen und -Vereine; ob auch die Ersatzeinrichtungen der Angestelltenversicherung (§ 365 ff. dieses Gesetzes) auszunehmen seien, ist streitig (m. E. besteht kein Grund, sie auszunehmen, da sie durch § 96 unzweifelhaft der Reichsversicherungsanstalt als Versicherungsträger gleichgestellt sind).

5. Beschäftigten: Beamte sind zwar hier mit inbegriffen, doch ist die Beamteneigenschaft keineswegs immer erforderlich. Es ist ohne Belang, ob das Beschäftigungsverhältnis öffentlich- oder privatrechtlicher Natur ist; daher können auch Arbeiter usw. unter § 9 fallen, sofern ihnen nur die vom Gesetz geforderte Anwartschaft gewährleistet ist.

Der Begriff des Beamten bestimmt sich nach den maßgebenden Dienstesvorschriften.

6. Anwartschaft: Es kommt nur die durch das Beschäftigungsverhältnis selbst begründete Anwartschaft in Betracht, dagegen nicht etwa eine durch Versicherung auf Grund der RVO. bestehende Anwartschaft auf Invaliden- und Hinterbliebenenrenten.

Gewährleistet ist die Anwartschaft, wenn es sich um rechtlich geregelte Bezüge handelt, so daß es also nicht bloß im Ermessen der vorgesetzten Dienstbehörde steht, ob ein Ruhegehalt gewährt (oder ein bewilligtes weitergezahlt) werden soll. Hiernach gilt aber die Anwartschaft nicht erst dann als gewährleistet, wenn dem Angestellten die Ruhegeldberechtigung (für den Fall seiner Dienstuntauglichkeit) schon jetzt zusteht, sondern auch dann, wenn er diese Berechtigung erst nach Zurücklegung einer bestimmten Dienstzeit erreicht, und selbst dann, wenn er nur eine Stelle einnimmt, die nach den bestehenden Verwaltungsgrundsätzen den allgemein üblichen Übergang zu einer Anstellung mit späteren Ansprüchen auf Ruhegeld und Hinterbliebenenrenten bildet. Dagegen erfordert die Anwartschaft, daß das Dienstverhältnis beim Einrücken in die Ruhegeldberechtigung gegen Entlassungswillkür gesichert ist, daß es also nach diesem Zeitpunkt entweder „lebenslänglich", „unwiderruflich" usw. ist oder daß es doch ohne Zustimmung des Angestellten nur aus einem wichtigen Grunde gelöst werden kann. Hierüber vgl. auch die pr. Ministerialerlasse vom 14. Nov., 15. und 17. Dez. 1912 (Min.-Bl. der k. pr. Verw. für Landwirtschaft usw. 1913 S. 22, 24, 25); vom 16., 28. u. 31. Dez. 1912 (Min.-Bl. der Handels- u. Gew.-Verw. 1913 S. 80, 82, 255); vom 23. Nov. u. 24. Dez. 1912 und vom 22. März 1913 (Min.-A.-Bl. für innere Verw. 1912 S. 315, 1913 S. 13 u. 67); Bekanntm. des bayr. Min. d Innern vom 11. Nov. 1912, Ziff. III Abs. 2 (Min.-A.-Bl. des Äußern u. des Innern S. 1075).

§ 9 Abs. 1 trifft übrigens auch dann zu, wenn die Anwartschaft nicht unmittelbar gegenüber der Anstellungsbehörde besteht, sondern z. B. auch, wenn der Beamte dienstlich verpflichtet ist, einer (selbständigen) Pensionskasse anzugehören, deren Leistungen durch eine Körperschaft des öffentlichen Rechts sichergestellt sind.

7. auf Ruhegeld und Hinterbliebenenrenten: Bloße Anwartschaft auf Ruhegeld für den

Versicherten selbst genügt daher nicht zur Befreiung von der Versicherungspflicht.

Ledige weibliche Angestellte, die unter § 9 fallen, würden nach dem Wortlaut des Gesetzes auch nur dann versicherungsfrei sein, wenn ihnen Anwartschaft auf Ruhegeld und Hinterbliebenenrenten gewährleistet wäre. Da dies meistens nicht der Fall ist, so wären sie (trotz ihrer Anwartschaft auf Ruhegeld) durchwegs versicherungspflichtig. Es ist jedoch anzunehmen, daß diese Auslegung der Absicht des Gesetzes nicht entspricht (für die Auslegung der analogen Vorschrift des § 1234 RVO. vgl. AN. 1913 S. 360 Nr. 1672), daß vielmehr hier die Anwartschaft auf Ruhegeld allein genügt; s. auch (für Lehrerinnen) den Erlaß des pr. Kultusministeriums vom 2. Jan. 1913 (Handelsmin.-Bl. S. 82).

8. Betreibt ein Angestellter, der im Hauptberuf gemäß § 9 versicherungsfrei ist, im Nebenberufe noch andere Beschäftigungen, die an sich unter § 1 des Gesetzes fallen, so sind auch diese nicht versicherungspflichtig (AVN. 1913 S. 125).

9. im Mindestbetrage einer vom Bundesrat festzusetzenden Gehaltsklasse: Gemäß § 16 werden für die Versicherten nach der Höhe ihres Jahresarbeitsverdienstes Gehaltsklassen gebildet; welche von diesen hier maßgebend sein soll, bestimmt der Bundesrat.

Demgemäß ist (s. Bekanntm. des Reichskanzlers vom 29. Juni 1912, RGBl. S. 405) bestimmt worden, daß die Gehaltsklasse maßgebend sein soll, welche dem tatsächlichen Stelleneinkommen des Angestellten zu der Zeit entspricht, zu der die Entscheidung nach § 9 Abs. 3 wirksam wird.

Zu Abs. 2:

10. Das gleiche gilt: es gilt daher für Abs. 2 auch alles, was oben in Anm. 1—9 ausgeführt ist, entsprechend.

11. als öffentlich-rechtliche Korporationen anerkannten Religionsgesellschaften: Deren Begriff bestimmt sich nach Landesrecht. Für die Befreiung der Geistlichen ist es nicht erforderlich, daß sie ein geistliches Amt in der betreffenden Religionsgesellschaft bekleiden; es genügt, daß sie an den für die Geistlichen ihrer Religionsgesellschaft bestehenden Pensionseinrichtungen teilnehmen.

12. öffentlichen Schulen oder Anstalten: Welche Schulen usw. als öffentliche anzusehen sind, entscheidet nach dem letzten Satze des Abs. 3 die oberste Verwaltungsbehörde (und zwar auf Grund des Landesrechts). Vgl. den Erlaß des pr. Ministers für Handel und Gewerbe vom 18. Nov. 1912 (Buchst. D), Min.-Bl. d. Handels- u. Gew.-Verw. S. 561.

Zu Abs. 3:

13. Bei der Invalidenversicherung (§ 1234 RVO.) besteht keine gleichartige Vorschrift. Abs. 3 des § 9 bezweckt, die gleichheitliche und sachgemäße Durchführung der Bestimmungen in Abs. 1 u. 2 sicherzustellen.

14. Die nach § 9 Abs. 3 zu treffenden Entscheidungen sind deklaratorischer Art, d. h. sie begründen nicht erst die Versicherungsfreiheit, sondern sie stellen nur fest, was schon auf Grund des Gesetzes selbst Rechtens ist; sie haben daher rückwirkende Kraft von dem Zeitpunkt an, in dem die Anwartschaften gewährleistet sind (vgl. den pr. Min.-Erlaß v. 21. Dez. 1912, Min.-A.-Bl. der Handels- u. Gew.-Verw. 1913 S. 9).

15. Auf Grund des Abs. 3 sind von Seite des Reichs und der einzelnen Bundesstaaten die folgenden Bestimmungen erlassen worden.

a) Von Seite des Reichs:

Bekanntm. des Reichskanzlers vom 30. Sept. 1912 (Reichsanz. Nr. 234), betr. die in der Verwaltung der Reichseisenbahnen Beschäftigten;

Bekanntm. des Reichskanzlers vom 16. Febr. 1913 (Armee-Verordn.-Bl. S. 49), betr. die aus Reichsfonds besoldeten, in Betrieben oder im Dienste der Heeresverwaltung Beschäftigten;

Erlasse des Staatssekretärs des Reichsmarineamts vom 5. Aug. 1912 (abgedr. AVN. 1913 S. 227), vom 3. Okt. 1912 (AVN. 1913 S. 227) und vom 21. Dez. 1912 (AVN. 1913 S. 228), betr. die im Bereich der Marineverwaltung Beschäftigten.

Die in diesen Bekanntmachungen und Erlassen benannten Angestellten sind versicherungsfrei, wenn ihnen nach den reichsgesetzlichen Vorschriften eine Anwartschaft auf Pension und auf Hinterbliebenenbezüge zusteht. — Ferner

Verfügungen des Staatssekretärs des Reichspostamts vom 14. Oktober 1912 und vom 8. Febr. 1913 (Amtsbl. d. Reichspost-A. 1912 S. 235, 1913 S. 37). Hiernach sind versicherungsfrei die sämtlichen, im Bereiche der Reichspost- und Telegraphenverwaltung beschäftigten männlichen Beamten mit Ausschluß der Postagenten und der übrigen im Nebenamte beschäftigten Personen, ferner die sämtlichen bei der Reichspost- und Telegraphenverwaltung beschäftigten Postgehilfinnen. — Endlich

Bekanntm. des Reichskanzlers vom 11. Febr. 1913 (ABN. S. 299) betr. die Angestellten der vom Reichsversicherungsamt beaufsichtigten Berufsgenossenschaften.

b) In Preußen:

Ministerial-Erlasse vom 13. Sept. 1912 (Min.-Bl. f. innere Verw. S. 281), den Bereich der allgemeinen Bauverwaltung betr.;

vom 7. Nov. 1912 (Handelsmin.-Bl. 1913 S. 79), den Bereich der allgemeinen Verwaltung betr.;

vom 18. Nov. 1912 (Handelsmin.-Bl. S. 561), den Bereich des Ministeriums für Handel und Gewerbe — Staatsbeamte, sowie Lehrer an öffentlichen Schulen und Anstalten im Bereich dieses Ministeriums — betr., dazu Erlasse

vom 31. Dez. 1912 (Handelsmin.-Bl. 1913 S. 24), das Personal der Eichverwaltung betr.,

vom 25. Jan. 1913, Ziff. IV (Handelsmin.-Bl. S. 83), weibliche Beamte und Lehrerinnen betr.,

vom 4. Sept. 1913 (Handelsmin.-Bl. S. 602), das Personal der staatlichen Berg-, Hütten- und Salinenverwaltung betr., endlich

vom 12. Jan. 1914 (Handelsmin.-Bl. S. 26), betr. die Versicherungsfreiheit der Lehrer an öffentlichen Schulen, wenn sie bei der Abt. III der „Allgem. Deutschen Pensionsanstalt" in Berlin versichert sind;

vom 9. Dez. 1912 (Justizmin.-Bl. S. 409), den Bereich der Justizverwaltung betr.;

vom 10. Dez. 1912 (Zentralbl. d. Abgabengesetzgebung u. Verw. S. 381), den Bereich der Verwaltung der Zölle und indirekten Steuern betr.;

vom 15. Dez. 1912 (Landw.-Min.-Bl. 1913 S. 24) und vom 6. Jan. 1913 (Handelsmin.-Bl. S. 48), den Bereich des Ministeriums für Landwirtschaft, Domänen und Forsten betr.;

vom 16. und 28. Dez. 1912 und vom 2. Jan. 1913 (Handelsmin.-Bl. 1913 S. 80, 82), den Bereich der Verwaltung der geistlichen und Unterrichtsangelegenheiten betr.; endlich

vom 29. März 1913 (Armeeverordn.-Bl. S. 50), den Bereich der Heeresverwaltung betr.

Fälle, in denen die nach § 9 Abs. 1 erforderliche Anwartschaft nicht als gewährleistet angesehen wurde, behandeln die Ministerial-Erlasse

vom 22. April und 31. Dez. 1912 (Landw.-Min.-Bl. 1912 S. 189, 1913 S. 29), die Meliorationstechniker betr., und

vom 17. Febr. 1913 (Landw.-Min.-Bl. S. 78), die Rechengehilfen bei den Landmesserbureaux der K. Generalkommission betr.

In mehreren Fällen haben die zuständigen Ministerien zwar die nach § 9 Abs. 3 zu treffende Entscheidung gemäß § 320 anderen Behörden übertragen, diesen aber die Grundsätze vorgezeichnet, nach denen sie verfahren sollen; vgl. die Erlasse

vom 23. Nov. 1912 (Min.-Bl. f. innere Verw. S. 315), 24. Dez. 1912 (Min.-Bl. f. innere Verw. 1913 S. 13), 22. März 1913 (Min.-Bl. f. innere Verw. S. 67), 11. Mai 1913 (Handelsmin.-Bl. S. 404) und vom 22. Mai 1913 (Handelsmin.-Bl. S. 405), sämtlich die Angestellten der Gemeinden betr.;

vom 31. März 1913 (Handelsmin.-Bl. S. 255), die Angestellten der Handelsvertretungen und Handwerkskammern betr.; endlich

vom 2. Juni 1913 (Handelsmin.-Bl. S. 442), die Angestellten der Krankenkassen betr.

c) In Bayern:

Durch Art. 51 des Ausführungsgesetzes vom 3. Nov. 1912 (Ges.- u. Verordn.-Bl. S. 1135) zur RVO., das sich auch auf die Angestelltenversicherung erstreckt, ist die Staatsregierung ermächtigt worden, Personen, die in Betrieben oder im Dienste des Staates beschäftigt sind, zum Zweck der Befreiung von der Versicherungspflicht nach dem Versicherungsgesetz für Angestellte die Leistungen zuzusichern, die in § 9 des Gesetzes bezeichnet sind. Auf Grund dessen ist ergangen die Ziff. I der Bekanntmachung des b. Justizministeriums vom 23. Dezember 1912 (Just.-Min.-Bl. S. 354), die die Gerichtsschreibergehilfen und die Notariatsgehilfen betrifft, ferner die Bekanntm. des b. Finanzministeriums vom 9. Juli 1913 (Fin.-M.-Bl. S. 361), betr. die pfälzischen Steuereinnehmer usw.

Das gleiche wie nach Art. 51 Abs. 1 gilt nach dessen Abs. 2 für die an öffentlichen Volksschulen Beschäftigten, soweit die anderweite öffentliche Fürsorge nicht ausreicht.

Auf Grund des § 9 Abs. 3 des Gesetzes sind weiter ergangen:

Ziff. II der vorhin erwähnten Justizministerialbekanntmachung vom 23. Dez. 1912;

Min.-Bekanntmachung vom 9. Jan. 1913, den Geschäftskreis des K. Staatsministeriums des Innern betr. (Min.-A.-Bl. d. Äußeren u. d. Inneren S. 70);

desgl. vom 18. Jan. 1913, den Bereich der Verkehrsverwaltung betr. (ebenda S. 110);

desgl. vom 1. Febr. 1913, den Geschäftsbereich des Kriegsministeriums betr. (ebenda S. 157);

desgl. vom 2. Febr. 1913, den Geschäftskreis des Staatsministeriums des K. Hauses u. des Äußern betr. (ebenda S. 124); endlich

Min.-Entschließung vom 7. Febr. 1914, die staatl. Eichmeister betr. (ebenda 1914 S. 61).

Nach Art. 57 des erwähnten Ausführungs-Gesetzes zur RVO. sind ferner die Gemeinden und Gemeindeverbände verpflichtet, denjenigen ihrer Beamten — aber nur diesen, nicht auch den anderen

Angestellten — die nach dem Versicherungsgesetz für Angestellte versicherungspflichtig sind, zum Zweck der Befreiung von dieser Pflicht die Anwartschaft zu gewährleisten, die in § 9 des Gesetzes bezeichnet ist. Die Verpflichtung besteht nicht, wenn die Gemeinde oder der Gemeindeverband für den Beamten Beiträge zu einer Versicherungsunternehmung entrichtet oder dem Beamten solche Beiträge ersetzt. Das Staatsministerium des Innern kann aus wichtigen Gründen weitere Ausnahmen zulassen.

Zur Durchführung dieser Vorschrift ist ergangen die Min.-Bekanntmachung vom 11. Nov. 1912, „über das Verhältnis der Gemeindebeamten zum Versicherungsgesetz für Angestellte" (Min.-A.-Bl. d. Äußern u. d. Innern S. 1075).

Hinsichtlich der bayer. Distriktsbaumeister, Distriktskassiere und Distriktssparkassenkassiere s. auch Entsch. des bayer. Verwaltungsgerichtshofs vom 30. April 1913 (Regers Entsch. Bd. 33 S. 459).

Die katholische und die protestantische Geistlichkeit betreffen die beiden Ministerial-Bekanntmachungen vom 13. Febr. 1914 (Min.-A.-Bl. d. Äußern u. d. Innern S. 99, 100).

d) Im Königreich Sachsen:
Verordnung vom 29. Jan. 1913 (Nr. 121 J H).

e) In Württemberg:
Min.-Verfügung vom 30. Nov. 1912 (Amtsbl. d. Min. d. J. S. 402).

f) In Baden:
Min.-Verordnung vom 5. Aug. 1912 (Ges.- u. Verordn.-Bl. S. 339), § 1 Nr. 2 (betrifft nur Zuständigkeit).

g) In Braunschweig:
Min.-Bekanntm. vom 27. Dez. 1912 (Ges.- u. Verordn.-Samml. S. 703).

h) In Sachsen-Meiningen:
Min.-Erlaß vom 30. Juli 1912 (Reg.-Bl. S. 845).

i) In Schaumburg-Lippe:
Min.-Bekanntm. vom 10. Aug. 1912 (Anz. d. Fürstent. Sch.-L. S. 305), und
Min.-Erlaß vom 31. Jan. 1913 (Anz. d. Fürstent. Sch.-L. S. 60).

k) In Lübeck:
Gesetz vom 30. Dez. 1912 (Ges.- u. Verordn.-Bl. S. 592).
l) In Bremen:
Gesetz vom 25. Dez. 1912 (Ges.-Bl. S. 291).
m) In Hamburg:
Gesetz vom 27. Jan. 1913 (Amtsbl. S. 91).

§ 10.

Versicherungsfrei sind

1. **Beamte des Reichs, der Bundesstaaten, der Gemeindeverbände und der Gemeinden, Geistliche der als öffentlich-rechtliche Korporationen anerkannten Religionsgesellschaften, Lehrer und Erzieher an öffentlichen Schulen oder Anstalten, solange sie lediglich für ihren Beruf ausgebildet werden, sowie die im Reichs- oder Staatsdienst vorläufig beschäftigten Beamten und vorläufig beschäftigten Geistlichen der als öffentlich-rechtliche Korporationen anerkannten Religionsgesellschaften,**
2. **Angestellte in Eisenbahn-, Post- und Telegraphenbetrieben des Reichs oder der Bundesstaaten, die Aussicht auf Übernahme in das Beamtenverhältnis und Anwartschaft auf eine ausreichende Invaliden- und Hinterbliebenenfürsorge haben,**
3. **Personen des Soldatenstandes, die eine der im § 1 bezeichneten Tätigkeiten im Dienste oder während der Vorbereitung zu einer bürgerlichen Beschäftigung ausüben, auf die § 9 anzuwenden ist,**
4. **Personen, die während der wissenschaftlichen**

Ausbildung für ihren zukünftigen Beruf gegen Entgelt unterrichten,

5. **Ärzte, Zahnärzte und Tierärzte in ihrer beruflichen Tätigkeit.**

Ob die Voraussetzungen der Nrn. 1, 2 vorliegen, entscheiden die nach § 9 Abs. 3 zuständigen Stellen.

1. Auch hier tritt die Befreiung von der Versicherungspflicht kraft Gesetzes ein.

Zu Ziff. 1.

2. Hier handelt es sich nicht um die definitiv Angestellten, sondern nur um die vorläufig beschäftigten Beamten des Reichs usw. Beamte der Versicherungsträger (Krankenkassen, Berufsgenossenschaften, Versicherungsanstalten) sind hier nicht genannt; sie werden daher, so lange sie nur vorläufig beschäftigt sind, von der Versicherungspflicht der Angestelltenversicherung durch § 10 nicht befreit. Ferner handelt es sich hier nur um Beamte, nicht auch um andere Angestellte, endlich auch nur um unmittelbare Beamte des Reichs usw. Beamte anderer Körperschaften als der in § 10 Ziff. 1 genannten fallen unter § 14 Ziff. 1.

Die Worte „so lange sie lediglich für ihren Beruf ausgebildet werden" beziehen sich natürlich auf alle vorher genannten Kategorien, nicht bloß auf Lehrer und Erzieher.

Zu Ziff. 2.

3. Diese Bestimmung enthält eine Abweichung von der RVO. (§ 1235). Es handelt sich hier um solche Hilfsbeamte, welche aus dem Stand der Arbeiter hervorgegangen sind und später nach Maßgabe der vorhandenen Stellen in das Beamtenverhältnis übernommen werden. Diese Personen haben nicht nur Anwartschaft auf die reichsgesetzlichen Leistungen der Invaliden- und Hinterbliebenenversicherung, sondern es stehen ihnen auch die Leistungen der für fast alle staatlichen Eisenbahn-, Post- und Telegraphenverwaltungen bestehenden Pensionskassen, Abteilung B, zu, die unter anderem auch Renten an alle Witwen vorsehen.

Unter „Eisenbahnverwaltungen" sind hier nur staatliche zu verstehen. Andere Eisenbahnen fallen, soweit sie dem öffentlichen Verkehr dienen, unter § 14 Ziff. 1, im übrigen bleiben sie überhaupt außer Betracht.

Zu Ziff. 3.

4. Im Bureaudienst beschäftigte Militärpersonen und Vorbereitungspraxis der Militäranwärter. Es handelt sich übrigens hier nur um Militäranwärter, die dem Soldatenstande noch angehören. Sind sie aus diesem bereits ausgeschieden, so können sie unter § 10 Ziff. 1 fallen (vgl. hierüber z. B. die Bekanntm. des Reichskanzlers vom 16. Febr. 1913, Armee-Verordn.-Bl. S. 49, und den Erlaß des pr. Kriegsministers vom 29. März 1913, Armee-Verordn.-Bl. S. 50).

Zu Ziff. 4.

5. Stundengeben der Studenten usw. Die Ausbildung für den Schauspielerberuf ist keine „wissenschaftliche" im Sinne der Ziff. 4 (AVN. 1913 S. 210).

Zu Ziff. 5.

6. Es kann sich natürlich nur um solche Ärzte usw. handeln, die als Angestellte beschäftigt sind (Assistenzärzte, Schiffsärzte usw.). Ärzte, die eine selbständige Praxis ausüben, fallen ohnehin nicht unter das Gesetz.

Zu Abs. 2.

7. Auf Grund dieser Bestimmung sind die nachstehend angeführten Entscheidungen der zuständigen Stellen ergangen.

a) Von seiten des Reichs:

Bekanntm. des Reichskanzlers vom 30. Sept. 1912 (Reichsanz. Nr. 234). Hiernach sind versicherungsfrei alle im Reichsbeamtenverhältnis vorläufig oder auf Probe Beschäftigten sowie die in der Ausbildung begriffenen Bediensteten; ferner die außerhalb des Reichsbeamtenverhältnisses beschäftigten Angestellten, die Aussicht auf Übernahme in das Beamtenverhältnis haben und der Abteilung B der Pensionskasse der Reichseisenbahnen als Pflichtmitglieder angehören (für die der Abt. B als freiwillige Mitglieder beigetretenen Bediensteten tritt eine Befreiung von der Versicherungspflicht nicht ein).

Bekanntm. des Reichskanzlers vom 16. Febr. 1913 (Armee-Verordn.-Bl. S. 49). Hiernach besteht Versicherungsfreiheit bei den auf Widerruf angestellten, nicht etatsmäßigen, unbesoldeten Reichsbeamten für die Zeit, in der ihnen unter besonderen Verhältnissen eine Besoldung aus Reichsfonds gewährt wird, und bei den Militäranwärtern, die bereits aus dem Soldatenstand ausgeschieden und zur Probedienstleistung in Beamtenstellen bei den Behörden der Heeresverwaltung einberufen sind.

Verfügung des Staatssekretärs des Reichspostamts vom 14. Okt. 1912 (Amtsbl. d. Reichspost-A. S. 235), betr. die im Dienste der Reichspost- und Telegraphenverwaltung stehenden Regierungsbauführer; endlich

Erlaß des Staatssekretärs des Reichsmarineamts vom 3. Okt. 1912 (MVN. S. 227). Hiernach sind versicherungsfrei die sämtlichen in der Ausbildung begriffenen Beamten (der Marineverwaltung), Marinebauführer, technische Sekretariatsaspiranten, Werftbuchführeranwärter und die zur Probedienstleistung eingestellten Betriebsbeamten (Kap. 60 Tit. 2 des Marine-Etats).

b) In Preußen:

Min.-Erlaß vom 13. Sept. 1912 (Min.-Bl. f. d. innere Verw. S. 281), Ziff. I Abs. 2, den Bereich der allgem. Bauverwaltung betr.;

desgl. vom 7. Nov. 1912 (Handelsmin.-Bl. 1913 S. 79), Abs. 3, den Bereich der allgem. Verwaltung betr.;

desgl. vom 18. Nov. 1912 (Handelsmin.-Bl. S. 561), Buchst. B u. C, den Bereich des Ministeriums für Handel und Gewerbe betr.;

desgl. vom 9. Dez. 1912 (Just.-Min.-Bl. S. 409), Ziff. II, den Bereich der Justizverwaltung betr.;

desgl. vom 10. Dez. 1912 (Zentr.-Bl. d. Abg.-

Gesetzg. u. Verw. S. 381), Abs. 3, den Bereich der Verwaltung der Zölle und indirekten Steuern betr.;

desgl. vom 16. Dez. 1912 (Handelsmin.-Bl. 1913 S. 82), stellvertretungsweise beschäftigte Lehrkräfte an öffentlichen Schulen betr. (sie fallen nicht unter § 10 Ziff. 1, event. aber unter § 9);

desgl. vom 28. Dez. 1912 (Handelsmin.-Bl. 1913 S. 80), Ziff. 4, den Bereich der Verwaltung der geistlichen und Unterrichtsangelegenheiten betr.;

desgl. vom 6. Jan. 1913 (Handelsmin.-Bl. S. 48), Abs. 2, den Bereich des Ministeriums für Landwirtschaft betr.;

desgl. vom 29. März 1913 (Armee-Verordn.-Bl. S. 50), den Bereich der Heeresverwaltung betr.

Die Rechengehilfen bei den Landmesserbureaux der k. Generalkommission und die Meliorationstechniker fallen (wie nicht unter § 9, so auch) nicht unter § 10 Ziff. 1, da sie nicht die Eigenschaft von Beamten haben (Min.-Erlasse vom 17. Febr. 1913, Landw.-Min.-Bl. S. 78, ferner vom 22. April u. 31. Dez. 1912, Landw.-Min.-Bl. 1912 S. 189, 1913 S. 29).

c) In Bayern:

Min.-Bekanntmachung vom 23. Dez. 1912 (Just.-Min.-Bl. S. 354), Ziff. II, den Bereich der Justizverwaltung betr.;

desgl. vom 9. Jan. 1913 (Min.-A.-Bl. d. Auß. u. d. J. S. 70), den Bereich des Ministeriums des Innern betr.;

desgl. vom 18. Jan. 1913 (Min.-A.-Bl. d. Auß. u. d. J. S. 110), Ziff. 2, den Bereich der Verkehrsverwaltung betr.;

desgl. vom 1. Febr. 1913 (Min.-A.-Bl. d. Auß. u. d. J. S. 157), Ziff. 2, den Bereich des Kriegsministeriums betr.;

desgl. vom 2. Febr. 1913 (Min.-A.-Bl. d. Auß. u. d. J. S. 124), Ziff. II, den Bereich des Staatsministeriums des K. Hauses u. des Außeren betr.; endlich

Min.-Bekanntmachung vom 13. Febr. 1914 (Min.-A.-Bl. d. Auß. u. d. J. S. 100), die prot. Geistlichkeit betr.

d) Im Königreich Sachsen:

Verordnung vom 29. Jan. 1913 (Nr. 121 JH.), Ziff. II.

e) In Württemberg:

Min.-Verfügung vom 30. Nov. 1912 (Amtsbl. d. Min. d. J. S. 402).

f) In Braunschweig:

Min.-Bekanntmachung vom 27. Dez. 1912 (Ges.- u. Verordn.-Samml. S. 703).

g) In Sachsen-Meiningen:

Min.-Erlaß vom 24. Dez. 1912 (Reg.-Bl. 1913 S. 3).

h) In Schaumburg-Lippe:

Min.-Erlaß vom 31. Jan. 1913 (Anz. des Fürstent. Sch.-L. S. 60).

§ 11.

Auf seinen Antrag wird von der Versicherungspflicht befreit,

wem von dem Reiche, einem Bundesstaat, einem Gemeindeverband, einer Gemeinde oder einem Versicherungsträger der reichsgesetzlichen Arbeiterversicherung, oder

wem auf Grund früherer Beschäftigung als Lehrer oder Erzieher an öffentlichen Schulen oder Anstalten

Ruhegeld, Wartegeld oder ähnliche Bezüge im Mindestbetrage nach den Sätzen der Gehaltsklasse A bewilligt sind und daneben Anwartschaft auf Hinterbliebenenfürsorge (§ 9) gewährleistet ist.

1. Hier tritt die Befreiung von der Versicherungspflicht nicht kraft Gesetzes, wie nach §§ 9 und 10, sondern nur auf Antrag ein. Der Antrag ist hier vom Versicherten selbst zu stellen, nicht vom Arbeitgeber (anders im Falle des § 14). Über den Antrag entscheidet nach § 12 der Rentenausschuß. Gemäß § 13 kann die Befreiung widerrufen, auch kann auf sie verzichtet werden. Ferner ist es zulässig, während der Dauer der Befreiung von der Weiterversicherung (§ 15) Gebrauch zu machen (dieser, vom RVAmt für die Invalidenversicherung ausgesprochene Grundsatz — A. N. 1897 S. 589 Nr. 614 — muß zweifellos auch hier Geltung haben).

2. Versicherungsträger der reichsgesetzlichen Arbeiterversicherung: S. Anm. 4 zu § 9. Die Reichsversicherungsanstalt der Angestelltenversicherung (samt den zugelassenen Ersatzkassen) wird den Trägern der Arbeiterversicherung gleichzustellen sein.

3. bewilligt sind: Es handelt sich also hier um bereits pensionierte Personen (nicht bloß Beamte), die den Rest ihrer Arbeitskraft noch zu einer bezahlten Beschäftigung ausnützen. Die Bestimmung entspricht dem § 1237 RVO. Ohne Belang ist es, wenn das bewilligte Ruhegeld aus irgendeinem Grunde ruht (vgl. die Rechtsprechung des RVAmts zur Invalidenversicherung). Jedoch muß es sich um Bezüge handeln, die auf Grund eines früheren Dienstverhältnisses gewährt werden; Haftpflichtentschädigungen oder dergl. kommen nicht in Betracht, ebensowenig ausländische Pensionen.

„Ähnliche Bezüge" sind solche, die, ohne auf einem Rechtsanspruch zu beruhen, doch tatsächlich so gesichert sind, daß sie dem Ruhe- oder Wartegeld gleichwertig sind (A. N. 1904 S. 358 Nr. 1116, 1907 S. 412 Nr. 1297).

Abweichend von § 9 ist hier nur die Gehaltsklasse A verlangt. Es ist fraglich, ob nicht ein Redaktionsversehen vorliegt; vgl. auch § 14 Ziff. 2.

4. und daneben Anwartschaft: Der Pensionsbezug für sich allein genügt nicht, es muß dem Betreffenden außerdem auch noch für den Fall seines Ablebens Anwartschaft auf Hinterbliebenenfürsorge im Mindestbetrage dieses Gesetzes gewährleistet sein. S. aber auch Anm. 7 zu § 9.

5. Gewährleistet ist: Ob dies der Fall ist, entscheiden nötigenfalls die in § 9 Abs. 3 genannten Stellen. Für Bayern vgl. hierzu die Min.-Bekanntmachungen vom 20. Mai und 16. Dez. 1913 (Min.-A.-Bl. d. Auß. u. d. J. S. 457, 922).

6. Über eine weitere Befreiung von der Versicherungspflicht während der ersten Jahre nach dem Inkrafttreten des Gesetzes siehe § 397.

§ 12.

Über den Antrag entscheidet der für den Wohnsitz des Antragstellers zuständige Rentenausschuß (§ 98). Hat der Antragsteller im Inland keinen Wohnsitz, so entscheidet der Rentenausschuß seines dauernden Aufenthalts. Auf Beschwerde entscheidet das Schiedsgericht (§ 156) endgültig.

Die Befreiung wirkt vom Eingang des Antrags an.

1. Der Paragraph entspricht dem § 1240 RVO.

Zu Abs. 1.

2. Über den Antrag: S. auch Anm. 5 zu § 11. Der Antrag muß genehmigt werden, wenn die gesetzlichen Voraussetzungen vorliegen. Er kann auch zurückgenommen werden (vgl. auch § 13 Abs. 2).

3. zuständige Rentenausschuß: Es ist bis jetzt nur ein solcher in Berlin errichtet. Die Bestimmungen über die Zuständigkeit der Rentenausschüsse sind daher vorläufig gegenstandslos.

4. Beschwerde: Nach § 328 Abs. 1 muß die Beschwerde binnen einem Monat nach Zustellung der angefochtenen Entscheidung eingelegt werden; s. auch § 328 Abs. 2 und § 329.

Der Auslegung des § 1240 RVO. entsprechend wird

man auch hier annehmen müssen, daß nur der Versicherte selbst, dagegen nicht sein Arbeitgeber oder die RVAnstalt Beschwerde einlegen kann. Die RVAnstalt kann, wenn sie der Ansicht ist, die Befreiung sei zu Unrecht bewilligt, entweder deren Widerruf beantragen (s. § 13 und Anm. 4 hierzu) oder gemäß § 210 eine Entscheidung über die Beitragspflicht herbeiführen; auf diesem Wege kann dann die Sache eventuell auch vor das Oberschiedsgericht kommen (was nach §§ 12 und 13 ausgeschlossen wäre).

5. Schiedsgericht: Bis jetzt ist auch nur ein Schiedsgericht in Berlin errichtet.

Zu Abs. 2.

6. vom Eingang des Antrags an: Also rückwirkend. Aufschiebende Wirkung hat der Antrag daher nicht. Der Antragsteller (und sein Arbeitgeber) muß, solange das Verfahren über den Antrag schwebt, die Beiträge vorläufig entrichten. Wird der Antrag genehmigt, so werden die Beiträge zurückerstattet.

§ 13.

Der Rentenausschuß widerruft die Befreiung, sobald ihre Voraussetzungen nicht mehr vorliegen. Auf Beschwerde entscheidet das Schiedsgericht endgültig.

Bei Verzicht auf die Befreiung und bei ihrem endgültigen Widerrufe tritt die Versicherungspflicht wieder in Kraft.

1. § 13 entspricht dem § 1241 RVO.

Zu Abs. 1.

2. Rentenausschuß: S. Anm. 2 zu § 12.

3. widerruft: Entweder auf Antrag der Reichsversicherungsanstalt (vgl. Anm. 4 zu § 12) oder von Amts wegen.

4. sobald ihre Voraussetzungen nicht mehr vorliegen: z. B. weil das Ruhegeld oder Wartegeld (§ 11) aus irgendeinem Grunde weggefallen ist.

Dem Wegfall der Voraussetzungen muß aber auch der Fall gleichgestellt werden, daß die Voraussetzungen der Befreiung überhaupt nicht vorgelegen haben, diese also zu Unrecht bewilligt worden ist (vgl. auch Anm. 4 zu § 12).

5. Beschwerde: S. Anm. 4 Abs. 1 zu § 12. Hier kann die Beschwerde auch von der RVAnstalt, wenn sie den Widerruf beantragt hat, eingelegt werden.

6. Schiedsgericht: S. Anm. 5 zu § 12.

Zu Abs. 2.

7. tritt die Versicherungspflicht wieder in Kraft: Jedoch nicht rückwirkend. In der Zwischenzeit, in der die Befreiung galt, wird daher sehr häufig die — vor der Befreiung erworbene — Anwartschaft erloschen sein (§ 49).

§ 14.

Der Bundesrat kann auf Antrag des Arbeitgebers bestimmen, wieweit § 9, § 10 Nr. 1, 2, §§ 11 bis 13 gelten für

1. **die in Betrieben oder im Dienste anderer öffentlicher Verbände oder von Körperschaften oder von Eisenbahnen des öffentlichen Verkehrs oder als Lehrer und Erzieher an nicht öffentlichen Schulen oder Anstalten Beschäftigten, wenn ihnen mindestens die im § 9 bezeichneten Anwartschaften gewährleistet sind oder sie lediglich für ihren Beruf ausgebildet werden,**
2. **Personen, denen auf Grund früherer Beschäftigung bei solchen Verbänden oder Körperschaften oder Eisenbahnen, Schulen oder Anstalten Ruhegeld, Wartegeld oder ähnliche Bezüge im Mindestbetrage nach den Sätzen der vom Bundesrat festgesetzten Gehaltsklasse (§ 9) be-**

willigt sind und daneben eine Anwartschaft auf Hinterbliebenenfürsorge (§ 9) gewährleistet ist,

3. Beamte und Bedienstete der landesherrlichen Hof-, Dominial-, Kameral-, Forst- und ähnlichen Verwaltungen, der Herzoglich Braunschweigischen Landschaft, der Fürstlich Hohenzollernschen Fideikommißverwaltung und der standesherrlichen Verwaltungen sowie Angestellte in Betrieben, für die eine besondere Invaliden- und Hinterbliebenenversorgung bereits durch reichs- oder landesrechtliche Vorschriften geregelt ist.

1. § 14 entspricht dem § 1242 RVO.

2. auf Antrag des Arbeitgebers: Hier kann nur dieser den Antrag stellen, dagegen nicht der Versicherte (vgl. auch Anm. 1 zu § 11). Auch der Arbeitgeber kann den Antrag nicht für einzelne Versicherte, sondern nur für die ganzen, jeweils in Betracht kommenden Gruppen von Beschäftigten stellen.

Zu Nr. 1 und 2.

3. anderer öffentlicher Verbände: Nämlich anderer als der in §§ 9 Abs. 1 und 2, 10 Nr. 1 und 2, 11 genannten. In Betracht kommen also z. B. Handels-, Handwerks- und Landwirtschaftskammern, kirchliche Verbände usw. Unter „öffentlichen Verbänden" sind auch nicht bloß solche des Inlands zu verstehen; vielmehr sind besonders auch ausländische Staaten als Körperschaften im Sinne des § 14 zu betrachten (AVN. 1913 S. 265). Körperschaften im Sinne dieses Paragraphen sind ferner nicht bloß öffentliche, sondern auch privatrechtliche.

4. Eisenbahnen des öffentlichen Verkehrs: Soweit sie nicht als Staatseisenbahnen schon unter § 10 Nr. 2 fallen (s. Anm. 3 zu § 10); also Privateisenbahnen, Straßen- und Kleinbahnen u. dgl.

5. Lehrer und Erzieher an nicht öffentlichen Schulen oder Anstalten: Lehrer und

Erzieher an öffentlichen Schulen fallen unter §§ 9—11; solche, die nicht an Schulen oder Anstalten beschäftigt sind, sondern privaten Einzelunterricht erteilen, fielen nach der ursprünglichen Fassung des Gesetzes weder unter §§ 9—11 noch unter § 14.

Zur Ergänzung des § 14 Nr. 1 ist jedoch ergangen das „Gesetz über die Angestelltenversicherung der Privatlehrer" vom 22. Juli 1913 (RGBl. S. 600), das — rückwirkend vom 1. Jan. 1913 an — bestimmt:

„Den im § 14 Nr. 1, 2 des Versicherungsgesetzes für Angestellte vom 20. Dez. 1911 (RGBl. S. 989) aufgeführten Lehrern und Erziehern an nicht öffentlichen Schulen oder Anstalten werden die privaten Einzelunterricht erteilenden Lehrer und Erzieher gleichgestellt, soweit sie bei öffentlichen Pensionsanstalten für Lehrer und Erzieher versichert sind."

Hiernach kann also auch für die Lehrer und Erzieher, die privaten Einzelunterricht erteilen, der Bundesrat bestimmen, wieweit die §§ 9, 10 Nr. 1 u. 2, 11 bis 13 für sie gelten. Demgemäß hat der Bundesrat beschlossen (Bekanntm. des Reichskanzlers vom 18. Aug. 1913, Zentralbl. f. d. Deutsche Reich S. 752), daß die angeführten Paragraphen gelten mit Wirkung vom 1. Jan. 1913 an für

1. Lehrer und Erzieher, die an nicht öffentlichen Schulen oder Anstalten beschäftigt sind oder privaten Einzelunterricht erteilen, soweit sie bei der Allgemeinen Deutschen Pensionsanstalt für Lehrer und Lehrerinnen (gegründet 1875) versichert und soweit ihnen auf Grund der Satzungen dieser Anstalt mindestens die im § 9 des Gesetzes bezeichneten Anwartschaften gewährleistet sind oder sie lediglich für ihren Beruf ausgebildet werden;

2. Personen, denen auf Grund früherer Beschäftigung als Lehrer oder Erzieher an nicht öffentlichen Schulen oder Anstalten oder als privaten Einzel-

unterricht erteilende Lehrer oder Erzieher von der Allgemeinen Deutschen Pensionsanstalt für Lehrer und Lehrerinnen in Berlin Ruhegeld, Wartegeld oder ähnliche Bezüge im Mindestbetrage nach den Sätzen der vom Bundesrate festgesetzten Gehaltsklasse (§ 9) bewilligt sind und daneben eine Anwartschaft auf Hinterbliebenenfürsorge gewährleistet ist.

6. gewährleistet: Ob die Anwartschaft gewährleistet ist, haben auch hier die nach § 9 Abs. 3 zuständigen Behörden zu entscheiden. Auf Grund dessen sind in Preußen ergangen

ein Erlaß des Ministers der geistl. und Unterrichtsangelegenheiten an den Vorstand der Allgemeinen Deutschen Pensionsanstalt (abgedr. in ABN. 1913 S. 202),

dann ein Erlaß des Handelsministers vom 7. Okt. 1913 (ABN. 1913 S. 234)

und ein Erlaß des Landwirtschaftsministers vom 9. Okt. 1913 (ABN. 1913 S. 272).

Durch diese Erlasse ist anerkannt, daß die vom Gesetz geforderten Anwartschaften bei den Privatlehrern (oder Lehrerinnen), die bei der Abteilung III der Allgemeinen Deutschen Pensionsanstalt in Berlin versichert sind, gewährleistet seien.

7. Das Gesetz vom 22. Juli 1913 enthält mittelbar zugleich eine authentische Interpretation des § 1 Nr. 5 dahin, daß auch solche Lehrer und Erzieher, die privaten Einzelunterricht erteilen, unter das Gesetz fallen. Die gegenteilige Ansicht (s. Anm. 24 zu § 1) ist damit endgültig widerlegt.

8. Zur Ausführung von § 14 Ziff. 1 und 2 sind ferner folgende Erlasse ergangen:

Bekanntm. des Reichskanzlers vom 4. März 1913 (Zentr.-Bl. f. d. D. R. S. 192). Sie regelt die Voraussetzungen, unter denen die §§ 9, 10 Nr. 1, 11—13 des Gesetzes gelten

1. für Personen, welche in Betrieben oder im Dienste

anderer als der im § 9 Abs. 1 bezeichneten öffentlichen Verbände oder von öffentlichen Körperschaften oder von Eisenbahnen des öffentlichen Verkehrs oder als Lehrer oder Erzieher an nicht öffentlichen Schulen oder Anstalten beschäftigt sind;

2. denen auf Grund früherer Beschäftigung bei den in Nr. 1 bezeichneten Verbänden oder Körperschaften oder Eisenbahnen, Schulen oder Anstalten Ruhegeld usw. bewilligt und daneben eine Anwartschaft auf Hinterbliebenenfürsorge gewährleistet ist:

desgl. vom 7. März 1913 (Zentr.-Bl. S. 220), betr. die im Betriebe oder im Dienste der hessischen Eisenbahnaktiengesellschaft Beschäftigten;

desgl. vom 8. März 1913 (ebenda S. 218), zwei Bekanntmachungen vom 11. März 1913 (ebenda S. 219, 220) und eine vom 13. März 1913 (pr. Handelsmin.-Bl. S. 255; im Zentr.-Bl. f. d. D. R. nicht erschienen), betr. die Bediensteten verschiedener öffentlicher Körperschaften, so besonders von Handels-, Handwerks- und Landwirtschaftskammern, dann Feuersozietäten, Landschaften und deren Lebensversicherungsanstalten, endlich Sparkassen.

Hierzu vgl. auch den Erlaß des pr. Handelsministers vom 31. März 1913 (abgedr. in AVN. 1913 S. 96).

Zu Nr. 3.

9. Hier sind einschlägig noch drei Erlasse des Reichskanzlers, nämlich

Bekanntm. vom 11. Febr. 1913 (Zentr.-Bl. f. d. D. R. S. 173), betr. Beamte und Bedienstete der landesherrlichen und prinzlichen Hof-, Kameral-, Dominial- und Forstverwaltungen usw.;

desgl. vom 16. Febr. 1913 (ebenda S. 182), betr. Beamte und Bedienstete der großherzogl. Luxemburgschen Vermögensverwaltung, und

desgl. vom 19. Febr. 1913 (ebenda S. 182), betr. Beamte und Angestellte verschiedener standesherrlicher u. dgl. Verwaltungen.

II. Freiwillige Versicherung.

§ 15.

Wer aus einer versicherungspflichtigen Beschäftigung ausscheidet und mindestens sechs Beitragsmonate auf Grund der Versicherungspflicht zurückgelegt hat, kann die Versicherung freiwillig fortsetzen. Hat er einhundertzwanzig Beitragsmonate zurückgelegt, so kann er sich die bis dahin erworbene Anwartschaft durch Zahlung einer Anerkennungsgebühr (§ 172 Abs. 2) erhalten.

Unter den gleichen Voraussetzungen kann die Versicherung auch während des Aufenthalts des Versicherten im Ausland freiwillig fortgesetzt oder aufrecht erhalten werden.

1. Das Gesetz kennt lediglich die sogen. Weiterversicherung (vgl. § 1244 RVO.), dagegen nicht die sogen. Selbstversicherung (vgl. § 1243 RVO.). Die nur für die Übergangszeit (1913) erlassene Bestimmung des § 394 Abs. 2 ist bereits außer Kraft getreten.

Zu Abs. 1:

2. a u s s c h e i d e t: Der Grund ist im allgemeinen gleichgültig (Selbständigmachung, Erhöhung des Jahresarbeitsverdienstes über 5000 ℳ, Eintreten der Versicherungsfreiheit auf Grund der §§ 9—14, bei weiblichen Versicherten Verheiratung usw.); für den Fall, daß der Versicherte infolge Eintritts der Berufsunfähigkeit (in einem Zeitpunkt, in dem die Wartezeit noch nicht erfüllt ist), ausscheidet, dürfen jedoch freiwillige Beiträge nicht mehr entrichtet werden (§ 206).

3. m i n d e s t e n s s e c h s B e i t r a g s m o n a t e: Die Bestimmung soll gegen den Mißbrauch des Gesetzes (nur vorübergehenden Eintritt in eine versicherungspflichtige Beschäftigung lediglich zu dem Zweck, um sich und den Hinterbliebenen die Leistungen des Gesetzes zuzuwenden) schützen. Die Wartezeit (§ 48) reicht für sich allein hier nicht aus.

Die RVO. (§ 1244) kennt keine solche Beschränkung.

Die sechs Beitragsmonate müssen nicht zusammenhängen.

Die Beiträge können auch durch die in § 51 angeführten Tatsachen ersetzt werden (AVN. 13 S. 179). Die Anmerkungen zu § 51 sind zu vergleichen.

4. freiwillig fortsetzen: Die Wahl der Gehaltsklasse steht dem sich freiwillig weiter Versichernden nur insofern frei, als die Weiterversicherung höchstens in derjenigen Gehaltsklasse zulässig ist, welche dem Durchschnitt der letzten 6 Pflichtbeiträge entspricht oder am nächsten kommt (§ 18). Es kann also, kurz gesagt, zwar eine niedrigere Gehaltsklasse gewählt werden als bei der Pflichtversicherung, aber keine höhere. Anders die RVO. (§ 1440 Abs. 1 Satz 2).

5. Die entrichteten Beiträge dürfen nicht durch Erlöschen der Anwartschaft (§ 49) ungültig geworden sein. Abgesehen hievon besteht keine zeitliche Grenze für den Beginn der Weiterversicherung.

Ein Eintritt in die Weiterversicherung, um die erloschene Anwartschaft wieder aufleben zu machen (wie bei der Invalidenversicherung, § 1283 RVO.) ist hier nicht möglich; s. jedoch auch § 50 Abs. 2.

6. hat er einhundertzwanzig Beitragsmonate zurückgelegt: d. h. die Wartezeit für männliche Angestellte oder die doppelte für weibliche erfüllt (§ 48). Die Beitragsmonate können durch die Pflicht- oder die freiwillige Versicherung oder durch die sog. Ersatztatsachen des § 51 ausgewiesen sein.

7. Anerkennungsgebühr (§ 172 Abs. 2): 3 ℳ.

Die Versicherung verwandelt sich in diesem Fall in eine beitragsfreie, ein der Invalidenversicherung unbekanntes Rechtsinstitut.

Die Anerkennungsgebühr wird nicht als Beitragsleistung angerechnet; sie hat daher auf die Höhe des künftigen Ruhegeldes (§ 55) usw. keinen Einfluß; sie verhindert eben nur, daß die Anwartschaft erlischt.

8. Die Vorschrift des Abs. 1 Satz 2 gilt selbstverständlich auch dann, wenn mehr als 120 Beitragsmonate zurückgelegt sind. In diesem Falle wird eben die bis dahin erworbene Anwartschaft erhalten.

Zu Abs. 2:

9. Wie schon bei §§ 1 und 3 bemerkt, werden von der Versicherung nur inländische Betriebe umfaßt (darüber, was ein inländischer oder ein ausländischer Betrieb ist, kann im Zweifel nur von Fall zu Fall entschieden werden). Wer im Ausland auf Grund eines unmittelbaren Vertragsverhältnisses mit einer inländischen Firma beschäftigt wird, ist versicherungspflichtig; hierüber vgl. besonders Anm. 6, Abs. 4 und 5, zu § 1, ferner auch Anm. 1 zu § 3. Wer aber zuerst im Inland (oder auch im Ausland auf die soeben erwähnte Weise) beschäftigt und versicherungspflichtig war und dann in eine ausländische, nicht versicherungspflichtige Stellung eintritt, ist nach § 15 Abs. 2 berechtigt, die Versicherung freiwillig fortzusetzen.

III. Gehaltsklassen.

§ 16.

Nach der Höhe des Jahresarbeitsverdienstes werden für die Versicherten folgende Gehaltsklassen gebildet:

Klasse	**A**	. . . . .		**bis**	**zu**	**550**	**Mark,**
„	B	**von mehr als**	550	„	„	850	„
„	C	„ „ „	850	„	„	1150	„
„	D	„ „ „	1150	„	„	1500	„
„	E	„ „ „	1500	„	„	2000	„
„	F	„ „ „	2000	„	„	2500	„
„	G	„ „ „	2500	„	„	3000	„
„	H	„ „ „	3000	„	„	4000	„
„	J	„ „ „	4000	„	„	5000	„

1. Die Einrichtung der Gehaltsklassen bezweckt, die Durchführung der Versicherung zu erleichtern und zu vereinfachen; vgl. die Lohnklassen der Invalidenversicherung (§ 1245 RVO.).

2. Jahresarbeitsverdienstes:

Es kommt hier nur der tatsächliche Jahresarbeitsverdienst in Betracht; anders die RVO. in § 1246 (Durchschnittsbeträge).

Wegen der Berechnung des Jahresarbeitsverdienstes s. die §§ 2 und 17 und die Anmerkungen dazu.

3. Die Einteilung der Versicherten in die Gehaltsklassen ist besonders wichtig für die Höhe der Beiträge; vgl. § 172 (Ausnahme: § 177).

§ 17.

Soweit das Gehalt in bar, aber nicht jährlich gezahlt wird, gilt als Jahresarbeitsverdienst für die Zugehörigkeit zu den Gehaltsklassen

bei wöchentlicher Zahlung das 52 fache,
" monatlicher " " 12 "
" vierteljährlicher " " 4 "

des gezahlten Betrags. Bei Berechnung von Gewinnanteilen und ähnlichen Bezügen, die ihrem Betrage nach nicht feststehen, wird der Betrag des letzten Jahres zu Grunde gelegt, für das dem Versicherten die Bezüge zugeflossen sind. Sind ihm bei Fälligkeit des Monatsbeitrags aus der gegenwärtigen versicherungspflichtigen Beschäftigung Bezüge dieser Art noch nicht gezahlt, so gilt für die Berechnung des Jahresarbeitsverdienstes das in bar gewährte Gehalt. Für Sachbezüge wird der nach § 2 Abs. 2 berechnete Wert zu Grunde gelegt.

1. Bei Berechnung von Gewinnanteilen und ähnlichen Bezügen können dann Schwierigkeiten entstehen, wenn für den Angestellten beim Stellenwechsel solche Bezüge

in der neuen Stelle noch nicht festgestellt sind. In der Regel werden diese Zuwendungen erst beim Rechnungsabschlusse gemacht. Dem neuen Arbeitgeber kann nicht zugemutet werden, daß er Beiträge von Gewinnanteilen und ähnlichen Bezügen zahlt, die dem Angestellten in der früheren Stellung gewährt worden sind. Um die Schwierigkeiten und Zweifel zu beseitigen, bestimmt das Gesetz, daß in diesen Fällen bis zur ersten Zuwendung von Gewinnanteilen in der neuen Stellung nur die baren Gehaltsbezüge der Versicherung zugrunde zu legen sind und hiernach die Einschätzung in die Gehaltsklassen zu bewirken ist.

2. Soweit Provisionen und ähnliche, ihrem Betrage nach nicht feststehende Bezüge in Frage kommen, ist grundsätzlich die Berechnungsart des § 17 anzuwenden. Als „letztes Jahr" im Sinne des 2. Satzes gilt dabei das Geschäftsjahr und zwar dasjenige, für das die Beträge feststehen (AVN. 1913 S. 127).

Bei Feststellung der Gehaltsklasse sind auch die Bezüge, die für die Leistung des Angestellten kraft des Anstellungsvertrags unmittelbar an seine Ehefrau entrichtet werden, anzusetzen (AVN. 1913 S. 210).

Das Fahrgeld für Fahrten des Versicherten zur Arbeitsstätte und zurück ist nicht abzugsfähig (AVN. 1914 S. 50).

Über die Berechnung des Jahresarbeitsverdienstes (zur Feststellung der Versicherungspflicht) bei Schauspielern s. AVN. 1914 S. 50; über die Bestimmung der Gehaltsklasse bei Personen, die im Bergwerksbetriebe beschäftigt sind und nach verfahrenen Schichten entlohnt werden, vgl. AVN. 1913 S. 128.

§ 18.

Eine freiwillige Versicherung ist höchstens in derjenigen Gehaltsklasse zulässig, die dem Durchschnitt der letzten sechs Pflichtbeiträge entspricht oder am nächsten kommt.

1. freiwillige Versicherung: S. § 15. — Für die Pflichtversicherung gilt § 19.

2. höchstens: Den Versicherten ist nicht gestattet, sich nach eigener Wahl in einer beliebigen Gehaltsklasse zu versichern (anders § 1440 RVO.).

3. letzten sechs Pflichtbeiträge: Hierher gehören auch die nach § 19 etwa geleisteten höheren Beiträge.

§ 19.

Der Versicherte kann bis zum vollendeten fünfundzwanzigsten Lebensjahr in eine höhere Gehaltsklasse, als der Höhe seines Jahresarbeitsverdienstes entspricht, übertreten.

Ein Versicherter, der in eine versicherungspflichtige Beschäftigung mit geringerem Entgelt, als seiner bisherigen Gehaltsklasse entspricht, eintritt, kann in seiner bisherigen Gehaltsklasse bleiben, falls er mindestens sechs Beitragsmonate in der höheren Gehaltsklasse auf Grund der Versicherungspflicht zurückgelegt hat.

Der Arbeitgeber ist nur dann zum höheren Beitrag verpflichtet, wenn dies vereinbart worden ist.

Zu Abs. 1:

1. Versicherte: Der Abs. 1 wie überhaupt der ganze Paragraph bezieht sich nur auf Zwangsversicherte; vgl. § 18.

2. übertreten: Die freiwillige Höherversicherung kann entweder sogleich beim Eintritt in die versicherungspflichtige Beschäftigung oder (solange das 25. Lebensjahr noch nicht vollendet ist) auch später genommen werden (AVN. 1913 S. 128), aber nicht rückwirkend (AVN. 1913 S. 179).

3. bis zum vollendeten fünfundzwanzigsten Lebensjahre: Wegen der Berechnung des Lebens-

alters s. Anm. 3 Abs. 2 zu § 1. — Selbstverständlich kann er nachher in der höheren Gehaltsklasse bleiben. Wegen der Beiträge s. Abs. 3.

Zu Abs. 2:

4. Hier besteht keine Altersgrenze (wie in Abs. 1). Ferner kann der Versicherte auch im Falle des Abs. 2 in der früher gem. Abs. 1 gewählten höheren Lohnklasse bleiben.

Zu Abs. 3:

5. wenn dies vereinbart worden ist: Anderenfalls hat der Arbeitgeber nur den gesetzlichen Beitragsanteil (§ 178) zu tragen, das übrige der Versicherte selbst. Einbezahlen (§ 176) muß aber der Arbeitgeber den vollen Beitrag auch in diesem Falle; er hat nur das Recht, dem Versicherten entsprechend mehr abzuziehen (§ 178).

Zweiter Abschnitt.

Gegenstand der Versicherung.

I. Allgemeines.

§ 20.

Gegenstand der Versicherung sind Ruhegeld und Hinterbliebenenrenten.

1. Vgl. § 1250 RVO. Die Angestelltenversicherung macht keinen Unterschied zwischen Invaliden- und Altersrente (wie § 1251 RVO.); ferner sind ihr Witwengeld und Waisenaussteuer (§§ 1250, 1252 RVO.) unbekannt.

2. Weitere Versicherungsleistungen sind das Heilverfahren (§§ 36 ff.) und Sachleistungen (§§ 44 ff.); jedoch haben die Versicherten keinen Rechtsanspruch auf diese Leistungen. S. ferner auch die §§ 60, 62, 63 und 398.

8. Die Leistungen der Versicherung sind keine Armenunterstützungen (§ 92).

§ 21.

Ruhegeld erhält, wer die Berufsunfähigkeit (§ 25) oder das gesetzliche Alter nachweist sowie die Wartezeit erfüllt und die Anwartschaft aufrecht erhalten hat.

1. Vgl. § 1251 RVO.

2. erhält: Der Versicherte hat einen Rechtsanspruch auf die Versicherungsleistungen, der, wenn nötig, vor den Versicherungsbehörden klagweise verfolgt werden kann (§§ 229 ff.).

3. das gesetzliche Alter: 65 Jahre (§ 25).

4. nachweist: Die Versicherungsleistungen werden nicht von Amts wegen, sondern nur auf Antrag festgestellt (§ 229). Eine eigentliche Beweislast wie im Zivilprozeß gibt es jedoch hier nicht, da das Verfahren von dem sog. Offizialprinzip beherrscht wird.

5. Wartezeit: § 48; s. ferner §§ 395, 397.

6. Anwartschaft: §§ 49, 50; ferner §§ 51—54.

7. Besondere Leistungen an weibliche Versicherte sind bestimmt in den §§ 30, 48, 60, 62, 63.

§ 22.

Hinterbliebenenrenten werden gewährt, wenn der Verstorbene zur Zeit seines Todes die Wartezeit für das Ruhegeld erfüllt und die Anwartschaft aufrechterhalten hat.

1. Vgl. § 1252 RVO.

2. Die Todesart oder Todesursache ist gleichgültig. Daher sind Hinterbliebenenrenten z. B. auch dann zu gewähren, wenn der Versicherte in zurechnungsfähigem Zustand Selbstmord begangen hat.

3. Wegen der Wartezeit und Anwartschaft s. Anm. 5 und 6 zu § 21.

4. Wartezeit für das Ruhegeld: Ungenaue Ausdrucksweise des Gesetzes. Es ist nicht die in § 48 Abs. 1 Nr. 1, sondern die in Nr. 2 dortselbst bestimmte Wartezeit gemeint. Diese ist durch § 396 für die ersten 10 Jahre nach dem Inkrafttreten des Gesetzes abgekürzt (also für die Jahre 1913 mit 1922). Vom Jahre 1923 an müssen männliche wie weibliche Versicherte ohne Unterschied eine Wartezeit von 120 Beitragsmonaten (§ 48 Abs. 1 Nr. 2) zurückgelegt haben, wenn ihren Hinterbliebenen ein Anspruch gemäß § 22 zustehen soll. Über eine unter Umständen eintretende Verlängerung dieser Wartezeit vgl. § 48 Abs. 2.

§ 23.

Länger als auf ein Jahr rückwärts, vom Eingang des Antrags gerechnet, werden Ruhegeld und Renten nicht gezahlt.

1. Entspricht dem § 1253 RVO. Jedoch finden die in jenem Paragraphen vorgesehenen Einschränkungen des Grundsatzes hier nicht statt.

2. Eingang des Antrags: Vgl. § 229 Abs. 1 u. 2.

§ 24.

Wer sich vorsätzlich berufsunfähig macht, verliert den Anspruch auf das Ruhegeld.

Hat sich der Versicherte die Berufsunfähigkeit beim Begehen einer Handlung, die nach strafgerichtlichem Urteil ein Verbrechen oder vorsätzliches Vergehen ist, zugezogen, so kann das Ruhegeld ganz oder teilweise versagt werden. Die Verletzung bergpolizeilicher Verordnungen oder des § 93 Abs. 2, 3 und der §§ 95 bis 97 der Seemannsordnung gilt nicht als Vergehen im Sinne des vorstehenden Satzes. Das Ruhegeld kann den im Inland wohnenden Angehörigen ganz oder teilweise zugewiesen werden, wenn der Ver-

sicherte sie bisher ganz oder überwiegend aus seinem Arbeitsverdienst unterhalten hat. Deutsche Schutzgebiete gelten im Sinne dieser Vorschrift als Inland.

Das Ruhegeld kann auch versagt werden, wenn wegen des Todes, der Abwesenheit oder eines anderen in der Person des Antragstellers liegenden Grundes kein strafgerichtliches Urteil ergeht.

1. Entspricht dem § 1254 RVO.; s. ferner auch § 53 dieses Gesetzes.

Zu Abs. 1:

2. vorsätzlich: Die Willensbestimmung muß direkt darauf gegangen sein, die Berufsunfähigkeit herbeizuführen.

Daher wird ein Selbstmordversuch, der die Berufsunfähigkeit zur Folge hat, den Anspruch auf Ruhegeld nicht ausschließen (das RVAmt war allerdings bisher — auf dem Gebiete der Invalidenversicherung — anderer Ansicht).

Selbstverständlich ist § 24 dann nicht anwendbar, wenn der Täter bei Begehung der Tat nicht zurechnungsfähig war.

3. verliert: ohne weiteres von Rechts wegen; anders Abs. 2. Es besteht auch kein Anspruch auf Erstattung der geleisteten Beiträge. Verloren geht jedoch nur der Anspruch auf das Ruhegeld, dagegen nicht der auf Hinterbliebenenrenten.

Zu Abs. 2:

4. beim Begehen: Zwischen dem Begehen der Tat und dem Eintritt der Berufsunfähigkeit muß ein ursächlicher Zusammenhang bestehen.

5. nach strafgerichtlichem Urteil: Es muß also die Begehung der Tat durch strafgerichtliches Urteil ausdrücklich festgestellt sein, und zwar rechtskräftig. Dem Urteil steht ein rechtskräftiger Strafbefehl gleich. Dagegen kommt auf die erkannte Strafe, und darauf, ob sie verbüßt oder erlassen ist, nichts an.

6. Verbrechen oder vorsätzliches Vergehen: § 1 des Reichsstrafgesetzbuchs. Durch Fahrlässigkeit begangene Vergehen, oder Übertretungen aller Art gehören nicht hierher.

7. kann ...... versagt werden: Es besteht kein Zwang, von § 24 Abs. 2 Gebrauch zu machen. Die Entscheidung steht dem Rentenausschuß zu.

8. im Inland wohnenden: Inland = Gebiet des Deutschen Reichs samt Schutzgebieten.

9. Angehörigen: Deren Begriff ist vom Gesetz nicht bestimmt. Es werden aber darunter nicht nur die Personen zu verstehen sein, die beim Tode des Versicherten Anspruch auf Hinterbliebenenrenten hätten (§§ 28 ff.), sondern auch andere Verwandte oder Verschwägerte, die mit ihm in Familiengemeinschaft zusammenleben. Uneheliche Kinder können nur als Angehörige ihrer Mutter in Betracht kommen; vgl. §§ 1589 Abs. 2, 1705 BGB.

10. kann .... zugewiesen werden: Die Angehörigen haben keinen Rechtsanspruch hierauf. Wer über die Zuweisung zu entscheiden habe, ist nicht gesagt; die Befugnis dürfte der RVAnstalt zustehen.

11. aus seinem Arbeitsverdienst unterhalten hat: Daher kann z. B. einer von dem Versicherten getrennt lebenden Ehefrau, die von ihm nicht unterhalten wird, das Ruhegeld nicht zugewiesen werden; auch bloße Unterstützung der Angehörigen durch den Versicherten genügt nicht.

Zu Abs. 3:

12. oder eines anderen Grundes: z. B. wegen Zurechnungsunfähigkeit.

II. Ruhegeld.

§ 25.

Ruhegeld erhält derjenige Versicherte, welcher das Alter von fünfundsechzig Jahren vollendet hat oder durch körperliche Gebrechen oder wegen Schwäche seiner

körperlichen und geistigen Kräfte zur Ausübung seines Berufs dauernd unfähig ist. Berufsunfähigkeit ist dann anzunehmen, wenn seine Arbeitsfähigkeit auf weniger als die Hälfte derjenigen eines körperlich und geistig gesunden Versicherten von ähnlicher Ausbildung und gleichwertigen Kenntnissen und Fähigkeiten herabgesunken ist.

Ruhegeld erhält auch derjenige Versicherte, welcher nicht dauernd berufsunfähig ist, aber während sechsundzwanzig Wochen ununterbrochen berufsunfähig gewesen ist, für die weitere Dauer der Berufsunfähigkeit (Kranken-Ruhegeld).

Zu Abs. 1:

1. Wie schon in Anm. 1 zu § 20 bemerkt, faßt das Gesetz die Invaliden- und die Altersrente hier unter dem Begriff des „Ruhegeldes" zusammen. Es bestehen daher hier auch keine verschiedenen Wartezeiten (wie nach der RVO., § 1278).

2. von 65 Jahren: Berufsunfähigkeit ist in diesem Falle nicht erforderlich. Nach Vollendung des 70. Lebensjahres tritt bei denjenigen Versicherten, welche auch der Invalidenversicherung unterlagen, die Wartezeit erfüllt und die Anwartschaft aufrecht erhalten haben, die Altersrente hinzu (§ 1257 der RVO.).

3. Gebrechen: Hierher gehören alle Krankheiten und sonstigen pathologischen Zustände, einerlei ob sie ärztliche Behandlung erfordern oder nicht.

Schwäche der körperlichen und (richtiger sollte es heißen: „oder"!) geistigen Kräfte braucht nicht auf einem wirklichen Gebrechen zu beruhen, die Schwäche der geistigen Kräfte braucht auch keine wirkliche „Geistesschwäche" (§ 6 Nr. 1 BGB.) zu sein.

In allen Fällen muß aber ein erst während der Versicherung (und nach Erfüllung der Wartezeit) eingetretener Zustand vorliegen. Eine schon von Anfang an mangelhafte Körperbeschaffenheit oder Begabung gehört nicht hierher.

4. Zur Ausübung seines Berufes dauernd unfähig: Berufsinvalidität, jedoch nicht im engern Sinn (letztere würde zur Folge haben, daß der Versicherte schon dann pensioniert werden müßte, wenn er den Anforderungen seines Berufszweiges nach dem Maße seiner körperlichen oder geistigen Kräfte nicht mehr völlig genügen kann, auch wenn er noch eine andere Tätigkeit auszuüben imstande ist und sie vielleicht auch ausübt).

Der Versicherte muß sich mit körperlich und geistig gesunden Versicherten in irgendeiner, unter das Gesetz fallenden Berufsstellung vergleichen lassen. Jedoch müssen diese Versicherten solche von ähnlicher Ausbildung und gleichwertigen (nicht „gleichen" oder „gleichartigen") Kenntnissen und Fähigkeiten sein. Sie müssen sich aber nicht gerade in der gleichen Berufsstellung befinden.

Der Versicherte braucht sich daher nicht jede beliebige versicherungspflichtige Beschäftigung anbieten zu lassen, und er braucht, bis er für berufsunfähig erklärt werden kann, nicht die absteigende Skala aller möglichen Beschäftigungen zu durchlaufen.

Es kann leicht sein, daß ein Versicherter zwar schon berufsunfähig im Sinne dieses Gesetzes, jedoch noch nicht invalid im Sinne der Invalidenversicherung ist. Unterlag er der Invalidenversicherung, hat er die Wartezeit erfüllt und die Anwartschaft aufrechterhalten und wird er dann auch invalid im Sinne der RVO. (§ 1255), so tritt zum Ruhegeld auf Grund des vorliegenden Gesetzes noch die Invalidenrente der RVO.

5. dauernd: So weit dies nach menschlichem Ermessen beurteilt werden kann. Es kommt vor, daß Personen, die schon für dauernd invalid erklärt waren, später wieder erwerbsfähig werden; für diesen Fall siehe § 68.

6. anzunehmen: Die Entscheidung steht zunächst dem Rentenausschuß zu. Es wird in der Regel ein ärztliches

Gutachten erforderlich sein, jedoch bindet dieses die Organe der Rechtsprechung (Rentenausschuß, Schiedsgericht und Oberschiedsgericht) nicht.

Wegen der Mitwirkung amtlicher Ärzte s. für Preußen den Ministerialerlaß vom 5. Dez. 1912 über die vertrauensärztliche Tätigkeit des Kreisarztes (Min.-Bl. f. Med.-Angelegenheiten S. 409).

7. Hälfte: Zur Erlangung der Invalidenrente muß die Erwerbsfähigkeit unter ein Drittel der normalen gesunken sein (§ 1255 Abs. 2 RVO.).

Zu Abs. 2:

8. Die Bestimmung über das Krankenruhegeld schließt sich für diejenigen Versicherten, welche zugleich der reichsgesetzlichen Krankenversicherung unterliegen, unmittelbar an deren Leistungen an. Das Krankenruhegeld hat die gleiche rechtliche Natur wie das Ruhegeld (Abs. 1); es müssen also hier auch die gleichen Voraussetzungen (Wartezeit!) erfüllt sein.

Es kann sich in das Ruhegeld des Abs. 1 verwandeln, wenn die Berufsunfähigkeit zu einer dauernden wird.

9. ununterbrochen: Kürzere Zeiten der Berufsunfähigkeit können daher nicht zusammengezählt werden. Andererseits bleiben kurze, vorübergehende Zeiten der Besserung außer Betracht.

§ 26.

Das Ruhegeld beginnt, unbeschadet des § 23 und des § 25 Abs. 2, mit dem Tage, an dem das Alter von fünfundsechzig Jahren vollendet oder die Berufsunfähigkeit eingetreten ist. Als dieser gilt, wenn sich der Beginn der Berufsunfähigkeit nicht feststellen läßt, der Tag, an dem der Antrag auf Ruhegeld beim Rentenausschuß eingegangen ist.

1. unbeschadet des § 23: Bei verspäteter Stellung des Antrags.

2. des § 25 Abs. 2: Das sogen. Krankenruhegeld beginnt erst mit der 27. Woche der Krankheit.

3. der Tag, an dem der Antrag eingegangen ist: Vgl. § 1256 der RVO. Es läßt sich häufig nicht auf den Tag genau feststellen, wann ein Versicherter berufsunfähig geworden ist.

4. Rentenausschuß: §§ 122 ff. S. auch § 229 Abs. 2.

§ 27.

Zeiten, während deren Ruhegeld bezogen wird, ohne daß eine nach der reichsgesetzlichen Arbeiterversicherung versicherungspflichtige Beschäftigung ausgeübt wird, gelten als Beitragszeiten für die Erhaltung der Anwartschaft auf die Leistungen der reichsgesetzlichen Arbeiterversicherung.

Siehe die §§ 1280—1283 RVO. Es handelt sich um diejenigen (doppelt) Versicherten, die zwar schon berufsunfähig im Sinne dieses Gesetzes, aber noch nicht invalid im Sinne der RVO. sind (vgl. Anm. 4 Abs. 3 zu § 25).

III. Hinterbliebenenrenten.

§ 28.

Witwenrente erhält die Witwe nach dem Tode ihres versicherten Mannes.

1. Witwe: Die Ehe (aber nicht auch die häusliche Gemeinschaft) muß beim Tode des Versicherten bestanden haben; sie darf auch erst nach Eintritt der Berufsunfähigkeit des Versicherten geschlossen sein.

2. Erwerbsunfähigkeit der Witwe ist hier nicht erforderlich (anders § 1258 RVO.); ebenso auch keine Bedürftigkeit.

War die Witwe selbst nach diesem Gesetz versichert, so kann sie auf Grund dessen neben der Witwenrente ihr eigenes Ruhegeld beziehen; hier tritt auch keine Kürzung ein.

War sie auch auf Grund der RVO. versichert, so kann sie auch die Invaliden- oder die Altersrente erhalten (wenn die gesetzlichen Voraussetzungen gegeben sind); in diesem Falle sind aber die §§ 73 und 74 zu beachten.

Für den Fall, daß auch der verstorbene Ehemann auf Grund der RVO. versichert war, s. die §§ 1252, 1318 RVO.

3. Der Mann muß bis zu seinem Tode die Anwartschaft aufrechterhalten (§ 49), sowie die Wartezeit erfüllt haben (§ 48).

4. Wegen des Beginns der Witwenrente siehe § 32.

5. Dem Tode steht auch die Verschollenheit des Versicherten gleich: § 33.

§ 29.

Waisenrente erhalten nach dem Tode des versicherten Vaters seine ehelichen Kinder unter achtzehn Jahren und nach dem Tode einer Versicherten ihre vaterlosen Kinder unter achtzehn Jahren. Als vaterlos gelten auch uneheliche Kinder.

1. Vgl. § 1259 RVO.

2. Für die Voraussetzungen und den Beginn des Anspruchs gilt das gleiche wie bei § 28.

3. Die Bedürftigkeit der Kinder ist nicht erforderlich. Einerlei ist es ferner, ob die Mutter noch lebt oder nicht. Ohne Belang ist es auch, ob ein Kind beim Tode des versicherten Vaters schon geboren war oder nicht; auch Nachgeborne sind rentenberechtigt.

4. Mit dem vollendeten 18. Lebensjahre endet der Bezug der Waisenrente.

5. Darüber, welche Kinder den ehelichen gleichstehen, siehe die §§ 1699, 1719, 1723, 1741 mit 1757 BGB. Siehe übrigens auch § 1591 a. a. O. Die Kinder müssen

beim Tode des versicherten Vaters die rechtliche Stellung ehelicher Kinder gehabt haben.

6. vaterlosen Kinder: Dies sind solche, die einen ehelichen Vater nicht (s. den Schlußsatz dieses Paragraphen) oder nicht mehr haben. Im letzteren Falle muß also der Vater vor der Mutter verstorben sein.

Ob auch dann, wenn zuerst die versicherte Mutter und dann der (eheliche) Vater verstorben ist, den Kindern ein Anspruch auf Waisenrente zusteht, ist zweifelhaft.

7. Waren die beiden Eltern (von denen der Vater vor der Mutter verstorben ist) auf Grund dieses Gesetzes versichert, so können die Kinder die ihnen hiernach zustehenden zwei Waisenrenten ohne Kürzung nebeneinander beziehen.

§ 30.

Nach dem Tode der versicherten Ehefrau eines erwerbsunfähigen Ehemannes, die den Lebensunterhalt ihrer Familie ganz oder überwiegend aus ihrem Arbeitsverdienste bestritten hat, steht den ehelichen Kindern unter achtzehn Jahren Waisenrente zu, ebenso dem Manne Witwerrente, solange er bedürftig ist.

Für die Waisenrente gilt dies auch, wenn zur Zeit des Todes der Versicherten die Ehe nicht mehr bestand.

1. § 30 enthält eine der den weiblichen Versicherten vom Gesetz gewährten Mehrleistungen. Da die weiblichen Versicherten der Versicherungsanstalt keine Witwenbezüge und in den meisten Fällen auch keine Waisenbezüge verursachen, aber die gleichen Beiträge zu leisten haben wie die männlichen Versicherten, so sieht das Gesetz für die weiblichen Versicherten gewisse Mehrleistungen vor. Deren erster Fall ist, wie erwähnt, in § 30 geregelt. Die andern Mehrleistungen sind die Herabsetzung der Wartezeit auf 60 Beitragsmonate gemäß § 48 Ziff. 1, die Beitragserstattung in

den Fällen der §§ 60 und 62 und die Gewährung von Leibrenten (§ 63).

2. Ehefrau: Die Ehe muß bei dem Tode des Mannes noch bestanden haben; siehe jedoch Abs. 2.

3. eines erwerbsunfähigen Ehemannes: Nämlich dauernd erwerbsunfähigen; für den Begriff der Erwerbsunfähigkeit ist aber hier weder § 25 dieses Gesetzes noch § 1255 RVO. unmittelbar maßgebend. Gleichwohl wird man sich an die letztere Bestimmung halten müssen.

4. Familie: Das sind die in § 30 selbst genannten Personen, also der Ehegatte und die ehelichen Kinder unter 18 Jahren.

5. bestritten hat: Längere Zeit hindurch. Fälle, in denen eine Ehefrau wegen vorübergehender Erwerbsunfähigkeit des Ehemannes nur zeitweise die Familie ernährt hat, bleiben außer Betracht.

6. den ehelichen Kindern: Siehe Anm. 5 zu § 29.

7. unter 18 Jahren: Auch hier fällt die Waisenrente mit der Vollendung des 18. Lebensjahres weg. Für den Mann besteht keine zeitliche Beschränkung des Rentenbezuges.

8. bedürftig: Dies gilt nur für den Mann, dagegen nicht für die Kinder. Ob Bedürftigkeit vorliegt, kann nur von Fall zu Fall entschieden werden.

§ 31.

Nach dem Tode einer versicherten Ehefrau, deren Ehemann sich ohne gesetzlichen Grund von der häuslichen Gemeinschaft ferngehalten und seiner väterlichen Unterhaltspflicht entzogen hat, steht den ehelichen Kindern unter achtzehn Jahren Waisenrente zu.

Dies gilt auch, wenn zur Zeit des Todes der Versicherten die Ehe nicht mehr bestand und der Ehemann sich seiner väterlichen Unterhaltspflicht entzogen hat.

1. Vgl. § 1261 RVO.

Zu Abs. 1:

2. ohne gesetzlichen Grund: S. § 1353 Abs. 2 BGB.

3. und: Die beiden Voraussetzungen müssen zusammentreffen.

4. väterlichen Unterhaltspflicht: S. die §§ 1602 Abs. 2, 1603, 1610—1615 BGB.

5. entzogen hat: Schuldhaft! Der Fall des Unvermögens bleibt außer Betracht.

6. Es ist hier nicht erforderlich, daß die Versicherte den Unterhalt ihrer Familie aus ihrem Arbeitsverdienst bestritten hat (vgl. § 30). Auch Bedürftigkeit der Kinder ist nicht erforderlich.

Zu Abs. 2:

7. nicht mehr bestand: d. h. für nichtig erklärt (§§ 1323 ff. BGB.) oder geschieden war (§§ 1564 ff. BGB.). Die Auflösung der Ehe durch den Tod des Mannes kann nach der Natur der Sache hier nicht in Betracht kommen.

§ 32.

Die Hinterbliebenenrenten beginnen, unbeschadet des § 23, mit dem Todestage des Ernährers.

1. Vgl. § 1263 RVO.

2. unbeschadet des § 23: Verspätete Antragstellung.

3. Todestage: Für nachgeborene Kinder jedoch erst mit dem Tage der Geburt.

Nach § 33 steht die Verschollenheit des Versicherten dem Tode gleich.

Hat der Versicherte selbst schon Ruhegeld bezogen, so gilt § 65 Abs. 2.

4. des Ernährers: Das ist der Ehemann (§ 28), der eheliche Vater (§ 29), die eheliche Mutter (§§ 30, 31), die uneheliche Mutter (§ 29), die Ehefrau (§ 30).

§ 33.

Die gesetzlichen Leistungen werden auch dann gewährt, wenn der Versicherte verschollen ist. Er gilt

als verschollen, wenn während eines Jahres keine glaubhaften Nachrichten von ihm eingegangen sind und die Umstände seinen Tod wahrscheinlich machen.

Der Rentenausschuß kann von den Hinterbliebenen die eidesstattliche Erklärung verlangen, daß sie von dem Leben des Vermißten keine anderen als die angezeigten Nachrichten erhalten haben.

1. Vgl. § 1265 RVO.

Zu Abs. 1:

2. gesetzlichen Leistungen: Dazu gehört neben den Hinterbliebenenrenten auch die Beitragserstattung (§ 60).

3. verschollen ist: Sind die Voraussetzungen des § 33 Abs. 1 gegeben, so bedarf es der gerichtlichen Todeserklärung (§§ 13 ff. BGB.) nicht. — Vgl. auch § 72.

Zu Abs. 2:

4. eidesstattliche Erklärung: Neben dieser (die nur von den Hinterbliebenen verlangt werden kann), können natürlich auch noch andere Ermittlungen angestellt, besonders können andere Personen als Zeugen vernommen werden.

Wegen Abgabe einer unrichtigen Erklärung vgl. die §§ 156, 163 RStGB.

§ 34.

Den Todestag Verschollener stellt der Rentenausschuß nach billigem Ermessen fest. Für die Hinterbliebenen der auf See Verschollenen beginnt die Rente mit dem Tage des Unterganges des Fahrzeugs oder, wenn es verschollen war, einen halben Monat von dem Tage ab, bis zu dem die letzte Nachricht über das verschollene Fahrzeug reicht.

1. Vgl. § 1266 RVO.

2. Der erste Satz des § 34 bezieht sich auf die zu Lande, der zweite auf die zur See Verschollenen.

3. Stellt der Rentenausschuß fest: Gerichtliche Todeserklärung ist also nicht erforderlich (Anm. 3 zu § 33).

Die Feststellung geschieht im Bescheid über die Festsetzung der Versicherungsleistungen (§§ 239, 250). Dagegen ist Berufung zulässig (§ 270), die Revision ist ausgeschlossen (§ 282).

§ 35.

Hinterbliebene haben keinen Anspruch auf die Versicherungsleistungen, falls sie den Tod des Versicherten vorsätzlich herbeigeführt haben.

1. Vgl. § 1267 RVO.
2. Versicherungsleistungen: S. Anm. 2 zu § 33.
3. sie: D. h. ausgeschlossen ist natürlich nur, wen eine Schuld am Tode des Versicherten trifft. Andere Hinterbliebene behalten ihre Rechte.
4. vorsätzlich: Die Absicht muß unmittelbar auf die Herbeiführung des Todes gegangen sein, fahrlässige Herbeiführung kommt nicht in Betracht.

IV. Heilverfahren.

§ 36.

Um die infolge einer Erkrankung drohende Berufsunfähigkeit eines Versicherten abzuwenden, kann die Reichsversicherungsanstalt (§ 96) ein Heilverfahren einleiten, soweit nicht bereits durch einen Träger der reichsgesetzlichen Arbeiterversicherung ein Heilverfahren eingeleitet ist.

Dasselbe gilt, wenn zu erwarten ist, daß ein Heilverfahren den Empfänger eines Ruhegeldes wieder berufsfähig macht.

Zu Abs. 1:

1. Vgl. §§ 1269 ff. RVO.
2. Versicherten: Einerlei, ob er zwangsweise oder freiwillig versichert ist.

3. kann .... einleiten: Es besteht kein Rechtsanspruch des Versicherten auf die Einleitung des Heilverfahrens. Beschwerden gegen die Ablehnung sind daher zwecklos. Auch das Schiedsgericht ist nicht zuständig, zu entscheiden, ob die RVAnstalt die Kosten eines Heilverfahrens zu übernehmen habe, das der Versicherte ohne Genehmigung der Anstalt durchgeführt hat (AVN. 1913 S. 218); auch diese Entscheidung steht allein der RVAnstalt selbst zu.

Namens der RVAnstalt entscheidet das Direktorium (§§ 98, 99). Anträge auf Einleitung eines Heilverfahrens nimmt der Rentenausschuß entgegen (§ 123 Nr. 3), der sie dann an das Direktorium weitergibt (§ 238).

4. Der Versicherte ist nicht geradezu verpflichtet, sich einem von der RVAnstalt angeordneten Heilverfahren zu unterwerfen; weigert er sich aber, so muß er gewärtigen, daß von § 39 Gebrauch gemacht wird.

5. soweit nicht ...: Weil dadurch dem Bedürfnis schon Rechnung getragen wird. Vgl. auch AVN. 1913 S. 178, ferner § 43.

Der RVAnstalt und den Trägern der Arbeiterversicherung ist es unbenommen, die gemeinsame Einleitung eines Heilverfahrens in der Weise zu vereinbaren, daß der eine Versicherungsträger die Durchführung des Heilverfahrens gegen Erstattung eines Teiles der Kosten durch den anderen übernimmt.

6. Mit dem Heilverfahren ist alsbald nach dem Inkrafttreten des Gesetzes begonnen worden, da die Einleitung des Heilverfahrens an die Zurücklegung der Wartezeit nicht gebunden ist.

Das von der RVAnstalt herausgegebene „Merkblatt für die Einleitung eines Heilverfahrens" (AVN. 1913 S. 77) ist im Anhang abgedruckt.

Über die mit den Vertretungen der Ärzte gepflogenen Verhandlungen s. AVN. 1913 S. 93, über die Aufstellung von Vertrauensärzten das Rundschreiben der RVAnstalt vom März 1913 (AVN. 1913 S. 85).

Die von der RVAnstalt zur Unterweisung der Vertrauensmänner erlassenen „Mitteilungen" über das Heilverfahren sind abgedruckt in AVN. 1913 S. 74 und 150, ebenda S. 74 auch die „Grundsätze für die Gewährung eines Heilverfahrens" (zum Gebrauch für die Vertrauensmänner) und S. 75 die „Grundsätze" zum Gebrauch für die Vertrauensärzte.

Über die vorläufigen Ergebnisse des Heilverfahrens im Jahre 1913 s. AVN. 1914 S. 65; s. ferner auch AVN. 1913 S. 245 (Tuberkulose und Angestelltenversicherung).

Zu Abs. 2:

7. Diese Vorschrift entspricht dem § 1305 RVO. Nach Zweck und Sinn des Gesetzes wird die Bestimmung auch auf den Empfänger der Witwerrente im Falle des § 30 angewendet werden müssen.

§ 37.

Die Reichsversicherungsanstalt kann insbesondere den Erkrankten in einem Krankenhaus oder in einer Anstalt für Genesende unterbringen.

Ist er verheiratet und lebt er mit seiner Familie zusammen, oder hat er einen eigenen Haushalt, oder ist er Mitglied des Haushalts seiner Familie, so bedarf es seiner Zustimmung.

Bei einem Minderjährigen genügt seine Zustimmung.

1. § 37 entspricht dem § 1270 RVO.

Zu Abs. 1:

2. insbesondere: Die RVAnstalt kann das Heilverfahren auch auf andere Weise durchführen; so kann sie z. B. auch anordnen, daß der Versicherte durch einen von ihr bestimmten Arzt oder Spezialarzt zu behandeln sei, u. dgl. Wegen Operationen s. Anm. 3 zu § 39.

3. Krankenhaus: Dazu gehören auch Spezialanstalten.

Zu Abs. 2:

4. Familie: Das Wort ist in diesem Absatze in doppeltem Sinne gebraucht. Das erste Mal ist es gleichbedeutend mit „Ehefrau und Kindern", das zweite Mal (Haushalt seiner Familie) ist es in weiterem Sinne zu nehmen.

5. eigenen Haushalt: Daß er verheiratet sei, ist nicht erforderlich.

6. Zustimmung: Diese ist natürlich bloß zur Unterbringung im Krankenhaus erforderlich, dagegen nicht zu anderweitiger Durchführung des Heilverfahrens (s. auch Anm. 4 zu § 36).

Zu Abs. 3:

7. Minderjährigen genügt: Die Zustimmung des Minderjährigen kann auch durch die seines gesetzlichen Vertreters ersetzt werden. Bei anderen beschränkt Geschäftsfähigen (§ 6 BGB.) ist stets die Zustimmung des gesetzlichen Vertreters erforderlich.

§ 38.

Angehörige des Erkrankten, deren Unterhalt er ganz oder überwiegend aus seinem Arbeitsverdienste bestritten hat, erhalten während des Heilverfahrens (§ 37) ein Hausgeld. Es beträgt täglich mindestens drei Zwanzigstel des zuletzt gezahlten Monatsbeitrags.

Das Hausgeld fällt weg, solange und soweit Lohn oder Gehalt auf Grund eines Rechtsanspruchs gezahlt wird.

Die Zahlung des Ruhegeldes kann für die Dauer des Heilverfahrens ganz oder teilweise eingestellt werden.

1. Entspricht dem § 1271 RVO.

Zu Abs. 1:

2. Angehörige: s. Anm. 9 zu § 24.

3. Heilverfahrens (§ 37): Also nur dann, wenn das Heilverfahren in einem Krankenhaus oder in einer Anstalt für Genesende durchgeführt wird.

4. erhalten: Es besteht ein Rechtsanspruch auf das Hausgeld, und zwar steht er dem Versicherten

(Erkrankten) selbst zu. Das Hausgeld wird vom Direktorium der RVAnstalt festgesetzt.

5. täglich: Auch an Sonn- und Feiertagen.

6. mindestens: Die RVAnstalt kann auch (nach ihrem freien Ermessen) mehr gewähren.

Zu Abs. 2:

7. auf Grund eines Rechtsanspruchs: z. B. § 616 BGB., § 63 HGB. Aber auch vertragsmäßige Ansprüche gehören hierher.

Zu Abs. 3:

8. Ruhegeldes: Es ist der Fall des § 36 Abs. 2 gemeint.

9. kann .... eingestellt werden: Es besteht kein Zwang hiezu. Andererseits hat der Erkrankte keinen Rechtsanspruch auf die Fortzahlung des Ruhegeldes.

Die Einstellung geschieht durch den Rentenausschuß (§§ 122ff., 269).

§ 39.

Entzieht sich ein Erkrankter ohne gesetzlichen oder sonst triftigen Grund dem Heilverfahren (§ 36) und wäre die Berufsunfähigkeit durch das Heilverfahren voraussichtlich verhütet oder beseitigt worden, so kann das Ruhegeld auf Zeit ganz oder teilweise versagt werden, wenn der Erkrankte auf diese Folge hingewiesen worden ist.

1. Entspricht dem § 1272 RVO.

2. ohne gesetzlichen Grund: § 37 Abs. 2 (Versagung seiner Zustimmung).

3. sonst triftigen Grund: Darüber, was ein triftiger Grund ist, entscheidet das Schiedsgericht (§§ 157ff.) endgültig; s. § 41.

Operationen, die in den Bestand oder die Unversehrtheit des Körpers eingreifen oder die nicht ohne Lebensgefahr vorgenommen werden können (Chloroformnarkose!) braucht der Versicherte nicht an sich vornehmen zu lassen. Wird ihm eine solche zugemutet, so liegt darin ein „triftiger Grund", aus dem er sich einem solchen Heilverfahren entziehen darf.

4. Heilverfahren (§ 36): Hier kommt also jedes Heilverfahren in Betracht, nicht bloß die Einweisung in ein Krankenhaus.

5. Berufsunfähigkeit: Im Sinne des § 25 Abs. 1 oder 2.

6. verhütet oder beseitigt: Die erste Alternative betrifft den Fall des § 36 Abs. 1, die zweite den des Abs. 2 jenes Paragraphen. Den Nachweis dafür, daß die Berufsunfähigkeit verhütet oder beseitigt worden wäre, muß die RVAnstalt führen (der Versicherte braucht keinen Gegenbeweis zu liefern).

7. kann . . . . versagt werden: Die Anwendung dieser Maßregel steht im freien Ermessen des Rentenausschusses (§§ 122ff., 269); ein Zwang, davon Gebrauch zu machen, besteht nicht.

8. auf Zeit: Also nicht auf die Dauer. Darüber, welche Zeit angemessen ist, entscheidet gleichfalls das Schiedsgericht (s. o. Anm. 3).

9. hingewiesen worden ist: Vor der Weigerung, sich dem Heilverfahren zu unterziehen.

10. Gibt der Erkrankte seinen Widerspruch gegen die Durchführung des Heilverfahrens auf, so sind die schon verhängten Maßregeln wieder aufzuheben.

§ 40.

Läßt die Reichsversicherungsanstalt ein Heilverfahren bei einem Erkrankten eintreten, welcher der reichsgesetzlichen Arbeiterversicherung unterliegt, so kann sie die Zahlung des Hausgeldes oder des Ruhegeldes während der Dauer von Barbezügen aus der reichsgesetzlichen Arbeiterversicherung bis zur Höhe dieser Barbezüge einstellen.

1. unterliegt: Dies bedeutet nur die Tatsache des Versichertseins (nicht etwa die Zwangsversicherung), auch

freiwillig Versicherte gehören deshalb hierher. Ferner kommen alle drei Zweige der reichsgesetzlichen Arbeiterversicherung (Kranken-, Unfall-, Invaliden- und Hinterbliebenenversicherung) in Betracht.

2. Barbezügen: Das sind Krankengeld, Unfallrente, Invaliden- (und eventuell auch Alters-)rente, ferner Hausgeld, endlich Wochen-, Schwangeren- und Stillgeld (§§ 195, 199, 200 RVO.).

3. kann .... einstellen: Die Maßregel steht auch hier im Ermessen der Versicherungsanstalt, es besteht kein Zwang zur Anwendung.

4. bis zur Höhe dieser Barbezüge: d. i. nur bis zu dieser Höhe, also nicht gänzlich.

§ 41.

Bei Streit zwischen der Reichsversicherungsanstalt und dem Versicherten aus den Vorschriften der §§ 37 bis 40 entscheidet das Schiedsgericht endgültig.

1. Entspricht dem § 1273 RVO.

2. Versicherten: Dazu gehören auch die Empfänger von Ruhegeld und Witwerrenten (§§ 36 Abs. 2, 30).

3. §§ 37—40: § 36 gehört also nicht hierher. Denn über die Frage, ob ein Heilverfahren einzuleiten sei, entscheidet die RVAnstalt nach freiem Ermessen (Anm. 3 zu § 36).

4. entscheidet das Schiedsgericht endgültig: Zunächst entscheidet der Vorsitzende des Rentenausschusses (ohne mündliche Verhandlung); s. § 269. Gegen seine Entscheidung ist dann Berufung zulässig. Die Revision gegen die Entscheidung des Schiedsgerichts ist ausgeschlossen.

§ 42.

Als reichsgesetzliche Arbeiterversicherung gilt auch die Versicherung in knappschaftlichen Krankenkassen

und in Ersatzkassen (§§ 495, 503 der Reichsversicherungsordnung).

reichsgesetzliche Arbeiterversicherung: Im Sinne der §§ 36 Abs. 1, 40, 43 dieses Gesetzes.

§ 43.

Gegen die Träger der reichsgesetzlichen Arbeiterversicherung steht der Reichsversicherungsanstalt ein Ersatzanspruch wegen Einleitung des Heilverfahrens nicht zu.

der Reichsversicherungsanstalt: Auch nicht umgekehrt den Trägern der reichsgesetzlichen Arbeiterversicherung gegen die RVAnstalt (weil weder im 5. Buche der RVO. noch in diesem Gesetz vorgesehen; s. auch Anm. 5 zu § 36).

V. Sachleistungen.

§ 44.

Empfänger von Ruhegeld oder Rente können auf ihren Antrag in einem Invaliden- oder Waisenhaus oder einer ähnlichen Anstalt untergebracht werden. Dazu können die Barbezüge ganz oder teilweise verwendet werden.

Invalidenhäuser und ähnliche Anstalten gelten als Kranken-, Bewahr- und Heilanstalten im Sinne des § 11 Abs. 2, § 23 Abs. 2 des Gesetzes über den Unterstützungswohnsitz (Reichs-Gesetzbl. 1908 S. 381).

Die Aufnahme verpflichtet den Bezugsberechtigten auf ein Vierteljahr und, wenn er nicht einen Monat vor Ablauf dieser Zeit widerspricht, jedesmal auf ein weiteres Vierteljahr zum Verzicht auf die Barbezüge, soweit sie zu verwenden sind.

1. Entspricht dem § 1277 RVO. Jedoch bedarf es hier nicht erst einer Ermächtigung der Versicherungsanstalt durch die Satzung wie nach § 1277 a. a. O.

Zu Abs. 1:

2. Ruhegeld oder Rente: Wegen des Ruhegeldes s. § 25, wegen der Renten die §§ 28—31. Die Fälle der §§ 61 und 63 gehören nicht hierher.

3. auf ihren Antrag: Also niemals wider ihren Willen. Bei Waisen (und anderen beschränkt Geschäftsfähigen) ist der Antrag von dem gesetzlichen Vertreter zu stellen. Er kann auch zurückgenommen werden.

4. ähnliche Anstalt: Die Versicherungsanstalt kann auch selbst eine solche errichten.

5. können verwendet werden: Dagegen gibt es keine Beschwerde (auch keine Aufsichtsbeschwerde an den Reichskanzler, § 100 Abs. 3). Die Versicherungsanstalt kann aber diese Bezüge dem Empfänger auch belassen.

Zu Abs. 2:

6. §§ 11 Abs. 2, 23 Abs. 2 des Gesetzes über den Unterstützungswohnsitz: Durch den Eintritt in eine solche Anstalt wird weder der zum Erwerb des Unterstützungswohnsitzes führende Aufenthalt noch die zu seinem Verlust führende Abwesenheit begonnen. — Das Gesetz über den Unterstützungswohnsitz galt bisher in Bayern nicht, soll aber jetzt auch dort eingeführt werden.

Zu Abs. 3:

7. Die Aufnahme verpflichtet: Der Bezugsberechtigte kann auch schon vor Ablauf des Vierteljahres aus der Anstalt austreten, den Anspruch auf Weitergewährung der Barbezüge erlangt er jedoch erst nach Ablauf des Vierteljahres wieder.

§ 45.

Trunksüchtigen, die nicht entmündigt sind, können ganz oder teilweise Sachleistungen gewährt werden. Auf Antrag eines beteiligten Armenverbandes oder der Gemeindebehörde des Wohnorts des Trunksüchtigen muß dies geschehen. Bei Trunksüchtigen, die entmündigt sind, ist die Gewährung der Sachleistungen nur mit Zustimmung des Vormundes zulässig. Auf seinen Antrag muß sie geschehen.

Die Sachleistungen gewährt die Gemeinde des Wohnorts. Der Anspruch auf Barleistungen geht im Werte der Sachbezüge auf die Gemeinde über. Die Sachleistung kann auch durch Aufnahme in eine Trinkerheilanstalt oder mit Zustimmung der Gemeinde durch Vermittlung einer Trinkerfürsorgestelle gewährt werden.

Ein Rest der Barleistungen ist dem Ehegatten des Bezugsberechtigten, seinen Kindern oder seinen Eltern und, falls solche nicht vorhanden sind, der Gemeinde zur Verwendung für ihn zu überweisen.

1. Entspricht dem § 120 RVO.

Zu Abs. 1:

2. Trunksüchtigen: Vgl. § 6 Ziff. 3 BGB.

3. entmündigt: §§ 114, 1896, 1906 BGB.; § 680 ZPO.

4. Gemeindebehörde: Darüber, welche Behörden als Gemeindebehörden zu gelten haben, sind die folgenden Bestimmungen erlassen worden:

Für Preußen: Ziff. 4 der Min.-Bek. vom 30. Juli 1912 (HandMinBl. S. 411);

„ Bayern: § 3 Abs. 2 der Min.-Bek. vom 8. Aug. 1912 (GVBl. S. 701);

„ Württemberg: § 6 der Min.-Verf. vom 26. Juni 1912 (RegBl. S. 198);

„ Baden: § 1 Ziff. 6 der V. vom 5. Aug. 1912 (GVBl. S. 339);

„ Hessen: § 1 der Min.-Bek. vom 11. Juli 1912 (RegBl. S. 411);

„ Mecklenburg-Schwerin: Ziff. IV der Min.-Bek. vom 25. Juli 1912 (RegBl. S. 463);

„ das Großherzogtum Sachsen: Ziff. I der Min.-Bek. vom 17. Juli 1912 (RegBl. S. 630);

„ Mecklenburg-Strelitz: Ziff. IV der Min.-Bek. vom 7. Aug. 1912 (OffizAnz. S. 363);

für Braunschweig: § 1 der Min.-Bek. vom 13. Aug. 1912 (GVSamml. S. 363);
„ Sachsen-Meiningen: Ziff. 4 des Min.-Ausschr. vom 30. Mai 1912 (D. Reichsanz. Nr. 136);
„ Sachsen-Altenburg: Ziff. I, 4 der V. vom 21. Juni 1912 (GesSamml. S. 223);
„ Sachsen-Coburg-Gotha: Ziff. 3 der V. vom 21. Aug. 1912 (GesSamml. S. 157);
„ Anhalt: Ziff. 4 der V. vom 10. Aug. 1912 (GesSamml. S. 147);
„ Schwarzburg-Rudolstadt: Ziff. I, 3 der V. vom 12. Juli 1912 (GesSamml. S. 83);
„ Schwarzburg-Sondershausen: Ziff. I, 3 der AusfV. vom 23. Juli 1912 (GesSamml. S. 571);
„ Waldeck: Ziff. 5 der Bek. des Landesdirektors vom 29. Aug. 1912 (RegBl. S. 131);
„ Reuß j. L.: § 1 Ziff. 5 der Min.-Bek. vom 17. Juli 1912 (GesSamml. S. 127);
„ Schaumburg-Lippe: Ziff. I, 4 der Min.-Bek. vom 23. Mai 1912 (Anz. d. Fürstent. Sch.-L. S. 213);
„ Lippe-Detmold: Ziff. I, 3 der V. vom 13. Juli 1912 (GesSamml. S. 804);
„ Lübeck: § 5 der Bek. des Senats vom 20. Juli 1912 (GVBl. S. 510);
„ Bremen: § 1 der V. vom 19. Juli 1912 (GBl. S. 183);
„ Hamburg: § 6 der Bek. des Senats vom 12. Juli 1912 (ABl. S. 743);
„ Elsaß-Lothringen: Ziff. 4 der V. vom 30. Juli 1912 (Zentr.- u. BezABl. S. 155).

§ 46.

Der Rentenausschuß erläßt die Anordnung nach Anhören der Gemeindebehörde und des Bezugsberechtigten und teilt sie ihnen und der Reichsversicherungsanstalt schriftlich mit. Er entscheidet bei Streit zwischen der Gemeinde und dem Bezugs-

berechtigten. Auf Beschwerde entscheidet das Schiedsgericht endgültig.

Ist der Anspruch auf Barleistungen endgültig auf die Gemeinde übergegangen, so benachrichtigt der Rentenausschuß die Post.

1. Entspricht dem § 121 RVO.

Zu Abs. 1:

2. Anhören des Bezugsberechtigten: Dieser ist stets zu hören, auch wenn er entmündigt ist.

VI. Besondere Vorschriften für den Aufenthalt im Ausland.

§ 47.

Geben Berechtigte den inländischen Wohnsitz auf, so können sie mit der Hälfte des Kapitalwerts der ihnen gewährten Bezüge abgefunden werden. Die Tarife zur Berechnung der Abfindung setzt die Reichsversicherungsanstalt mit Genehmigung des Bundesrats fest.

Der Bundesrat kann diese Vorschrift in Grenzgebieten außer Kraft setzen.

Zu Abs. 1:

1. Bei der Gewährung der Leistungen der Versicherung besteht kein Unterschied zwischen In- und Ausländern. Nur wenn Berechtigte den inländischen Wohnsitz (d. h. den Wohnsitz im Deutschen Reich) aufgeben, so können sie — wegen der schwierigen Kontrolle — abgefunden werden. Halten sich Berechtigte (ohne Zustimmung des Rentenausschusses) gewöhnlich im Ausland auf, ohne den inländischen Wohnsitz aufgegeben zu haben, so gilt § 76.

Deutsche Schutzgebiete gelten hier nicht als Inland.

2. können abgefunden werden: Die Maßregel steht im Ermessen des Rentenausschusses (s. auch § 240).

Der Berechtigte hat kein Widerspruchsrecht, auch seines Antrags oder seiner Zustimmung bedarf es nicht.

3. Die Tarife . . . setzt fest: Noch nicht geschehen.

Zu Abs. 2:

4. Bis jetzt ist noch keine solche Bestimmung ergangen.

VII. Wartezeit.

§ 48.

Die Wartezeit dauert

1. beim Ruhegeld für männliche Versicherte einhundertundzwanzig Beitragsmonate, für weibliche Versicherte sechzig Beitragsmonate,

2. bei den Hinterbliebenenrenten einhundertundzwanzig Beitragsmonate.

Sind weniger als sechzig Beitragsmonate auf Grund der Versicherungspflicht nachgewiesen, so beträgt die Wartezeit beim Ruhegeld für weibliche Versicherte neunzig Beitragsmonate, im übrigen einhundertundfünfzig Beitragsmonate.

1. Vgl. § 1278 RVO.

2. Darin, daß die Wartezeit für weibliche Versicherte beim Ruhegeld gekürzt wird, besteht eine der den weiblichen Versicherten vom Gesetz gewährten Mehrleistungen; siehe Anm. 1 zu § 30.

3. Ob der Versicherungsfall beim Ruhegeld durch Berufsunfähigkeit oder durch Vollendung des 65. Lebensjahres eintritt, ist einerlei. Eine besondere Wartezeit für die Altersrente, wie bei der Invalidenversicherung, besteht also hier nicht. Dagegen besteht ein wesentlicher Unterschied darin, daß, wenn der Versicherungsfall durch Tod oder Berufsunfähigkeit des Versicherten, ehe die Wartezeit erfüllt ist, eintritt, der Anspruch auf die Versicherungsleistungen verloren ist, während, wenn der Versicherungsfall durch Vollendung des

65. Lebensjahres eingetreten ist, der Anspruch durch Nichterfüllung der Wartezeit nur aufgeschoben wird, die Wartezeit aber auch nachher noch vollendet werden kann (AVN. 1913 S. 128).

4. Die zur Erfüllung der Wartezeit nötigen Beiträge brauchen nicht zusammenhängend geleistet zu sein. Unterbrechungen sind unschädlich, soweit nicht gemäß § 49 die Anwartschaft erloschen ist.

5. Bei den Hinterbliebenenrenten besteht kein Unterschied in der Wartezeit für männliche und für weibliche Versicherte.

6. Beitragsmonate: s. § 171.

7. Die Einleitung eines Heilverfahrens setzt nicht voraus, daß die Wartezeit erfüllt ist.

8. Ueber Abkürzungen der Wartezeit in den ersten Jahren nach dem Inkrafttreten des Gesetzes siehe §§ 395 und 396.

9. Von der gesamten Wartezeit müssen mindestens sechzig Beitragsmonate auf Grund der Versicherungspflicht nachgewiesen, die anderen können durch freiwillige Beiträge (§ 15) gedeckt sein. Nur für diesen Fall gilt Abs. 1; anderenfalls tritt die in Abs. 2 bestimmte Verlängerung der Wartezeit ein, die nach der Natur der Sache nur durch freiwillige Beiträge erfüllt sein kann. Die „anrechnungsfähigen Zeiten" des § 51 können — abweichend von der Invalidenversicherung — auf die Wartezeit nicht angerechnet werden. Auch die 60 Beitragsmonate des Abs. 2 brauchen nicht zusammenhängend geleistet zu sein.

VIII. Erlöschen der Anwartschaft.

§ 49.

Die Anwartschaft erlischt, wenn nach dem Kalenderjahr, in welchem der erste Beitragsmonat zurückgelegt worden ist, innerhalb der zunächst folgenden zehn Kalenderjahre weniger als acht und nach dieser

Zeit weniger als vier Beitragsmonate während eines Kalenderjahres zurückgelegt worden sind oder die Zahlung der Anerkennungsgebühr (§ 172 Abs. 2) unterblieben ist.

1. Anwartschaft ist der Zustand des Versichertseins vor Erwerb des Anspruchs auf Versicherungsleistungen (AVN. 1913 S. 175).

2. § 49 entspricht dem § 1280 RVO., weicht jedoch im Wortlaute von ihm ab (§ 1280 RVO. fordert ausdrücklich, daß die Beiträge „entrichtet" sein müssen, während § 49 des Vers.-Ges. f. Angestellte verlangt, daß „Beitragsmonate zurückgelegt" seien). Hieraus in Verbindung mit § 171 hat man folgern wollen, daß die wirkliche Entrichtung der Beiträge bei der Angestelltenversicherung nur für die Berechnung der Versicherungsleistungen von Bedeutung sei, daß es dagegen für die Erhaltung der Anwartschaft genüge, wenn nur ein versicherungspflichtiges Beschäftigungsverhältnis besteht, auch wenn die fälligen Beiträge nicht entrichtet werden. Diese allzu wörtliche Auslegung des Gesetzes ist abzulehnen. Nach dem Grundsatz des Gesetzes, daß der Versicherte durch seine Beiträge der RVAnstalt den Gegenwert für die Versicherungsleistungen bieten soll, und da nach der Absicht des Gesetzgebers die Anstalt in der Lage sein muß, ihre laufenden Versicherungen jederzeit übersehen zu können, muß man annehmen, daß der Gesetzgeber auch für die Angestelltenversicherung fordern wollte, daß, um die Anwartschaft zu erhalten, die Beiträge wirklich entrichtet werden müssen. (Dafür spricht übrigens auch, daß in § 49 das Zurücklegen der Beitragsmonate mit der Zahlung der Anerkennungsgebühr in Parallele gestellt wird.)

3. Die RVAnstalt beabsichtigt jedoch, nach Möglichkeit dagegen Vorsorge zu treffen, daß eine Anwartschaft beim Bestehen eines versicherungspflichtigen Beschäftigungsverhältnisses erlischt (AVN. 1913 S. 175). Das

Erlöschen der Anwartschaft wird daher, abgesehen von der Nichtentrichtung von Beiträgen bei freiwilliger Versicherung, in der Praxis vornehmlich beim Ausscheiden aus der versicherungspflichtigen Beschäftigung eintreten. Dem kann jedoch vorgebeugt werden

a) durch freiwillige Weiterversicherung (§ 15) und
b) durch Umwandlung der Versicherung in eine beitragsfreie (§ 172 Abs. 2, Anerkennungsgebühr).

4. Beispiel: Der erste Beitragsmonat sei im Jahre 1913 (einerlei in welchem Kalendermonat) zurückgelegt worden. Dann genügt für 1913 dieser eine Beitragsmonat; weiter müssen aber, um die Anwartschaft aufrecht zu erhalten, in den Jahren 1914 mit 1923 mindestens je 8 Beitragsmonate zurückgelegt werden; vom Jahre 1924 an genügen jährlich je 4 Beitragsmonate.

5. Die nötigen Beitragsmonate können auf Grund der Versicherungspflicht oder freiwillig (§ 15) erfüllt oder durch die sog. Ersatztatsachen des § 51 gedeckt werden.

6. Die Anwartschaft erlischt erst mit dem Ablauf des Kalenderjahres, in dem zu wenig Beiträge entrichtet sind.

7. Das Erlöschen der Anwartschaft hat zur Folge, daß die bisherigen Beiträge ungültig werden. Wird auch versäumt, das Wiederaufleben der Anwartschaft herbeizuführen (§ 50), so muß mit der Versicherung von vorn begonnen werden (sofern noch die Versicherungspflicht oder Versicherungsberechtigung besteht).

8. Das Erlöschen der Anwartschaft wird gegebenenfalls auch durch Nachentrichtung rückständiger Beiträge (§ 50 Abs. 1) aufgehalten, sowie durch den Eintritt des Versicherungsfalles.

§ 50.

Die Anwartschaft lebt wieder auf, wenn der Versicherte innerhalb des dem Kalenderjahr der Fälligkeit der Beiträge oder der Anerkennungsgebühr folgenden Kalenderjahrs die rückständigen Beiträge nachzahlt.

Ist eine Anwartschaft während der Wartezeit erloschen, so kann die Reichsversicherungsanstalt auf Antrag die rückständigen Beiträge stunden. Der Antrag muß vor Ablauf der im Abs. 1 bezeichneten Frist gestellt werden. Spätere Pflichtbeiträge können, soweit sie nicht gemäß § 49 erforderlich sind, auf die gestundeten Beiträge angerechnet werden. Durch die Anrechnung lebt die Anwartschaft wieder auf.

1. Entspricht dem § 1283 RVO., der jedoch die Sache auf eine wesentlich verschiedene Weise regelt.

Zu Abs. 1:

2. lebt wieder auf: d. h. sie gilt als niemals erloschen.

3. Der Versicherte: Es handelt sich sowohl um zwangsweise als auch um freiwillig Versicherte; s. Anm. 3 zu § 49. Wegen der Berechtigung, sich freiwillig zu versichern, s. die §§ 15, 394.

4. Fälligkeit der Beiträge: § 201; s. aber auch § 206.

5. Werden die rückständigen Beiträge oder Anerkennungsgebühren nicht innerhalb des auf das Jahr ihrer Fälligkeit folgenden Kalenderjahres nachgezahlt oder wird der in Abs. 2 bezeichnete Antrag nicht innerhalb dieser Frist gestellt, so ist die Anwartschaft endgültig erloschen.

Zu Abs. 2:

6. Wartezeit: § 48. Soweit für verschiedene Versicherungsleistungen verschiedene Wartezeiten bestimmt sind (§§ 48 Abs. 1 Ziff. 1; 396), wird die längere in Betracht kommen; im Falle des § 395 dagegen wird die abgekürzte Wartezeit maßgebend sein.

7. kann: Es besteht also kein Anspruch darauf.

8. stunden: Damit erwirbt der Versicherte kein Recht

auf Nachzahlung, sondern nur die Möglichkeit, daß spätere Pflichtbeiträge angerechnet werden.

9. der im Abs. 1 bezeichneten Frist: d. i. des auf das Jahr der Fälligkeit folgenden Kalenderjahres.

10. Spätere Pflichtbeiträge: Wann sie fällig werden, ist einerlei. Die RVAnstalt wird aber auch nicht gehindert sein, spätere freiwillige Beiträge anzurechnen.

11. gemäß § 49 erforderlich: nämlich um ein neues Erlöschen der Anwartschaft zu verhindern.

12. Durch die Anrechnung: Also erst durch diese, nicht schon durch die Bewilligung der Stundung.

IX. Anrechnungsfähige Zeiten.

§ 51.

Als Beitragsmonate im Sinne der §§ 15, 49 werden die Kalendermonate angerechnet, in denen der Versicherte

1. zur Erfüllung der Wehrpflicht in Friedens-, Mobilmachungs- oder Kriegszeiten eingezogen gewesen ist,
2. in Mobilmachungs- oder Kriegszeiten freiwillig militärische Dienstleistungen verrichtet hat,
3. wegen einer Krankheit zeitweise arbeitsunfähig und nachweislich verhindert gewesen ist, seine Berufstätigkeit fortzusetzen,
4. zur beruflichen Fortbildung eine staatlich anerkannte Lehranstalt besucht. Die oberste Verwaltungsbehörde bestimmt, welche Lehranstalten als staatlich anerkannte im Sinne dieser Vorschrift gelten.

1. Sog. Ersatztatsachen. Die §§ 51—54 entsprechen dem § 1281 der RVO., jedoch mit dem wesentlichen

Unterschied, daß die hiernach anrechenbaren Monate nur für die Begründung der Befugnis zur freiwilligen Versicherung (§ 15 Abs. 1 Satz 1) und zur beitragsfreien Versicherung (§ 15 Abs. 1 Satz 2), sowie zur Erhaltung der Anwartschaft (§ 49), dagegen nicht wie bei der Invalidenversicherung (§§ 1393, 1394 RVO.) allgemein als Beitragszeiten angerechnet werden können.

Auch für die Berechtigung zur Selbstversicherung (§ 394) können die Ersatztatsachen angerechnet werden (AVN. 1913 S. 179).

2. Die Anrechnung der Ersatztatsachen setzt voraus, daß der Versicherte schon mindestens 1 Beitragsmonat zurückgelegt hat (AVN. 1913 S. 128). Die Versicherung kann also nicht mit Zeiten des § 51 beginnen.

3. Kalendermonate, ... in denen: Die Ersatztatsachen des § 51 brauchen nur während eines Teiles des betr. Kalendermonats bestanden zu haben.

4. Der Versicherte: Sowohl zwangs- als auch freiwillig Versicherte.

5. Zu Ziff. 1: Als Erfüllung der Wehrpflicht gilt auch die Dienstzeit der einjährig- und der mehrjährig-Freiwilligen, dagegen nicht die der Kapitulanten.

6. Die Ziff. 1 u. 2 beziehen sich nur auf Dienste im deutschen Heere oder in der deutschen Marine.

7. Zu Ziff. 3: Berufsunfähigkeit (§ 25) ist nicht nur nicht erforderlich, sondern dauernde Berufsunfähigkeit ist sogar nicht mehr anrechenbar (weil sie den Eintritt des Versicherungsfalles mit sich bringt). Vorübergehende Berufsunfähigkeit ist anrechenbar.

8. Welche Lehranstalten in den einzelnen Bundesstaaten staatlich anerkannt sind, ergibt sich aus den folgenden Erlassen der obersten Verwaltungsbehörden:

a) Für Preußen:
   Min.-Erlaß vom 16. Aug. 1912, Handels-Min.-Bl. S. 457 (Bergakademien und -Schulen betr.);
   desgl. vom 23. Okt. 1912, Handels-Min.-Bl. S. 547 (Fortbildungs- und Fachschulen betr.);
   desgl. vom 4. Febr. 1913, Landw.-Min.-Bl. S. 69 u. Handels-Min.-Bl. S. 92 (landw. Lehranstalten betr.);

desgl. vom 21. Juni 1913, Handels-Min.-Bl. S. 470 (landw. Haushaltungsschulen betr.), und vom 23. Jan. 1914, Handels-Min.-Bl. S. 70.

b) Für Bayern:
§ 8 der Min.-Bekanntm. vom 8. Aug. 1912, Ges.- u. Verordn.-Bl. S. 702.

c) Für das Königreich Sachsen:
§ 3 der k. Verordn. vom 30. Dez. 1912, Ges.- u. Verordn.-Bl. S. 565.

d) Für Württemberg:
§ 1 der Min.-Verf. vom 26. Juni 1912, Reg.-Bl. S. 198.

e) Für Baden:
§ 1 Nr. 2 der Min.-Verordn. vom 5. Aug. 1912, Ges.- u. Verordn.-Bl. S. 339, ferner Min.-Bekanntm. vom 11. Nov. 1912, ebenda S. 443.

f) Für Hessen:
§ 1 der Min.-Bekanntm. vom 4. Okt. 1912, Reg.-Bl. S. 489.

g) Für Mecklenburg-Schwerin:
Min.-Bekanntm. vom 8. Nov. 1912, Reg.-Bl. S. 534.

h) Für Mecklenburg-Strelitz:
Ziff. I der Min.-Bekanntm. vom 11. Nov. 1912, Offiz. Anz. S. 451.

i) Für Oldenburg:
Ziff. I der Min.-Bekanntm. vom 6. Jan. 1913, Ges.-Bl. S. 335.

k) Für Sachsen-Altenburg:
Ziff. I der Verordn. vom 24. Dez. 1912, Ges.-Samml. S. 374.

l) Für Reuß ältere Linie:
§ 2 der Verordn. vom 13. Juli 1912, Ges.-Samml. S. 63.

m) Für Hamburg:
Bekanntm. des Senats vom 2. Aug. 1912, Amtsbl. S. 797.

n) Für Bremen:
Bekanntm. des Senats vom 28. Dez. 1912, Ges.-Bl. 1913 S. 7.

o) Für Lübeck:
Bekanntm. des Senats vom 18. Dez. 1912, Ges.- u. Verordn.-Bl. S. 585.

§ 52.

Die Genesungszeit wird der Krankheit (§ 51 Nr. 3) gleichgeachtet. Dasselbe gilt für die Dauer von zwei Monaten bei einer Arbeitsunfähigkeit, die durch eine Schwangerschaft oder ein regelmäßig verlaufendes Wochenbett veranlaßt ist.

1. Entspricht dem § 1394 Abs. 3 RVO.

2. zwei Monaten: Nicht gleichbedeutend mit Kalendermonaten. Wegen der Berechnung s. §§ 324 ff.

3. Schwangerschaft ... Wochenbett: Erhält die Schwangerschaft oder das Wochenbett den Charakter einer Krankheit, so trifft § 51 Ziff. 3 ohnehin zu.

Ob es sich um eine eheliche oder eine uneheliche Geburt handelt, ist ohne Belang.

§ 53.

Nicht angerechnet wird eine Krankheit, die sich der Versicherte vorsätzlich oder bei Begehung eines durch strafgerichtliches Urteil festgestellten Verbrechens oder durch schuldhafte Beteiligung bei Schlägereien oder Raufhändeln zugezogen hat.

1. Entspricht dem § 1394 Abs. 1 RVO.

2. vorsätzlich: Die Absicht muß unmittelbar auf die Herbeiführung der Erwerbsunfähigkeit gerichtet gewesen sein. Eine andere vorsätzliche Handlung, welche die Krankheit nur zur Folge hat, kommt nicht in Betracht.

3. Verbrechens: § 1 des Reichsstrafgesetzbuchs. Der Täter muß hiewegen rechtskräftig verurteilt sein. Vergehen (im Sinne des Reichsstrafgesetzbuchs) kommen hier nicht in Betracht.

4. schuldhafte Beteiligung: Eine andere Beteiligung, z. B. die bloße Notwehr eines Überfallenen, schadet nicht. Daß die schuldhafte Beteiligung durch strafgerichtliches Urteil festgestellt sei, ist nicht erforderlich.

5. Andere Ursachen einer Krankheit, so besonders ge-

schlechtliche Ausschweifungen, stehen der Anrechenbarkeit der Krankheit nicht im Wege.

§ 54.

Geleistete Militärdienste werden durch die Militärpapiere nachgewiesen.

Krankheitszeiten werden durch Bescheinigungen nachgewiesen, die von den von der obersten Verwaltungsbehörde bezeichneten Behörden auszustellen sind.

Für den Besuch einer staatlich anerkannten Lehranstalt dient eine Bescheinigung des Leiters der Anstalt als Nachweis.

1. Entspricht dem § 1438 RVO.

2. Abweichend von den Bestimmungen der RVO. (§ 1419 Abs. 3) werden bei der Angestelltenversicherung die Ersatztatsachen (§ 51) nicht in die Versicherungskarten eingetragen. Es bleibt dem Versicherten überlassen, die in § 54 genannten Ausweispapiere aufzubewahren, bis im Einzelfall die Notwendigkeit an ihn herantritt, diesen Nachweis zu führen (AVN. 1913 S. 265).

Zu Abs. 2:

3. Auf Grund des Abs. 2 sind die nachstehenden Bestimmungen erlassen worden, durch die meist die Gemeinde- oder Ortsbehörden, für Angestellte, die in Reichs- oder Staatsbetrieben beschäftigt sind, auch die vorgesetzten Dienstbehörden als zuständig erklärt werden.

a) Für das Reich:
   Verf. des Reichspostamts vom 11. März 1913, Amtsbl. d. R.-Post-A. S. 71.

b) Für Preußen:
   Min.-Erlasse vom 25. Jan. 1913, Handels-Min.-Bl. S. 83, und vom 8. März 1913, Min.-Bl. f. innere Verw. S. 51.

c) Für Bayern:
   § 6 der Min.-Bekanntm. vom 8. Aug. 1912, Ges.- u. Verordn.-Bl. S. 701.

d) Für das Königreich Sachsen:
§ 4 der Verordn. vom 30. Dez. 1912, Ges.- u. Verordn.-Bl. S. 565.

e) Für Württemberg:
§ 2 der Min.-Verf. vom 26. Juni 1912, Reg.-Bl. S. 198, und Min.-Erlaß vom 24. Sept. 1912, Amtsbl. d. Min. d. J. S. 377.

f) Für Baden:
§§ 5—9 der Min.-Verordn. vom 5. Aug. 1912, Ges.- u. Verordn.-Bl. S. 339.

g) Für Hessen:
§ 2 der Min.-Bekanntm. vom 4. Okt. 1912, Reg.-Bl. S. 489.

h) Für Mecklenburg-Schwerin:
Ziff. II der Min.-Bekanntm. vom 8. Nov. 1912, Reg.-Bl. S. 534.

i) Für das Großherzogtum Sachsen:
Ziff. III der Min.-Bekanntm. vom 17. Juli 1912, Reg.-Bl. S. 630.

k) Für Mecklenburg-Strelitz:
Ziff. II der Min.-Bekanntm. vom 11. Dez. 1912, Offiz. Anz. S. 451.

l) Für Oldenburg:
Ziff. II Abs. 2 der Min.-Bekanntm. vom 6. Jan. 1913, Ges.-Bl. S. 335, und Bekanntm. vom 25. März 1913, ebenda S. 504.

m) Für Braunschweig:
§ 3 der Min.-Bekanntm. vom 13. Aug. 1912, Ges.- u. Verordn.-Samml. S. 363.

n) Für Sachsen-Altenburg:
Ziff. II der Verordn. vom 24. Dez. 1912, Ges.-Samml. S. 374.

o) Für Anhalt:
Nr. 1 der Verordn. vom 10. Febr. 1913, Ges.-Samml. S. 165.

p) Für Schwarzburg-Rudolstadt:
Nr. II der Verordn. vom 12. Juli 1912, Ges.-Samml. S. 83.

q) Für Schwarzburg-Sondershausen:
Nr. III der Verordn. vom 23. Juli 1912, Ges.-Samml. S. 571.

r) Für Waldeck-Pyrmont:
Nr. I der Bekanntm. des Landesdirektors v. 11. Febr. 1913, Reg.-Bl. S. 81.

s) Für Reuß ä. L.:
§ 1 der Verordn. vom 13. Juli 1912, Ges.-Samml. S. 63.

t) Für Reuß j. L.:
§ 3 der Min.-Bekanntm. vom 17. Juli 1912, Ges.-Samml. S. 127.

u) Für Schaumburg-Lippe:
Nr. III der Min.-Bekanntm. vom 23. Mai 1912, Anz. d. Fürstent. Sch.-L. S. 213, und Min.-Erlaß vom 14. Febr. 1913, ebenda 1913 S. 82.

v) Für Lippe-Detmold:
Nr. II der Verordn. vom 13. Juli 1912, Ges.-Samml. S. 804.

w) Für Lübeck:
Bekanntm. d. Senats vom 18. Dez. 1912, Ges.- u. Verordn.-Bl. S. 586.

x) Für Bremen:
§ 2 der Verordn. vom 19. Juli 1912, Ges.-Bl. S. 183.

y) Für Hamburg:
§ 2 der Bekanntm. des Senats vom 12. Juli 1912, Amtsbl. S. 743.

z) Für Elsaß-Lothringen:
Nr. 1 der Verordn. vom 30. März 1913, Zentr.- u. Bez.-A.-Bl. S. 185.

X. Berechnung der Versicherungsleistungen.

1. Ruhegeld.

§ 55.

Das Ruhegeld beträgt nach Ablauf von einhundertundzwanzig Beitragsmonaten ein Viertel der in dieser Zeit entrichteten Beiträge und ein Achtel der übrigen Beiträge.

Zu Abs. 1:

1. Ruhegeld: In allen Fällen; bei dauernder Berufsunfähigkeit, bei Vollendung des 65. Lebensjahrs, und im Falle des § 25 Abs. 2 (Krankenruhegeld).

2. beträgt: selbstverständlich jährlich!

3. nach Ablauf von 120 Beitragsmonaten: Vorher wird kein Ruhegeld gewährt (§ 48), Ausnahme für weibliche Versicherte: § 48 Ziff. 1, ferner während der Übergangszeit: § 395.

Wegen der „Beitragsmonate" s. § 171. Daher können 120 Beitragsmonate auch einen längeren Zeitraum umfassen als 10 Kalenderjahre, nämlich dann, wenn die Beitragsentrichtung Lücken aufweist.

4. Das Ruhegeld richtet sich nach den Beiträgen, welche während der gesamten Versicherungsdauer entrichtet worden sind. Ausnahmen in §§ 56, 396 Abs. 2. — Die während einer beitragsfreien Versicherung entrichteten Anerkennungsgebühren (§§ 15 Abs. 1 Satz 2, 172 Abs. 2) kommen nicht in Betracht.

5. Zu dem Ruhegeld tritt bei denjenigen Angestellten, welche auch der Invalidenversicherung unterlagen, die Wartezeit erfüllt und die Anwartschaft aufrecht erhalten haben, sofern zugleich Erwerbsunfähigkeit im Sinn der Invalidenversicherung gegeben (§ 1255 RVO.) oder das 70. Lebensjahr vollendet ist (§ 1257 RVO.), noch die Invaliden- oder Altersrente.

6. Berechnung: Das Ruhegeld setzt sich zusammen aus zwei Beträgen, nämlich

a) aus einem Viertel der innerhalb der Wartezeit von 120 Beitragsmonaten entrichteten Beiträge, und

b) dazu noch aus einem Achtel der vom 121. Beitragsmonat an entrichteten Beiträge.

Das Ruhegeld steigt daher mit der Dauer des Versicherungsverhältnisses (s. jedoch auch § 56 und Anm. 4 hiezu). Ein Höchstbetrag (wie bei den Pensionen der Reichs- oder Staatsbeamten) besteht nicht.

§ 56.

Tritt bei weiblichen Versicherten der Versicherungsfall nach Ablauf von sechzig Beitragsmonaten und vor Vollendung von einhundertundzwanzig Beitrags-

monaten ein, so beträgt das Ruhegeld ein Viertel der in den ersten sechzig Beitragsmonaten entrichteten Beiträge.

1. Bei weiblichen Versicherten beträgt die regelmäßige Wartezeit für das Ruhegeld nur 60 Beitragsmonate (§ 48 Abs. 1 Ziff. 1). S. aber auch § 48 Abs. 2!

2. nach Ablauf von sechzig Beitragsmonaten und vor Vollendung von einhundertzwanzig Beitragsmonaten: S. zunächst Anm. 3 Abs. 2 zu § 55. — Selbstverständlich muß auch im Falle des § 56 die Wartezeit (§ 48) erfüllt sein, denn sonst würde überhaupt kein Anspruch auf Ruhegeld bestehen. § 56 kann daher nur für den Fall, daß die regelmäßige Wartezeit des § 48 Abs. 1 Ziff. 1 erfüllt ist, d. h. daß 60 Beitragsmonate auf Grund der Versicherungspflicht nachgewiesen sind, schlechthin gelten; anderenfalls ist er, wenn nicht die Wartezeit von 90 Beitragsmonaten (§ 48 Abs. 2) erfüllt ist, gegenstandslos, weil eben dann überhaupt kein Anspruch besteht.

3. Tritt der Versicherungsfall erst nach Vollendung von 120 Beitragsmonaten ein, so gilt auch für weibliche Versicherte § 55.

4. ein Viertel: eine Steigerung des Ruhegeldes tritt daher in diesem Falle nicht ein.

2. Hinterbliebenenrenten.

§ 57.

Die Witwen- und Witwerrente beträgt zwei Fünftel des Ruhegeldes, das der Ernährer zur Zeit seines Todes bezog oder bei Berufsunfähigkeit bezogen hätte.

Waisen erhalten je ein Fünftel, Doppelwaisen je ein Drittel des Betrags der Witwenrente.

Zu Abs. 1:

1. Witwen- und Witwerrente: §§ 28—35.

2. beträgt: vorbehaltlich der etw. Kürzung des § 58.

3. bezog oder .... bezogen hätte: Es ist also gleichgültig, ob der Ernährer zur Zeit seines Todes seinen Beruf noch ausgeübt hat oder ob er schon berufsunfähig war.

Dem Fall, daß der Ernährer ein Ruhegeld bezog, stehen auch die Fälle gleich, daß das Ruhegeld verwirkt war (§ 24 Abs. 1) oder eingestellt war (§§ 38—40) oder ruhte (§§ 73, 75, 76).

Zu Abs. 2:

4. Doppelwaisen: Das sind Kinder, deren leibliche Eltern beide verstorben sind; uneheliche Kinder nach dem Tode der Mutter stehen ihnen gleich (vgl. § 1589 Abs. 2 BGB.).

§ 58.

Witwen-, Witwer- und Waisenrenten dürfen zusammen den Betrag des Ruhegeldes nicht übersteigen, das der Ernährer zur Zeit seines Todes bezog oder bei Berufsunfähigkeit bezogen hätte.

Ergeben die Renten einen höheren Betrag, so werden sie im Verhältnis ihrer Höhe gekürzt.

Beim Ausscheiden eines Hinterbliebenen erhöhen sich die Renten der übrigen bis zum zulässigen Höchstbetrage.

1. Entspricht dem § 1294 RVO.

Zu Abs. 1:

2. Durch diese Bestimmung soll vermieden werden, daß Witwen oder Witwer und Waisen zusammen durch den Tod des Ernährers (oder der Ernährerin) eine Verbesserung ihrer Lage erfahren. Die Kürzung wird übrigens in der Regel erst eintreten, wenn acht oder mehr rentenberechtigte Waisen vorhanden sind (da die Witwen- oder Witwerrente 40 % und die Waisenrente 8 % des Ruhegeldes beträgt (§ 57), sohin 40 % + 7 × 8 % = 96 % den Betrag des Ruhegeldes noch nicht erreichen; doch sind auch abweichend gelagerte Fälle möglich.

Zu Abs. 2:

3. Die Renten: Es können nicht bloß Witwen- oder Witwerrenten zusammen mit Waisenrenten gekürzt werden, sondern auch Waisenrenten allein.

4. so werden sie .... gekürzt: Die Kürzung kann auch erst nachträglich eintreten oder sich ändern, wenn ein Kind nach dem Tode seines Vaters nachgeboren wird.

Zu Abs. 3:

5. Ausscheiden eines Hinterbliebenen: Die Gründe dafür sind, außer dem Tod, die Wiederverheiratung der Witwe oder des Witwers (§ 64), der Wegfall der Bedürftigkeit (§ 30), und bei Waisen die Vollendung des 18. Lebensjahres (§§ 29, 30, 31).

6. erhöhen sich: Kraft Gesetzes; jedoch ist die Erhöhung durch den Rentenausschuß festzusetzen.

3. Abrundung.

§ 59.

Ruhegeld und Renten werden in Teilbeträgen monatlich, auf volle fünf Pfennig aufgerundet, im voraus gezahlt.

1. Entspricht dem § 1297 RVO.

2. § 59 gilt, wie seine Stellung im Gesetz zeigt, nicht für die Fälle der §§ 61 und 63; ferner nicht für Hausgeld und Abfindung.

3. Die Aufrundung findet für jeden einzelnen Berechtigten besonders statt.

XI. Erstattung von Beiträgen.

1. Bei Todesfällen weiblicher Angestellter.

§ 60.

Stirbt eine weibliche Versicherte nach Ablauf der Wartezeit von sechzig Beitragsmonaten vor Eintritt

in den Genuß eines Ruhegeldes oder einer Leibrente und besteht kein Anspruch auf Hinterbliebenenrenten, so ist auf Verlangen die Hälfte der für die Versicherte bis zu ihrem Tode eingezahlten Beiträge als Abfindung zurückzugewähren.

Anspruchsberechtigt sind nacheinander der Ehegatte, die Kinder, der Vater, die Mutter, die Geschwister, wenn sie mit der Versicherten zur Zeit ihres Todes in häuslicher Gemeinschaft gelebt haben oder von der Versicherten wesentlich aus ihrem Arbeitsverdienst unterhalten worden sind. Der Anspruch verfällt, wenn er nicht innerhalb eines Jahres nach dem Tode der Versicherten geltend gemacht wird.

1. Auch diese Bestimmung bildet eine der den weiblichen Versicherten gewährten Mehrleistungen; siehe Anm. 1 zu § 30.

2. Die Beitragserstattung ist an folgende Voraussetzungen geknüpft:

a) Muß die Wartezeit von 60 Beitragsmonaten (§ 48 Ziff. 1) zurückgelegt sein,

b) darf die Anwartschaft nicht erloschen sein (§ 49),

c) darf die Verstorbene noch nicht in den Genuß des Ruhegeldes oder einer Leibrente (§ 63) getreten sein,

d) darf kein Anspruch auf Hinterbliebenenrenten bestehen (§§ 29, 30, 31), und

e) muß eine der Bedingungen des Abs. 2 Satz 1 erfüllt sein.

Sind diese Voraussetzungen nicht sämtlich gegeben, so besteht kein Anspruch auf Beitragserstattung.

3. Die Beitragserstattung tritt nur auf Verlangen der Berechtigten (Abs. 2) ein. Die in Abs. 2 Genannten sind n a c h e i n a n d e r, nicht nebeneinander, berechtigt.

4. Zurückgewährt wird die Hälfte der für die Versicherte bis zu ihrem Tode gezahlten Beiträge, d. i. der Betrag, der von ihr selbst nach dem Gesetz (§ 170) zu zahlen war (auch wenn ihn tatsächlich der Arbeitgeber bezahlt haben sollte). Umgekehrt wird, wenn die Versicherte mehr als die Hälfte der Beiträge selbst bezahlt hatte (§ 19, bes. Abs. 3) auch nicht mehr erstattet als die Hälfte der Beiträge.

5. Auf Grund des § 60 Abs. 2 können unter Umständen auch Vater oder Mutter einer Versicherten eine Zuwendung aus der Angestellten-Versicherung erhalten, was im übrigen ausgeschlossen ist (Aszendentenrenten wie bei der Unfallversicherung sind nicht eingeführt).

6. Bei Todesfällen männlicher Versicherter findet eine Beitragserstattung nur während der Übergangszeit nach Maßgabe des § 398 statt.

7. § 60 gilt nicht für Selbstversicherte (AVN. 1914 S. 88).

8. Der Anspruch aus § 60 ist beim Rentenausschuß geltend zu machen (§ 229; s. auch § 240).

§ 61.

Die Reichsversicherungsanstalt kann dem Berechtigten statt der Abfindung eine lebenslängliche Rente gewähren. Den Tarif zur Umwandlung der Abfindung in Rente setzt die Reichsversicherungsanstalt mit Genehmigung des Bundesrats fest.

Kann: Die Maßregel steht im freien Ermessen der Versicherungsanstalt, und zwar auch gegen den Willen des Berechtigten.

2. Beim Ausscheiden aus der versicherungspflichtigen Beschäftigung.

§ 62.

Scheidet eine weibliche Versicherte nach Ablauf der Wartezeit für das Ruhegeld infolge Verheiratung aus der versicherungspflichtigen Beschäftigung aus, so steht ihr ein Anspruch auf Erstattung der Hälfte der

für sie geleisteten Beiträge zu. Die Erstattung schließt weitere Ansprüche an die Reichsversicherungsanstalt aus.

1. Dieser Paragraph enthält gleichfalls eine der den weiblichen Versicherten gewährten Mehrleistungen, und zugleich den einzigen Fall, in dem den Versicherten selbst Beiträge erstattet werden.

Die RVO. kennt keine Beitragserstattungen mehr (im Gegensatz zum früheren Recht).

2. Wartezeit für das Ruhegeld: § 48 Abs. 1 Ziff. 2 oder Abs. 2.

3. infolge Verheiratung: Andere Ausscheidungsgründe, z. B. übertritt in ein staatliches Beamtenverhältnis (§ 9 usw.), kommen nicht in Betracht. Versicherte, die aus solchen Gründen ausscheiden, sollen die Versicherung freiwillig fortsetzen oder in eine beitragsfreie umwandeln (§ 15). Höchst unklug wäre es, die Versicherung ganz verfallen zu lassen.

4. Der Anspruch ist hier an keine Frist gebunden (s. dagegen § 60).

5. schließt weitere Ansprüche aus: Nicht nur den Anspruch auf Ruhegeld und Hinterbliebenenrenten, sondern es kann auch bei späterer Erkrankung von der Versicherungsanstalt kein Heilverfahren mehr eingeleitet werden. Tritt die Betreffende wieder in ein Versicherungsverhältnis, so muß mit der Zurücklegung der Wartezeit wieder von vorne angefangen werden.

XII. Leibrenten.

§ 63.

Weiblichen Versicherten, die aus einer versicherungspflichtigen Beschäftigung ausscheiden, wird auf Antrag an Stelle der freiwilligen Fortsetzung der Versicherung oder der Aufrechterhaltung der erworbenen Anwartschaft (§ 15) oder der Erstattung von Beiträgen (§ 62) eine Leibrente gewährt, deren

Höhe sich nach dem Werte der erworbenen Anwartschaft auf Ruhegeld und nach dem Alter der Antragstellerin richtet und vom Rentenausschuß festgesetzt wird. Auf Antrag der Berechtigten kann die Festsetzung des Beginns und der Höhe der Leibrente für einen späteren Zeitpunkt vorbehalten werden. Die Tarife zur Berechnung des Wertes der Anwartschaft und der Leibrente setzt die Reichsversicherungsanstalt mit Genehmigung des Bundesrats fest.

1. Die Bestimmung dieses Paragraphen bildet die letzte der den weiblichen Versicherten zugestandenen Mehrleistungen.

2. ausscheiden: Der Grund ist hier gleichgültig.

3. Macht eine Versicherte vom Rechte der Beitragserstattung nach § 62 Gebrauch, so gehen ihr die vom Arbeitgeber für sie geleisteten Beiträge verloren.

Das Gesetz sieht deshalb vor, daß an Stelle der Weiterversicherung oder der Aufrechterhaltung der Anwartschaft (§ 15) oder der Beitragserstattung (§ 62) eine Leibrente gewährt werden kann, deren Höhe sich (außer nach dem Alter der Antragstellerin) nach dem Werte der erworbenen Anwartschaft auf Ruhegeld, d. h. nach den sämtlichen für die Versicherte geleisteten Beiträgen, also unter Einrechnung des vom Arbeitgeber geleisteten Teiles richtet.

4. auf Ruhegeld: Der auf die Anwartschaft für Hinterbliebenenrenten entfallende Teil der Beiträge kommt nicht in Rechnung.

5. wird .... gewährt: Es besteht also ein Rechtsanspruch; die Versicherungsanstalt kann die Gewährung der Leibrente nicht ablehnen.

6. vom Rentenausschuß festgesetzt wird: S. die §§ 229, 240.

7. auf Antrag: Die Leibrente kann also auch nicht gegen den Willen der Versicherten festgesetzt werden; zieht diese die Beitragserstattung usw. vor, so hat es dabei sein Bewenden.

Eine Frist für den Antrag ist zwar vom Gesetz nicht bestimmt, ergibt sich aber aus der Natur der Sache insofern, als die Anwartschaft noch nicht erloschen sein darf.

8. auf einen späteren Zeitpunkt: In welchem Falle die Leibrente sich höher stellt. Die Versicherte wird zweckmäßig von dieser Bestimmung Gebrauch machen, wenn sie gegenwärtig der Leibrente nicht bedarf, aber für später (z. B. für den Fall der Pensionierung des Ehemannes) mit der Verschlechterung ihrer Verhältnisse rechnen muß.

Es muß jedoch in diesem Falle die Anwartschaft bis zu dem späteren Zeitpunkt aufrecht erhalten werden (§§ 49, 50, 15).

XIII. Wegfall der Leistungen.

§ 64.

Die Witwen- und die Witwerrenten fallen bei der Wiederverheiratung weg. Als Abfindung wird der Witwe das Dreifache ihrer Jahresrente gewährt. Der Anspruch verfällt, wenn er nicht innerhalb eines Jahres nach der Wiederverheiratung geltend gemacht wird.

Die Waisenrenten fallen weg, sobald die Waise das achtzehnte Lebensjahr vollendet oder sich verheiratet.

1. Entspricht dem § 1298 RVO.

Zu Abs. 1:

2. Die Witwen- und die Witwerrenten fallen weg: dagegen nicht die gleichzeitig laufenden Waisenrenten; wegen dieser siehe Abs. 2.

Wenn Witwen wieder in den Ehestand treten, so fällt das Fürsorgebedürfnis weg. Es liegt kein Grund vor, die Rente alsdann noch weiter zu gewähren. Das gleiche gilt auch von einem sich wieder verheiratenden Witwer.

3. Abfindung: Diese beruht auf Billigkeitsgründen und wird nur der Witwe, nicht dem Witwer gewährt. Die RVO. (§ 1298) kennt diese Einrichtung nicht.

Die Abfindung wird auch dann gewährt, wenn die Rente zur Zeit der Wiederverheiratung ganz oder teilweise ruhte (§ 74 ff.).

Zuständig zur Festsetzung der Abfindung ist der Rentenausschuß (§ 122 Nr. 1; s. auch § 240).

Zu Abs. 2:

4. Für die Waisen wird ein Fürsorgebedürfnis nicht mehr anerkannt, wenn sie das 18. Lebensjahr vollendet haben. Das gleiche gilt im Falle der Verheiratung einer Waise, auch wenn sie in diesem Zeitpunkt das 18. Lebensjahr noch nicht vollendet hat.

§ 65.

Für den Sterbemonat und den Monat, der das Ruhen des Ruhegeldes oder der Rente bringt, werden, vorbehaltlich § 58 Abs. 3, die Beträge voll gezahlt.

Kommen für einen Monatsteil zu dem Ruhegelde des Versicherten noch die Renten der Hinterbliebenen, so haben sie nur das Ruhegeld zu beanspruchen.

1. Vgl. § 1301 RVO.

Zu Abs. 1:

2. Ruhen des Ruhegeldes oder der Rente: §§ 73—78.

3. Vorbehaltlich des § 58 Abs. 3: Nach dieser Bestimmung erhöhen sich beim Ausscheiden des Hinterbliebenen die Renten der übrigen bis zum zulässigen Höchstbetrage; diese Vorschrift wird durch § 65 nicht berührt.

4. voll gezahlt: Fallen die Bezüge aus einem anderen Grunde weg, z. B. wegen Wiederverheiratung, Vollendung des 18. Lebensjahrs usw., so werden sie nur bis zum Tage des Wegfalls gezahlt.

Zu Abs. 2:

5. nur das Ruhegeld: Weil dieses höher ist. Die beiden Bezüge zusammen werden jedoch nicht gewährt.

§ 66.

Ist beim Tode des Empfängers das fällige Ruhegeld oder die fällige Rente noch nicht abgehoben, so sind nacheinander bezugsberechtigt der Ehegatte, die Kinder, der Vater, die Mutter, die Geschwister, wenn sie mit dem Empfänger zur Zeit seines Todes in häuslicher Gemeinschaft gelebt haben oder von ihm wesentlich aus seinem Arbeitsverdienste unterhalten worden sind.

1. S. § 1302 RVO.

2. § 66 setzt voraus, daß die Versicherungsleistungen bereits rechtskräftig festgesetzt sind; anderenfalls gilt § 67.

3. Nacheinander: Die folgenden Berechtigten kommen nur dann zum Zuge, wenn solche der vorgehenden Art nicht vorhanden sind oder von ihrem Rechte keinen Gebrauch machen.

Die Regelung des § 66 enthält eine Abweichung von der Erbfolge des bürgerlichen Rechts und schließt diese aus; zivilrechtliche Erben, die nicht zugleich zu den in § 66 genannten Berechtigten gehören, haben daher keinen Anspruch aus § 66.

4. Ehegatte: Die Ehe muß beim Tode des Bezugsberechtigten noch bestanden haben.

5. Kinder: Das sind nur die ehelichen Kinder und die ihnen gleichstehenden (§§ 1719, 1723, 1741 BGB.), dagegen nicht Stiefkinder und nicht (gegenüber dem Vater, §§ 1589 Abs. 2, 1705 BGB.) uneheliche Kinder.

6. Geschwister: Auch Halbgeschwister.

7. wenn sie ... gelebt haben ...: Die Vorbehalte beziehen sich natürlich auf die sämtlichen in § 66 genannten Bezugsberechtigten.

8. wesentlich... unterhalten worden sind: Daß sie ganz oder überwiegend unterhalten worden seien, ist nicht erforderlich.

§ 67.

Stirbt ein Versicherter oder ein zum Bezug einer Witwen- oder Witwerrente Berechtigter, nachdem er seinen Anspruch erhoben hatte, so sind zur Fortsetzung des Verfahrens und zum Bezuge der bis zum Todestage fälligen Beträge nacheinander berechtigt der Ehegatte, die Kinder, der Vater, die Mutter, die Geschwister, wenn sie mit dem Berechtigten zur Zeit seines Todes in häuslicher Gemeinschaft gelebt haben oder von ihm wesentlich aus seinem Arbeitsverdienst unterhalten worden sind.

1. Vgl. § 1303 RVO.

2. Witwen- oder Witwerrente: Der Fall, daß ein zum Bezug einer Waisenrente Berechtigter stirbt, ist hier nicht genannt. Er wird aber den ausdrücklich genannten Fällen gleichzustellen sein (sofern die gesetzlichen Voraussetzungen für die Bezugsberechtigung vorliegen, was allerdings in diesem Falle in der Regel nicht zutreffen wird).

3. Nachdem er seinen Anspruch erhoben hatte: § 229.

4. S. Anm. 7 u. 8 zu § 67.

XIV. Entziehung der Leistungen.

§ 68.

Ist der Empfänger eines Ruhegeldes nicht mehr berufsunfähig im Sinne des § 25, so entzieht ihm der Rentenausschuß das Ruhegeld.

1. S. § 1304 RVO.

2. Die Gewährung des Ruhegeldes setzt zwar nach § 25 „dauernde Berufsunfähigkeit" voraus. Die Erfahrung (bei der Unfall- und der Invalidenversicherung) hat jedoch gelehrt, daß auch Personen, die von den Ärzten als dauernd erwerbsunfähig erklärt sind, manchmal später wieder arbeitsfähig werden. Wollte man einer solchen Person das Ruhegeld belassen, so würde das nicht nur die Versicherungsanstalt ungerechtfertigterweise belasten, sondern auch bei den übrigen Versicherten Unzufriedenheit und Unwillen erregen.

3. Die Anwendung des § 68 setzt stets voraus, daß eine „wesentliche Veränderung in den Verhältnissen" des Empfängers eines Ruhegeldes eingetreten ist, d. h. eine objektive Veränderung in seinem Gesundheitszustand oder in den sonstigen Verhältnissen, die für die Gewährung des Ruhegeldes maßgebend waren.

Die Frage, ob die Berufsfähigkeit wieder erlangt sei, ist nach den gleichen Gesichtspunkten zu prüfen wie s. Zt. die Frage, ob die Berufsunfähigkeit eingetreten war (§ 25) Eine vom Empfänger des Ruhegeldes mit dem Reste seiner Arbeitskraft etwa noch verrichtete, gegenüber seiner früheren Berufsstellung geringwertige Arbeitsleistung kommt nicht in Betracht.

4. entzieht ihm: Das Ruhegeld muß, wenn die Voraussetzungen des § 68 vorliegen, entzogen werden.

5. Rentenausschuß: §§ 122 ff., § 269.

6. Das Ruhegeld: Das wegen Vollendung des 65. Lebensjahres bewilligte Ruhegeld kann selbstverständlich nicht entzogen werden, sondern nur das wegen Berufsunfähigkeit bewilligte. Aber auch dieses kann — trotz Wiedereintretens der Berufsfähigkeit — nicht mehr entzogen werden, wenn der Empfänger inzwischen das 65. Lebensjahr vollendet hat.

§ 69.

Witwerrenten, die nach § 30 gewährt sind, entzieht der Rentenausschuß, sobald die Bedürftigkeit des Empfängers wegfällt.

1. Vgl. § 1307 RVO.

2. nach § 30: Nämlich bedürftigen Witwern. Nur in diesem Falle ist die Gewährung der Rente an die Bedürftigkeit des Berechtigten geknüpft.

§ 70.

Ein Bescheid, der das Ruhegeld oder die Rente entzieht, wird mit Ablauf des Monats wirksam, in dem er zugestellt worden ist.

Weicht von § 1308 RVO. ab.

§ 71.

Wird Ruhegeld von neuem bewilligt, so wird die frühere Beitragsleistung dem Versicherten angerechnet.

1. S. § 1309 RVO.

2. angerechnet: Vorausgesetzt, daß nicht inzwischen die Anwartschaft erloschen ist. Dies kann allerdings, so lange Ruhegeld bezogen wird, nicht eintreten (weil der Versicherungsfall vorliegt). Bei Entziehung des Ruhegeldes aber muß der Betreffende sich die Anwartschaft sichern (§§ 49—51), also entweder durch Wiederaufnahme einer versicherungspflichtigen Beschäftigung oder Weiterversicherung oder beitragsfreie Versicherung (§ 15).

§ 72.

Wird nachgewiesen, daß ein Versicherter, der als verschollen galt, noch lebt, so wird die weitere Zahlung von Hinterbliebenenrente eingestellt. Die Reichsversicherungsanstalt braucht die zu Unrecht gezahlten Beträge nicht zurückzufordern.

1. Vgl. § 1310 RVO.

2. nachgewiesen: Dieser Nachweis liegt der Versicherungsanstalt ob.

3. eingestellt: Vom Rentenausschuß, §§ 122 ff., 269.

XV. Ruhen der Rente.

§ 73.

Ruhegeld ruht neben

1. Renten der reichsgesetzlichen Arbeiterversicherung,
2. Gehalt, Lohn oder sonstigem Einkommen aus gewinnbringender Beschäftigung,

soweit sämtliche Bezüge oder Ruhegeld und einer der Bezüge zu 1 oder 2 zusammen den Jahresarbeitsverdienst übersteigen, der dem Durchschnitt der sechzig höchsten monatlichen Beiträge entspricht. Bei der Berechnung dieses Durchschnitts ist für jeden monatlichen Beitrag das Mittel aus dem höchsten und niedrigsten Jahresarbeitsverdienst der Gehaltsklasse (§ 16) in Anrechnung zu bringen, für welche der Beitrag entrichtet ist. Für die Gehaltsklasse A gilt als Mittel der Betrag von vierhundertundfünfzig Mark.

1. Der Versicherte soll nicht nach dem Eintritt der Berufsunfähigkeit durch Ruhegehalt und reichsgesetzliche Versicherungsrente oder Einkommen aus gewinnbringender Beschäftigung ein höheres Einkommen haben als während der Dauer der Versicherung.

2. Ruhegeld ruht: Es ruht nur das auf Grund dieses Gesetzes gewährte Ruhegeld, die Renten der reichsgesetzlichen Arbeiterversicherung bleiben ungeschmälert. Das Ruhegeld „ruht" heißt soviel, als es wird nicht ausbezahlt (und, beim Wegfall der Voraussetzungen des Ruhens, auch nicht nachgezahlt). Der Anspruch auf das Ruhegeld bleibt aber an sich bestehen; der Berechtigte gilt daher auch als Ruhegeldempfänger im Sinne der §§ 27, 36 Abs. 2, 57, 58, 68, 170 Abs. 3.

3. Das Ruhen wird vom Rentenausschuß ausgesprochen; s. § 269.

4. Zu Ziff. 1: Es kommen nur die Leistungen der Unfall- sowie der Invaliden- und Hinterbliebenenversicherung in Betracht (III. u. IV. Buch der RVO.), dagegen nicht die Leistungen der Krankenversicherung (II. Buch der RVO.) und die der Angestelltenversicherung selbst; aus dem letzteren Grunde ruht z. B. das Ruhegeld einer Witwe, das sie auf Grund ihrer eigenen Versicherung erhält, nicht neben der ihr auf Grund der Versicherung des Ehemannes zustehenden Witwenrente.

5. Zu Ziff. 2: Da der Versicherte, um als berufsunfähig zu gelten, nicht völlig, sondern nur zur Hälfte arbeitsunfähig zu sein braucht, so kann er sich neben dem Ruhegeld mit dem Reste seiner Arbeitsfähigkeit noch einen Verdienst verschaffen. Auch hier soll er aber nicht besser stehen als vor dem Eintritt des Versicherungsfalles. Unter den Begriff der „gewinnbringenden Beschäftigung" fällt auch eine Tätigkeit als Unternehmer. Anderes Einkommen dagegen, z. B. aus Vermögen oder privatrechtlichen Versicherungen, bleibt außer Betracht.

6. Durchschnitt der sechzig höchsten monatlichen Beiträge: Dadurch, daß nur diese Beiträge in Betracht kommen, wird das Ruhen des Ruhegeldes erschwert. Hiedurch soll einer Härte vorgebeugt werden, die sonst (bei Anrechnung des zuletzt bezogenen Gehaltes) leicht für solche Angestellte eintreten könnte, deren Arbeitsfähigkeit, ehe sie wirklich berufsunfähig wurden, bereits abgenommen hatte, so daß sie zuletzt einen niedrigeren Gehalt bezogen als früher.

7. S. auch die §§ 65 Abs. 1; 95, 267, 268.

§ 74.

Die Hinterbliebenenrenten ruhen neben Renten der reichsgesetzlichen Arbeiterversicherung, soweit beide zusammen sechs Zehntel des im § 73 festgesetzten Betrages übersteigen.

1. Dieser Bestimmung liegt die gleiche Erwägung zu-

grunde wie bei § 73 (s. Anm. 1 hiezu); jedoch gelten die in § 73 Ziff. 2 bestimmten Gründe hier nicht.

2. Siehe Anm. 3 zu § 73; für die Kürzung der Hinterbliebenenrenten (denn nur um eine solche handelt es sich) wird § 58 Abs. 2 gelten müssen, d. h. die einzelnen Renten werden im Verhältnis ihrer Höhe zu kürzen sein.

§ 75.

Ruhegeld und Rente ruhen, solange der Berechtigte eine Freiheitsstrafe von mehr als einem Monat verbüßt oder in einem Arbeitshaus oder in einer Besserungsanstalt untergebracht ist.

Hat er im Inland Angehörige, die er ganz oder überwiegend aus seinem Arbeitsverdienst unterhalten hat, so wird ihnen das Ruhegeld überwiesen.

1. Entspricht dem § 1312 RVO.

Zu Abs. 1:

2. Siehe Anm. 3 zu § 73; ferner § 65 Abs. 1.

3. Rente: Das sind die Hinterbliebenenrenten, ferner die Renten der §§ 61 u. 63.

Zu Abs. 2:

4. Inland: S. § 78.

5. Angehörige: S. Anm. 9 zu § 24.

6. ganz oder überwiegend: D. i. mehr als zur Hälfte; ein bloß „wesentliches" Unterhalten (s. z. B. § 66, ferner § 593 RVO. im Gegensatz zu § 592) genügt hier nicht.

7. aus seinem Arbeitsverdienst unterhalten hat: Selbstverständlich bis zur Bewilligung des Ruhegeldes. Der Fall, daß der Berechtigte die Angehörigen aus seinem Ruhegeld unterhalten hat, ist zwar vom Gesetz nicht ausdrücklich genannt, aber zweifellos gleichfalls mit gemeint.

8. Ruhegeld: Renten kommen hier nicht in Betracht.

§ 76.

Ruhegeld und Rente ruhen, solange sich der Berechtigte ohne Zustimmung des Rentenausschusses ge-

wöhnlich im Ausland aufhält. Im Falle der Weiterzahlung hat er die von der Reichsversicherungsanstalt verlangten ärztlichen Bescheinigungen seiner Berufsunfähigkeit einzureichen. Art und Form der Bescheinigungen bestimmt der Reichskanzler.

1. § 76 entspricht dem § 1313 RVO. und faßt dadurch, daß er nicht wie § 1313 Nr. 1 auch Freiwilligkeit des Aufenthalts im Auslande fordert, die beiden in Nr. 1 und 2 des § 1313 RVO. behandelten Fälle zusammen, trifft aber darüber hinaus auch die Fälle, in denen der Aufenthalt im Ausland aus anderen als den in § 1313 Nr. 2 RVO. genannten Gründen (Ausweisung) ein unfreiwilliger ist.

2. Die Zustimmung des Rentenausschusses und die Beibringung ärztlicher Bescheinigungen wird gefordert wegen der mit dem Aufenthalt im Ausland verbundenen Schwierigkeiten der Kontrolle darüber, ob der Betreffende noch berufsunfähig ist oder nicht.

Die Zustimmung steht im freien Ermessen des Rentenausschusses; gegen ihre Versagung gibt es kein Rechtsmittel.

3. gewöhnlich . . . aufhält: Ein bloß vorübergehender Aufenthalt im Ausland kommt sohin nicht in Betracht; dagegen ist es auch nicht erforderlich, daß etwa der Wohnsitz ins Ausland verlegt wird.

4. Siehe Anm. 3 zu § 73; ferner § 65 Abs. 1, § 78.

5. Die Bestimmung des § 76 ist auf Ruhegeldempfänger, die das 65. Lebensjahr vollendet haben, nicht anwendbar, da Kontrollmaßregeln bei ihnen nicht in Betracht kommen können.

6. bestimmt der Reichskanzler: Eine solche Bestimmung ist noch nicht ergangen.

§ 77.

Der Bundesrat kann das Ruhen von Ruhegeld und Rente für ausländische Grenzgebiete oder für

solche auswärtigen Staaten ausschließen, deren Gesetzgebung Deutschen und ihren Hinterbliebenen eine den Vorschriften dieses Gesetzes entsprechende Fürsorge gewährleistet.

1. Entspricht dem § 1314 RVO.

2. Eine Bestimmung des Bundesrats auf Grund des § 77 ist noch nicht ergangen.

§ 78.

Deutsche Schutzgebiete gelten im Sinne der §§ 75, 76 als Inland.

Entspricht dem § 1315 RVO.

XVI. Besondere Befugnisse der Reichsversicherungsanstalt.

§ 79.

Überzeugt sich die Reichsversicherungsanstalt bei erneuter Prüfung, daß die Leistung mit Unrecht abgelehnt, entzogen, wegen Ruhens oder aus sonstigen Gründen eingestellt oder zu niedrig festgestellt worden ist, so kann sie den Rentenausschuß zu einer neuen Feststellung veranlassen.

1. Die Bestimmung entspricht dem § 1319 der RVO. und beruht auf Billigkeitsgründen, um ein etwa begangenes Unrecht wieder gut machen zu können. Die Maßregel steht im freien Ermessen der Versicherungsanstalt. Dem Rentenausschuß steht die Befugnis des § 79 nicht zu, er kann nur auf Veranlassung der RVAnstalt in diesem Sinne tätig werden.

2. Eine zu Unrecht gewährte oder zu hoch festgesetzte Leistung der Versicherung kann hinterher nicht mehr abgeändert werden, ausgenommen die Fälle der §§ 68 bis 72.

§ 80.

Die Reichsversicherungsanstalt braucht Ruhegeld und Renten nicht zurückzufordern, die sie vor rechtskräftiger Entscheidung nach dem Gesetze zahlen mußte.

1. S. § 1320 RVO.

2. braucht nicht: Sie kann es aber; die Entscheidung darüber steht auch hier im freien Ermessen der Versicherungsanstalt. Gegen die Rückforderung gibt es keine Beschwerde. Wird die Rückforderung geltend gemacht, so kann dies im ordentlichen Verfahren nach diesem Gesetz oder im Wege der Aufrechnung (§ 94) geschehen.

3. vor rechtskräftiger Entscheidung ... zahlen mußte: Weil Berufung und Revision nur in beschränktem Maße aufschiebende Wirkung haben (§§ 277 Ziff. 1, 291). Es handelt sich also um den Fall, daß von einer unteren Instanz (Rentenausschuß oder Schiedsgericht) eine Leistung (Ruhegeld oder Rente) festgesetzt, auf ein Rechtsmittel der RVAnstalt aber in einer höheren Instanz wieder aufgehoben worden ist, bis dahin aber einstweilen bezahlt werden mußte.

XVII. Verhältnis zu anderen Ansprüchen.

§ 81.

Unberührt von diesem Gesetze bleiben die gesetzlichen Pflichten der Gemeinden und Armenverbände zur Unterstützung Hilfsbedürftiger und andere auf Gesetz, Satzung, Vertrag oder letztwilliger Verfügung beruhende Pflichten zur Fürsorge für die nach diesem Gesetze Versicherten und ihre Hinterbliebenen.

1. Vgl. § 1527 RVO.

2. Unberührt ... bleiben: Der Satz ist nur in beschränkter Weise richtig. Die im § 81 genannten Verpflichtungen werden allerdings durch dieses Gesetz grund-

sätzlich nicht berührt. Wohl aber kann durch die Leistungen der Versicherung bewirkt werden, daß der Empfänger nicht mehr unterstützungsbedürftig ist und hiedurch eine Unterstützungspflicht der Gemeinde usw., die sonst bestanden hätte, wegfällt.

2. Der Gemeinden und Armenverbände: S. das Reichsgesetz über den Unterstützungswohnsitz vom 30. Mai 1908 (RGBl. S. 377); in Bayern gilt noch das Armengesetz vom 29. April 1869.

3. auf Gesetz: Hierunter sind nicht nur privatrechtliche Bestimmungen zu verstehen (wie in erster Linie das Bürgerl. Gesetzbuch), sondern auch öffentlichrechtliche Normen, vor allem die Reichsversicherungsordnung, ferner die reichs- und die landesrechtlichen Pensionsgesetze u. dgl.

§ 82.

Unterstützt eine Gemeinde oder ein Armenverband nach gesetzlicher Pflicht einen Hilfsbedürftigen für eine Zeit, für die er einen Anspruch nach diesem Gesetze hatte oder noch hat, so kann die Gemeinde oder der Armenverband, jedoch nur bis zur Höhe dieses Anspruchs, Ersatz beanspruchen.

1. Entspricht dem § 1531 RVO.

2. eine Gemeinde: es kommen nur inländische Gemeinden in Betracht, und nur solche Unterstützungen, die die Gemeinde in ihrer Eigenschaft als Trägerin der öffentlichen Armenfürsorge gewährt hat.

3. Die Einheit des Leistungsgrundes ist hier nicht erforderlich, wohl aber die Einheit der Zeit und der Person. D. h. die Unterstützung braucht nicht aus dem gleichen Grunde gewährt zu sein, der z. B. zur Bewilligung des Ruhegeldes geführt hat; erforderlich ist es dagegen (als Voraussetzung für den Ersatzanspruch, nicht zu verwechseln mit den in §§ 83, 84 geregelten Objekten des Zugriffs behufs Verwirklichung eines feststehenden Ersatzanspruchs), daß

die Unterstützung für den gleichen Zeitraum geleistet ist, für den dem Unterstützten auch ein Anspruch auf Grund dieses Gesetzes zustand oder noch zusteht.

4. bis zur Höhe dieses Anspruchs: Hiedurch wird also der Ersatzanspruch der Gemeinde usw. eingeschränkt. Eine weiter gehende Beschränkung wie in § 1506 (mit 1533 Ziff. 3, 1535 Ziff. 3, 1536) RVO. besteht jedoch nicht.

5. Der Ersatzanspruch richtet sich gegen die RVAnstalt (nicht etwa gegen den Unterstützten) und kann von der Gemeinde usw. selbständig geltend gemacht werden (§§ 85, 89).

§ 83.

Der Ersatz von Begräbniskosten, die beim Tode des Versicherten gewährt worden sind, kann, soweit nicht der Träger der reichsgesetzlichen Unfallversicherung oder Krankenversicherung Ersatz zu leisten hat, aus der Kapitalabfindung (§ 60) beansprucht werden; im übrigen darf nur auf Ruhegeld oder Renten zugegriffen werden.

1. Hier und in § 84 handelt es sich nur um die Objekte des Zugriffs zur Verwirklichung eines festgestellten Ersatzanspruchs. Der Anspruch selbst bemißt sich nach § 82.

2. soweit nicht ... zu leisten hat: §§ 1532 bis 1535 RVO.

3. Kapitalabfindung: Hier kommen also nur weibliche Versicherte in Betracht. Der Fall des § 398 gehört nicht hierher.

4. Renten: Auch die Renten im Falle der §§ 61, 63.

§ 84.

Zur Befriedigung des Ersatzanspruchs darf auf rückständige Ruhegeld- und Rentenbeträge bis zu ihrer

vollen Höhe, auf andere Rentenbeträge nur bis zu ihrer halben Höhe zugegriffen werden.

1. Entspricht dem § 1507 (mit §§ 1533 Ziff. 3, 1535 Ziff. 3, 1536) RVO.; s. Anm. 1 zu § 83.

2. rückständige Ruhegeld- und Rentenbeträge: Das sind solche, die entweder vom Versicherten nicht rechtzeitig abgehoben, oder ihm erst nachträglich zuerkannt worden sind. Maßgebend ist der Zeitpunkt, in dem der Ersatzanspruch geltend gemacht wird.

3. auf andere Rentenbeträge: Auch auf andere Ruhegeldbeträge (daß dies nicht gesagt ist, beruht zweifellos nur auf einem Redaktionsversehen).

4. bis zur halben Höhe: Die Hälfte der laufenden Bezüge soll also dem Versicherten verbleiben.

§ 85.

Der Anspruch auf Ersatz von Unterstützungen ist bei dem für den Wohnsitz des Bezugsberechtigten zuständigen Rentenausschuß anzumelden. Dieser entscheidet vorbehaltlich des § 89.

1. Vgl. § 1539 RVO.

2. Anspruch: Der Ersatzanspruch selbst muß unstreitig sein; anderenfalls gilt § 89.

3. S. Anm. 2 zu § 122.

4. anzumelden: S. § 88.

§ 86.

Eine Gemeinde oder ein Armenverband kann auch dann Ersatz beanspruchen, wenn der Hilfsbedürftige, der einen Anspruch auf Ruhegeld oder Rente hat, stirbt, ohne den Anspruch angemeldet zu haben.

1. Vgl. § 1537 RVO.

2. S. § 87.

§ 87.

Auch die Ersatzberechtigten können die Feststellung der Leistungen nach diesem Gesetze betreiben, auch Rechtsmittel einlegen. Der Ablauf der Fristen, die ohne ihr Verschulden verstrichen sind, wirkt nicht gegen sie; dies gilt nicht für Verfahrensfristen, soweit die Ersatzberechtigten das Verfahren selbst betreiben.

1. Vgl. § 1538 RVO.

2. nach diesem Gesetz: Also nicht etwa im Streitverfahren nach § 89.

3. Fristen: Es sind nur die prozessualen Fristen gemeint (§§ 270, 281; 324—334). Die Frist des § 88 gehört nicht hierher.

§ 88.

Der Anspruch auf Ersatz ist ausgeschlossen, wenn er nicht spätestens sechs Monate nach Ablauf der Unterstützung geltend gemacht wird.

S. § 1539 RVO.

§ 89.

Streit über Ersatzansprüche aus den §§ 82 bis 88 werden im Verwaltungsstreitverfahren oder, wo ein solches nicht besteht, durch die dem Ersatzberechtigten vorgesetzte Aufsichtsbehörde entschieden. Die Entscheidung der letzteren kann binnen einem Monat nach Zustellung im Wege des Rekurses nach den §§ 20, 21 der Gewerbeordnung angefochten werden.

1. Vgl. § 1540 RVO.

2. Dieser Paragraph betrifft den Fall, daß der Ersatzanspruch selbst, sei es vom Unterstützten selbst oder auch vom Rentenausschuß, bei dem der Anspruch gem. § 85 angemeldet ist, bestritten wird. S. auch Anm. 2 zu § 85.

3. Verwaltungsstreitverfahren: In Preußen besteht ein solches auf Grund der §§ 61—114 des Landesverwaltungsgesetzes vom 30. Juli 1883, in Bayern nach dem Gesetz über die Errichtung eines Verwaltungsgerichtshofs und das Verfahren in Verwaltungsrechtssachen vom 8. Aug. 1878.

4. S. ferner wegen der Zuständigkeit der Behörden
für Baden: § 2 der MinVerordn. vom 5. Aug. 1912, Ges.- u. Verordn.-Bl. S. 339;
„ Mecklenburg-Strelitz: Verordn. v. 17. Jan. 1913, Off. Anz. S. 51;
„ Anhalt: Verordn. vom 21. Febr. 1913, Ges.Samml S. 167.
„ Bremen: Verordn. vom 12. Okt. 1912, Ges.Bl. S. 233.

§ 90.

Was in diesem Abschnitt für Gemeinden und Armenverbände vorgeschrieben ist, gilt auch für Betriebsunternehmer und Kassen, die statt solcher Verpflichteten nach gesetzlicher Pflicht Hilfsbedürftige unterstützen.

1. Vgl. § 1541 RVO.

2. nach gesetzlicher Pflicht: Es kommen nur vereinzelte landesrechtliche Vorschriften in Betracht; in Preußen, Bayern und Sachsen bestehen solche nicht.

§ 91.

Soweit die nach diesem Gesetze Versicherten oder ihre Hinterbliebenen gesetzlich von Dritten Ersatz eines Schadens beanspruchen können, der ihnen durch Berufsunfähigkeit oder durch den Tod des Ernährers erwachsen ist, geht der Anspruch auf die Reichsversicherungsanstalt bis zum Betrage derjenigen Leistungen über, welche sie infolge des Schadens zu tragen hat.

Hat ein ordentliches Gericht über solche Ansprüche

zu erkennen, so ist es an die Entscheidung gebunden, die in einem Verfahren nach diesem Gesetze darüber ergeht, ob und in welchem Umfang die Reichsversicherungsanstalt verpflichtet ist.

1. Abs. 1 entspricht dem § 1542, Abs. 2 dem § 1543 RVO.

2. gesetzlich: Vertragsmäßige Ansprüche, so namentlich solche aus Versicherungsverträgen, gehören also nicht hierher. In Betracht kommen hauptsächlich die §§ 618, 823 ff. BGB., das Haftpflichtgesetz vom 7. Juni 1871 (in der Fassung des Art. 42 des Einf.-Ges. z. BGB.), das Gesetz über den Verkehr mit Kraftfahrzeugen vom 3. Mai 1909 (§§ 7—20).

3. geht der Anspruch . . . über: Kraft Gesetzes; maßgebend ist der Zeitpunkt, in dem die Leistungspflicht der RVAnstalt eintritt. Die RVAnstalt kann den Anspruch nicht nur gegenüber dem, der nach dem Gesetz haftet, sondern wenn etwa der Versicherte die zivilrechtliche Entschädigung von dem Verpflichteten schon erhalten haben sollte, auch gegenüber dem Versicherten im Wege der Aufrechnung (§ 94) geltend machen (analog §§ 223, 1324 RVO., abweichend dagegen § 622 RVO.).

4. Bei Konkurrenz der RVAnstalt mit Trägern der reichsgesetzlichen Arbeiterversicherung wird anzunehmen sein, daß der Anspruch auf jeden der beteiligten Vers.-Träger nach Verhältnis seiner Leistungen übergeht.

XVIII. Besondere Vorschriften.

§ 92.

Leistungen, die nach diesem Gesetze gewährt werden, und die durch den Übergang des Anspruchs darauf ersetzten Unterstützungen sind keine öffentlichen Armenunterstützungen.

1. Vgl. § 118 RVO. S. auch das Reichsgesetz, betr. die Einwirkung von Armenunterstützungen auf öffentliche Rechte, vom 15. März 1909 (RGBl. S. 319).

2. ersetzten Unterstützungen: §§ 82ff.

3. keine öffentlichen Armenunterstützungen: Sie haben also den mit dem Empfang einer solchen verknüpften Verlust staatsbürgerlicher Rechte usw. nicht zur Folge.

§ 93.

Die Ansprüche des Berechtigten können mit rechtlicher Wirkung übertragen, verpfändet und gepfändet werden nur wegen

1. eines Vorschusses, den der Berechtigte auf seine Ansprüche vor Anweisung der Leistungen vom Arbeitgeber oder von der Reichsversicherungsanstalt erhalten hat,
2. der im § 850 Abs. 4 der Zivilprozeßordnung bezeichneten Forderungen,
3. der Forderungen der nach § 82 ersatzberechtigten Gemeinden und Armenverbände sowie der ersatzberechtigten Arbeitgeber und Versicherungsträger der reichsgesetzlichen Arbeiterversicherung, Knappschaftsvereine und Knappschaftskassen sowie anderer Ersatzkassen (§ 372), die an ihre Stelle getreten sind; die Übertragung, Verpfändung und Pfändung ist nur in Höhe der gesetzlichen Ersatzansprüche zulässig,
4. rückständiger Beiträge, die nicht seit länger als drei Monaten fällig sind.

Ausnahmsweise darf der Berechtigte auch in anderen Fällen den Anspruch mit Genehmigung des Rentenausschusses ganz oder zum Teil auf andere übertragen.

1. Vgl. § 119 RVO.

Zu Abs. 1:

2. Ansprüche: Alle aus dem Versicherungsverhältnis entspringenden Ansprüche, also die auf Ruhegeld, Ren-

ten, Hausgeld, Beitragserstattung, Abfindung, Leibrente. Dagegen muß es sich um bereits vorhandene Ansprüche handeln, nicht um bloße Anwartschaften; es muß also der Versicherungsfall bereits eingetreten, die Wartezeit erfüllt und die Anwartschaft aufrechterhalten sein (AVN. 1914 S. 82).

3. zu Ziff. 2: Das sind die Unterhaltsbeiträge, die an Verwandte, den Ehegatten, den früheren Ehegatten oder an uneheliche Kinder zu entrichten sind.

Zu Abs. 2:

4. Genehmigung: Gegen die Verweigerung gibt es kein Rechtsmittel.

Vgl. auch §§ 182, 184 BGB.

5. übertragen: auch verpfänden, da auch hierin eine Übertragung im Rechtssinne liegt. Pfändung dagegen ist hier ausgeschlossen.

§ 94.

Die Ruhegeld- und Rentenansprüche dürfen nur aufgerechnet werden auf

Ersatzforderungen für bezogene Unfallrenten und Entschädigungen, soweit der Reichsversicherungsanstalt ein Anspruch darauf nach §§ 91, 95 zusteht,

geschuldete Beiträge,

gezahlte Vorschüsse,

zu Unrecht gezahlte Ruhegeld- und Rentenbeträge,

die zu erstattenden Kosten des Verfahrens (§ 311),

die von den Organen der Reichsversicherungsanstalt verhängten Geldstrafen.

1. S. §§ 1324, 1325 RVO.

2. Während § 93 das Verhältnis des Versicherten zu anderen Gläubigern regelt, handelt es sich in § 94

um das Verhältnis der RVAnstalt zu ihm. Die Aufrechnung steht im freien Ermessen der Anstalt; s. auch § 95.

§ 95.

Sind die Leistungen für eine Zeit gezahlt, für die der Empfänger einen Anspruch auf reichsgesetzliche Unfallrente hat, und hatten Ruhegeld oder Renten nach § 73 zu ruhen, so kann die Reichsversicherungsanstalt durch Kürzung ihrer Leistungen den zu viel gezahlten Betrag in angemessenen Teilbeträgen wieder einziehen.

1. Auch hier waltet das freie Ermessen der RVAnstalt ob.

2. Die Bestimmung bezweckt die Schonung der Versicherten. Würde die RVAnstalt von ihrem Recht, aufzurechnen, stets im vollen Maße Gebrauch machen, so würde der Versicherte häufig für einen gewissen Zeitraum gar keine Versicherungsleistungen erhalten. Das soll vermieden werden, und zwar dadurch, daß die RVAnstalt den zu viel gezahlten Betrag nicht auf einmal, sondern nur in angemessenen Teilbeträgen wieder einzieht.

Dritter Abschnitt.

Träger der Versicherung.

I. Bezeichnung.

§ 96.

Träger der Versicherung ist, soweit dieses Gesetz nichts anderes bestimmt, die in Berlin zu errichtende Reichsversicherungsanstalt für Angestellte.

1. Soweit dieses Gesetz nichts anderes bestimmt: D. h. soweit nicht private Ersatzkassen (§ 372) oder öffentlichrechtliche Pensionskassen (§ 387) zugelassen sind.

2. Berlin: Einschl. der Vororte (Groß-Berlin). Die Geschäftsräume der Anstalt befinden sich in Berlin-Wilmersdorf, Hohenzollerndamm 193/195.

3. Die Anstalt hat ihre Tätigkeit im März 1912 begonnen.

II. Rechtsfähigkeit.

§ 97.

Die Reichsversicherungsanstalt ist rechtsfähig. Sie ist eine öffentliche Behörde.

1. Vgl. §§ 4, 1343 RVO.

2. öffentliche Behörde: Wegen der daraus folgenden Verpflichtung, Militäranwärter anzustellen, s. § 104.

III. Organe.

§ 98.

Die Organe der Reichsversicherungsanstalt sind

1. das Direktorium,
2. der Verwaltungsrat,
3. die Rentenausschüsse,
4. die Vertrauensmänner.

S. Einl. S. 26.

1. Direktorium.

§ 99.

Das Direktorium vertritt die Reichsversicherungsanstalt gerichtlich und außergerichtlich. Es hat die Stellung eines gesetzlichen Vertreters.

1. Vgl. § 5 RVO.

2. Direktorium vertritt: Das Direktorium kann seinerseits durch einzelne seiner Mitglieder vertreten werden nach Maßgabe der Geschäftsordnung (§ 100 Abs. 2).

§ 100.

Das Direktorium besteht aus einem Präsidenten und der erforderlichen Anzahl von beamteten Mitgliedern sowie aus je zwei Vertretern der versicherten Angestellten und ihrer Arbeitgeber (nichtbeamteten Mitgliedern).

Es faßt seine Beschlüsse nach Stimmenmehrheit, soweit dieses Gesetz nichts anderes vorschreibt. Bei der Beschlußfassung scheiden soviel nichtbeamtete Mitglieder aus, daß die beamteten in der Mehrzahl sind. Bis zur Wahl der nichtbeamteten Mitglieder ist das Direktorium auch ohne diese beschlußfähig.

Im übrigen wird die Geschäftsführung durch eine Geschäftsordnung geregelt, die der Reichskanzler nach Anhören des Verwaltungsrats erläßt.

Das Direktorium steht unter der Aufsicht des Reichskanzlers.

Zu Abs. 2:

Geschäftsordnung: S. die Bekanntm. des Reichskanzlers vom 20. April 1913, ZentrBl. f. d. Deutsche Reich S. 488.

§ 101.

Präsident und beamtete Mitglieder des Direktoriums sowie die höheren etatsmäßigen Beamten werden auf den Vorschlag des Bundesrats vom Kaiser auf Lebenszeit ernannt. Soweit die Ernennung von beamteten Mitgliedern und höheren etatsmäßigen Beamten nach Bildung des Verwaltungsrats erfolgt, ist er vorher zu hören.

Beamtete Mitglieder: Die nicht beamteten werden auf 6 Jahre gewählt (§ 103).

§ 102.

Die im § 101 bezeichneten Beamten haben die Rechte und Pflichten der Reichsbeamten.

Ihre Besoldungen, Pensionen und sonstigen Dienstbezüge sowie die Pensionen und Unterstützungen für ihre Hinterbliebenen trägt die Reichsversicherungsanstalt. Der Besoldungs- und Pensionsetat wird für das Direktorium durch den Reichshaushalt, für die übrigen im § 101 bezeichneten Beamten vom Bundesrat auf den Antrag des Reichskanzlers jährlich festgesetzt.

Zu Abs. 1:

Rechte und Pflichten: Vgl. das Reichsbeamtengesetz vom 31. März 1873 in der Fassung der Bekanntm. des Reichskanzlers vom 18. Mai 1907 (RGBl. S. 245).

§ 103.

Die nichtbeamteten Mitglieder des Direktoriums wählt der Verwaltungsrat auf sechs Jahre. Für jedes Mitglied werden mindestens zwei Ersatzmänner gewählt; sie vertreten es, wenn es verhindert ist, und treten, wenn es ausscheidet, für den Rest der Wahlzeit in der Reihenfolge ihrer Wahl ein.

Die Vertreter der Arbeitgeber werden von den Arbeitgebervertretern, die übrigen von den Angestelltenvertretern unter den Mitgliedern des Verwaltungsrats gewählt.

Die §§ 112 bis 114 gelten entsprechend.

Ein Mitglied des Verwaltungsrats, das Mitglied des Direktoriums wird, scheidet aus dem Verwaltungsrat aus.

Zu Abs. 1:

1. nichtbeamteten Mitglieder: § 100 Abs. 1.

2. wählt der Verwaltungsrat: Auch Frauen sind wählbar. Da sie auch dem Verwaltungsrat angehören können (s. § 109 Abs. 2), so sind solche Frauen auch aktiv wahlberechtigt.

3. S. die Bekanntm. der RVAnstalt, betr. das Ergebnis der Wahl nichtbeamteter Mitglieder für das Direktorium, AVN. 1913 S. 87.

Zu Abs. 3:

4. §§ 112 bis 114: § 111 ist nicht angeführt, die Verhältniswahl ist also nicht vorgeschrieben.

§ 104.

Die übrigen Beamten werden vom Direktorium ernannt. § 102 Abs. 2 Satz 1 gilt. Mindestens ein Drittel der Stellen muß mit Militäranwärtern besetzt werden, soweit geeignete Bewerber vorhanden sind.

Das Direktorium erläßt mit Zustimmung des Verwaltungsrats die Dienstordnung für diese Beamten.

Zu Abs. 1:

1. übrigen Beamten: Diese haben nicht die Rechte und Pflichten von Reichsbeamten, sondern sind Angestellte der RVAnstalt (s. auch § 349).

2. § 102 Abs. 2 Satz 1 gilt: Daher trägt auch ihre Besoldungen usw. die RVAnstalt.

Zu Abs. 2:

3. Dienstordnung: S. die „Dienstordnung für die Büro-, Kanzlei- und Unterbeamten der RVAnstalt" vom 27. Okt. 1913 (AVN. 1913 S. 255), ferner die Satzung für den Beamtenausschuß (AVN. 1914 S. 70).

§ 105.

Die Bücher der Reichsversicherungsanstalt sind jährlich abzuschließen; auf Grund der Bücher ist für das abgelaufene Geschäftsjahr ein Rechnungsabschluß und ein die Verhältnisse sowie die Entwickelung der Anstalt darstellender Bericht anzufertigen und dem Reichskanzler mitzuteilen. Der Rechnungsabschluß und der Bericht sind dem Reichstag vorzulegen.

Als Geschäftsjahr gilt das Kalenderjahr.

§ 106.

Dem Rechnungsabschluß ist in Zeitabschnitten von je fünf Jahren die ordentliche versicherungstechnische Bilanz (§ 173) beizufügen. Alljährlich ist eine überschlägliche Bilanz aufzustellen. Der Bundesrat erläßt nähere Vorschriften hierüber.

In Zeitabschnitten von je fünf Jahren: Erstmals jedoch erst für 31. Dez. 1919 (§ 173), sohin für einen siebenjährigen Zeitraum.

§ 107.

Die Rechnungen der Reichsversicherungsanstalt über ihre persönlichen und sachlichen Verwaltungskosten werden durch den Rechnungshof des Deutschen Reichs geprüft.

1. Rechnungshof: S. das Reichsgesetz vom 18. April 1907, RGBl. S. 95.

2. geprüft: unbeschadet der durch § 108 Abs. 1 Ziff. 2 begründeten Befugnis des Verwaltungsrats.

2. Verwaltungsrat.

§ 108.

Der Verwaltungsrat hat das Direktorium bei Vorbereitung wichtiger Beschlüsse gutachtlich zu beraten. Der Beschlußfassung des Verwaltungsrats bleibt vorbehalten

1. die Festsetzung des Voranschlags, unbeschadet des § 102 Abs. 2 Satz 2,

2. die Abnahme des Rechnungsabschlusses (§ 105) und der Bilanzen (§ 106).

Bis zur Bildung des Verwaltungsrats faßt das Direktorium die jenem vorbehaltenen Beschlüsse.

Zu Abs. 1:

1. zu beraten: Darüber hinaus geht jedoch die im nächsten Satze (Ziff. 1 u. 2) vorbehaltene Befugnis; hier hat der Verwaltungsrat entscheidende Stimme.

2. Zu Ziff. 1: unbeschadet des § 102 Abs. 2 Satz 2 — also in Fragen des Besoldungs- und Pensionsetats.

§ 109.

Der Verwaltungsrat besteht aus dem Präsidenten des Direktoriums oder seinem Stellvertreter als Vorsitzenden und mindestens je zwölf Vertretern der versicherten Angestellten und ihrer Arbeitgeber. Der Reichskanzler kann die Zahl der Mitglieder nach Bedarf erhöhen.

Die Vertreter der Arbeitgeber werden von den Arbeitgebervertretern unter den Vertrauensmännern, die übrigen von den Angestelltenvertretern unter den Vertrauensmännern gewählt.

Zu Abs. 1:

1. S. die Bekanntm. des Präsidenten des Direktoriums der RVAnstalt als des Wahlleiters, vom 14. Dezember 1912, Reichsanz. Nr. 297.

Das Ergebnis der ersten Wahl, also der z. Zt. im Amte befindlichen Vertreter, ist veröffentlicht in AVN. 1913 S. 57.

Zu Abs. 2:

2. gewählt: Wegen der Wahlordnung s. § 111, wegen der Wählbarkeit §§ 112—114, wegen der Wahlzeit § 115.

Die als Mitglieder des Verwaltungsrats zu wählenden Vertreter brauchen nicht selbst Vertrauensmänner zu sein.

Auch Frauen sind wählbar. Da ihnen auch das Amt eines Vertrauensmannes übertragen werden kann (§§ 145, 151), so sind solche Frauen auch aktiv wahlberechtigt.

§ 110.

Der Verwaltungsrat faßt seine Beschlüsse nach Stimmenmehrheit. Im übrigen wird die Geschäftsführung durch eine Geschäftsordnung geregelt, die der Reichskanzler nach Anhören des Verwaltungsrats erläßt.

Der Präsident beruft den Verwaltungsrat. Auf Verlangen der Mehrheit des Verwaltungsrats ist dieser zu berufen.

Zu Abs. 1:

Geschäftsordnung: S. die Bekanntm. des Reichskanzlers vom 10. Nov. 1913, AVN. 1913 S. 49.

§ 111.

Die Wahl findet nach den Grundsätzen der Verhältniswahl statt.

Der Reichskanzler erläßt eine Wahlordnung und leitet die Wahl durch seine Beauftragten.

Für jeden Vertreter werden mindestens zwei Ersatzmänner gewählt; sie ersetzen ihn, wenn er verhindert ist, und treten, wenn er ausscheidet, für den Rest der Wahlzeit in der Reihenfolge ihrer Wahl ein.

Bei Streit über die Wahl entscheidet der Reichskanzler.

Zu Abs. 2:

Wahlordnung: S. die Bekanntm. des Reichskanzlers vom 22. Okt. 1912, RGBl. S. 513. Sie ist im Anhang abgedruckt.

§ 112.

Wählbar zum Verwaltungsrate sind nur volljährige Deutsche.

Nicht wählbar ist,

1. wer infolge strafgerichtlicher Verurteilung die Fähigkeit zur Bekleidung öffentlicher Ämter verloren hat oder wegen eines Verbrechens oder Vergehens, das den Verlust dieser Fähigkeit zur Folge haben kann, verfolgt wird, falls gegen ihn das Hauptverfahren eröffnet ist,

2. wer infolge gerichtlicher Anordnung in der Verfügung über sein Vermögen beschränkt ist.

1. Vgl. § 12 RVO.

Zu Abs. 1:

2. Wählbar: Die Wahl eines nicht Wählbaren ist ungültig (§ 23 der Wahlordnung); vgl. auch § 120.

Weitere Voraussetzungen der Wählbarkeit s. in §§ 113, 1114.

3. Volljährige Deutsche: Ein Deutscher ist, wer entweder die Staatsangehörigkeit in einem deutschen Bundesstaat oder die bloße Reichsangehörigkeit besitzt.

Auch Frauen sind wählbar (vgl. Anm. 2 Abs. 3 zu § 109).

Wegen der Volljährigkeit s. § 2 BGB. (21. Lebensjahr), ferner §§ 3ff. BGB.

Zu Abs. 2:

Ziff. 1: S. §§ 31, 33, 34, 35 RStGB.

Ziff. 2: §§ 6, 104, 114, 1910 BGB., §§ 645, 680 ZPO., §§ 6, 106 KonkO.

§ 113.

Wählbar als Vertreter der Arbeitgeber ist, wer regelmäßig mindestens einen versicherten Angestellten beschäftigt.

1. Vgl. § 13 RVO.

2. S. Anm. 2 zu § 112.

3. Arbeitgeber: Dieser Begriff bezeichnet lediglich das Verhältnis zum versicherten Angestellten; er deckt sich nicht mit dem des Unternehmers (§§ 633, 958, 1121 RVO.) und erfordert also nicht das Vorhandensein eines Betriebes, d. h. einer wirtschaftlichen Unternehmung. Daher ist z. B. auch der Arbeitgeber eines Privatlehrers (auch wenn er nur diesen allein beschäftigt) wählbar.

Für juristische Personen sind ihre gesetzlichen Vertreter wählbar (das Gesetz enthält zwar keine dem § 13 RVO. entsprechende Vorschrift; gleichwohl kann nicht angenommen werden, daß das Gesetz juristische

Personen — die versicherte Angestellte oft in großer Zahl beschäftigen — von jedem Einflusse auf Verwaltung und Rechtsprechung in der Angestelltenversicherung ausschließen wollte.)

4. regelmäßig: D. h. nicht bloß gelegentlich oder zeitweise.

5. versicherten Angestellten: Das sind die unter § 1 des Gesetzes fallenden Personen. Freiwillig Versicherte gehören nicht hierher, ebensowenig die bei Ersatzkassen Versicherten (Versicherte der letzteren Art stehen in keiner Beziehung zur RVAnstalt; es ist kein Grund dafür ersichtlich, ihren Arbeitgebern einen Einfluß auf Verwaltung und Rechtsprechung in der Angestelltenversicherung einzuräumen).

§ 114.

Wählbar als Vertreter der Versicherten sind nur Versicherte, die nicht als Vertreter der Arbeitgeber wählbar sind.

1. Vgl. § 14 RVO.

2. S. Anm. 2 zu § 112.

3. Versicherte: Dazu gehört hier auch, wer freiwillig versichert ist (oder eine Anerkennungsgebühr bezahlt, § 15). Die bei Ersatzkassen Versicherten gehören nicht hierher, desgleichen nicht Ruhegeldempfänger.

4. die nicht . . . wählbar sind: Das sind versicherte Arbeitgeber — die entweder früher Angestellte waren (§ 15) oder sich gemäß § 394 Abs. 2 versichert haben —, wenn sie nicht regelmäßig mindestens 1 versicherten Angestellten beschäftigen (§ 113).

§ 115.

Die Wahlzeit dauert sechs Jahre.

Die Gewählten bleiben nach Ablauf dieser Zeit im Amte, bis ihre Nachfolger eintreten.

Wer ausscheidet, kann wiedergewählt werden.

Vgl. § 16 RVO.

§ 116.

Ein Arbeitgeber kann die Wahl nur aus einem wichtigen Grunde ablehnen, insbesondere wenn er

1. das sechzigste Lebensjahr vollendet hat,
2. mehr als vier minderjährige eheliche Kinder hat; Kinder, die ein anderer an Kindes Statt angenommen hat, werden dabei nicht gerechnet,
3. durch Krankheit oder Gebrechen verhindert ist, das Amt ordnungsmäßig zu führen,
4. mehr als eine Vormundschaft oder Pflegschaft führt. Die Vormundschaft oder Pflegschaft über mehrere Geschwister gilt nur als eine; zwei Gegenvormundschaften stehen einer Vormundschaft, ein Ehrenamt der Reichsversicherung einer Gegenvormundschaft gleich.

Nach mindestens zweijähriger Amtsführung kann eine Wiederwahl für die nächste Wahlzeit abgelehnt werden.

1. S. § 17 RVO.

Zu Abs. 1:

2. Ein Arbeitgeber: Die Versicherten sind in bezug auf die Ablehnung der Wahl nicht beschränkt.

3. insbesondere: Die Aufzählung der Ablehnungsgründe in § 116 ist daher nicht erschöpfend; es können auch noch andere wichtige Gründe geltend gemacht werden. Darüber, was ein wichtiger Grund ist, entscheidet das Direktorium, auf Beschwerde der Reichskanzler; siehe § 117 Abs. 1 und 4.

Zu Abs. 2:

4. zweijähriger Amtsführung: Bei Ersatzmännern kann nur die Zeit in Betracht kommen, während deren sie für ein ausgeschiedenes Mitglied eingetreten waren; gelegentliche Vertretungen bei Verhinderung eines Mitglieds bleiben außer Betracht.

5. für die nächste Wahlzeit: nur für diese, aber nicht für spätere Zeiten oder gar für immer.

§ 117.

Über die Zulässigkeit der Ablehnung entscheidet das Direktorium.

Wer die Wahl ohne zulässigen Grund ablehnt, kann vom Präsidenten des Direktoriums mit Geldstrafe bis zu fünfhundert Mark bestraft werden.

Das Direktorium kann einen Vertreter von seinem Amte entbinden, wenn ein wichtiger Grund vorliegt. Auf Beschwerde entscheidet der Reichskanzler endgültig.

Zu Abs. 1:

1. Ablehnung: Eines Arbeitgebers; Versicherte kommen nicht in Betracht (s. § 116 u. Anm. 2 hiezu).

Zu Abs. 2:

2. ohne zulässigen Grund: D. h. ohne einen der in § 116 genannten oder einen andern, vom Direktorium (oder Reichskanzler) anerkannten wichtigen Grund.

3. kann ... bestraft werden: der Präsident ist nicht gezwungen, von der Strafbefugnis Gebrauch zu machen. — S. auch § 359.

Zu Abs. 3:

4. kann: dieses Wort dürfte hier nicht bedeuten, daß es im Belieben des Direktoriums steht, ob es einen Vertreter von seinem Amt entbinden will oder nicht; das Direktorium wird vielmehr, wenn ein wichtiger Grund vorliegt, den Vertreter auf sein Verlangen des Amtes entheben müssen.

§ 118.

Die Mitglieder des Verwaltungsrats und die nichtbeamteten Mitglieder des Direktoriums verwalten ihr Amt unentgeltlich als Ehrenamt. Für ihre Teilnahme an Sitzungen erhalten sie Tagegelder und Vergütung der Reisekosten nach festen, von dem Reichskanzler bestimmten Sätzen.

1. Vgl. § 21 RVO.

2. S. die Bekanntm. des Reichskanzlers vom 18. März 1913, Zentr.-Bl. f. d. Deutsche Reich S. 407 (AVN. 1913 S. 87).

Den Mitgliedern des Verwaltungsrats können (mangels einer gesetzlichen Bestimmung) Portoauslagen nicht erstattet werden (AVN. 1913 S. 73).

3. Vgl. die von § 118 abweichende Regelung in den §§ 140, 161, 164, 155 Abs. 2.

§ 119.

Die Vertreter der Versicherten haben ihrem Arbeitgeber jede Einberufung zu den Sitzungen anzuzeigen. Tun sie es rechtzeitig, so gibt das Fernbleiben von der Arbeit dem Arbeitgeber keinen wichtigen Grund, das Arbeitsverhältnis ohne Einhalten einer Kündigungsfrist zu lösen.

1. Vgl. § 22 RVO.

2. wichtigen Grund: Siehe § 626 des Bürgerl. Gesetzbuchs und §§ 70, 72 des Handelsgesetzbuchs.

3. ohne Einhalten einer Kündigungsfrist: Mit ihrer Einhaltung kann aber gekündigt werden, und zwar ohne Angabe eines Grundes.

4. Vgl. auch die §§ 345, 346.

§ 120.

Werden von einem Gewählten Tatsachen bekannt, die seine Wählbarkeit ausschließen, so hat ihn der Verwaltungsrat seines Amtes durch Beschluß zu entheben.

Vor der Beschlußfassung ist ihm Gelegenheit zur Äußerung zu geben.

Gegen den Beschluß ist die Beschwerde bei dem Reichskanzler zulässig.

1. Vgl. § 24 RVO., welcher aber auch den weiteren Enthebungsgrund kennt, daß die Vertrauenswürdigkeit für die Geschäftsführung ausgeschlossen ist.

Zu Abs. 1:

2. Werden ... Tatsachen bekannt, die ... ausschließen: S. § 112. Gleichgültig ist es, ob diese Tatsachen schon bei der Wahl bestanden, aber nicht bekannt waren und im Wege der Wahlanfechtung nicht geltend gemacht worden sind, oder ob sie erst später entstanden sind.

3. zu entheben: Erst hiedurch, nicht schon dadurch, daß der Verlust der Wählbarkeit eintritt, erlischt das Amt; dies gilt auch von solchen, die von Anfang an nicht wählbar waren (s. Anm. 2 zu diesem Paragraphen).

Zu Abs. 3:

4. Beschwerde: Wegen der Frist usw. vgl. §§ 328 ff.

§ 121.

Für die nichtbeamteten Mitglieder des Direktoriums gilt § 120 entsprechend.

3. Rentenausschüsse.

Geschäftsumfang.

§ 122.

Der Rentenausschuß nimmt die ihm in diesem Gesetz übertragenen Obliegenheiten wahr. Insbesondere liegt ihm ob,

1. **Ruhegeld, Rente und Abfindung festzustellen und anzuweisen,**
2. **Ruhegeld und Rente zu entziehen und einzustellen,**
3. **Anträge auf Einleitung eines Heilverfahrens entgegenzunehmen, den Sachverhalt in diesen Fällen klarzustellen und die Reichsversicherungsanstalt zu benachrichtigen, wenn er erfährt, daß durch ein Heilverfahren ein Versicherter vor der Berufsunfähigkeit bewahrt oder der Empfänger eines Ruhegeldes oder einer Witwerrente wieder berufsfähig werden kann,**
4. **in Angelegenheiten der Angestelltenversicherung Auskunft zu erteilen.**

1. Die Befugnisse der Rentenausschüsse hätten auch den Versicherungsämtern der Reichsversicherung übertragen werden können. Dies ist jedoch nicht geschehen, um der berechtigten Forderung der Angestellten, daß ihren Berufs- und Standesgenossen eine entscheidende Stimme bei der Feststellung der Versicherungsleistungen zukommen soll, entsprechen zu können.

2. Bis jetzt ist nur ein Rentenausschuß (mit dem Sitze in Berlin) errichtet; s. Einl. S. 27 und Anm. zu §§ 126, 127.

3. Der Rentenausschuß (s. auch die §§ 240, 269) hat eine dreifache Funktion:

a) Als Spruchbehörde bei Feststellung und Entziehung der Versicherungsleistungen (§§ 122 Nr. 1, 2);

b) als Beschlußbehörde in einer Reihe vom Gesetz besonders genannter Fälle (§§ 12, 13, 34, 46, 85, 137, 210, 211, 215, 216, 347);

c) als Verwaltungsbehörde und als Hilfsorgan der RVAnstalt (§ 122 Nr. 3, 4, ferner §§ 76, 93, 132, 212, 313).

Gemäß § 124 können ihm noch weitere Aufgaben übertragen werden.

Nach § 123 Abs. 1 ist der Rentenausschuß Organ der RVAnstalt (vgl. auch § 142); bei richterlichen Entscheidungen ist er jedoch an ihre Weisungen nicht gebunden (s. auch Anm. 1 zu § 123).

Als Beisitzer des Rentenausschusses (Versicherungsvertreter) können auch Frauen gewählt werden; bei richterlichen Entscheidungen dürfen jedoch als Beisitzer nur Männer mitwirken (§ 131 Abs. 3).

4. Über die Auskunftspflicht des Rentenausschusses (§ 122 Nr. 4) vgl. AVN. 1913 S. 197.

§ 123.

Der Rentenausschuß ist Organ der Reichsversicherungsanstalt und hat die Eigenschaft einer öffentlichen Behörde. Er ist jedoch bei seiner Beschlußfassung nach § 122 Nr. 1, 2 an Weisungen der Reichsversicherungsanstalt nicht gebunden.

Soweit nicht dieses Gesetz den Geschäftsgang und das Verfahren der Rentenausschüsse regelt, geschieht es durch Verordnung des Reichskanzlers, die nach Anhören der Reichsversicherungsanstalt erlassen wird.

Zu Abs. 1:

1. Nicht gebunden: Die Bestimmung ist getroffen, damit Gewähr dafür geschaffen wird, daß bei der Feststellung, Entziehung oder Einstellung der Versicherungsleistungen vorurteilsfrei verfahren und nach allen Seiten volle Gerechtigkeit bewahrt wird.

Die in § 122 Nr. 1, 2 genannten Sachen sind nur die aus dem Gesetz sich ergebenden Spruchsachen. Aber auch soweit der Rentenausschuß als Beschlußbehörde tätig wird, übt er vielfach eine richterliche Funktion aus, was vom Gesetz (§ 131 Abs. 3) für die Fälle der §§ 12, 13, 210, 211, 215 Abs. 3, 216, 347 ausdrücklich anerkannt ist. Der Rentenausschuß kann auch in solchen Fällen an Weisungen der RVAnstalt nicht gebunden sein.

Zu Abs. 2:

2. S. die Verordnung des Reichskanzlers über Geschäftsgang und Verfahren der Rentenausschüsse vom 14. Febr. 1913 (RGBl. S. 103 ff.).

§ 124.

Die Reichsversicherungsanstalt kann mit Zustimmung des Verwaltungsrats dem Rentenausschusse die Überwachung der Ruhegeldempfänger übertragen; in gleicher Weise und mit Genehmigung des Bundesrats können dem Rentenausschusse durch die Reichsversicherungsanstalt noch weitere Aufgaben übertragen werden mit Ausnahme der Überwachung der Entrichtung der Beiträge.

1. Überwachung der Ruhegeldempfänger: Vgl. § 68. Es kann sich nur um die handeln, die das Ruhegeld wegen Berufsunfähigkeit, dagegen nicht um die, die es wegen Vollendung des 65. Lebensjahres beziehen.

2. mit Ausnahme der Überwachung der Entrichtung der Beiträge: Die damit in Widerspruch stehende Bestimmung in § 214 Satz 2 beruht auf einem Redaktionsversehen; maßgebend ist, wie die Verhandlungen des Reichstags ersehen lassen, § 124.

§ 125.

Der Rentenausschuß kann bei Erledigung seiner Geschäfte die Mitwirkung der Vertrauensmänner (§§ 143 bis 155) nach den Vorschriften dieses Gesetzes in Anspruch nehmen.

S. auch § 144.

Errichtung.

§ 126.

Die Rentenausschüsse werden nach Bedarf von der Reichsversicherungsanstalt mit Genehmigung des

Bundesrats errichtet. Er bestimmt deren Sitze und Bezirke und kann sie ändern.

Laut Bekanntmachung des Direktoriums der RVAnstalt vom 27. Dez. 1912 (AVN. 1913 S. 38) ist zunächst nur ein Rentenausschuß für das Gebiet des ganzen Deutschen Reichs errichtet worden.

Er hat seinen Sitz in Berlin. Seine Geschäftsräume befinden sich in Berlin-Wilmersdorf, Nikolsburgerplatz 2.

§ 127.

Die Reichsversicherungsanstalt veröffentlicht Sitz und Bezirk der Rentenausschüsse binnen einem Monat nach deren Errichtung oder Aenderung.

S. die Bem. zu § 126.

§ 128.

Jeder Rentenausschuß besteht aus einem ständigen Vorsitzenden (Obmann), mindestens einem Stellvertreter und aus Beisitzern; dem Rentenausschusse werden die erforderlichen Hilfsbeamten beigegeben.

1. Vorsitzenden ... Stellvertreter: Dieser braucht nicht im Hauptamt aufgestellt zu werden (§ 129 Abs. 3); auch die Fähigkeit zum Richteramt oder zum höheren Verwaltungsdienst ist nicht erforderlich. Das gleiche gilt für den Stellvertreter.

2. Beisitzern: siehe § 132.

3. Hilfsbeamten: siehe §§ 141, 104.

Vorsitzender.

§ 129.

Der Reichskanzler ernennt den Vorsitzenden und dessen Stellvertreter nach Anhören der obersten Verwaltungsbehörde, für deren Bezirk der Rentenausschuß

errichtet ist. Er setzt auch die Amtsdauer und die Bezüge des Vorsitzenden und der Stellvertreter fest.

Der Vorsitzende und sein Stellvertreter werden vom Reichskanzler oder von seinen Beauftragten vor Antritt des Amtes auf die Erfüllung ihrer Obliegenheiten verpflichtet.

Wird zum Vorsitzenden oder Stellvertreter ein Reichs- oder Staatsbeamter im Nebenamt ernannt, so steht er unter der Dienstgewalt der ihm im Hauptamt vorgesetzten Dienstbehörde.

1. S. Anm. 1 zu § 128.

2. Die Bezüge des Vorsitzenden und der Stellvertreter trägt die RVAnstalt (§ 142).

§ 130.

Der Vorsitzende leitet die Geschäfte des Rentenausschusses.

Er entscheidet auch allein in verschiedenen Fällen (s. § 240).

Beisitzer.

§ 131.

In den vom Gesetze bestimmten Fällen sind als Beisitzer des Rentenausschusses Versicherungsvertreter beizuziehen; in anderen Fällen können Beisitzer zugezogen werden, soweit das Gesetz nichts anderes bestimmt.

Sie werden je zur Hälfte aus den versicherten Angestellten und aus ihren Arbeitgebern entnommen.

Bei richterlichen Entscheidungen, insbesondere in den Fällen der §§ 12, 13, § 122 Nr. 1, 2, §§ 210,

211, § 215 Abs. 3, §§ 216, 347 dürfen als Beisitzer nur Männer mitwirken.

Zu Abs. 1:

1. In den vom Gesetz bestimmten Fällen: § 251. In den Fällen des § 240 entscheidet der Vorsitzende allein; Beisitzer werden hier nicht zugezogen.

2. Auch Frauen können als Beisitzer fungieren, vorbehaltlich des Abs. 3.

Zu Abs. 2:

3. Wegen der Wählbarkeit siehe § 134 mit §§ 113, 114 und die Bem. zu den letzteren.

4. Das Ergebnis der Wahl für die gegenwärtige Wahlzeit ist bekannt gemacht in AVN. 1913 S. 57.

§ 132.

Die Zahl der Versicherungsvertreter beträgt mindestens zwanzig; sie kann vom Rentenausschusse mit Genehmigung des Schiedsgerichts sowie von diesem nach Anhören des Rentenausschusses erhöht werden.

Ein Versicherungsvertreter darf nicht zugleich Beisitzer bei einem Schiedsgericht oder bei dem Oberschiedsgerichte sein.

Zu Abs. 1: Die Zahl ist bis jetzt nicht erhöht worden.

Zu Abs. 2: Der Grund liegt darin, daß eine und dieselbe Person nicht als Richter in verschiedenen Instanzen — so daß sie möglicherweise in der höheren Instanz über die von ihr selbst in der unteren Instanz mitgefällte Entscheidung zu erkennen hätte — tätig sein kann.

§ 133.

Die Beisitzer aus den Arbeitgebern werden von den Arbeitgebervertretern unter den Vertrauensmännern, die übrigen von den Angestelltenvertretern

unter den Vertrauensmännern in schriftlicher Abstimmung gewählt.

Wahlberechtigt sind die Vertrauensmänner, die im Bezirke des Rentenausschusses wohnen.

Zu Abs. 1:

1. unter den Vertrauensmännern: Auch die Vertrauensmänner selbst sind wählbar (ein dem § 132 Abs. 2 entsprechendes Verbot steht hier nicht entgegen).

2. In schriftlicher Abstimmung: Diese kann brieflich oder durch gedruckte Stimmzettel geschehen.

3. Siehe § 134 Abs. 1; vgl. ferner auch die Bekanntm. des Präsidenten des Direktoriums als Wahlleiters vom 24. Dezember 1912 (Reichsanz. Nr. 297).

Zu Abs. 2:

4. Wahlberechtigt sind auch Frauen, sofern ihnen das Amt eines Vertrauensmannes übertragen ist; siehe §§ 145, 151.

§ 134.

Die §§ 111 bis 114 gelten entsprechend.

Bei Streit über die Wahl entscheidet die oberste Verwaltungsbehörde, in deren Bezirk der Rentenausschuß seinen Sitz hat.

§ 111 betrifft die Verhältniswahl; dazu vgl. die Wahlordnung vom 22. Okt. 1912, RGBl. S. 513. Sie ist im Anhang abgedruckt. Die §§ 112—114 regeln die Wählbarkeit.

§ 135.

Die Versicherungsvertreter sollen mindestens je zur Hälfte am Sitze des Rentenausschusses selbst oder nicht über zehn Kilometer entfernt wohnen oder beschäftigt sein.

Bei der Wahl sollen die hauptsächlichen Berufszweige und die verschiedenen Teile des Bezirkes berücksichtigt werden.

Der Bundesrat kann darüber Besonderes oder Abweichendes bestimmen.

Zu Abs. 1:

1. Am Sitze .... selbst oder nicht über zehn Kilometer entfernt: Damit die Einberufung nicht zu sehr erschwert wird. Die Bestimmung ist keine absolut zwingende, sie ist auch bei der ersten Wahl (für die gegenwärtige Wahlzeit) nicht eingehalten worden.

Zu Abs. 3:

2. Eine solche Bestimmung ist noch nicht ergangen.

§ 136.

Die §§ 115, 116, 119 gelten entsprechend.

§ 115 betrifft die Wahlzeit, § 116 die Ablehnungsgründe (für die Arbeitgeber), § 119 die Verpflichtung der Vertreter der Versicherten, ihrem Arbeitgeber jede Einberufung zu den Sitzungen anzuzeigen.

§ 137.

Ueber die Zulässigkeit der Ablehnung beschließt der für den Wohnort des Gewählten zuständige Rentenausschuß.

Wer die Wahl ohne zulässigen Grund ablehnt, kann vom Vorsitzenden des Rentenausschusses mit Geldstrafe bis zu fünfzig Mark bestraft werden.

Der Rentenausschuß kann einen Vertreter von seinem Amte entbinden, wenn ein wichtiger Grund vorliegt.

Auf Beschwerde beschließt das Schiedsgericht endgültig.

Zu Abs. 1:

1. S. Anm. 2 zu § 122.

Zu Abs. 2:

2: ohne zulässigen Grund: D. h. ohne einen in

§ 116 genannten oder einen anderen, vom Rentenausschuß (oder vom Schiedsgericht) anerkannten wichtigen Grund.

3. kann: Der Vorsitzende braucht von der Strafbefugnis nicht Gebrauch zu machen. — S. auch die §§ 359, 361.

Zu Abs. 3:

4. kann: Auch hier wird dem Verlangen des Vertreters auf Enthebung stattgegeben werden müssen, wenn ein wichtiger Grund vorliegt (siehe Anm. 3 zu § 117).

§ 138.

Werden von einem Versicherungsvertreter Tatsachen bekannt, die seine Wählbarkeit ausschließen oder eine grobe Verletzung seiner Amtspflicht darstellen, so enthebt der Vorsitzende ihn seines Amtes.

Auf Beschwerde beschließt das Schiedsgericht endgültig.

S. die Bem. zu § 120.

§ 139.

Der Vorsitzende verpflichtet die Versicherungsvertreter vor ihrer ersten Dienstleistung auf die gewissenhafte Erfüllung ihrer Pflichten.

Der Vorsitzende kann gegen einen Vertreter, der sich der Erfüllung seiner Pflichten entzieht, eine Geldstrafe bis zu dreißig Mark und im Wiederholungsfalle bis zu einhundert Mark verhängen. Er hat die Strafe zurückzunehmen, wenn nachträglich eine genügende Entschuldigung nachgewiesen wird.

Auf Beschwerde beschließt das Schiedsgericht endgültig.

Zu Abs. 2:

1. der sich . . . entzieht: Dies kann auch schon darin liegen, daß er zu einer Sitzung zu spät kommt.

Doch waltet bezüglich der Bestrafung das freie Ermessen des Vorsitzenden (vgl. Anm. 2 zu § 139).

2. im Wiederholungsfalle: D. h. schon beim zweiten Mal.

Zu Abs. 3:

3. S. § 328 ff.

§ 140.

Die Versicherungsvertreter verwalten ihr Amt unentgeltlich als Ehrenamt.

Die Reichsversicherungsanstalt erstattet ihnen ihre baren Auslagen und zahlt ihnen als Entschädigung für Zeitverlust oder für entgangenen Arbeitsverdienst einen Pauschbetrag, den der Reichskanzler festsetzt.

Zu Abs. 2:

S. die Bekanntmachungen des Reichskanzlers vom 18. März 1913, Zentr.-Bl. f. d. Deutsche Reich S. 407, und des Direktoriums der RVAnstalt vom 22. Sept. 1913, AVN. S. 222; ferner eine Bekanntmachung des Direktoriums, Portoauslagen betr., AVN. 1913 S. 73.

Hilfsbeamte.

§ 141.

Die Hilfsbeamten des Rentenausschusses sind Beamte der Reichsversicherungsanstalt; sie werden durch die Reichsversicherungsanstalt nach Anhören des Vorsitzenden des Rentenausschusses bestellt.

Die Hilfsbeamten: Sie sind Angestellte der RVAnstalt im Sinne des § 349; ferner gilt für sie § 104.

Kosten.

§ 142.

Sämtliche Kosten der Rentenausschüsse trägt die Reichsversicherungsanstalt.

4. Vertrauensmänner.

§ 143.

Die Vertrauensmänner wählen die Beisitzer für die Rentenausschüsse, für die Schiedsgerichte, für das Oberschiedsgericht und für den Verwaltungsrat.

Dieser Paragraph enthält die erste Aufgabe der Vertrauensmänner, den Wahlkörper für alle Vertreterwahlen zu bilden (§§ 109 Abs. 2, 133, 160, 164).

§ 144.

Den Vertrauensmännern können vom Rentenausschusse bestimmte Obliegenheiten übertragen werden. Sie sollen auch ohne Auftrag alle ihnen bekanntgewordenen Tatsachen mitteilen, die nach ihrer Ansicht für den Rentenausschuß oder die Reichsversicherungsanstalt wichtig sind.

1. Dies ist die zweite Aufgabe der Vertrauensmänner als Hilfsorgane der Rentenausschüsse und der RVAnstalt.

Schon in der Begründung des Gesetzentwurfs über die Angestelltenversicherung war in Aussicht genommen, da die Inanspruchnahme der Vertrauensmänner voraussichtlich eine vielseitige werden und häufiger eintreten werde, sie zu Ortsausschüssen zusammenzuschließen, die ihre Geschäfte auf Grund einer von der RVAnstalt aufzustellenden Geschäftsordnung erledigen könnten.

Die RVAnstalt hat die Gründung solcher Ortsausschüsse angeregt durch Rundschr. vom 8. Mai 1913 (AVN. S. 107), dem der Entwurf einer Geschäftsordnung beigegeben ist (ebenda S. 108). Bis zum 12. Mai 1914 waren 893 Ortsausschüsse gegründet und von der RVAnstalt anerkannt 882 (AVN. 1914 S. 112).

Zu § 6 Abs. 1 Satz 2 der Geschäftsordnung s. die Mitteilung des Direktoriums in AVN. 1913 S. 149, ferner wegen der Erstattung von Auslagen AVN. 1913 S. 180 und 254.

Wegen Erledigung von Aufträgen durch die Vertrauensmänner s. AVN. 1914 S. 111.

2. alle ihnen bekanntgewordenen Tatsachen mitteilen: Dazu gehört in erster Linie die Benennung der in ihrem Wahlbezirke zur Versicherung noch nicht angemeldeten versicherungspflichtigen Personen (AVN. 1914 S. 111).

§ 145.

Die Vertrauensmänner werden je zur Hälfte aus den Versicherten, die nicht Arbeitgeber sind und aus den Arbeitgebern der versicherten Angestellten gewählt.

Die Zahl beträgt für den Bezirk einer unteren Verwaltungsbehörde sechs; wohnen im Bezirke der unteren Verwaltungsbehörde mehr als zehntausend Versicherte, so kann die oberste Verwaltungsbehörde für je angefangene weitere zehntausend die Zahl der Vertrauensmänner um zwei erhöhen.

Der obersten Verwaltungsbehörde bleibt vorbehalten, für kleinere Bezirke die Zahl der Vertrauensmänner bis auf zwei herabzusetzen oder die Bezirke mehrerer unteren Verwaltungsbehörden zu einem Bezirke zusammenzufassen und zu bestimmen, welche untere Verwaltungsbehörde die im § 149 Abs. 3, § 152 Abs. 2, § 153, § 154 Abs. 1 dieser Behörde zugewiesenen Geschäfte wahrzunehmen hat.

1. Es sind auch Frauen wählbar, und zwar sowohl auf Seite der Arbeitgeber als auch der Angestellten; s. § 151.

Zu Abs. 1:

2. Versicherte, die nicht Arbeitgeber sind: Ein Versicherter, der durch Selbständigmachung aus der Versicherungspflicht ausscheidet und Arbeitgeber wird, aber die Versicherung freiwillig fortsetzt, ist Versicherter und Arbeitgeber zugleich. Er ist auf Seite der Ver-

sicherten nicht wählbar. Unter „Arbeitgebern" sind auch hier (vgl. § 114) nur diejenigen Personen zu verstehen, die gemäß § 113 als Vertreter der Arbeitgeber wählbar sind, d. h. die regelmäßig mindestens einen versicherten Angestellten beschäftigen.

Zu Abs. 2 u. 3:

3. Eine Übersicht über die auf Grund des § 145 Abs. 2 u. 3 vorgenommenen Erhöhungen und Herabsetzungen der Zahl der Vertrauensmänner findet sich in AVN. 1913 S. 118 mit Ergänzung S. 200.

§ 146.

Die Vertrauensmänner aus den Arbeitgebern werden von den Arbeitgebern der versicherten Angestellten, die übrigen von den versicherten Angestellten gewählt.

Auch Frauen sind wahlberechtigt; § 147.

§ 147.

Wahlberechtigt sind volljährige Deutsche, sofern sie zu den versicherten Angestellten oder deren Arbeitgebern gehören und im Bezirke der unteren Verwaltungsbehörde wohnen.

Nicht wahlberechtigt sind die im § 112 Abs. 2 bezeichneten Personen.

1. S. die Bem. zu § 112.
2. Vgl. § 5 der Wahlordnung (§ 149).

§ 148.

Für die Wahlen der Arbeitgeber kann der Reichskanzler das Stimmrecht nach der Zahl der von ihnen beschäftigten Versicherten verschieden festsetzen.

Hierzu vgl. § 4 der Wahlordnung (§ 149).

§ 149.

Gewählt wird schriftlich nach den Grundsätzen der Verhältniswahl. Für die versicherten Angestellten dient die Versicherungskarte (§ 188) als Ausweis, für die Arbeitgeber eine von der Gemeindebehörde ausgestellte Bescheinigung. Bei den zweiten und folgenden Wahlen nach dem Inkrafttreten des Gesetzes dürfen nur solche Versicherungskarten als Ausweis dienen, in denen wenigstens ein Beitrag innerhalb der letzten zwölf Monate vor der Wahl nachgewiesen ist.

Der Reichskanzler erläßt eine Wahlordnung und bestellt den Leiter der Wahl.

Bei Streit über die Wahl entscheidet die untere Verwaltungsbehörde.

Zu Abs. 1:

1. schriftlich: Brieflich oder durch gedruckte Stimmzettel (vgl. § 133).

2. Bescheinigung: Ein Muster dafür ist der Wahlordnung beigegeben (Anlage 2).

3. Beitrag: Ersatztatsachen (§ 51) können hier nicht in Betracht kommen, ebensowenig die Anerkennungsgebühr (§ 15).

Zu Abs. 2:

4. Wahlordnung: S. die Bekanntm. des Reichskanzlers vom 3. Juli 1912, RGBl. S. 419. Sie ist im Anhang abgedruckt.

5. Zu § 5 Abs. 2 der Wahlordnung (Reich oder Staat Arbeitgeber) siehe

Verf. des Staatssekretärs des Reichspostamts vom 7. Okt. 1912, Amtsbl. d. R.-Post-A. S. 227,

Erlaß des pr. Handelsministers vom 7. Okt. 1912, Handelsmin.-Bl. S. 504, und für Mecklenburg-Schwerin Ziff. V der Min.-Bekanntm. vom 21. Aug. 1912, Reg.-Bl. S. 487.

Zu Abs. 3:

6. untere Verwaltungsbehörde: S. § 321 Nr. 1.

§ 150.

Für jeden Vertrauensmann werden in gleicher Weise je zwei Ersatzmänner gewählt; sie ersetzen ihn, wenn er verhindert ist, und treten, wenn er ausscheidet, für den Rest der Wahlzeit in der Reihenfolge ihrer Wahl ein.

in gleicher Weise: Und in der gleichen Wahlhandlung (§§ 8, 28 der Wahlordnung). Es findet also keine besondere Wahl der Ersatzmänner statt.

§ 151.

Wählbar sind nur Versicherte, die nicht Arbeitgeber sind, und Arbeitgeber der versicherten Angestellten, die im Bezirke der unteren Verwaltungsbehörde wohnen oder beschäftigt werden oder ihren Betriebssitz haben, und die nicht nach § 112 ausgeschlossen sind.

1. Auch Frauen sind wählbar.

2. Siehe die Bemerkung 2 zu § 145.

§ 152.

Die §§ 115, 116, 119 gelten entsprechend.

Solange und soweit keine Wahl zustande kommt oder die Gewählten die Dienstleistung verweigern, beruft die untere Verwaltungsbehörde Vertrauensmänner aus der Zahl der Wählbaren.

Zu Abs. 1:

1. Siehe die Bemerkung zu § 136.

Zu Abs. 2:

2. Solange und soweit keine Wahl zustande kommt: Diese Worte finden nicht allein auf eine gerade fällige Wahl Anwendung, sondern ebenfalls auf eine künftige Wahl, die aus rechtlichen Gründen erst nach Beendigung einer augenblicklich laufenden Wahlzeit zustande kommen kann. Das gilt insbesondere dann, wenn § 150 sowie die Wahlordnung vom 3. Juli 1912 nicht mehr ausreichen, die Erhaltung der einem Wahlbezirke zustehenden Vertrauensmännerzahl bis zum Ablaufe der Wahlzeit sicherzustellen (AVN. 1913 S. 265).

3. die Dienstleistung verweigern: Dies würde eine „grobe Verletzung der Amtspflicht" (§ 154) darstellen, die die untere Verwaltungsbehörde berechtigen würde, die Betreffenden ihres Amtes zu entheben (in diesem Falle hätten allerdings zunächst die Ersatzmänner einzutreten, aber auch diese könnten ja die Dienstleistung verweigern).

4. untere Verwaltungsbehörde: S. § 321 Nr. 1.

§ 153.

Ueber die Zulässigkeit der Ablehnung beschließt die untere Verwaltungsbehörde.

Wer die Wahl oder die Berufung ohne zulässigen Grund ablehnt, kann von der unteren Verwaltungsbehörde mit Geldstrafe bis zu einhundertundfünfzig Mark bestraft werden.

Die untere Verwaltungsbehörde kann einen Vertrauensmann von seinem Amte entbinden, wenn ein wichtiger Grund vorliegt.

Auf Beschwerde entscheidet die höhere Verwaltungsbehörde.

1. Siehe die Bemerkungen zu den §§ 117 und 137.

Zu Abs. 2—4:

2. untere Verwaltungsbehörde — höhere Verwaltungsbehörde: S. § 321 Nr. 1.

§ 154.

Werden von einem Vertrauensmanne Tatsachen bekannt, die seine Wählbarkeit ausschließen oder eine grobe Verletzung seiner Amtspflicht darstellen, so enthebt ihn die untere Verwaltungsbehörde seines Amtes.

Auf Beschwerde entscheidet die höhere Verwaltungsbehörde.

S. die Bem. zu § 120, ferner § 321 Nr. 1.

§ 155.

Die Vertrauensmänner verwalten ihr Amt unentgeltlich als Ehrenamt.

Die Reichsversicherungsanstalt erstattet ihnen ihre baren Auslagen. In besonderen Fällen kann ihnen eine Entschädigung für Zeitverlust oder für entgangenen Arbeitsverdienst gewährt werden. Die Reichsversicherungsanstalt kann hierüber Bestimmungen erlassen.

Zu Abs. 2:

S. die Bekanntmachungen der RVAnstalt vom 19. April und 3. Nov. 1913, AVN. S. 110, 254, sowie Rundschr. der RVAnstalt vom 7. Nov. 1913, AVN. S. 254; endlich AVN. 1913 S. 73.

Vierter Abschnitt.

Schiedsgerichte und Oberschiedsgericht.

I. Allgemeines.

§ 156.

Rechtsprechende Behörden in höherer Instanz sind die Schiedsgerichte und das Oberschiedsgericht.

Soweit nicht dieses Gesetz den Geschäftsgang und das Verfahren der Schiedsgerichte und des Oberschiedsgerichts regelt, geschieht es durch Kaiserliche Verordnung mit Zustimmung des Bundesrats.

Zu Abs. 1:

1. Behörden: Die Schiedsgerichte und das Oberschiedsgericht sind also nicht Organe der RVAnstalt (wie die Rentenausschüsse, § 123), sondern nach jeder Richtung hin unabhängige Gerichtsbehörden.

Die Schiedsgerichte entsprechen ihrer Stellung nach den Oberversicherungsämtern der RVO., das Oberschiedsgericht entspricht dem Reichsversicherungsamt (s. auch § 288, wonach Mitglieder des Reichsversicherungsamts — um die Einheitlichkeit der Rechtsprechung zu sichern — beim Oberschiedsgericht mitwirken).

Zu Abs. 2:

Siehe zunächst die §§ 270—296, sodann die beiden Kaiserl. Verordnungen vom 21. Juni 1913 über Geschäftsgang und Verfahren der Schiedsgerichte sowie des Oberschiedsgerichts, RGBl. S. 329, 341.

II. Schiedsgerichte.

1. Errichtung.

§ 157.

Die Schiedsgerichte nehmen nach den Vorschriften dieses Gesetzes die Geschäfte der Angestelltenversicherung als höhere Spruch- und Beschlußbehörde wahr.

1. Spruchbehörde: S. die §§ 270, 378 Abs. 2.

2. Beschlußbehörde: S. die §§ 12, 13, 41, 46, 132, 137, 138, 139, 210, 215, 216, 217, 232, 236, 243, 244, 246, 258, 261, 264, 358.

In den meisten dieser Fälle entscheidet das Schiedsgericht endgültig.

§ 158.

Die Zahl, der Sitz und die Bezirke der Schiedsgerichte werden durch Kaiserliche Verordnung mit Zustimmung des Bundesrats bestimmt. In gleicher Weise können Aenderungen vorgenommen werden.

Durch Kaiserl. Verordnung vom 15. Nov. 1912 (RGBl. S. 551) ist nur ein Schiedsgericht mit dem Sitze in Berlin errichtet worden.

Seine Geschäftsräume befinden sich in Berlin NW. 50, Invalidenstr. 52.

2. Zusammensetzung.

§ 159.

Das Schiedsgericht besteht aus dem Vorsitzenden, dessen Stellvertreter und aus Beisitzern.

1. Vorsitzenden, dessen Stellvertreter: S. die §§ 160 Abs. 3, 161 Abs. 1; ferner Bekanntm. des Reichskanzlers vom 19. April 1913, AVN. S. 97.

2. Beisitzern: S. die §§ 160 Abs. 1 u. 2, 161.

§ 160.

Die Beisitzer werden je zur Hälfte aus den Versicherten, die nicht Arbeitgeber sind, und aus den Arbeitgebern der versicherten Angestellten gewählt.

Die Zahl der Beisitzer beträgt mindestens zwölf; sie kann von der obersten Verwaltungsbehörde des Bezirkes, in dem das Schiedsgericht seinen Sitz hat, erhöht werden.

Der Vorsitzende, dessen Stellvertreter und die Beisitzer dürfen nicht zugleich Mitglieder des Oberschiedsgerichts sein.

Zu Abs. 1:

1. Die Beisitzer werden von den Vertrauensmännern gewählt; §§ 161 mit 133. Frauen sind nicht wählbar (§ 161), weil es sich hier um ausschließlich richterliche Entscheidungen handelt.

2. Das Ergebnis der Wahl für die gegenwärtige Wahlzeit ist bekanntgemacht in ABN. 1913 S. 57.

§ 161.

Die §§ 127, 129, 130, 133 bis 140 gelten entsprechend; jedoch sind nur Männer wählbar. Der Vorsitzende wird im Hauptamt oder für die Dauer des Hauptamts aus der Zahl der öffentlichen Beamten ernannt. Eine vorübergehende Beauftragung eines Beamten mit dem Vorsitz darf die Dauer von einem Jahre nicht überschreiten.

Geldstrafen (§§ 137, 139) können bis zu dreihundert Mark festgesetzt werden.

Auf Beschwerde und bei Streit über die Wahlen entscheidet das Oberschiedsgericht.

Zu Abs. 1:

1. § 127 betrifft die Veröffentlichung der Sitze und Be-

zirke, § 129 die Ernennung der Vorsitzenden usw., § 130 die Leitung der Geschäfte durch den Vorsitzenden; die §§ 133—140 betreffen die Wahl der Beisitzer.

Von den §§ 133—140 verweist § 133 wieder auf die §§ 111—114 und § 136 auf die §§ 115, 116, 119, die also hier ebenfalls gelten. § 111 betrifft die Verhältniswahl, die §§ 112—114 regeln die Wählbarkeit; § 115 betrifft die Wahlzeit, § 116 die Ablehnungsgründe (für die Arbeitgeber), § 119 die Verpflichtung der Vertreter der Versicherten, ihrem Arbeitgeber jede Einberufung zu den Sitzungen anzuzeigen.

2. Nach § 111 Abs. 2 erläßt der Reichskanzler eine Wahlordnung; dies ist geschehen durch Bekanntm. vom 22. Okt. 1912, RGBl. S. 513 (im Anhang abgedruckt).

3. Wegen der Erstattung barer Auslagen und Entschädigung für Zeitverlust usw. an die Beisitzer (§§ 161 mit 140) s. die Bekanntm. der RVAnstalt vom 22. Sept. 1913, AVN. S. 222, ferner AVN. 1913 S. 73.

4. Der Vorsitzende . . . ernannt: Er kann im Hauptamt oder im Nebenamt ernannt werden. Dadurch, daß er aus der Zahl der öffentlichen Beamten ernannt werden muß, soll die Unabhängigkeit der Rechtsprechung gewährleistet werden. Die Fähigkeit zum Richteramt oder zum höheren Verwaltungsdienst ist nicht verlangt.

III. Oberschiedsgericht.

1. Errichtung.

§ 162.

Das Oberschiedsgericht nimmt nach den Vorschriften dieses Gesetzes die Geschäfte der Angestelltenversicherung als oberste Spruch- und Beschlußbehörde wahr.

Es hat seinen Sitz in Berlin.

1. Das Oberschiedsgericht ist errichtet worden laut Bekanntm. des Reichskanzlers vom 7. Juli 1913 (AVN.

S. 151). Seine Geschäftsräume befinden sich in Berlin, Luisenstr. 33/34.

2. oberste Spruchbehörde: S. die §§ 284 mit 282, 286; ferner § 280.

3. oberste Beschlußbehörde: S. die §§ 210 Abs. 2, 161, 164 Abs. 1, 232 Abs. 2, 366 Abs. 2, 372 Abs. 4, 376 Abs. 2, 384 Abs. 2.

§ 163.

Seine Entscheidungen sind endgültig.

Endgültig: Es gibt nicht nur keine weiteren Rechtsmittel gegen die Entscheidungen des Oberschiedsgerichts, sondern es sind auch Beschwerden beim Reichstag oder Bundesrat oder Gnadengesuche an den Kaiser usw. unzulässig. Nur die Wiederaufnahme des Verfahrens kann, wenn die Voraussetzungen (§§ 297 ff.) gegeben sind, stattfinden. Hiervon abgesehen kann das Oberschiedsgericht (wie übrigens auch die Schiedsgerichte) seine Entscheidungen auch selbst nicht mehr abändern; es sind daher auch Vorstellungen an das Oberschiedsgericht selbst zwecklos. Die Reichsversicherungsanstalt kann jedoch gegenüber einer Entscheidung des Oberschiedsgerichts von der ihr in § 79 eingeräumten Befugnis Gebrauch machen.

2. Zusammensetzung.

§ 164.

Für die Zusammensetzung des Oberschiedsgerichts gelten die §§ 159 bis 161 entsprechend; jedoch wird der Vorsitzende für die Dauer seines Hauptamts oder auf Lebenszeit ernannt.

Die nach § 288 zuzuziehenden Beamten werden vom Reichskanzler für die Dauer ihres Hauptamts bestellt. Eine vorübergehende Beauftragung darf die Dauer von einem Jahre nicht überschreiten. Für

diese Beamten werden in der erforderlichen Zahl Stellvertreter bestellt.

Siehe die Bem. zu §§ 159—161.

§ 165.

Für die Teilnahme an den Arbeiten und Sitzungen des Oberschiedsgerichts erhalten die ernannten Mitglieder eine Vergütung, die der Reichskanzler festsetzt.

IV. Aufsicht. Kosten.

§ 166.

Die oberste Verwaltungsbehörde, in deren Bezirk der Sitz gelegen ist, führt die Aufsicht über das Schiedsgericht.

Sie bestellt die erforderlichen Hilfskräfte und beschafft die Geschäftsräume.

Die Bureau-, Kanzlei- und Unterbeamten haben die Rechte und Pflichten der Reichs- oder Staatsbeamten, wenn sie im Hauptamt und nicht nur vorübergehend oder zur Vorbereitung beschäftigt werden; das Nähere bestimmt die Landesregierung.

Der Vorsitzende verpflichtet sie auf die gewissenhafte Erfüllung der Amtspflichten, soweit sie nicht bereits durch einen Diensteid verpflichtet sind.

§ 167.

Alle Kosten des Schiedsgerichts schießt der Bundesstaat vor, in dem der Sitz gelegen ist.

Der Bundesrat kann auf Antrag der Reichsversicherungsanstalt Grundsätze für die Bemessung der Kosten festsetzen.

§ 168.

In die Kasse der Reichsversicherungsanstalt fließen die Geldstrafen sowie die besonders auferlegten Verfahrenskosten (§ 311).

Die Reichsversicherungsanstalt erstattet den Bundesstaaten vierteljährlich nach Anfordern die verauslagten Kosten.

§ 169.

Die Aufsicht über das Oberschiedsgericht führt der Reichskanzler.

Alle Kosten des Oberschiedsgerichts schießt die Reichshauptkasse vor.

Im übrigen gelten die §§ 166 bis 168 entsprechend.

Aufsicht: S. jedoch § 163 und die Bem. hierzu.

Fünfter Abschnitt.
Deckung der Leistungen.

I. Aufbringung der Mittel.

1. Allgemeines.

§ 170.

Die Arbeitgeber und die Versicherten bringen die Mittel für die Versicherung auf.

Sie entrichten für jeden Kalendermonat, in welchem eine versicherungspflichtige Beschäftigung stattgefunden hat, laufend Beiträge zu gleichen Teilen. Das Gleiche gilt für Krankheitszeiten, in denen die Versicherten das Gehalt fortbezogen haben.

Beitragsfrei ist, wer Ruhegeld nach den Vorschriften dieses Gesetzes bezieht.

1. § 170 wie überhaupt der ganze fünfte Abschnitt des Gesetzes gilt nicht für die Ersatzkassen (vgl. § 377).

Zu Abs. 1:

2. Die Arbeitgeber und die Versicherten: Zuschüsse des Reichs (wie bei der Invalidenversicherung, § 1387 RVO.) finden nicht statt.

„Arbeitgeber" ist der, auf dessen Rechnung das Entgelt für die Tätigkeit des Versicherten gezahlt wird.

Weibliche Versicherte haben die gleichen Beiträge zu entrichten wie männliche. Dafür, daß sie die Versicherung weniger in Anspruch nehmen, sind ihnen die schon bei den §§ 30, 48, 60, 62, 63 erwähnten Mehrleistungen gewährt.

Auch die ledigen Versicherten haben die gleichen Beiträge zu entrichten wie die verheirateten.

Die §§ 170, 176 ff. gelten nur für die Zwangsversicherung. Bei freiwilliger Versicherung haben die Versicherten die ganzen Beiträge selbst zu entrichten; s. auch § 201.

3. Wegen der nach §§ 3, 4 Versicherungspflichtigen s. § 200.

4. Mittel für die Versicherung: Dazu gehören nicht nur die Mittel für die Deckung der Versicherungsleistungen (§§ 20 ff.), sondern auch die Verwaltungskosten der RVAnstalt einschließlich der Kosten der Rechtsprechung.

Zu Abs. 2:

5. für jeden Kalendermonat: Die Beiträge werden hier nicht wie bei der Invalidenversicherung (§ 1387 Abs. 2 RVO.) wöchentlich, sondern monatlich (für den Kalendermonat) entrichtet.

6. in welchem .... stattgefunden hat: Es ist nicht notwendig, daß die Beschäftigung den ganzen Monat hindurch gedauert hat. Für diesen Fall, sowie für den, daß der Versicherte in einem Monat von mehreren Arbeitgebern (zugleich oder nacheinander) beschäftigt worden ist, siehe § 177.

Für die Dauer der Gehaltszahlung besteht grundsätzlich die Versicherungs- und demgemäß auch die Beitragspflicht nach dem Gesetz. Hierbei wird von der Erfahrung ausgegangen, daß regelmäßig das Beschäftigungsverhältnis als solches während der Dauer der Gehaltszahlung fortbesteht, mag auch eine wirkliche Betätigung im Dienste des Arbeitgebers zeitweilig durch Urlaub, Ableistung militärischer Übungen, vorzeitige Entlassung u. dgl. wegfallen. Im Falle vorzeitiger Entlassung eines Angestellten sind demgemäß, wenn noch bis zum Schluß der ursprünglichen Vertragszeit das Gehalt fortbezahlt wird, grundsätzlich die Beiträge bis zu diesem letzteren Zeitpunkt fortzuentrichten. Dies gilt sowohl dann, wenn die Gehaltszahlung für die Zeit nach der Entlassung seitens des Arbeitgebers auf Grund eines vom Angestellten erwirkten Zivilurteils, als auch dann, wenn sie ohne dies erfolgt. In Ausnahmefällen wird allerdings mit dem Aufhören der Dienstleistung im Falle vorzeitiger Entlassung auch das Beschäftigungsverhältnis als solches seinen Abschluß finden. Dazu genügt aber nicht die einseitige Erklärung des Arbeitgebers, daß er auf die Dienste des Angestellten verzichte. Vielmehr bedarf es hierzu einer Vereinbarung beider Teile dahin, daß nicht nur die Tätigkeit des Angestellten für den seitherigen Arbeitgeber aufhören, sondern das gesamte Beschäftigungsverhältnis als solches vorzeitig aufgelöst sein solle. Eine solche Vereinbarung wird selten sein. Sie wird besonders dann anzunehmen sein, wenn der Angestellte nach der Entlassung noch vor Ablauf der ursprünglichen Vertragszeit einen neuen Dienst gegen Entgelt antritt (ABN. 1914 S. 88).

7. zu gleichen Teilen: Wie bei der Invalidenversicherung (§ 1387 Abs. 2 RVO.). Mit der Halbierung der Beiträge steht die Gewährung gleicher Rechte an die Arbeitgeber und die Versicherten bei der Verwaltung und Rechtsprechung im Zusammenhang.

Vertragsmäßige und andere Abweichungen von dieser gesetzlichen Regel sind nur zugunsten des Versicherten zulässig (§ 345). Zuwiderhandlungen sind strafbar nach § 346. Die betr. Vertragsbestimmungen sind nichtig gem. § 345 Abs. 2. — S. jedoch auch die §§ 19, 178.

8. Krankheitszeiten . . . fortbezogen haben: Einerlei, ob auf Grund eines Rechtsanspruchs oder ohne solchen. Krankheitszeiten, in denen das Gehalt fortbezogen worden ist, gelten als versicherte Tätigkeit, es sind daher für sie Beiträge zu entrichten. Krankheitszeiten, in denen das Gehalt nicht fortbezogen worden ist, kommen als Beitragszeiten für die Zurücklegung der Wartezeit und für die Berechnung des Ruhegeldes usw. nicht in Betracht, sondern nur gemäß § 51 Ziff. 3 bei der freiwilligen Versicherung und für die Erhaltung der Anwartschaft.

Der Versicherte ist jedoch während einer solchen Krankheit zur Weiterversicherung berechtigt nach Maßgabe des § 15, falls nicht die Krankheitswochen erst für die Zulässigkeit der Weiterversicherung heranzuziehen sind (§§ 15, 51).

Bezieht ein Angestellter während einer militärischen Übung das Gehalt fort, so sind auch für die Zeit der Übung Beiträge zu entrichten (s. o. Anm. 6 Abs. 2, ferner AVN. 1913 S. 210).

Das Krankengeld kann nach § 616 Abs. 2 BGB. auf den Gehalt des Angestellten angerechnet werden. Hat hiernach ein Versicherter seinen Gehalt im Sinne des § 170 Abs. 2 während der Krankheitszeit nicht fortbezogen, so sind Beiträge für diese Zeit nicht zu entrichten. Wird ihm dagegen nach Abzug des Krankengeldes noch ein Restbetrag des Gehalts gewährt, so sind Beiträge nach Maßgabe des Restbetrags zu leisten (AVN. 1913 S. 128).

Zu Abs. 3:

9. Wer Ruhegeld bezieht: Auch wenn er noch eine entgeltliche Beschäftigung ausübt, oder wenn das Ruhegeld ruht (§§ 73, 75, 76).

§ 171.

Als Beitragsmonate für die Berechnung der Leistungen gelten Kalendermonate, für die Beiträge entrichtet sind.

1. für die Berechnung der Leistungen: Aber auch für die Erfüllung der Wartezeit müssen die Beiträge wirklich entrichtet werden; die gegenteilige Ansicht ist mit den versicherungstechnischen Grundlagen des Gesetzes unvereinbar; s. auch Anm. 2 zu § 49. — In den Fällen der §§ 15, 49 gelten auch die in § 51 bezeichneten Zeiten als Beitragsmonate.

2. Beiträge entrichtet sind: Nämlich rechtswirksam entrichtet! Vgl. §§ 205, 206.

2. Höhe der Beiträge.

§ 172.

Der monatliche Beitrag ist nach dem Prämiendurchschnittsverfahren für alle Versicherten derselben

Gehaltsklasse gleich hoch zu bemessen. Er beträgt bis auf weiteres

in Gehaltsklasse	A . . .	1,60	Mark,
" "	B . . .	3,20	"
" "	C . . .	4,80	"
" "	D . . .	6,80	"
" "	E . . .	9,60	"
" "	F . . .	13,20	"
" "	G . . .	16,60	"
" "	H . . .	20,00	"
" "	J . . .	26,60	"

Die Anerkennungsgebühr zur Aufrechterhaltung der Anwartschaft beträgt jährlich drei Mark und kann in Teilbeträgen oder in einer Summe entrichtet werden.

Zu Abs. 1:

1. Prämiendurchschnittsverfahren. Außer diesem gibt es für die Aufbringung der Mittel bekanntlich auch das Umlage- und das Kapitaldeckungsverfahren.

Nach dem Umlageverfahren ist der in jedem Jahre dem Versicherungsträger erwachsene Gesamtbedarf (für Versicherungsleistungen; die hier notwendige Rücklage; Verwaltungskosten) auf die Versicherten (oder ihre Arbeitgeber) nach dem Maßstabe des von jedem einzelnen Versicherten im betr. Jahre verdienten Entgelts umzulegen. Es bewirkt bis zur Erreichung des Beharrungszustandes eine fortwährende Steigerung der Beiträge.

Beim Kapitaldeckungsverfahren werden die voraussichtlich erwachsenden Aufwendungen an Renten und Verwaltungskosten für eine bestimmte Zeit im voraus berechnet und umgelegt. Hier steigen die Beiträge periodisch.

Beim Prämiendurchschnittsverfahren muß zu jeder Zeit der Gesamtwert aller künftigen, gleichbleibenden Beiträge unter Hinzurechnung des vorhandenen Vermögens dem Gesamtwert aller Verpflichtungen gleich sein. Aus den anfangs die Jahresausgaben übersteigenden Einnahmen bildet sich eine der Prämienreserve der Lebensversicherungsgesellschaften ähnliche Rücklage, aus deren Zinsen später die alsdann die Jahreseinnahmen aus Beiträgen übersteigenden Jahresausgaben zu bestreiten sind. Hier bleiben die Beiträge, sofern nur die Rechnungsgrundlagen nicht geändert werden, dauernd gleich.

Dieses System hat das Gesetz angenommen. Es hat aber die Möglichkeit, daß künftig die Rechnungsgrundlagen und damit die Beiträge zu ändern sind, schon jetzt ins Auge gefaßt, es bestimmt die Beiträge nur „bis auf weiteres"; s. auch die §§ 173, 175.

2. für alle Versicherten .... gleich hoch: Ein Unterschied nach dem Alter, wie bei den privaten Lebensversicherungen, findet nicht statt. Es würde sonst die Versicherung der in höheren Lebensjahren stehenden Angestellten wegen zu hoher Beiträge kaum möglich sein.

3. Gehaltsklasse: S. § 16. — Bei Berechnung der Gehaltsklasse im Fall wöchentlicher Zahlung ist, wenn für einen in die Woche fallenden Feiertag ein Abzug am Lohn stattfindet, der Gesamtbetrag der im Monat tatsächlich verdienten Summe mit 12 zu vervielfachen. Der hiernach sich ergebende Betrag ist für die Gehaltsklasse zur Beitragsleistung für den betr. Monat maßgebend (AVN. 1913 S. 179).

4. Anerkennungsgebühr: Siehe § 15.

§ 173.

Zur Nachprüfung des Beitrags stellt die Reichsversicherungsanstalt in fünfjährigen Zeitabschnitten, erstmalig für den 31. Dezember 1919, eine versicherungstechnische Bilanz auf.

1. für den 31. Dez. 1919: Also erstmals erst nach siebenjährigem Bestehen der RVAnstalt. — S. auch § 106.
2. S. § 175.

§ 174.

Den Zinsfuß für die versicherungstechnischen Berechnungen bestimmt der Bundesrat. Im übrigen finden §§ 40, 261 des Handelsgesetzbuchs entsprechende Anwendung.

Zinsfuß: Dieser ist durch den Bundesrat auf $3^1/_2$ vom Hundert festgesetzt worden; s. die Bekanntm. des Reichskanzlers vom 19. Febr. 1914, RGBl. S. 17.

§ 175.

Ergibt die Bilanz einen Fehlbetrag, so sind durch Gesetz die Beiträge entsprechend zu erhöhen. Ergibt sich ein Überschuß, so können in gleicher Weise die künftig zu gewährenden Leistungen erhöht werden.

1. Fehlbetrag: In diesem Falle müssen die Beiträge erhöht werden, die Herabsetzung der Versicherungsleistungen ist ausgeschlossen.
2. Überschuß: In diesem Falle können die Leistungen erhöht werden (es kann sich aber vielleicht empfehlen, zuzuwarten, ob die Überschüsse dauernd sein werden). Als Erhöhung der Leistungen könnte z. B. die Gewährung von Hinterbliebenenrenten an Aszendenten oder Geschwister, die mit dem Versicherten in häuslicher Gemeinschaft gelebt haben und deren Lebensunterhalt er aus seinem Arbeitsverdienst bestritten hat, oder die Gewährung von Kinderzuschüssen (vgl. § 1291 RVO.) in Betracht kommen.

3. Entrichtung der Beiträge durch die Arbeitgeber.

§ 176.

Der Arbeitgeber, der den Versicherten den Beitragsmonat hindurch beschäftigt, hat für sich und ihn den Beitrag zu entrichten.

1. Arbeitgeber: Der Arbeitgeber ist zur Beitragsentrichtung verpflichtet, den Versicherten kann in besonderen Fällen, namentlich wenn der Arbeitgeber seiner Pflicht nicht nachkommt, gestattet werden, die Beiträge durch die Post einzusenden (§ 201, letzter Satz).

2. Über die Entrichtung und Verrechnung der Beiträge in den Fällen, in denen das Reich oder ein Bundesstaat Arbeitgeber ist, sind folgende Erlasse ergangen:

a) Für das Reich:
Verf. des Reichspostamts vom 23. Dez. 1912, Amtsbl. d. R.-P.-A. S. 321;

b) für Preußen: Erlaß des Handelsministers vom 30. Dez. 1912, Handelsmin.-Bl. 1913 S. 1;

c) für Bayern: Min.-Bekanntm. vom 3. Febr. 1914, Min.-A.-Bl. d. J. u. d. Auß. S. 62,
Bekanntm. des Verkehrsministeriums v. 31. Dez. 1912, Verk.-Min.-Bl., postdienstl. Teil, S. 431; s. auch Ziff. IV Abs. 5 der Min.-Bekanntm. vom 23. Dez. 1912 (Justizpersonal) und Ziff. 2 ff. der Min.-Bekanntm. vom 10. Jan. 1913 (innere Staatsbauverw.), Min.-A.-Bl. d. J. u. d. Auß. S. 71 u. 81;

d) für Württemberg: Ziff. 2 der Min.-Entschl. vom 30. Nov. 1912, Min.-A.-Bl. d. J. S. 403;

e) für Elsaß-Lothringen: „Anweisung über Verrechnung der Beiträge usw." vom 25. Febr. 1913, Zentr.- u. Bez.-A.-Bl. S. 135.

3. Der Arbeitgeber hat den vollen Monatsbeitrag (§ 172) zu entrichten; die auf den Versicherten treffende Beitragshälfte kann gemäß §§ 178, 179 durch den Arbeitgeber vom Versicherten wieder eingezogen werden. Auch die Beitreibung rückständiger Beiträge (§ 227) kann sich nur gegen den Arbeitgeber richten. In den Fällen des § 19 hat der Arbeitgeber ebenfalls den ganzen, durch die Höherversicherung sich ergebenden Betrag einzuzahlen; ist die Höherversicherung nicht vereinbart worden, so kann er dem Versicherten über dessen Beitrags-

hälfte auch den Mehrbetrag der Höherversicherung abziehen (§§ 19 Abs. 3, 178).

4. Versicherten: Es handelt sich nur um die zwangsweise Versicherten; bei freiwilliger Versicherung (§§ 15, 394 Abs. 1) eines Angestellten hat dieser selbst die Beiträge zu entrichten (§ 201). S. auch Anm. 2 zu § 170.

5. den Beitragsmonat hindurch: § 176 gilt nur für den Fall, daß ein Arbeitgeber den Versicherten den ganzen Beitragsmonat hindurch beschäftigt; in allen anderen Fällen gilt § 177.

6. beschäftigt: Hierher gehören auch die Fälle der Beurlaubung, der Einberufung zu militärischen Übungen oder der Krankheit, wenn der Entgelt fortgezahlt wird; vgl. § 170 Abs. 2 und Anm. 8 hierzu.

Beiträge sind auch dann zu entrichten, wenn dem Angestellten wegen Veruntreuungen sein Gehalt nicht ausbezahlt wird (ABR. 1913 S. 128).

7. Über die Art der Beitragsentrichtung s. die §§ 181, 183—185 und die Bemerkungen dazu.

8. Strafbestimmung für nicht rechtzeitige Beitragsentrichtung: § 340.

§ 177.

Beschäftigen mehrere Arbeitgeber den Versicherten während des Monats oder findet die Beschäftigung nicht den Beitragsmonat hindurch statt, so hat jeder Arbeitgeber acht Hundertstel des für die Beschäftigung gezahlten Entgelts als Beitrag zu zahlen. Der hiernach für den Monat sich ergebende Beitrag ist auf zehn Pfennig aufzurunden. Übersteigen die hiernach für einen Monat eingezahlten Beiträge den Beitrag der höchsten Gehaltsklasse, so wird der überschießende Betrag dem Versicherten für spätere Beitragsmonate gutgeschrieben.

1. Der Fall, daß ein Versicherter während des Monats, d. i. des Kalendermonats, von mehreren Arbeitgebern

beschäftigt wird, ist sehr häufig. Es handelt sich nicht nur um den Fall eines während des Monats eintretenden Stellenwechsels, sondern besonders um die gleichzeitige Beschäftigung bei mehreren Arbeitgebern. Hieher gehören namentlich die Privatlehrer und -lehrerinnen aller Art, aber auch der Fall, daß der Versicherte neben einer im Hauptberufe ausgeübten Beschäftigung noch eine oder mehrere, gleichfalls versicherungspflichtige Nebenbeschäftigungen hat. Zur „Beschäftigung nicht den Beitragsmonat hindurch" gehört auch der Fall, daß ein Angestellter, der nur von einem Arbeitgeber beschäftigt wird, im Laufe des Monats durch Vollendung des 16. Lebensjahres erst versicherungspflichtig wird (hier sind 8% des auf die Zeit nach Vollendung des 16. Lebensjahres bis zum Schlusse des Monats treffenden Entgelts zu entrichten; s. AVN. 1913 S. 129).

2. des für die Beschäftigung gezahlten Entgelts: D. h. jeder Arbeitgeber hat 8% des von ihm gezahlten Entgeltes zu entrichten. Diese Regelung weicht von der des § 1426 Abs. 2 RVO. ab.

Sie führt in den Fällen, in denen der Versicherte eine Hauptbeschäftigung und Nebenbeschäftigungen ausübt (s. Anm. 1), unzweifelhaft zu Härten, indem der Arbeitgeber der Hauptbeschäftigung in die Lage kommen kann, deswegen, weil sein Angestellter eine Nebenbeschäftigung hat, einen höheren Beitrag zahlen zu müssen als nach §§ 172, 176.

Bei der jetzigen Fassung des Gesetzes ist jedoch hiegegen nichts zu machen; namentlich wäre es auch unzulässig und strafbar, wenn etwa der Arbeitgeber versuchen sollte, den Mehrbetrag auf den Versicherten allein abzuwälzen (§§ 345, 346).

3. gutgeschrieben: Die Überschüsse kommen daher ausschließlich den Versicherten zugute.

4. Wegen der Art der Beitragsentrichtung s. § 187 und die Bemerkungen dazu.

§ 178.

Die Versicherungspflichtigen müssen sich bei der Gehaltszahlung die Hälfte der Beiträge, und wer über die gesetzliche Gehaltsklasse hinaus versichert, ohne die Versicherung in einer höheren Gehaltsklasse mit dem Arbeitgeber vereinbart zu haben, auch den Mehrbetrag vom Gehalt abziehen lassen. Die Arbeitgeber dürfen nur auf diesem Wege den Beitragsteil der Versicherten wieder einziehen.

Die Abzüge sind auf die Gehaltszeiten gleichmäßig zu verteilen. Die Teilbeträge sind auf volle zehn Pfennig aufzurunden.

Zu Abs. 1:

1. S. § 1432 RVO.

2. Versicherungspflichtigen: Wegen der freiwillig Versicherten s. §§ 201 ff.

3. bei der Gehaltszahlung: D. i. bei der nächsten, auf die Beitragsentrichtung folgenden Gehaltszahlung; wegen späterer Abzüge s. § 179. Der Arbeitgeber ist im allgemeinen nicht berechtigt, den Beitragsanteil des Versicherten im voraus abzuziehen; nur bei Vorauszahlung des Gehalts ist dies zulässig (AVN. 1913 S. 129). — S. auch § 180.

4. über die gesetzliche Gehaltsklasse hinaus: § 19.

5. Strafbestimmung für zu hohe Abzüge: § 341 Ziff. 1, für unzulässige Art der Wiedereinziehung: § 346 mit § 345 Abs. 1 Satz 2.

Zu Abs. 2:

6. Weicht von § 1458 RVO. ab.

§ 179.

Sind Abzüge bei einer Gehaltszahlung unterblieben, so dürfen sie nur noch bei der nächsten nachgeholt werden, es sei denn, daß der Arbeitgeber ohne

sein Verschulden wirksame Beiträge nachträglich entrichtet (§ 205).

1. S. § 1433 RVO.

2. Gehaltszahlung: Nämlich bei der ersten nach Entrichtung der Beiträge (s. § 178 und Anm. 3 dazu).

3. ohne sein Verschulden: Namentlich, wenn die Versicherungspflicht des Angestellten erst später festgestellt wird.

Unkenntnis des Gesetzes schließt ein Verschulden nicht aus.

4. § 205: D. h. auch wenn den Arbeitgeber kein Verschulden trifft, dürfen die Beiträge nur innerhalb von 4 Jahren seit der Fälligkeit nachentrichtet werden.

§ 180.

Die oberste Verwaltungsbehörde kann bestimmen, wie der Beitragsteil Versicherungspflichtiger aus ihrem Entgelt zu erstatten ist, wenn dieser nur aus Sachbezügen besteht oder von Dritten gewährt wird.

1. S. § 1437 RVO.

2. nur aus Sachbezügen: Siehe § 2, aber auch § 7.

3. oder von einem Dritten gewährt wird: Siehe § 2 und Anm. 6 hiezu.

4. Zu § 180 sind die folgenden Bestimmungen ergangen:
   a) Für Preußen:
      Min.-Erlaß vom 4. Jan. 1913, Landw.-Min.-Bl. S. 27;
   b) für das Königreich Sachsen:
      § 6 der K. Verordn. vom 30. Dez. 1912, Ges.- u. V.-Bl. S. 565;
   c) für Württemberg:
      § 3 der Min.-Verf. vom 26. Juni 1912, Reg.-Bl. S. 198;
   d) für Baden:
      § 10 der Min.-Verordn. vom 5. Aug. 1912, Ges.- u. V.-Bl. S. 339;

e) für Mecklenburg-Schwerin:
Nr. III der Min.-Bekanntm. vom 8. Nov. 1912, Reg.-Bl. S. 534;
f) für Mecklenburg-Strelitz:
Nr. III der Min.-Bekanntm. vom 11. Dez. 1912, Off. Anz. S. 451;
g) für das Großherzogtum Sachsen:
Nr. IV der Min.-Bekanntm. vom 17. Juli 1912, Reg.-Bl. S. 630;
h) für Oldenburg:
Min.-Bekanntm. vom 6. Juni 1912 (abgedr. im „Archiv für Reichsversicherung" 1912 S. 118);
i) für Braunschweig:
§ 4 der Min.-Bekanntm. vom 13. Aug. 1912, Ges. u. V.-Samml. S. 363;
k) für Sachsen-Altenburg:
Nr. III der Verordn. vom 24. Dez. 1912, Ges.-Samml. S. 374;
l) für Schwarzburg-Rudolstadt:
Nr. III der Verordn. vom 12. Juli 1912, Ges.-Samml. S. 83;
m) für Schwarzburg-Sondershausen:
Nr. IV der Verordn. vom 23. Juli 1912, Ges.-Samml. S. 571;
n) für Reuß ä. L.:
§ 3 der Verordn. vom 13. Juli 1912, Ges.-Samml. S. 63;
o) für Reuß j. L.:
§ 4 der Min.-Bekanntm. vom 17. Juli 1912, Ges.-Samml. S. 127;
p) für Schaumburg-Lippe:
Nr. IV der Min.-Bekanntm. vom 23. Mai 1912, Anz. d. Fürstent. Sch.-L. S. 213;
q) für Lippe-Detmold:
Nr. III der Verordn. vom 13. Juli 1912, Ges.-Samml. S. 804.

5. Soweit eine Bestimmung gemäß § 180 nicht ergangen ist, kann auch der Beitragsanteil Versicherter aus ihrem Entgelt nicht erstattet werden.

§ 181.

In den Fällen des § 176 haben die Arbeitgeber die am Schlusse eines jeden Monats fälligen Beiträge spätestens bis zum 15. des nächsten Monats den Beitragsstellen (§ 186) portofrei einzuzahlen.

Bei der ersten Beitragsleistung haben die Arbeitgeber über die fälligen Beiträge Uebersichten den Beitragsstellen einzureichen, die von diesen der Reichsversicherungsanstalt zu übersenden sind.

Sofern eine Aenderung eintritt, haben die Arbeitgeber diese spätestens mit der nächsten Beitragsleistung den Beitragsstellen anzuzeigen.

Die Beiträge werden für die Reichsversicherungsanstalt bei der Reichsbank eingezahlt.

1. In den Fällen des § 176: D. h. wenn der (zwangsweise) Versicherte den Beitragsmonat hindurch bei einem Arbeitgeber beschäftigt war; wegen des gegenteiligen Falles siehe §§ 177 und 187.

2. Beitragsstellen: Als einzige Beitragsstelle ist die RVAnstalt selbst erklärt (s. Anm. zu § 186). Vgl. auch unten Anm. 5.

3. portofrei: Es ist nicht gestattet, das Porto von den Beiträgen abzuziehen; s. auch Anm. 7 unten!

Zu Abs. 2:

4. über die fälligen Beiträge: Die Beiträge sind hier in bar zu entrichten (anders bekanntlich bei der Invalidenversicherung, woselbst die Marken bei der Post zu kaufen sind und die Beiträge durch Einkleben der Marken in die Quittungskarte entrichtet werden (vgl. §§ 1411 ff. RVO.).

5. Übersichten ... einzureichen: Die Form dafür wird vom Bundesrat vorgeschrieben; s. § 191. Die Erstattung unrichtiger Nachweisungen oder die Unterlassung der vorgeschriebenen Eintragungen kann nach § 339 mit Geldstrafe bis zu 500 Mk. bestraft werden.

Nicht rechtzeitige Einzahlung der Beiträge kann nach § 340 mit Geldstrafe bis zu 300 Mk. bestraft werden, außerdem können dem Säumigen erhöhte Nachzahlungen auferlegt werden bis zum zweifachen der Rückstände.

6. Nach § 183 soll über die eingezahlten Beiträge durch Marken quittiert werden, welche die RVAnstalt an die Beitragsstellen überweist und die die Arbeitgeber sofort in die Versicherungskarten der Angestellten einzukleben und zu entwerten haben (§ 185).

Gemäß § 184 kann aber die RVAnstalt ... „ein anderes Zahlungsverfahren (§ 181) und andere Quittungsleistung (§ 183) zulassen".

Auf Grund dieser Bestimmung hat die RVAnstalt das Postscheckverfahren zugelassen. In der hierüber ergangenen Bekanntmachung des Direktoriums vom 24. Mai 1912 (Reichsanz. Nr. 125), Ziff. I, A ist bestimmt:

1. Die Beiträge sind auf das Konto der RVAnstalt bei dem Postscheckamt in Berlin einzuzahlen.
2. Für die Einzahlung haben sich die Arbeitgeber der für den Verkehr mit der RVAnstalt bestimmten Vordrucke zu bedienen, die nach den Bestimmungen über den Postscheckverkehr zu beziehen sind.
3. Die Übersichten und Veränderungsanzeigen sind der RVAnstalt unmittelbar einzureichen.
4. Als Quittung über eingezahlte Beiträge dient dem Arbeitgeber an Stelle der Marken der ihm verbleibende Abschnitt der Zahlkarte oder die ihm erteilte Nachricht über die Belastung seines Kontos.
5. Dem Angestellten dient als Quittung über die Zahlung seines Beitragsteils an den Arbeitgeber an Stelle der Marken eine in die Versicherungskarte einzutragende Bescheinigung des Arbeitgebers. Diese hat handschriftlich oder durch Stempel den jeweiligen Beitragsmonat, den fälligen Beitrag und bei jedem Beitrag den Namen des Arbeitgebers zu enthalten; sie ist vom Arbeitgeber sofort nach der Einzahlung des Beitrags auszustellen.

Hierzu vgl. die Verf. des Reichspostamts vom

20. Dez. 1912, betr. Zahlkarten und Gutschriftzettel zur Beitragsentrichtung für die Angestelltenversicherung (Amtsbl. d. Reichspostamts S. 315). Sie ist im Anhang abgedruckt.

7. Der Arbeitgeber hat in der Versicherungskarte durch Eintragung des Beitrags und Beischrift seines Namens oder seiner Firma handschriftlich oder durch Stempel zu vermerken, daß die Beiträge an die RVAnstalt eingezahlt sind.

8. Über die Entrichtung der Beiträge hat die RVAnstalt ein Merkblatt herausgegeben (AVN. 1913 S. 111 und 1914 S. 4; neueste Fassung 1914 S. 208 u. 215 ff.). Es ist im Anhang abgedruckt.

9. Auch die Postscheckgebühren sind vom Arbeitgeber zu tragen und dürfen an den Beiträgen nicht gekürzt werden (§ 181 Abs. 1); vgl. den Bescheid des Direktoriums der RVAnstalt in AVN. 1914 S. 27, und für Bayern (den Staat als Arbeitgeber betr.) Min.-Bekanntm. vom 20. Febr. 1914, Min.-A.-Bl. d. J. u. d. Äuß. S. 102.

§ 182.

Auf Grund der Nachweise stellt die Reichsversicherungsanstalt Versicherungskonten für die Berechnung der Ansprüche der versicherten Angestellten und ihrer Angehörigen auf.

Versicherungskonten: Über deren Einrichtung und über die Verbuchung der Beiträge bei der RVAnstalt s. AVN. 1913 S. 139.

Hiernach sind die Konten nach dem Kartensystem angelegt. Jedes Versicherungskonto hat die Gestalt einer Karte, deren zwei Seiten die Beitragszahlungen von 10 Jahren — 2 Bilanzperioden — aufnehmen können, so daß die jetzt angelegten Karten bis zum Ende des Jahres 1922 ausreichen. Die Kontokarten aller versicherungspflichtigen Angestellten eines Arbeitgebers werden sodann, nach Gehaltsklassen und innerhalb derselben alphabetisch geordnet, in einer Mappe, der sog. Arbeitgebermappe, aufbewahrt; beim Stellenwechsel wird die Kontokarte des betr. Angestellten in die Mappe des neuen Arbeitgebers übergeführt. Die Arbeitgebermappen sind ihrerseits zunächst nach den Wohnorten (Betriebssitzen) der Arbeitgeber und innerhalb jedes Ortes alphabetisch geordnet. Soweit aber der Wohnort des Arbeitgebers nicht Postanstalt ist, insbesondere also für das flache Land, ist der Bestellbezirk einer Postanstalt (Postagentur) für die Zusammenfassung der Arbeitgebermappen maßgebend. Damit ergibt sich auch der Oberpostdirektionsbezirk als höhere Gruppe. Demgemäß zerfällt die Kontenabteilung der RVAnstalt in die folgenden 50 Buchungs-(Oberpostdirektions-)Bezirke:

1. Aachen, 2. Berlin, 3. Braunschweig, 4. Bremen, 5. Breslau, 6. Bromberg, 7. Cassel, 8. Chemnitz, 9. Coblenz, 10. Cöln a. Rh., 11. Danzig, 12. Darmstadt, 13. Dortmund, 14. Dresden, 15. Düsseldorf, 16. Erfurt, 17. Frankfurt a. M., 18. Frankfurt a. O., 19. Gumbinnen, 20. Halle a. S., 21. Hamburg, 22. Hannover, 23. Karlsruhe i. B., 24. Kiel, 25. Königsberg i. Ostpr., 26. Köslin, 27. Konstanz, 28. Leipzig, 29. Liegnitz, 30. Magdeburg, 31. Metz, 32. Minden i. Westf., 33. Münster i. Westf., 34. Oldenburg i. Gr., 35. Oppeln, 36. Posen, 37. Potsdam, 38. Schwerin i. Mecklenb., 39. Stettin, 40. Straßburg i. E., 41. Trier, 42. Augsburg, 43. Bamberg, 44. Landshut, 45. München, 46. Nürnberg, 47. Regensburg, 48. Speyer, 49. Würzburg, 50. Kgr. Württemberg.

In den Aufbewahrungskästen werden die Arbeitgebermappen nach den Bestellpostanstalten durch besondere Leitkarten (auf Drahtbügeln) getrennt. In den einzelnen Bezirken sind die Postanstalten alphabetisch geordnet. Für jeden Oberpostdirektionsbezirk ist der RVAnstalt ein besonderes Postscheckkonto eingerichtet, auf das sämtliche Beträge geleitet werden, die in dem Gebiet der betr. Oberpostdirektion als Beiträge für die RVAnstalt eingezahlt oder von anderen Postscheckkonten überwiesen werden. Die Postscheckkonten der RVAnstalt sind sämtlich beim Postscheckamt Berlin errichtet, nicht bei auswärtigen Postscheckämtern. Der Erleichterung und Sicherung dieser Organisation dient die Benutzung besonderer Zahlkartenformulare auf rotem Papier, die von sämtlichen Postanstalten eines Oberpostdirektionsbezirks immer nur mit derselben Kontonummer abgegeben werden, z. B. im Gebiet der Oberpostdirektion Aachen mit der Postscheck-Kontonummer 30001, in Dresden mit Nr. 30014. Die beiden Endziffern entsprechen der oben angegebenen Bezirksnummer. Für alle übrigen Zahlungen an die RVAnstalt, außer den Beiträgen, dient das Postscheckkonto Nr. 30000.

Besonders mag darauf hingewiesen werden, daß, da die Buchungseinrichtungen der RVAnstalt auf das Postscheckverfahren zugeschnitten sind, es sehr erwünscht ist, daß alle Beitragszahlungen durch Zahlkarte oder Gutschriftzettel bewirkt werden. Banküberweisungen erfordern z. B. jedesmal die Anfertigung eines besonderen Ersatzabschnitts (für den Abschnitt der Zahlkarte); außerdem muß der Absender eine besondere Postkarte mit demselben Aufdruck wie auf der Rückseite des Zahlkartenabschnitts an die Hauptkasse der RVAnstalt einsenden.

Wegen der Wichtigkeit der Versicherungskonten für den einzelnen Versicherten und zur Sicherung einer vielleicht nach Jahren erforderlich werdenden Nachprüfung aller Eintragungen auf einzelnen Konten ist Vorkehrung getroffen, daß, auch wenn Kontokarten oder Einzahlungsabschnitte durch Brand oder auf andere Weise verloren gehen sollten, die Wiederherstellung der Versicherungskonten nach größter Möglichkeit gewährleistet wird.

§ 183.

Über eingezahlte Beiträge wird durch Marken quittiert, welche die Reichsversicherungsanstalt für jede Gehaltsklasse an die Beitragsstelle überweist.

Die Marken müssen die Bezeichnung der Gehaltsklasse und des Geldwerts enthalten.

1. Die Marken erhält zunächst der Arbeitgeber ausgehändigt, welcher sie sodann in die Versicherungskarten der einzelnen Angestellten einzukleben hat (§ 185). Näheres über die Einrichtung der Versicherungskarte usw. siehe in §§ 191—200.

2. Die Bestimmung des § 183 hat jedoch infolge Einführung des Postscheckverfahrens nur sehr geringe praktische Bedeutung (s. Anm. 5 zu § 181).

§ 184.

Die Reichsversicherungsanstalt kann mit Genehmigung des Reichskanzlers längere Zahlungsfristen (§ 170), ein anderes Zahlungsverfahren (§ 181) und andere Quittungsleistung (§ 183) zulassen.

1. längere Zahlungsfristen: S. die Bekanntm. des Reichskanzlers vom 24. Dez. 1912 (abgedr. in AVN. 1913 S. 163).

Hiernach ist u. a. für die gestundeten Beiträge nebst Zinsen der RVAnstalt Sicherheit zu leisten, ausgenommen die Beiträge werden im voraus für längere Zeitabschnitte entrichtet (Ziff. 1 der Bekanntm.). Die gestundeten Beiträge sind vom 15. des auf den Beitragsmonat folgenden Monats an mit monatlich $^2/_5$ vom Hundert zu verzinsen (Ziff. 2).

2. anderes Zahlungsverfahren — andere Quittungsleistung: S. die Bem. zu §§ 181, 182.

§ 185.

Die Arbeitgeber haben die empfangenen Marken sofort in die Versicherungskarte des Angestellten einzukleben und zu entwerten. Die Marken gelten alsdann als Quittung für die Entrichtung des Beitrags.

Über die Entwertung erläßt der Bundesrat Vorschriften; er kann Zuwiderhandlungen mit Geldstrafen bis zu dreißig Mark bedrohen.

Zu Abs. 1:

1. sofort: Die sofortige Einklebung und Entwertung der Marken ist eine Pflicht des Arbeitgebers, da nur auf diese Weise die Versicherten eine Quittung über die geleisteten Beiträge erhalten.

Zu Abs. 2:

2. S. die Bekanntm. des Reichskanzlers vom 29. Juni 1912, RGBl. S. 406.

§ 186.

Die Beitragsstellen werden nach Bedarf von der Reichsversicherungsanstalt eingerichtet. Soweit besondere Beitragsstellen nicht errichtet sind, werden auf Antrag der Reichsversicherungsanstalt ihre Geschäfte von den hierfür durch die oberste Verwaltungsbehörde bezeichneten Stellen oder von den Postanstalten wahrgenommen. Die den Beitragsstellen zu gewährende Vergütung wird vom Bundesrate nach Anhören der Reichsversicherungsanstalt festgesetzt.

1. Hierzu ist in der Bekanntm. des Direktoriums der RVAnstalt vom 24. Mai 1912 (Reichsanz. Nr. 125; s. auch Anm. 5 zu § 181), Ziff. II, bestimmt:

1. Beitragsstelle ist die RVAnstalt.
2. Soweit Arbeitgeber in den Fällen des § 176 zur Quittungsleistung Marken verwenden wollen, werden sie ihnen auf Verlangen nach Eingang der Beiträge von der RVAnstalt übersandt. —

Die RVAnstalt pflegt jedoch jeden Arbeitgeber, der Marken verlangt, vor deren Übersendung darauf aufmerksam zu machen, daß es — wegen des Postscheckverfahrens — der Verwendung von Marken nicht bedarf (vgl. AVN. 1913 S. 123).

2. Dadurch, daß die RVAnstalt als einzige Beitragsstelle erklärt ist, sind die Bestimmungen in Satz 2 und 3 des § 186 gegenstandslos geworden.

§ 187.

In den Fällen des § 177 haben die Arbeitgeber bei Zahlung des Entgelts, spätestens am Schlusse des Beitragsmonats, für die fälligen Beiträge besondere Marken in die Versicherungskarte einzukleben. Die Marken dienen als Grundlage für die Bemessung der gesetzlichen Leistungen. Die Marken sind von den von der Reichsversicherungsanstalt eingerichteten Beitrags- und Markenverkaufsstellen zu beziehen. Die eingeklebten Marken sind zu entwerten. § 185 Abs. 2 findet entsprechende Anwendung.

Der Wert der eingeklebten Marken muß dem auf zehn Pfennig aufgerundeten Werte der fälligen Beiträge gleichkommen.

Die Reichsversicherungsanstalt kann mit Genehmigung des Reichskanzlers für die Erhebung dieser Beiträge auch andere Bestimmungen erlassen.

Zu Abs. 1:

1. In den Fällen des § 177: Wenn der Versicherte nicht während des ganzen Beitragsmonats bei einem Arbeitgeber beschäftigt war; siehe die Anmerkungen zu §§ 176, 177 und 181.

2. Die Bestimmungen der Abs. 1 und 2 sind nicht in Kraft getreten; s. die nächste Anm.

Zu Abs. 3:

3. Auf Grund des Abs. 3 hat die RVAnstalt in der Bekanntm. des Direktoriums vom 24. Mai 1912 (Reichsanz. Nr. 125), Ziff. I B, bestimmt:

In den Fällen des § 177 (Beschäftigung bei mehreren Arbeitgebern oder nicht einen vollen Beitragsmonat hindurch) gelten an Stelle der Vorschriften des § 187 Abs. 1, 2 die Bestimmungen unter A (d. i. das Postscheckverfahren, s. o. Anm. 6 zu § 181); die Einzahlung des Beitrags hat bei der

Zahlung des Entgelts, spätestens am Schlusse des Beitragsmonats zu erfolgen.

Der Beitrag, von dem hier die Rede ist, beträgt nach § 177 für jeden Arbeitgeber acht Hundertstel des (von ihm) für die Beschäftigung gezahlten Entgelts.

Da bestimmt ist, daß das Postscheckverfahren „an Stelle" der Vorschriften des § 187 Abs. 1, 2 gelten soll, so ist dieses damit hier in bindender Weise vorgeschrieben; ein anderes Verfahren, also auch die Verwendung von Marken, ist nicht zulässig.

4. Zur Ergänzung der Nr. I, B der Bekanntm. vom 24. Mai 1912 hat die RVAnstalt durch Bekanntm. vom 31. Oktober 1912 (Reichsanz. Nr. 262) ferner bestimmt:

1. An Stelle der Übersichten und Veränderungsanzeigen (§ 181 des Gesetzes) — zu vgl. Nr. I A 3 der Bekanntm. vom 24. Mai 1912 — können Postkarten mit dem aus der Anlage ersichtlichen Vordruck verwendet werden; Veränderungsanzeigen sind nur dann zu machen, wenn es sich um den Wechsel in der Person des Angestellten handelt.

2. Für Lehrer oder Erzieher können die im Laufe eines Kalendervierteljahrs fälligen monatlichen Beiträge nach vorhergehender Anzeige an die RVAnstalt zusammen, und zwar spätestens bis zum 15. des auf das Kalendervierteljahr folgenden Monats entrichtet werden.

   Bei vierteljährlichen Beitragszahlungen sind die Veränderungsanzeigen spätestens bei Einsendung der Beiträge, und zwar nur dann zu machen, wenn im Laufe des Vierteljahrs ein Wechsel in der Person des Angestellten oder eine Änderung in der Höhe der für die einzelnen Monate fälligen Beiträge eingetreten ist.

5. Die RVAnstalt gestattet ferner Lehrern und Erziehern, mit Vollmacht ihrer Arbeitgeber die Beiträge selbst einzusenden.

Ein Recht auf dieses Verfahren haben Lehrer und Erzieher jedoch nicht.

6. Auch hier (vgl. Anm. 7 zu § 181) ist vom Arbeitgeber in der Versicherungskarte durch Eintragung des Beitrags und Beischrift seines Namens oder seiner Firma handschriftlich oder durch Stempel zu vermerken, daß die Beiträge an die RVAnstalt eingezahlt sind. Bei Lehrern und Erziehern, die die Beiträge selbst einsenden, sieht jedoch die RVAnstalt mit Einverständnis der Beteiligten davon ab.

7. S. überhaupt das „Merkblatt" über die Entrichtung der Beiträge (im Anhang; vgl. auch Anm. 8 zu § 181).

§ 188.

Der Versicherte hat sich die Versicherungskarte ausstellen zu lassen. Die Ausstellung ist vom Versicherten mittels Aufnahmekarte, die über Alter, Familienverhältnisse und Gehaltsbezüge Aufklärung geben muß, bei der Ausgabestelle (§ 194) zu beantragen. Die Ortspolizeibehörde kann ihn dazu durch Geldstrafen bis zu zehn Mark anhalten. Hat er keine Versicherungskarte oder weigert er sich, sie vorzulegen, so kann sie der Arbeitgeber beschaffen.

1. Vgl. § 1414 RVO.

2. hat . . . . ausstellen zu lassen: Von der gemäß § 194 bestimmten Stelle (Ortspolizeibehörde, Bürgermeister, Stadtmagistrat usw.). Die Ausstellung ist kostenfrei.

3. Aufnahmekarte: Die Ausstellung der Versicherungskarte ist also hier nicht, wie bei der Invalidenversicherung, mündlich, sondern schriftlich zu beantragen und zwar mittels der Aufnahmekarte; diese wird der Versicherungsanstalt eingesendet und dient ihr zur Kontrolle bei der Herstellung der Versicherungskonten.

In erster Linie hat der Versicherte selbst — ohne Vermittlung des Arbeitgebers — die Ausstellung der Versicherungskarte mittels Aufnahmekarte zu beantragen. Weder die Ausgabestelle noch die RVAnstalt ist befugt, über den Inhalt der Aufnahmekarte, besonders über die Familienverhältnisse des Versicherten, dem Arbeitgeber oder sonst jemand irgend welche Mitteilungen zu machen.

4. Über die Ausfüllung der Aufnahme- und der Versicherungskarten durch die Angestellten hat die RVAnstalt eine „Belehrung" herausgegeben, die im Anhang abgedruckt ist.

5. Geldstrafen: Diese müssen vorher angedroht werden; sie können aber auch wiederholt angedroht und festgesetzt werden. Der Höchstbetrag von 10 Mk. gilt nur für die einzelne Festsetzung.

6. kann sie . . . der Arbeitgeber beschaffen: Das „kann" besagt nur, daß der Versicherte den Arbeitgeber nicht hindern kann, die Karte zu beschaffen. Es steht aber keineswegs im Belieben des Arbeitgebers, ob er von dieser Befugnis Gebrauch machen will oder nicht; er wird vielmehr, um den ihm selbst vom Gesetz auferlegten Verpflichtungen (§§ 185 ff.) nachkommen zu können, unbedingt die Karte beschaffen müssen. Die gegenteilige, auch von manchen Gerichten dem § 131 Abs. 2 des Invalidenversicherungsgesetzes (§ 1414 RVO.), welcher dem § 188 des vorliegenden Gesetzes entspricht, gegebene Auslegung ist unrichtig.

7. Siehe auch § 391.

§ 189.

Die Ausgabestelle sendet die im Laufe eines Monats eingegangenen Aufnahmekarten am Schlusse des Monats an die Reichsversicherungsanstalt.

1. Ausgabestelle: S. § 194.

2. Auf Grund der eingehenden Aufnahmekarten prüft die RVAnstalt zunächst die Versicherungspflicht oder -Berechtigung, und wenn diese anerkannt wird, legt sie die Versicherungskonten an. Wird die Versicherungspflicht oder -Berechtigung von der RVAnstalt bestritten, so ist nach § 210 zu entscheiden.

3. S. Anm. 3 zu § 194.

§ 190.

Der Versicherte kann unter Vorlegung einer neuen Aufnahmekarte stets eine neue Versicherungskarte verlangen.

1. Einerlei, wieviel Beiträge in der letzten Karte schon bescheinigt sind; Gründe braucht er nicht anzugeben. Die alte Versicherungskarte ist nicht zurückzugeben.

2. Die RVAnstalt hat anerkannt, daß einem Versicherten, der von mehreren Arbeitgebern beschäftigt wird, mehrere Versicherungskarten — je eine für jeden Arbeitgeber oder je eine für jede Gehaltsstufe — ausgestellt werden können. Allerdings sind dann vom Versicherten auch mehrere Aufnahmekarten vorzulegen (wegen der Konten bei der RVAnstalt); s. AVN. 1913 S. 129.

§ 191.

Der Bundesrat bestimmt nach Anhören der Reichsversicherungsanstalt die Einrichtung der Nachweise (§ 181), der Versicherungskarte (§ 185) und der Aufnahmekarte (§ 188). Die Kosten der Herstellung und Lieferung trägt die Reichsversicherungsanstalt.

S. die Bekanntm. des Reichskanzlers vom 29. Juni 1912, RGBl. S. 408, über die Einrichtung von Vordrucken für die Angestelltenversicherung (im Anhang abgedruckt).

§ 192.

Die Versicherungskarte enthält Jahr und Tag der Ausstellung und den Inhalt der Vorschriften der §§ 195, 198, 199, 347.

Die angeführten Gesetzesbestimmungen betreffen den Ersatz der Versicherungskarten nach Ablauf von 5 Jahren (§ 195), den verbotenen Inhalt der Karten (§ 198), das Verbot der Zurückbehaltung von Karten (§ 199) und die auf die Nichtbeachtung dieser Vorschriften gesetzten Strafen (§ 347).

§ 193.

Sie bietet Raum für mindestens achtundvierzig Marken. Für die Fälle der §§ 177, 187 kann der Bundesrat bestimmen, daß sie für mehr Marken Raum bietet.

Die Karten werden für jeden Versicherten fortlaufend beziffert.

Zu Abs. 1:

1. Marken: Oder für die beim Postscheckverfahren zu machenden Quittungsvermerke des Arbeitgebers (s. Anm. zu § 181).

2. Eine Bestimmung des Bundesrats auf Grund des Abs. 1 Satz 2 ist nicht ergangen.

Zu Abs. 2:

3. fortlaufend beziffert: Auch wenn nach dem Erlöschen der Anwartschaft oder nach Wiedereintritt der Berufsfähigkeit (Entziehung des Ruhegeldes) eine neue Karte ausgestellt wird, ist sie nach den früheren Karten fortlaufend zu numerieren.

§ 194.

Die oberste Verwaltungsbehörde bestimmt die Stellen, welche die Karten ausstellen (Ausgabestellen).

Der Reichskanzler bestimmt die Ausgabestellen in den Schutzgebieten.

Zu Abs. 1:

1. Zur Ausführung des § 194 Abs. 1 sind in den einzelnen Bundesstaaten folgende Bestimmungen ergangen:

a) Für Preußen:

Anweisung für die Ausgabestellen, vom 18. Juli 1912, Handelsmin.-Bl. S. 425.

Nach Ziff. I, 1 sind die Ausgabestellen die Ortspolizeibehörden, in Gemeinden mit königlicher Polizeiverwaltung die Gemeindevorstände.

b) Für Bayern:

§ 6 der Min.-Bekanntm. vom 8. August 1912, Ges.- u. V.-Bl. S. 701; Ausgabestellen sind die Gemeindebehörden.

Dazu Anweisung für die Ausgabestellen, vom 9. August 1912, Min.-A.-Bl. d. J. u. d. Auß. S. 875.

c) Für Württemberg:

§ 4 der Min.-Verf. vom 26. Juni 1912, Reg.-Bl. S. 198; Ausgabestellen sind die Ortsbehörden für Arbeiterversicherung.

Dazu Dienstanweisung für die Ausgabestellen, vom 15. Juli 1912, Amtsbl. d. Min. d. J. S. 290.

d) Für das Kgr. Sachsen:

§ 7 der K. Verordn. vom 30. Dez. 1912, Ges.- u. V.-Bl. S. 565; Ausgabestellen sind die Ortspolizeibehörden.

Dazu Dienstanweisung für die Ausgabestellen, vom 30. Dez. 1912, Ges.- u. V.-Bl. S. 571.

e) Für Baden:

§ 11 der Min.-V. vom 5. August 1912, Ges.- u. V.-Bl. S. 339; Ausgabestellen sind die Gem.-Behörden.

Dazu Anweisung für die Ausgabestellen, vom 20. Juli 1912, Ges.- u. V.-Bl. S. 345.

f) Für Hessen:

§ 3 der Min.-Bekanntm. vom 11. Juli 1912, Reg.-Bl. S. 411; dazu Dienstanweisung für die Ausgabestellen, vom 12. Juli 1912, Amtsbl. d. Min. d. J. Nr. 26.

g) Für Mecklenburg-Schwerin:

Ziff. III der Min.-Bekanntm. vom 25. Juli 1912, Reg.-Bl. S. 463.

h) Für Mecklenburg-Strelitz:

Ziff. III der Min.-Bekanntm. vom 7. August 1912, Offiz. Anz. S. 363.

i) **Für Oldenburg:**
Ziff. III der Min.-Bekanntm. vom 29. Mai 1912, Gef.-Bl. S. 199.

k) **Für das Großherzogtum Sachsen:**
Ziff. V der Min.-Bekanntm. vom 17. Juli 1912, Reg.-Bl. S. 630; dazu Anweisung für die Ausgabestellen, vom 7. Sept. 1912, Reg.-Bl. S. 676.

l) **Für Sachsen-Coburg-Gotha:**
Min.-Bekanntm. vom 29. Juli 1912, Reg.-Bl. S. 337.

m) **Für Sachsen-Altenburg:**
Ziff. II der V. vom 21. Juni 1912, Gef.-Samml. S. 223; ergänzt durch Ziff. VI der V. vom 24. Dez. 1912, Gef.-Samml. S. 374. Dazu Anweisung für die Ausgabestellen, vom 24. Juli 1912, Gef.-Samml. S. 285.

n) **Für Sachsen-Meiningen:**
Min.-Ausschr. vom 24. Juli 1912, Samml. d. Ausschr. d. landesh. Oberbeh. S. 369.

o) **Für Braunschweig:**
§ 2 der Min.-Bekanntm. vom 13. August 1912, Gef.- u. V.-Samml. S. 363.

p) **Für Reuß ä. L.:**
§ 1 der V. vom 13. Juli 1912, Gef.-Samml. S. 63; dazu Anweisung für die Ausgabestellen vom 17. Juli 1912, A.- u. V.-Bl. S. 527.

q) **Für Reuß j. L.:**
§ 2 der Min.-Bekanntm. vom 17. Juli 1912, Gef.-Samml. S. 127; dazu Anweisung für die Ausgabestellen, vom 17. Juli 1912, A.- u. V.-Bl. S. 387, mit Nachtrag vom 7. März 1913, A.- u. V.-Bl. S. 117.

r) **Für Waldeck:**
Anweisung für die Ausgabestellen, vom 28. Aug. 1912, Reg.-Bl. S. 131.

s) **Für Schwarzburg-Rudolstadt:**
Nr. IV der V. vom 12. Juli 1912, Gef.-Samml. S. 83; dazu Anweisung für die Ausgabestellen, vom 12. Juli 1912, Gef.-Samml. S. 84.

t) Für Schwarzburg-Sondershausen:
Nr. V der V. vom 23. Juli 1912, Ges.-Samml. S. 571; dazu Anweisung für die Ausgabestellen, vom 24. Juli 1912, Ges.-Samml. S. 573.

u) Für Schaumburg-Lippe:
Nr. II der Min.-Bekanntm. vom 23. Mai 1912, Anz. d. Fürstent. Sch.-L. S. 213; dazu Anweisung für die Ausgabestellen vom 6. Juli 1912, ebenda S. 265.

v) Für Lippe-Detmold:
Anweisung für die Ausgabestellen, vom 13. Juli 1912, Ges.-Samml. S. 806.

w) Für Hamburg:
§ 1 der Bekanntm. des Senats vom 12. Juli 1912, Amtsbl. S. 743.

x) Für Bremen:
§ 3 der V. vom 19. Juli 1912, Ges.-Bl. S. 183.

y) Für Lübeck:
§ 6 der Bekanntm. des Senats vom 20. Juli 1912, Ges.- u. V.-Bl. S. 510.

z) Für Elsaß-Lothringen:
Anweisung für die Ausgabestellen, vom 30. Juli 1912, Zentr.- u. Bez.-A.-Bl. S. 155.

2. Eine übersicht über die von den obersten Verwaltungsbehörden bestimmten Ausgabestellen ist mitgeteilt in AVN. 1913 S. 123.

3. Die Ausstellung der Versicherungskarten stellt sich als die Erfüllung einer Verpflichtung dar, die den Ausgabestellen durch das Gesetz und im Verwaltungswege als eigene Obliegenheit zugewiesen ist. Demgemäß handelt es sich nicht um Rechtshilfe (§ 322).

Die Ausgabestellen haben daher keinen Anspruch auf Erstattung der Portokosten, die ihnen durch Einsendung der Aufnahmekarten an die RVAnstalt erwachsen (AVN. 1914 S. 72).

Zu Abs. 2:

4. S. die Bekanntm. des Reichskanzlers vom 12. Juli 1912, Zentr.-Bl. f. d. Deutsche Reich S. 584.

Zuständig sind hiernach in den Schutzgebieten die Gouverneure oder die von diesen zu bezeichnenden Stellen.

§ 195.

Die Karte soll binnen fünf Jahren nach dem Tage der Ausstellung durch eine neue ersetzt werden. Ist dies versäumt, so kann die Ortspolizeibehörde den Versicherten dazu durch Geldstrafen bis zu zehn Mark anhalten.

In den Fällen der §§ 177, 187 ist der Versicherte verpflichtet, spätestens zwei Monate nach Ablauf des Kalenderjahrs die Versicherungskarte der Reichsversicherungsanstalt einzusenden. Er kann hierzu die Vermittelung der von der Reichsversicherungsanstalt errichteten Beitrags- und Markenverkaufsstellen beanspruchen, die auf Verlangen die Karten gegen Ausstellung einer Empfangsbescheinigung entgegennehmen und an die Reichsversicherungsanstalt einsenden.

Wer die Versicherungskarte nicht rechtzeitig einsendet, kann von der Reichsversicherungsanstalt mit Geldstrafe bis zu zwanzig Mark bestraft werden.

Auf Beschwerde entscheidet der Reichskanzler endgültig.

Die Strafen werden wie Gemeindeabgaben beigetrieben.

1. Vgl. § 1420 RVO.

2. § 195 gilt auch für die freiwillige Versicherung.

Zu Abs. 1:

3. soll ersetzt werden: Um der Versicherungsanstalt die Kontrolle über Veränderungen im Familienstand des Versicherten, welche für die Belastungsermittlungen nicht entbehrt werden kann, zu ermöglichen. Behufs Ausstellung einer neuen Versicherungskarte ist auch eine neue Aufnahmekarte (§ 188) vorzulegen.

4. Die Versicherungskarten der Angestelltenversicherung werden nicht aufgerechnet, Ersatztatsachen (§ 51) werden nicht eingetragen (AVR. 1913 S. 265; s. auch Anm. 2 zu § 54); abweichend hiervon § 1419 Abs. 3 RVO.

5. den Versicherten: Nur diesen, nicht den Arbeitgeber.

6. durch Geldstrafen bis zu 10 Mk.: Die Ungültigkeit einer nicht rechtzeitig erneuerten Karte oder ein sonstiger Rechtsnachteil tritt dagegen nicht ein.

Zu Abs. 2 und 3:

7. in den Fällen der §§ 177, 187: Das sind die Fälle, in denen ein Versicherter während des Monats bei mehreren Arbeitgebern beschäftigt wird, oder die Beschäftigung nicht den Beitragsmonat hindurch stattfindet. Die Bestimmungen des Gesetzes sind gegenstandslos geworden durch Ziff. I, B der Bekanntm. des Direktoriums der RVAnstalt vom 24. Mai 1912 (s. die Bem. zu den §§ 177, 187), wonach bestimmt ist, daß die Beiträge in den Fällen der §§ 177, 187 im Wege des Postscheckverfahrens einbezahlt werden müssen und daß es hiernach der Einsendung der Versicherungskarte nicht bedarf.

§ 196.

Den Ausgabestellen wird für die Ausstellung der Karten eine Vergütung gewährt, deren Höhe der Bundesrat nach Anhören der Reichsversicherungsanstalt festsetzt.

1. Laut Bekanntm. des Reichskanzlers vom 29. Juni 1912 (RGBl. S. 406) ist diese Vergütung auf 3 ₰ für die Karte festgesetzt.

2. S. ferner den Bescheid des Direktoriums der RVAnstalt in AVN. 1914 S. 72, wonach den Ausgabestellen die Portoauslagen, die ihnen durch Einsendung der Aufnahmekarten erwachsen, nicht ersetzt werden (s. auch Anm. 3 zu § 194).

3. Die Vergütung an die Ausgabestellen wird von der RVAnstalt alljährlich gezahlt; s. die bayr. Min.-Bekanntm. vom 4. Dez. 1912 (Min.-A.-Bl. d. J. u. d. Auß. S. 1260) und für Elsaß-Lothringen die Min.-Bekanntm. vom 4. Dez. 1912, Zentr.- u. Bez.-A.-Bl. S. 431.

§ 197.

Verlorene, unbrauchbar gewordene oder zerstörte Versicherungskarten werden durch neue ersetzt.

Nachweisbare Beiträge werden beglaubigt übertragen; die Reichsversicherungsanstalt wird vorher gehört, wenn nicht die unbrauchbar gewordene Karte vorgelegt wird, und in jedem Falle nachher durch eine neue Aufnahmekarte unterrichtet.

1. S. § 1421 RVO.

Zu Abs. 1:

2. „Unbrauchbar" ist besonders auch eine Karte, die einen nach § 198 unzulässigen Inhalt hat; „zerstört" ist eine Karte, sobald sie sich in einem Zustand befindet, daß sich Zahl und Wert der eingeklebten Marken nicht mehr erkennen oder feststellen lassen (oder die eingetragenen Zahlungsvermerke der Arbeitgeber unleserlich geworden sind).

Zu Abs. 2:

3. Nachweisbare Beiträge: Die Ersetzung der Karte durch eine neue setzt an sich einen Nachweis oder eine Glaubhaftmachung der in Abs. 1 genannten Tatsachen nicht voraus; s. auch § 190. Sollen aber in die neue Karte Beiträge aus der alten übertragen werden, so müssen sie nachgewiesen werden. Der Nachweis wird aber durch die Versicherungskonten der RVAnstalt leicht geführt werden können.

§ 198.

Die Karte darf nur die gesetzlich vorgeschriebenen Angaben enthalten und keine besonderen Merkmale

tragen; vor allem darf aus ihr nichts über Führung oder Leistungen des Inhabers zu entnehmen sein.

1. S. § 1424 RVO.

2. gesetzlich vorgeschriebenen Angaben: § 192.

3. besonderen Merkmale: Auch keine geheimen!

4. Zuwiderhandlungen gegen § 198 können nach §§ 347 oder 348 bestraft werden.

§ 199.

Niemand darf eine Versicherungskarte wider den Willen des Inhabers zurückbehalten. Dies gilt nicht für die zuständigen Stellen, wenn sie die Karten zur Neuausstellung, Berichtigung oder Beitragsüberwachung zurückbehalten.

Wer Karten dieser Vorschrift zuwider zurückbehält, ist dem Berechtigten für Nachteile hieraus verantwortlich. Die Ortspolizeibehörde nimmt die Karte ab und händigt sie dem Berechtigten aus.

1. Vgl. § 1425 RVO.

Zu Abs. 1:

2. niemand: Also namentlich kein Arbeitgeber; aber auch keine amtliche Stelle, wenn nicht der Fall des Abs. 1 Satz 2 gegeben ist.

3. Inhabers: Das ist der Angestellte, für den die Karte ausgestellt ist.

4. Die Zurückbehaltung der Karte (soweit nicht Satz 2 des Abs. 1 zutrifft) ist unter allen Umständen unzulässig, auch wenn der Versicherte vertragsbrüchig ist oder wenn dem Arbeitgeber eine Forderung gegen ihn zusteht, sowie einerlei, ob in der Karte bereits Beiträge bescheinigt sind oder nicht.

Zu Abs. 2:

5. verantwortlich: Zivilrechtlich. Außerdem wird er noch nach § 341 gerichtlich bestraft.

Zuständig für die Schadensersatzklagen sind meist die Gewerbegerichte (§ 1, § 4 Nr. 4 mit Nr. 3 des Gew.-Ger.-Ges. in der Fassung vom 29. Sept. 1901, RGBl. S. 353) oder die Kaufmannsgerichte (§ 1, § 5 Nr. 4 mit Nr. 3 des Kaufm.-Ger.-Ges. vom 6. Juli 1904, RGBl. S. 266).

6. nimmt ... ab und händigt ... aus: Die Vorschrift des Abs. 2 Satz 2 legt der Ortspolizeibehörde schlechthin die Verpflichtung auf, wenn sie dieserhalb angerufen wird, Versicherungskarten derjenigen Person oder nichtzuständigen Stelle, welche sie dem versicherten Angestellten als berechtigtem Inhaber vorenthält, abzunehmen. Die Ortspolizeibehörde hat dieser Pflicht nachzukommen, ohne Rücksicht darauf, daß dem Versicherten möglicherweise noch andere Mittel zur Erlangung der Versicherungskarte zu Gebote stehen. Die Pflicht besteht, gleichviel, welche Einwendungen jene Person oder Stelle der Abnahme der Versicherungskarte entgegensetzt, insbesondere ob sie sich zum Besitze und zum weiteren Gewahrsam der Karte für befugt hält oder halten darf. Die Polizeibehörde hat also nicht zu prüfen, ob die Karte widerrechtlich zurückbehalten wird und demgemäß gleichzeitig der strafrechtliche Tatbestand des § 341 Nr. 2 erfüllt ist oder nicht.

Der von der Ortspolizeibehörde bei der Abnahme der Versicherungskarte einzuschlagende Weg regelt sich nach den in dem betr. Bundesstaat geltenden Bestimmungen über die Handhabung der Exekutivgewalt (AVN. 1914 S. 110/111).

§ 200.

Der Bundesrat bestimmt, wie die Beiträge für die nach §§ 3, 4 Versicherungspflichtigen erhoben werden.

1. Zu §§ 3, 200 s. die Bekanntm. des Reichskanzlers vom 11. Jan. 1913, RGBl. S. 18.

2. Zu § 4 ist eine Bestimmung noch nicht ergangen.

4. Entrichtung der Beiträge durch die Versicherten.

§ 201.

Im Falle der freiwilligen Fortsetzung der Versicherung oder der Aufrechterhaltung der erworbenen Anwartschaft (§ 15) sind die Beiträge oder die Anerkennungsgebühr der Reichsversicherungsanstalt spätestens vor Ablauf des Kalenderjahrs, für das sie gelten sollen, durch die Post portofrei einzusenden. Bis zum Eingang der Empfangsbestätigung der Reichsversicherungsanstalt dient der Postschein als Quittung. In besonderen Fällen kann die Reichsversicherungsanstalt auch anderen Versicherten die Zahlung von Beiträgen durch die Post gestatten.

1. Hier sind die Beiträge (oder die Anerkennungsgebühr) vom Versicherten selbst einzusenden. Die Einsendung durch einen Arbeitgeber kommt nach Lage der Sache nicht in Frage. Geschieht die Einsendung nicht rechtzeitig, so erlischt die Anwartschaft (§ 49).

2. Beiträge: Werden nicht für alle zwölf Monate des Jahres Beiträge entrichtet, so müssen doch, um das Erlöschen der Anwartschaft zu verhindern, jährlich mindestens 8 oder 4 Beiträge (§ 49) entrichtet werden.

3. Wegen der Höhe der freiwilligen Beiträge s. § 18.

4. Bei freiwilliger Versicherung kommt nur eine Beitragszahlung nach Gehaltsklassen (§§ 16, 172) in Frage, also nicht die 8% des § 177.

Beginnt die freiwillige Versicherung im Laufe eines Monats, so ist für diesen ein verhältnismäßiger Teil des nach § 18 in Frage kommenden Monatsbeitrags zu entrichten (ABN. 1914 S. 42).

5. spätestens vor Ablauf des Kalenderjahres: Sie können aber noch innerhalb des nächsten

Jahres nachgezahlt werden, in welchem Falle die Anwartschaft wieder auflebt; siehe § 50.

6. einzusenden: Die Verwendung von Marken ist nicht zugelassen (AVN. 1913 S. 265).

7. Die Bestimmungen in Satz 1 und 2 des § 201 werden auch auf die freiwillige Versicherung im Falle des § 394 anzuwenden sein.

8. anderen Versicherten: Also Zwangsversicherten. Es ist hier namentlich an den Fall zu denken, daß der Arbeitgeber die Beiträge nicht entrichtet. Vgl. auch § 1439 RVO.

§ 202.

Mit Genehmigung des Bundesrats kann die Reichsversicherungsanstalt die Entrichtung der Beiträge in anderer Weise regeln.

1. Bezieht sich nur auf freiwillige Beiträge (für Pflichtbeiträge gilt § 184).

2. Eine Bestimmung auf Grund des § 202 ist noch nicht ergangen; die Bekanntmachung des Direktoriums der RVAnstalt vom 24. Mai 1912 gilt nur für die Zwangsversicherung!

§ 203.

Der Versicherte (§ 201) ist verpflichtet, der Reichsversicherungsanstalt auf Verlangen stets Auskunft über seinen Familienstand und das Alter seiner Familienangehörigen zu geben. Die Ortspolizeibehörde kann ihn dazu durch Geldstrafen bis zu zehn Mark anhalten.

1. der Versicherte: Auch hier ist, wie schon der Hinweis auf § 201 zeigt, nur an die freiwillige Versicherung gedacht.

2. stets Auskunft zu geben: Weil dies für die statistischen Berechnungen der RVAnstalt über die Belastung notwendig ist.

§ 204.

Wer sich während einer entgeltlichen, aber nicht bar bezahlten oder nur vorübergehenden Beschäftigung (§§ 7, 8) freiwillig versichert, hat Anspruch auf den Beitragsteil des Arbeitgebers. Dieser kann es ablehnen, mehr zu erstatten, als er nach diesem Gesetze für eine versicherungspflichtige Beschäftigung beizutragen verpflichtet ist.

1. Vgl. § 1441 RVO.

2. entgeltlichen, aber nicht bar bezahlten: Siehe §§ 2 und 7; eine solche Beschäftigung ist nicht versicherungspflichtig.

3. nur vorübergehenden: Siehe § 8; sie ist versicherungsfrei nach näherer Bestimmung des Bundesrates.

4. freiwillig versichert: Dies ist nur nach Maßgabe des § 15 möglich, d. h. nur beim Ausscheiden aus der Pflichtversicherung und nur dann, wenn mindestens sechs Pflichtbeiträge entrichtet sind.

5. Anspruch auf den Beitragsteil: Der Arbeitgeber hat daher seinen Beitragsteil in diesem Fall an den Versicherten zu bezahlen. Die Beiträge selbst bemessen sich nach §§ 172, 177.

6. kann es ablehnen, mehr zu erstatten: Nach § 18 kann bei freiwilliger Versicherung eine Gehaltsklasse gewählt werden, die dem Durchschnitt der letzten sechs Pflichtbeiträge entspricht oder am nächsten kommt; es kann aber sein, daß die Gehaltsklasse, in welche der Versicherte gehören würde, wenn er versicherungspflichtig wäre, niedriger wäre.

5. Unwirksame Beiträge.

§ 205.

Pflichtbeiträge sind zurückzuweisen, wenn sie nach Ablauf von zwei Jahren, falls aber die Beitrags-

leistung ohne Verschulden der Beteiligten unterblieben ist, nach Ablauf von vier Jahren seit der Fälligkeit entrichtet werden.

1. Vgl. § 1442 Abs. 1 RVO.

2. Pflichtbeiträge: Wegen der freiwilligen Beiträge siehe §§ 201, 48, 49, 206.

3. § 205 wird auch auf den Fall, daß zu niedrige Beiträge entrichtet worden sind und nun durch die richtigen ersetzt werden sollen, entsprechend anzuwenden sein.

4. zurückzuweisen: Sie vermögen also, wenn zurückgewiesen, das Erlöschen der Anwartschaft nicht mehr aufzuhalten; ferner zählen sie bei der Berechnung der Versicherungsleistungen (§§ 55 ff.) nicht mit; die eingezahlten Beiträge sind zu erstatten.

Dagegen läßt das Gesetz hier, abweichend von der RVO. (§ 1442), die Unwirksamkeit der Beiträge nicht von selbst eintreten, sondern es erfordert eine ausdrückliche Zurückweisung. Werden Beiträge, auf die § 205 zutrifft, nicht zurückgewiesen, so wird ihre Entrichtung als nachträglich genehmigt gelten müssen, wodurch sie rechtswirksam werden; sie können dann auch von den Beteiligten nicht mehr zurückgefordert werden (§ 209 Abs. 2 und 3 gilt hier nicht; vgl. Abs. 1 dortselbst).

5. Beteiligten: Also des Arbeitgebers sowohl als auch des Versicherten (anders § 1442 Abs. 1 RVO., wo es nur auf das Verschulden des Versicherten ankommt).

6. seit der Fälligkeit: S. die §§ 181, 187. — Da das Gesetz hier, abweichend von § 228, nicht vom Ablauf des Kalenderjahrs der Fälligkeit, sondern von der Fälligkeit selbst an rechnet, so können unter Umständen auch Beiträge der Zurückweisung verfallen, die nach § 228 noch nicht verjährt sind, also noch zwangsweise beigetrieben werden könnten.

7. Der Eintritt des Versicherungsfalles hat auf den Lauf der Fristen des § 205 keinen

Einfluß (anders § 206 bei freiwilligen Beiträgen). Pflichtbeiträge können daher innerhalb der Grenzen des § 205 auch nach Eintritt des Versicherungsfalls noch nachentrichtet werden.

8. Siehe § 207 Abs. 2.

§ 206.

Freiwillige Beiträge dürfen nach Eintritt der Berufsunfähigkeit nicht entrichtet werden.

1. Vgl. § 1443 RVO.

2. Die Vorschrift des § 206 ist in der Natur der Sache begründet. Es ist selbstverständlich hier wie bei jeder Versicherung, daß nach dem Eintritt des Versicherungsfalles Beiträge für die Zeit nach dem Eintritt des Versicherungsfalles nicht mehr entrichtet werden können.

Die Vorschrift geht jedoch weiter; denn nach § 206 ist es auch nicht zulässig, freiwillige Beiträge für Zeiten, die vor dem Eintritt des Versicherungsfalles liegen, nach Eintritt der Berufsunfähigkeit nachzuentrichten.

3. freiwillige Beiträge: Pflichtbeiträge kommen nicht in Frage, da nach dem Eintritt der Berufsunfähigkeit keine Beitragspflicht mehr besteht (§§ 1 Abs. 3, 170 Abs. 3).

4. Berufsunfähigkeit: Darunter ist sowohl die dauernde Berufsunfähigkeit zu verstehen (§ 25 Abs. 1) als auch die nicht dauernde, aber schon 26 Wochen währende (§ 25 Abs. 2).

Solange eine nicht dauernde Berufsunfähigkeit die Zeit von 26 Wochen noch nicht überschritten hat, dürfen freiwillige Beiträge noch entrichtet werden.

5. Beiträge, die der Vorschrift des § 206 zuwider entrichtet werden, sind unwirksam.

6. Die Vorschrift des § 206 gilt auch für die Fälle des § 394.

7. Siehe § 207 Abs. 2.

§ 207.

Der Entrichtung der Beiträge im Sinne der §§ 205, 206 steht gleich

1. die von einer zuständigen Stelle an den Arbeitgeber gerichtete Mahnung,
2. die Bereiterklärung des Arbeitgebers oder des Versicherten zur Nachentrichtung gegenüber einer solchen Stelle,

wenn demnächst die Beiträge in einer angemessenen Frist entrichtet werden.

Zeiträume, in denen eine Beitragsstreitigkeit (§§ 210, 211) oder ein Verfahren über einen Anspruch auf Ruhegeld oder Rente schwebt, werden in die Fristen der §§ 205, 206 nicht eingerechnet.

Diese Tatsachen (Abs. 1, 2) unterbrechen auch die Verjährung rückständiger Beiträge (§ 228).

1. Vgl. § 1444 der RVO.

2. § 207 gilt, wie die Verweisung auf die §§ 205 und 206 zeigt, sowohl für Pflichtbeiträge als auch für freiwillige.

Zu Abs. 1:

3. a n g e m e s s e n e F r i s t: Welche Frist angemessen ist, entscheidet zunächst die RVAnstalt; unter Umständen kann darüber auch von den Instanzen der Rechtsprechung zu erkennen sein (s. auch § 210 Abs. 1).

Werden die Beiträge innerhalb einer angemessenen Frist entrichtet, so ist die Entrichtung auf die Zeit der Mahnung oder Bereiterklärung zurückzudatieren.

Zu Abs. 2:

4. Abs. 2 soll Härten vermeiden, die daraus entstehen könnten, daß die Anwartschaft erlöschen könnte, während die Beteiligten im Zweifel darüber sind, ob der Angestellte überhaupt versicherungspflichtig oder versicherungsberechtigt, oder ob er nicht schon berufsunfähig sei.

Zu Abs. 3:

5. Dieser Absatz enthält, als Gegenstück zu dem vorigen, eine aus dieser letzteren Vorschrift aus Billigkeitsgründen folgende Bestimmung zugunsten der RVAnstalt.

§ 208.

Hat die Reichsversicherungsanstalt nicht innerhalb eines Jahres nach der Einzahlung der Beiträge die Versicherungspflicht oder das Recht zu freiwilliger Versicherung beanstandet, so kann der Rentenanspruch nicht mit der Begründung abgelehnt werden, daß die Beiträge zu Unrecht entrichtet sind.

1. Vgl. § 1445 Abs. 2 der RVO. Der Versicherte soll durch diese Vorschrift gegen verspätete Ungültigkeitserklärung seiner Beiträge geschützt werden.

2. Beiträge: S. die §§ 181, 187, 201.

3. Rentenanspruch: Außerdem wird auch nicht mehr angezweifelt werden können, ob die Beiträge nach der richtigen Gehaltsklasse (§§ 16, 172) entrichtet sind.

4. Wegen des etwaigen Rückforderungsrechts der Beteiligten, wenn Beiträge in der irrtümlichen Annahme der Versicherungspflicht entrichtet worden sind, s. § 209 Abs. 2, 3.

6. Irrtümlich geleistete Beiträge.

§ 209.

Beiträge, die in der irrtümlichen Annahme der Versicherungspflicht entrichtet worden sind und nicht zurückgefordert werden, gelten als für die freiwillige Weiterversicherung entrichtet, wenn das Recht dazu in der Zeit der Entrichtung bestanden hat.

Der Versicherte kann die Beiträge binnen zehn Jahren nach der Entrichtung zurückfordern, wenn

ihm nicht schon Ruhegeld oder Rente rechtskräftig bewilligt worden ist und nicht die Beitragsentrichtung in betrügerischer Absicht geschehen ist.

Der Arbeitgeber kann die Beiträge nicht mehr zurückfordern, wenn ihm vom Versicherten der Wert seines Anteils erstattet ist oder seit der Entrichtung zwei Jahre verflossen sind.

1. Vgl. § 1446 der RVO.

Zu Abs. 1:

2. Beiträge: Auch Beitragsanteile (des Arbeitgebers oder des Versicherten), wenn nur der andere Beteiligte von seinem Rückforderungsrecht Gebrauch macht.

3. nicht zurückgefordert werden: Das Nähere hierüber bestimmen die Abs. 2 und 3.

4. Die Beiträge müssen von der RVAnstalt gem. § 208 beanstandet sein; anderenfalls würden sie als Pflichtbeiträge unanfechtbar.

5. wenn das Recht dazu ... bestanden hat: Siehe § 15. Hat das Recht zur Weiterversicherung nicht bestanden, so werden die Beiträge durch die Anfechtung (§ 208) unwirksam.

Zu Abs. 2:

6. kann: Es ist aber zweckmäßiger, wenn er von dem Rückforderungsrecht keinen Gebrauch macht und sich die Beiträge als freiwillige anrechnen läßt.

7. Beiträge: Hier gleich Beitragsanteile des Versicherten. Die vom Arbeitgeber geleisteten Beitragsanteile kann der Versicherte nicht zurückfordern.

8. in betrügerischer Absicht: z. B. es werden von einem schon Berufsunfähigen, der aber die Wartezeit nicht erfüllt hat, in rechtswidriger Absicht unter Verheimlichung der Berufsunfähigkeit noch Beiträge fortentrichtet, um die Wartezeit zu vollenden.

Zu Abs. 3:

9. Beiträge: Hier gleich Beitragsanteile des Arbeit-

gebers einschließlich der von diesem über seinen gesetzlichen Anteil etwa bezahlten Mehrbeträge.

10. wenn . . . . erstattet ist: Auch dadurch, daß etwa der Arbeitgeber dem Versicherten den Beitragsanteil zurückgibt, kann das Rückforderungsrecht, wenn es einmal erloschen ist, nicht mehr begründet werden.

7. Beitragsstreitigkeiten.

§ 210.

Bei Streit über die Beitragsleistung entscheidet, wenn er nicht bei der Festsetzung der Leistungen hervortritt, der für den Beschäftigungsort zuständige Rentenausschuß und auf Beschwerde endgültig das Schiedsgericht.

Handelt es sich um eine noch nicht feststehende Auslegung gesetzlicher Vorschriften von grundsätzlicher Bedeutung, so gibt das Schiedsgericht die Sache unter Begründung seiner eigenen Ansicht an das Oberschiedsgericht ab, wenn es der Beschwerdeführer innerhalb der Beschwerdefrist beantragt hat. Auch andere Beteiligte können diesen Antrag binnen einer Woche stellen, nachdem sie die Gelegenheit, sich zu äußern, erhalten haben. Das Oberschiedsgericht entscheidet in diesen Fällen statt des Schiedsgerichts.

Soll in dem Verfahren nach diesem Gesetze die Versicherungspflicht einer Person verneint werden, weil sie nicht zu den im § 1 Abs. 1 bezeichneten Personen gehört, so ist in der Entscheidung festzustellen, ob sie zu den im § 1226 Abs. 1 Nr. 1 oder 6 der Reichsversicherungsordnung bezeichneten Personen gehört. Wird festgestellt, daß sie zu diesen Personen gehört, so ist diese Entscheidung für das Verfahren nach der

Reichsversicherungsordnung bindend. Dem Träger der Invalidenversicherung ist Gelegenheit zur Aeußerung zu geben; dieser ist berechtigt, Rechtsmittel einzulegen und als Beteiligter den Antrag nach Abs. 2 zu stellen.

Soll in dem Verfahren nach der Reichsversicherungsordnung die Versicherungspflicht einer Person verneint werden, weil sie nicht zu den im § 1226 Abs. 1 Nr. 1 oder 6 bezeichneten Personen gehört, so ist in der Entscheidung festzustellen, ob sie zu den im § 1 Abs. 1 dieses Gesetzes bezeichneten Personen gehört. Wird festgestellt, daß sie zu diesen Personen gehört, so ist diese Entscheidung für das Verfahren nach diesem Gesetze bindend. Für den Träger der Angestelltenversicherung gilt Abs. 3 Satz 3 entsprechend.

1. Vgl. § 1459 RVO.

Zu Abs. 1:

2. Streit über die Beitragsleistung: Es handelt sich hier um Streitigkeiten entweder a) zwischen der RVAnstalt und dem Arbeitgeber oder b) der RVAnstalt und dem Versicherten oder c) dem Arbeitgeber und dem Versicherten darüber, ob die Versicherungspflicht oder die Versicherungsberechtigung besteht, sowie über die Anwendung der §§ 205—209.

3. zuständige Rentenausschuß: S. Anm. zu § 126.

4. Beschwerde: Die Frist für die Einlegung beträgt einen Monat (§ 328).

5. Über das Verfahren des Rentenausschusses siehe § 15 der Kaiserl. Verordnung über Geschäftsgang und Verfahren der Rentenausschüsse, vom 14. Febr. 1913, RGBl. S. 103 (im Anhang abgedr.).

6. endgültig: Eine weitere Beschwerde an das Oberschiedsgericht ist daher hier nicht zugelassen. — Der Rechtsweg vor den bürgerlichen Gerichten ist überhaupt ausgeschlossen.

Zu Abs. 2:

7. beantragt hat: Dem Antrag muß entsprochen werden, auch wenn das Schiedsgericht ihn für unbegründet hält (das Oberschiedsgericht kann jedoch den Antrag ablehnen).

Zu Abs. 3:

8. weil sie nicht zu den im § 1 Abs. 1 bezeichneten Personen gehört: Also entweder, weil sie selbständiger Unternehmer, oder weil sie nur Arbeiter, Gehilfe, Geselle, Lehrling oder Dienstbote ist (§ 1226 Abs. 1 Nr. 1 RVO.) oder zu der gewöhnlichen (nicht in gehobener Stellung befindlichen) Besatzung eines deutschen See- oder Binnenfahrzeugs gehört (§ 1226 Abs. 1 Nr. 6 RVO.).

9. bindend: Die gegenteilige Entscheidung jedoch, daß die Person auch zu den in § 1226 Abs. 1 Nr. 1 oder 6 RVO. bezeichneten Personen nicht gehöre, ist für das Verfahren nach der RVO. nicht bindend.

10. Träger der Invalidenversicherung: S. die §§ 1326 ff., 1360 ff., 1375 ff. RVO. (Versicherungsanstalten und Sonderanstalten).

Zu Abs. 4:

11. bindend: Auch hier ist die gegenteilige Entscheidung, daß die Person auch zu den im § 1 Abs. 1 dieses Gesetzes bezeichneten Personen nicht gehöre, für das Verfahren nach diesem Gesetze nicht bindend.

12. Den Träger der Angestelltenversicherung: Es sollte richtiger heißen: die Träger, denn nicht nur die RVAnstalt, sondern auch die Ersatzkassen (§§ 372 ff.) kommen in Betracht.

§ 211.

Allen anderen Streit zwischen Arbeitgebern und Arbeitnehmern über Berechnung und Anrechnung, Erstattung und Ersatz der Beiträge (§§ 176 bis 180, 185, 187, 204) entscheidet der für den Beschäftigungsort zuständige Rentenausschuß endgültig.

1. Vgl. § 1461 RVO.

2. anderen Streit: Nämlich als nach § 210.

3. zuständige Rentenausschuß: S. die Anm. zu § 126. Wegen des Verfahrens des Rentenausschusses s. Anm. 5 zu § 210.

Der Rentenausschuß ist auch bei solchen Entscheidungen an Weisungen der RVAnstalt nicht gebunden (Anm. 1 zu § 123).

§ 212.

Ist der Streit endgültig entschieden, so sorgt der Rentenausschuß dafür, daß zu wenig erhobene Beiträge nachträglich nach §§ 181 bis 183 gedeckt werden. Zuviel erhobene Beiträge, die noch zurückgefordert werden können (§ 209), zieht er von der Reichsversicherungsanstalt auf Antrag wieder ein und zahlt sie den Beteiligten zurück. Die Marken werden vernichtet.

1. Vgl. § 1462 RVO.

2. § 212 bezieht sich nur auf die Pflichtversicherung. Ist ein Streit über die Versicherungsberechtigung zugunsten des Antragstellers entschieden, so ist es dessen Sache, selbst die Beiträge zu entrichten.

3. sorgt: Nötigenfalls auch durch Zwangsbeitreibung (§ 227).

4. zu wenig erhobene Beiträge: Das sind sowohl solche Beiträge, die gar nicht, als auch solche, die in einer zu niedrigen Gehaltsklasse entrichtet sind.

Die Befugnis des Arbeitgebers, bei solchen Beiträgen dem Versicherten noch Gehaltsabzüge zu machen, bemißt sich nach § 179.

5. S. auch § 207 Abs. 2.

§ 213.

Ist die Pflicht oder das Recht zur Versicherung endgültig verneint, so erhalten die Beteiligten die

noch nicht verfallenen Beiträge auf Antrag zurück. § 209 wird hierdurch nicht berührt.

1. Vgl. § 1464 RVO.

2. nicht verfallenen Beiträge: Die nach § 209 Abs. 2, 3 noch zurückgefordert werden können.

3. § 209: Es kommt nur dessen Abs. 1 in Betracht, also das Recht, Beiträge, die irrtümlich als Pflichtbeiträge geleistet sind, für die Selbstversicherung anrechnen zu lassen.

8. Ueberwachung.

§ 214.

Die Reichsversicherungsanstalt überwacht die rechtzeitige und vollständige Entrichtung der Beiträge. Sie kann diese Geschäfte dem Rentenausschuß übertragen (§ 124).

1. Vgl. § 1465 RVO.

2. Der zweite Satz dieses Paragraphen beruht auf einem Redaktionsversehen und hat keine Geltung (s. Anm. 2 zu § 124).

§ 215.

Die Arbeitgeber haben dem für den Beschäftigungsort zuständigen Rentenausschuß und der Reichsversicherungsanstalt selbst sowie den Beauftragten beider Auskunft zu geben über die Zahl der Beschäftigten, den Arbeitsverdienst und die Dauer der Beschäftigung. Auch die Versicherten haben über Ort und Dauer ihrer Beschäftigung sowie ihren Arbeitsverdienst Auskunft zu geben.

Beide Gruppen sind verpflichtet, den bezeichneten Behörden und Beauftragten auf Erfordern die Ver-

sicherungskarten zur Prüfung und Berichtigung gegen Empfangsschein auszuhändigen.

Der Rentenausschuß kann die Arbeitgeber und die Versicherten durch Geldstrafen bis zu je einhundertfünfzig Mark zur Erfüllung ihrer Pflichten (Abs. 1, 2) anhalten. Auf Beschwerde entscheidet das Schiedsgericht endgültig.

1. § 215 bezweckt, die Kontrolle der Beitragsentrichtung zu ermöglichen (vgl. § 1466 RVO.).

2. Mißbrauch der bei der Kontrolle erlangten Kenntnisse ist strafbar nach §§ 350—353.

Zu Abs. 1:

3. zuständigen Rentenausschuß: S. Anm. zu § 126.

Es fragt sich, ob nicht die Bestimmungen des § 215 Abs. 1 und 2, soweit sie eine Mitwirkung des Rentenausschusses vorsehen, mit § 124 in Widerspruch stehen und daher ungültig sind (s. Anm. 2 zu § 214 und Anm. 2 zu § 124). Die RVAnstalt erachtet sie für gültig (vgl. AVN. 1914 S. 47).

4. Beauftragten: S. das Rundschreiben des Direktoriums der RVAnstalt vom 3. Dez. 1913 an die Ortsausschüsse der Vertrauensmänner, betr. die Ernennung von Beauftragten (AVN. 1914 S. 3). S. ferner die von der RVAnstalt herausgegebenen Anleitungen für die Beauftragten der RVAnstalt und des Rentenausschusses (AVN. 1914 S. 47); über die Berechnung der Entschädigungen für die Beauftragten s. AVN. 1914 S. 48/49.

5. Auskunft zu geben: Eine Verpflichtung, Geschäftsbücher, Listen u. dgl. vorzulegen, besteht nicht. Auch der Zutritt zu Arbeitsräumen kann nicht gefordert werden.

6. Beschäftigten: Auch früherer.

Zu Abs. 3:

7. Geldstrafen: Vgl. § 359.

8. Beschwerde: Frist 1 Monat (§ 328).

§ 216.

Die Reichsversicherungsanstalt kann mit Genehmigung des Reichskanzlers Ueberwachungsvorschriften erlassen. Der Reichskanzler kann den Erlaß solcher Vorschriften anordnen und, wenn dies ohne Erfolg bleibt, sie selbst erlassen. Der Rentenausschuß kann Arbeitgeber und Versicherte zur Befolgung solcher Vorschriften durch Geldstrafen bis zu je einhundertundfünfzig Mark anhalten. Auf Beschwerde entscheidet das Schiedsgericht endgültig.

1. Vgl. § 1467 RVO.

2. Überwachungsvorschriften sind noch nicht erlassen.

3. Wegen der Geldstrafen und der Beschwerde s. §§ 359, 328.

§ 217.

Entstehen durch die Ueberwachung bare Auslagen, so können sie dem Arbeitgeber auferlegt werden, wenn er sie durch Pflichtversäumnis verursacht hat. Auf Beschwerde entscheidet das Schiedsgericht endgültig.

Die Kosten werden wie Gemeindeabgaben beigetrieben.

1. Vgl. § 1468 RVO.

2. Es handelt sich hier um den Fall, daß durch Pflichtversäumnis eines Arbeitgebers eine besondere Kontrolle notwendig wird.

3. bare Auslagen: Besonders Tagegelder und Reisekosten der Revisionsbeamten.

4. auferlegt werden: Von der RVAnstalt, die solche Kosten zunächst selbst zu tragen hätte.

5. Beschwerde: S. § 328.

§ 218.

Die Versicherungskarten werden nach Einwilligung der Beteiligten oder nach Schluß des Streitverfahrens von den überwachenden Behörden oder Beauftragten nach §§ 181 bis 183 berichtigt.

Vgl. § 1469 RVO.

II. Vermögen.

§ 219.

Die Mittel der Reichsversicherungsanstalt dürfen nur für die gesetzlich vorgeschriebenen oder zugelassenen Zwecke verwendet werden.

Die Einnahmen und Ausgaben sind gesondert zu verrechnen, die Bestände gesondert zu verwahren.

Die Reichsversicherungsanstalt darf nur die ihr gesetzlich übertragenen Geschäfte übernehmen.

1. Vgl. § 25 RVO.

Zu Abs. 1:

2. Mittel: Der Ausdruck bedeutet das gesamte Vermögen der RVAnstalt mit Einschluß aller Einnahmen, wie Beiträge, Zinserträgnisse, sonstige Einnahmen (z. B. Strafgelder).

3. gesetzlich vorgeschriebenen oder zugelassenen Zwecke: Wegen der vorgeschriebenen Zwecke s. die §§ 20; 60—62; 63; 367; 398; dann 102, 118, 142, 155, 167, 169; dazu kommt noch die Entrichtung der der RVAnstalt obliegenden öffentlichen Abgaben. Wegen der zugelassenen Zwecke s. die §§ 36 ff.; 44, 45; 47; 61.

Zu Abs. 2:

4. gesondert: Namentlich von denen des Reichs oder des preuß. Staates.

5. Bestände: Das sind sowohl Barbestände (samt dem für die laufende Verwaltung erforderlichen Kassenbestand) als auch Wertpapiere.

Zu Abs. 3:

6. nur die ihr gesetzlich übertragenen Geschäfte: Also namentlich keine anderen Versicherungszweige.

§ 220.

Das Vermögen der Reichsversicherungsanstalt muß wie Mündelgeld (§§ 1807, 1808 des Bürgerlichen Gesetzbuchs) verzinslich angelegt werden, soweit dieses Gesetz nichts anderes zuläßt.

Außerdem darf es in Wertpapieren, die landesgesetzlich zur Anlegung von Mündelgeld zugelassen sind, sowie in solchen, auf den Inhaber lautenden Pfandbriefen deutscher Hypotheken-Aktienbanken angelegt werden, welche die Reichsbank in Klasse I beleiht.

1. Vgl. § 26 RVO.

Zu Abs. 1:

2. wie Mündelgeld: Die §§ 1807, 1808 BGB. lauten:

§ 1807.

Die im § 1806 vorgeschriebene Anlegung von Mündelgeld soll nur erfolgen:

1. in Forderungen, für die eine sichere Hypothek an einem inländischen Grundstücke besteht, oder in sicheren Grundschulden oder Rentenschulden an inländischen Grundstücken;

2. in verbrieften Forderungen gegen das Reich oder einen Bundesstaat sowie in Forderungen, die in das Reichsschuldbuch oder in das Staatsschuldbuch eines Bundesstaats eingetragen sind;

3. in verbrieften Forderungen, deren Verzinsung von dem Reiche oder einem Bundesstaate gewährleistet ist;

4. in Wertpapieren, insbesondere Pfandbriefen, sowie in verbrieften Forderungen jeder Art gegen eine inländische kommunale Körperschaft oder die Kreditanstalt einer solchen Körperschaft, sofern die Wertpapiere

oder die Forderungen von dem Bundesrate zur Anlegung von Mündelgeld für geeignet erklärt sind;

5. bei einer inländischen öffentlichen Sparkasse, wenn sie von der zuständigen Behörde des Bundesstaats, in welchem sie ihren Sitz hat, zur Anlegung von Mündelgeld für geeignet erklärt ist.

Die Landesgesetze können für die innerhalb ihres Geltungsbereichs belegenen Grundstücke die Grundsätze bestimmen, nach denen die Sicherheit einer Hypothek, einer Grundschuld oder einer Rentenschuld festzustellen ist.

§ 1808.

Kann die Anlegung den Umständen nach nicht in der im § 1807 bezeichneten Weise erfolgen, so ist das Geld bei der Reichsbank, bei einer Staatsbank oder bei einer anderen durch Landesgesetz dazu für geeignet erklärten inländischen Bank oder bei einer Hinterlegungsstelle anzulegen. —

In Art. 212 des Einf.-Gesetzes zum BGB. ist weiter bestimmt:

„In Kraft bleiben die landesgesetzlichen Vorschriften, nach welchen gewisse Wertpapiere zur Anlegung von Mündelgeld für geeignet erklärt sind."

Zusammenstellungen der auf Grund dieser Bestimmungen erlassenen landesgesetzlichen Vorschriften finden sich in den Kommentaren zur RVO., so bei Düttmann Bd. 1 S. 106 ff., Hanow-Lehmann Bd. 1 S. 380 ff.

3. soweit dieses Gesetz nichts anderes zuläßt: S. die §§ 224, 225.

4. Bei den Vorschriften über die Vermögensanlegung ist unter Wahrung der Sicherheit der Anlagen davon auszugehen, daß die angesammelten Kapitalbeträge genügend hohe Zinserträgnisse zu liefern haben. Der Zinsertrag der Rücklagen bildet einen wesentlichen Faktor für die Beitragsberechnung. Je höher der erzielte Zinsfuß ist, desto niedriger können die Beiträge bemessen werden und umgekehrt. Den für die Beiträge des Entwurfs angestellten Berechnungen liegt ein Zinsfuß von 3½% zugrunde. Der durchschnittliche Zinsertrag des

belegten Kapitals muß indessen höher ausfallen als $3^1/_2$%; denn es darf bei diesem Ansatze nicht übersehen werden, daß eine Reihe von Vermögensbeständen vorhanden sind, die Zins- oder Mieteinnahmen nicht aufzuweisen haben, daß Zinsausfälle vorkommen und daß die neuen Einnahmen wegen des nicht rechtzeitigen Eingangs nicht selten später, als die Berechnung es annimmt, der zinsbaren Verwertung zugeführt werden. Eine höhere Verzinsung würde erzielt werden, wenn man für die Kapitalsbelegungen ähnliche Vorschriften, wie sie in den §§ 59, 60 des Gesetzes über die privaten Versicherungsunternehmungen vom 12. Mai 1901 enthalten sind, vorsieht.

Die deutschen Lebensversicherungsanstalten haben unter der Herrschaft dieser Bestimmungen einen durchschnittlichen Ertrag von ca. 3,96% ihrer Kapitalsanlagen erzielt. Dieses Ergebnis ist besonders darauf zurückzuführen, daß das Vermögen privater Versicherungsunternehmungen zu 85,25% in Hypotheken belegt ist. Eine so hohe Anlage der Rücklegung der Reichsversicherungsanstalt in Hypotheken kann schon im Interesse der Liquidität der Anstalt nicht zugelassen werden. Es kommt hinzu, daß auch hier, ebenso wie bei den Trägern der reichsgesetzlichen Arbeiterversicherung, nicht nur im Interesse der Sicherheit und Liquidität der Kapitalsanlagen, sondern auch im finanziellen Interesse des Reichs und der Bundesstaaten dafür Sorge zu tragen ist, daß ein erheblicher Teil des Vermögens der Reichsversicherungsanstalt in Anleihen des Reichs und der Bundesstaaten angelegt wird (§ 226). Eine solche Gesetzesvorschrift ist um so mehr gerechtfertigt, weil die Reichsversicherungsanstalt unterm Schutze der Reichsgesetzgebung und unter der Aufsicht des Reichs errichtet wird und sich entwickeln kann, und sie bei der Durchführung der Versicherung die Mithilfe von Reichs- und zahlreichen Landesbehörden nicht entbehren kann. Außerdem sprechen schwerwiegende allgemeine Gründe dafür, bei öffentlich-rechtlichen Anstalten, wie der Reichsversicherungsanstalt, die Verpflichtung zur Anlegung eines Teiles des Vermögens in Reichs- und Staatsanleihen auszusprechen (Begr.).

Zu Abs. 2:

5. in Klasse I beleiht: Ein Verzeichnis dieser Pfandbriefe wird alljährlich in den „Allgemeinen Bestimmungen über den Geschäftsverkehr mit der Reichsbank" mitgeteilt.

§ 221.

In Sinne des § 1807 Abs. 1 Nr. 1 des Bürgerlichen Gesetzbuchs darf die Sicherheit einer Hypothek, einer Grundschuld oder einer Rentenschuld angenommen werden, wenn die Beleihung die ersten drei Fünfteile des Wertes des Grundstücks nicht übersteigt. Soweit jedoch die oberste Verwaltungsbehörde eines Bundesstaats gemäß § 11 Abs. 2 des Hypothekenbankgesetzes die Beleihung landwirtschaftlicher Grundstücke bis zu zwei Dritteln des Wertes gestattet, darf die Sicherheit auch bei einer solchen Beleihung angenommen werden.

Die Beleihung ist in der Regel nur zur ersten Stelle zulässig.

Zu Abs. 1:

1. S. die von der RVAnstalt aufgestellten „Allgemeinen Bedingungen für die Beleihung von städtischen Grundstücken", ferner die „Grundsätze des Direktoriums über die Ermittlung des Wertes städtischer Grundstücke", AVN. 1913 S. 260, 263.

2. § 11 Abs. 2 des Hypothekenbankgesetzes (RGBl. 1899 S. 375) lautet: „Die Beleihung darf die ersten drei Fünftel des Wertes des Grundstücks nicht übersteigen. Die Zentralbehörde eines Bundesstaats kann die Beleihung landwirtschaftlicher Grundstücke in dem Gebiete des Bundesstaats oder in Teilen dieses Gebiets bis zu zwei Dritteln des Werts gestatten."

§ 222.

Beleihungen von Bauplätzen und solchen Neubauten, die noch nicht vollendet und ertragsfähig sind, sowie von Grundstücken, die einen dauernden Ertrag nicht gewähren, insbesondere von Gruben, Brüchen und Bergwerken, sind unzulässig.

unzulässig: Wegen der mangelnden Sicherheit.

§ 223.

Der bei der Beleihung angenommene Wert des Grundstücks darf den durch sorgfältige Ermittelung festgestellten gemeinen Wert nicht übersteigen. Bei der Feststellung dieses Wertes sind nur die dauernden Eigenschaften des Grundstücks und der Ertrag zu berücksichtigen, den das Grundstück bei ordnungsmäßiger Wirtschaft jedem Besitzer nachhaltig gewähren kann.

dauernden Eigenschaften: Gegensatz zu bloßen Spekulationsmöglichkeiten.

§ 224.

Der Reichskanzler kann genehmigen, daß das Vermögen auch in Darlehen an Gemeinden und Gemeindeverbände, Schulgemeinden und Kirchengemeinden angelegt wird, soweit dies nicht bereits nach § 220 Abs. 1 zulässig ist. Die Darlehen müssen entweder von Seiten des Gläubigers kündbar sein oder einer regelmäßigen Tilgung unterliegen.

Er kann die Anlage in einzelnen Gattungen zinstragender Papiere auf einen bestimmten Betrag beschränken.

Er kann widerruflich gestatten, daß zeitweilig verfügbare Bestände in anderer Weise angelegt werden.

1. Vgl. § 27 Abs. 1, 2, 4 RVO

Zu Abs. 1:

2. soweit dies nicht ... zulässig ist: D. h. soweit die Anlage nicht ohnehin mündelsicher ist.

Zu Abs. 2:

3. Der Zweck dieser Bestimmung ist, die verschiedenen Arten der Wertpapiere möglichst berücksichtigen zu können.

Zu Abs. 3:

4. Diese Vorschrift bezweckt, eingehende Kapitalsbeträge bis zu ihrer dauernden Anlegung möglichst hoch zinsbar zu verwerten, z. B. durch Ankauf von Primadiskonten.

§ 225.

Die Reichsversicherungsanstalt kann mit Zustimmung des Reichskanzlers bis zu einem Viertel ihres Vermögens anders als nach den §§ 220, 224 anlegen.

Eine solche Anlage ist nur in Wertpapieren, in anderer Art nur für Verwaltungszwecke, zur Vermeidung von Vermögensverlusten oder für Unternehmungen zulässig, die ausschließlich oder überwiegend den Versicherten zugute kommen.

1. Vgl. die §§ 718 Abs. 2, 3 u. 719 (984, 1157), sodann besonders 1356 Abs. 2 u. 4 RVO.

Zu Abs. 2:

2. Verwaltungszwecke: Hierher gehört besonders der Erwerb von Grundstücken und das Errichten von Gebäuden für die Geschäftsbedürfnisse der RVAnstalt und ihrer Organe oder der rechtsprechenden Behörden.

3. Vermeidung von Vermögensverlusten: Hier ist namentlich an den Fall gedacht, daß beliehene Grundstücke in der Zwangsversteigerung erworben werden müssen.

4. Den Versicherten zugute kommen: Hierher gehören Darlehen zur Errichtung von Heilstätten und Erholungsheimen, sowie Darlehen an Bauvereine, die sich mit der Herstellung billiger und gesunder Wohnungen für Angestellte beschäftigen u. dergl.

S. die „Richtlinien für die Mitwirkung der RVAnstalt an der Verbesserung der allgemeinen Wohnungsverhältnisse", AVN. 1914 S. 26.

§ 226.

Mindestens ein Viertel des Vermögens ist in Anleihen des Reichs oder der Bundesstaaten anzulegen.

Vgl. die §§ 718 Abs. 1 (984, 1157), ferner 1356 Abs. 1 RVO.

§ 227.

Rückstände werden wie Gemeindeabgaben beigetrieben. Nach den landesgesetzlichen Vorschriften regelt sich auch die aufschiebende Wirkung der Einwendungen gegen die Zahlungspflicht.

Soweit es nicht bereits landesgesetzlich vorgeschrieben ist, hat dem Beitreibungsverfahren ein Mahnverfahren voranzugehen. Hierfür darf eine Mahngebühr erhoben werden. Diese wird wie die Rückstände beigetrieben. Die Festsetzung ihres Betrags bedarf der Genehmigung des Reichskanzlers.

Rückstände haben das Vorzugsrecht des § 61 Nr. 1 der Konkursordnung.

1. Vgl. § 28 RVO.

Zu Abs. 1:

2. Rückstände: Das sind rückständige Pflichtbeiträge (nebst Mahngebühren, Abs. 2 dieses Paragraphen), rückständige Anerkennungsgebühren, Geldstrafen, Kosten (§ 311), endlich rückständige Hypothekzinsen. Freiwillige Beiträge können nicht zwangsweise beigetrieben werden. Verzugszinsen werden nicht erhoben.

3. wie Gemeindeabgaben beigetrieben: Dies richtet sich nach den landesgesetzlichen Vorschriften, die am Orte der Zwangsvollstreckung, also in der Regel am Wohn- oder Betriebssitz des Schuldners, gelten.

Nach Landesrecht bestimmt sich daher das Verfahren, das bei der Vollstreckung zu beobachten ist, aber auch, was Gegenstand der Vollstreckung sein kann, die Zulässigkeit des Offenbarungseides usw.

Berechtigt, den Antrag auf Zwangsbeitreibung zu stellen, ist das Direktorium der RVAnstalt (§ 99).

Beiträge (d. h. Pflichtbeiträge, s. Anm. 2) können nur gegenüber den Arbeitgebern, nicht gegenüber den Versicherten beigetrieben werden.

Die Zulässigkeit der Beitreibung gegenüber Geschäftsnachfolgern des Schuldners richtet sich nach Landesrecht; im allgemeinen ist eine solche Beitreibung nur möglich, wenn der Nachfolger das Geschäft vollständig mit Aktiven und Passiven übernommen hat.

Gegen die Erben des Schuldners kann die Zwangsbeitreibung durchgeführt werden; über Einwendungen jedoch, die in der zivilrechtlichen Stellung des Erben beruhen (wie z. B. Haftungsbeschränkungen) ist im Zivilrechtswege zu entscheiden.

4. Einwendungen gegen die Zahlungspflicht: über diese ist nach § 210 zu entscheiden.

Zu Abs. 2:

5. Soweit ... nicht bereits ... vorgeschrieben: Das Mahnverfahren muß also (abweichend von der RVO., § 27 Abs. 2) dem Beitreibungsverfahren stets vorangehen.

Zu Abs. 3:

6. § 61 Nr. 1 der KO. lautet:

„Die Konkursforderungen werden nach folgender Rangordnung, bei gleichem Range nach Verhältnis, berichtigt:

1. Die für das letzte Jahr vor der Eröffnung des Verfahrens oder dem Ableben des Gemeinschuldners rückständigen Forderungen an Lohn, Kostgeld oder anderen Dienstbezügen der Personen, welche sich dem Gemeinschuldner für dessen Haushalt, Wirtschaftsbetrieb oder Erwerbsgeschäft zu dauerndem Dienste verbungen hatten.“

§ 228.

Der Anspruch auf Rückstände verjährt, soweit sie nicht absichtlich hinterzogen worden sind, in zwei Jahren nach Ablauf des Kalenderjahrs der Fälligkeit.

Der Anspruch auf Rückerstattung von Beiträgen verjährt in sechs Monaten nach Ablauf des Kalenderjahrs, in dem sie entrichtet worden sind, vorbehaltlich des § 209 Abs. 2, §§ 212, 213.

Der Anspruch auf Leistungen der Reichsversicherungsanstalt verjährt in vier Jahren nach der Fälligkeit, soweit dieses Gesetz nichts anderes vorschreibt.

Vgl. § 29 RVO.

Zu Abs. 1:

1. Rückstände: S. Anm. 2 zu § 227.

2. verjährt: Nach dem Rechte der RVO. ist anerkannt, daß die Verjährung nicht, wie nach bürgerl. Recht (§ 222 BGB.), lediglich eine Einrede erzeugt, sondern daß durch Verjährung der Anspruch selbst untergeht (vgl. besonders AN. 1900 S. 828 Nr. 845, 1902 S. 392 Nr. 969, 1907 S. 440 Nr. 1307); für die Angestelltenversicherung wird das gleiche gelten müssen.

Die Verjährung ist daher hier auch von Amts wegen zu berücksichtigen.

3. absichtlich hinterzogen: Für solche Rückstände wird die regelmäßige Verjährungsfrist von 30 Jahren (§ 195 BGB.) gelten.

4. Die Verjährung wird unterbrochen durch jede Handlung der RVAnstalt und ihrer Organe, die sich gegen den Schuldner richtet und die Einziehung der Forderung bezweckt; s. ferner § 207 Abs. 3.

Zu Abs. 2:

5. Rückerstattung von Beiträgen: Es handelt sich hier nicht um die Beitragserstattungen der §§ 60, 62, 398; diese sind Versicherungsleistungen und fallen daher unter Abs. 3 des § 228. Ferner sind vom Gesetz selbst die Fälle der §§ 209 Abs. 2, 212, 213 (Beitrags-

leistung in irrtümlicher Annahme der Versicherungspflicht) ausdrücklich ausgenommen, da sie in jenen Paragraphen besonders geregelt sind. Unter § 228 Abs. 2 fallen daher z. B. die Fälle, in denen infolge von Rechenfehlern oder sonstigen Irrtümern bei Entrichtung der Beiträge zu viel entrichtet worden ist.

Zu Abs. 3:

6. Leistungen der RVAnstalt: Das sind Ruhegeld (§ 25), Hinterbliebenenrenten (§§ 28 ff.), Hausgeld (§ 38), Sachleistungen (§§ 44 ff.), Beitragserstattungen (§§ 60 u. 61, 62, 398), Abfindung (§ 64). Das Heilverfahren selbst (§ 36) gehört nicht hierher, da der Versicherte keinen Anspruch darauf hat.

7. soweit dieses Gesetz nichts anderes vorschreibt: S. die §§ 23, 60, 64, 398.

Sechster Abschnitt.

Verfahren.

I. Verfahren vor den Rentenausschüssen.

1. Anmeldung der Ansprüche.

§ 229.

Anträge auf die Leistungen sind an den Rentenausschuß zu richten; die Beweisstücke sollen beiliegen.

Der Antrag kann rechtswirksam auch bei einem anderen Organ der Reichsversicherungsanstalt oder bei einer anderen inländischen Behörde gestellt werden. Diese haben das Schriftstück unverzüglich an den zuständigen Rentenausschuß abzugeben.

Minderjährige, die das sechzehnte Lebensjahr vollendet haben, können selbständig den Antrag für sich stellen und ihn selbständig verfolgen.

1. S. die §§ 1613, 1625 RVO.

Zu Abs. 1:

2. Anträge: Die Leistungen der Versicherung werden nicht von Amts wegen festgesetzt, sondern nur auf Antrag (ebenso die RVO. — § 1545 — bei der Kranken- und der Invalidenversicherung, abweichend dagegen bei der Unfallversicherung).

3. Antragsberechtigt sind nicht nur die Versicherten oder ihre Hinterbliebenen, sondern gegebenenfalls auch Gemeinden und Armenverbände (§ 87); dagegen nicht die Arbeitgeber der Versicherten (ohne Vollmacht).

4. Leistungen: Das sind Ruhegeld (§§ 20, 21, 25 bis 27), Hinterbliebenenrenten (§§ 20, 22, 28—35), Sachleistungen (§§ 44—46), Beitragserstattung (§§ 60 bis 62, 398), Leibrenten (§ 63), endlich Heilverfahren (§ 36) und Hausgeld (§ 38 u. Anm. 4 hiezu).

5. an den Rentenausschuß: Zur Verbescheidung; also nicht, wie die Anträge auf Leistungen der Invaliden- und Hinterbliebenenversicherung an das Versicherungsamt nur zur Instruktion und Übermittlung an den Vorstand der Versicherungsanstalt zu richten sind. Siehe aber auch § 238.

6. Rentenausschuß: §§ 122 ff. Nach § 123 Abs. 1 ist der Rentenausschuß, obwohl Organ der Versicherungsanstalt, bei der Regelung der Versicherungsleistungen an Weisungen der Versicherungsanstalt nicht gebunden, sondern vollkommen unabhängig.

7. Beweisstücke: Das sind hauptsächlich die Versicherungskarte, ärztliche Zeugnisse zum Nachweis der Berufsunfähigkeit, die Urkunden (§ 54) zum Beweise der nach §§ 51, 52 anrechnungsfähigen Tatsachen, endlich Geburts-, Heirats- und Sterbeurkunden.

Näheres hierüber s. in §§ 68—75 der Kais. Verordn. vom 14. Febr. 1913 über Geschäftsgang und Verfahren der Rentenausschüsse (im Anhang abgedruckt).

8. sollen beiliegen: Im Interesse der Geschäftsvereinfachung und Zeitersparnis. Die Unterlassung hat jedoch keinen Rechtsnachteil für die Antragsberechtigten im Gefolge.

Zu Abs. 2:

9. Organ der RVAnstalt: Direktorium, Verwaltungsrat, Vertrauensmänner (§§ 98 ff.).

10. inländischen Behörde: Dazu gehören besonders auch die Versicherungsbehörden (§ 35 RVO.), ferner die Vorstände der Landesversicherungsanstalten (§ 1343 RVO.), dagegen nicht die Vorstände der Krankenkassen und der Berufsgenossenschaften.

Ferner gehören dazu die Deutschen Gesandtschaften und Konsulate im Ausland.

Zu Abs. 3:

11. Minderjährig ist, wer das 21. Lebensjahr noch nicht vollendet hat (§ 2 des Bürgerl. Gesetzbuchs).

12. Antrag: Der Antrag auf Befreiung von der Beitragsleistung (§ 390) kann von Minderjährigen nicht selbständig gestellt oder verfolgt werden (AVN. 1914 S. 105), sondern nur durch den gesetzlichen Vertreter.

§ 230.

Zuständig ist der Rentenausschuß, in dessen Bezirk der Versicherte zur Zeit des Antrags wohnt oder beschäftigt ist.

Sind hiernach mehrere Rentenausschüsse zuständig, so gebührt dem der Vorzug, der zuerst angegangen wird.

Die §§ 230—232 einschl. sind vorerst gegenstandslos, da nur ein Rentenausschuß mit dem Sitze in Berlin errichtet ist (s. die Bem. zu § 126).

§ 231.

Hat der Versicherte keinen Wohn- oder Beschäftigungsort im Inland, oder ist er gestorben oder verschollen, so ist sein letzter inländischer Wohn- oder Beschäftigungsort maßgebend.

Ist ein solcher nicht vorhanden, so ist der Sitz des Unternehmens maßgebend, in dem der Versicherte beschäftigt ist oder zuletzt beschäftigt war.

§ 232.

Hält der Rentenausschuß einen anderen für zuständig, so gibt er die Sache an diesen weiter.

Hält sich auch dieser nicht für zuständig, so entscheidet der Vorsitzende des beiden Behörden über-

geordneten Schiedsgerichts oder, wenn ein solches nicht vorhanden ist, das Oberschiedsgericht.

Die Entscheidung ist endgültig und bindet die Instanzen.

2. Ausschluß und Ablehnung von Mitgliedern des Rentenausschusses.

§ 233.

Von der Mitwirkung bei der mündlichen Verhandlung ist ausgeschlossen,

1. wer in der Sache selbst Partei ist,
2. wer einer Partei ersatzpflichtig ist,
3. wer mit einer Partei verheiratet ist oder gewesen ist,
4. wer mit einer Partei in gerader Linie verwandt oder verschwägert oder in der Seitenlinie im zweiten oder dritten Grade verwandt oder im zweiten Grade verschwägert ist,
5. wer in der Sache als Bevollmächtigter oder Beistand einer Partei zugezogen oder als ihr gesetzlicher Vertreter aufzutreten berechtigt ist oder gewesen ist,
6. wer in der Sache als Zeuge oder Sachverständiger vernommen ist.

1. S. § 1641 RVO.

2. Die Bestimmung beruht auf der Erwägung, daß niemand in eigener Sache oder in einer Sache, an der er selbst beteiligt ist, Richter sein kann.

3. **ausgeschlossen:** Kraft Gesetzes; es bedarf nicht erst einer Ablehnung; siehe aber auch § 234. Wirkt ein ausgeschlossenes Mitglied des Rentenausschusses bei der Verhandlung gleichwohl mit, so liegt eine Gesetzesverletzung vor, welche die Aufhebung des ergangenen

Beschlusses durch die höheren Instanzen zur Folge hat (§§ 278 Abs. 1, 286 Ziff. 2); siehe auch §§ 297 Abs. 1 Ziff. 2, 310.

§ 234.

Die Mitglieder können sowohl aus Gründen, die ihren Ausschluß rechtfertigen, als wegen Befangenheit abgelehnt werden. Die Ablehnung wegen Befangenheit ist begründet, wenn Tatsachen vorliegen, die Mißtrauen gegen ihre Unparteilichkeit rechtfertigen können.

Kein Mitglied kann als befangen abgelehnt werden, wenn die Partei den Ablehnungsgrund schon vorher kennt, aber erst geltend macht, nachdem sie sich bei dem Rentenausschuß in eine Verhandlung eingelassen oder Anträge gestellt hat.

1. S. § 1643 RVO.

Zu Abs. 1:

2. aus Gründen, die ihren Ausschluß rechtfertigen: § 233. Wird also der Grund, der ein Mitglied des Rentenausschusses kraft Gesetzes ausschließt, von dem Rentenausschuß selbst nicht beachtet, so kann er auch von den Beteiligten, d. i. von dem Antragsteller und der Reichsversicherungsanstalt durch einen Ablehnungsantrag geltend gemacht werden.

3. Darüber, ob ein Mitglied aus einem gesetzlichen Grunde ausgeschlossen ist, sowie darüber, ob eine Tatsache vorliegt, die Mißtrauen gegen seine Unparteilichkeit rechtfertigen könnte, wird nach §§ 235—237 entschieden.

Zu Abs. 2:

4. kann . . . abgelehnt werden: Eine Einschränkung ergibt sich aus § 235 Abs. 2.

§ 235.

Der Ablehnungsgrund muß glaubhaft gemacht werden.

Lehnt die Partei ein Mitglied als befangen ab, nachdem sie sich in eine Verhandlung eingelassen oder Anträge gestellt hat, so muß sie glaubhaft machen, daß der Ablehnungsgrund erst später entstanden oder ihr bekannt geworden ist.

1. S. § 1645 RVO.

Zu Abs. 1:

2. glaubhaft gemacht werden: z. B. durch eidesstattliche Versicherung (anders § 44 Abs. 2 ZPO.), oder durch das Zeugnis des abgelehnten Mitgliedes selbst.

§ 236.

Wird der Vorsitzende oder der stellvertretende Vorsitzende abgelehnt, so entscheidet das Schiedsgericht endgültig.

Wird ein Versicherungsvertreter abgelehnt, so entscheidet der Vorsitzende. Erklärt er den Antrag für begründet, dann ist die Entscheidung endgültig. Lehnt er den Antrag ab, so kann die Entscheidung nur mit der Entscheidung in der Hauptsache angefochten werden. Die Entscheidung des Schiedsgerichts über die Ablehnung ist endgültig.

Einer Entscheidung bedarf es nicht, wenn der Abgelehnte das Ablehnungsgesuch für begründet hält

Vgl. §§ 1646, 1647 RVO.

§ 237.

Der § 236 gilt auch, wenn ein Mitglied des Rentenausschusses selbst eine Tatsache anzeigt, die seine Ablehnung rechtfertigen könnte, oder wenn Zweifel darüber entstehen, ob es aus einem gesetzlichen Grunde ausgeschlossen ist.

Vgl. § 1648 RVO.

3. Feststellung der Leistungen.

§ 238.

Anträge auf Einleitung eines Heilverfahrens (§ 36) gibt der Vorsitzende des Rentenausschusses nach Klarstellung des Sachverhalts an die Reichsversicherungsanstalt zur Entscheidung ab.

1. Anträge: Vgl. § 122 Ziff. 3. Das Heilverfahren kann aber auch von Amts wegen eingeleitet werden (vgl. Anm. 4 zu § 36).

2. nach Klarstellung des Sachverhalts: Es ist besonders festzustellen, ob der Versicherte dergestalt erkrankt ist, daß Berufsunfähigkeit droht, und ob das Leiden von der Art ist, daß ein Heilverfahren Aussicht auf Erfolg bietet. Dies wird in der Regel nur durch ärztliche Gutachten geschehen können.

Nach § 26 der Kais. Verordnung über Geschäftsgang und Verfahren der Rentenausschüsse, vom 14. Febr. 1913 (s. Anhang), gelten auch für dieses Verfahren die §§ 252, 241—249 des Gesetzes.

3. zur Entscheidung: Die RVAnstalt entscheidet nach freiem Ermessen. Diese Entscheidung ist endgültig, ein Rechtsmittel dagegen gibt es nicht.

§ 239.

Die übrigen Leistungen stellt der Rentenausschuß fest.

1. Die übrigen Leistungen: Das sind Ruhegeld (§§ 20, 21, 25—27), Hinterbliebenenrenten (§§ 20, 22, 28—35), Sachleistungen (§§ 44—46), Beitragserstattungen (§§ 60—62, 398), Leibrenten (§ 63), endlich Hausgeld (§ 38). Ferner gehört hieher die Entscheidung über Wegfall oder Entziehung der Leistungen (§§ 39, 40, 64—72) und das Ruhen der Rente (§§ 73—78), endlich auch der Vollzug der §§ 81—91 (vgl. § 269).

2. Wegen des Verfahrens s. neben den folgenden Para-

graphen des Gesetzes die §§ 68—86 der Kais. Verordnung über Geschäftsgang und Verfahren der Rentenausschüsse, vom 14. Febr. 1913 (im Anhang).

§ 240.

Der Vorsitzende des Rentenausschusses entscheidet allein ohne mündliche Verhandlung, wenn es sich handelt um Ruhegeld wegen Vollendung des gesetzlichen Alters, um Leibrente, um Hinterbliebenenrente, um Abfindung oder um Erstattung.

Die Verordnung (§ 123 Abs. 2) kann weitere Fälle bestimmen, in denen der Vorsitzende allein ohne mündliche Verhandlung entscheidet.

1. S. § 1624 RVO.; doch handelt es sich dort nur um die Vorbereitung, nicht um die Entscheidung der Sache. S. ferner § 1661 RVO.

2. entscheidet allein: Für die übrigen Fälle siehe § 251.

3. S. §§ 14, 15 der Kais. V. vom 14. Febr. 1913 (im Anhang).

§ 241.

Der Vorsitzende kann zur Vorbereitung der Entscheidung nach eigenem Ermessen Augenschein einnehmen, Zeugen und Sachverständige, insbesondere Berufsgenossen des Antragstellers, auch eidlich, vernehmen, Gutachten von Aerzten und amtliche Auskünfte jeder Art einholen.

Unterliegt die Beweisaufnahme vor dem Vorsitzenden des Rentenausschusses erheblichen Schwierigkeiten, insbesondere wegen großer Entfernung des Aufenthalts der zu vernehmenden Personen von dem Sitze des Rentenausschusses, so kann der Vorsitzende eines anderen Rentenausschusses oder, wenn die Beweisaufnahme vor dem Vorsitzenden eines anderen

Rentenausschusses gleichfalls Schwierigkeiten unterliegen würde, eine andere Behörde, bei eidlichen Vernehmungen das Amtsgericht, ersucht werden. Das Gleiche gilt bei Gefahr im Verzuge.

Bei der Einnahme des Augenscheins und der Vernehmung von Zeugen und Sachverständigen ist der Reichsversicherungsanstalt sowie dem Antragsteller Gelegenheit zur Teilnahme zu geben.

1. Vgl. § 1652 Abs. 2 RVO.

2. S. die §§ 26—36, 54—56 der Kais. V. vom 14. Febr. 1913 (im Anhang).

Zu Abs. 2:

3. eine andere Behörde: Vgl. § 322.

4. bei eidlichen Vernehmungen: S. § 243 Abs. 2.

Zu Abs. 3:

5. der Reichsversicherungsanstalt: Ebenso auch beteiligten Ersatzkassen (§ 382).

6. Gelegenheit zu geben: Daß der Antragsteller oder ein Vertreter der RVAnstalt wirklich anwesend sei, ist nicht erforderlich.

§ 242.

Verweigert der Unternehmer dem Vorsitzenden des Rentenausschusses die Einnahme des Augenscheins, so hält ihn die Ortspolizeibehörde auf Ersuchen des Vorsitzenden dazu an.

Die oberste Verwaltungsbehörde bestimmt, wie weit Abs. 1 für Betriebe gilt, die unter bergpolizeilicher Aufsicht stehen.

Soll im Dienstraum einer Behörde oder in einem Fahrzeuge der Kaiserlichen Marine Augenschein eingenommen werden, so ist die Genehmigung der zuständigen Dienst- oder Kommandobehörde einzuholen.

Zu Abs. 1 u. 3:

1. Vgl. die §§ 1652 Abs. 3, 1580 Abs. 2—4 RVO.

Zu Abs. 2:

2. Auf Grund des Abs. 2 sind die folgenden Bestimmungen erlassen worden:

a) Für Preußen:
Ziff. II des Min.-Erlasses vom 25. Jan. 1913, Handels-Min.-Bl. S. 83;

b) für Bayern:
§ 9 der Min.-Bekanntm. vom 8. Aug. 1912, Ges.- u. Verordn.-Bl. S. 701;

c) für das Königreich Sachsen:
§ 8 der Min.-Verordn. vom 30. Dez. 1912, Ges.- u. Verordn.-Bl. S. 565;

d) für Württemberg:
§ 5 der Min.-Verf. vom 26. Juni 1912, Reg.-Bl. S. 198;

e) für Baden:
§ 12 der Min.-Verordn. vom 5. Aug. 1912, Ges.- u. Verordn.-Bl. S. 339;

f) für Hessen:
§ 3 der Min.-Bekanntm. vom 4. Okt. 1912, Reg.-Bl. S. 489;

g) für das Großherzogtum Sachsen:
Ziff. II der Min.-Bekanntm. vom 17. Juli 1912, Reg.-Bl. S. 630;

h) für Sachsen-Altenburg:
Ziff. IV der Verordn. vom 24. Dez. 1912, Ges.-Samml. S. 374;

i) für Anhalt:
Nr. 2 der Verordn. vom 10. Febr. 1913, Ges.-Samml. S. 165;

k) für Schwarzburg-Sondershausen:
Nr. II der Verordn. vom 23. Juli 1912, Ges.-Samml. S. 571;

l) für Waldeck u. Pyrmont:
Nr. II der Bekanntm. des Landesdirektors vom 11. Febr. 1913, Reg.-Bl. S. 81;

m) für Elsaß-Lothringen:
Nr. 2 der Verordn. vom 30. März 1913, Zentr.- u. Bez.-A.-Bl. S. 185.

§ 243.

Die Vorschriften der Zivilprozeßordnung über die Pflicht, als Zeuge oder Sachverständiger zu erscheinen, sich vernehmen und vereidigen zu lassen, gelten entsprechend.

Zeugen und Sachverständige werden nur vereidigt, wenn dies notwendig ist, um eine wahre Aussage herbeizuführen. Die Aussage darf nicht deshalb verweigert werden, weil dieses Gesetz eine Schweigepflicht begründet. Ob die Aussage oder die Eidesleistung verweigert werden darf, entscheidet der Vorsitzende des Rentenausschusses. Gegen die Entscheidung ist binnen einer Woche Beschwerde an das Schiedsgericht zulässig; es entscheidet endgültig.

1. Vgl. die §§ 1652 Abs. 3, 1574 Abs. 1 RVO.

Zu Abs. 1:

2. Die Vorschriften der Zivilprozeßordnung: §§ 380 ff., 402 ff.

Zu Abs. 2:

3. werden nur vereidigt, wenn ...: Es besteht also überhaupt kein Zwang zur Beeidigung.

4. Schweigepflicht: Siehe §§ 349, 350. Eine auf rechtmäßiges Erfordern der Behörde gemachte Zeugenaussage ist also kein „unbefugtes Offenbaren" im Sinne dieser Paragraphen.

Die etwa durch andere gesetzliche Bestimmungen, wie §§ 141, 142, 882 (1030, 1216) RVO. begründete Schweigepflicht bleibt unberührt.

5. binnen einer Woche: Ausnahme von § 328.

§ 244.

Gegen Zeugen oder Sachverständige, die
sich nicht einfinden,
ihre Aussage oder die Eidesleistung ohne Angabe eines Grundes, oder, nachdem der vor-

geschützte Grund rechtskräftig für unerheblich erklärt ist, verweigern,

kann nur eine Geldstrafe bis zu dreihundert Mark verhängt werden.

Die Strafe verhängt der Vorsitzende des Rentenausschusses. Auf Beschwerde entscheidet das Schiedsgericht endgültig.

1. Vgl. die §§ 1652 Abs. 3, 1577 RVO.

Zu Abs. 1:

2. nur eine Geldstrafe: Also keine Haftstrafe oder zwangsweise Vorführung (§§ 380, 390; 409 ZPO.). Auch § 311 dieses Gesetzes ist gegen Zeugen oder Sachverständige nicht anwendbar.

3. Die Strafen fließen gem. § 359 in die Kasse der RVAnstalt.

Zu Abs. 2:

4. Beschwerde: S. die §§ 328—330.

§ 245.

Militärpersonen, die dem aktiven Heere, der aktiven Marine oder einer der Schutztruppen angehören, werden als Zeugen oder Sachverständige auf Ersuchen von der Militärbehörde geladen.

Verweigern sie das Zeugnis oder den Eid, so verhängt auf Ersuchen das Militärgericht die Geldstrafe

1. Vgl. die §§ 1652 Abs. 3, 1578 RVO.

2. Militärpersonen, die ... angehören: S. § 38 des Reichsmilitärgesetzes vom 2. Mai 1874 (RGBl. S. 45).

§ 246.

Die Zeugen und Sachverständigen erhalten Gebühren wie bei Vernehmungen vor dem ordentlichen Gericht in bürgerlichen Rechtsstreitigkeiten.

Auf Beschwerde gegen die Festsetzung der Gebühren entscheidet das Schiedsgericht endgültig.

1. Vgl. die §§ 1652 Abs. 3, 1579 RVO.

2. Gebühren: S. die Gebührenordnung für Zeugen und Sachverständige vom 20. Mai 1898 (RGBl. S. 689).

§ 247.

Die Vorschriften des § 243 Abs. 2, § 244 gelten auch für das Verfahren vor dem ersuchten Amtsgerichte. Im übrigen finden auf dieses Verfahren die Vorschriften der Zivilprozeßordnung entsprechende Anwendung.

1. Vgl. die §§ 1652 Abs. 3, 1574 Abs. 1 RVO.

2. Zufolge § 247 kann also auch von dem ersuchten Richter Haft und zwangsweise Vorführung nicht verhängt werden.

§ 248.

Dem Antragsteller ist der Inhalt und auf Verlangen eine Abschrift der Beweisverhandlungen, der Reichsversicherungsanstalt sind die gesamten Vorgänge mitzuteilen.

Der Vorsitzende entscheidet, wieweit dem Antragsteller ärztliche Zeugnisse und Gutachten mitzuteilen sind.

1. Vgl. § 1653 RVO.

2. eine Abschrift . . . mitzuteilen: Kosten erwachsen dem Antragsteller dadurch nicht.

Zu Abs. 2:

3. wie weit . . . mitzuteilen sind: Die ärztlichen Zeugnisse und Gutachten enthalten manchmal Ausführungen, z. B. über den nahen Tod des Betreffenden, die ihm besser nicht mitgeteilt werden.

§ 249.

Hängt der Anspruch von einem familienrechtlichen oder erbrechtlichen Verhältnis ab, so kann der Vorsitzende den Beteiligten aufgeben, das Verhältnis im ordentlichen Rechtsweg feststellen zu lassen.

Er bestimmt zugleich, bis wann die Klage zu erheben ist; die Frist kann auf Antrag verlängert werden.

1. Vgl. § 1654 RVO.

2. kann der Vorsitzende ... aufgeben: Nach freiem Ermessen; zunächst hat er die betr. Fragen selbst zu prüfen.

§ 250.

Der Bescheid ist mit Gründen zu versehen und von dem Vorsitzenden zu unterschreiben. Eine Ausfertigung des Bescheids ist der Reichsversicherungsanstalt und dem Antragsteller zuzustellen. Der Bescheid muß den Vermerk enthalten, daß er rechtskräftig wird, wenn der Berechtigte nicht binnen einem Monat nach der Zustellung Berufung bei dem Schiedsgericht einlegt. Für Seeleute, die sich außerhalb Europas aufhalten, gilt § 328 Abs. 2.

Wird Ruhegeld oder Rente gewährt, so ist in dem Bescheide Höhe, Beginn sowie Art der Berechnung der Bezüge anzugeben.

1. Vgl. § 1631 RVO.

Zu Abs. 1:

2. Der Bescheid: Es handelt sich zunächst nur um die Bescheide, die der Vorsitzende allein erläßt (§ 240); doch gilt die Vorschrift zufolge § 262 Abs. 2 auch für die Bescheide des Rentenausschusses (§ 251).

3. mit Gründen zu versehen: Dies ist eine wesentliche gesetzliche Förmlichkeit, deren Mangel den Bescheid ungültig machen würde.

4. zu unterschreiben — zuzustellen: S. die §§ 43 mit 11 der Kais. V. vom 14. Febr. 1913 (im Anhang), ferner §§ 335, 336 des Gesetzes.

5. muß den Vermerk enthalten: Auch dies ist eine wesentliche gesetzliche Förmlichkeit, deren Nichtbeachtung ebenfalls die Ungültigkeit des Bescheides zur Folge hat.

6. rechtskräftig: D. h. daß er mit keinem weiteren Rechtsmittel mehr angefochten werden kann (auch nicht durch Wiederaufnahme des Verfahrens, §§ 297 ff.), sondern nur eventuell im Wege der neuen Sachprüfung (§ 310).

7. einem Monat: über die Berechnung der Frist siehe §§ 324, 325, 327.

8. nach der Zustellung: Der Zustellungstag wird nicht eingerechnet.

§ 251.

Mit Ausnahme der Fälle des § 240 ergeht die Entscheidung nach mündlicher Verhandlung; zu dieser ist je ein Versicherungsvertreter der Arbeitgeber und der versicherten Angestellten als Beisitzer zuzuziehen.

1. Vgl. § 1618 RVO.

2. Versicherungsvertreter: S. § 131, besonders Abs. 3.

3. S. die §§ 46—67 der Kais. V. vom 14. Febr. 1913.

§ 252.

Der Vorsitzende bereitet die Sache vor und kann vor der mündlichen Verhandlung Beweis erheben. Die Vorschriften der §§ 241 bis 249 gelten entsprechend.

1. Vgl. §§ 1619, 1652 RVO.

2. bereitet vor: In gleicher Weise wie in den Fällen wo er allein entscheidet (§§ 240; 241—249).

3. kann: Nach seinem Ermessen. Der Rentenausschuß ist in der Verhandlung an diese Beweiserhebungen nicht gebunden (§ 259).

4. S. auch §§ 26, 27 der Kais. V. vom 14. Febr. 1913.

§ 253.

Der Vorsitzende bestimmt die Verhandlungszeit und teilt sie der Reichsversicherungsanstalt und dem Antragsteller mit.

Der Vorsitzende kann für die mündliche Verhandlung Zeugen und Sachverständige laden und anderes anordnen, besonders auch das persönliche Erscheinen des Antragstellers.

1. Vgl. § 1655 RVO.

2. S. die §§ 47—50 der Kais. V. vom 14. Febr. 1913.

Zu Abs. 2:

3. das persönliche Erscheinen des Antragstellers: Auf Verlangen werden dem Antragsteller dafür bare Auslagen und Zeitverlust vergütet, was ihm in der Ladung zu eröffnen ist. Leistet er der Anordnung keine Folge, so können aus seinem Nichterscheinen ungünstige Schlüsse für seinen Anspruch gezogen werden, wenn er in der Ladung darauf hingewiesen worden ist (§ 28 der Kais. Verordn. vom 14. Febr. 1913). Auch können ihm gemäß § 311 Kosten auferlegt werden.

§ 254.

Der Vorsitzende bestimmt die Reihenfolge, in der die Versicherungsvertreter zu den Verhandlungen zuzuziehen sind. Der Reichskanzler kann hierüber allgemeine Bestimmungen treffen.

Vgl. §§ 1656, 1603 RVO.

§ 255.

Die mündliche Verhandlung ist öffentlich.

Die Oeffentlichkeit kann aus Gründen des öffentlichen Wohles oder der Sittlichkeit ausgeschlossen werden; der Beschluß ist öffentlich zu verkünden.

1. Vgl. § 1660 RVO.

Zu Abs. 1:

2. öffentlich: Die Verletzung dieses Grundsatzes bildet einen wesentlichen Mangel des Verfahrens und macht Verhandlung und Entscheidung ungültig.

Zu Abs. 2:

3. öffentlich zu verkünden: Das gleiche gilt auch von der auf Grund der nichtöffentlichen Verhandlung ergehenden Entscheidung (§ 262); s. auch § 59 der Kais. Verordn. vom 14. Febr. 1913.

§ 256.

Die Reichsversicherungsanstalt ist berechtigt, einen Vertreter zu der mündlichen Verhandlung zu entsenden.

Der Antragsteller kann selbst erscheinen oder sich vertreten lassen.

Der Vertreter der Reichsversicherungsanstalt sowie der Antragsteller oder sein Vertreter sind zu hören.

1. Vgl. § 1662 RVO.

2. Grundsatz des gleichen rechtlichen Gehörs für beide Parteien.

Seine Verletzung würde einen wesentlichen Mangel des Verfahrens bilden.

3. Die Prozeßfähigkeit des Antragstellers (d. h. seine Fähigkeit, sich durch Verträge zu verpflichten, § 52 ZPO.) ist von Amts wegen zu prüfen; Minderjährige über 16 Jahre können sich selbst vertreten (§ 229 Abs. 3).

Auch die Vollmacht eines Vertreters wird von Amts wegen geprüft; sie muß schriftlich erteilt werden (§§ 17—21 der Kais. V. vom 14. Febr. 1913).

§ 257.

Der Rentenausschuß kann Bevollmächtigte und Beistände zurückweisen, die das Verhandeln vor Behörden geschäftsmäßig gegen Entgelt betreiben.

Dies gilt nicht für Rechtsanwälte und solche Personen, denen das Verhandeln vor Gericht gestattet ist (§ 157 der Zivilprozeßordnung).

1. Vgl. § 1663 RVO.

2. Zulässigkeit der Zurückweisung von Winkeladvokaten. Die Zurückweisung geschieht durch Beschluß des Rentenausschusses; der Beschluß ist nicht anfechtbar.

Wem gemäß § 35 Abs. 3 der Reichsgewerbeordnung die gewerbsmäßige Besorgung fremder Rechtsangelegenheiten untersagt ist, der muß zurückgewiesen werden.

Geschäftsführer oder Beamte von Angestelltenverbänden, Parteisekretäre u. dergl. werden in der Regel nicht unter § 257 Abs. 1 fallen.

3. S. § 52 der Kais. V. vom 14. Febr. 1913.

§ 258.

Die Vorschriften des Gerichtsverfassungsgesetzes über die Aufrechterhaltung der Ordnung in der Sitzung (§§ 176 bis 182, 184) gelten entsprechend.

Ueber Beschwerden gegen Ordnungsstrafen entscheidet das Schiedsgericht endgültig.

1. Vgl. § 1664 RVO.

2. Die angeführten Bestimmungen des Gerichtsverfassungsgesetzes lauten:

§ 176.

Der Zutritt zu öffentlichen Verhandlungen kann unerwachsenen und solchen Personen versagt werden, welche sich nicht im Besitze der bürgerlichen Ehrenrechte befinden, oder welche in einer der Würde des Gerichts nicht entsprechenden Weise erscheinen.

Zu nicht öffentlichen Verhandlungen kann der Zutritt einzelnen Personen vom Gerichte gestattet werden. Einer Anhörung der Beteiligten bedarf es nicht.

Die Ausschließung der Öffentlichkeit steht der Anwesenheit der die Dienstaufsicht führenden Beamten der Justizverwaltung bei den Verhandlungen vor dem erkennenden Gerichte nicht entgegen.

§ 177.

Die Aufrechthaltung der Ordnung in der Sitzung liegt dem Vorsitzenden ob.

§ 178.

Parteien, Beschuldigte, Zeugen, Sachverständige oder bei der Verhandlung nicht beteiligte Personen, welche den zur Aufrechterhaltung der Ordnung erlassenen Befehlen nicht gehorchen, können auf Beschluß des Gerichts aus dem Sitzungszimmer entfernt, auch zur Haft abgeführt und während einer in dem Beschlusse zu bestimmenden Zeit, welche 24 Stunden nicht übersteigen darf, festgehalten werden.

§ 179.

Das Gericht kann gegen Parteien, Beschuldigte, Zeugen, Sachverständige, oder bei der Verhandlung nicht beteiligte Personen, welche sich in der Sitzung einer Ungebühr schuldig machen, vorbehaltlich der strafgerichtlichen Verfolgung, eine Ordnungsstrafe bis zu einhundert Mark oder bis zu drei Tagen Haft festsetzen und sofort vollstrecken lassen.

§ 180.

Das Gericht kann gegen einen bei der Verhandlung beteiligten Rechtsanwalt oder Verteidiger, der sich in der Sitzung einer Ungebühr schuldig macht, vorbehaltlich der strafgerichtlichen oder disziplinären Verfolgung, eine Ordnungsstrafe bis zu einhundert Mark festsetzen.

§ 181.

Die Vollstreckung der vorstehend bezeichneten Ordnungsstrafen hat der Vorsitzende unmittelbar zu veranlassen.

§ 182.

Die in den §§ 177 bis 181 bezeichneten Befugnisse stehen auch einem einzelnen Richter bei der Vornahme von Amtshandlungen außerhalb der Sitzung zu.

§ 184.

Ist eine Ordnungsstrafe wegen Ungebühr festgesetzt, oder eine Person zur Haft abgeführt, oder eine bei der Verhandlung beteiligte Person entfernt worden, so ist der Beschluß des Gerichts und dessen Veranlassung in das Protokoll aufzunehmen.

3. S. § 51 der Kais. Verordn. vom 14. Febr. 1913.

Zu Abs. 2:

4. Beschwerden: Wegen der Frist s. § 328.

§ 259.

Hält der Rentenausschuß die Sache nicht für genügend aufgeklärt, so beschließt er den erforderlichen Beweis. Die Ausführung des Beschlusses kann er dem Vorsitzenden übertragen.

Für die Beweisaufnahme gelten §§ 243 bis 248, für die nachträgliche Anordnung, ein Rechtsverhältnis im ordentlichen Rechtsweg feststellen zu lassen, gilt § 249 entsprechend.

1. Vgl. § 1665 RVO.
2. S. § 53 Abs. 5 der Kais. V. vom 14. Febr. 1913.

§ 260.

Der Rentenausschuß entscheidet nach Stimmenmehrheit.

Bildet sich bei der Abstimmung über die Höhe von Beträgen keine Mehrheit, so werden die für den größeren Betrag abgegebenen Stimmen den für den zunächst geringeren abgegebenen solange hinzugerechnet, bis sich eine Mehrheit ergibt.

1. Vgl. § 1667 RVO.

2. entscheidet: Die der Entscheidung zugrunde liegende Beratung und Abstimmung ist nicht öffentlich; s. § 58 der Kais. Verordn. vom 14. Febr. 1913.

§ 261.

Ist der Antragsteller auf Anordnung des Vorsitzenden in der mündlichen Verhandlung erschienen, so werden ihm auf Verlangen bare Auslagen und Zeitverlust vergütet; sie können vergütet werden, wenn er ohne Anordnung erscheint und der Rentenausschuß das Erscheinen für erforderlich hält.

Auf Beschwerde gegen die Verfügung, welche die Vergütung festsetzt oder ablehnt, entscheidet das Schiedsgericht endgültig.

War der Antragsteller ohne Anordnung erschienen, so gilt die Vergütung als abgelehnt, wenn der Rentenausschuß nicht ausdrücklich feststellt, daß das Erscheinen erforderlich war. In diesem Falle findet Beschwerde nicht statt.

1. Vgl. § 1669 RVO.

2. auf Anordnung des Vorsitzenden: S. § 253 Abs. 2.

3. so werden ihm auf Verlangen ... vergütet: Also nicht von Amts wegen. Verlangt aber der Antragsteller die Vergütung, so muß sie in diesem Falle (Erscheinen auf Anordnung des Vorsitzenden) stets gewährt werden, da der Antragsteller hier einen Rechtsanspruch darauf hat, und zwar auch dann, wenn in der Sache selbst der Bescheid des Rentenausschusses zu seinen Ungunsten lautet.

4. sie können vergütet werden: In diesem Fall Ermessenssache.

Zu Abs. 2:

5. Beschwerde: Wegen der Frist s. § 328.

§ 262.

Die Entscheidung wird öffentlich verkündet, auch wenn die Oeffentlichkeit der Verhandlung ausgeschlossen war.

Im übrigen gilt für den Bescheid § 250.

1. Vgl. § 1671 Abs. 1 RVO.

2. S. § 255 Abs. 2.

3. Entscheidung: D. i. nur die Entscheidungsformel, nicht die Gründe; vgl. § 59 der Kais. Verordn. vom 14. Febr. 1913.

4. verkündet: S. auch § 60 der Kais. Verordn. vom 14. Febr. 1913.
Die Entscheidung wird den Parteien auch in Ausfertigung zugestellt (§ 335 Abs. 1); hiernach richtet sich der Lauf der Berufungsfrist (§§ 270, 328).

§ 263.

Ueber die mündliche Verhandlung wird eine Niederschrift aufgenommen.

1. Vgl. § 1672 RVO.

2. S. die §§ 54—56 der Kais. V. vom 14. Febr. 1913.

§ 264.

Schreib- und Rechenfehler und ähnliche offenbare Unrichtigkeiten, die im Bescheide vorkommen, sind jederzeit auf Antrag oder von Amts wegen zu berichtigen.

Der Vorsitzende entscheidet ohne mündliche Verhandlung, ob zu berichtigen ist.

Berichtigt er, so wird die Berichtigung auf der Urschrift des Bescheids und den Ausfertigungen vermerkt. Ueber die Verfügung kann sich der Beteiligte bei dem Schiedsgerichte beschweren; das Schiedsgericht entscheidet endgültig.

Die Verfügung, die eine Berichtigung ablehnt, ist unanfechtbar.

1. Vgl. § 1673 RVO.

Zu Abs. 1:

2. offenbare Unrichtigkeiten: Es kommen nur Unrichtigkeiten der Form oder des Ausdrucks in Betracht. Sachliche Änderungen des Bescheids sind ausgeschlossen; solche können nur entweder durch Einlegung von Berufung und Revision (§§ 270, 281) oder auf dem durch die §§ 79, 310 zugelassenen Wege herbeigeführt werden.

Zu Abs. 3:

3. Beschwerden: S. § 328. Beschwerde wird hauptsächlich dann einzulegen sein, wenn der Beschwerdeführer glaubt, daß die Berichtigung eine unzulässige sachliche Änderung des Bescheids enthalte.

§ 265.

Hat der Bescheid einen von einer Partei erhobenen Haupt- oder Nebenanspruch ganz oder teilweise übergangen, so wird er auf Antrag nachträglich ergänzt.

Ueber den Antrag kann, auch wenn der Fall des § 240 nicht vorliegt, ohne mündliche Verhandlung entschieden werden, wenn es sich um einen Nebenanspruch handelt.

Die ergänzende Entscheidung wird auf der Urschrift des Bescheids und den Ausfertigungen vermerkt.

1. Vgl. § 1674 RVO.

Zu Abs. 1:

2. auf Antrag: Also nicht von Amts wegen. Der Antrag ist an keine Frist gebunden.

Zu Abs. 3:

3. ergänzende Entscheidung: Diese ist selbständig anfechtbar (§§ 270, 281; s. aber auch § 282).

§ 266.

Ist ein Antrag auf Ruhegeld endgültig abgelehnt worden, weil Berufsunfähigkeit nicht nachweisbar war, so kann er erst ein Jahr, nachdem der Bescheid zugestellt worden ist, vorher aber nur dann wiederholt werden, wenn glaubhaft bescheinigt wird, daß inzwischen Umstände eingetreten sind, die den Nachweis liefern.

Wird diese Bescheinigung nicht beigebracht, so weist der Vorsitzende des Rentenausschusses den vorzeitig wiederholten Antrag zurück. Der Bescheid ist nicht anfechtbar.

1. Vgl. § 1635 RVO.

Zu Abs. 1:

2. endgültig abgelehnt: Durch rechtskräftig gewordenen Bescheid des Rentenausschusses oder durch Urteile der höheren Instanzen (§§ 270, 281).

3. erst ein Jahr, nachdem: Die Vorschrift soll verhüten, daß abgewiesene Anträge allzu häufig wiederholt werden.

4. wenn glaubhaft bescheinigt wird: Diese Bescheinigung kann durch jedes ärztliche Zeugnis (nicht nur das Zeugnis eines Amtsarztes), Bestätigung des Arbeitgebers u. dergl. erbracht werden.

Der Rentenausschuß muß sich also mit einem bereits abgelehnten, aber wiederholten Antrag befassen

entweder schon vor Ablauf eines Jahres nach Zustellung des Bescheids, wenn die in § 266 Abs. 1 verlangte glaubhafte Bescheinigung erbracht (und für genügend befunden) wird,

oder nach Ablauf eines Jahres unter allen Umständen; die nötigen Beweise werden in diesem Falle von Amts wegen erhoben.

5. Die §§ 79, 310 werden durch § 266 nicht berührt.

§ 267.

Der Antrag, Ruhegeld oder Hinterbliebenenrenten festzustellen, kann nicht deshalb abgelehnt werden, weil Berufsunfähigkeit oder Tod Folge eines nach der reichsgesetzlichen Arbeiterversicherung entschädigungspflichtigen Unfalls sind. Ruhegeld und Renten sind voll zu zahlen, bis die Unfallrente gewährt wird.

1. Die Bestimmung entspricht dem § 1522 RVO.

2. S. die §§ 73, 74 dieses Gesetzes, wonach Ruhegeld und Hinterbliebenenrenten, wenn sie mit Renten der reichsgesetzlichen Arbeiterversicherung zusammentreffen, in gewissen Beträgen ruhen, also nicht gänzlich wegfallen. Darin liegt der Grund für die Vorschrift des § 267.

Die nach diesem Gesetz Versicherten und ihre Hinterbliebenen haben daher auch in allen Fällen, in denen Ruhegeld und Hinterbliebenenrenten gem. §§ 73, 74 ruhen, einen Anspruch darauf, daß diese Bezüge vom Rentenausschuß festgestellt werden.

Verzögert sich die Feststellung der dem Versicherten zustehenden Unfallrente, so soll er wenigstens zunächst das Ruhegeld der Angestelltenversicherung erhalten.

3. Der Antrag, ein Ruhegeld festzusetzen, kann auch nicht deshalb abgelehnt werden, weil neben der Berufsfähigkeit auch Invalidität im Sinne der RVO. (§ 1255) besteht.

§ 268.

Die Reichsversicherungsanstalt kann die Feststellung der Unfallrente betreiben, auch Rechtsmittel einlegen. Der Ablauf von Fristen, die ohne ihr Verschulden verstrichen sind, wirkt nicht gegen sie; dies gilt nicht für Verfahrensfristen, soweit sie das Verfahren selbst betreibt.

Die Reichsversicherungsanstalt kann die Befugnis dem Vorsitzenden des Rentenausschusses übertragen.

1. Vgl. die §§ 1509, 1523 RVO.

Zu Abs. 1:

2. kann ... betreiben: Macht die RVAnstalt von dem ihr in § 268 eingeräumten Rechte Gebrauch, so besteht zwischen ihr und dem Versicherten gegenüber dem Träger der Unfallversicherung eine sog. notwendige Streitgenossenschaft im Sinne des § 62 ZPO. (hierüber vgl. für das Recht der Arbeiterversicherung Düttmann, Komm. zur RVO., Bd. 1 S. 260, 284; Hanow-Lehmann, Komm. zur RVO., Bd. 5 S. 28 und die dort angeführten Entscheidungen des RVAmts).

Diese Art von Streitgenossenschaft bewirkt namentlich, daß, soweit nur eine Partei tätig wird, auch der anderen gegenüber die Folgen von Termins- oder Fristversäumnissen nicht eintreten können. Dies ist wichtig für die rechtliche Stellung des Versicherten, wenn nur die RVAnstalt die Feststellung der Unfallrente betreibt.

3. Fristen: Das sind Fristen aller Art, nicht nur Verfahrensfristen, sondern z. B. auch die Ausschlußfristen der §§ 1546—1548 RVO. Hinsichtlich der Verfahrensfristen macht jedoch das Gesetz die Einschränkung, daß ihr Ablauf nur insoweit nicht gegen die RVAnstalt wirkt, als sie selbst in das Verfahren noch nicht eingetreten ist.

§ 269.

Die Vorschriften über die Feststellung der Leistungen gelten entsprechend, wenn Ruhegeld oder Witwerrente entzogen (§§ 68, 69) oder Hausgeld oder Rente wegen Ruhens oder aus sonstigen Gründen eingestellt (§§ 38 bis 40, 72, 73 bis 78) oder gekürzt (§ 95) werden sollen.

Für die Zuständigkeit des Rentenausschusses gelten §§ 230 bis 232 entsprechend.

Eine mündliche Verhandlung findet nicht statt, wenn es sich um das Ruhen (§§ 73 bis 78), die

Einstellung (§§ 38 bis 40, 72) und die Kürzung (§ 95) handelt.

1. Vgl. § 1626 RVO.

2. Vorschriften über die Feststellung: §§ 238 bis 268; dazu gehört sohin auch § 266. Diese Bestimmung bietet hier dem Versicherten einen Schutz gegen zu häufige Versuche, ihm Ruhegeld oder Rente zu entziehen.

II. Verfahren vor dem Schiedsgericht.

Vorbemerkung: Das Gesetz regelt in den folgenden Ziff. II—VI des sechsten Abschnitts nur das sog. Spruchverfahren (vgl. §§ 1636—1734, 1745 RVO.), und auch dieses nur in den Grundzügen; weitere Vorschriften darüber (vgl. § 156 Abs. 2) enthalten die beiden Kais. Verordnungen vom 21. Juni 1913 (RGBl. S. 329, 341) „über Geschäftsgang und Verfahren der Schiedsgerichte für Angestelltenversicherung" und „über Geschäftsgang und Verfahren des Oberschiedsgerichts für Angestelltenversicherung".

Über das sog. Beschlußverfahren (vgl. §§ 1780 bis 1801 RVO.) enthält das Gesetz selbst keine Vorschriften. Dieses Verfahren ist geregelt in den §§ 44—56 der Kais. Verordnung über Geschäftsgang und Verfahren der Schiedsgerichte und in §§ 37—59 der Kais. Verordnung über Geschäftsgang und Verfahren des Oberschiedsgerichts.

§ 270.

Gegen die Bescheide des Rentenausschusses oder seines Vorsitzenden ist das Rechtsmittel der Berufung an das Schiedsgericht zulässig.

1. Vgl. § 1675 RVO.

2. Bescheide: S. § 250. In Betracht kommt hier nur der entscheidende Teil (die Formel) des Bescheids; gegen die Entscheidungsgründe ist im allgemeinen kein Rechtsmittel zulässig (vgl. jedoch AN. 07 S. 550 Nr. 1330).

3. oder seines Vorsitzenden: S. § 240.

4. Berufung: Die Einlegung dieses Rechtsmittels bewirkt, daß die Sache von der höheren Instanz in tatsächlicher und rechtlicher Hinsicht neu zu prüfen ist, und zwar, wenn sich der Berufungskläger nicht auf bestimmte Anträge beschränkt hat, nach allen Richtungen.

Die Berufung ist an keine bestimmte Form gebunden: zur rechtswirksamen Einlegung genügt jede Erklärung, aus der hervorgeht, daß der Antragsteller mit der ergangenen Entscheidung unzufrieden ist und ihre Abänderung anstrebt. S. ferner die §§ 9—11 der Kais. V. über Geschäftsgang usw. der Schiedsgerichte.

Die strengen Vorschriften des Zivilprozeßrechts über Erweiterung der Anträge (§ 529 Abs. 2 ZPO.) und Änderung des Klagegrundes (§§ 264, 527 ZPO.) sind hier nicht anwendbar.

Wegen der aufschiebenden Wirkung der Berufung s. § 277.

5. an das Schiedsgericht: §§ 156, 157—161.

6. zulässig: Nur innerhalb der gesetzlichen Frist (§ 328). Wegen Wahrung der Frist durch Einlegung der Berufung bei einer unzuständigen Stelle s. § 329, wegen Wiedereinsetzung in den vorigen Stand gegen Versäumung der Berufungsfrist s. § 331.

7. Das Rechtsmittel steht zu: dem Versicherten, anderen Berechtigten (so besonders Hinterbliebenen; s. ferner die §§ 82, 87), dann aber auch der RVAnstalt und beteiligten Ersatzkassen.

Eine Anschlußberufung, wenn die Gegenpartei das Rechtsmittel eingelegt hat und die Berufung für den Berufungsbeklagten nicht mehr zulässig wäre (§ 521 ZPO.), gibt es hier nicht.

8. Auf das Berufungsrecht kann (durch Erklärung gegenüber der Gegenpartei oder dem Schiedsgericht) verzichtet, ebenso kann die bereits eingelegte Berufung (durch Erklärung gegenüber dem Schiedsgericht) zurückgenommen werden.

§ 271.

Ist die Berufung verspätet oder unzulässig, so kann sie der Vorsitzende ohne mündliche Verhandlung zurückweisen.

Der Antragsteller kann binnen einer Woche nach Zustellung der Verfügung die Entscheidung des Schiedsgerichts anrufen. Die Verfügung muß darauf hinweisen.

1. Vgl. §§ 1679 Abs. 1, 1657 RVO. (eine dem § 271 unmittelbar entsprechende Vorschrift kennt die RVO. nicht).

Zu Abs. 1:

2. verspätet: Wegen Versäumung der gesetzlichen Frist (§§ 250, 328, 329). S. auch Anm. 6 Satz 2 zu § 270.

3. unzulässig: Siehe z. B. §§ 264, 266. Daß die Berufung sofort nach der Verkündung und noch vor der Zustellung des Bescheides des Rentenausschusses eingelegt wird, macht sie nicht unzulässig.

4. kann . . . zurückweisen: Das ist Ermessenssache. Der Vorsitzende wird die Sache namentlich dann zur Verhandlung bringen, wenn Zweifel bestehen, ob die Berufung wirklich verspätet oder unzulässig ist.

Zu Abs. 2:

5. Antragsteller: D. i. der Berufungskläger.

6. Entscheidung des Schiedsgerichts: Diese geschieht durch Urteil, das (mit den Einschränkungen des § 282) durch Revision angefochten werden kann.

§ 272.

Ueber die Berufung entscheidet das Schiedsgericht für den Bezirk desjenigen Rentenausschusses, welcher den angefochtenen Bescheid erteilt hat. Das Entsprechende gilt für den Bescheid des Vorsitzenden des Rentenausschusses.

1. Vgl. §§ 1676—1678 RVO.

2. § 272 ist vorläufig gegenstandslos, da nur ein Schiedsgericht errichtet ist (s. Anm. zu § 158).

§ 273.

Die Entscheidung ergeht auf Grund mündlicher Verhandlung; zu dieser sind außer dem Vorsitzenden oder dessen Stellvertreter je zwei Versicherungsvertreter der Arbeitgeber und der versicherten Angestellten zuzuziehen.

1. Vgl. §§ 1679 Abs. 1, 1660 Abs. 2, 77 Abs. 2 RVO.

2. Entscheidung: D. h. die Entscheidung über die Berufung (§ 272); s. auch die Vorbemerkung vor § 270.

Das Schiedsgericht entscheidet innerhalb der erhobenen Ansprüche nach freiem Ermessen; s. § 30 der Kais. Verordnung über Geschäftsgang usw. der Schiedsgerichte.

3. mündlicher Verhandlung: In allen Fällen, auch in denen des §§ 271 Abs. 2, ferner auch dann, wenn in der Vorinstanz der Vorsitzende des Rentenausschusses allein entschieden hatte (§ 240). Die mündliche Verhandlung ist öffentlich; s. §§ 274 mit 255. Wegen Ausschlusses der Öffentlichkeit s. § 23 der Kais. V. über Geschäftsgang usw. der Schiedsgerichte.

S. ferner auch die §§ 19—28 der erwähnten Kais. Verordnung.

4. Versicherungsvertreter: über deren Wahl s. §§ 143, 160 ff.

5. zuzuziehen: Vgl. § 275, auch § 276.

§ 274.

Für das Verfahren über die Berufung gelten die Vorschriften über das Verfahren vor dem Rentenausschuß entsprechend, soweit nicht die folgenden Paragraphen etwas anderes vorschreiben.

1. Vgl. § 1679 Abs. 1 RVO.

2. Verfahren vor dem Rentenausschuß: In Betracht kommen die §§ 233—237; 250; 252 mit 241 bis 249; 253; 255—269.

3. Ferner gelten auf Grund von § 156 Abs. 2 die Bestimmungen der Kais. Verordn. über Geschäftsgang usw. der Schiedsgerichte; vgl. hier besonders §§ 9—43 dieser Verordnung.

4. etwas anderes vorschreiben: §§ 275, 276.

§ 275.

Die Beisitzer werden zu den Verhandlungen nach einer im voraus aufgestellten Reihenfolge zugezogen. Das Nähere bestimmt der Reichskanzler.

Will der Vorsitzende von der Reihenfolge aus besonderen Gründen abweichen, so hat er sie in den Akten zu vermerken.

1. Vgl. § 1684 RVO.

2. bestimmt der Reichskanzler: Bekanntm. vom 26. Mai 1913, Zentr.-Bl. f. d. Deutsche Reich S. 531.

§ 276.

Das Schiedsgericht ist nicht deshalb beschlußunfähig, weil außer dem Vorsitzenden nur je ein Beisitzer aus den Arbeitgebern und Versicherten erschienen ist.

Sind drei Beisitzer erschienen, so scheidet aus der doppelt besetzten Gruppe der dem Lebensalter nach jüngere aus.

1. Die RVO. kennt keine entsprechende Vorschrift.

2. nur ... erschienen ist: Trotz richtiger Ladung!

3. scheidet ... aus: Um die Gleichheit herzustellen.

§ 277.

Die Berufung bewirkt Aufschub, wenn
1. sie von der Versicherungsanstalt eingelegt wird, soweit es sich um Beträge handelt, die für die Zeit vor Erlaß des angefochtenen Bescheides nachgezahlt werden sollen,
2. es sich um Ersatz- und Erstattungsansprüche handelt.

1. Vgl. § 1682 RVO.

2. § 277 enthält eine Ausnahme von der Regel des § 330.

3. bewirkt Aufschub: D. h. es wird der Vollzug der angefochtenen Entscheidung gehemmt.

4. nachgezahlt werden sollen: Vgl. § 23.

5. Ersatz- und Erstattungsansprüche: §§ 82 ff., 60, 62, 209, 398.

§ 278.

Hebt das Schiedsgericht den angefochtenen Bescheid auf, weil das Verfahren an einem wesentlichen Mangel leidet, so kann es die Sache an die Vorinstanz zurückverweisen.

Dabei kann es die Gewährung einer vorläufigen Leistung anordnen.

1. Vgl. § 1690 RVO.

Zu Abs. 1:

2. wesentlichen Mangel: Z. B. Verletzung der Vorschriften über Mündlichkeit und Öffentlichkeit der Verhandlung, nicht ordnungsmäßige Ladung eines Beteiligten, nicht ordnungsmäßige Besetzung des Gerichts, Nichtberücksichtigung eines (nach Ansicht des Berufungsgerichts belangreichen) Beweisantrags, usw.

Zu Abs. 2:

3. kann es ... anordnen: Nach Ermessen; vgl. auch § 80.

§ 279.

Steht es fest, daß das Urteil mit der Revision nicht angegriffen werden kann (§ 282), so vermerkt der Vorsitzende unter Hinweis auf die gesetzlichen Vorschriften am Schlusse des Urteils, daß hiergegen kein Rechtsmittel mehr zulässig ist.

1. Vgl. § 1692 Abs. 1 RVO.

2. vermerkt der Vorsitzende: Für den Fall, daß der Vermerk zu unrecht gemacht wird, s. § 287.

§ 280.

Will das Schiedsgericht in einem Falle, in dem die Revision ausgeschlossen ist (§ 282), von einer amtlich veröffentlichten grundsätzlichen Entscheidung des Oberschiedsgerichts abweichen, so hat es die Sache unter Begründung seiner Rechtsauffassung an das Oberschiedsgericht abzugeben. Dieses entscheidet dann an Stelle des Schiedsgerichts. Von der Abgabe der Sache sind die Reichsversicherungsanstalt und der Antragsteller zu benachrichtigen.

1. Vgl. § 1693 RVO.

2. amtlich veröffentlichten Entscheidung: § 294.

3. hat es ... abzugeben: Nichtbeachtung dieser Vorschrift ist kein Revisionsgrund.

4. Vgl. die §§ 35, 36 der Kais. Verordn. über Geschäftsgang usw. des Oberschiedsgerichts.

III. Verfahren vor dem Oberschiedsgericht.

§ 281.

Gegen die Urteile des Schiedsgerichts ist Revision zulässig.

1. Vgl. § 1694 RVO.

2. Gegen die Urteile: Nur gegen diese, nicht gegen andere Entscheidungen (Beschlüsse) des Schiedsgerichts.

3. Revision: Diese ist ebenso wie die Berufung ein Rechtsmittel im Sinne des § 328. Ihr Wesen besteht jedoch darin, daß — abweichend von der Berufung (und dem Rekurs, § 1699 RVO.) — das angefochtene Urteil nur in rechtlicher Hinsicht nachgeprüft werden kann (vgl. § 286).

4. Die Frist für die Einlegung der Revision beträgt einen Monat (§§ 328, 329), im Falle des § 287 ein Jahr.

5. Die Revision ist ebenso wie die anderen Rechtsmittel an keine bestimmte Form gebunden; nur muß sie schriftlich eingelegt werden (§ 285). Unrichtige Bezeichnung des Rechtsmittels (als Berufung, Rekurs, Beschwerde u. dgl.) ist unschädlich.

6. Aufschiebende Wirkung hat auch die Revision in der Regel nicht (§ 330); sie kann solche höchstens in den Fällen erlangen, in denen auch die Berufung aufschiebende Wirkung hat (§§ 291 mit 277).

7. Die Frage, wer Revision einlegen kann, beantwortet sich in gleicher Weise wie bei der Berufung (Anm. 7 zu § 270).

8. Auch bei der Revision ist Verzicht und Zurücknahme zulässig (Anm. 8 zu § 270).

§ 282.

Die Revision ist ausgeschlossen, wenn es sich handelt um

1. **Höhe, Beginn und Ende von Ruhegeld oder Leibrente,**
2. **Hinterbliebenenrente,**
3. **Abfindung oder Erstattung (§§ 47, 60, 62),**
4. **Kosten des Verfahrens.**

1. Vgl. § 1696 RVO. — Die vom Gesetz hier ange-

führten Fälle sind lauter einfachere, in denen kein Bedürfnis dafür besteht, die oberste Instanz anzurufen.

2. ausgeschlossen: Eine Ausnahme ergibt sich unter Umständen aus § 283; s. die Bem. zu diesem Paragraphen. — Ferner kann eine Sache, in der die Revision ausgeschlossen ist, auch auf dem Wege des § 280 an das Oberschiedsgericht kommen.

3. Zu Nr. 1: Vgl. §§ 21, 23—27, 63. Hierher gehört auch Ruhen und Kürzung des Ruhegeldes, dagegen nicht die Entziehung (§ 68).

4. Zu Nr. 2: S. §§ 28 ff. Die Bestimmung enthält eine Abweichung von § 1696 RVO., die ihren Grund darin hat, daß die Witwenrente der RVO. nur der invaliden Witwe, die der Angestelltenversicherung dagegen jeder Witwe zusteht.

5. Zu Nr. 3: Hierher gehört auch der Fall des § 398 (AVN. 1914 S. 95).

6. Zu Nr. 4: Es kommt nur der Fall des § 311 in Betracht (vgl. § 42 der Kais. Verordn. über Geschäftsgang usw. der Schiedsgerichte).

Die Entscheidung über Vertretungskosten (§§ 37 bis 39 a. a. O.), die der Vorsitzende des Schiedsgerichts allein trifft, ist endgültig (§ 41 a. a. O.); im übrigen werden Kosten nicht erstattet (§ 40 Abs. 2 a. a. O.).

§ 283.

Bezieht sich eine im übrigen zulässige Revision einer Partei auch auf Ansprüche, für die das Rechtsmittel ausgeschlossen ist, so darf über diese nur dann entschieden werden, wenn den zulässigen Revisionsanträgen ganz oder zum Teil entsprochen wird.

1. Vgl. § 1707 RVO.

2. Die Bestimmung verhindert die Umgehung des § 282.

Will z. B. eine Partei nur im Kostenpunkte Revision einlegen, was nach § 272 Nr. 4 nicht zulässig ist, so könnte diese Revision zulässig gemacht werden, wenn man sie mit einer — offenbar unbegründeten — Revision in der Hauptsache verbinden würde.

Allein in einem solchen Falle, wo also das Revisionsgericht zur sofortigen Verwerfung der in der Hauptsache eingelegten Revision gelangen müßte, würde es aus diesem Grunde und gem. § 283 über die Revision im Kostenpunkte gar nicht entscheiden können; diese müßte vielmehr, gerade wie wenn sie allein eingelegt wäre, als unzulässig zurückgewiesen werden.

§ 284.

Ueber die Revision entscheidet das Oberschiedsgericht.

1. Vgl. § 1708 RVO.

2. Oberschiedsgericht: S. §§ 156, 162 ff.

§ 285.

Die Revision ist schriftlich einzulegen; sie soll die Revisionsgründe angeben. Das angefochtene Urteil kann auch aus anderen Gründen geändert werden, als in der Revision angegeben sind.

1. Vgl. § 1709 RVO.

2. schriftlich: Auch telegraphische Einlegung ist zulässig. — Vgl. auch Anm. 5 zu § 281, ferner §§ 10 bis 12 der Kais. Verordn. über Geschäftsgang usw. des Oberschiedsgerichts.

3. soll ... angeben: Dies ist eine bloße Ordnungsvorschrift, deren Nichtbeachtung keinen Rechtsnachteil im Gefolge hat. Die Angabe der Revisionsgründe kann auch nach Ablauf der Revisionsfrist noch nachgeholt werden. Aber auch wenn sie ganz unterlassen wird, macht dies das Rechtsmittel nicht unwirksam oder unzulässig; vgl. die nächste Anm.!

4. auch aus anderen Gründen ... als ... angegeben sind: Das Revisionsgericht muß von Amts wegen prüfen, ob keiner der gesetzlichen Revisionsgründe (§ 286) vorliegt.

Eben deswegen ist es auch unschädlich, wenn, der Vorschrift des § 285 Satz 1 zuwider, der Revision keine Begründung beigegeben wird.

§ 286.

Die Revision kann nur darauf gestützt werden, daß

1. **das angefochtene Urteil auf der Nichtanwendung oder auf der unrichtigen Anwendung des bestehenden Rechtes oder auf einem Verstoße wider den klaren Inhalt der Akten beruhe,**
2. **das Verfahren an wesentlichen Mängeln leide.**

1. Vgl. § 1697 RVO.

2. kann nur darauf gestützt werden: D. h. das Oberschiedsgericht kann das angefochtene Urteil nur dann aufheben oder abändern, wenn einer der in § 286 genannten Revisionsgründe vorliegt.

Neue Tatsachen und Beweismittel können in der Revisionsinstanz nicht mehr vorgebracht werden; ebenso ist es unzulässig, die in den Vorinstanzen gestellten Anträge zu erweitern.

Zu Nr. 1:

3. bestehenden Rechtes: Dieses umfaßt nicht nur dieses Gesetz und etwa die RVO., sondern das gesamte private und öffentliche Recht, Reichsrecht wie Landesrecht.

4. Verstöße wider den klaren Inhalt der Akten: z. B. Nichtberücksichtigung von Beweisergebnissen u. dgl.

5. beruhe: Die angefochtene Entscheidung muß also durch einen der erwähnten Verstöße herbeigeführt sein; anderenfalls wäre der Mangel unschädlich.

Zu Nr. 2:

6. wesentlichen Mängeln: S. Anm. 2 zu § 278. Leidet das Verfahren an einem solchen Mangel, so muß das Revisionsgericht das angefochtene Urteil stets aufheben; s. auch § 293.

§ 287.

Ist das angefochtene Urteil mit Unrecht als endgültig bezeichnet (§ 279), so ist die Revision zulässig; sie ist binnen einem Jahre nach der Zustellung einzulegen.

Vgl. § 1711 RVO.

§ 288.

Die Entscheidung ergeht auf Grund mündlicher Verhandlung in öffentlicher Sitzung; zu dieser sind außer dem Vorsitzenden oder dessen Stellvertreter zwei ständige Mitglieder des Reichsversicherungsamts und zwei richterliche Beamte sowie je ein Versicherungsvertreter der Arbeitgeber und der versicherten Angestellten zuzuziehen.

1. Vgl. die §§ 1698 mit 1660 RVO.

2. Entscheidung: Diese ergeht durch Urteil. Auch das Oberschiedsgericht entscheidet innerhalb der erhobenen Ansprüche nach freiem Ermessen; s. § 25 der Kais. Verordn. über Geschäftsgang usw. des Oberschiedsgerichts.

3. in öffentlicher Sitzung: Wegen etwaigen Ausschlusses der Öffentlichkeit s. die §§ 291 mit 274, 255 Abs. 2.

S. ferner die §§ 18—24 der Kais. Verordnung über Geschäftsgang usw. des Oberschiedsgerichts.

4. zwei ständige Mitglieder des RVAmts: Dies bezweckt, eine gleichmäßige Rechtsprechung in Sachen der Angestellten- wie der Arbeiterversicherung herbeizuführen.

5. zuzuziehen: § 164 Abs. 2.

§ 289.

Wird ein Mitglied des Oberschiedsgerichts aus einem Grunde, der seinen Ausschluß rechtfertigt, oder wegen Besorgnis der Befangenheit abgelehnt, so entscheidet über das Ablehnungsgesuch das Oberschiedsgericht. Bei der Entscheidung darf der Abgelehnte nicht mitwirken. Bei Stimmengleichheit gilt das Gesuch als abgelehnt.

1. Vgl. § 1712 RVO.

2. Ausschluß ... Besorgnis der Befangenheit: §§ 233, 234.

§ 290.

Ist der Vorsitzende mit dem Berichterstatter darüber einig, daß die Revision unzulässig oder verspätet ist, so kann er sie ohne mündliche Verhandlung verwerfen. Ist die Revision als verspätet verworfen, so kann der Antragsteller binnen einer Woche nach Zustellung der Verfügung die Entscheidung des Oberschiedsgerichts anrufen; die Verfügung muß darauf hinweisen.

1. Vgl. § 1713 RVO.

2. unzulässig: § 282.

3. verspätet: §§ 328 (329, 331).

4. kann ... Entscheidung ... anrufen: Nur dann, wenn die Revision als verspätet verworfen ist. Die Entscheidung des Vorsitzenden, die die Revision als unzulässig verwirft, ist endgültig.

§ 291.

Für das Verfahren über die Revision gelten die Vorschriften über das Verfahren vor dem Schiedsgericht entsprechend, soweit nicht die §§ 292 bis 296 etwas anderes vorschreiben.

1. Vgl. § 1698 RVO.

2. Verfahren vor dem Schiedsgericht: S.

§ 274. Durch diese Bestimmung kommen auch die Vorschriften über das Verfahren vor dem Rentenausschuß in Betracht.

Dazu kommt noch die Kais. Verordnung über Geschäftsgang und Verfahren des Oberschiedsgerichts.

§ 292.

Der Reichskanzler bestimmt, in welcher Reihenfolge die beamteten Mitglieder und die Versicherungsvertreter zu den Verhandlungen zuzuziehen sind.

S. die Bekanntm. des Reichskanzlers vom 17. Sept. 1913, Zentr.-Bl. f. d. Deutsche Reich S. 993.

§ 293.

Wird das angefochtene Urteil aufgehoben, so kann das Oberschiedsgericht entweder selbst in der Sache entscheiden oder sie an eine der Vorinstanzen zurückverweisen. Dabei kann es die Gewährung einer vorläufigen Leistung anordnen.

Die Stelle, an welche die Sache überwiesen wird, ist an die rechtliche Beurteilung gebunden, die der Aufhebung des angefochtenen Urteils zu Grunde liegt.

1. Vgl. § 1715 RVO.

Zu Abs. 1:

2. kann ... selbst ... entscheiden ... oder zurückverweisen: Darüber, was in dieser Hinsicht geschehen soll, entscheidet das freie Ermessen des Oberschiedsgerichts. In den Fällen des § 286 Nr. 2 wird es wohl stets dazu gelangen, die Sache zurückzuverweisen.

3. an eine der Vorinstanzen: Also entweder an das Schiedsgericht oder an den Rentenausschuß. Auch darüber, an welche Instanz zurückverwiesen werden soll, entscheiden ausschließlich Zweckmäßigkeitsgründe.

§ 294.

Das Oberschiedsgericht veröffentlicht seine Entscheidungen, die grundsätzliche Bedeutung haben.

Die Art der Veröffentlichung bestimmt der Reichskanzler.

1. Vgl. § 1716 RVO.

Zu Abs. 2:

2. S. die Bekanntm. des Reichskanzlers vom 1. Jan. 1914, RGBl. S. 3, mit Berichtigung S. 8.

Der Titel der Zeitschrift, in der die Entscheidungen veröffentlicht werden, lautet hiernach: „Die Angestelltenversicherung. Amtliche Nachrichten der Reichsversicherungsanstalt für Angestellte und der Spruchbehörden der Angestelltenversicherung.“

Hierfür hat sich die Abkürzung „AVN.“ eingebürgert, die auch im vorliegenden Werk gebraucht ist.

§ 295.

Die Urteile des Oberschiedsgerichts werden von dem Vorsitzenden, dem Berichterstatter und einem anderen Mitglied des Oberschiedsgerichts unterschrieben.

Ist der Vorsitzende oder Berichterstatter verhindert, so hat für ihn ein anderes Mitglied des Oberschiedsgerichts zu unterschreiben.

Vgl. § 1720 RVO.

§ 296.

Die Verfügung, die ein Urteil berichtigt (§ 264), wird von dem Vorsitzenden und den Mitgliedern erlassen, die das Urteil unterschrieben haben; die Verfügung ist unanfechtbar.

Vgl. § 1721 RVO.

IV. Wiederaufnahme des Verfahrens.

1. Anfechtungsgründe.

§ 297.

Ein durch rechtskräftiges Urteil abgeschlossenes Verfahren kann wieder aufgenommen werden, wenn
1. die entscheidende Stelle nicht vorschriftsmäßig besetzt war,
2. eine Person bei der Entscheidung mitgewirkt hat, die von der Mitwirkung aus einem gesetzlichen Grunde ausgeschlossen war, sofern nicht dieses Hindernis durch Ablehnung oder Rechtsmittel ohne Erfolg geltend gemacht worden ist,
3. bei der Entscheidung eine Person mitgewirkt hat, obgleich sie als befangen abgelehnt und die Ablehnung für begründet erklärt worden war,
4. eine Partei in dem Verfahren nicht nach Vorschrift der Gesetze vertreten war, sofern sie nicht die Führung des Streites ausdrücklich oder stillschweigend genehmigt hat.

In den Fällen der Nr. 1, 3 ist die Wiederaufnahme unstatthaft, wenn der Anfechtungsgrund durch ein Rechtsmittel geltend gemacht werden konnte.

1. Vgl. 1722 RVO.

Zu Abs. 1:

2. rechtskräftiges: Rechtskräftig ist eine Entscheidung, gegen die kein Rechtsmittel mehr zulässig ist, sei es, daß ein solches überhaupt nicht zulässig war (vgl. § 282), oder daß es innerhalb der gesetzlichen Frist nicht eingelegt worden, oder daß das eingelegte Rechtsmittel von der zuständigen Stelle verworfen worden ist. Die Urteile der letzten Instanz — hier das Oberschiedsgerichts — sind stets sofort mit der Verkündung rechtskräftig.

3. Urteil: Gemeint sind nur die Urteile der Schiedsgerichte und des Oberschiedsgerichts im Gegensatz zu den Bescheiden der Rentenausschüsse; wegen dieser s. § 310.

4. kann wieder aufgenommen werden, wenn: Und zwar nur dann, wenn einer der in Ziff. 1—4 des § 297 oder der in Ziff. 1—6 des § 298 genannten Gründe vorliegt; ferner mit der zeitlichen Beschränkung des § 303. Die weit verbreitete Meinung, ein rechtskräftig abgeschlossenes Verfahren könne zu jeder Zeit nach Belieben des Gerichts oder der Parteien wieder aufgenommen werden, namentlich um Beweismittel nachzuholen, die beizubringen man früher versäumt hatte, ist ganz und gar irrig.

5. Zu Ziff. 1: S. die §§ 273, 276; 288.

6. Zu Ziff. 2, 3: S. die §§ 274, 291 mit 233, 234.

7. Zu Ziff. 4: S. §§ 10 Abs. 2, 3, § 11 der Kais. Verordn. vom 21. Juni 1913 über Geschäftsgang usw. der Schiedsgerichte (im Anh. abgedr.); § 10 Abs. 2, 3, § 11 der Kais. Verordn. vom 21. Juni 1913 über Geschäftsgang usw. das Oberschiedsgerichts (im Anh. abgedr.); §§ 107 ff. BGB.; § 229 Abs. 3 dieses Gesetzes.

§ 298.

Die Wiederaufnahme ist ferner zulässig, wenn

1. eine Urkunde, auf die sich die Entscheidung stützt, fälschlich angefertigt oder verfälscht war,
2. durch Beeidigung eines Zeugnisses oder eines Gutachtens, auf die sich die Entscheidung stützt, der Zeuge oder Sachverständige vorsätzlich oder fahrlässig die Eidespflicht verletzt hat,
3. der Vertreter der Partei oder der Gegner oder sein Vertreter die Entscheidung durch eine mit öffentlicher Strafe bedrohte Handlung erwirkt hat,
4. eine Person bei der Entscheidung mitgewirkt hat, die bei der Verhandlung ihre Amtspflichten

gegen die Partei verletzt hat, sofern diese Verletzung mit öffentlicher Strafe bedroht ist,

5. ein strafgerichtliches Urteil, auf das sich die Entscheidung stützt, durch ein anderes rechtskräftig gewordenes Urteil aufgehoben worden ist,

6. eine Partei nachträglich eine Urkunde, die eine ihr günstigere Entscheidung herbeigeführt haben würde, auffindet oder zu benutzen instand gesetzt wird.

1. Vgl. § 1723 RVO.

2. Unter § 298 fallen auch Entscheidungen, die gemäß §§ 271, 290 erlassen sind.

3. Zu Nr. 1: Urkunden sind sowohl öffentliche als auch private, z. B. standesamtliche Urkunden, Versicherungskarten usw.; auch ärztliche Zeugnisse und Gutachten können als Urkunden anzusehen sein. — Vgl. §§ 267 ff. RStrGB.

4. Zu Nr. 2: Vgl. §§ 153 ff. RStrGB. — Eine falsche uneidliche Aussage begründet die Wiederaufnahme des Verfahrens nicht.

5. Zu Nr. 3: Hierher gehören in erster Linie betrügerische Handlungen (vgl. § 263 RStrGB.) des Versicherten selbst (in welchem Falle die RVAnstalt die Wiederaufnahme des Verfahrens beantragen kann).

6. Zu Nr. 4: S. §§ 331 ff. RStrGB.

7. Zu Nr. 1—4 sind die Beschränkungen des § 299 zu beachten.

8. Zu Nr. 6: Damit eine Urkunde „nachträglich aufgefunden" werden kann usw., muß sie zu der Zeit, als die anzufechtende Entscheidung erlassen wurde, schon vorhanden gewesen sein; nachträglich erst ausgestellte Urkunden fallen daher nicht unter Nr. 6.

Auch nachträglich gefundene Zeugen können nicht auf Grund des § 298 Nr. 6 berücksichtigt werden, sondern höchstens etwa gemäß § 79.

§ 299.

Die Wiederaufnahme ist in den Fällen des § 298 Nr. 1 bis 4 nur zulässig, wenn

1. wegen der strafbaren Handlung eine rechtskräftige strafgerichtliche Verurteilung ergangen ist,
2. ein gerichtliches Strafverfahren aus anderen Gründen als wegen Mangels an Beweis nicht eingeleitet oder nicht durchgeführt werden konnte.

Vgl. § 1724 RVO.

§ 300.

Die Wiederaufnahme ist in allen Fällen des § 298 nur zulässig, wenn nicht die Partei ohne ihr Verschulden den Anfechtungsgrund in dem früheren Verfahren, insbesondere durch Einlegung eines Rechtsmittels, geltend machen konnte.

1. Vgl. § 1725 RVO.

2. ohne ihr Verschulden: Auch ein Verschulden ihres (gesetzlichen oder bevollmächtigten) Vertreters muß die Partei gegen sich gelten lassen.

§ 301.

Mit dem Antrag auf Wiederaufnahme können Anfechtungsgründe, durch die eine ältere Entscheidung derselben oder einer unteren Instanz betroffen wird, geltend gemacht werden, wenn die angefochtene Entscheidung auf der älteren beruht.

Vgl. § 1726 RVO.

2. Zuständigkeit.

§ 302.

Über den Antrag entscheidet die Stelle, deren Entscheidung angefochten wird.

Sind mehrere Entscheidungen angefochten, die von Stellen verschiedener Ordnung erlassen sind, so entscheidet die Stelle höherer Ordnung. An Stelle des Oberschiedsgerichts entscheidet das Schiedsgericht, wenn ein in der Revisionsinstanz erlassenes Urteil auf Grund des § 298 Nr. 1, 2, 5 oder 6 angefochten wird.

1. Vgl. § 1727 RVO.

Zu Abs. 2:

2. An Stelle des Oberschiedsgerichts: Dieses selbst entscheidet also nur dann, wenn die Anfechtungsgründe des § 297 oder von § 298 die Nr. 3, 4 in Betracht kommen.

3. Gang des Verfahrens.

§ 303.

Der Antrag ist binnen einem Monat zu stellen.

Die Frist beginnt mit dem Tage, an dem die Partei den Anfechtungsgrund erfährt, jedoch nicht bevor die Entscheidung rechtskräftig geworden ist. Nach Ablauf von fünf Jahren vom Tage der Rechtskraft an ist der Antrag unstatthaft.

Die Vorschriften des Abs. 2 gelten nicht, wenn die Wiederaufnahme wegen mangelnder Vertretung beantragt wird. Die Frist läuft dann von dem Tage, an dem die Entscheidung der Partei oder, wenn sie nicht fähig war, den Streit selbst zu betreiben, ihrem gesetzlichen Vertreter zugestellt worden ist.

1. Vgl. § 1728 RVO.

Zu Abs. 1:

2. Der Antrag: Auch hier ist eine unrichtige Bezeichnung (als Beschwerde od. dgl.) unschädlich; es genügt, wenn der Antrag erkennen läßt, daß einer der

gesetzlichen Wiederaufnahmsgründe geltend gemacht werden soll.

3. binnen einem Monat: S. die §§ 324, 325; s. ferner § 305 und Anm. 2 dazu.

Zu Abs. 3:

4. selbst zu betreiben: Vgl. § 229 Abs. 3.

§ 304.

Die Wiederaufnahme kann auch von Amts wegen eingeleitet werden.

1. Vgl. § 1729 RVO.

2. von Amts wegen: D. h. vom Schiedsgericht oder Oberschiedsgericht. Die RVAnstalt muß einen Antrag (§§ 302, 303) stellen.

Die Wiederaufnahme von Amts wegen ist an keine Frist gebunden.

§ 305.

Die Vorschrift des § 329 Abs. 2, 3 über Wahrung der Frist gilt auch für die Ausschlußfristen des § 303 entsprechend.

1. Vgl. § 1730 RVO.

2. Der Antrag (§ 303) wäre an sich bei der Stelle anzubringen, die darüber zu entscheiden hat (§ 302). Nach § 329 Abs. 2 gilt aber die Frist (hier die Fristen des § 303 Abs. 1, Abs. 2 Satz 2), innerhalb deren der Antrag zu stellen ist, auch dann als gewahrt, wenn der Antrag rechtzeitig bei einer anderen inländischen Behörde oder bei einem Organe der RVAnstalt eingegangen ist. Die Antragsschrift ist dann unverzüglich an die zuständige Stelle abzugeben.

Diese Vorschrift ist hier besonders wichtig, da es nicht selten für die Antragsteller schwer sein wird, zu beurteilen, welche Stelle nach § 302 zu entscheiden hat.

§ 306.

Ist der Antrag verspätet oder unzulässig, so kann ihn der Vorsitzende der für die Entscheidung zuständigen Stelle ohne mündliche Verhandlung durch eine mit Gründen versehene Verfügung verwerfen. Der Vorsitzende des Oberschiedsgerichts darf es nur dann, wenn er mit dem Berichterstatter darüber einig ist.

Der Antragsteller kann binnen einer Woche nach der Zustellung der Verfügung die Entscheidung der zuständigen Stelle anrufen. Die Verfügung muß darauf hinweisen.

1. Vgl. § 1731 RVO.

Zu Abs. 1:

2. verspätet: S. §§ 303, 305.

3. unzulässig: Wenn er den Erfordernissen der §§ 297—300 nicht entspricht, also namentlich, wenn er nicht auf einen der gesetzlichen Wiederaufnahmsgründe gestützt wird (nach den bei der Arbeiterversicherung gemachten Erfahrungen wird dieser Fall in der Praxis der bei weitem häufigste werden!).

§ 307.

Ist der Antrag rechtzeitig gestellt worden und zulässig, so wird die Hauptsache, soweit der Anfechtungsgrund sie betrifft, neu verhandelt.

Für das neue Verfahren gelten die Vorschriften, die für diejenige Instanz maßgebend sind, bei welcher das neue Verfahren anhängig geworden ist.

1. Vgl. § 1732 RVO.

Zu Abs. 1:

2. soweit der Anfechtungsgrund sie betrifft: S. § 298 Nr. 1—3, 5, 6; liegt einer der eigentlichen Nichtigkeitsgründe vor (§§ 297, 298 Nr. 4), so muß die ganze Sache neu verhandelt werden.

§ 308.

Rechtsmittel sind zulässig, soweit solche gegen die Entscheidungen der mit der Wiederaufnahme befaßten Instanzen überhaupt gegeben sind.

Vgl. § 1733 RVO.

4. Schlußvorschrift.

§ 309.

Die Wiederaufnahme des Verfahrens kann durch Kaiserliche Verordnung mit Zustimmung des Bundesrats abweichend von den vorstehenden Vorschriften geregelt werden.

1. Vgl. § 1734 RVO.

2. Von dieser Befugnis ist bis jetzt kein Gebrauch gemacht worden.

V. Anfechtung endgültiger Bescheide.

§ 310.

Gegenüber einem rechtskräftigen Bescheide kann eine neue Prüfung beantragt werden, wenn eine der Voraussetzungen der §§ 297, 298 vorliegt.

Über den Antrag entscheidet der Rentenausschuß; die §§ 299 bis 301, 303 bis 309 gelten entsprechend.

1. Vgl. § 1744 RVO.

Zu Abs. 1:

2. rechtskräftigen Bescheide: Das ist ein Bescheid des Rentenausschusses, gegen den keine Berufung eingelegt worden ist (§ 250), im Gegensatz zu den Urteilen der höheren Instanzen (§ 297); vgl. Anm. 3 zu § 297.

3. kann ... beantragt werden: Sowohl vom Berechtigten als auch von der RVAnstalt; diese kann aber auch nach § 79 verfahren.

VI. Kosten des Verfahrens.

§ 311.

Hat ein Beteiligter durch Mutwillen, Verschleppung oder Irreführung Kosten des Verfahrens veranlaßt, so können sie ihm ganz oder teilweise auferlegt werden.

1. Vgl. § 1802 RVO.

2. Beteiligter: Ein Versicherter, ein sonstiger Berechtigter, ein Vertreter. Zeugen und Sachverständige gehören nicht hierher.

3. Mutwillen, Verschleppung, Irreführung: Es muß also stets ein vorsätzliches Verhalten vorliegen; Fahrlässigkeit, auch grobe, genügt nicht.

4. auferlegt werden: Im Bescheid des Rentenausschusses oder im Urteil des Schiedsgerichts oder Oberschiedsgerichts; s. § 40 der Kais. Verordn. über Geschäftsgang usw. der Rentenausschüsse, vom 14. Febr. 1913, § 42 der Kais. Verord. über Geschäftsgang usw. der Schiedsgerichte, vom 21. Juni 1913, und § 33 der Kais. Verordn. über Geschäftsgang usw. des Oberschiedsgerichts, vom 21. Juni 1913 (sämtl. im Anh. abgedr.).

§ 312.

Im übrigen werden den Beteiligten keine Kosten des Verfahrens auferlegt.

1. Vgl. § 1670 (§§ 1679, 1698, 1701) RVO.; die Regelung des § 312 weicht hiervon ab.

2. keine Kosten... auferlegt: Sie fallen dem Versicherungsträger zur Last; vgl. § 40 der Kais. Verordnung über Geschäftsgang usw. der Schiedsgerichte, vom 21. Juni 1913, und § 34 der Kais. Verordn. über Geschäftsgang usw. des Oberschiedsgerichts, vom 21. Juni 1913 (im Anh. abgedr.).

Siebenter Abschnitt.

Auszahlung der Leistungen.

I. Auszahlung durch die Post.

§ 313.

Die Reichsversicherungsanstalt zahlt auf Anweisung des Rentenausschusses durch die Post, und zwar in der Regel durch die Postanstalt, in deren Bezirke der Empfänger zur Zeit des Antrags wohnte. Die Zahlstelle wird ihm vom Rentenausschusse mitgeteilt.

Verzieht der Empfänger, so kann er bei dem Rentenausschuß oder bei der Postanstalt des alten Wohnorts beantragen, daß die Zahlung an die Postanstalt des neuen Wohnorts überwiesen wird.

1. Vgl. § 1383 RVO.

Zu Abs. 1:

2. auf Anweisung des Rentenausschusses: Leistungen, die die RVAnstalt selbst festsetzt (Hausgeld, § 38), werden von ihr unmittelbar bezahlt.

§ 314.

Jede Person, die berechtigt ist, ein öffentliches Siegel zu führen, ist befugt, die bei den Zahlungen erforderlichen Bescheinigungen zu erteilen und zu beglaubigen.

1. Vgl. § 1384 RVO.

2. berechtigt ist, ... zu führen: Nicht nur Beamte und Behörden, sondern namentlich auch Geistliche.

3. befugt: Aber nicht verpflichtet; darüber entscheiden lediglich die für den Betreffenden geltenden Dienstesvorschriften usw.

4. Bescheinigungen: Sind nach § 338 gebühren- und stempelfrei.

§ 315.

Die obersten Postbehörden können von der Reichsversicherungsanstalt einen Vorschuß einziehen. Er wird nach Wahl der Reichsversicherungsanstalt vierteljährlich oder monatlich an die von der Post bezeichneten Kassen abgeführt und darf den Betrag nicht übersteigen, den die Reichsversicherungsanstalt im laufenden Geschäftsjahr voraussichtlich zu zahlen hat.

1. Vgl. § 1385 RVO.

2. obersten Postbehörden: Diese sind für das Reichsgebiet (ohne Bayern und Württemberg) das Reichspostamt, für Bayern das Verkehrsministerium, für Württemberg das Ministerium der auswärtigen Angelegenheiten, Verkehrsabteilung.

§ 316.

Die der Post zu gewährende Vergütung wird vom Bundesrate nach Anhören der Reichsversicherungsanstalt festgesetzt.

1. Eine entsprechende Vorschrift fehlt in der RVO.

2. Ein Beschluß des Bundesrats zu § 316 ist noch nicht ergangen.

§ 317.

Der Reichskanzler kann bestimmen, wie an Empfänger zu zahlen ist, die sich gewöhnlich im Ausland aufhalten.

1. Vgl. § 1386 RVO.

2. sich ... im Ausland aufhalten: Mit Zustimmung des Rentenausschusses; ohne diese würden Ruhegeld und Rente gemäß § 76 ruhen.

Schutzgebiete gelten im Sinne des § 317 als Inland (s. § 78).

II. Abrechnung mit der Post.

§ 318.

Die obersten Postbehörden teilen der Reichsversicherungsanstalt mit, was die Post im verflossenen Geschäftsjahr auf Anweisung der Rentenausschüsse gezahlt hat.

Vgl. § 1405 Satz 1 RVO.

§ 319.

Binnen zwei Wochen nach Empfang der Mitteilung muß die Reichsversicherungsanstalt den Betrag aus den bereiten Mitteln zahlen.

Vgl. § 1408 Satz 1 RVO.

Achter Abschnitt.

Sonstige Vorschriften.

I. Behörden.

§ 320.

Die oberste Verwaltungsbehörde kann einzelne der Aufgaben und Rechte, die ihr dieses Gesetz zuweist, auf andere Behörden übertragen.

1. Vgl. § 110 RVO.

2. Auf Grund des § 320 sind bis jetzt folgende Erlasse ergangen:

a) Für Preußen:

Min.-Erlasse vom 23. Nov. 1912 (Min.-Bl. f. innere Verw. S. 315), vom 31. März 1913 (Handelsmin.-Bl. S. 255) und vom 2. Juni 1913 (Handelsmin.-Bl. S. 442); sie betreffen sämtlich den Vollzug des § 9 Abs. 3.

b) Für Bayern:

Min.-Bekanntm. vom 7. und 28. Mai 1913 (Min.-A.-Bl. d. J. u. des Auß. S. 372, 576); sie betreffen gleichfalls den § 9 Abs. 3.

c) Für Baden:

Min.-Bekanntm. vom 31. Dez. 1912 (Ges.- u. V.-Bl. 1913 S. 59); auch sie betrifft den § 9 Abs. 3.

Ferner sind noch anzuführen für Oldenburg Ziff. I der Min.-Bekanntm. vom 29. Mai 1912 (Ges.-Bl. S. 199), und für Schaumburg-Lippe der Min.-Erlaß vom 31. Jan. 1913 (Anz. d. Fürstent. Sch.-L. S. 60); diese beiden Erlasse berufen sich zwar auf § 320, enthalten aber tatsächlich keine Anordnung auf Grund dieses Paragraphen.

§ 321.

Sie bestimmt,

1. welchen Staatsbehörden und welchen Behörden die Aufgaben zukommen, die dieses Gesetz den höheren und den unteren Verwaltungsbehörden sowie den Ortspolizeibehörden zuweist,
2. welche Verbände als Gemeindeverbände zu gelten haben; eine einzelne Gemeinde gilt als Gemeindeverband im Sinne dieses Gesetzes nur dann, wenn es die oberste Verwaltungsbehörde bestimmt.

Die Bestimmungen werden im Reichsanzeiger veröffentlicht.

1. Vgl. § 111 RVO.

2. Auf Grund des § 321 sind folgende Erlasse ergangen:

a) Für Preußen:
Min.-Erlaß vom 30. Juli 1912, Handelsmin.-Bl. S. 411;

b) für Bayern:
§§ 1—5 der Min.-Bekanntm. vom 8. Aug. 1912, Gef.- u. V.-Bl. S. 701;

c) für das Kgr. Sachsen:
§ 1 der V. vom 30. Dez. 1912, Ges.- u. V.-Bl. S. 565;

d) für Württemberg:
§ 6 der Min.-Verf. vom 26. Juni 1912, Reg.-Bl. S. 198;

e) für Baden:
§ 1 Nr. 3—5 der Min.-V. vom 5. Aug. 1912, Ges.- u. V.-Bl. S. 339;

f) für Hessen:
§§ 1 u. 2 der Min.-Bekanntm. vom 11. Juli 1912, Reg.-Bl. S. 411;

g) für Mecklenburg-Schwerin:
Ziff. I u. II der Min.-Bekanntm. vom 25. Juli 1912, Reg.-Bl. S. 463;

h) für das Großherzogtum Sachsen:
Ziff. I der Min.-Bekanntm. vom 17. Juli 1912, Reg.-Bl. S. 630;
i) für Mecklenburg-Strelitz:
Ziff. I u. II Abs. 1 der Min.-Bekanntm. vom 7. Aug. 1912, Off. Anz. S. 363;
k) für Oldenburg:
Ziff. II der Min.-Bekanntm. vom 29. Mai 1912, Ges.-Bl. S. 199;
l) für Braunschweig:
§ 1 der Min.-Bekanntm. vom 13. Aug. 1912, Ges.- u. V.-Samml. S. 363;
m) für Sachsen-Meiningen:
Min.-Ausschr. vom 30. Mai 1912, D. Reichsanz. Nr. 136;
n) für Sachsen-Altenburg:
Ziff. I der V. vom 21. Juni 1912, Ges.-Samml. S. 223;
o) für Sachsen-Coburg-Gotha:
V. vom 21. Aug. 1912, Ges.-Samml. S. 157;
p) für Anhalt:
V. vom 10. Aug. 1912, Ges.-Samml. S. 147;
q) für Schwarzburg-Rudolstadt:
Nr. I der V. vom 12. Juli 1912, Ges.-Samml. S. 83;
r) für Schwarzburg-Sondershausen:
Nr. I der V. vom 23. Juli 1912, Ges.-Samml. S. 571;
s) für Waldeck u. Pyrmont:
Bekanntm. des Landesdirektors vom 29. Aug. 1912, Reg.-Bl. S. 131;
t) für Reuß ä. L.:
§ 1 der V. vom 13. Juli 1912, Ges.-Samml. S. 63;
u) für Reuß j. L.:
§ 1 der Min.-Bekanntm. vom 17. Juli 1912, Ges.-Samml. S. 127;
v) für Schaumburg-Lippe:
Ziff. I der Min.-Bekanntm. vom 23. Mai 1912, Anz. d. Fürstent. Sch.-L. S. 213;

w) für Lippe-Detmold:
Ziff. I der V. vom 13. Juli 1912, Ges.-Samml. S. 804;
x) für Hamburg:
§§ 3—6 der Bekanntm. des Senats vom 12. Juli 1912, Amtsbl. S. 743;
y) für Bremen:
§ 1 der V. vom 19. Juli 1912, Ges.-Bl. S. 183;
z) für Lübeck:
§§ 1—5 der Bekanntm. des Senats vom 20. Juli 1912, Ges.- u. V.-Bl. S. 510;
endlich für Elsaß-Lothringen:
V. vom 30. Juli 1912, Zentr.- u. Bez.-A.-Bl. S. 155.

II. Rechtshilfe.

§ 322.

Die öffentlichen Behörden sind verpflichtet, den im Vollzuge dieses Gesetzes an sie ergehenden Ersuchen des Oberschiedsgerichts, der Schiedsgerichte, anderer öffentlicher Behörden sowie der Organe der Reichsversicherungsanstalt zu entsprechen, insbesondere vollstreckbare Entscheidungen zu vollstrecken und den Organen der Reichsversicherungsanstalt auch unaufgefordert alle Mitteilungen zukommen zu lassen, die für deren Geschäftsbetrieb von Wichtigkeit sind. Die gleiche Verpflichtung liegt den Organen der Versicherungsträger der reichsgesetzlichen Arbeiterversicherung ob.

Wenn ein Gericht das Ersuchen um eine Beweisaufnahme ablehnt, so entscheidet das Oberlandesgericht endgültig.

1. Vgl. §§ 115, 116 RVO.

Zu Abs. 1:

2. öffentlichen Behörden: Selbstverständlich nur die inländischen, da eine Verpflichtung einer ausländischen Behörde durch das deutsche Gesetz nicht begründet werden kann.

Was als öffentliche Behörde anzusehen ist oder nicht, läßt sich nur von Fall zu Fall beurteilen; es entscheidet hierüber teils Reichs- teils Landesrecht.

Auf dem Gebiete der Arbeiterversicherung sind zwar die Vorstände der Krankenkassen und der Berufsgenossenschaften keine öffentlichen Behörden, sie fallen aber gleichwohl unter § 322 wegen des letzten Satzes des Abs. 1.

3. sind verpflichtet: Das Ersuchen darf also nicht abgelehnt werden (wie in § 159 Abs. 1 des GerVerf.-Gesetzes für jenes Rechtsgebiet ausdrücklich ausgesprochen). Jedoch bestehen gewisse Beschränkungen: Einmal muß die Handlung, um die ersucht wird, ihrer Art nach innerhalb des vorgeschriebenen Wirkungskreises der ersuchten Behörde liegen; sodann ist ein Ersuchen um Rechtshilfe nur zulässig, wenn die ersuchende Behörde nicht oder nur mit unverhältnismäßigen Schwierigkeiten oder Kosten imstande wäre, die betr. Handlung selbst auszuführen; endlich wird nach der überwiegenden Ansicht die Verpflichtung der ersuchten Behörde auch dadurch ausgeschlossen, daß ihr eine landesrechtliche Bestimmung entgegensteht, die einem Rechtsgebiet angehört, auf das sich nach der Reichsverfassung die gesetzgebende Gewalt des Reichs nicht erstreckt (so werden z. B. Steuerbehörden trotz der reichsgesetzlichen Bestimmungen über Rechtshilfe nicht für befugt erachtet, Aufschlüsse über Steuerverhältnisse zu geben, wenn die einschlägige landesrechtliche Steuergesetzgebung dies verbietet, weil die Gesetzgebung über die direkten Steuern der Landesgesetzgebung vorbehalten ist und die Reichsgesetzgebung daher in sie — hier eben mit § 322 des vorliegenden Gesetzes — nicht eingreifen kann).

4. im Vollzuge dieses Gesetzes: einschließlich der ergänzenden gesetz- und verordnungsmäßigen, reichs- und landesrechtlichen Vorschriften. Andere Gesetze dagegen kommen nicht in Betracht.

5. Ersuchen: Es kommen als Akte der Rechtshilfe

stets nur solche Handlungen der ersuchten Behörde in Betracht, um die diese erst ersucht werden muß, die ihr also nach den für sie maßgebenden Vorschriften nicht ohnehin schon obliegen. Trifft aber letzteres zu, dann handelt es sich überhaupt nicht um Rechtshilfe; so z. B. wenn eine Ausgabestelle (§ 194) die eingegangenen Aufnahmekarten an die RVAnstalt einsendet. Die Frage ist von praktischer Bedeutung wegen § 323. Vgl. auch Anm. 3 zu § 194.

6. Organe der Reichsversicherungsanstalt: § 98.

7. unaufgefordert... von Wichtigkeit sind: z. B. daß ein Versicherungspflichtiger nicht versichert, daß ein Ruhegeldempfänger nicht mehr berufsunfähig ist, u. dergl.

Die RVO. enthält — im Gegensatz zu den früheren Gesetzen über Unfall- und Invalidenversicherung — eine solche Vorschrift nicht mehr.

8. Organe der Versicherungsträger: Das sind zunächst die Vorstände der Krankenkassen, der Berufsgenossenschaften und ihrer Sektionen, der Versicherungsanstalten, die gemäß §§ 977 oder 1037 RVO. zur Verwaltung landw. Berufsgenossenschaften berufenen Behörden oder Organe, der Vorstand der Versicherungsgenossenschaft der Privatfahrzeug- und Reittierbesitzer, dann die Ausführungsbehörden der Unfallversicherung und die zur Verwaltung der Sonderanstalten der Invalidenversicherung berufenen Organe; die anderen Organe der Versicherungsträger (Ausschüsse der Krankenkassen und der Versicherungsanstalten, Genossenschaftsversammlungen der Berufsgenossenschaften) werden praktisch kaum in Betracht kommen.

Zu Abs. 2:

9. Gericht: Gemeint sind die auf Grund des Gerichtsverfassungsgesetzes errichteten ordentlichen bürgerlichen Gerichte, dagegen nicht Militärgerichte und Sondergerichte; diese werden auch für Ersuchen um Beweisaufnahmen ohnehin kaum in Betracht kommen.

10. Beweisaufnahme: S. die §§ 241, 247, 274, 291.

§ 323.

Tagegelder, Reisekosten, Gebühren für Zeugen und Sachverständige und alle anderen baren Auslagen, die aus der Rechtshilfe erwachsen, werden von der Reichsversicherungsanstalt als eigene Verwaltungskosten erstattet.

1. Vgl. § 117 RVO.

2. Tagegelder, Reisekosten: S. für die Reichsbeamten die Verordn. vom 8. Sept. 1910 (RGBl. S. 993) mit Ausf.-Bestimmungen vom 29. Sept. 1910 (RGBl. S. 1071); für andere Beamte bemessen sich die Tagegelder nach Landesrecht.

3. Gebühren für Zeugen und Sachverständige: S. die Gebührenordnung für Zeugen und Sachverständige vom 25. Mai 1898, RGBl. S. 689. Außerdem kommen für Amtsärzte (Medizinalbeamte) landesrechtliche Vorschriften in Betracht, für Preußen das Gesetz vom 14. Juli 1909 (Ges.-Samml. S. 625) und die Verordn. vom gleichen Tage (Ges.-Samml. S. 635), für Bayern Verordn. vom 17. Nov. 1902 (GVBl. S. 715) und vom 4. Aug. 1910 (GVBl. S. 415).

4. baren Auslagen: Dazu gehören namentlich auch Portoauslagen (vgl. die bayer. Min.-Bekanntm. vom 28. April 1913, MinABl. d. Auß. u. d. Innern S. 369).

5. die aus der Rechtshilfe erwachsen: Vgl. Anm. 5 zu § 322 und Anm. 3 zu § 194.

III. Fristen.

§ 324.

Richtet sich der Anfang einer Frist nach einem Ereignis oder Zeitpunkt, so beginnt die Frist mit dem Tage, der auf das Ereignis oder den Zeitpunkt folgt.

Wird eine Frist verlängert, so beginnt die neue mit Ablauf der alten Frist.

1. Vgl. § 124 RVO.

Zu Abs. 1:

2. Frist: Nicht nur prozessuale Fristen, sondern auch andere, z. B. die der §§ 60 Abs. 2 Satz 2, 64 Abs. 1 Satz 2, 88.

3. Ereignis oder Zeitpunkt: Namentlich die Zustellung einer Entscheidung. Eine dem § 187 Abs. 2 BGB. entsprechende Bestimmung kennt das Gesetz nicht.

Zu Abs. 2:

4. verlängert: Rechtsmittelfristen (§ 328) können nicht verlängert werden.

§ 325.

Eine nach Tagen bestimmte Frist endigt mit dem Ablauf ihres letzten Tages, eine nach Wochen oder Monaten bestimmte Frist mit dem Ablauf desjenigen Tages der letzten Woche oder des letzten Monats, welcher nach Benennung oder Zahl dem Tage entspricht, in den das Ereignis oder der Zeitpunkt fällt.

Fehlt dem letzten Monat der entsprechende Tag, so endigt die Frist mit dem Monat.

1. Vgl. § 125 RVO.

Zu Abs. 1:

2. ihres letzten Tages: S. jedoch auch § 327 Abs. 1.

§ 326.

Braucht ein Zeitraum von Monaten oder Jahren nicht zusammenhängend zu verlaufen, so wird der Monat zu dreißig, das Jahr zu dreihundertfünfundsechzig Tagen gerechnet.

1. Vgl. § 126 RVO.

2. Beispiel: Die 30 Kalendermonate des § 394 Abs. 1, 2.

§ 327.

Fällt der für eine Willenserklärung oder Leistung oder den Ablauf einer Frist gesetzte Tag auf einen Sonntag oder einen allgemeinen Feiertag, der am Erklärungs- oder Leistungsorte staatlich anerkannt ist, so gilt dafür der nächstfolgende Werktag.

Für die Dauer von Leistungen, zu denen die Reichsversicherungsanstalt verpflichtet ist, gilt diese Vorschrift nicht.

1. Vgl. § 127 RVO.

2. allgemeinen Feiertag, der ... staatlich anerkannt ist:

Es kommen hier nur die staatlich anerkannten Feiertage in Betracht, nicht die rein kirchlichen (abweichend § 222 ZPO.). Welche Feiertage staatlich anerkannt sind, bemißt sich nach Landesrecht.

In allen Bundesstaaten anerkannt sind der Neujahrstag, der Ostermontag, der Pfingstmontag, Christi Himmelfahrtstag, die beiden Weihnachtsfeiertage. Im übrigen bestehen Verschiedenheiten.

In Preußen sind außer den eben genannten Feiertagen weiter anerkannt der Karfreitag (Ges. vom 2. Sept. 1899, Ges.-Samml. S. 199), der Buß- und Bettag (Ges. vom 12. März 1893, Ges.-Samml. S. 29), in der Rheinprovinz auch Allerheiligen (Kab.-O. vom 7. Febr. 1831 und 22. Juli 1839).

In Bayern fehlt eine allgemeine gesetzliche Bestimmung; laut Min.-Bekanntm. vom 12. Mai 1912 (Ges.- u. V.-Bl. S. 627) sind im Einverständnis mit den kirchlichen Oberbehörden mehrere bis dahin üblich gewesene katholische Feiertage teils aufgehoben, teils auf Sonntage verlegt worden. Anerkannt sind daher jetzt noch — außer Neujahr usw., s. o. — in überwiegend katholischen Orten des rechtsrh. Bayern Fronleichnam, Mariä Himmelfahrt, Mariä Empfängnis, Peter und Paul, Allerheiligen, in überwiegend protestantischen Orten der Karfreitag; in der Pfalz sind anerkannt in überwiegend katholischen Orten Fronleichnam, Allerheiligen und Mariä Himmelfahrt, in überwiegend protestantischen Orten der Karfreitag.

Für das Kgr. Sachsen s. die Verordn. vom 6. Juli 1899, für Württemberg Verordn. vom 28. Juni 1849 und Art. 135 des AusfG. zum BGB., für Baden Verordn. vom 11. Nov. 1899, für Hessen Art. 18 des AusfG. zum BGB.

Jüdische Feiertage gehören nicht hierher.

Auch politische Feiertage (Kaisers Geburtstag, ferner Geburts- und Namenstag des Landesherrn) sind keine allgemeinen Feiertage im Sinne des Gesetzes.

3. am Erklärungs- oder Leistungsort: Nur dieser kommt in Betracht. „Erklärungsort" ist bei der Einlegung von Rechtsmitteln der Sitz der Stelle, die zu entscheiden hat (§ 329 Abs. 1); nur dieser ist für die Frage, ob ein Feiertag allgemein anerkannt sei, entscheidend, und zwar auch dann, wenn das Rechtsmittel anderswo eingelegt wird (§ 329 Abs. 2).

§ 328.

Rechtsmittel sind, soweit dieses Gesetz nichts anderes vorschreibt, binnen einem Monat nach Zustellung der angefochtenen Entscheidung einzulegen.

Für Seeleute, die sich außerhalb Europas aufhalten, wird diese Frist von der Stelle bestimmt, welche die angefochtene Entscheidung erlassen hat; sie muß mindestens drei Monate von der Zustellung an betragen.

1. Vgl. § 128 RVO.

Zu Abs. 1:

2. Rechtsmittel: Das sind Berufung (§ 270), Revision (§ 281) und Beschwerde (§§ 12, 13, 46, 117, 120, 137, 138, 139, 154, 161, 195, 210, 215, 216, 217, 243, 244, 246, 258, 261, 264, 347, 358, 386). Keine Rechtsmittel sind der Antrag auf Wiederaufnahme des Verfahrens (§§ 297 ff.), der Antrag auf neue Sachprüfung

(§ 310), die Anträge auf Entscheidung gemäß §§ 271 Abs. 2, 290 Satz 2, 306 Abs. 2, endlich der Antrag auf Wiedereinsetzung in den vorigen Stand (§ 331). Für diese Anträge bestimmt das Gesetz besondere Fristen (§§ 303, 271 Abs. 2, 290 Satz 2, 310 Abs. 2 mit 303, 332). Kein Rechtsmittel ist auch die sog. Aufsichtsbeschwerde (vgl. § 100 Abs. 3); sie ist an keine Frist gebunden.

3. soweit ... nichts anderes vorschreibt: Dies geschieht zunächst in Abs. 2 des § 328 selbst; weiter s. die §§ 243 Abs. 2, 287.

4. binnen einem Monat: Wegen der Berechnung s. die §§ 324, 325, 327.

5. nach Zustellung: Vgl. die §§ 335, 336.

Ist also z. B. die angefochtene Entscheidung am 15. Oktober zugestellt worden, so beginnt die Rechtsmittelfrist mit dem 16. Oktober und endet mit dem 15. November (§§ 324 Abs. 1, 325 Abs. 1) und wenn dieser ein Sonntag ist, mit dem 16. November (§ 327 Abs. 1); ist die Entscheidung am 30. April zugestellt worden, so beginnt die Frist mit dem 1. Mai und endigt mit dem 30. Mai, und wenn etwa dieser der Pfingstsonntag ist, mit dem 1. Juni (§ 327 Abs. 1); ist die Entscheidung am 31. August zugestellt worden, so beginnt die Frist mit dem 1. September und endet mit dem 30. September (§ 325 Abs. 2) und wenn dieser ein Sonntag ist, mit dem 1. Oktober, usw.

Hervorzuheben ist aber noch, daß gleichwie die RVO. so auch dieses Gesetz Bestimmungen, die den §§ 516 Abs. 2, 552 Abs. 2 ZPO. entsprechen würden, nicht enthält.

Bei Entscheidungen, die auf Grund mündlicher Verhandlung ergehen und den Parteien schon durch die Verkündung bekannt werden (§§ 251, 273; §§ 14, 15 der Kais. Verordn. vom 14. Febr. 1913 über Geschäftsgang usw. der Rentenausschüsse, § 49 der Kais. Verordn. vom 21. Juni 1913 über Geschäftsgang usw. der Schiedsgerichte) hat daher die Rechtsmittelfrist, abweichend vom Zivilprozeßrecht, nicht sowohl die Bedeutung, daß das

Rechtsmittel nur während des Laufes der Frist eingelegt werden könnte, als vielmehr nur die, daß es nach ihrem Ablauf nicht mehr eingelegt werden kann. Die Einlegung vor dem Beginn der Frist, also vor Zustellung der angefochtenen Entscheidung, ist dagegen zulässig und rechtswirksam.

Zu Abs. 2:

6. Seeleute: Vgl. die §§ 1046 Nr. 1, 163 RVO.

7. außerhalb Europas: Zu Europa gehören auch die europäischen Meere einschließlich des Mittelländischen, des Schwarzen und des Azowschen Meeres (§ 16 Abs. 2 BGB.).

§ 329.

Die Rechtsmittel werden bei der Stelle eingelegt, die zu entscheiden hat.

Die Frist gilt auch dann als gewahrt, wenn das Rechtsmittel rechtzeitig bei einer anderen inländischen Behörde oder bei einem Organ der Reichsversicherungsanstalt eingegangen ist.

Die Rechtsmittelschrift ist unverzüglich an die zuständige Stelle abzugeben.

1. Vgl. § 129 RVO.

Zu Abs. 1:

2. eingelegt: Die Revision ist schriftlich einzulegen (§ 285, § 10 Abs. 1 der Kais. Verordn. vom 21. Juni 1913 über Geschäftsgang usw. des Oberschiedsgerichts; diese Vorschrift gilt zufolge § 39 a. a. O. auch für Eingaben an das Oberschiedsgericht in Beschlußsachen).

Auch die anderen Rechtsmittel sollen in der Regel schriftlich eingelegt werden (§§ 9, 46 der Kais. Verordn. vom 21. Juni 1913 über Geschäftsgang usw. der Schiedsgerichte); doch ist hier auch die Einlegung zu Protokoll zulässig, das entweder von dem Beteiligten selbst oder von seinem gesetzlichen Vertreter oder von einem Bevollmächtigten unterzeichnet werden muß (§ 10 Abs. 1 der erwähnten Kais. Verordn.). Auch telegraphische Einlegung wird für zulässig zu erachten sein (auf dem Gebiete der Arbeiterversicherung hat man auch telephonische Einlegung für zulässig erachtet, wenn die Erklärung von dem zuständigen Beamten entgegengenommen und sofort niedergeschrieben wird).

Zur rechtswirksamen Einlegung eines Rechtsmittels genügt jede, den oben dargelegten Erfordernissen entsprechende Erklärung oder Willensäußerung des Beteiligten, aus der hervorgeht, daß er mit der angefochtenen Entscheidung unzufrieden ist und ihre Abänderung anstrebt (auf dem Gebiete der Arbeiterversicherung hat man dies schon in der bloßen Einsendung der angefochtenen Entscheidung an die höhere Instanz erblickt).

Das die Einlegung des Rechtsmittels enthaltende Schriftstück muß innerhalb der Frist bei der zuständigen (oder einer nach Abs. 2 zugelassenen anderen) Stelle eingegangen sein; es genügt nicht, wenn es innerhalb der Frist abgesandt worden ist (s. jedoch auch § 331 Abs. 2).

3. zu entscheiden hat: Es kommt in der Regel nur das auf Grund des § 158 errichtete Schiedsgericht in Berlin, ferner das Oberschiedsgericht in Betracht; ausnahmsweise auch der Reichskanzler (§§ 117 Abs. 4, 120 Abs. 3, 195 Abs. 4, 386 Abs. 2), die höhere Verwaltungsbehörde (§ 154) und die RVAnstalt (§ 347).

Der Sitz der Stelle, die zu entscheiden hat, ist auch maßgebend für die Beurteilung, ob gemäß § 327 Abs. 1 einer ablaufenden Frist noch der nächstfolgende Werktag zugegeben werden kann (vgl. Anm. 3 zu § 327).

Daher hat die in den einzelnen Bundesstaaten außer Preußen geltende Regelung der staatlich anerkannten Feiertage (Anm. 2 zu § 327) gegenwärtig, solange nur 1 Schiedsgericht mit dem Sitz in Berlin besteht, nur Bedeutung für den Fall des § 154, wo die Beschwerde an die höhere Verwaltungsbehörde geht; in allen anderen Fällen hat z. B. die Stelle, die zu entscheiden hat (Schiedsgericht, Oberschiedsgericht, RVAnstalt, Reichskanzler) ihren Sitz in Berlin. Das wird sich erst ändern, wenn mehr Schiedsgerichte errichtet sein werden.

Zu Abs. 2:

4. rechtzeitig: S. §§ 325, 327, 329 Abs. 1 und die Bemerkungen dazu.

5. inländischen Behörde: Dazu gehören auch die Vorstände der Landesversicherungsanstalten (§ 1343 RVO.), ferner die deutschen Gesandtschaften und Konsulate im Ausland, dagegen nicht etwa die Gesandtschaften und Konsulate fremder Staaten im Inland.

6. Organ der Reichsversicherungsanstalt: S. § 98. Nicht in Betracht kommen die Ersatzkassen und die Träger der reichsgesetzlichen Arbeiterversicherung (ausgenommen die Vorstände der Landesversicherungsanstalten, die aus einem anderen Gesichtspunkt — s. Anm. 5 — in Betracht kommen).

7. eingegangen: Nämlich nach der Absicht des Absenders zur geschäftsmäßigen Behandlung, nicht etwa bloß zur Beförderung. Die Aufgabe einer Rechtsmittelschrift auf der Post ist daher kein „Eingang bei einer inländischen Behörde" im Sinn des § 329 Abs. 2. — S. aber auch § 331 Abs. 2.

Zu Abs. 3:

8. unverzüglich... abzugeben: Die Nichtbeachtung der Vorschrift hat keinen Rechtsnachteil im Gefolge.

§ 330.

Die Rechtsmittel bewirken Aufschub nur da, wo das Gesetz es vorschreibt.

1. Vgl. § 130 RVO.

2. Siehe §§ 277, 291.

§ 331.

Ist ein Beteiligter durch Naturereignisse oder andere unabwendbare Zufälle verhindert worden, eine gesetzliche Verfahrensfrist einzuhalten, so wird ihm auf Antrag die Wiedereinsetzung in den vorigen Stand erteilt.

Die Wiedereinsetzung wird auf Antrag auch dann erteilt, wenn das verspätet eingelaufene Schriftstück der Post mindestens drei Tage vor Ablauf der Frist zur Bestellung übergeben worden ist.

1. Vgl. § 131 RVO.

Zu Abs. 1:

2. Beteiligter: D. h. eine Partei oder ihr Vertreter.

3. unabwendbare Zufälle: Dazu gehören außer den vom Gesetz selbst genannten Naturereignissen (wie Überschwemmungen, Erdbeben, Feuersbrünsten u. dgl.) besonders Krankheit und Krieg, ferner falsche Rechtsbelehrung durch eine zuständige Stelle (aber nicht, wenn sie durch einen Unberufenen erteilt worden ist); auch darin, daß die Zustellung, die die versäumte Frist in Lauf setzte, im Wege der Ersatzzustellung (§§ 181 ff. ZPO.) bewirkt worden, das zugestellte Schriftstück aber nicht rechtzeitig in die Hände des Adressaten gelangt ist, kann ein „unabwendbarer Zufall" gefunden werden (ein gegenteilig beurteilter Fall ist mitgeteilt in AN. 1914 S. 665 Nr. 2732). Wegen Störungen im Postbetriebe s. Abs. 2 dieses Paragraphen. — Gesetzesunkenntnis oder Säumnis eines Vertreters sind keine Wiedereinsetzungsgründe.

4. verhindert worden: Der Beteiligte muß nicht nur verhindert gewesen sein, selbst die zur Wahrung der Frist nötigen Schritte zu tun, sondern auch, einen anderen damit zu beauftragen. War er zu letzterem imstande und hat er es versäumt, so war er nicht wirklich „verhindert", trotz des unabwendbaren Zufalls.

5. Verfahrensfrist: Gemeint sind nur die Rechtsmittelfristen (sog. Notfristen der ZPO.) einschließl. der Fristen des § 332 Abs. 1 u. 2, dagegen nicht Ausschluß- und Verjährungsfristen; gegen deren Ablauf gibt es keine Wiedereinsetzung in den vorigen Stand (s. auch Anm. 6 zu § 332).

6. auf Antrag: Und zwar nur auf Antrag. Eine Wiedereinsetzung von Amts wegen gibt es nicht (anders bei der Wiederaufnahme des Verfahrens, § 304).

7. wird... erteilt: Dies ist jedoch nur solange möglich, als die Instanzen der Rechtsprechung noch imstande sind, sich mit der nachgeholten Prozeßhandlung zu befassen, d. h. als der Instanzenzug noch nicht erschöpft ist. Wenn aber bereits endgültig Rechtskraft eingetreten ist, so müßte, um die Wiedereinsetzung gewähren zu können, das Urteil der letzten Instanz aufgehoben werden, was aber nur im Wege der Wiederaufnahme des Verfahrens (§§ 297 ff.) möglich wäre. Die Wiedereinsetzung in den vorigen Stand kann daher in einem solchen Falle nur dann gewährt werden, wenn zugleich die Voraussetzungen für die Wiederaufnahme des Verfahrens vorliegen. Ist also z. B. die Berufung gegen einen Bescheid des Rentenausschusses verspätet eingelegt, die Berufung vom Schiedsgericht und auch die gegen dessen Urteil eingelegte Revision vom Oberschiedsgericht verworfen worden, und wird jetzt erst der Antrag auf Wiedereinsetzung in den vorigen Stand gestellt, so kann ihm nicht mehr stattgegeben werden, ausgenommen, wie erwähnt, es lägen die Voraussetzungen für die Wiederaufnahme des Verfahrens vor (daß auch der Gesetzgeber bei §§ 331 ff. nur die Fälle im Auge hatte, in denen die verspätete Prozeßhandlung noch nicht endgültig zurückgewiesen ist, ergibt sich aus den §§ 333, 334). In solchen Fällen muß, soweit möglich, § 79 helfen.

8. S. § 332 Abs. 1.

Zu Abs. 2:

9. übergeben worden ist: Es ist nicht notwendig, daß dies durch eingeschriebenen Brief geschehen ist; der Nachweis, daß das Schriftstück der Post übergeben worden ist, kann auch auf andere Weise geführt werden, z. B. durch Zeugen.

10. S. § 332 Abs. 2.

§ 332.

Die Wiedereinsetzung ist im Falle des § 331 Abs. 1 binnen einer Frist zu beantragen, deren Dauer

durch die Dauer der versäumten Frist bestimmt wird. Die Frist beginnt mit dem Tage, an dem das Hindernis gehoben ist.

In den Fällen des § 331 Abs. 2 ist die Wiedereinsetzung binnen einem Monat zu beantragen. Die Frist beginnt mit dem Tage, an welchem den Beteiligten bekannt wird, daß sie die Frist versäumt haben.

Nach Ablauf von zwei Jahren, vom Ende der versäumten Frist an, kann die Wiedereinsetzung nicht mehr beantragt werden.

1. Vgl. § 132 RVO.

Zu Abs. 1:

2. deren Dauer... bestimmt wird: Sie beträgt also in der Regel ebenfalls einen Monat (§ 328).

3. beginnt mit dem Tage: Sie berechnet sich nach den §§ 324, 325, 327.

4. Gegen die Versäumung der Fristen des § 332 Abs. 1 und 2 ist ebenfalls Wiedereinsetzung in den vorigen Stand zulässig.

Zu Abs. 3:

5. Nach Ablauf von zwei Jahren: Berechnung nach §§ 325, 327.

6. Diese Frist des Abs. 3 ist eine Ausschlußfrist; gegen ihre Versäumung gibt es daher keine Wiedereinsetzung in den vorigen Stand (s. Anm. 5 zu § 331).

§ 333.

Der Antrag auf Wiedereinsetzung soll

1. die Tatsachen angeben, welche die Wiedereinsetzung begründen,
2. die Mittel bezeichnen, diese Tatsachen glaubhaft zu machen, und

3. die versäumte Handlung nachholen, wenn es nicht bereits geschehen ist.

Er wird bei der Stelle angebracht, bei der die Frist versäumt ist; § 329 Abs. 2, 3 gilt entsprechend. Die Stelle entscheidet, die über die nachgeholte Handlung zu entscheiden hat.

1. Vgl. § 133 RVO.

2. Die Vorschriften des § 333 sind nicht zwingend; auch wenn ein Antrag ihnen nicht völlig entspricht, kann er zugelassen werden. So wird z. B. die Wiedereinsetzung in den vorigen Stand nicht deshalb verweigert werden, weil der Antrag nicht die ausdrückliche Erklärung enthält, daß die versäumte Handlung nachgeholt werde; es genügt, wenn hinreichend erkennbar ist, daß dies die Absicht des Antragstellers sei.

Zu Abs. 2:

3. § 329 Abs. 2, 3: Einreichung des Antrags am unrichtigen Ort; s. die Bem. zu § 329.

§ 334.

Das Verfahren über den Antrag wird mit dem über die nachgeholte Handlung verbunden, doch kann auch zunächst über den Antrag allein verhandelt und entschieden werden.

Für die Entscheidung über die Zulässigkeit des Antrags und ihre Anfechtung gelten dieselben Vorschriften wie für die nachgeholte Handlung.

Vgl. § 134 RVO.

IV. Zustellungen.

§ 335.

Zustellungen, die eine Frist in Lauf setzen, können durch eingeschriebenen Brief geschehen.

Der Postschein begründet nach zwei Jahren seit seiner Ausstellung die Vermutung dafür, daß in der ordnungsmäßigen Frist nach der Einlieferung zugestellt worden ist.

1. Vgl. § 135 RVO.

Zu Abs. 1:

2. eine Frist: Namentlich die Rechtsmittelfristen (§ 328).

3. können... geschehen: Sie können auch auf andere Art, z. B. durch Vermittlung der Gemeindebehörde, bewirkt werden, oder nach §§ 166 ff., 208 ff. der ZPO. (mit Postzustellungsurkunde).

4. durch eingeschriebenen Brief: Die Zustellung ist vollzogen, sobald der Einschreibebrief dem Adressaten oder einem postordnungsgemäß zur Empfangnahme eingeschriebener Sendungen an seiner Stelle Berechtigten ausgehändigt ist oder wenn die Annahme der Sendung grundlos verweigert wird.

Zu Abs. 2:

5. die Vermutung: Der Postschein, d. i. die Bescheinigung der Post darüber, daß die Sendung aufgegeben worden ist, begründet nach der Natur der Sache keinen Beweis dafür, daß die Sendung dem Adressaten auch wirklich ausgehändigt worden ist. Dies kann nur der Empfangsschein des Adressaten beweisen. Bei der Post werden jedoch diese Empfangsscheine nach zwei Jahren vernichtet. Deswegen soll gemäß § 335 Abs. 2 der Postaufgabeschein nach zwei Jahren seit seiner Ausstellung zwar keinen vollen Beweis, wohl aber die Vermutung dafür begründen, daß in der ordnungsmäßigen Frist nach der Einlieferung zugestellt worden ist. Gegen diese Vermutung ist der Gegenbeweis zulässig, den der Adressat der Sendung führen muß.

§ 336.

Wer nicht im Inland wohnt, hat auf Verlangen einen Zustellungsbevollmächtigten zu benennen.

Ist der Aufenthalt unbekannt oder wird der Zustellungsbevollmächtigte nicht in der gesetzten Frist benannt, so kann die Zustellung durch einwöchigen Aushang in den Geschäftsräumen der Behörde oder Stelle ersetzt werden; die Frist darf nicht kürzer als einen Monat sein.

1. Vgl. § 136 RVO.

Zu Abs. 1:

2. Inland: Schutzgebiete gelten hier nicht als Inland.

3. auf Verlangen: Der zuständigen Stelle.

4. einen Zustellungsbevollmächtigten: Dieser ist, wie schon der Name sagt, nur ermächtigt, Zustellungen entgegenzunehmen, dagegen nicht, für die Partei in der Sache selbst handelnd aufzutreten. Er muß im Inland wohnen, wenn auch nicht gerade im Bezirk der Stelle, die seine Benennung verlangt.

Zu Abs. 2:

5. Aufenthalt unbekannt: Das darf jedoch nur angenommen werden, wenn nach dem Aufenthalt nachgeforscht worden ist und alle zu seiner Aufdeckung dienlichen Mittel erschöpft sind.

6. in der gesetzten Frist: Sie darf nach dem Schlußsatze des Abs. 2 nicht kürzer als ein Monat sein.

7. kann die Zustellung: Jede Zustellung; nicht nur solche, die eine Frist in Lauf setzen, sondern auch andere, z. B. Ladungen zu Terminen.

V. Gebühren und Stempel.

§ 337.

Gebühren- und stempelfrei sind, soweit dieses Gesetz nichts anderes vorschreibt, alle Verhandlungen und Urkunden, die bei den nach diesem Gesetze für die Feststellung der Leistungen zuständigen Behörden erforderlich werden, um die Rechtsverhältnisse zwischen

der Reichsversicherungsanstalt einerseits und den Arbeitgebern oder Versicherten oder ihren Hinterbliebenen andererseits zu begründen oder abzuwickeln.

1. Vgl. § 137 RVO.

2. Gebühren- und stempelfrei: Es kommen nur öffentlichrechtliche Gebühren und Abgaben in Betracht, namentlich solche, die in die Staats- oder Gemeindekasse fließen. Vergütungen von Ärzten oder Rechtsanwälten u. dgl. gehören nicht hierher.

3. soweit... nichts anderes vorschreibt: Vgl. § 227 Abs. 2 (Mahngebühr).

4. zuständigen Behörden: Das sind die Reichsversicherungsanstalt, die Rentenausschüsse, die Schiedsgerichte und das Oberschiedsgericht.

5. Rechtsverhältnisse zwischen... andererseits: Nicht unter die Vorschrift fallen Rechtsverhältnisse zwischen Arbeitgebern und Versicherten, ferner zwischen der RVAnstalt und ihren Organen, endlich Vermögensanlagen der RVAnstalt.

§ 338.

Das Gleiche gilt für die außergerichtlichen Verhandlungen und Urkunden dieser Art sowie für solche privatschriftlichen Vollmachten und amtlichen Bescheinigungen, welche nach diesem Gesetze zum Ausweis und zu Nachweisungen erforderlich werden.

1. Vgl. § 138 RVO.

2. außergerichtlichen Verhandlungen und Urkunden: Während § 337 sich mit den Verhandlungen und Urkunden befaßt, die bei den Behörden der Angestelltenversicherung erforderlich werden, handelt § 338 von anderen Verhandlungen, Urkunden und Vollmachten.

Zu den nach § 338 gebührenfreien Urkunden werden auch die standesamtlichen Registerauszüge zu rechnen sein.

Gerichtliche und notarielle Verhandlungen und Urkunden oder Beglaubigungen sind gebühren- und stempelpflichtig nach den hierüber bestehenden Vorschriften.

3. privatschriftlichen Vollmachten: Auch diese Bestimmung gilt nicht für notarielle oder gerichtliche Urkunden, die eine Vollmacht enthalten, z. B. Erbscheine.

4. Ausweis: Vgl. z. B. § 313 Abs. 1 Satz 2.

5. Nachweisungen: S. §§ 51 Nr. 3, 54 Abs. 3.

6. Die Abtretung der Forderung gemäß § 392 Abs. 3 Nr. 3 ist gebühren- und stempelfrei (AVN. 1913 S. 219).

VI. Verbote und Strafen.

§ 339.

Nehmen Arbeitgeber in die Nachweise oder Anzeigen, die sie nach den Vorschriften des Gesetzes oder den Bestimmungen der Reichsversicherungsanstalt aufzustellen haben, Eintragungen auf, deren Unrichtigkeit sie kannten oder den Umständen nach kennen mußten, oder unterlassen sie die vorgeschriebenen Eintragungen ganz oder teilweise, so kann die Reichsversicherungsanstalt Geldstrafe bis zu fünfhundert Mark gegen sie verhängen.

1. Vgl. § 1487 RVO.

2. Arbeitgeber: Ihnen stehen die in § 343 genannten Personen gleich.

Wegen Übertragung der Pflichten des Arbeitgebers an Betriebsleiter usw. vgl. § 344.

3. Nachweise oder Anzeigen: s. §§ 181 Abs. 2, 3; 184; 215.

4. Bestimmungen der Reichsversicherungsanstalt: S. § 216.

5. Eintragungen: Es handelt sich also nur um schriftliche Angaben. Unrichtige mündliche Auskünfte fallen nicht unter die Strafbestimmung des § 339.

6. den Umständen nach: Bei Anwendung angemessener Sorgfalt; ein Arbeitgeber kann sich also nicht darauf berufen, daß er die Unrichtigkeit nicht gekannt habe, wenn diese Unkenntnis selbst durch Fahrlässigkeit verursacht ist.

7. so kann: Die Verhängung der Strafen steht im freien Ermessen der Versicherungsanstalt.

8. Geldstrafe: Diese fließt in die Kasse der RVAnstalt (§ 359 Abs. 1).

Die Strafe hat den Charakter einer Ordnungsstrafe: sie schließt daher nicht aus, daß der Schuldige gegebenenfalls auch strafgerichtlich (etwa wegen Betrugs) verfolgt wird.

9. Wegen des Beschwerderechts gegenüber diesen Strafen s. §§ 358, 328, 324, 325, 327. Die Beschwerde hat keine aufschiebende Wirkung: § 330.

10. Wegen Verjährung der Strafverfolgung und der Strafvollstreckung s. die §§ 360, 361.

§ 340.

Unterlassen es Arbeitgeber, rechtzeitig für ihre versicherungspflichtig Beschäftigten die Beiträge abzuführen oder die richtigen Marken (§§ 185, 187) zu verwenden, so kann sie die Reichsversicherungsanstalt mit Geldstrafe bis zu dreihundert Mark belegen. Unabhängig von der Strafe und der Nachholung der Rückstände kann die Reichsversicherungsanstalt dem Bestraften die Zahlung des Ein- bis Zweifachen dieser Rückstände auferlegen. Der Betrag wird wie Gemeindeabgaben beigetrieben.

Bestreitet der Arbeitgeber seine Beitragspflicht so ist sie nach § 210 festzustellen.

1. Vgl. § 1488 RVO.

Zu Abs. 1:

2. Unterlassen es: Für das Gebiet der Arbeiter-

versicherung hat das RVAmt zu § 1488 RVO. ausgesprochen, daß eine Bestrafung auf Grund dieser Bestimmung nur eintreten kann, wenn das Unterlassen ein Verschulden des Arbeitgebers in sich schließt; jedoch genügt jede Fahrlässigkeit (A. N. 1914 S. 738 Nr. 1913). Der gleiche Grundsatz wird auch hier gelten müssen.

3. S. auch Anm. 2, 7—10 zu § 339. — Auch eine gerichtliche Bestrafung (vgl. Anm. 8 Abs. 2 zu § 339) gemäß § 342 wird durch eine Ordnungsstrafe auf Grund des § 340 nicht ausgeschlossen.

4. Unabhängig von der Strafe: D. h. neben dieser; ohne Verhängung einer Strafe ist es nicht zulässig, dem Arbeitgeber die Zahlung des Ein- bis Zweifachen der Rückstände aufzuerlegen.

5. Zahlung des Ein- bis Zweifachen dieser Rückstände: Diese Zahlung hat den Charakter einer Buße zur Entschädigung der RVAnstalt für den ihr entstandenen Schaden (besonders durch Entgang von Zinsen).

Zu Abs. 2:

6. Das Strafverfahren wird in diesem Falle zunächst ausgesetzt. Ist nach § 210 endgültig entschieden und ist ein Verschulden des Arbeitgebers erwiesen, so wird das Strafverfahren wieder aufgenommen.

Der Arbeitgeber kann sich also nicht lediglich dadurch, daß er seine Beitragspflicht bestreitet, der Bestrafung usw. auf Grund des § 340 entziehen.

§ 341.

Mit Geldstrafe bis zu dreihundert Mark oder mit Haft werden bestraft, wenn nicht nach anderen gesetzlichen Vorschriften härtere Strafe verwirkt ist,

1. Arbeitgeber oder deren Vertreter, die vorsätzlich den Beschäftigten höhere Beiträge vom Gehalt abziehen, als dieses Gesetz zuläßt,

2. Personen, die dem Berechtigten eine Versicherungskarte widerrechtlich vorenthalten.

1. Vgl. § 1490 Nr. 1, 5 RVO.

2. mit Geldstrafe bis zu 300 M. oder mit Haft: Zuwiderhandlungen gegen § 341 sind Vergehen im Sinn des Reichsstrafgesetzbuches (§ 1). Der Höchstbetrag der Haft ist 6 Wochen, ihr Mindestbetrag 1 Tag (§ 18 des RStrGB.).

3. wird bestraft: Von den Strafgerichten, die Verfolgung wird von der Staatsanwaltschaft betrieben.

Zuständig zur Aburteilung ist das Schöffengericht (§ 27 Nr. 2 des GerVerfG.).

4. nach anderen gesetzlichen Vorschriften härtere Strafe: Es kommen namentlich die Bestimmungen des Reichsstrafgesetzbuchs über Betrug (§ 263) bei Nr. 1, über Diebstahl und Unterschlagung (§§ 242, 246) oder Unterdrückung einer Urkunde (§ 274 Nr. 1 des RStrGB.) bei Nr. 2 in Betracht.

Zu Nr. 1:

5. Arbeitgeber: S. die §§ 343, 344.

6. höhere Beträge, als dieses Gesetz zuläßt: S. §§ 170 Abs. 2, 172, 178, 179, 19.

Zu Nr. 2:

7. Personen: Also nicht bloß Arbeitgeber (vgl. auch § 199).

8. Wegen der Verjährung der Strafverfolgung und der Strafvollstreckung im Falle des § 341 s. die §§ 67, 70 des RStrGB.

§ 342.

Arbeitgeber werden mit Gefängnis bestraft, wenn sie vorsätzlich Beitragsteile, die sie den Beschäftigten vom Gehalt abgezogen oder von ihnen erhalten haben, nicht für die Versicherung verwenden.

Daneben kann auf Geldstrafe bis zu dreitausend

Mark und auf Verlust der bürgerlichen Ehrenrechte erkannt werden.

Bei mildernden Umständen kann ausschließlich auf Geldstrafe erkannt werden.

1. Vgl. § 1492 RVO.

Zu Abs. 1:

2. Arbeitgeber: S. die §§ 343, 344.

3. mit Gefängnis: Auch diese Zuwiderhandlungen sind Vergehen im strafgesetzlichen Sinn. Der Mindestbetrag der Gefängnisstrafe ist 1 Tag, der Höchstbetrag 5 Jahre: § 16 des RStrGB.

4. werden bestraft: S. Anm. 3 Abs. 1 zu § 341. Zuständig ist im Falle des § 342 die landgerichtliche Strafkammer (§ 73 des GerVerfG.).

5. vorsätzlich: Fahrlässige Zuwiderhandlungen gegen diese Pflichten der Arbeitgeber fallen nur unter § 340.

Zu Abs. 2:

6. Verlust der bürgerlichen Ehrenrechte: §§ 32—36 des RStrGB.

§ 343.

Soweit nach diesem Gesetz Arbeitgeber mit Strafen bedroht sind, stehen ihnen gleich,

1. **wenn eine Aktiengesellschaft, ein Versicherungsverein auf Gegenseitigkeit, eine eingetragene Genossenschaft, eine Innung oder andere juristische Person Arbeitgeber ist, die Mitglieder des Vorstandes,**
2. **wenn eine Gesellschaft mit beschränkter Haftung Arbeitgeber ist, die Geschäftsführer,**
3. **wenn eine andere Handelsgesellschaft Arbeitgeber ist, alle persönlich haftenden Gesellschafter, soweit sie von der Vertretung nicht ausgeschlossen sind,**

4. die gesetzlichen Vertreter geschäftsunfähiger und beschränkt geschäftsfähiger Arbeitgeber sowie die Liquidatoren einer Handelsgesellschaft, eines Versicherungsvereins auf Gegenseitigkeit, einer eingetragenen Genossenschaft, einer Innung oder einer anderen juristischen Person.

1. Vgl. § 1493 RVO.

2. Der Paragraph beruht auf dem Gedanken, daß nur eine natürliche Person, und falls eine Mehrheit von Personen in Frage kommt, nur der wirklich Schuldige unter ihnen bestraft werden kann.

3. nach diesem Gesetz . . . mit Strafen bedroht: Es gehören sowohl Ordnungsstrafen als auch gerichtliche Strafen hierher.

In Betracht kommen die Fälle der §§ 185, 215, 339, 340, 341, 342, 346.

Dagegen kommen nach der Natur der Sache nicht in Betracht die §§ 117, 137, 139, 153, 161, 164.

§ 344.

Der Arbeitgeber darf die Pflichten, die ihm dieses Gesetz auferlegt, Betriebsleitern, Aufsichtspersonen oder anderen Angestellten seines Betriebs übertragen.

Handeln solche Stellvertreter den Vorschriften zuwider, die den Arbeitgeber mit Strafe bedrohen, so trifft sie die Strafe. Neben ihnen ist der Arbeitgeber strafbar, wenn

1. die Zuwiderhandlung mit seinem Wissen geschehen ist, oder
2. er bei Auswahl und Beaufsichtigung der Stellvertreter nicht die im Verkehr erforderliche Sorgfalt beobachtet hat; in diesem Falle darf gegen den Arbeitgeber auf keine andere Strafe als auf Geldstrafe erkannt werden.

Die Zahlung des Ein- bis Zweifachen der rückständigen Beiträge kann auch dem Stellvertreter auferlegt werden (§ 340). Neben ihm haftet für diesen Betrag der Arbeitgeber, falls er nach Abs. 2 bestraft ist.

1. Vgl. § 1494 RVO.

2. Macht der Arbeitgeber von der Befugnis des § 344 Gebrauch, so ist er im allgemeinen seiner eigenen Verantwortlichkeit ledig; haftbar ist er jedoch neben dem Stellvertreter in den Fällen des Absatz 2.

Zu Abs. 1:

3. Arbeitgeber: S. auch § 343.

4. Pflichten: S. die §§ 176, 177, 181, 185, 187, 215. Die Pflicht, Ehrenämter in der Verwaltung und Rechtsprechung zu übernehmen (§§ 117, 137, 153, 161, 164), gehört nicht hierher.

5. übertragen: Auch stillschweigend. Die Übertragung muß aber ernstlich gemeint sein. Daß eine solche stattgefunden hat, muß, wenn nötig, der Arbeitgeber beweisen.

Zu Abs. 2:

6. mit seinem Wissen: Es ist nicht erforderlich, daß er selbst die Zuwiderhandlung gewollt hat; es genügt, wenn er davon Kenntnis erhalten und sie nicht verhindert hat.

7. bei Auswahl und Beaufsichtigung: Der Arbeitgeber ist nicht nur verpflichtet, ausschließlich verlässige Personen mit seiner Stellvertretung zu betrauen, sondern er muß sie auch hinreichend beaufsichtigen, und zwar fortlaufend.

Zu Abs. 3:

8. Neben ihm haftet . . . der Arbeitgeber: Stellvertreter und Arbeitgeber haften hier als Gesamtschuldner (vgl. §§ 830, 840, 421 ff. BGB.).

§ 345.

Den Arbeitgebern und ihren Angestellten sowie der Reichsversicherungsanstalt ist untersagt, die Ver-

ſicherten in der Übernahme oder Ausübung eines Ehrenamtes der Angeſtelltenverſicherung zu beſchränken oder ſie wegen der Übernahme oder der Art der Ausübung eines ſolchen Ehrenamts zu benachteiligen. Den Bezeichneten iſt ferner unterſagt, durch Übereinkunft oder Arbeitsordnung zum Nachteil der Verſicherten die Anwendung der Vorſchriften dieſes Geſetzes ganz oder teilweiſe auszuſchließen.

Vertragsbeſtimmungen, die dem zuwiderlaufen, ſind nichtig.

1. Vgl. § 139 RVO.

Zu Abſ. 1:

2. Arbeitgebern: S. die §§ 343, 344.

3. Verſicherten: Zwangsweiſe und freiwillig Verſicherte.

4. Ehrenamts: S. §§ 118, 140, 155, 161, 164. Auch Ehrenämter bei Knappſchafts- und Erſatzkaſſen gehören hierher.

5. zu beſchränken: D. i. durch einſeitige Verfügung des Arbeitgebers. Hierher gehört auch die Androhung der — an ſich nach Geſetz oder Vertrag zuläſſigen — Kündigung, wenn ſie zu dem Zweck geſchieht, den Verſicherten von der Übernahme eines Ehrenamts abzuhalten; wegen der Kündigung ſ. ferner auch § 119. — Verboten iſt es aber auch

6. die Verſicherten zu benachteiligen, z. B. durch Gehaltsminderung u. dergl., ferner

7. durch Übereinkunft (namentlich unter Ausnützung der übermächtigen Stellung des Arbeitgebers) die Anwendung der Vorſchriften dieſes Geſetzes zum Nachteil der Verſicherten auszuſchließen; das gleiche gilt

8. auch von Arbeitsordnungen.

9. die Anwendung der Vorſchriften dieſes Geſetzes: hierher gehören in erſter Linie die §§ 1 (Verſicherungspflicht) und 170 (Beitragspflicht der Arbeitgeber).

10. Auch ein Vergleich zwischen der RVAnstalt und einem Versicherten über einen von diesem geltend gemachten Anspruch könnte unter Umständen unter das Verbot des § 345 fallen, nämlich dann, wenn er nicht bloß einen zwischen den Parteien bestehenden Streit beseitigen, sondern den Versicherten benachteiligen würde.

Zu Abs. 2:

11. sind nichtig: Außerdem tritt noch für den schuldigen Arbeitgeber oder Angestellten die Strafe des § 346 ein.

§ 346.

Arbeitgeber oder ihre Angestellten, die gegen § 345 Abs. 1 verstoßen, werden mit Geldstrafe bis zu dreihundert Mark oder mit Haft bestraft, wenn nicht nach anderen gesetzlichen Vorschriften härtere Strafe eintritt.

1. Vgl. § 140 RVO.

2. S. die Anm. 2 u. 3 zu § 341.

3. Arbeitgeber: Vgl. die §§ 343, 344.

Gegen die RVAnstalt, d. h. die in ihrer Vertretung tätigen Mitglieder ihrer Organe, besteht keine Strafdrohung.

4. nach anderen gesetzlichen Vorschriften härtere Strafe: Hier kommen namentlich die Bestimmungen des Reichsstrafgesetzbuchs über Erpressung und Nötigung (§§ 253, 240) in Betracht, aber unter Umständen auch Betrug (§ 263 RStrGB.), ferner der § 342 dieses Gesetzes.

Tritt nach anderen Gesetzen eine härtere Strafe ein, so ist § 346 gegenstandslos.

Die Bestrafung auf Grund des § 340 kann neben der gemäß § 346 eintreten.

§ 347.

Wer Versicherungskarten mit unzulässigen Eintragungen oder mit besonderen Merkmalen versieht, kann vom Rentenausschusse mit Geldstrafe bis zu zwanzig Mark bestraft werden.

Mit der gleichen Strafe kann bestraft werden, wer in Versicherungskarten den Vordruck fälschlich ausfüllt oder die zur Ausfüllung des Vordrucks eingetragenen Worte oder Zahlen verfälscht oder wissentlich eine solche Karte gebraucht.

Gegen die Entscheidung des Rentenausschusses findet Beschwerde an die Reichsversicherungsanstalt statt. Diese entscheidet endgültig.

1. Vgl. §§ 1495 Abs. 1 u. 2, 1500 RVO.

Zu Abs. 1:

2. Wer: Jedermann, der sich einer solchen Handlung schuldig macht; nicht nur Arbeitgeber. Auch Versicherte können unter diese Bestimmung fallen, sowie jeder Dritte.

3. Versicherungskarten: §§ 185, 191.

4. mit unzulässigen Eintragungen oder besonderen Merkmalen: § 198.

5. kann: Nach freiem Ermessen des Rentenausschusses.

6. bestraft werden: Diese Strafen sind Ordnungsstrafen und fließen in die Kasse der RVAnstalt (§ 359); s. auch Anm. 8 zu § 339. Eine Verschärfung der Strafdrohung enthält § 348; die Anwendung dieses Paragraphen schließt den § 347 aus.

Zu Abs. 2:

7. Auch diese Strafe kann unter Umständen Versicherte treffen.

Unter Umständen kann hier auch Bestrafung wegen Urkundenfälschung eintreten (§ 348 Abs. 2).

Zu Abs. 3:

8. Beschwerde: S. §§ 328—330, 324, 325.

§ 348.

Wer die Eintragungen, Merkmale oder Fälschungen in der Absicht macht, den Inhaber Arbeitgebern gegenüber kenntlich zu machen, wird mit Geldstrafe bis zu zweitausend Mark oder mit Gefängnis bis zu sechs Monaten bestraft. Bei mildernden Umständen kann statt der Gefängnisstrafe auf Haft erkannt werden.

Eine Verfolgung wegen Urkundenfälschung (§§ 267, 268 des Reichs-Strafgesetzbuchs) tritt nur gegen Personen ein, welche die Fälschung in der Absicht begangen haben, sich oder anderen einen Vermögensvorteil zu verschaffen oder anderen einen Schaden zuzufügen.

1. Vgl. § 1495 Abs. 3, 4 RVO.

Zu Abs. 1:

2. Die Zuwiderhandlungen gegen Abs. 1 dieses Paragraphen sind Vergehen im Sinne des Reichsstrafgesetzbuchs und werden gerichtlich bestraft, die Verfolgung findet durch die Staatsanwaltschaft von Amts wegen statt. Zuständig zur Aburteilung sind die Strafkammern der Landgerichte (§ 73 des GerVerfG.).

Zu Abs. 2:

3. Die Fälle des Abs. 2 sind Verbrechen im Sinne des Reichsstrafgesetzbuchs. Zuständig zur Aburteilung sind teils die landgerichtlichen Strafkammern, teils die Schwurgerichte (§§ 73, 80 des GerVerfG.).

§ 349.

Wer unbefugt offenbart, was ihm in amtlicher Eigenschaft als

Mitglied eines Organs oder Angestelltem der Reichsversicherungsanstalt,

Mitglied oder Angestelltem einer nach diesem Gesetze zur Feststellung der Leistungen zuständigen Behörde,

Vertreter oder Beisitzer bei einer solchen Behörde über Krankheiten oder andere Gebrechen Versicherter oder ihre Ursachen bekannt geworden ist, wird mit Geldstrafe bis zu eintausendfünfhundert Mark oder mit Gefängnis bis zu drei Monaten bestraft. Die Verfolgung tritt nur auf Antrag des Versicherten oder der Aufsichtsbehörde ein.

Den Versicherten stehen andere Personen gleich, für die dieses Gesetz eine Leistung der Reichsversicherungsanstalt vorsieht.

1. Vgl. § 141 RVO.

Zu Abs. 1:

2. unbefugt: Ausgenommen sind die Fälle des § 243 Abs. 2 Satz 2 (Zeugnispflicht); s. auch Anm. 4 zu § 243. Ob eine „unbefugte" Offenbarung vorliegt, kann nur von Fall zu Fall geprüft werden.

Der Versicherte und die ihm nach Abs. 3 gleichstehenden Personen können von der Schweigepflicht entbinden.

3. Organs der Reichsversicherungsanstalt: § 98.

4. zuständigen Behörde: Schiedsgerichte und Oberschiedsgericht.

5. Die Zuwiderhandlungen gegen § 349 sind Vergehen im strafgesetzlichen Sinn und werden gerichtlich bestraft. Zuständig sind die Strafkammern der Landgerichte (§§ 73, 75 des GerVerfG.).

6. Jedoch findet hier keine Verfolgung von Amts wegen statt; wegen des Strafantrags s. §§ 61—65 des RStrGB.

7. Aufsichtsbehörde: S. die §§ 100 Abs. 3, 129 Abs. 3, 166 Abs. 1, 169 Abs. 1.

Zu Abs. 2:

8. andere Personen: D. s. die Witwen, die Waisen, der erwerbsunfähige Ehemann (§§ 28—31) und Angehörige (§§ 38 Abs. 1, 60 Abs. 2, 398).

§ 350.

Mit Geldstrafe bis zu eintausendfünfhundert Mark oder mit Gefängnis werden die im § 349 Abs. 1 Bezeichneten bestraft, wenn sie unbefugt Geschäfts- oder Betriebsgeheimnisse offenbaren, die ihnen in amtlicher Eigenschaft bekannt geworden sind.

Tun sie dies, um den Unternehmer zu schädigen oder sich oder anderen einen Vermögensvorteil zu verschaffen, so werden sie mit Gefängnis bestraft. Neben der Gefängnisstrafe kann auf Verlust der bürgerlichen Ehrenrechte und auf Geldstrafe bis zu dreitausend Mark erkannt werden.

Die Verfolgung tritt im Falle des Abs. 1 nur auf Antrag des Unternehmers ein.

1. Vgl. § 142 RVO.

Zu Abs. 1:

2. Geldstrafe bis zu 1500 ℳ oder Gefängnis: Das Gericht hat die Wahl zwischen den beiden Strafarten; vereinigt können sie nicht werden.

3. Auch die Zuwiderhandlungen gegen § 350 sind Vergehen im strafgesetzlichen Sinn. Zuständig sind die landgerichtlichen Strafkammern (§ 73 des GerVerfG.). Nach Abs. 3 tritt die Verfolgung im Falle des Abs. 1 nur auf Antrag ein.

4. unbefugt: S. Anm. 1 zu § 349.

5. Geschäfts- oder Betriebsgeheimnisse: Jene sind Geheimnisse kaufmännischer, diese industrieller Art. Ob ein Geheimnis vorliegt, kann nur von Fall zu Fall beurteilt werden.

6. in amtlicher Eigenschaft bekannt geworden: S. die §§ 215, 241—243, 274, 291.

7. offenbaren: Das bloße Verwerten solcher Geheimnisse, ohne sie zu offenbaren, fällt unter Umständen unter § 351.

8. S. auch Anm. 1 zu § 342.

Zu Abs. 2:

9. um ... zu schädigen: Die Absicht genügt, es ist nicht erforderlich, daß sie auch wirklich erreicht wird.

10. Vermögensvorteil: Dieser braucht kein rechtswidriger zu sein.

11. mit Gefängnis: Entweder nur mit Gefängnis (bis zu 5 Jahren) oder daneben noch mit Geldstrafe bis 3000 ℳ; auf Geldstrafe allein kann hier nicht erkannt werden, außer wenn mildernde Umstände vorliegen (§ 352).

12. Verlust der bürgerl. Ehrenrechte: S. auch §§ 32—36 des RStrGB.

Zu Abs. 3:

13. nur auf Antrag: Im Falle des Abs. 2 geschieht die Verfolgung von Amts wegen durch die Staatsanwaltschaft. Über den Antrag s. §§ 61—65 des RStrGB.

§ 351.

Die im § 349 Abs. 1 Bezeichneten werden mit Gefängnis bestraft, wenn sie Geschäfts- oder Betriebsgeheimnisse unbefugt verwerten, um den Unternehmer zu schädigen oder sich oder anderen einen Vermögensvorteil zu verschaffen. Neben der Gefängnisstrafe kann auf Verlust der bürgerlichen Ehrenrechte und auf Geldstrafe bis zu dreitausend Mark erkannt werden.

1. Vgl. § 143 RVO.

2. mit Gefängnis: S. aber § 352.

Die Straffälle des § 351 sind Vergehen (§ 1 des RStrGB.), zuständig zur Aburteilung sind die landgerichtlichen Strafkammern (§ 73 des GerVerfG.).

3. verwerten: Hier braucht also keine „Offenbarung" der Geschäfts- oder Betriebsgeheimnisse vorzuliegen. Nach der überwiegenden Ansicht ist es zur Strafbarkeit notwendig, daß die Verwertung zu gewerblichen Zwecken geschehen ist.

4. zu schädigen ... Vermögensvorteil: S. Anm. 9 u. 10 zu § 350.

§ 352.

Sind in den Fällen des § 350 Abs. 2 oder des § 351 mildernde Umstände vorhanden, so ist auf Geldstrafe bis zu dreitausend Mark zu erkennen.

Vgl. § 144 RVO.

§ 353.

Für Beamte, die der Dienstgewalt einer staatlichen oder gemeindlichen Behörde unterstehen, bewendet es an Stelle der §§ 349 bis 352 bei den für sie geltenden Vorschriften.

1. Vgl. § 145 RVO.

2. Beamte: Jeder Art, Reichs-, Staats- oder Gemeindebeamte, die haupt- oder nebenamtlich für die Versicherung tätig sind.

3. an Stelle der §§ 349 bis 352: Der Bestimmung, daß diese Paragraphen für Beamte nicht gelten sollen, liegt die Erwägung zugrunde, daß jedem Beamten ohnehin die Pflicht obliegt, über alles, was er in amtlicher Eigenschaft erfährt, Stillschweigen zu beobachten und daß eine Verletzung dieser Pflicht disziplinarrechtlich geahndet wird. Es ist nicht etwa beabsichtigt, die Beamten zu bevorzugen.

4. bei den für sie geltenden Vorschriften: Dazu gehören nicht nur die disziplinarrechtlichen Vorschriften, sondern gegebenen Falls auch die Strafbestimmungen über Verbrechen oder Vergehen im Amte (§§ 331 ff. des RStrGB.).

§ 354.

Mit Gefängnis nicht unter drei Monaten, neben dem auf Verlust der bürgerlichen Ehrenrechte erkannt werden kann, wird bestraft, wer Marken fälschlich anfertigt oder verfälscht, um sie als echte zu verwenden.

oder wer zu demselben Zwecke falsche Marken sich verschafft, verwendet, feilhält oder in Verkehr bringt.

1. Vgl. § 1496 RVO.

2. Die Fälle des § 354 sind Vergehen im Sinne des Reichsstrafgesetzbuchs; zuständig zur Aburteilung sind die Strafkammern der Landgerichte (§ 73 des GerVerfG.).

3. Der Paragraph enthält eine Spezialvorschrift, die die gleichzeitige Anwendung der Bestimmungen des RStrGB. über Betrug (§ 263) oder Urkundenfälschung (§§ 267, 268) ausschließt.

4. Marken: S. die §§ 183, 187. — Da für die Beitragsentrichtung das Postscheckverfahren eingeführt und die Verwendung von Marken im Falle des § 187 überhaupt ausgeschlossen worden ist (vgl. Anm. 6 zu § 181, Anm. 2 u. 3 zu § 187), so hat dadurch § 354 seine praktische Bedeutung größtenteils verloren.

5. verwendet: Verwendung jeder Art, sowohl zur Beitragsleistung als auch zum Verkauf oder dergl.

6. in Verkehr bringt: D. i. jedes Überlassen an einen anderen, sei es gegen oder ohne Entgelt.

§ 355.

Mit der gleichen Strafe (§ 354) wird bestraft, wer wissentlich bereits verwendete Marken wieder verwendet oder zur Wiederverwendung sich verschafft, feilhält oder in Verkehr bringt. Bei mildernden Umständen darf auf Geldstrafe bis zu dreihundert Mark oder Haft erkannt werden.

1. Vgl. § 1497 RVO.

2. S. die Anm. 2—4 zu § 354.

3. bereits verwendete Marken: Nämlich zur Beitragsleistung verwendete. Nicht erforderlich ist, daß sie entwertet sind.

§ 356.

In den Fällen der §§ 354, 355 ist zugleich auf Einziehung der Marken zu erkennen, auch wenn sie dem Verurteilten nicht gehören. Das muß auch geschehen, wenn keine bestimmte Person verfolgt oder verurteilt werden kann.

1. Vgl. § 1498 RVO.

2. ist auf Einziehung zu erkennen: S. die §§ 40, 42 des RStrGB. und §§ 477—479 der RStrPO. Die Einziehung ist hier zwingend vorgeschrieben (anders § 357 Abs. 2).

3. wenn... verurteilt werden kann: „Keine bestimmte Person" (schlechte Ausdrucksweise, die aus dem Reichsstrafgesetzbuch stammt!) ist soviel wie „niemand". Der Fall, daß niemand verurteilt werden kann, ist gegeben, wenn der Täter nicht zurechnungsfähig war oder wenn er im Falle des § 355 nicht „wissentlich" gehandelt hat.

§ 357.

Wer ohne schriftlichen Auftrag der Reichsversicherungsanstalt oder einer Behörde Stempel, Siegel Stiche, Platten oder andere Formen, die zur Herstellung von Marken dienen können, oder Abdrücke solcher Formen anfertigt, sich verschafft oder einem anderen als der Reichsversicherungsanstalt oder der Behörde überläßt, wird mit Geldstrafe bis zu einhundertundfünfzig Mark oder mit Haft bestraft.

Neben der Geldstrafe oder Haft kann auf Einziehung der Stempel, Siegel, Stiche, Platten oder Formen erkannt werden, auch wenn sie dem Verurteilten nicht gehören.

1. Vgl. § 1499 RVO.

Zu Abs. 1:

2. mit Geldstrafe bis zu 150 ℳ oder mit Haft: Übertretung im Sinne des Reichsstrafgesetzbuchs; zuständig Schöffengericht (§ 27 des GerVerfG.); amtsrichterlicher Strafbefehl oder polizeiliche Strafverfügung ist zulässig (§§ 447 ff., 453 ff. der RStrPO.).

Zu Abs. 2:

3. S. Anm. 2 zu § 356.

§ 358.

Auf Beschwerden gegen Strafverfügungen der Reichsversicherungsanstalt entscheidet das Schiedsgericht endgültig.

1. Vgl. § 1500 RVO.

2. Beschwerde: S. die §§ 328—330, wegen der Frist auch die §§ 324, 325.

3. Strafverfügungen der Reichsversicherungsanstalt: §§ 339, 340.

§ 359.

Die Geldstrafen, mit Ausnahme der gerichtlich erkannten, fließen in die Kasse der Reichsversicherungsanstalt.

Die Strafen, außer den gerichtlich erkannten, werden wie Gemeindeabgaben beigetrieben.

1. Vgl. § 146 RVO.

Zu Abs. 1:

2. Die gerichtlich erkannten Geldstrafen (§§ 341, 342 Abs. 2 u. 3, 346, 348—352, 354, 355, 357) fließen in die Staatskasse.

Zu Abs. 2:

3. S. Anm. 3 zu § 227. Wegen Beitreibung der gerichtlich erkannten Geldstrafen s. die §§ 483, 495 der RStrPO.

§ 360.

Zuwiderhandlungen gegen die Strafvorschriften dieses Gesetzes, für welche die Gerichte nicht zuständig sind, verjähren, falls sie nicht mit mehr als dreihundert Mark bedroht sind, in einem Jahre, im übrigen in fünf Jahren. Die Verjährung beginnt mit dem Tage, an dem die Handlung begangen ist. Sie wird unterbrochen durch jede gegen den Täter gerichtete Handlung dessen, der zur Verhängung der Strafe zuständig ist. Mit der Unterbrechung beginnt eine neue Verjährung; sie endet spätestens mit Ablauf von zehn Jahren seit dem Tage, an dem die Zuwiderhandlung begangen ist.

1. Vgl. § 147 RVO.

2. Dieser Paragraph regelt die Verjährung der Strafverfolgung, soweit die Gerichte nicht zuständig sind. Soweit sie zuständig sind, ist die Verjährung im Reichsstrafgesetzbuch geregelt (§§ 67—69).

3. falls sie nicht mit mehr als 300 ℳ bedroht sind: Hiernach verjähren die Zuwiderhandlungen gegen die §§ 117, 339, 340 in fünf Jahren, alle übrigen, für die die Gerichte nicht zuständig sind (§§ 137, 139, 153, 161, 164, 185, 188, 195, 203, 215, 216, 244, 347, 386, 393) in einem Jahr.

4. beginnt mit dem Tage: Wegen der Berechnung der Frist s. die §§ 324, 325, 327.

5. die Handlung begangen ist: Bei Unterlassungen ist der Tag maßgebend, an dem die unterlassene Handlung pflichtgemäß hätte vorgenommen werden sollen (Beispiel: §§ 340 mit 181, 187).

6. zur Verhängung der Strafe zuständig: Das ist die RVAnstalt (§ 185 mit Bekanntm. des Reichskanzlers vom 29. Juni 1912, §§ 195 Abs. 3, 339, 340, 386), der Präsident des Direktoriums (§ 117), der Rentenausschuß (§§ 215, 216, 347), dessen Vorsitzender (§§ 137,

139, 244), der Vorsitzende des Schiedsgerichts (§ 161), der Vorsitzende des Oberschiedsgerichts (§ 164), die untere Verwaltungsbehörde (§ 153), die Ortspolizeibehörde (§§ 188, 195 Abs. 1, 203), endlich die Aufsichtsbehörde einer Lebensversicherungsunternehmung (§ 393).

§ 361.

Endgültig verhängte Strafen, die nicht von den Gerichten erkannt sind, verjähren in zwei Jahren. Die Verjährung beginnt mit dem Tage, an dem die Entscheidung endgültig geworden ist. Sie wird unterbrochen durch jede auf Vollstreckung der Strafe gerichtete Handlung dessen, dem die Vollstreckung obliegt. Mit der Unterbrechung beginnt eine neue Verjährung; sie endet spätestens mit Ablauf von vier Jahren seit dem Tage, an dem die Entscheidung endgültig geworden ist.

1. Vgl. § 148 RVO.

2. Dieser Paragraph regelt die Verjährung der Strafvollstreckung. Soweit es sich um Strafen handelt, die von den Gerichten erkannt sind, gelten auch hier die Bestimmungen des Reichsstrafgesetzbuchs (§§ 70—72).

3. Endgültig: Gleichbedeutend mit „rechtskräftig".

4. S. Anm. 4 zu § 360.

VII. Ausländische Gesetzgebung.

§ 362.

Soweit andere Staaten eine der Angestelltenversicherung entsprechende Fürsorge durchgeführt haben, kann der Reichskanzler mit Zustimmung des Bundesrats unter Wahrung der Gegenseitigkeit vereinbaren, in welchem Umfang für Betriebe, die aus dem Gebiete des einen Staates in das des anderen über-

greifen, sowie für Versicherte, die zeitweise im Gebiete des anderen Staates beschäftigt werden, die Fürsorge nach diesem Gesetz oder nach den Fürsorgevorschriften des anderen Staates geregelt werden soll.

Auf gleichem Wege kann bei entsprechender Gegenleistung die Versicherung von Angehörigen eines ausländischen Staates abweichend von den Vorschriften dieses Gesetzes geregelt und die Durchführung der Fürsorge des einen Staates in dem Gebiete des anderen erleichtert werden. In diesen Vereinbarungen darf die nach diesem Gesetze bestehende Beitragspflicht des Arbeitgebers nicht ermäßigt oder beseitigt werden. Diese Vereinbarungen sind dem Reichstag mitzuteilen.

1. Vgl. § 157 RVO.

Zu Abs. 1:

2. entsprechende Fürsorge: Ob die Fürsorge des anderen Staates „entsprechend" sei, ist eine Ermessensfrage, die vom Reichskanzler und Bundesrat zu entscheiden ist. Daß die Fürsorge der des deutschen Gesetzes völlig gleichen müsse, ist selbstverständlich nicht erforderlich.

Bis jetzt besteht lediglich in Österreich (Gesetz vom 16. Dez. 1906) eine Fürsorge für Angestellte, die mit der des Deutschen Reiches verglichen werden kann.

Doch ist eine Vereinbarung auf Grund des § 362 noch nicht getroffen worden.

Zu Abs. 2:

3. darf die... Beitragspflicht des Arbeitgebers nicht ermäßigt oder beseitigt werden: Damit nicht für die Arbeitgeber ein Anreiz entsteht, Ausländer zu beschäftigen.

§ 363.

Der Reichskanzler kann mit Zustimmung des Bundesrats anordnen, daß gegen Angehörige eines

ausländischen Staates und ihre Rechtsnachfolger ein Vergeltungsrecht angewendet wird.

1. Vgl. § 158 RVO.

2. Vergeltungsrecht: Wenn in einem ausländischen Staat die Deutschen von der Gesetzgebung hinsichtlich des Versicherungswesens schlechter gestellt werden würden als die eigenen Staatsangehörigen.

Neunter Abschnitt.

Schluß- und Übergangsbestimmungen.

I. Kosten der ersten Einrichtung.

§ 364.

Die durch die erste Einrichtung der Reichsversicherungsanstalt entstehenden Kosten sind von der Reichshauptkasse vorzuschießen. Sie sind aus den zunächst eingehenden Versicherungsbeiträgen zu erstatten.

II. Private Pensionseinrichtungen.

Vorbemerkung.

Eine der schwierigsten und am meisten umstrittenen Fragen bei den Erörterungen über die Regelung der Angestelltenversicherung war die Zulassung von Ersatzinstituten zur Durchführung dieser Versicherung. Viele Firmen haben für ihre Angestellten, nicht selten unter Einbeziehung der Arbeiter, besondere Pensions- und Unterstützungskassen eingerichtet, die zum Teil einen Rechtsanspruch auf die durch eine Satzung geregelten Bezüge gewähren, zum Teil weitgehende Unterstützungen ohne Rechtsanspruch in Aussicht stellen. Es kommen hier u. a. in Frage Fabrik-, Betriebs-, Haus-, Seemanns- und ähnliche Kassen und Einrichtungen. In der Regel zahlen Arbeitgeber und Arbeitnehmer zu diesen Kassen Beiträge, und die Leistungen sind vielfach erheblich höher, als sie in dem Gesetze bestimmt sind. Die Kassen werden, soweit sie einen Rechtsanspruch auf die Leistungen gewähren, nach den Vorschriften des

Privatversicherungsgesetzes vom 12. Mai 1901 beaufsichtigt. Beim Ausscheiden aus den zurzeit bestehenden Fürsorgekassen verfallen in der Regel die Beiträge zugunsten der verbleibenden Versicherten, mindestens, wenn das Ausscheiden in den ersten drei bis fünf Jahren erfolgt. Bei späterem Ausscheiden werden vielfach die von den Versicherten selbst eingezahlten Beiträge ohne Zinsen zurückgezahlt; bei einzelnen Einrichtungen wird auch die freiwillige Fortsetzung der Versicherung gegen Entrichtung der vollen Beiträge gestattet. Von der letzteren Vergünstigung wird wegen der Höhe der Beiträge selten Gebrauch gemacht. Stellungswechsel gehört bei den Angestellten zu den regelmäßigen Vorkommnissen; er wird dann stets in großer Zahl auftreten, wenn infolge wirtschaftlicher Krisen eine allgemeine Personalverminderung eintritt. Mit dem Stellungswechsel ist in der Regel der Austritt aus der Fürsorgeeinrichtung verbunden, der weiterhin zur Folge hat, daß die erworbenen Anrechte der Ausscheidenden verfallen. Diesem Umstand verdanken nicht wenige Fürsorgeeinrichtungen, daß sie mit verhältnismäßig geringen Beiträgen erhebliche Leistungen gewähren können, da den verbleibenden Versicherten die Reserven für die von den Ausscheidenden aufgegebenen Anwartschaften zugute kommen. Soweit die Mitgliedschaft in einer solchen Fürsorgeeinrichtung als gleichwertiger Ersatz für den Eintritt in die reichsgesetzliche Angestelltenversicherung anerkannt werden soll, kann es hierbei naturgemäß nicht bleiben. Denn der Zweck der neuen Versicherung würde nur unvollkommen erreicht werden, wenn den Angestellten, die nach Inkrafttreten der neuen Versicherung zu den gedachten Fürsorgeeinrichtungen Beiträge entrichten, beim Ausscheiden aus den Einrichtungen die erworbenen Anwartschaften nicht aufrecht erhalten würden und sie in vorgerücktem Alter, zugleich zum Nachteil der übrigen Pflichtversicherten, gezwungen wären, erst wieder durch langjährige Beitragsentrichtung einen Anspruch zu erwerben. Inwieweit die einzelnen Fürsorgekassen in der Lage sein werden, die erworbenen Anwartschaften im reichsgesetzlichen Umfang aufrechtzuerhalten, muß von Fall zu Fall festgestellt werden.

Hierzu kommt, daß es bei vielen Kassen an sich fraglich ist, ob sie dauernd leistungsfähig sein werden. Vom versicherungstechnischen Standpunkt ist es ohne weiteres klar, daß, ganz abgesehen von der rechnerischen Zulänglichkeit der Beiträge, eine Einrichtung mit wenigen Hunderten versicherter Angestellter, aber mit Pensionsbezügen von einigen Hunderten bis zu vielen Tausenden von Mark keine einwandsfreie Versicherungsgemeinschaft bildet. Einige Fälle mit hohen Pensionsbezügen können die besten und zuverlässigsten Berechnungen der Reserven über den Haufen werfen und die Leistungsfähigkeit in Frage stellen. Auf solche Einrichtungen findet das Gesetz der großen Zahlen keine Anwendung. Einrichtungen dieser Art können aber als Zuschußkassen weiter bestehen bleiben und als solche segensreich wirken. Das Gesetz unterscheidet deshalb „Zuschußkassen" (§§ 365—371) und „Ersatzkassen" (§§ 372—386). Die Beteiligung bei den letzteren soll von der Versicherung bei der Reichsversicherungsanstalt befreien.

1. Zuschußkassen.

§ 365.

Fabrik-, Betriebs-, Haus-, Seemanns- und ähnliche Kassen für eine oder mehrere Unternehmungen können auf die Invaliden-, Alters- oder Hinterbliebenenunterstützungen, die sie ihren nach diesem Gesetze versicherten Mitgliedern gewähren, die Ruhegeld- und Hinterbliebenenbezüge dieses Gesetzes anrechnen. Voraussetzung ist dabei, daß die Kassen nur für die im § 1 Abs. 1 bezeichneten Personen errichtet sind, oder der Teil des Vermögens der Kassen für die Angestelltenversicherung ausgeschieden und besonders verwaltet wird, sowie daß die Kassen die Beiträge aus ihren Mitteln entrichten und die Arbeitgeber Zuschüsse zu der Kasse zahlen, die mindestens der Hälfte

der nach diesem Gesetze zu entrichtenden Beiträge gleichkommen. Die satzungsmäßigen Leistungen werden, wenn sie von der Reichsversicherungsanstalt mit zu decken sind, in dem Verfahren nach diesem Gesetze festgestellt; bei Streit wird in demselben Verfahren entschieden. Die Reichsversicherungsanstalt überweist die festgestellten Bezüge, soweit sie nach §§ 55 bis 58 von ihr zu tragen sind, fortlaufend der beteiligten Kasse. Auf Antrag erfolgt die Zahlung durch die Post unmittelbar an den Berechtigten. Die sonstigen Leistungen dieses Gesetzes werden den versicherten Kassenmitgliedern unmittelbar gewährt.

Kommen mehrere Kassen in Frage, die für den Berechtigten Beiträge zur Reichsversicherungsanstalt entrichtet haben, so teilt die Reichsversicherungsanstalt jeder einzelnen Kasse den für sie in Anrechnung kommenden, den entrichteten Beiträgen entsprechenden Betrag der Leistungen dieses Gesetzes mit. In diesen Fällen wird der Gesamtbetrag der reichsgesetzlichen Leistungen dem Berechtigten auf Anweisung der Reichsversicherungsanstalt durch die Post gezahlt.

1. Die für die Zuschußkassen gegebenen Vorschriften bezwecken eine Art Rückversicherung in Höhe der reichsgesetzlichen Leistungen bei der Reichsversicherungsanstalt. Dadurch können nicht nur bestehende Fürsorgekassen, die den Anforderungen auf Zulassung als Ersatzkasse nicht genügen, weiter erhalten, sondern im Interesse der Angestellten neue Kassen auch in Zukunft gegründet werden. Das Gesetz sieht deshalb vor, daß die bestehenden Fürsorgekassen für ihre Mitglieder die reichsgesetzlichen Beiträge an die Reichsversicherungsanstalt entrichten und die letztere hiefür die reichsgesetzlichen Leistungen an die Kassenmitglieder übernimmt. Um die diesen Kassen angehörenden Mitglieder nicht schlechter zu stellen als die übrigen Pflichtversicherten, müssen

zu diesem Zwecke die Beiträge aus den Mitteln der Kasse entrichtet werden und der Beitrag des Arbeitgebers mindestens der Hälfte der nach dem Gesetze zu entrichtenden Beiträge gleichkommen. Die Kasse darf nur für Personen errichtet sein, die der reichsgesetzlichen Angestelltenversicherung unterliegen; ist dies nicht der Fall, so muß für die Angestelltenversicherung ein besonderer Vermögensteil ausgeschieden und getrennt verwaltet werden (s. auch § 369). Die Reichsversicherungsanstalt setzt Ruhegeld und Hinterbliebenenbezüge entsprechend den empfangenen Monatsbeiträgen nach §§ 55 bis 59 fest und überweist die Bezüge fortlaufend der beteiligten Kasse. Auf Antrag wird durch die Post unmittelbar an den Berechtigten gezahlt. Die sonstigen Leistungen des Gesetzes, nämlich Heilverfahren (§§ 36 ff.), Beitragserstattungen (§§ 60—62) und Leibrenten (§ 63), werden den versicherten Kassenmitgliedern unmittelbar gewährt.

2. Eine Erweiterung des § 365 enthält § 370.

Zu Abs. 1:

3. Kassen: Darunter sind Versicherungseinrichtungen zu verstehen, die auf vereinsrechtlicher Grundlage beruhen, im Gegensatz zu den im § 370 Abs. 1 genannten „Wohlfahrtseinrichtungen" und „Versicherungseinrichtungen", die also z. B. auch den Charakter von Stiftungen haben können.

Als Zuschußkassen im Sinne des Gesetzes können aber (nach seiner Entstehungsgeschichte) nur solche Kassen in Wirksamkeit treten, deren Sitz sich im Inland befindet (AVN. 1914 S. 89 Nr. 1).

Im Gegensatz zu den Ersatzkassen (s. § 372 Abs. 2) brauchen die Zuschußkassen nicht vor dem 5. Dez. 1911 (d. i. dem Tag, an dem das Gesetz im Reichstag angenommen wurde) bestanden zu haben; es können also auch noch neue Zuschußkassen gegründet werden.

4. können ... anrechnen: Nur allen der Angestelltenversicherung unterliegenden Mitgliedern gegenüber (nicht etwa gegenüber einzelnen nach Belieben) nach

Maßgabe der Satzung, die entsprechend zu ändern ist (§ 369 Abs. 1 Satz 1).

Diese Änderung kann nötigenfalls von den beteiligten Arbeitgebern oder von der Mehrheit der Kassenmitglieder erzwungen werden (§ 369 Abs. 1 Satz 2).

Eine eigentliche Anerkennung oder Zulassung einer Pensionskasse oder Fürsorgeeinrichtung als Zuschußkasse ist im Gesetz zwar nicht vorgesehen. Die RVAnstalt muß jedoch im Hinblick auf § 366 prüfen, ob und wann die Kasse oder Fürsorgeeinrichtung als Zuschußkasse in Wirksamkeit getreten ist. Dies ist nicht eher der Fall, als bis die Satzungen den Vorschriften der §§ 365 ff. angepaßt sind und der RVAnstalt die Genehmigung der Satzungsänderungen durch die etwa zuständige Aufsichtsbehörde vorgelegt ist, und als bis die gesetzlichen Beiträge aus den Mitteln der Kasse entrichtet werden (AVN. 1914 S. 89 Nr. 2).

5. nach diesem Gesetz versicherten Mitgliedern: Sowohl den zwangsweise als auch den freiwillig (§§ 15, 394) versicherten.

6. gewähren: Die Mitglieder müssen einen Rechtsanspruch auf die Leistungen haben. Hat die Kasse bisher einen solchen nicht gewährt, so muß sie, wenn sie als Zuschußkasse wirken will, ihre Satzung entsprechend ändern (§ 369 Abs. 1).

Als Zuschußkasse kann eine Kasse überhaupt nur dann in Wirksamkeit treten, wenn sie ihren Mitgliedern mehr gewährt als die Leistungen der reichsgesetzlichen Versicherung (AVN. 1913 S. 210).

7. aus ihren Mitteln entrichten: Vgl. § 368 Abs. 1.

8. Die satzungsmäßigen Leistungen werden... festgestellt: D. h. die gesamten Leistungen der Kasse, auch soweit sie die der reichsgesetzlichen Versicherung übersteigen. Der Versicherte hat also gegebenenfalls nur ein Verfahren durchzuführen, nämlich das in §§ 229 ff. des Gesetzes geregelte. Die Zuschußkasse ist auch nicht mehr berechtigt, etwa zu bestreiten, daß der Versicherte berufsunfähig sei, wenn dies vom Rentenausschuß oder den Instanzen der Rechtsprechung bereits anerkannt ist.

9. nach §§ 55 bis 58 von ihr zu tragen: Nämlich Ruhegeld und Hinterbliebenenrenten.

10. Die sonstigen Leistungen: S. die §§ 36, 38, 44, 60, 62, 63.

Zu Abs. 2:

11. Kommen mehrere Kassen in Frage: Ein Fall, der leicht eintreten kann, nämlich dann, wenn der Versicherte während der Dauer der Versicherung in verschiedenen Betrieben, für die Zuschußkassen bestehen, beschäftigt war.

12. den entrichteten Beiträgen entsprechenden Betrag der Leistungen: Für die nach Abs. 2 Satz 1 vorzunehmende Verteilung gibt die Begründung des Gesetzentwurfs folgendes Beispiel:

Es würden an Ruhegeld festzusetzen sein:

Für die Kasse x, welche die 50 ersten Monatsbeiträge in Gehaltsklasse E mit je 9,60 ℳ, zusammen 480 ℳ, erhalten hat,

$$\frac{1}{4} \cdot 480 = 120 \text{ ℳ (vgl. § 55);}$$

für die Kasse y, welche die folgenden 100 Monatsbeiträge in Gehaltsklasse F mit je 13,20 ℳ empfangen hat,

$$\frac{1}{4} \cdot (13{,}2 \cdot 70 = 231{,}00 \text{ ℳ}) + \frac{1}{8} \cdot (13{,}2 \cdot 30 = 49{,}50 \text{ ℳ}),$$

zusammen 280,50 ℳ;

für die Kasse z, der die weiterhin entrichteten 100 Monatsbeiträge in Gehaltsklasse G mit je 16,60 ℳ, zusammen 1660 ℳ, zugeflossen sind,

$$\frac{1}{8} \cdot 1660 = 207{,}50 \text{ ℳ}.$$

Das von der RVAnstalt zu tragende Ruhegeld berechnet sich hiernach auf

$\frac{1}{4} \cdot (480 + 924) + \frac{1}{8} \cdot (396 + 1660) = 608$ ℳ, wovon zu zahlen sind

für die Kasse x	120,00	ℳ
„ „ „ y	280,50	„
„ „ „ z	207,50	„
zusammen	608,00	ℳ.

§ 366.

Tritt bei Mitgliedern der im § 365 bezeichneten Kassen innerhalb der ersten zehn Jahre nach Inkrafttreten dieses Gesetzes ein Versicherungsfall der in diesem Gesetz bezeichneten Art ein und haben die Kassen nach ihrer Satzung Leistungen zu gewähren, an denen die Reichsversicherungsanstalt nicht beteiligt ist, so leistet die Reichsversicherungsanstalt zur Bestreitung der Kassenleistungen einen einmaligen Zuschuß in Höhe der Nettobeiträge mit Einschluß der rechnungsmäßigen Zinsen und Zinseszinsen.

Streit über den Zuschuß entscheidet das Oberschiedsgericht.

1. Bei der Reichsversicherungsanstalt ist zur Geltendmachung des Anspruchs für männliche Versicherte eine mindestens zehnjährige, für weibliche Versicherte und in den ersten 10 Jahren für die Hinterbliebenen eine mindestens fünfjährige Wartezeit zu erfüllen (§§ 48, 396). Daher bedürfen die Fälle, in denen der Versicherungsfall bei der rückversicherten Kasse vor Ablauf dieser Zeit eintritt und zu Leistungen führt, einer besonderen Regelung. Das Gesetz bestimmt deshalb, daß, wenn bei Kassenmitgliedern, für welche die Beiträge zur RVAnstalt gezahlt sind, innerhalb der ersten zehn Jahre der Wirksamkeit des Gesetzes der Versicherungsfall eintritt und die beteiligte Kasse nach ihrer Satzung Leistungen zu gewähren hat, die RVAnstalt aber nicht (weil die gesetzliche Wartezeit nicht zurückgelegt ist), die RVAnstalt zur Bestreitung der Kassenleistungen einen einmaligen Zuschuß in Höhe der Nettobeiträge mit Einschluß der rechnungsmäßigen Zinsen zu leisten hat. Als Zinsfuß ist der vom Bundesrat bestimmte anzurechnen (§ 368 Abs. 2).

Diese Regelung verbürgt zugleich die Leistungsfähigkeit auch der kleinsten Kassen in Höhe der reichsgesetzlichen Leistungen und beseitigt alle Schwierigkeiten, die sich aus der Erhaltung der Freizügigkeit der Angestellten ergeben. Denn wechselt ein Kassenmitglied seine Stellung, so ist die während der Mitgliedschaft bei der Kasse unter der Herrschaft des Gesetzes erworbene Anwartschaft in Höhe der reichsgesetzlichen Leistungen bei der RVAnstalt gesichert und erhöht sich ohne weiteres infolge der Beitragsleistung in der neuen Stellung.

2. Mitgliedern: Auch wenn sie gemäß §§ 15 oder 394 dieses Gesetzes freiwillig versichert sind.

Zu Abs. 1:

3. der im § 365 bezeichneten Kassen: Siehe auch § 370.

4. innerhalb der ersten zehn Jahre: § 366 hat also nur vorübergehende Bedeutung; vom 1. Jan. 1923 an wird er seine Geltung verlieren. S. auch unten Anm. 6.

5. Versicherungsfall der in diesem Gesetz bezeichneten Art: Nämlich Berufsunfähigkeit (§ 25) oder Tod (§§ 28 ff.) des Versicherten.

Es ist denkbar, daß eine Kasse Ruhegeld nach ihrer Satzung schon gewährt, ehe der Versicherte berufsunfähig im Sinne des § 25 ist. Dies wäre kein Versicherungsfall „der in diesem Gesetz bezeichneten Art"; die RVAnstalt wäre daher in einem solchen Falle nicht zuschußpflichtig.

6. an denen die RVAnstalt nicht beteiligt ist: Weil die Wartezeit noch nicht zurückgelegt ist. Wenn diese auch nach Ablauf der ersten 10 Jahre nach dem Inkrafttreten des Gesetzes noch nicht zurückgelegt ist, d. h. wenn während dieser 10 Jahre keine ununterbrochene Beitragsleistung stattgefunden hat (§ 48 Abs. 1), oder wenn der Fall des § 48 Abs. 2 (150 Beitragsmonate für männliche Versicherte) gegeben ist, so gilt § 366 nicht mehr.

7. einmaligen Zuschuß in Höhe usw.: Die Grundsätze für die Berechnung des Zuschusses bestimmt nach § 368 Abs. 2 der Bundesrat.

Demgemäß ist laut Bekanntmachung des Reichskanzlers vom 8. Juni 1913 (RGBl. S. 319) bestimmt worden, daß der Zuschuß K für jeden gezahlten Monatsbeitrag nach der Formel

$$K = a \cdot q^{\frac{n}{12}}$$

zu berechnen sei.

Hierin bedeuten:

a den dem Monatsbeitrag entsprechenden Nettobeitrag = 87,5 vom Hundert des Nettobeitrags,

q den Zinsfaktor 1,035 und

n die Anzahl der Monate, während deren der Monatsbeitrag unter Verzinsung gestanden hat, gerechnet von der Mitte des dem Beitragsmonate folgenden bis zur Mitte des Monats, in dem der Zuschuß geleistet wird.

In AVN. 1913 S. 138 wird für diese Berechnung folgendes Beispiel gegeben:

Sind für ein Mitglied einer als Zuschußkasse anerkannten Fürsorgeeinrichtung für die Zeit vom 1. Jan. 1913 bis zum 30. April 1914, also für insgesamt 16 Monate in Gehaltsklasse H Beiträge geleistet, und wird die Zahlung des Zuschusses im Juni 1914 beansprucht, so sind Zinsen zu vergüten für 16 Monate auf den Januarbeitrag 1913, für 15 Monate auf den Februarbeitrag 1913 usf., für 1 Monat auf den Aprilbeitrag 1914. Der Zuschuß berechnet sich hiernach auf

$$0{,}875 \cdot 20 \cdot \left(1{,}035^{\frac{16}{12}} + 1{,}035^{\frac{15}{12}} + 1{,}035^{\frac{14}{12}} + \cdots 1{,}035^{\frac{1}{12}}\right) =$$

$$0{,}875 \cdot 20 \cdot 1{,}035^{\frac{1}{12}} \cdot \frac{1{,}035^{\frac{16}{12}} - 1}{1{,}035^{\frac{1}{12}} - 1} = 286{,}95 \text{ ℳ}.$$

§ 367.

Die im § 365 bezeichneten Kassen sind berechtigt, ihre satzungsmäßigen Leistungen, die sie vor dem Inkrafttreten dieses Gesetzes bewilligt haben, gegen Einzahlung des Deckungskapitals auf die Reichsversicherungsanstalt zu übertragen.

Sie können die Wartezeit ihrer Mitglieder durch Einzahlung der entsprechenden Prämienreserve an die Reichsversicherungsanstalt abkürzen oder auf diese die gesamten Anwartschaften übertragen.

Für die Feststellung der übertragenen Leistungen und für die Entscheidung bei Streit hierüber gelten die Vorschriften dieses Gesetzes über das Verfahren.

1. Um auch solchen Fürsorgekassen gerecht zu werden, welche nach Einführung der neuen Versicherung sich aus irgend welchen Gründen auflösen müssen, sieht das Gesetz im § 367 Vorschriften vor, nach denen diese Kassen berechtigt sind, die an ihre Mitglieder oder deren Hinterbliebene bereits bewilligten Leistungen gegen Einzahlung des entsprechenden Deckungskapitals auf die RVAnstalt zu übertragen. Ferner läßt das Gesetz zu, daß diese Kassen durch Einzahlung der entsprechenden Prämienreserve an die RVAnstalt die Wartezeit ihrer Mitglieder für den Bezug der reichsgesetzlichen Leistungen abkürzen können.

Die Grundsätze für die Berechnung des Deckungskapitals und der Prämienreserve werden vom Bundesrate nach Anhören der RVAnstalt bestimmt (§ 368 Abs. 2). Demgemäß ist in Ziff. 2 der Bekanntm. des Reichskanzlers vom 8. Juni 1913 (RGBl. S. 319) bestimmt, daß für die nach § 367 vorzunehmenden Berechnungen die RVAnstalt die Rechnungsgrundsätze und Rechnungsgrundlagen mit den Antragstellern — d. i. den beteiligten Kassen — von Fall zu Fall vereinbart.

Die Vergünstigung im § 367 Abs. 2 über die Abkürzung der Wartezeit wird nach § 395 in den ersten drei Jahren nach dem Inkrafttreten des Gesetzes auch einzelnen Angestellten, die einer Fürsorgekasse nicht angehören, zugestanden; s. die Bem. zu § 395.

Zu Abs. 1:

2. Die im § 365 bezeichneten Kassen: Ihnen stehen auch hier die im § 370 bezeichneten Einrichtungen gleich.

Die durch § 367 den Kassen gewährten Berechtigungen stehen jedoch nur diesen selbst zu, nicht etwa auch den einzelnen einer solchen Kasse angehörenden Versicherten. Diese haben darauf, ob und inwieweit die Befugnisse des § 367 von der Kasse auszuüben seien, höchstens einen mittelbaren Einfluß, nämlich insoweit, als es sich etwa um die satzungsmäßige Mitwirkung bei den Beschlüssen der Kassenvertretungen handelt.

Zu Abs. 2:

3. Wartezeit ihrer Mitglieder: Im Gegensatz zu Abs. 1, der nur die bereits eingetretenen Versicherungsfälle im Auge hat, handelt es sich hier um solche Versicherte der Kassen, die zwar schon Anwartschaften erworben haben, für die aber der Versicherungsfall noch nicht eingetreten ist.

4. durch Einzahlung ... abkürzen oder ... übertragen: Dies kann selbstverständlich nur für die sämtlichen Mitglieder der Kasse geschehen, nicht für einzelne.

5. gesamten Anwartschaften: Die in der Satzung der Kasse vorgesehenen Leistungen, nicht nur die nach dem Gesetz zu gewährenden.

Zu Abs. 3:

6. Vorschriften ... über das Verfahren: §§ 229—312. Die Bestimmung hat nur Bedeutung für Abs. 2. Denn im Falle des Abs. 1, wo es sich um bereits festgestellte Rechtsansprüche der Versicherten handelt, kann kein Streit entstehen.

§ 368.

Der Bundesrat kann für die Entrichtung der Beiträge aus Kassenmitteln (§ 365) näheres bestimmen.

Er bestimmt die Grundsätze für die Berechnung des Zuschusses (§ 366) sowie des Deckungskapitals und der Prämienreserve (§ 367) nach Anhören der Reichsversicherungsanstalt.

1. Zu Abs. 1 ist eine Bestimmung des Bundesrats noch nicht ergangen.

2. Zu Abs. 2 s. die Bekanntm. des Reichskanzlers vom 8. Juni 1913, RGBl. S. 319 (vgl. Anm. 7 zu § 366 und Anm. 1 zu § 367).

§ 369.

Zur Durchführung der Vorschriften der §§ 365 bis 367 sind die Satzungen der Kassen zu ändern; die Änderung bedarf der Genehmigung der zuständigen Behörde. Die Behörde kann die Änderung rechtsgültig selbst vornehmen, wenn die Kasse den Antrag der beteiligten Arbeitgeber oder der Mitgliedermehrheit ablehnt.

Der Bundesrat bestimmt das Verfahren vor dem Kaiserlichen Aufsichtsamte für Privatversicherung im Falle des Abs. 1 Satz 2.

Zu Abs. 1:

1. Satzungen ... zu ändern: Vgl. Anm. 4 und 6 zu § 365.

2. zuständigen Behörde: Das Kais. Aufsichtsamt für Privatversicherung, event. die Landesbehörde.

Zu Abs. 2:

3. S. die Bekanntm. des Reichskanzlers vom 11. Dez. 1912, RGBl. S. 563.

§ 370.

Die §§ 365 bis 369 sind entsprechend anzuwenden auf Wohlfahrtseinrichtungen und auf solche Ver-

sicherungseinrichtungen, welche für die in § 1 Abs. 1 bezeichneten Personen errichtet sind.

Einrichtungen, die von Kommunalverbänden verwaltet werden, können sich auch auf andere Personen erstrecken.

Zu Abs. 1:

1. Wohlfahrtseinrichtungen: Vgl. Anm. 3 zu § 365. Wohlfahrtseinrichtungen, die nur Selbsthilfeeinrichtungen der Angestellten ohne Beteiligung der Arbeitgeber sind, eignen sich nicht als Zuschußkassen (AVN. 1914 S. 89).

2. Versicherungseinrichtungen: Hier ist namentlich an die von Berufsverbänden errichteten Pensions- und Hinterbliebenenversicherungskassen zu denken.

Zu Abs. 2:

3. Kommunalverbänden: S. § 321 Abs. 1 Nr. 2.

§ 371.

Die Vorschriften der §§ 93, 94 wegen Übertragung, Verpfändung, Pfändung und Aufrechnung der Versicherungsansprüche gelten entsprechend für Ansprüche an die Zuschußkassen. Sie gelten nicht, soweit die Leistungen der Zuschußkasse die reichsgesetzlichen Leistungen übersteigen.

Die oberste Verwaltungsbehörde bestimmt, welche Stelle für die Genehmigung nach § 93 Abs. 2 zuständig ist.

Zu Abs. 1:

1. Die Vorschriften... gelten... Sie gelten nicht: Das heißt, die Beschränkungen des Gesetzes hinsichtlich der Verpfändung, Pfändung und Aufrechnung bestehen für die Leistungen der Zuschußkassen nur bis zur Höhe der reichsgesetzlichen Leistungen. Soweit aber die Leistungen der Zuschußkassen höher sind, ist die Verpfändung usw. nicht beschränkt.

Zu Abs. 2:

2. Auf Grund des Abs. 2 sind folgende Bestimmungen ergangen:

a) Für Preußen: Nr. III des Min.-Erlasses vom 25. Jan. 1913, Handelsmin.-Bl. S. 83 (untere Verwaltungsbehörde);

b) für Bayern: § 7 der Min.-Bekanntm. vom 8. Aug. 1912, Ges.- u. V.-Bl. S. 701 (untere Verwaltungsbehörde);

c) für das Königreich Sachsen: § 9 der Verordnung vom 30. Dez. 1912, Ges.- u. V.-Bl. S. 565 (untere Verwaltungsbehörde);

d) für Württemberg: § 7 der Min.-Verf. vom 26. Juni 1912, Reg.-Bl. S. 198 (Oberamt);

e) für Baden: § 13 der Min.-V. vom 5. Aug. 1912, Ges.- u. V.-Bl. S. 339 (Bezirksamt);

f) für Hessen: § 1 der Min.-Bekanntm. vom 11. Juli 1912, Reg.-Bl. S. 411 (in Städten von über 20000 Einwohnern der Oberbürgermeister, im übrigen das Kreisamt);

g) für das Großherzogtum Sachsen: Ziff. VI der Min.-Bekanntm. vom 17. Juli 1912, Reg.-Bl. S. 630 (Bezirksdirektor);

h) für Oldenburg: Nr. II der Min.-Bekanntm. vom 6. Jan. 1913, Ges.-Bl. S. 335 (untere Verwaltungsbehörde);

i) für Sachsen-Altenburg: Nr. V der Verordn. vom 24. Dez. 1912, Ges.-Samml. S. 374 (untere Verwaltungsbehörde);

k) für Anhalt: Nr. 3 der Verordn. vom 10. Febr. 1913, Ges.-Samml. S. 165 (untere Verwaltungsbehörde);

l) für Schwarzburg-Rudolstadt: Nr. V der Verordn. vom 12. Juli 1912, Ges.-Samml. S. 83 (Landratsamt, in Städten mit mehr als 10000 Einwohnern der Gemeindevorstand);

m) für Schwarzburg-Sondershausen: Nr. VI der Verordn. vom 23. Juli 1912, Ges.-Samml. S. 571 (Landrat, in der Stadt Arnstadt der Magistrat);

n) für Waldeck u. Pyrmont: Nr. III der Bekanntm. des Landesdirektors vom 11. Febr. 1913, Reg.-Bl. S. 81 (untere Verw.-Behörde);
o) für Reuß ä. L.: § 1 der Verordn. vom 13. Juli 1912, Ges.-Samml. S. 63 (Landratsamt, für die Städte der Gemeindevorstand);
p) für Reuß j. L.: § 1 Nr. 3 der Min.-Bekanntm. vom 17. Juli 1912, Ges.-Samml. S. 127 (Landratsamt, in der Stadt Gera der Gemeindevorstand);
q) für Schaumburg-Lippe: Nr. V der Min.-Bekanntm. vom 23. Mai 1912, Anz. d. Fürstent. Sch.-L. S. 213 (untere Verwaltungsbehörde);
r) für Lippe-Detmold: Nr. IV der Verordn. vom 13. Juli 1912, Ges.-Samml. S. 804 (Verwaltungsamt oder Magistrat);
s) für Hamburg: § 7 der Bekanntm. des Senats vom 12. Juli 1912, Amtsbl. S. 743 (Versicherungsamt in Hamburg, Amtsverwalter in Ritzebüttel);
t) für Bremen: § 4 der Verordn. vom 19. Juli 1912, Ges.-Bl. S. 183 (Polizeidirektion, für Bremerhaven der Stadtrat);
u) für Elsaß-Lothringen: Nr. 3 der Verordn. vom 30. März 1913, Zentr.- u. Bez.-A.-Bl. S. 185 (untere Verwaltungsbehörde).

2. Ersatzkassen.

§ 372.

Der Bundesrat bestimmt auf Antrag, daß Versicherungseinrichtungen der in §§ 365, 370 bezeichneten Art als Ersatzkassen zugelassen werden.

Die Versicherungseinrichtungen müssen schon vor dem 5. Dezember 1911 bestanden haben und bei Stellung des Antrags rechtsfähig sein. Der Antrag ist vom Vorstand der Versicherungseinrichtung oder

der Mehrheit der bei ihr versicherten Angestellten vor dem 1. Januar 1913 beim Bundesrate zu stellen.

Zur Sicherstellung der reichsgesetzlichen Beitragsleistung für den Fall der Nichtzulassung haben die Versicherungseinrichtungen eine vom Bundesrate nach Anhören der Reichsversicherungsanstalt zu bestimmende Sicherheit bei der Reichsversicherungsanstalt zu hinterlegen.

Wird der Antrag auf Zulassung abgelehnt, so sind die seit Inkrafttreten des Gesetzes rückständigen Beiträge unter Anrechnung von dreieinhalb vom Hundert Zinsen und Zinseszinsen nachzuzahlen. Bei Streit über die Höhe des nachzuzahlenden Betrags entscheidet das Oberschiedsgericht.

1. Den Wünschen auf Zulassung von Pensionseinrichtungen als Ersatzkassen konnte man nur insoweit entgegenkommen, als nicht die Interessen der Allgemeinheit, der Reichsversicherungsanstalt, geschädigt werden. Die Zulassung mußte auf solche Einrichtungen beschränkt werden, die bei der Annahme des Gesetzes im Reichstag, d. i. am 5. Dez. 1911, bereits bestanden. Hätte man weiter gehen und etwa auch Einrichtungen zulassen wollen, die nach diesem Zeitpunkt erst begründet werden, so wäre hierdurch der RVAnstalt eine schwere Schädigung zugefügt worden. Denn es darf als sicher angenommen werden, daß nach Einführung der Pflichtversicherung für alle Angestellten diejenigen Unternehmungen, welche glaubten, mit den gleichen Beiträgen ihren Angestellten höhere Leistungen, als das Gesetz sie bietet, sicherstellen zu können, eigene Ersatzkassen eingerichtet hätten. Da die Unternehmungen bei Annahme der Angestellten zugleich eine gewisse Auswahl der Risiken herbeiführen und weniger gesunde sowie ältere Personen nach Möglichkeit ausschließen können, so würde nicht nur die Gefahr bestehen, daß Berufskreise mit grundsätzlich verhältnismäßig günstigerer Berufsunfähigkeits- und Sterbegefahr der RVAnstalt entzogen würden, sondern es würden ihr auch diejenigen Angestellten zufallen, welche wegen mangelhafter Gesundheitsverhältnisse oder infolge des vorgerückteren Alters von Unternehmungen mit Pensionseinrichtungen zur Beschäftigung nicht angenommen werden. Die natürliche Folge würde die sein, daß die RVAnstalt für den ihr zufallenden Kreis von Versicherten Beiträge erheben müßte, die kaum erschwinglich wären und die allgemeine Angestelltenversicherung unmöglich machen würden.

Die Interessen der Allgemeinheit würden weiterhin geschädigt werden, wenn bei den bereits bestehenden Kassen, sofern sie den übrigen Anforderungen genügen, zugestanden würde, daß sie eine Auswahl der Risiken treffen können. Hiergegen sprechen gleichfalls die bereits angeführten Gründe. Es kann sich deshalb bei der Zulassung von Ersatzkassen nur um solche bereits bestehende Kassen handeln, die sämtliche nach dem Gesetz Versicherungspflichtigen der Unternehmungen, für die sie errichtet sind, aufnehmen.

Ob die Kassen nur für eine Unternehmung oder für mehrere Unternehmungen mit Zwangsbeitritt ihrer sämtlichen Angestellten errichtet sind, fällt im allgemeinen nicht ins Gewicht (s. jedoch auch § 374 Abs. 3). Kassen von Berufsvereinigungen, die Unternehmungen mit sämtlichen von ihnen beschäftigten versicherungspflichtigen Angestellten in sich aufgenommen haben und gleichzeitig die Versicherung von einzelnen Angestellten betreiben, können als Ersatzkassen nur insoweit in Frage kommen und von der gesetzlichen Pflichtversicherung bei der RVAnstalt befreien, als es sich um die Versicherung von Unternehmungen mit ihren sämtlichen Angestellten handelt. Einzelversicherungen würden nach §§ 390—393 als Versicherungsverträge mit Lebensversicherungsunternehmungen zu behandeln sein und deshalb, wenn sie nach dem 5. Dez. 1911 abgeschlossen sind, von der gesetzlichen Beitragspflicht zur RVAnstalt nicht mehr befreien.

Zu Abs. 1:

2. bestimmt auf Antrag: über den Antrag s. Abs. 2 Satz 2. Sind die gesetzlichen Voraussetzungen (§§ 372 Abs. 2 Satz 1, 373 Abs. 2) gegeben, so besteht ein Anspruch auf Zulassung.

3. Versicherungseinrichtungen der in §§ 365, 370 bezeichneten Art: Es kommen nur Versicherungseinrichtungen, nicht auch Wohlfahrtseinrichtungen in Betracht, und zwar diese auch dann nicht, wenn sie sich erst nach dem 5. Dez. 1911 in Versicherungseinrichtungen umwandeln (vgl. Abs. 2 Satz 1).

Die Versicherungseinrichtungen müssen ihren Mitgliedern einen Rechtsanspruch auf die Leistungen gewähren (denn sonst wären ihre Leistungen denen der RVAnstalt nicht gleichwertig; vgl. §§ 373 Abs. 2, 375 Abs. 1).

Als Versicherungseinrichtungen im Sinn des § 372 kommen nur solche in Betracht, die im Deutschen Reich zum Geschäftsbetriebe zugelassen sind und im Sinne des Gesetzes über die privaten Versicherungsunternehmungen vom 12. Mai 1901 unter Staatsaufsicht stehen (AVN. 1914 S. 89).

4. als Ersatzkassen: Während die Beteiligung bei einer Zuschußkasse neben der gesetzlichen Versicherung bei der RVAnstalt einhergeht, gilt nach § 373 Abs. 1 die Beteiligung bei einer zugelassenen Ersatzkasse der Versicherung bei der RVAnstalt gleich, d. h. sie befreit von der gesetzlichen Versicherungspflicht.

5. vor dem 5. Dez. 1911 bestanden haben: S. Anm. 1 Abs. 1.

6. bei Stellung des Antrags rechtsfähig: Die Rechtsfähigkeit wird erworben bei Versicherungsvereinen auf Gegenseitigkeit dadurch, daß die Aufsichtsbehörde gemäß § 15 des Gesetzes vom 12. Mai 1901 über die privaten Versicherungsunternehmungen die Erlaubnis zum Geschäftsbetriebe erteilt, bei Aktiengesellschaften durch die Eintragung ins Handelsregister (§ 200 des HGB.).

Die Rechtsfähigkeit braucht nicht — wie die Versicherungseinrichtungen selbst — schon am 5. Dez. 1911 bestanden zu haben; es genügt, wenn sie bis zur Stellung des Antrags erworben wird.

Zu Abs. 3:

7. Sicherstellung: Diese ist notwendig, weil, sobald eine Kasse den Antrag auf Zulassung gestellt hat, das Verfahren über die Zulassung aber noch schwebt, die Beteiligung bei der Kasse der Versicherung bei der RVAnstalt bereits gleichsteht, die reichsgesetzliche Beitragspflicht also schon aufgehoben ist, während zugleich die Möglichkeit besteht, daß der Kasse die Zulassung verweigert wird, in welchem Falle die Beiträge an die RVAnstalt nachzuentrichten wären (§§ 373 Abs. 1 Satz 2, 372 Abs. 4).

8. vom Bundesrat ... zu bestimmende Sicherheit: S. die Bekanntm. des Reichskanzlers vom 22. Dez. 1912, RGBl. S. 571, und zu deren Nr. 4 die Bekanntm. der RVAnstalt vom 3. Jan. 1913, Reichsanz. Nr. 23 (AVN. 1913 S. 86).

Zu Abs. 4:

9. Wird der Antrag ... abgelehnt: In diesem Falle sind die Beiträge (mit Zinsen und Zinseszinsen) auch für Verstorbene insoweit nachzuzahlen, als nicht die RVAnstalt gemäß § 398 zur Beitragserstattung verpflichtet ist (AVN. 1914 S. 89).

§ 373.

Die Beteiligung bei einer zugelassenen Ersatzkasse gilt der Versicherung bei der Reichsversicherungsanstalt gleich. Das Gleiche gilt, solange das Verfahren über die Zulassung schwebt.

Die Ersatzkassen müssen den §§ 374 bis 378, § 172 Abs. 2 genügen.

Zu Abs. 1:

1. Beteiligung: S. Anm. 4 zu § 372.

Auch die freiwillige Versicherung bei einer Ersatzkasse gilt der Versicherung bei der RVAnstalt insoweit gleich, als der Betreffende auf Grund dieses Gesetzes berechtigt wäre, sich freiwillig zu versichern.

2. solange... schwebt: S. Anm. 7 zu § 372.

Zu Abs. 2:

3. S. die Bemerkungen zu den §§ 374—378.

§ 172 Abs. 2 betrifft die Anerkennungsgebühr, die daher auch bei den Ersatzkassen zugelassen sein muß. Sie kommt jedoch bei der Prüfung, ob die Leistungen der Ersatzkasse gleichwertig sind (§ 375), nicht in Betracht, da sie nur die Bedeutung einer Gebühr für Verwaltungskosten hat.

§ 374.

Den Ersatzkassen müssen sämtliche Versicherungspflichtigen der Unternehmungen, für die sie errichtet sind, angehören, soweit sie nicht nach § 390 von der Beitragsleistung befreit sind.

Der Vorschrift des Abs. 1 wird auch dann genügt, wenn in einem Betriebe mehrere Kassen vorhanden sind und jeder versicherungspflichtige Angestellte mindestens einer dieser Kassen angehört.

Bei Kassen, die für mehrere Unternehmungen errichtet sind, befreit der Beitritt einer Unternehmung, welche der Kasse gegenüber am 5. Dezember 1911 noch nicht vertraglich zur Versicherung der Mehrheit oder einer bestimmten Gruppe ihrer Angestellten verpflichtet war, die Angestellten dieser Unternehmung nicht von der Pflicht zur Versicherung bei der Reichsversicherungsanstalt.

1. § 374 gilt nicht für Knappschaftskassen oder -Vereine, die als Ersatzkassen zugelassen sind (AVN. 1914 S. 89); vgl. § 388 Abs. 3.

Zu Abs. 1:

2. sämtliche Versicherungspflichtigen: Den Ersatzkassen ist daher das Recht, die Risiken auszuwählen, nicht zugestanden; über die Gründe hierfür s. Anm. 1 Abs. 2 zu § 372.

Sie sind aber nicht gehindert, neben den nach dem Gesetz Versicherungspflichtigen auch noch andere Personengruppen zu umfassen, sei es Angestellte, die nach dem Gesetz nicht versicherungspflichtig sind, oder Personen, die überhaupt nicht unter den Begriff der Angestellten fallen. Die Ausscheidung und gesonderte Verwaltung eines für die versicherungspflichtigen Angestellten bestimmten Vermögensteils kann in einem solchen Falle nicht gefordert werden, da § 365 (Abs. 1 Satz 2) für Ersatzkassen nicht gilt.

3. soweit sie nicht... befreit sind: Angestellte, die gemäß § 390 von der eigenen Beitragsleistung befreit sind, haben mit den Arbeitgeberbeiträgen nicht der Ersatzkasse, sondern der RVAnstalt anzugehören. Dies gilt jedoch nur, wenn der Versicherungsvertrag nicht mit dem Lebensversicherungsunternehmen abgeschlossen ist, das als Ersatzkasse zugelassen wird; in diesem Falle würde die Befreiung von der eigenen Beitragsleistung mit der Zulassung der Ersatzkasse gegenstandslos (AVN. 1914 S. 89).

Zu Abs. 2:

4. mehrere Kassen: Es ist hier besonders an den Fall zu denken, daß in einem Betriebe getrennte Kassen für Beamte und Angestellte einerseits, für Werkmeister und Arbeiter andererseits vorhanden sind. Diese können dann nur zusammen als Ersatzkassen zugelassen werden.

Zu Abs. 3:

5. Diese Bestimmung schützt die RVAnstalt davor, daß bestehende Kassen nachträglich andere Unternehmungen sich angliedern (dadurch vielleicht auch § 372 Abs. 2 umgehen) und auf diese Weise den Angehörigen der angegliederten Kassen die Befreiung von der gesetzlichen Versicherungspflicht verschaffen.

6. Abs. 3 legt jedoch einer Unternehmung, die einer Kasse gegenüber am 5. Dez. 1911 vertraglich verpflichtet war, die Mehrheit oder eine Gruppe ihrer Angestellten zu versichern, nicht die Verpflichtung auf, von der

Eigenschaft jener Kasse als Ersatzkasse Gebrauch zu machen, sondern er gewährt ihr nur das Recht dazu (AVN. 1913 S. 179).

§ 375.

Die Kassenleistungen müssen den reichsgesetzlichen Leistungen mindestens gleichwertig und in dieser Höhe gewährleistet sein. Die Leistungen für die Zwecke des Heilverfahrens gelten als gleichwertig, wenn in den ersten drei Jahren nach dem Inkrafttreten dieses Gesetzes auf den Kopf der versicherten Angestellten mindestens fünf Mark aufgewendet oder zurückgelegt werden. In den folgenden Jahren ist der im Durchschnitt von der Reichsversicherungsanstalt auf den Kopf der Versicherten nach dem zuletzt veröffentlichten Rechnungsabschluß (§ 105) verbrauchte Betrag in Ansatz zu bringen. Die für die Ersatzkasse zuständige Aufsichtsbehörde überwacht die Ausführung dieser Vorschrift.

Die Gewährleistung kann auch dadurch nachgewiesen werden, daß die den Kassen nach Abs. 1 obliegenden Leistungen bei einem Rückversicherungsverbande (Versicherungsverein auf Gegenseitigkeit) sichergestellt sind, der von Kassen der im § 365 bezeichneten Art gebildet und vom Reichskanzler als leistungsfähig anerkannt ist; die Anerkennung ist davon abhängig zu machen, daß durch die Rückversicherung zugleich der Anspruch der Reichsversicherungsanstalt auf die Ueberweisung des Deckungskapitals (§ 384) sichergestellt ist.

1. Die Prüfung, ob die Leistungen gleichwertig sind (§ 375 Abs. 1), bietet besondere Schwierigkeiten. Es handelt sich für die neue Versicherung, abgesehen von dem Heilverfahren und den Beitragserstattungsfällen, um dreierlei Bezüge, nämlich um Ruhegeld, Witwenrenten und Waisenrenten, die völlig verschieden bewertet werden müssen. Hierzu kommt, daß bei manchen Fürsorgekassen dem Ruhegeld besondere Bedeutung beigelegt und die Hinterbliebenenrenten minder hoch bewertet werden und umgekehrt. Auch die Wartezeit für die Erlangung des Anspruchs auf die Leistungen ist sehr verschieden.

Es werden deshalb bei Prüfung der Gleichwertigkeit nicht notwendig die einzelnen Leistungen getrennt verglichen werden müssen. Vielmehr wird der Wert der Anwartschaft der Kassenmitglieder auf die satzungsmäßigen Leistungen dem Werte der Anwartschaft auf die reichsgesetzlichen Leistungen gegenübergestellt werden dürfen. In diesen Anwartschaftswerten wird der verschiedene Umfang und die verschiedene Höhe der Leistungen sowie die verschiedene Wartezeit zum Ausdruck kommen.

Sehr schwierig ist es auch, die Sicherheit für die Erfüllbarkeit der versprochenen Leistungen bei vielen Fürsorgekassen festzustellen, da sie im allgemeinen von einer je nach den besonderen Verhältnissen verschieden großen Zahl von Versicherten, dem voraussichtlichen Fortbestand dieser Zahl, der Höhe der Leistungen, dem Beitragsverfahren sowie von sonstigen freiwilligen Zuwendungen und Garantien abhängig ist. Um für diese Feststellungen eine breitere Grundlage und größere Garantien für die Gewährleistung der reichsgesetzlichen Leistungen zu schaffen, als sie einzelne Fürsorgekassen bieten können, sieht § 375 Abs. 2 den Zusammenschluß von Kassen zu einem Rückversicherungsverband auf Gegenseitigkeit vor. Ein Rückversicherungsverband ähnlicher Art, wie der hier gedachte, besteht bereits für die Knappschaftsvereine. Bei Sicherstellung der reichsgesetzlichen Leistungen der Ersatzkassen bei einem solchen Verbande ist die Gewährleistung dann anzunehmen, wenn vom Reichskanzler die Leistungsfähigkeit des Verbandes anerkannt worden ist.

Zu Abs. 1:

2. Die Kassenleistungen: D. h. die satzungsmäßigen Leistungen. Die Höhe der Beiträge kommt bei Prüfung der Gleichwertigkeit nicht in Betracht.

Die Mitglieder der Kasse müssen — mindestens soweit die Leistungen der Kasse den reichsgesetzlichen entsprechen — einen Rechtsanspruch auf die Leistungen haben; s. auch Anm. 3 zu § 372.

3. ersten drei Jahren nach dem Inkrafttreten dieses Gesetzes: Also in den Jahren 1913 mit 1915.

Zu Abs. 2:

4. Versicherungsverein auf Gegenseitigkeit: Der Rückversicherungsverband darf also nicht die Form einer Aktiengesellschaft haben, sein Zweck darf somit nicht auf Erzielung eines Gewinnes gerichtet sein.

§ 376.

Wird die Zulassung als Ersatzkasse zurückgezogen oder die Ersatzkasse aufgelöst, so geht die Verpflichtung zur Befriedigung der reichsgesetzlichen Ansprüche auf die Reichsversicherungsanstalt über. Aus dem Vermögen der Ersatzkasse sind der Reichsversicherungsanstalt die Prämienreserven zu überweisen, die den Verpflichtungen entsprechen. § 368 Abs. 2 gilt entsprechend.

Bei Streit entscheidet das Oberschiedsgericht.

Zu Abs. 1:

1. Zulassung ... zurückgezogen ... Ersatzkasse aufgelöst: Die Zulassung kann selbstverständlich nur vom Bundesrat, der sie erteilt hat, zurückgezogen werden. Aufgelöst werden kann die Kasse durch Beschluß ihrer satzungsmäßigen Organe, durch Konkurs oder auch von der Aufsichtsbehörde.

Die Kasse kann auch, ohne sich aufzulösen, bloß die Eigenschaft als Ersatzkasse aufgeben.

2. geht die Verpflichtung... über: Die Verpflichtung der Ersatzkasse geht, wie das Gesetz ausdrücklich bestimmt, auf die RVAnstalt nur insoweit über, als sie den reichsgesetzlichen Leistungen entspricht. Weitergehende Ansprüche der Versicherten bleiben ihnen, wenn nur die Zulassung zurückgezogen oder die Eigenschaft als Ersatzkasse freiwillig aufgegeben wird, gegenüber der Kasse gewahrt; wird aber die Kasse aufgelöst, so gehen sie unter.

3. Prämienreserven zu überweisen: Geht die Verpflichtung der Ersatzkasse auf die RVAnstalt über, so haftet diese den Versicherten (für die reichsgesetzlichen Leistungen) gerade so, wie wenn sie die Beiträge erhalten hätte. Tatsächlich hat aber nicht die RVAnstalt, sondern die Ersatzkasse die Beiträge erhalten; es muß daher für die RVAnstalt ein Ausgleich geschaffen werden durch Überweisung der Prämienreserven. Wegen deren Berechnung s. Anm. 4.

Für ihren Anspruch auf Überweisung der Prämienreserven hat die RVAnstalt gegenüber anderen Gläubigern der Ersatzkasse kein Vorzugsrecht. Es besteht daher die Gefahr, daß sie einen Ausfall erleidet; den Schaden hätten dann die Versicherten der RVAnstalt zu tragen. Daraus ergab sich für die RVAnstalt, die vom Bundesrat über alle Anträge auf Zulassung gehört wurde, die unabweisbare Pflicht, die Verhältnisse der antragstellenden Kassen genau zu prüfen, was ihr — sehr mit Unrecht — von den Beteiligten vielfach dahin ausgelegt wurde, als suche sie die Zulassung zu erschweren.

4. § 368 Abs. 2 gilt entsprechend: D. h. der Bundesrat bestimmt die Grundsätze für die Berechnung der Prämienreserve (§ 367) auch im Falle des § 376. Durch Ziff. 2 der Bekanntm. des Reichskanzlers vom 8. Juni 1913 (RGBl. S. 319) ist bestimmt, daß die RVAnstalt für diese Berechnungen die Grundsätze und Grundlagen mit den beteiligten Kassen von Fall zu Fall vereinbart.

Zu Abs. 2:

5. entscheidet das Oberschiedsgericht: Hier entscheidet also sofort die oberste Instanz; daher ist die Entscheidung endgültig und unanfechtbar.

§ 377.

Die Beiträge der Arbeitgeber zu den Kassen müssen mindestens den reichsgesetzlichen Arbeitgeberbeiträgen und, sofern die Beiträge der Versicherten höher sind, diesen gleichkommen. Die von den Arbeitgebern gemachten besonderen Aufwendungen sind auf die Beiträge der Versicherten und der Arbeitgeber gleichmäßig anzurechnen.

1. mindestens den reichsgesetzlichen Arbeitgeberbeiträgen gleichkommen: Die Beantwortung der Frage, ob die von den Arbeitgebern zu den Ersatzkassen geleisteten Beiträge den reichsgesetzlichen Arbeitgeberbeiträgen gleichkommen, wird vielfach Schwierigkeiten bieten. Die Kassen haben in vielen Fällen freiwillige Zuwendungen der Arbeitgeber, sei es an Kapitalien bei günstigen Rechnungsabschlüssen oder bei sonstiger Veranlassung, erhalten; auch findet vielfach kostenlose Übernahme der Verwaltung und ähnliches statt. Es würde unbillig sein, bei Beurteilung des Arbeitgeberbeitrags diese Zuwendungen außer Betracht zu lassen. § 377 sieht deren Einbeziehung vor. Eine allgemeine gesetzliche Vorschrift für die Beurteilung der Höhe der Zuwendungen im Vergleiche zu den laufenden gesetzlichen Beiträgen wird bei der Verschiedenartigkeit der Zuwendungen kaum möglich sein; vielmehr muß von Fall zu Fall entschieden werden. Für die Entscheidung wird eine Bilanz aufzustellen sein, in der die Leistungen der Arbeitgeber und der Angestellten getrennt darzustellen sind. Die Entscheidung ist dem Bundesrat übertragen (§ 372).

2. sofern die Beiträge der Versicherten höher sind: Das wird namentlich bei Kassen der Fall sein, die für Betriebe errichtet sind, in denen eine erhöhte Invaliditäts- und Sterblichkeitsgefahr besteht.

Die Beiträge können bei solchen Kassen höher sein als die reichsgesetzlichen, ohne daß die Leistungen höher wären als die der RVAnstalt.

3. Verschieden hohe Beiträge der Arbeitgeber und der Versicherten sind nach § 377 auch bei Ersatzkassen schlechthin unzulässig. Dadurch wird auch verhindert, daß eine Kasse höhere Leistungen gewährt als die RVAnstalt, die Mittel dazu aber bloß durch Beiträge der Versicherten aufbringt.

4. auf die Beiträge der Versicherten und der Arbeitgeber: Solche Aufwendungen sind also, obwohl sie nur von den Arbeitgebern herrühren, nicht auf die Beiträge dieser allein anzurechnen (wie der Entwurf des Gesetzes bestimmen wollte; die Änderung wurde vom Reichstag beschlossen).

§ 378.

Den Versicherten muß bei der Verwaltung der Kasse und bei der Feststellung von Kassenleistungen eine den Vorschriften dieses Gesetzes entsprechende Mitwirkung eingeräumt sein. Die Wahl muß geheim sein.

Gegen die Feststellung von Kassenleistungen ist innerhalb der im § 328 vorgeschriebenen Frist die Berufung an das Schiedsgericht und gegen dessen Entscheidung in den in diesem Gesetze vorgesehenen Fällen die Revision an das Oberschiedsgericht zulässig. Für das Verfahren gelten die Vorschriften dieses Gesetzes entsprechend.

Zu den Kosten der Schiedsgerichte und des Oberschiedsgerichts haben die Kassen einen nach Anhören der Reichsversicherungsanstalt vom Bundesrate zu bestimmenden Pauschbeitrag zu leisten.

Zu Abs. 1:

1. bei der Verwaltung der Kasse ... entsprechende Mitwirkung: Ob den Versicherten bei der Verwaltung der Kasse und bei der Entscheidung über die Gewährung der Kassenleistungen eine den Vorschriften dieses Gesetzes entsprechende Mitwirkung eingeräumt

ist, hat gleichfalls der Bundesrat zu prüfen (§ 372). Im übrigen ist es der Satzung überlassen, wie die Verwaltung der Kasse eingerichtet werden soll.

2. bei der Feststellung von Kassenleistungen: Die hier nicht durch die Rentenausschüsse der reichsgesetzlichen Angestelltenversicherung erfolgt, und zwar einerlei, ob die Leistungen der Kasse das reichsgesetzliche Maß übersteigen oder nicht (siehe aber auch § 382 Abs. 1 Satz 1 und 2).

3. Die Wahl muß geheim sein: Anderenfalls hätten die Versicherten keine den Vorschriften des Gesetzes entsprechende Mitwirkung bei der Verwaltung der Kasse und bei der Feststellung von Kassenleistungen. Für die Organe der reichsgesetzlichen Angestelltenversicherung ist allerdings im Gesetz nicht ausdrücklich vorgeschrieben, daß die Wahlen geheim sein müssen (vgl. §§ 111, 134). Es ist aber nicht zu bezweifeln, daß der Gesetzgeber an keine andere Wahl gedacht hat als an eine geheime; s. auch § 20 Abs. 3 der Wahlordnung für die Wahl der Vertrauensmänner, vom 3. Juli 1912 (RGBl. S. 419) und § 13 der Wahlordnung für die Wahl der Mitglieder des Verwaltungsrats usw., vom 22. Okt. 1912 (RGBl. S. 513).

Da aber das Gesetz für die Wahlen den Grundsatz der Verhältniswahl vorschreibt, so müssen auch bei den Ersatzkassen die Wahlen nach diesem Grundsatze vorgenommen werden.

Zu Abs. 2:

4. innerhalb der im § 328 vorgeschriebenen Frist: Ein Monat nach der Zustellung des Bescheids.

5. in den in diesem Gesetze vorgesehenen Fällen: §§ 281—283.

Zu Abs. 3:

6. Die Kosten der Schiedsgerichte und des Oberschiedsgerichts trägt die RVAnstalt (§§ 167—169). Es wäre unbillig, ihr diese Kosten auch insoweit aufzuerlegen, als die Gerichte solchen Versicherten Recht sprechen, die nicht der RVAnstalt, sondern einer Ersatzkasse angehören.

Eine Bestimmung zu Abs. 3 hat der Bundesrat noch nicht erlassen.

§ 379.

§ 371 gilt entsprechend.

Nach § 371 Abs. 1 gelten die Vorschriften der §§ 93, 94 entsprechend für Ansprüche an die Zuschußkassen, jedoch nur insoweit, als die Leistungen der Zuschußkasse die reichsgesetzlichen Leistungen nicht übersteigen. Dies gilt daher auch für die Ersatzkassen; ferner gilt für sie auch § 371 Abs. 2.

§ 380.

Bei Berechnung der Wartezeit, des Ruhegehalts und der Renten wird für den reichsgesetzlichen Anspruch die nach dem Inkrafttreten dieses Gesetzes bei Ersatzkassen und bei der Reichsversicherungsanstalt zurückgelegte Beitragszeit angerechnet.

1. Die §§ 380, 382—386 sollen die Freizügigkeit im Umfang der reichsgesetzlichen Leistungen nach dem Inkrafttreten des Gesetzes sichern. Zu diesem Zwecke ist zunächst vorgeschrieben, daß bei Berechnung der Wartezeit, des Ruhegeldes und der Renten für den reichsgesetzlichen Anspruch die nach dem Inkrafttreten dieses Gesetzes bei Ersatzkassen und bei der RVAnstalt zurückgelegte Beitragszeit angerechnet wird. Dabei sind für die Beitragszeiten bei Ersatzkassen dieselben Gehaltsklassen zugrunde zu legen, in die das Mitglied während dieser Zeit bei Versicherung durch die RVAnstalt einzureihen gewesen wäre (vgl. § 383). Ist ein Angestellter bei verschiedenen zugelassenen Ersatzkassen oder bei der RVAnstalt und einer oder mehreren Ersatzkassen versichert gewesen, so sind die reichsgesetzlichen Leistungen nach den Vorschriften des Gesetzes bei dem Rentenausschuß zu beantragen und von diesem festzusetzen (§ 382). Die RVAnstalt ist dem Berechtigten gegenüber zu den reichsgesetzlichen Leistungen verpflichtet; sie findet für ihre Leistungen, soweit sie Beiträge nicht erhalten hat, in dem Deckungskapital einen Ausgleich, das ihr nach § 384 von den Ersatzkassen, von denen Anteile an den

reichsgesetzlichen Leistungen zu übernehmen sind, zu überweisen ist. Die satzungsmäßigen Leistungen der Ersatzkasse ermäßigen sich um die von ihr anteilig zu übernehmenden reichsgesetzlichen Leistungen (§ 382 Abs. 2).

2. § 380 **bezweckt, wie erwähnt,** den Stellungswechsel, der einen Wechsel des Versicherungsträgers zur Folge hat, seiner nachteiligen Folgen zu entkleiden, soweit es sich um den reichsgesetzlichen Anspruch handelt. Er gilt also sowohl für den Fall, daß ein bisher bei der RVAnstalt versicherter Angestellter bei einem Arbeitgeber in Beschäftigung tritt, der einer Ersatzkasse angeschlossen ist, wie auch für den Fall, daß ein bisher bei einer Ersatzkasse versicherter Angestellter in die Dienste eines Arbeitgebers kommt, dessen Angestellte bei der RVAnstalt oder bei einer anderen Ersatzkasse zu versichern sind.

Der Sinn der Bestimmung ist:

Die bei Ersatzkassen zurückgelegte versicherungspflichtige Versicherungszeit wird hinsichtlich des Maßes der reichsgesetzlichen Ansprüche der bei der RVAnstalt zurückgelegten gleichgestellt.

§ 382 geht dann noch weiter, indem er der RVAnstalt für die gesamten, also auch für die bei der Ersatzkasse erworbenen Ansprüche derjenigen Versicherten, die den Versicherungsträger gewechselt haben, die Haftung auferlegt. Die Folgen der §§ 380, 382 treten ohne Mitwirkung des Versicherten ein; sie schließen aber natürlich auch aus, daß dem Versicherten die an die RVAnstalt gezahlten Beiträge oder die an die Ersatzkasse gezahlten, soweit sie erforderlich sind, um die gesetzlichen Leistungen zu erhalten, zurückgezahlt werden. Darauf gerichtete Anträge sind also zwecklos. Die Überweisung der Mittel, deren die RVAnstalt bedarf, um die bei Ersatzkassen erworbenen Ansprüche zu erfüllen, ist in § 384 geregelt; sie erfolgt erst bei Eintritt des Versicherungsfalls; beim Wechsel des Versicherungsträgers findet eine Überweisung nicht statt.

Wenn mit dem Ausscheiden aus der bisherigen Stellung die Aufgabe der versicherungspflichtigen Beschäftigung verbunden ist, so kann die Versicherung nach § 15

Abs. 1 des Gesetzes freiwillig fortgesetzt werden, sofern mindestens sechs Beitragsmonate auf Grund der Versicherungspflicht zurückgelegt sind. Die Versicherung kann sowohl bei der RVAnstalt freiwillig fortgesetzt werden als auch bei der Ersatzkasse, aus der der Angestellte ausscheidet, wenn sie nach ihrer Satzung die Möglichkeit dazu bietet (eine gesetzliche Pflicht besteht nicht).

Ein Ausscheiden aus der versicherungspflichtigen Beschäftigung kann auch gegeben sein, ohne daß ein Stellungswechsel vorliegt. Dies ist der Fall, wenn der Jahresarbeitsverdienst eines bei einer Ersatzkasse versicherten bisher Versicherungspflichtigen 5000 ℳ überschreitet, oder wenn der Versicherte in eine nicht versicherungspflichtige Beschäftigung übertritt. Wird die Versicherung bei der Ersatzkasse von solchen ehemals versicherungspflichtigen Personen, besonders auf Grund satzungsmäßigen Zwanges, fortgesetzt, so hat die fernerhin bei der Kasse zurückgelegte Beitragszeit als freiwillige Fortsetzung der Versicherung im Sinne des § 15 zu gelten, weil andernfalls die gesetzlichen Anwartschaften trotz gezahlter Beiträge verfallen würden. Das Maß der in dieser Zeit erworbenen gesetzlichen Anwartschaften kann dagegen in das Ermessen der maßgebenden Organe der einzelnen Kassen gestellt werden.

Die einzelnen Ersatzkassen regeln die Folgen des Ausscheidens eines Versicherten auf verschiedene Weise. Vielfach beschränken sie sich darauf, die gesetzliche Mindestforderung zu erfüllen, indem sie es ermöglichen, die Anwartschaften in reichsgesetzlicher Höhe aufrecht zu erhalten; manche Kassen gewähren aber auch eine Rückvergütung.

Diese über den reichsgesetzlichen Anspruch hinausgehenden Rechte geltend zu machen, ist natürlich Sache des Angestellten (AVN. 1914 S. 86).

3. W a r t e z e i t: S. die §§ 48, 395, 396.

4. d e s R u h e g e h a l t s: „Ruhegehalt", ein Ausdruck, den das Gesetz sonst nicht gebraucht, ist gleichbedeutend mit „Ruhegeld" (§§ 25—27, 55, 56).

5. R e n t e n: S. die §§ 28—35, 57, 58.

6. wird... die... Beitragszeit angerechnet: Sie wird außer bei Berechnung der Wartezeit, des Ruhegelds und der Renten auch für die Erhaltung der Anwartschaft (§ 49) angerechnet werden müssen (vgl. auch § 373 Abs. 1).

Die Beteiligung bei der Ersatzkasse muß eine wirkliche Ersatzversicherung darstellen, d. h. der bei der Ersatzkasse Versicherte müßte auch bei der RVAnstalt versicherungspflichtig oder versicherungsberechtigt gewesen sein.

§ 381.

Mindestens ein Viertel des Vermögens der Kasse, soweit es für die Angestelltenversicherung bestimmt ist, ist in Anleihen des Reichs oder der Bundesstaaten anzulegen. Die zuständige Aufsichtsbehörde überwacht die Ausführung.

Solange die Kasse noch nicht ein Viertel ihres Vermögens nach Abs. 1 angelegt hat, muß sie jährlich mindestens ein Drittel ihres Vermögenszuwachses in solchen Anleihen anlegen.

Zu Abs. 1:

1. Vgl. § 226.

2. des Vermögens der Kasse: Nämlich des Gesamtvermögens, nicht etwa nur des Teils, der der Deckung für die reichsgesetzlichen Leistungen entspricht.

Zu Abs. 2:

3. Vgl. Art. 82 u. 54 des EG. z. RVO.

§ 382.

War nach dem Inkrafttreten dieses Gesetzes der Versicherte bei verschiedenen zugelassenen Ersatzkassen oder bei der Reichsversicherungsanstalt und einer oder mehreren Ersatzkassen versichert, so ist dem Berechtigten gegenüber die Reichsversicherunsanstalt zu den reichsgesetzlichen Leistungen verpflichtet. Diese Leistungen

werden nach den Vorschriften dieses Gesetzes durch den zuständigen Rentenausschuß festgesetzt und angewiesen. Bei dem Verfahren sind die beteiligten Ersatzkassen nach den §§ 253, 256 zuzuziehen; auch ist jede von ihnen berechtigt, Rechtsmittel einzulegen. Die beteiligten Ersatzkassen haben die festgesetzten, ihnen zur Last fallenden Leistungen nach den Vorschriften der §§ 383 bis 385 der Reichsversicherungsanstalt zu überweisen.

Die satzungsmäßigen Leistungen der Ersatzkasse ermäßigen sich um die von ihr zu deckenden reichsgesetzlichen Leistungen.

1. Siehe die Bemerkung 1 u. 2 zu § 380.

Zu Abs. 1:

2. War der Versicherte bis zum Eintritt des Versicherungsfalls immer bei derselben Ersatzkasse versichert, so kommt die RVAnstalt weder für die Festsetzung noch für die Zahlung der Leistungen in Frage. Beide richten sich alsdann nach der Kassensatzung (unter Beachtung von § 378 Abs. 1). Dagegen bestimmt sich das Rechtsmittelverfahren auch in diesem Falle nach dem Gesetz (§ 378 Abs. 2).

War aber der Versicherte bei verschiedenen Ersatzkassen oder bei der RVAnstalt und einer oder mehreren Ersatzkassen versichert, so ist eine Bestimmung darüber notwendig, wer in diesem Falle die Leistungen festzusetzen und auszuzahlen hat. Diese Bestimmung enthält § 382 Abs. 1. Darnach gewährt in einem solchen Falle die reichsgesetzlichen Leistungen die RVAnstalt, der die beteiligten Ersatzkassen die auf sie entfallenden Anteile dieser Leistungen zu erstatten haben (§ 384); s. ferner Anm. 6.

3. **bei verschiedenen zugelassenen Ersatzkassen:** Daß ein Versicherter bei verschiedenen Ersatzkassen (oder bei der RVAnstalt und einer oder mehreren Ersatzkassen) versichert war oder ist, kann sich nicht

nur in zeitlicher Aufeinanderfolge ergeben, sondern auch gleichzeitig stattfinden, nämlich dann, wenn der Versicherte gleichzeitig in mehreren Beschäftigungsverhältnissen steht, die der Versicherung bei verschiedenen Ersatzkassen oder teils bei der RVAnstalt, teils bei Ersatzkassen unterliegen.

4. reichsgesetzlichen Leistungen: Das Heilverfahren, auf das der Versicherte keinen Anspruch hat (vgl. auch § 238), fällt nicht unter § 382.

5. zu überweisen: S. § 384 und die Bemerkungen dazu.

Zu Abs. 2:

6. ermäßigen sich: S. Anm. 2 Abs. 2. Den Überschuß der satzungsmäßigen über die reichsgesetzlichen Leistungen muß die Ersatzkasse unmittelbar an den Berechtigten zahlen.

§ 383.

Jede Ersatzkasse hat beim Austritt eines Kassenmitgliedes innerhalb eines Monats nach dem Austritt der Reichsversicherungsanstalt eine Bescheinigung zu übersenden, die über die Dauer der Mitgliedschaft nach dem Inkrafttreten dieses Gesetzes und über die Gehaltsklassen Auskunft gibt, in die das Mitglied während dieser Mitgliedschaft bei Versicherung durch die Reichsversicherungsanstalt einzureihen gewesen wäre. Eine gleiche Bescheinigung ist zu übersenden, wenn ein bei verschiedenen Ersatzkassen oder der Reichsversicherungsanstalt und einer oder mehreren Ersatzkassen versichert gewesenes Mitglied berufsunfähig wird oder stirbt.

1. beim Austritt: Gemeint ist der Austritt aus der Versicherung bei der Ersatzkasse, wenn also der Versicherte nicht nur aus dem die Versicherung begründenden Beschäftigungsverhältnis ausscheidet, sondern

auch von dem (durch die Satzung eingeräumten) Recht, sich bei der Kasse weiterzuversichern, keinen Gebrauch macht.

2. Bescheinigung: Diese muß erteilt werden, einerlei ob der Austretende sofort in die Versicherung bei der RVAnstalt eintritt oder nicht.

Form und Inhalt der Bescheinigung bestimmt nach § 385 der Bundesrat; s. die Bemerkungen zu diesem Paragraphen.

Die Strafbestimmung für nicht rechtzeitige Übersendung der Bescheinigung enthält § 386.

3. einzureihen gewesen wäre: S. die §§ 16—19.

4. gleiche Bescheinigung ... wenn: Dadurch wird dem Austritt des Versicherten aus der Ersatzkasse der Fall gleichgestellt, daß ein Versicherter, der verschiedenen Ersatzkassen oder der RVAnstalt und einer oder mehreren Ersatzkassen angehört hat, beim Eintritt des Versicherungsfalles noch Mitglied einer Ersatzkasse ist.

§ 384.

Die Ersatzkassen haben das Deckungskapital für die ihnen nach § 382 Abs. 1 zur Last fallenden reichsgesetzlichen Leistungen an die Reichsversicherungsanstalt spätestens innerhalb zwei Wochen nach der ihnen zugegangenen Aufforderung zu überweisen. Die Reichsversicherungsanstalt kann die Frist unter Anrechnung von Verzugszinsen verlängern.

Streit über die Höhe des Deckungskapitals entscheidet das Oberschiedsgericht.

Das Deckungskapital wird wie Gemeindeabgaben beigetrieben.

Zu Abs. 1:

1. Deckungskapital: Die Grundsätze für dessen Berechnung bestimmt nach § 385 der Bundesrat; s. die Anm. zu diesem Paragraphen.

Im Interesse der Vereinfachung und um eine geschäftliche Erleichterung herbeizuführen, sieht das Gesetz vor, daß nicht, wie § 382 (Abs. 1 Satz 4) an sich erfordern würde, alljährlich während der ganzen Bezugszeit der Berechtigten die Bezüge zwischen den Ersatzkassen und der RVAnstalt verrechnet werden sollen, sondern daß die beteiligten Ersatzkassen das Deckungskapital für die ihnen zur Last fallenden Jahresbezüge einmalig der RVAnstalt überweisen, die ihrerseits die Zahlungsverpflichtung für die laufenden Bezüge zu erfüllen hat (§ 382 Abs. 1 Satz 1 u. 2).

2. Das folgende Beispiel aus der Begründung des Gesetzentwurfs macht klar, wie die Berechnung nach § 384 vorzunehmen ist:

Es wird angenommen, der Versicherte sei nacheinander erst 60 Monate bei einer Ersatzkasse, dann 60 Monate bei der RVAnstalt und weitere 400 Monate bis zum Eintritt des Versicherungsfalls bei verschiedenen Ersatzkassen versichert gewesen.

Die Versicherung hat stattgefunden bei der	Beitragszeiten			Die reichsgesetzlichen Jahresbezüge, die den in Spalte 1 Bezeichneten zur Last fallen, betragen		
	Monate (Anzahl)	in Gehaltsklasse	Beitragssumme für die Berechnung der reichsgesetzl. Leistung. ℳ	bei Berufsunfähigkeit: Ruhegeld in ℳ	im Todesfall: Witwenrente ℳ	im Todesfall: Waisenrente für 1 Waise ℳ
1	2	3	4	5	6	7
Ersatzkasse I . . .	60	D	408	102,00	40,80	8,16
RVAnstalt . . .	60	E	576	144,00	57,60	11,52
Ersatzkasse II . .	100	G	1660	207,50	83,00	16,60
„ III . .	100	H	2000	250,00	100,00	20,00
„ IV . .	200	I	5320	665,00	266,00	53,20
Zusammen .	520	—	9964	1368,50	547,40	109,48

Die Spalten 5—7 geben die Anteile an, die im Falle der reichsgesetzlichen Berufsunfähigkeit oder des Todes von den beteiligten Versicherungsträgern zu leisten wären.

3. Verzugszinsen: Vier vom Hundert (§ 288 des BGB.).

Zu Abs. 3:

4. wie Gemeindeabgaben beigetrieben: S. Anm. 3 Abs. 1 u. 2 zu § 227.

§ 385.

Form und Inhalt der Bescheinigung (§ 383) sowie die Grundsätze für die Berechnung des Deckungskapitals (§ 384) bestimmt der Bundesrat nach Anhören der Reichsversicherungsanstalt.

1. Form und Inhalt der Bescheinigung (§ 383): Durch Ziff. 1 der Bekanntm. des Reichskanzlers vom 28. März 1913 (RGBl. S. 205) ist für die Bescheinigung ein Vordruck vorgeschrieben (s. S. 206/207 ebenda).

Der Vorstand der Ersatzkasse hat die Richtigkeit der Bescheinigung durch Unterschrift und Beidruck des Kassenstempels zu bestätigen.

2. Grundsätze für die Berechnung des Deckungskapitals: Nach Ziff. 2 der vorerwähnten Bekanntmachung gelten die jeweiligen Rechnungsgrundsätze und Rechnungsgrundlagen der RVAnstalt. Dem rechnungsmäßigen Deckungskapital ist für Verwaltungskostenersatz ein Zuschlag von 2,4 vom Hundert hinzuzufügen.

§ 386.

Wird die Bescheinigung (§ 383) nicht rechtzeitig an die Reichsversicherungsanstalt übersandt, so kann die Reichsversicherungsanstalt die säumigen Organe

der Ersatzkasse mit Geldstrafe bis zu zwanzig Mark bestrafen.

Auf Beschwerde entscheidet der Reichskanzler endgültig.

Die Strafen werden wie Gemeindeabgaben beigetrieben.

Zu Abs. 1:

1. nicht rechtzeitig: D. h. nicht innerhalb eines Monats nach Austritt des Kassenmitglieds, seinem Tod oder dem Eintritt seiner Berufsunfähigkeit (§ 383); selbstverständlich steht dem der Fall gleich, daß die Bescheinigung gar nicht übersandt wird.

2. kann ... bestrafen: Ermessenssache.

3. Geldstrafe: Diese fließt in die Kasse der RVAnstalt (§ 359 Abs. 1). — S. ferner die §§ 360, 361.

Zu Abs. 2:

4. Beschwerde: Frist auch hier 1 Monat (§ 328).

Zu Abs. 3:

5. wie Gemeindeabgaben beigetrieben: S. Anm. 3 Abs. 1 u. 2 zu § 227.

III. Öffentlich-rechtliche Pensionskassen.

§ 387.

Die Invaliden-, Alters- und Hinterbliebenenunterstützungen, die Knappschaftsvereine oder Knappschaftskassen ihren nach § 1 Abs. 1 dieses Gesetzes versicherten Mitgliedern gewähren, können um den Betrag der Ruhegeld- und Hinterbliebenenbezüge dieses Gesetzes ermäßigt werden. Die Beiträge zur reichsgesetzlichen Versicherung sind in diesem Falle aus den Mitteln des Knappschaftsvereins oder der Knappschaftskasse zu entrichten; der Arbeitgeberbeitrag muß mindestens der Hälfte der nach diesem Gesetze zu entrichtenden

Beiträge gleichkommen. Ueber das Vermögen, soweit es für die nach § 1 Abs. 1 dieses Gesetzes versicherten Mitglieder bestimmt ist, und über das sonstige Vermögen ist getrennt Rechnung zu führen; insbesondere sind die Beiträge getrennt festzusetzen.

Die Unterstützungen können auch zu einem Teile des im Abs. 1 bezeichneten Betrages ermäßigt werden. In diesem Falle ist nur ein entsprechender Teil der Beiträge zur reichsgesetzlichen Versicherung aus den Mitteln des Knappschaftsvereins oder der Knappschaftskasse zu entrichten; der Arbeitgeberbeitrag muß mindestens der Hälfte der aus den Mitteln des Knappschaftsvereins oder der Knappschaftskasse zu entrichtenden Beiträge gleichkommen.

Die Ermäßigung der Unterstützungen muß mindestens in dem gleichen Verhältnis erfolgen, wie die Bezüge (Unterstützungen) der nicht nach § 1 Abs. 1 dieses Gesetzes versicherten Mitglieder nach den §§ 1321, 1322 der Reichsversicherungsordnung gekürzt werden.

Satzungsmäßige Leistungen, die der Knappschaftsverein oder die Knappschaftskasse vor der Entschließung der zuständigen Stellen oder vor dem Inkrafttreten dieser Vorschrift bewilligt hat, dürfen nicht vermindert werden.

Die erforderlichen Anordnungen sind durch Satzungsänderung herbeizuführen. Kommt ein Beschluß über die Satzungsänderung nicht zustande, so kann auf Antrag der Mehrheit einer der beiden Gruppen in der über die Satzungsänderung beschließenden Körperschaft die oberste Verwaltungsbehörde bestimmen, daß und inwieweit die Unterstützungen nach Abs. 1 bis 4 ermäßigt werden. Zur Stellung des Antrags ist

auch die Mehrheit der nach § 1 Abs. 1 dieses Gesetzes versicherten Mitglieder befugt.

Das Nähere über die Entrichtung der Beiträge aus den Mitteln des Knappschaftsvereins oder der Knappschaftskasse bestimmt der Bundesrat.

§ 365 Abs. 1 Satz 3 bis 6, Abs. 2, § 366, § 368 Abs. 2 gelten entsprechend.

1. Eine Sonderstellung nehmen die bereits seit alters nach landesgesetzlicher Vorschrift bestehenden Knappschaftsvereine oder Knappschaftskassen ein. Diese gewähren den bei ihnen versicherten Angestellten — abgesehen von den hier nicht in Betracht kommenden Krankenkassenleistungen — Unterstützungen derselben Art, wie sie die neue Reichsversicherung vorsieht, nämlich Pensionen für den Fall der Berufsinvalidität und Hinterbliebenenrenten. Die knappschaftliche Versicherung tritt als Zwangsversicherung für diejenigen auf Bergwerken usw. beschäftigten Angestellten ein, deren Jahreseinkommen an Lohn oder Gehalt einen bestimmten Betrag (2000 ℳ) nicht übersteigt, während die Beamten mit einem höheren Einkommen versicherungsberechtigt sind. Für Angestellte, die Knappschaftsvereinen angehören, würde also, wenn sie auch der neuen reichsgesetzlichen Versicherung unterworfen werden sollten, zufolge gesetzlicher Vorschrift eine Doppelversicherung bestehen: sie würden doppelte Leistungen beanspruchen können, anderseits aber, wie ihre Arbeitgeber, auch doppelte Beiträge zu entrichten haben. Eine solche Doppelversicherung geht über das gebotene Maß gesetzlicher Fürsorge hinaus und unterliegt, weil sie die Beteiligten mit Beiträgen übermäßig belastet, schwerwiegenden Bedenken. Es ist deshalb geboten, bei den Angestellten, die hier in Betracht kommen, auf die bestehende landesrechtliche Versicherung Rücksicht zu nehmen und das Verhältnis dieser zur Reichsversicherung so zu ordnen, daß Unzuträglichkeiten vermieden werden.

Zu diesem Zwecke muß zunächst den Knappschaftsvereinen ebenso wie den im § 365 bezeichneten Kassen die Befugnis eingeräumt werden, unter gewissen Voraussetzungen auf die Leistungen, die sie ihren nach dem Reichsgesetze versicherten Mitgliedern gewähren, die Leistungen der Reichsversicherung anzurechnen. Die Vorschriften der §§ 365 ff. sind daher auf die Knappschaftsvereine übertragen.

In den Fällen, in denen die Ermäßigung der knappschaftlichen Leistungen durch die Satzung nicht eingeführt wird, bestehen die knappschaftliche und die Reichsversicherung nebeneinander und die Knappschaftsvereine sind an der Aufbringung der Mittel für die Reichsversicherung nicht beteiligt; hierfür gelten vielmehr die allgemeinen Vorschriften der §§ 170 ff. Wird durch die Satzung bestimmt, daß die knappschaftlichen Unterstützungen nur um einen Teil des Wertes der reichsgesetzlichen Bezüge ermäßigt werden (§ 387 Abs. 2), so ist der der Ermäßigung entsprechende Anteil an den Beiträgen zur Reichsversicherung aus den Mitteln des Knappschaftsvereins oder der Knappschaftskasse zu entrichten, während der aus den Kassenmitteln nicht gedeckte Anteil von den Arbeitgebern und den Versicherten persönlich aufgebracht werden muß. Um jedoch zu vermeiden, daß hiebei Unzuträglichkeiten entstehen, kann der Bundesrat gemäß § 387 Abs. 6 über die Einrichtung der Beiträge aus Kassenmitteln näheres bestimmen.

2. Von diesen Gesichtspunkten ausgehend, regelt § 387 die Funktion der Knappschaftsvereine usw. als Zuschußkassen (daher die entsprechende Geltung der in Abs. 7 angeführten Vorschriften), § 388 dagegen ihre Zulassung als Ersatzkassen (daher § 388 Abs. 3).

Zu Abs. 1—3:

3. In Abs. 1 ist nur der Fall vorgesehen, daß die knappschaftlichen Unterstützungen um den ganzen Betrag der reichsgesetzlichen Leistungen ermäßigt werden; Abs. 2 u. 3 lassen es jedoch auch zu, daß die knappschaftlichen Unterstützungen nur teilweise ermäßigt werden, sie treffen auch die für diesen Fall nötigen näheren Vorschriften.

Zu Abs. 3:

4. Nach dem § 1321 (Abs. 1) der RVO. können Knappschaftsvereine oder Knappschaftskassen die Invaliden- und Altersunterstützungen, die sie ihren, der reichsgesetzlichen Invalidenversicherung unterliegenden Mitgliedern geben, um höchstens den Wert der reichsgesetzlichen Bezüge dieser Art ermäßigen, ferner können sie nach § 1322 (Abs. 1, 2) die Unterstützungen, die sie den Hinterbliebenen ihrer reichsgesetzlich versicherten Mitglieder geben, um höchstens den halben Wert der reichsgesetzlichen Bezüge der gleichen Art ermäßigen.

Macht ein Knappschaftsverein oder eine Knappschaftskasse von diesen Befugnissen für die Arbeiter Gebrauch, so muß nach § 387 Abs. 3 des vorliegenden Gesetzes eine solche Ermäßigung *mindestens* in dem gleichen Verhältnisse auch für die Angestellten eingeführt werden, *damit die Arbeiter nicht schlechter gestellt sind als diese.*

Zu Abs. 5:

5. *oberste Verwaltungsbehörde:* Das ist, wenn die Landesgesetzgebung nichts anderes bestimmt, das Staatsministerium, in dessen Geschäftsbereich das Bergwesen gehört.

Abs. 5 bietet also die Möglichkeit, die Ermäßigung der Kassenleistungen unter Umständen auch gegen den Willen einer der beteiligten Gruppen (Arbeitgeber oder Versicherte) einzuführen.

Zu Abs. 6:

6. *bestimmt der Bundesrat:* Eine solche Bestimmung ist noch nicht ergangen.

§ 388.

Der Bundesrat bestimmt auf Antrag des Vorstandes, daß Knappschaftsvereine oder Knappschaftskassen oder Vereinigungen von solchen als Ersatzkassen zugelassen werden, wenn sie den §§ 375 und 377 genügen. Auch auf Antrag der Mehrheit der nach § 1 Abs. 1 dieses

Gesetzes versicherten Mitglieder kann der Bundesrat dieses bestimmen. Der Vorstand ist in diesem Falle zu hören.

Die Gewährleistung der Kassenleistungen (§ 375 Abs. 2) kann auch durch Sicherstellung bei einem nach Landesgesetz von Knappschaftsvereinen oder Knappschaftskassen oder Vereinigungen von solchen gebildeten Rückversicherungsverbande nachgewiesen werden.

§ 373 Abs. 1, §§ 380 bis 386 gelten entsprechend.

1. Siehe die Anm. 1 u. 2 zu § 387.

Zu Abs. 1:

2. Vereinigungen von solchen: Es ist hier an kleinere Knappschaftsvereine oder -Kassen gedacht, die für sich allein nicht genügend leistungsfähig wären, um als Ersatzkassen zugelassen zu werden, die aber Vereinigungen bilden können, die leistungsfähig sind.

Zu Abs. 3:

3. Von den Bestimmungen des Gesetzes, die nach Abs. 3 nicht gelten, sind besonders hervorzuheben die §§ 374 und 378.

§ 374 verbietet (mit anderen Worten) den Ersatzkassen, die Risiken auszuwählen. Dieses Verbot gilt also für Knappschaftskassen und -Vereine nicht; hiernach steht diesen — im Rahmen der berggesetzlichen Bestimmungen und der Satzungen — das Recht zu, die Risiken auszuwählen. Versicherungspflichtige Angestellte, deren Aufnahme von der Knappschaftsersatzkasse verweigert wird, sind daher bei der RVAnstalt zu versichern (AVN. 1913 S. 210).

Ferner gilt nicht § 378. Für Knappschaftsersatzkassen besteht daher kein reichsgesetzlicher Zwang, den Versicherten bei der Verwaltung der Kasse und der Feststellung der Leistungen eine Mitwirkung einzuräumen (§ 378 Abs. 1). Auch gilt für die Feststellung der Leistungen nicht das Rechtsmittelverfahren des Reichsgesetzes, und die Kasse hat keinen Beitrag zu den Kosten der Schiedsgerichte und des Oberschiedsgerichts zu leisten (§ 378 Abs. 2, 3).

§ 389.

Für andere öffentlich-rechtliche Pensionseinrichtungen und für solche zur Invaliden-, Alters- und Hinterbliebenenfürsorge bestimmten Kassen, für welche nach Ortsstatut eine Beitragspflicht besteht, gelten die §§ 365 bis 377, § 378 Abs. 1, §§ 379 bis 386 entsprechend.

Im übrigen sind Gemeinden, Gemeindeverbände und sonstige öffentlich-rechtliche Körperschaften berechtigt, auf die von ihnen gewährten Ruhegeld- oder Hinterbliebenenbezüge die Leistungen dieses Gesetzes entsprechend der Dauer und der Höhe ihrer Beitragszahlung anzurechnen.

Zu Abs. 1:

1. andere öffentlich-rechtliche Pensionseinrichtungen: Z. B. Eisenbahn- und Postkassen.

2. Beitragspflicht: Druckfehler im Reichsgesetzblatt; richtig „Beitrittspflicht"!

3. gelten ... entsprechend: Von diesen Paragraphen sind besonders hervorzuheben § 372, wonach also auch eine unter § 389 Abs. 1 fallende Pensions- oder Fürsorgeeinrichtung, wenn sie als Ersatzkasse zugelassen werden will, schon vor dem 5. Dez. 1911 bestanden haben und bei Stellung des Antrags rechtsfähig sein muß, ferner § 374, wonach das Verbot, die Risiken auszuwählen, auch hier gilt.

Da andererseits die Abs. 2 u. 3 des § 378 nicht gelten, so findet bei der Feststellung der Leistungen hier das gesetzliche Verfahren nicht statt, auch haben die unter § 389 Abs. 1 fallenden Einrichtungen keinen Beitrag zu den Kosten der Schiedsgerichte und des Oberschiedsgerichts zu leisten.

Zu Abs. 2:

4. Gemeindeverbände: S. § 321.

5. anzurechnen: Die Bestimmung hat nur insoweit Bedeutung, als nicht die in Betracht kommenden Beamten und Angestellten gemäß §§ 9—11 des Gesetzes ohnehin versicherungsfrei sind.

Für Bayern vgl. Art. 57 des Ausf.-Ges. vom 2. Nov. 1912 zur RVO.

IV. Versicherungsverträge mit Lebensversicherungsunternehmungen.

§ 390.

Angestellte, für die vor dem 5. Dezember 1911 bei öffentlichen oder privaten Lebensversicherungsunternehmungen (§ 1 des Gesetzes über die privaten Versicherungsunternehmungen vom 12. Mai 1901 — Reichs-Gesetzbl. S. 139 —) ein Versicherungsvertrag geschlossen ist, können auf ihren Antrag von der Beitragsleistung befreit werden, wenn der Jahresbetrag der Beiträge für diese Versicherungen beim Inkrafttreten dieses Gesetzes mindestens den ihren Gehaltsverhältnissen zur Zeit des Antrags entsprechenden Beiträgen gleichkommt, die sie nach diesem Gesetze zu tragen hätten.

Das Gleiche gilt für Angestellte, die beim Eintreten in die versicherungspflichtige Beschäftigung das dreißigste Lebensjahr überschritten haben und seit mindestens drei Jahren in einer dem ersten Absatz entsprechenden Weise versichert sind.

1. Der bisherige Mangel einer reichsgesetzlichen Fürsorge für Angestellte hat — neben der Errichtung von Fürsorgekassen — eine große Anzahl von Angestellten auf den Weg der Selbsthilfe verwiesen und ihnen Anlaß gegeben, mit Versicherungsunternehmungen Lebensversicherungsverträge, vielfach unter Leistung erheblicher Zuschüsse der Arbeitgeber, abzuschließen. Ohne Gefähr-

dung ihrer wirtschaftlichen Lage werden die Angestellten im allgemeinen nicht in der Lage sein, neben den Prämien an die Versicherungsunternehmungen auch noch die Beiträge zu zahlen, die ihnen durch die neue Versicherung auferlegt werden. Ebensowenig kann diesen Angestellten zugemutet werden, die bei diesen Unternehmungen erworbenen Rechte aufzugeben. Im günstigsten Falle würde ihnen der Rückkaufswert gewährt werden, der jedoch nur einen Teil der für ihre Versicherungen angesammelten Prämienreserve ausmacht. Sie würden somit empfindlichen Schädigungen und Vermögensverlusten ausgesetzt werden. Dies muß vermieden werden. Das Gesetz läßt es deshalb zu, daß die Angestellten von den Beiträgen zur neuen Versicherung befreit werden, wenn sie aus eigenen Mitteln für die Lebensversicherung mindestens den gleichen Beitrag entrichten, der ihnen durch die neue Pflichtversicherung auferlegt wird.

An der aus § 1 des Gesetzes sich ergebenden Versicherungspflicht wird also durch bestehende Lebensversicherungsverträge grundsätzlich nichts geändert; die §§ 390—392 enthalten nur eine Ausnahme von der gesetzlichen Beitragspflicht.

Diese Ausnahme kann zweifacher Art sein: Entweder der Angestellte allein bezahlt die Beiträge für die Lebensversicherung, dann gelten die §§ 391, 392 Abs. 1, befreit von der gesetzlichen Beitragsleistung wird in diesem Falle nur der Angestellte; oder der Arbeitgeber leistet Zuschüsse zu den Beiträgen für die Lebensversicherung, dann schafft § 392 Abs. 2—4 auch für ihn Erleichterungen der gesetzlichen Beitragslast.

Zu Abs. 1:

2. für die: Das Gesetz sagt nicht „von denen"; es ist daher nicht erforderlich, daß der Angestellte selbst der Versicherungsnehmer ist oder daß er die Beiträge selbst bezahlt. Dies kann auch der Arbeitgeber oder ein anderer tun; der Angestellte muß aber ein unmittelbares Recht auf die Versicherungsleistungen haben.

Daher ist besonders eine vom Arbeitgeber auf das Leben oder die Invalidität seiner Angestellten genommene Pensionsversicherung dann als „für den Angestellten" geschlossen anzusehen, wenn nach den zugrunde liegenden Vertragsbestimmungen die Gewähr dafür gegeben ist, daß die Versicherungsleistung auch tatsächlich dem versicherten Angestellten zufließt (ABR. 1914 S. 59).

Ist der Ehegatte oder ein Kind des Angestellten Versicherungsnehmer, so darf für den Regelfall angenommen werden, daß die Familie in häuslicher Gemeinschaft lebt und daß die Kosten der Versicherung zu Lasten des Gesamthaushalts gehen. Auch ist das Recht der Frau und der Kinder gegenüber dem Zugriff etwaiger Gläubiger des Angestellten dann am sichersten, wenn sie selbst als Versicherungsnehmer auftreten. Daher sind Verträge, in denen die Ehefrau oder Kinder des Angestellten Versicherungsnehmer und Begünstigte sind, zur Befreiung des Angestellten von der eigenen Beitragsleistung geeignet (ABR. 1913 S. 212), wenn nur die Versicherung auf den Todes- oder Erlebensfall des Angestellten selbst (nicht etwa der Frau oder der Kinder) genommen ist.

Beleihung oder Verpfändung des Versicherungsscheins hindert die Befreiung von der Beitragsleistung nicht, sofern nur der Versicherungsschein vorgelegt wird. Wenn dagegen die Versicherung mit allen Rechten übertragen ist, so kann der Angestellte auf Grund dieser Versicherung nicht mehr die Befreiung von der eigenen Beitragsleistung beanspruchen (ABR. 1913 S. 129, 212).

3. vor dem 5. Dezember 1911: Am 5. Dez. 1911 wurde das Gesetz vom Reichstag in 3. Lesung angenommen.

Der Vertragsabschluß selbst muß vor dem 5. Dez. 1911 zustande gekommen sein. Dies kann aber auch mündlich geschehen; ein Lebensversicherungsvertrag ist daher rechtswirksam zustande gekommen, sobald z. B. der Versicherungsnehmer dem zum Vertragsabschluß von der Gesellschaft ermächtigten Agenten den schriftlichen Versicherungsantrag vorgelegt und sich mit der von diesem unter der Bedingung einer bestimmten Karenzzeit abgegebenen Annahmeerklärung mündlich einverstanden erklärt hat (AVN. 1914 S. 213). Wird der Antrag auf Abschluß einer Versicherung von dem Versicherungsunternehmen nur mit Änderungen angenommen, so ist der Antrag erst dann geschlossen, wenn die Erklärung des Antragstellers, daß er mit den Änderungen einverstanden sei, dem Versicherer zugegangen ist (AVN. 1914 S. 59). Der Beginn der Versicherung darf auch erst nach dem 5. Dez. 1911 eintreten, wenn nur der Versicherungsvertrag rechtzeitig vor diesem Termin abgeschlossen ist.

Die Rückdatierung eines erst nach dem 5. Dez. 1911 abgeschlossenen Vertrages hat selbstverständlich keine Rechtswirkung. Für das Zustandekommen des Versicherungsvertrages ist das Datum des Versicherungsscheins überhaupt nicht maßgebend, auch dann nicht, wenn er wirklich schon vor dem 5. Dez. 1911 ausgestellt, also richtig datiert ist. Maßgebend ist vielmehr der Tag, an dem dem Versicherten mitgeteilt worden ist, daß sein Versicherungsantrag angenommen sei, da erst mit diesem Zeitpunkt die gegenseitige vertragliche Bindung eingetreten ist (AVN. 1913 S. 136; in diesem Fall war der Versicherungsantrag am 6. Nov. 1911 gestellt und der Versicherungsschein am 1. Dez. 1911 von der Direktion der Versicherungsgesellschaft ausgefertigt, aber erst am 19. Dez. 1911 an den Agenten gesandt und dann vom Antragsteller eingelöst worden; der Antrag auf Befreiung von der Beitragsleistung wurde zurückgewiesen).

Dem Erfordernis, daß der Versicherungsvertrag vor dem 5. Dez. 1911 geschlossen sein muß, wird auch nicht dadurch genügt, daß vor diesem Tage eine Verpflichtung des Arbeitgebers begründet war, seine Angestellten bei einer bestimmten Versicherungsunternehmung zu versichern, und daß die Gesellschaft verpflichtet war, die Versicherungsanträge dieser Angestellten anzunehmen. Denn eine derartige Vereinbarung stellt keinen Versicherungsvertrag dar, sondern sie begründet nur für die

Zukunft die Verpflichtung zum Abschluß von solchen Verträgen; sie fällt also nicht unter die Vorschrift des § 390 (AVN. 1913 S. 214).

Eine Nachversicherung begründet auch dann die Befreiung von der eigenen Beitragsleistung, wenn sie als Fortsetzung einer vor dem 5. Dez. 1911 geschlossenen Versicherung bei derselben Gesellschaft in der Weise abgeschlossen ist, daß mit dem Abschluß der Nachversicherung die frühere Versicherung als aufgelöst erklärt und deren volle Prämienreserve auf die neue Versicherung angerechnet wird (AVN. 1913 S. 210).

Die Befreiung von der eigenen Beitragsleistung gemäß § 390 setzt aber nicht nur voraus, daß vor dem 5. Dez. 1911 ein Lebensversicherungsvertrag abgeschlossen ist, sondern auch, daß er beim Inkrafttreten des Gesetzes, d. i. am 1. Jan. 1913, noch fortbestand. Er darf also nicht durch Ablauf seiner Gültigkeitsdauer, Auszahlung der Versicherungssumme usw. endgültig beseitigt sein (AVN. 1914 S. 118). Die Umwandlung der Versicherung in eine prämienfreie ist in wirtschaftlicher Hinsicht der Aufhebung der Versicherung gleichzustellen (AVN. 1913 S. 129; siehe auch 1914 S. 254). Auch auf eine Versicherung, die infolge von Kündigung oder durch Unterbrechung der Prämienzahlung erloschen war und erst nach dem 4. Dez. 1911 durch einen neuen Vertrag wieder in Kraft gesetzt worden ist, kann die Befreiung von der Beitragsleistung nicht begründet werden (AVN. 1913 S. 130; 1914 S. 38, 62).

4. bei öffentlichen oder privaten Lebensversicherungsunternehmungen: Wegen der öffentlichen Lebensversicherungsunternehmungen vergleiche § 119 des Gesetzes über die privaten Versicherungsunternehmungen, vom 12. Mai 1901, RGBl. S. 139 ff. Es handelt sich hiernach um öffentliche Versicherungsanstalten, die auf Grund landesrechtlicher Vorschriften errichtet sind.

Knappschaftskassen sind als öffentliche Lebensversicherungsunternehmungen im Sinne des § 390 zu erachten (AVN. 1913 S. 129).

Als private Lebensversicherungsunternehmungen im Sinne des erwähnten Gesetzes sind nach dessen § 1 Abs. 2 solche Personenvereinigungen nicht anzusehen, die ihren Mitgliedern nur Unterstützungen gewähren, ohne ihnen einen Rechtsanspruch darauf einzuräumen. Als Lebensversicherung im Sinne des Gesetzes gilt auch die Invaliditäts-, Alters-, Witwen-, Waisen-, Aussteuer- und Militärdienst-Versicherung, gleichviel ob auf Kapital oder Renten (§ 6 Abs. 3 des erwähnten Gesetzes).

Versicherungsunternehmungen im Sinne des § 390 sind daher: 1. die inländischen öffentlichen Versicherungsunternehmungen, 2. die privaten, auf Grund des Gesetzes über die privaten Versicherungsunternehmungen vom 12. Mai 1901 zum Geschäftsbetriebe im Inland befugten inländischen oder ausländischen Versicherungsunternehmungen (AVN. 1913 S. 129, 211; 1914 S. 39). Ausländische, zum Geschäftsbetriebe im Inland nicht zugelassene Lebensversicherungsunternehmungen fallen dagegen nicht unter § 390 (AVN. 1914 S. 97, 124).

Ist eine Pensionskasse als „kleiner Verein" im Sinne des § 53 des Gesetzes über die privaten Versicherungsunternehmungen vom 12. Mai 1901 zugelassen, so ist sie als Versicherungsunternehmung im Sinne des § 1 jenes Gesetzes zu erachten. Die Zugehörigkeit zu einer solchen Kasse befreit von der eigenen Beitragsleistung jedoch nur dann, wenn der Versicherte vor dem 5. Dez. 1911 beigetreten und die Kasse damals bereits als Lebensversicherungsunternehmen zugelassen war (AVN. 1913 S. 129).

Vereine, die auf Grund des § 103 des Gesetzes vom 12. Mai 1901 eine Versicherungstätigkeit betreiben (das sind solche Vereine, die, ohne die Rechtsfähigkeit zu besitzen, die Versicherung ihrer Mitglieder nach dem Grundsatz der Gegenseitigkeit betreiben), sind Lebensversicherungsunternehmungen im Sinne des § 390 (AVN. 1913 S. 216).

5. Ein Versicherungsvertrag geschlossen ist: Nach § 6 Abs. 3 des Gesetzes über die privaten Versicherungsunternehmungen (vom 12. Mai 1901) gilt als

Lebensversicherung im Sinne des Gesetzes auch die Invaliditäts-, Alters-, Witwen-, Waisen-, Aussteuer- und Militärdienst-Versicherung, gleichviel ob auf Kapital oder auf Renten. Dieser letztere Grundsatz ist auch für das Gebiet der Angestelltenversicherung maßgebend; zur Befreiung von der Beitragsleistung gemäß § 390 ist daher keine Kapitalsversicherung erforderlich, sondern es genügt auch ein Renten- (Pensions-) Vertrag, und zwar einerlei ob dadurch für den Invaliditätsfall oder für die Hinterbliebenen besonders vorgesorgt wird (AVN. 1913 S. 129).

Die freiwillige Weiterversicherung bei einer Ersatzkasse kann die Befreiung von der Beitragsleistung gemäß § 390 (wenn die übrigen Voraussetzungen vorliegen) begründen (AVN. 1914 S. 242).

Auch die sogenannte Risikoversicherung ist zur Befreiung von der Beitragsleistung gemäß § 390 geeignet (AVN. 1913 S. 215). Eine sogenannte Risikoumtauschpolice kann dagegen zur Befreiung von der Beitragsleistung nur bis zu dem Zeitpunkte führen, zu dem die ursprüngliche Versicherung nach den vor dem 5. Dez. 1911 getroffenen Vereinbarungen ihr Ende erreicht (AVN. 1914 S. 83).

Unfallversicherungen — auch solche mit Prämienrückgewähr für den Fall, daß der Versicherte stirbt oder ein bestimmtes Lebensalter erreicht — sind keine Lebensversicherungsverträge im Sinne des § 390 und können daher die Befreiung von der eigenen Beitragsleistung nicht begründen (AVN. 1913 S. 129, 134; 1914 S. 62, 102); das gleiche gilt auch von einer Nachversicherung zu einer Unfallversicherung, wenn auch die Nachversicherung eine Lebensversicherung betrifft (AVN. 1914 S. 62; eine solche Versicherung könnte nur für sich allein als Lebensversicherungsvertrag in Betracht kommen, müßte aber dann schon vor dem 5. Dez. 1911 geschlossen sein).

Der Abschluß einer reinen Sparversicherung (wobei die Ungewißheit, wie lange eine bestimmte Person leben wird, überhaupt nicht in Betracht kommt) begründet keinen Anspruch auf Befreiung von der Beitragsleistung (AVN. 1914 S. 219).

Ob eine Begräbnis- (Sterbegeld-) Versicherung unter § 390 fällt, ist streitig; nach der Ansicht der RVAnstalt ist eine solche Versicherung keine Lebensversicherung im Sinne des Gesetzes (Archiv für Reichsversicherung 1912 S. 118).

Die freiwillige Fortsetzung der Invalidenversicherung kann nicht in Betracht kommen (AVN. 1914 S. 85, 109, 266); desgleichen auch nicht die Pflichtversicherung bei einer Sonderanstalt (AVN. 1914 S. 41).

6. können: Es besteht kein Anspruch auf Befreiung, diese steht vielmehr im freien Ermessen der RVAnstalt (sowie des Rentenausschusses und des Schiedsgerichts, § 391 Abs. 1), die den Antrag auch ablehnen können, wenn die Voraussetzungen des § 390 gegeben sind, der abgeschlossene Versicherungsvertrag aber nach ihrer Meinung nicht genügt, um eine der gesetzlichen Versicherung gleichwertige Fürsorge zu schaffen (z. B. eine Todesfallversicherung zugunsten einer dritten Person, etwa eines Gläubigers).

7. auf ihren Antrag: S. § 391.

8. von der Beitragsleistung befreit werden: Es handelt sich hier zunächst nur um die Befreiung des Angestellten von der ihn treffenden Beitragsleistung; für den Arbeitgeber gilt § 392 Abs. 2—4 (s. Anm. 1 am Schlusse).

Ferner handelt es sich nur um die Befreiung von den Pflichtbeiträgen; im Falle der freiwilligen Versicherung ist eine Befreiung von der Beitragsleistung nicht zulässig; jedoch kann gemäß § 18 die Gehaltsklasse beliebig niedrig gewählt werden (AVN. 1913 S. 129).

Auf Ersatzkassen ist die Bestimmung des § 390 nicht anwendbar. Daher bemißt sich die Frage, ob ein Angestellter, der einer Knappschafts-Ersatzkasse anzugehören verpflichtet ist, auf Grund eines Lebensversicherungsvertrages Befreiung von seiner Beitragsleistung zur Ersatzkasse erhalten kann, nicht nach § 390, sondern ausschließlich nach dem geltenden Landesrecht und der Satzung der Kasse (AVN. 1914 S. 230).

Die Befreiung äußert ihre Wirkung nur hinsichtlich der Leistungen der gesetzlichen Versicherung, insofern als für die Zeit der Befreiung nur die halben (die Arbeitgeber-) Beiträge, für die übrige Zeit dagegen die vollen Beiträge der betreffenden Klasse der Berechnung der Leistungen zugrunde gelegt werden. Fällt daher die Befreiung — infolge Verzichts oder aus den Gründen des § 393 — weg, so beginnt nicht etwa hinsichtlich des Angestelltenbeitrages eine neue Wartezeit; auf deren Lauf ist vielmehr die Befreiung ohne Einfluß (AVN. 1913 S. 129).

Die Befreiung des Angestellten von der eigenen Beitragsleistung schließt, solange sie dauert, die freiwillige Beitragsentrichtung aus (AVN. 1913 S. 129).

Auf die Befreiung kann jederzeit verzichtet werden; der Verzicht ist dann aber endgültig (AVN. 1913 S. 129). Verzichtet ein Angestellter nachträglich auf Befreiung, so hat der Verzicht keine rückwirkende Kraft in dem Sinne, daß dem Angestellten eine Nachzahlung für die Zeit, in der für ihn nur die halben (die Arbeitgeber-) Beiträge eingegangen sind, gestattet werden könnte. Sind dagegen für einen nach § 390 befreiten schon vor der ausdrücklichen Verzichtserklärung die vollen Beiträge entrichtet, so sind diese nicht (zur Hälfte) zurückzuzahlen. Denn die Vermutung spricht dafür, daß die Beiträge schon mit der Absicht, auf die Befreiung zu verzichten, gezahlt worden sind. Der ausdrückliche Verzicht bedeutet dann nur eine Bestätigung jener Absicht (AVN. 1914 S. 118).

9. wenn der Jahresbetrag der Beiträge... mindestens... gleichkommt: Der Jahresbetrag der Versicherungsbeiträge muß mindestens der Hälfte der im § 172 festgesetzten Beiträge gleichkommen. Maßgebend ist aber hierbei die tarifmäßige Prämie, nicht etwa die um die vertragsmäßige Dividende gekürzte Prämie. Die von den Versicherungsanstalten gewährten Dividenden bilden eine Einnahme des Versicherten; die übliche Kürzung am Beitrage bildet nur eine im Interesse geschäftlicher Erleichterung eingeführte Verrechnungsart.

Ist eine Jahresprämie vereinbart und sind bei Ratenzahlungen kleine Zuschläge für Zinsverlust mitzuentrichten, so sind diese Zuschläge als Teile der Prämie zu behandeln (AVN. 1913 S. 130).

Eine Versicherung, die am 1. Jan. 1913 prämienfrei war, ist zur Befreiung von der Beitragsleistung gemäß § 390 nicht geeignet (AVN. 1913 S. 217). Der Antrag auf Befreiung ist jedoch begründet, wenn ein vor dem 5. Dez. 1911 abgeschlossener und nach diesem Zeitpunkte in einen prämienfreien Vertrag umgewandelter Lebensversicherungsvertrag am 1. Jan. 1913 noch besteht und wenn noch vor dem 1. Jan. 1913 ein neuer Lebensversicherungsvertrag geschlossen ist, der den Versicherten am 1. Jan. 1913 zur Zahlung einer Jahresprämie verpflichtet, die mindestens seinen Gehaltsverhältnissen z. Z. des Antrages entspricht. Die Befreiung erstreckt sich aber zeitlich nicht über die Dauer des vor dem 5. Dez. 1911 geschlossenen Lebensversicherungsvertrages hinaus (AVN. 1914 S. 120). Der Antrag auf Befreiung ist ferner dann begründet, wenn die Beiträge zur Lebensversicherung durch eine einmalige Kapitalszahlung abgelöst worden sind (AVN. 1914 S. 254; durch diese Entscheidung des Schiedsgerichts ist die in AVN. 1913 S. 135 mitgeteilte gegenteilige des Rentenausschusses aufgehoben worden).

Sind in den Beiträgen an eine Knappschaftskasse auch solche für die reichsgesetzliche Arbeiterversicherung mitenthalten, so kann dieser Beitragsteil für die Befreiung gemäß § 390 nicht angerechnet werden (AVN. 1913 S. 129).

10. für diese Versicherungen: Dabei ist nicht an mehrere Versicherungen eines Angestellten gedacht, sondern an die Mehrheit der Angestellten (AVN. 1913 S. 138). Daher ist § 390 auch dann anwendbar, wenn ein Angestellter nur eine, dem Gesetze genügende Versicherung abgeschlossen hat.

11. beim Inkrafttreten dieses Gesetzes: Also am 1. Jan. 1913. Wer vor dem 5. Dez. 1911 eine Lebensversicherung mit einer niedrigeren Beitragsleistung als 4 vom Hundert seines Jahreseinkommens (Beitragssatz der reichsgesetzlichen Versicherung) abgeschlossen hatte, war berechtigt, bis zum 1. Jan. 1913 seine Versicherung auf das vom Gesetz geforderte Maß zu erhöhen. Eine weitere Erhöhung bei späterem Steigen des Gehalts ist nicht erforderlich. Die bis zum 1. Jan. 1913 vorzunehmende Erhöhung konnte auch durch eine neue Versicherung bei einer anderen Unternehmung bewirkt werden (AVN. 1914 S. 119; das Gesetz verlangt nur, daß ein Versicherungsvertrag vor dem 5. Dez. 1911 geschlossen ist). Eine erst nach dem 1. Jan. 1913 abgeschlossene Nachversicherung kann aber die Befreiung von der Beitragsleistung nicht mehr begründen (AVN. 1914 S. 40); auch kann auf eine vor dem 1. Jan. 1913 bereits beendigte Versicherung eine Nachversicherung nicht mehr gegründet werden (AVN. 1913 S. 213).

Die zum Zwecke, die Prämien auf das Mindestmaß des § 390 zu erhöhen, abgeschlossene Nachversicherung äußert ihre Wirkung für die Befreiung von der Beitragsleistung nur insoweit und solange als der vor dem 5. Dez. 1911 abgeschlossene Versicherungsvertrag fortbesteht (AVN. 1914 S. 118).

Wer erst nach dem 1. Jan. 1913 versicherungspflichtig wird, kann, wenn er eine vor dem 5. Dez. 1911 abgeschlossene Versicherung hat, noch bis zum Eintritt in die Versicherungspflicht — also auch noch nach dem 1. Jan. 1913 — eine Nachversicherung abschließen (AVN. 1914 S. 223).

12. Für Bayern siehe noch Art. 57 Abs. 2 des Ausführungsgesetzes zur RVO. In diesem Falle kann die Befreiung von der Beitragsleistung gemäß § 390 eintreten (Min.-Bekanntm. vom 11. Dez. 1912 über das Verhältnis der Gemeindebeamten zum Versicherungsgesetz für Angestellte, Ziff. IV Nr. 4 Abs. 4, MABl. des Innern und des Äußern 1912 S. 1075).

Zu Abs. 2:

13. Die Beschränkung, daß der Versicherungsvertrag vor dem 5. Dez. 1911 geschlossen sein muß, gilt für Abs. 2 nicht.

14. beim Eintreten in die versicherungspflichtige Beschäftigung: Gemeint ist das erstmalige Eintreten. Wer dagegen beim Eintreten in die versicherungspflichtige Beschäftigung das 30. Lebensjahr überschritten, aber erst beim Eintritt in eine zweite oder fernere versicherungspflichtige Beschäftigung seit drei Jahren einer Lebensversicherung angehört hat, kann nicht auf Grund des § 390 Abs. 2 von der Beitragsleistung befreit werden (ABN. 1914 S. 64).

15. das dreißigste Lebensjahr überschritten haben: Wer schon in jüngerem Alter in eine versicherungspflichtige Beschäftigung eintritt, kann nur auf Grund des Abs. 1 von der Beitragsleistung befreit werden, d. h. er muß seinen Versicherungsvertrag schon vor dem 5. Dez. 1911 geschlossen haben.

16. in einer dem ersten Absatz entsprechenden Weise: D. h. bei einer öffentlichen oder privaten Lebensversicherung. Daß der für diese Versicherung zu zahlende Beitrag während der letzten drei Jahre vor dem Eintritt in die Versicherungspflicht der aus Abs. 1 sich ergebenden Mindestprämie gleichgekommen sei, ist nicht erforderlich; es genügt, wenn dies beim Eintritt in die Versicherungspflicht (nicht erst bei Stellung des Antrags auf Befreiung von der Beitragsleistung) der Fall ist. Daher sind auch hier Nachversicherungen möglich.

§ 391.

Der Antrag auf Befreiung von der Beitragsleistung ist in der ersten Aufnahmekarte (§ 188) zu stellen. Mit dem Antrag ist der Versicherungsschein (Aufnahmeschein u. dergl.) vorzulegen. Die Befreiung ist in der Aufnahme- und Versicherungskarte zu bescheinigen.

Streit über die Befreiung wird nach § 210 entschieden.

Zu Abs. 1:

1. Antrag: Darüber ist in der von der RVAnstalt veröffentlichten „Belehrung über Ausfüllung der Aufnahme- und Versicherungskarten durch die Angestellten“

(AVN. 1913 S. 122) folgendes bemerkt: Auf der Rückseite der ersten Aufnahmekarte ist ein etwaiger Antrag auf Grund des § 390 auf Befreiung von der eigenen Beitragsleistung zu stellen unter genauer Bezeichnung der Lebensversicherungsunternehmungen, mit denen vor dem 5. Dez. 1911 Lebensversicherungsverträge geschlossen worden sind, der Nummern der Versicherungsscheine (Policenummern usw.), des Datums des Abschlusses und der Wirksamkeit der einzelnen Verträge (Beginn der Versicherung) sowie des Jahresbetrags der von dem Angestellten selbst entrichteten Beiträge ohne Abzug einer etwaigen Dividende. In der Mitte der Karte ist neben der Zeile „Gesetzlicher Jahresbeitrag des Angestellten" der Beitrag, den der Angestellte nach dem auf der Vorderseite eingestellten Jahresarbeitsverdienst zu zahlen hat, anzugeben. Bei Stellung des Antrages hat der Angestellte den Versicherungsschein (Aufnahmeschein, Police usw.), die Prämienquittungen aus den beiden letzten Jahren usw. der Ausgabestelle mit der Aufnahmekarte vorzulegen. Sie werden dem Antragsteller nach Erledigung des Antrages zurückgegeben. —

Der Antrag auf Befreiung von der eigenen Beitragsleistung fällt nicht unter § 229 Abs. 3; er kann daher für minderjährige Versicherte nur von ihrem gesetzlichen Vertreter gestellt werden (AVN. 1914 S. 105).

2. in der ersten Aufnahmekarte: Diese Bestimmung ist nicht streng wörtlich aufzufassen; so kann z. B. der Antrag nicht deshalb zurückgewiesen werden, weil er nicht in der Aufnahmekarte selbst, sondern in einem beigefügten besonderen Schreiben gestellt ist, usw. Der Antrag kann auch, wenn er nicht in der ersten Aufnahmekarte gestellt ist, alsbald nachgeholt werden, solange der volle Versicherungsbeitrag noch nicht entrichtet ist (AVN. 1913 S. 130; 1914 S. 244). Immerhin ist aber die Bestimmung, daß der Antrag in der ersten Aufnahmekarte zu stellen sei, keine bloße Ordnungsvorschrift, sondern eine zwingende; ein Recht auf unbeschränkte Nachholung des Antrages gibt es daher nicht (die gegenteilige, ziemlich verbreitete Ansicht läßt schwerwiegende versicherungstechnische Gründe außer acht, worüber zu vergleichen AVN. 1913 S. 131; 1914 S. 244.) Gleichwohl hat das Direktorium der RVAnstalt aus Zweckmäßigkeits- und Billigkeitsgründen den Anträgen auf Befreiung (gemäß § 390 Abs. 1) nicht widersprochen, wenn sie bis zum 31. Dez. 1913 nachgeholt wurden, und zwar ohne Unterschied, ob die nachträgliche Stellung auf Unkenntnis des Gesetzes oder auf anderen Gründen beruhte; die erwähnte, bis 31. Dez. 1913 bemessene Frist wurde später bis 30. März 1914 verlängert (AVN. 1913 S. 209; 1914 S. 42). In allen diesen Fällen mußte jedoch die Befreiung mit rückwirkender Kraft vom Eintritt in die Versicherungspflicht an ausgesprochen werden.

Wird ein Angestellter, dessen Anwartschaft erloschen ist, wieder versicherungspflichtig, so ist die Aufnahmekarte, die er jetzt einreicht, als „erste" anzusehen. Er kann also jetzt einen Antrag gemäß § 390 stellen, auch wenn er dies früher unterlassen hatte, oder wenn ein früherer Antrag abgelehnt worden war. Als Zeitpunkt des Eintritts in die versicherungspflichtige Beschäftigung ist in diesem Falle der Augenblick des Wiedereintritts in die Versicherungspflicht zu verstehen (AVN. 1914 S. 50).

Mitglieder von Ersatzkassen, die berechtigt sind, den Antrag auf Befreiung von der eigenen Beitragsleistung zu stellen, während ihrer Zugehörigkeit zur Ersatzkasse aber den Antrag nicht gestellt hatten, können ihn noch in der ersten Aufnahmekarte, die sie nach ihrem Ausscheiden aus der Ersatzkasse einzureichen haben, stellen. Sie werden alsdann mit Wirkung vom Ausscheiden aus der Ersatzkasse an befreit (AVN. 1914 S. 95).

Mitglieder von Ersatzkassen, die Antrag auf Befreiung von der eigenen Beitragsleistung bereits gestellt hatten, um des Antragsrechtes nicht verlustig zu gehen, sind berechtigt, ihn mit rückwirkender Kraft zurückzuziehen. Das Recht, später, wenn sie aus der Ersatzkasse ausscheiden, auf den Antrag zurückzugreifen, bleibt ihnen unbenommen. Selbstverständlich aber bezieht sich dies nicht auf den Fall, daß der Angestellte bereits der RVAnstalt angehört hat und von der eigenen Beitragsleistung befreit war, bevor er zu einem, der Ersatzkasse angeschlossenen Arbeitgeber gekommen ist; hier würde ein etwaiger Verzicht auf die Befreiung endgültig sein (AVN. 1914 S. 95; siehe auch Anm. 8, letzten Absatz, zu § 390).

Zu Abs. 2:

3. nach § 210 entschieden: Es entscheidet also in erster Instanz der Rentenausschuß, in zweiter das Schiedsgericht, im Falle des § 210 Abs. 2 das Oberschiedsgericht. Die Streitigkeiten aus § 391 Abs. 2 fallen auch unter § 207 Abs. 2.

§ 392.

In den Fällen des § 390 ist der Arbeitgeber verpflichtet, den nach diesem Gesetz auf ihn entfallenden Beitragsanteil an die Reichsversicherungsanstalt abzuführen; dem Versicherten werden dafür die halben Leistungen dieses Gesetzes gewährt.

Hat der Arbeitgeber zu den Beiträgen für Versicherungen seiner Angestellten (§ 390) Zuschüsse gezahlt, so kann er diese Zuschüsse um die an die Reichsversicherungsanstalt zu entrichtenden Beiträge kürzen.

Auf Antrag des Versicherten zahlt die Reichsversicherungsanstalt die an dem Zuschuß gekürzten Beträge an die Lebensversicherungsunternehmungen aus den Arbeitgeberbeiträgen (Abs. 1) weiter, wenn

1. die Versicherung noch in einer dem § 390 entsprechenden Höhe besteht,

2. der Versicherungsschein hinterlegt wird,

3. zur Sicherung einer Anwartschaft auf Ruhegeld und Hinterbliebenenrente die Forderung aus der Versicherung zu demjenigen Teile, welcher dem gekürzten Betrage der reichsgesetzlichen

Arbeitgeberzuschüsse entspricht, an die Reichsversicherungsanstalt rechtsverbindlich abgetreten wird.

Näheres über die Ausführung dieser Vorschriften bestimmt der Bundesrat. Er setzt nach Anhören der Reichsversicherungsanstalt die Vergütung fest, die von den Lebensversicherungsunternehmungen für die Abführung der Beiträge zu zahlen ist.

Zu Abs. 1 u. 2:

1. In allen Befreiungsfällen des § 390 bleibt die Verpflichtung des Arbeitgebers, die restlichen vier vom Hundert des Einkommens als Beitrag zu der Angestelltenversicherung zu zahlen, bestehen (§ 392 Abs. 1). Es sind aber hier zu unterscheiden Lebensversicherungsverträge mit Zuschüssen und Verträge ohne Zuschüsse der Arbeitgeber.

Da das Gesetz beabsichtigt, den Angestellten eine zweifellos gesicherte Fürsorge zu bieten, so sind in den letzteren Fällen die Beiträge der Arbeitgeber an die RVAnstalt abzuführen und von dieser zur Sicherung der halben Leistungen des Gesetzes zu verwenden (§ 392 Abs. 1). Aber auch in den anderen Fällen wird den Absichten der Arbeitgeber, durch ihre Zuschüsse eine Fürsorge für ihre Angestellten zu sichern, nur entsprochen, wenn auch diese Zuschüsse in Höhe des gesetzlichen Beitrags an die RVAnstalt abgeführt und hier zur Sicherung einer Anwartschaft auf Ruhegeld und Hinterbliebenenrente verwendet werden. Der Arbeitgeber darf den bisherigen Zuschuß zur Lebensversicherung um den für die neue Versicherung zu zahlenden anteiligen Beitrag von 4 Prozent des Jahreseinkommens kürzen. Um auch hier den Versicherten vor finanziellen Verlusten zu schützen, wird ihm das Recht gegeben (§ 392 Abs. 3), zu beantragen, daß die vom Arbeitgeber der RVAnstalt eingesandten bisherigen Zuschüsse zur Aufrechterhaltung seiner Versicherung an die Lebensversicherungsunternehmung abgeführt werden. Das darf aber nur dann geschehen, wenn die Versicherung bei Stellung des Antrags noch in voller Höhe (§ 390 Abs. 1) besteht, der Versicherungsschein bei der RVAnstalt hinterlegt wird und zur Sicherung einer Anwartschaft auf Ruhegeld und Hinterbliebenenrente die Forderung aus der Versicherung entsprechend der Höhe des gekürzten, von der RVAnstalt fortzuzahlenden Arbeitgeberzuschusses rechtsverbindlich an die RVAnstalt abgetreten wird. Die Ausführungsbestimmungen für diese Vorschriften sind dem Bundesrate übertragen (§ 392 Abs. 4).

Zu Abs. 3:

2. Auf Antrag des Versicherten: Dem Antrage sind nach Bestimmung des Bundesrats (vgl. Abs. 4 dieses Paragraphen) beizufügen:

a) der Nachweis, daß der Arbeitgeber sich verpflichtet hat, die Weiterzahlungen nach den Bestimmungen des Versicherungsvertrages auf Anfordern der RVAnstalt unmittelbar an die Lebensversicherungsunternehmung abzuführen;

b) der Nachweis, daß die Versicherungsunternehmung der RVAnstalt das Recht einräumt, den ihr abgetretenen Teil der Versicherung durch Zahlung der entsprechenden Prämie auch dann aufrecht zu erhalten, wenn der übrige Teil infolge Nichtzahlung der Prämie verfällt. Ist nach dem Versicherungsvertrag die Aufrechterhaltung eines Teiles der Versicherung nicht möglich und wird ein solches Recht auch auf Ansuchen nicht eingeräumt, so hat der Versicherte bei der Abtretung der Forderung aus der Versicherung zu erklären, daß er für den Fall, daß er die Prämien nicht zahlt, der RVAnstalt das Recht einräumt, in alle Rechte und Pflichten aus dem Versicherungsvertrage einzutreten. Die RVAnstalt hat dafür dem Versicherten bei Fälligkeit der Versicherungsleistung denjenigen Betrag auszuzahlen, welcher den für ihn früher an die Versicherungsunternehmung geleisteten Prämien entspricht;

c) der Versicherungsschein (Aufnahmeschein u. dergl.) und die zugehörigen Versicherungsbedingungen;

d) der Nachweis über die Zahlung der zuletzt fällig gewesenen Prämie oder den zuletzt fällig gewesenen Mitgliedsbeitrag;

e) die Versicherungskarte;

f) der Nachweis dafür, daß der Arbeitgeber vor dem 5. Dez. 1911 (in den Fällen des § 390 Abs. 1) oder vor dem Eintritte des Angestellten in die Versicherungspflicht (in den Fällen des § 390 Abs. 2) den Zuschuß geleistet hat (vgl. unten Anm. 3 Abs. 2).

3. zahlt die Reichsversicherungsanstalt: Nach Ziff. I der Bekanntm. des Reichskanzlers vom 11. Jan. 1913 (s. Abs. 4 dieses Paragraphen) werden die von dem Arbeitgeber an seinem Zuschusse gekürzten Beträge höchstens insoweit an die Lebensversicherungsunternehmung weiterbezahlt, als der Beitrag (die Prämie) den für die Befreiung des Angestellten von der eigenen Beitragsleistung nach § 390 Abs. 1 erforderlichen Betrag übersteigt. Gemäß Abs. 1 dieses Paragraphen ist der Arbeitgeberanteil der Beiträge an die RVAnstalt zu entrichten; gemäß Abs. 3 wird der gekürzte Betrag von der RVAnstalt an das Lebensversicherungsunternehmen weitergezahlt. Geschieht die Überweisung ausnahmsweise auf diesem Wege, so hat der Arbeitgeber, wie auch sonst, in der Versicherungskarte die an die RVAnstalt geleistete Zahlung zu bescheinigen. Wird dagegen, was die Regel bilden wird, der Arbeitgeber ermächtigt, die Zahlung nach Maßgabe des Versicherungsvertrags unmittelbar an das Lebensversicherungsunternehmen abzuführen, so ist die jedesmalige Zahlung des für überweisungsfähig erklärten Betrages unter Angabe des Zeitraums, für welchen gezahlt ist, zu bescheinigen (also z. B. „120 Mark für 1. Jan. 1913 bis 31. Dez. 1913 an die Viktoria überwiesen“). Ist nicht der ganze Betrag des Arbeitgebers durch Überweisung gedeckt, so ist daneben noch jeweils die Zahlung des Überschusses an die RVAnstalt in der Karte zu bescheinigen (also z. B. „100 Mark für 1. Jan. 1913 bis 31. Dez. 1913 an die Viktoria überwiesen; 1,67 Mark für Januar 1913 gezahlt.“) (AVN. 1913 S. 179.)

Nach Ziff. II der Bekanntm. des Reichskanzlers vom 11. Jan. 1913 (s. Abs. 4 dieses Paragraphen) ist die Weiterzahlung der von dem Arbeitgeber an seinem Zuschuß gekürzten Beträge an die Lebensversicherungsunternehmung nur zulässig, wenn

1. der Arbeitgeber den Zuschuß zu den Beiträgen (Prämien) für die Versicherung des Angestellten in den Fällen des § 390 Abs. 1 schon vor dem 5. Dez. 1911 und in den Fällen des § 390 Abs. 2 vor dem Eintritt des Angestellten in die Versicherungspflicht geleistet hat, und
2. der Versicherte nachweist, daß der Arbeitgeber sich verpflichtet hat, die Weiterzahlungen nach den Bestimmungen des Versicherungsvertrages auf Anfordern der RVAnstalt unmittelbar an die Lebensversicherungsunternehmung abzuführen.

Die Weiterzahlung (Überweisung) der Arbeitgeberbeiträge ist auch nicht statthaft, wenn der Angestellte bei dem Arbeitgeber, der vor dem 5. Dez. 1911 die Zuschüsse gezahlt hatte, nicht über den 1. Jan. 1913 (Inkrafttreten des Gesetzes) hinaus beschäftigt gewesen ist (AVN. 1913 S. 132 Nr. 4).

Da die Beiträge nur insoweit überwiesen werden können (an die RVAnstalt zur Weiterzahlung), als schon vor dem 5. Dez. 1911 ein Zuschuß gezahlt ist, so kann eine nach diesem Zeitpunkt eingetretene Erhöhung des Zuschusses nicht mehr in Betracht kommen. Die Differenz zwischen dem vor dem 5. Dez. 1911 gezahlten Zuschuß und dem jetzt zu zahlenden Arbeitgeberbeitrag ist nicht überweisungsfähig (AVN. 1913 S. 132 Nr. 1).

Zu Abs. 3 Nr. 2:

4. Versicherungsschein hinterlegt: Der Vorschrift wird nicht dadurch genügt, daß über den der RVAnstalt abgetretenen Teil der Versicherung ein Zweigdokument ausgestellt und nur dieses der RVAnstalt ausgeantwortet wird; es muß vielmehr der Versicherungsschein über die ganze Versicherung, auf welche die Überweisung erfolgt, hinterlegt werden.

Durch die Abtretung der Forderung aus der Versicherung werden der Angestellte und die RVAnstalt gemäß § 952 BGB. Miteigentümer von dem über die ganze Forderung ausgestellten Versicherungsschein. Nr. 2 des § 392 Abs. 3 bezweckt nun, dem Angestellten die Verpfändung und Abtretung sowie den Rückkauf des nicht abgetretenen Teils der Forderung aus der Versicherung zu erschweren. Denn jede vorzeitige Flüssigmachung des in der Versicherung investierten Kapitals durch den Angestellten bedeutet nicht nur eine Vereitelung des vom Gesetzgeber angestrebten Zweckes, sondern sie schließt auch für die RVAnstalt erhebliche pekuniäre Gefahren in sich. Diese werden dadurch gemildert, daß der Angestellte durch die Hinterlegung des Versicherungsscheins bei der RVAnstalt überhaupt verhindert wird, seine Versicherung vorzeitig zu Geld zu machen, und sich äußerstenfalls darauf beschränken muß, den ihm verbliebenen Teil in eine prämienfreie Versicherung umwandeln zu lassen (AVN. 1913 S. 132 Nr. 5 und 6).

Zu Abs. 3 Nr. 3:

5. Sicherung einer Anwartschaft auf Ruhegeld und Hinterbliebenenrente: Nach Ziff. III der Bekanntm. des Reichskanzlers vom 11. Jan. 1913 (s. Abs. 4 dieses Paragraphen) gilt eine Anwartschaft als gesichert, wenn folgende Bedingungen erfüllt sind:

a) die Forderung aus der Versicherung zu demjenigen Teil, welcher dem gekürzten Betrage der reichsgesetzlichen Arbeitgeberzuschüsse entspricht, muß vorbehaltlos und endgültig abgetreten sein;

b) für den Fall, daß der Versicherungsnehmer den Versicherungsvertrag erfüllt, muß der Eintritt der Verpflichtung des Versicherers zur Erfüllung der vereinbarten Leistung gewiß sein;

c) die Versicherung muß rückkaufsfähig sein.

Ist eine Versicherung nach Maßgabe des bisherigen Vertrages noch nicht rückkaufsfähig, wird ihr aber die Rückkaufsfähigkeit nachträglich zugestanden, so ist eine Überweisung nur dann zulässig, wenn das Lebensversicherungsunternehmen die Erklärung abgibt, daß das

Deckungskapital bereits positiv ist (AVN. 1913 S. 132 Nr. 2).

6. die Forderung ... abgetreten wird: Daran, daß der Angestellte gemäß Abs. 1 dieses Paragraphen die halben Leistungen des Gesetzes erhält, wird auch dann nichts geändert, wenn gemäß Abs. 3 die Arbeitgeberbeiträge an die RVAnstalt zur Weiterzahlung überwiesen werden. In diesem Falle hätte also die RVAnstalt Leistungen zu gewähren, obwohl sie die Beiträge nicht behält, sondern an ein Lebensversicherungsunternehmen abführen muß. Die RVAnstalt wird nun für die ihr so entgehenden Arbeitgeberbeiträge dadurch schadlos gehalten, daß ihr aus der Versicherung des Angestellten ein Teil, der nach der vom Bundesrat aufgestellten Formel (siehe unten) zu berechnen ist, abgetreten wird. Dieser abgetretene Teil verbleibt endgültig und in voller Höhe der RVAnstalt. Es wird von ihm nichts zurückgewährt, selbst dann nicht, wenn der Angestellte innerhalb der Wartezeit stirbt, mithin Leistungen an ihn oder an seine Hinterbliebenen nicht zu bewirken sind. Denn an der Dauer der Wartezeit (oder an der Höhe der Leistungen) wird durch die Überweisung der Beiträge nichts geändert. Danach kann die RVAnstalt allerdings in einzelnen Fällen einen Gewinn erzielen, indem sie zwar den abgetretenen Teil erhält, andererseits aber Leistungen in dem betreffenden Falle nicht zu gewähren hat. Diese Überschüsse im einzelnen Fall sind aber erforderlich, um die Verluste auszugleichen, die die RVAnstalt wieder in anderen Fällen erleidet, in denen die abgetretene Summe nicht zur Deckung der Leistungen ausreicht (AVN. 1913 S. 133 Nr. 7).

Ist eine Kapitalversicherung mit Prämienfreiheit und Rente im Invaliditätsfall abgeschlossen, so verlangt die RVAnstalt die Abtretung eines entsprechenden Teiles der Kapitalversicherung mit Prämienfreiheit im Invaliditätsfall, aber ausschließlich des Anspruchs auf Rentenbezug (AVN. 1913 S. 132 Nr. 3).

Der Teil der Forderung aus der Versicherung, den der Angestellte der RVAnstalt abzutreten hat, ist nach

Ziff. III Nr. 5 der Bekanntm. des Reichskanzlers vom 11. Jan. 1913 (s. unten Anm. 8) nach der Formel

$$S = \frac{b \cdot R}{P}$$

zu berechnen (hierin bedeutet S den abzutretenden Teil, b den von der RVAnstalt weitergezahlten Beitragsteil, R den Barwert der zukünftigen Prämienzahlung im Jahresbetrag 1 und P die einmalige Nettoprämie für die Versicherungsleistung 1. Als Rechnungsgrundlagen gelten die für die Tarifberechnung der Lebensversicherungsunternehmung beim Abschluß der Versicherung maßgebend gewesenen Grundlagen; sind diese nicht zu beschaffen, so ist die Tafel M und W I der 23 deutschen Lebensversicherungsgesellschaften und ein Zinsfuß von $3^1/_2$ vom Hundert zu verwenden.

7. Die Abtretung der Forderung genießt Gebührenfreiheit gemäß §§ 337, 338 (ABN. 1913 S. 219).

Zu Abs. 4:

8. Näheres ... bestimmt der Bundesrat: Siehe die Bekanntm. des Reichskanzlers vom 11. Jan. 1913, RGBl. S. 19, und dazu Erläuterungen, Reichsanzeiger 1913 Nr. 24 (ABN. 1913 S. 70).

Siehe ferner das Rundschreiben des Direktoriums der RVAnstalt an die deutschen Lebensversicherungsgesellschaften vom 14. Febr. 1913 (ABN. 1913 S. 119).

Die Ziff. I mit IV der Bekanntm. des Reichskanzlers sind schon oben wiedergegeben worden; wegen Ziff. V siehe die nächste Anmerkung. Nach Ziff. VI vereinbart die RVAnstalt mit Lebensversicherungsunternehmungen, die Fabrik-, Betriebs-, Haus-, Seemanns- und ähnliche Kassen sind und nicht zu den Zuschußkassen oder öffentlich-rechtlichen Pensionskassen (§§ 365, 387, 389) gehören, die Bedingungen, unter denen die von den Arbeitgebern an ihren Zuschüssen gekürzten Beträge weitergezahlt werden können.

9. Vergütung: Nach Ziff. V der Bekanntm. des Reichskanzlers vom 11. Jan. 1913 haben die Lebensversicherungsunternehmungen der RVAnstalt außer in den Fällen der Nr. II, 2 (das sind die Fälle, in denen

der Arbeitgeber auf Anfordern der RVAnstalt die Weiterzahlungen unmittelbar an die Lebensversicherungsunternehmung abführt) eine Vergütung von 1 vom Hundert der überwiesenen Beträge zu zahlen. Alle sonstigen aus Überweisungsanträgen entstehenden Kosten trägt der Antragsteller.

§ 393.

Werden die Versicherungen (§ 390) vor Eintritt des Todes des Angestellten durch Ablauf, Verfall oder aus anderen Gründen aufgehoben, so fällt die Befreiung von der Beitragsleistung weg. Die Lebensversicherungsunternehmungen haben die Aufhebung von Versicherungsverträgen der Reichsanstalt mitzuteilen, wenn ihnen die Befreiung des Angestellten von der Beitragsleistung angezeigt worden ist. Zuwiderhandlungen werden von der Aufsichtsbehörde mit Geldstrafe bis zu einhundert Mark bestraft.

1. die Versicherungen: Gemeint sind nur die vor dem 5. Dez. 1911 abgeschlossenen Verträge; mit dem Ablauf dieser Verträge fällt die Befreiung von der eigenen Beitragsleistung weg. Dieser Zeitpunkt kann weder durch Abänderung des Vertrages noch durch Abschluß einer Zusatzversicherung hinausgeschoben werden (AVN. 1913 S. 129, 135, 136, 210; siehe auch Anmerkung 11, besonders Abs. 2, zu § 390). Eine vor dem 1. Jan. 1913 abgeschlossene Nachversicherung, durch die die Prämie auf den nach § 390 Abs. 1 erforderlichen Mindestbetrag gebracht wird, hat also nur Einfluß auf die Zulässigkeit der Befreiung von der Beitragsleistung, dagegen nicht auf die Dauer dieser Befreiung.

2. durch Ablauf: Dazu gehört natürlich auch die Auszahlung der Versicherungssumme bei einer abgekürzten Lebensversicherung (AVN. 1913 S. 136; 1914 S. 221). Auch hier kann durch eine Nachversicherung

— auch wenn sie vor dem 1. Jan. 1913 geschlossen ist — an dem Wegfall der Befreiung nichts geändert werden.

3. oder aus anderen Gründen: Als solche kommen in Betracht — außer dem in Anm. 8, Abs. 6, zu § 390 erwähnten Verzicht —

a) die, Abtretung der Rechte aus der Versicherung, ausgenommen, die Rechte würden an den Ehegatten oder die Kinder abgetreten, da auch in diesem Falle die Versicherung als „für den Angestellten" geschlossen gilt (vgl. Anm. 2 zu § 390). Dasselbe gilt, wenn die Abtretung lediglich eine Sicherheitsübereignung darstellt (AVN. 1914 S. 89);

b) die Bestellung eines unwiderruflich Begünstigten gemäß §§ 330 ff. BGB., § 166 des Gesetzes über den Versicherungsvertrag (vom 30. Mai 1908, RGBl. S. 263 ff.). Auch hier gilt das zu a Gesagte (AVN. 1914 S. 89);

c) die Umwandlung der Versicherung in eine prämienfreie. Hierunter ist der Fall zu verstehen, daß die Prämienzahlung vom Versicherten eigenmächtig eingestellt wird (AVN. 1914 S. 90);

d) der Fall, daß die Versicherung bedingungsgemäß vor der Auszahlung prämienfrei geworden ist (Versicherung mit abgekürzter Prämienzahlung), abgesehen von dem Fall, daß die Dividende die Tarifprämie erreicht oder übersteigt, und daß nur aus diesem Grunde die Entrichtung der Prämien aufhört (AVN. 1914 S. 90).

Keinen Wegfall der Befreiung begründet — außer der erwähnten Sicherheitsübereignung — auch die Beleihung und die Verpfändung oder Pfändung der Versicherung (AVN. 1914 S. 90).

4. aufgehoben: Darunter ist nicht etwa nur eine nicht bestimmungsgemäße, sondern auch jede, durch den ursprünglichen Versicherungsvertrag vorgesehene Beendigung des Versicherungsverhältnisses zu verstehen.

Wenn nach den Versicherungsbedingungen dem Versicherten das Recht zusteht, die von der Gesellschaft gekündigte Versicherung innerhalb einer gewissen Frist durch eine einseitige Willenserklärung wieder in Kraft zu setzen, so entsteht die Frage, ob die Wiederaufnahme der Prämienzahlung als neuer Versicherungsvertrag anzusehen ist oder nicht. Ein neuer Versicherungsvertrag wird nicht vorliegen, wenn die Prämienzahlung wieder aufgenommen worden ist, solange dem Versicherten einseitig das Recht zustand, die Versicherung wieder in Kraft zu setzen. Nach Ablauf der hierfür bestimmten Frist aber — und besonders, wenn die Wiederinkraftsetzung der Versicherung von der Beibringung eines ärztlichen Zeugnisses abhängig war — bedeutet die Wiederinkraftsetzung einen neuen Vertrag, also in allen Fällen, in denen die Wiederaufnahme an die Einwilligung der Versicherungsgesellschaft geknüpft war (AVN. 1914 S. 90).

5. fällt die Befreiung von der Beitragsleistung weg: Der Versicherte hat also die ihn treffenden Pflichtbeiträge wieder zu entrichten; siehe auch Anmerkung 8, Abs. 4 und 6, zu § 390.

6. die Lebensversicherungsunternehmungen haben... mitzuteilen: Außer den oben in Anm. 2 und 3 behandelten Gründen der Aufhebung eines Versicherungsvertrages bedeutet auch die Reduktion der Versicherung eine teilweise Aufhebung; sie ist daher der RVAnstalt mitzuteilen (AVN. 1914 S. 90).

Stand einem Versicherten das Recht zu, die von der Gesellschaft gekündigte Versicherung durch eine einseitige Willenserklärung wieder in Kraft zu setzen und hat er innerhalb der bestimmten Frist von diesem Rechte keinen Gebrauch gemacht, so ist die Befreiung von der Beitragsleistung endgültig weggefallen; der RVAnstalt ist daher Anzeige zu erstatten, sobald die Frist abgelaufen ist (AVN. 1914 S. 90).

7. wenn ihnen... angezeigt worden ist: Nämlich von der RVAnstalt.

V. Freiwillige Versicherung.

§ 394.

Im ersten Jahre nach dem Inkrafttreten dieses Gesetzes hat die Reichsversicherungsanstalt auf Antrag Angestellten mit einem Jahresarbeitsverdienste von fünftausend bis unter zehntausend Mark zu gestatten, sich nach den Vorschriften dieses Gesetzes über die freiwillige Versicherung selbst zu versichern, wenn sie den Nachweis führen, daß sie in den letzten vier Kalenderjahren vor dem Inkrafttreten des Gesetzes eine nach diesem Gesetz ohne Rücksicht auf das Jahreseinkommen versicherungspflichtige Beschäftigung in mindestens dreißig Kalendermonaten ausgeübt haben.

Dasselbe Recht steht Personen zu, die in ihrem Betriebe regelmäßig höchstens drei versicherungspflichtige Personen beschäftigen, vorausgesetzt, daß sie in mindestens dreißig Kalendermonaten eine den Bestimmungen des § 1 entsprechende Beschäftigung ausgeübt haben.

Die im § 51 bezeichneten Zeiten sind der versicherungspflichtigen Beschäftigung gleich zu achten.

Zu Abs. 1:

1. im ersten Jahre nach dem Inkrafttreten dieses Gesetzes: Da das Gesetz am 1. Jan. 1913 in Kraft getreten ist (§ 399), so war dieses erste Jahr das Jahr 1913.

2. hat die Reichsversicherungsanstalt ... zu gestatten: Es besteht also ein Anspruch des Angestellten auf Gestattung der Selbstversicherung, wenn die Voraussetzungen des § 394 Abs. 1 gegeben sind. Doch muß der Antrag des Angestellten erst von der RVAnstalt ausdrücklich genehmigt sein; vorher können Beiträge nicht entrichtet werden (AVN. 1913 S. 210).

3. auf Antrag: Der Zeitpunkt dieses Antrags konnte innerhalb des Jahres 1913 beliebig gewählt werden. Nur der Antrag mußte im Jahre 1913 gestellt, d. h. bei der RVAnstalt eingekommen sein, und zwar spätestens am 31. Dezember. Die Genehmigung des Antrags braucht nicht im Jahre 1913 ausgesprochen zu sein (AVN. 1913 S. 210).

4. Angestellten: D. h. solchen Angestellten, die nach § 1 des Gesetzes versicherungspflichtig wären, wenn ihr Jahresarbeitsverdienst nicht die gesetzliche Höchstgrenze überschreiten würde. Wer aber nach §§ 9, 14 versicherungsfrei ist, dem kann nicht gestattet werden, sich freiwillig zu versichern (AVN. 1913 S. 170).

5. Jahresarbeitsverdienst von 5000 bis unter 10 000 ℳ: Es sollte richtiger heißen „von mehr als 5000", denn bei einem Jahresarbeitsverdienst von 5000 ℳ besteht noch die Versicherungs**pflicht** (§ 1 Abs. 2). Erreicht der Jahresarbeitsverdienst den Betrag von 10 000 ℳ, so besteht das Recht des § 394 nicht mehr.

Wegen der Berechnung des Jahresarbeitsverdienstes siehe die §§ 2, 17 und die Bemerkungen dazu.

6. nach den Vorschriften dieses Gesetzes über die freiwillige Versicherung selbst zu versichern: §§ 201—203.

Die nach Abs. 1 des § 394 Versicherungsberechtigten sind in der Wahl der Gehaltsklasse (§ 16) nicht beschränkt; bei der einmal gewählten Gehaltsklasse muß es aber während der ganzen Dauer der freiwilligen Versicherung verbleiben, auch bei einer Änderung der Einkommensverhältnisse ist ein Eintritt in eine höhere oder niedrigere Gehaltsklasse nicht zulässig (AVN. 1913 S. 133/134 Nr. 2, 3, 5).

Bei der freiwilligen Versicherung besteht keine Beitrags**pflicht**. Daher stehen die Zahlungstermine während des Kalenderjahres im Belieben des Versicherten; die Beiträge müssen nur gemäß § 201 vor Ablauf des Kalenderjahres, für das sie gelten sollen, durch die Post portofrei eingesendet werden. Im Interesse der

Kontenführung wäre es jedoch der RVAnstalt erwünscht, wenn die Beiträge monatlich in der Zeit vom 1. bis 15. entrichtet würden. Um das Erlöschen der Anwartschaft zu vermeiden (§ 49), müssen nach dem Kalenderjahr, in dem der erste Beitragsmonat zurückgelegt worden ist, innerhalb der zunächst folgenden 10 Kalenderjahren wenigstens 8 und nach dieser Zeit wenigstens 4 Beitragsmonate während eines Kalenderjahres zurückgelegt werden (AVN. 1913 S. 134 Nr. 4 u. S. 210).

Eine Verpflichtung, die Beiträge seit 1. Jan. 1913 nachzuzahlen, besteht bei der freiwilligen Versicherung nicht. Die Nachzahlung wurde jedoch als zulässig betrachtet, wenn sie noch innerhalb des Jahres 1913 erfolgen konnte, d. h. wenn die Versicherung noch in diesem Jahre gestattet worden war (AVN. 1913 S. 210).

Die Befreiung von der eigenen Beitragsleistung (§ 390) ist im Falle der freiwilligen Versicherung nicht zulässig; jedoch kann die Gehaltsklasse beliebig niedrig gewählt werden (AVN. 1913 S. 134 Nr. 8).

Ein Rücktritt von der freiwilligen Versicherung ist zulässig; jedoch werden die nach Genehmigung der freiwilligen Versicherung geleisteten Beiträge nicht zurückerstattet (AVN. 1914 S. 50).

Die Wartezeit beträgt für die nach § 394 freiwillig Versicherten 150 Beitragsmonate (§ 48 Abs. 2). Hierbei kommen nur solche Monate in Betracht, in denen Beiträge entrichtet sind, nicht dagegen Monate, für die gemäß § 15 Abs. 1 Satz 2 nach Zurücklegung von 120 Beitragsmonaten die Anerkennungsgebühr gezahlt ist (AVN. 1914 S. 254). Die Abkürzung der Wartezeit (§ 395) ist auch bei freiwilliger Versicherung auf Grund des § 394 Abs. 1 zulässig (AVN. 1914 S. 6).

7. in den letzten 4 Kalenderjahren vor dem Inkrafttreten dieses Gesetzes: Also in den Jahren 1909 mit 1912.

8. ohne Rücksicht auf das Jahreseinkommen versicherungspflichtige Beschäftigung: Gemeint ist eine Beschäftigung, die — abgesehen von dem dadurch erzielten Jahresarbeitsverdienst (§§ 2, 17)

— unter § 1 dieses Gesetzes gefallen wäre und die Versicherungspflicht begründet hätte, wenn das Gesetz in den Jahren 1909 mit 1912 schon gegolten hätte.

Nach AVN. 1913 S. 133 Nr. 1 schließt die Vollendung des 60. Lebensjahres den freiwilligen Eintritt in die Versicherung nicht aus (dem kann nur zugestimmt werden, insoweit das 60. Lebensjahr erst nach dem 1. Jan. 1909 vollendet ist. War es aber schon vorher vollendet, so wäre die darauffolgende Beschäftigung in den Jahren 1909—1912 nach § 1 des Gesetzes nicht mehr versicherungspflichtig gewesen — vgl. AVN. 1914 S. 264 —, wenn das Gesetz damals schon gegolten hätte; sie entspricht also den Anforderungen des § 394 nicht).

9. in mindestens 30 Kalendermonaten: Diese brauchen nicht zusammenzuhängen.

Zu Abs. 2:

10. dasselbe Recht: Siehe die Anmerkungen 1, 2, 3 und 6 zu Abs. 1 dieses Paragraphen.

Die Wahl der Gehaltsklasse anlangend, so können die nach Abs. 2 Versicherungsberechtigten höchstens in die ihrem Jahreseinkommen aus Erwerbstätigkeit entsprechende Gehaltsklasse eintreten (AVN. 1913 S. 133 Nr. 2). Andererseits kann dem, dessen Jahreseinkommen 5000 ℳ übersteigt, die freiwillige Versicherung nur in der höchsten Gehaltsklasse gestattet werden (AVN. 1913 S. 210).

11. Personen: D. h. selbständigen Personen, also nicht Angestellten. Neben der Pflichtversicherung nach § 1 ist die freiwillige Versicherung nach § 394 Abs. 2 nicht zulässig (AVN. 1913 S. 265).

12. höchstens drei versicherungspflichtige Personen: Die Befugnis nach § 394 Abs. 2 besteht also auch, wenn gar keine versicherungspflichtigen Personen beschäftigt werden. Als „versicherungspflichtige" Personen werden aber nur solche in Betracht kommen, die der Angestelltenversicherung (nicht etwa bloß der Invalidenversicherung) unterliegen.

13. in mindestens 30 Kalendermonaten: Diese müssen auch hier nicht zusammenhängen, sie brauchen hier auch nicht in bestimmte Kalenderjahre (wie nach Abs. 1) zu fallen (AVN. 1913 S. 134 Nr. 7).

14. eine den Bestimmungen des § 1 entsprechende Beschäftigung: Siehe oben Anm. 8. Jedoch kommt hier auch das Jahreseinkommen in Betracht, es darf in den 30 Monaten 5000 ℳ jährlich nicht überstiegen haben. Die in AVN. 1913 S. 133 Nr. 1 vertretene Auffassung, daß die Vollendung des 60. Lebensjahres den freiwilligen Eintritt in die Versicherung nicht ausschließe, bezieht sich augenscheinlich auch auf Abs. 2. Dem kann auch hier nur für den Fall zugestimmt werden, daß das 60. Lebensjahr erst nach dem Beginne des ersten der 30 Kalendermonate, die nach Abs. 2 angerechnet werden sollen, vollendet worden ist; denn andernfalls würde die in den 30 Kalendermonaten ausgeübte Beschäftigung nicht „den Bestimmungen des § 1 entsprechen".

Zu Abs. 3:

15. die im § 51 bezeichneten Zeiten: Die sogenannten Ersatztatsachen. Sie werden aber auch hier nur unter den gleichen Voraussetzungen angerechnet werden können wie nach § 51 selbst, d. h. es muß diesen Zeiten mindestens 1 Monat einer, ihrer Art nach unter § 1 fallenden Beschäftigung vorangegangen sein. Mit einer der im § 51 bezeichneten Zeiten beginnen können daher die von § 394 Abs. 1 und 2 geforderten 30 Kalendermonate nicht (s. Anm. 2 zu § 51).

VI. Abkürzung der Wartezeit.

§ 395.

In den ersten drei Jahren nach dem Inkrafttreten dieses Gesetzes kann die Reichsversicherungsanstalt auch einzelnen Angestellten nach vorhergehender ärztlicher Untersuchung gestatten, die Wartezeit zum Bezuge der

Leistungen dieses Gesetzes durch Einzahlung der entsprechenden Prämienreserve abzukürzen. § 368 Abs. 2 gilt entsprechend.

1. in den ersten 3 Jahren: Also in den Jahren 1913 mit 1915.

2. kann ... gestatten: Nach freiem Ermessen; ein Rechtsanspruch darauf besteht nicht.

3. auch einzelnen Angestellten: Nämlich außer dem Falle des § 367 Abs. 2.

Da die Vergünstigung des § 395 nur Angestellten gewährt ist, so kann denen, die auf Grund des § 394 Abs. 2 versichert sind (Selbständigen), nicht gestattet werden, die Wartezeit abzukürzen (ABN. 1913 S. 133).

Mitglieder von Ersatzkassen können die Wartezeit bei der RVAnstalt nicht abkürzen (ABN. 1914 S. 90).

4. nach vorhergehender ärztlicher Untersuchung: Durch die selbstverständlich festgestellt sein muß, daß der Untersuchte gesund, daß also sein Tod oder das Eintreten der Berufsunfähigkeit sobald nicht zu befürchten ist.

5. Wartezeit: § 48.

6. durch Einzahlung der entsprechenden Prämienreserve: Diese Zahlung ist selbstverständlich von dem Angestellten allein zu leisten, der Arbeitgeber ist nicht verpflichtet, dazu beizutragen. Wegen der Berechnung der Prämienreserve siehe Anm. 8.

7. abzukürzen: Die Abkürzung ist auch bei der freiwilligen Versicherung auf Grund des § 394 Abs. 1 (s. oben Anm. 3) zulässig, auch wenn das 60. Lebensjahr bereits überschritten ist. Die RVAnstalt gestattet sie aber aus Sicherheitsgründen nur bis zu höchstens 10 Jahren, so daß von freiwillig Versicherten immer noch mindestens 30 Beitragsmonate (vgl. Anm. 6, letzten Absatz, zu § 394) erfüllt werden müssen, bevor sie einen Anspruch auf den Bezug der gesetzlichen Leistungen geltend machen können (ABN. 1914 S. 6).

Für die Entscheidung, ob bei Abkürzung der Wartezeit nach § 395 die Abkürzungsjahre als in der freiwilligen oder in der Pflichtversicherung zurückgelegt anzusehen sind, ist das beim Eintritt des Angestellten in die Versicherung bestehende Versicherungsverhältnis maßgebend (AVN. 1914 S. 254; vgl. auch 1913 S. 180 „zu § 398").

8. § 368 Abs. 2 gilt entsprechend: Nach dieser Vorschrift bestimmt der Bundesrat die Grundsätze für die Berechnung der Prämienreserve nach Anhören der RVAnstalt. Auf Grund dessen ist ergangen die Bekanntmachung des Reichskanzlers vom 28. Dez. 1912, RGBl. 1913 S. 4.

Diese gibt zunächst (Ziff. 1 und 2) die Vorschriften und Formeln für die Berechnung der Prämienreserve und bestimmt dann weiter (Ziff. 3 und 4), daß die Abkürzung der Wartezeit nur für volle Jahre und höchstens für diejenige Gehaltsklasse beansprucht (wohl richtiger: beantragt) werden kann, welcher der Antragsteller zur Zeit des Eintritts in die Versicherung angehört, ferner, daß für die Berechnung der Prämienreserve das Alter des Versicherten maßgebend ist, das er an demjenigen Geburtstag vollendet, welcher dem Zeitpunkt des Beginns der Versicherung folgt.

Die RVAnstalt gibt zu dieser Bekanntmachung Erläuterungen in AVN. 1913 S. 120. Die nach der Formel unter Ziff. 2a der Bekanntmachung des Reichskanzlers berechneten Prämienreserven sind in der nachstehenden Tabelle im Auszug wiedergegeben: (Siehe Seite 423.)

Beispiel: Ein am 1. Jan. 1913 in die Versicherung Eingetretener, im 50. Lebensjahr stehender Angestellter will zu Beginn seiner Versicherung die Wartezeit in seiner Gehaltsklasse J (Monatsbeitrag 26,60 ℳ) um fünf Jahre abkürzen. Die von ihm zu leistende Prämienreserve-Einzahlung beträgt rund 62,60 × 26,60 ℳ = 1665,20 ℳ.

Wird die Wartezeit erst am Ende des ersten Jahres nach dem Inkrafttreten des Gesetzes (1913) oder in den beiden folgenden Jahren abgekürzt, so treten an Stelle der obigen Prämienreserven die höheren, nach der For-

Alter des Angestellten bei Beginn der Versicherung (X tes Lebensjahr) X	Zur Berechnung des Betrags der Prämienreserve ist der volle gesetzliche Monatsbeitrag der Gehaltsklasse, in der die Wartezeit um 1	2	3	4	5	10 Jahre abgekürzt werden soll, zu vervielfachen mit
30	11,10	22,50	34,50	47,00	60,10	134,30
40	11,10	22,60	34,80	47,40	60,70	136,20
50	11,20	22,90	35,40	48,60	62,60	144,00
55	11,20	23,30	36,30	50,20	65,00	154,00
56	11,30	23,40	36,50	50,60	65,70	156,80
57	11,30	23,50	36,80	51,00	66,40	159,90
58	11,30	23,60	37,00	51,60	67,20	163,60
59	11,40	23,80	37,40	52,20	68,20	167,90
60	11,40	24,00	37,80	53,00	69,50	173,10

mel unter Ziff. 2b der Bekanntm. des Reichskanzlers berechneten. Beispiel: Ein am 1. Jan. 1913 in die Versicherung Eingetretener, im 50. Lebensjahr stehender Angestellter will am Ende des Jahres 1913 oder am Ende des Jahres 1914 oder 1915 die Wartezeit in Gehaltsklasse J um 5 Jahre abkürzen. Die von ihm einzuzahlende Prämienreserve beträgt rund 66,70 × 26,60 ℳ = 1774,30 ℳ (oder 71,30 × 26,60 ℳ = 1896,60 ℳ oder 76,50 × 26,60 ℳ = 2034,90 ℳ). Da die Abkürzung der Wartezeit nur bis zum Schlusse des Jahres 1915 gestattet werden kann, so kann der Abstand zwischen dem Beginne der Versicherung und dem Tage, an dem die Prämienreserve eingezahlt wird (Aufschubszeit), höch- 3 Jahre betragen.

Weitere Erläuterungen mit ausführlicheren Tabellen gibt die RVAnstalt in AVN. 1914 S. 201/202. In diesen Tabellen werden namentlich die Faktoren für die Aufschubszeiten von 1, 2 und 3 Jahren mitgeteilt.

§ 396.

In den ersten zehn Jahren nach dem Inkrafttreten des Gesetzes genügt zur Erfüllung der Warte-

zeit bei den Hinterbliebenenrenten (§ 48 Nr. 2) das Zurücklegen von sechzig Beitragsmonaten auf Grund der Versicherungspflicht.

Die Witwen- oder Witwerrente wird nach einem Ruhegelde berechnet, das ein Viertel des Wertes der in den ersten sechzig Beitragsmonaten entrichteten Beiträge beträgt.

Zu Abs. 1:

1. In den ersten 10 Jahren: D. h. wenn der Tod des Versicherten in den ersten 10 Jahren nach dem Inkrafttreten des Gesetzes eintritt, also in den Jahren 1913 mit 1922. Vor Ablauf des Jahres 1917 kann aber auch die abgekürzte Wartezeit des § 396 (von 60 Beitragsmonaten) nicht erfüllt sein; in der Regel werden daher nur die Jahre 1918 mit 1922 in Betracht kommen, doch kann eine gemäß § 395 bewirkte Abkürzung der Wartezeit ihren Einfluß äußern.

2. Wartezeit bei den Hinterbliebenenrenten: Die Bestimmung des § 396 gilt nur für die Hinterbliebenenrenten; für das Ruhegeld besteht keine Abkürzung der Wartezeit, diese bemißt sich hier vielmehr lediglich nach § 48 Abs. 1 Ziff. 1 und Abs. 2.

Nach § 48 Abs. 1 Ziff. 2 würde die Wartezeit für die Hinterbliebenenrenten 120 Beitragsmonate betragen. Die Lage der innerhalb der Wartezeit von 120 Beitragsmonaten hinterbleibenden Witwen und Waisen wäre aber innerhalb einer Übergangszeit von 10 Jahren (solange die Wartezeit von 120 Beitragsmonaten noch nicht erfüllt sein kann) mißlich. Um dies abzuschwächen, ist § 396 in das Gesetz eingefügt. Er bestimmt ein Doppeltes, nämlich

a) daß die gesetzliche Wartezeit für die Hinterbliebenenrenten (von 120 Beitragsmonaten) auf die Hälfte abgekürzt wird (Abs. 1), und
b) daß die Hinterbliebenen des Versicherten die Hälfte der Anfangsbezüge erhalten, die ihnen nach 120

Beitragsmonaten zustehen würden (Abs. 2). Dadurch wird zugleich erreicht, daß die Wirkungen der neuen Versicherung früher in die Erscheinung treten.

3. genügt: Nämlich nur für die Berechnung der Wartezeit; die Anwartschaft muß auch im Falle des § 396 aufrechterhalten sein (§§ 49, 50).

4. auf Grund der Versicherungspflicht: Die sog. Ersatztatsachen des § 51 können hier, mangels einer entsprechenden Vorschrift des Gesetzes (§ 396 ist in § 51 nicht angeführt), nicht angerechnet werden.

5. Witwen- oder Witwerrente: Nach dieser bemißt sich sodann auch die Waisenrente (§ 57 Abs. 2).

6. der in den ersten 60 Beitragsmonaten entrichteten Beiträge: Etwaige weitere Beiträge (zwischen 60 und 120) werden nicht in Betracht gezogen.

§ 397.

Angestellte, die beim Inkrafttreten des Gesetzes das fünfundfünfzigste Lebensjahr bereits vollendet haben, werden auf ihren Antrag von der Versicherungspflicht befreit, wenn ihnen die Abkürzung der Wartezeit nicht gestattet wird oder aus einem anderen Grunde unmöglich ist.

1. Die Vorschrift des § 397 soll Härten für solche Angestellte ausschließen, die das 55. Lebensjahr bereits vollendet haben und von der Vergünstigung des § 395 wegen ihres Gesundheitszustandes oder aus anderen Gründen, z. B. aus Mangel an Mitteln, keinen Gebrauch machen können.

Im Gegensatze zu § 390 handelt es sich hier um eine Befreiung von der Versicherungspflicht selbst, nicht bloß von der eigenen Beitragsleistung des Angestellten. Daher hat, wenn ein auf Grund des § 397 gestellter Antrag genehmigt worden ist, auch der Arbeitgeber keine Beiträge zu leisten.

2. auf ihren Antrag: Für Stellung des Antrags auf Befreiung von der Versicherungspflicht nach § 397 ist eine Frist nicht vorgesehen. Da indes die Befreiung nur stattfindet, wenn die Abkürzung der Wartezeit (§ 395) nicht gestattet werden kann oder aus anderen Gründen nicht möglich ist, und Anträge aus § 395 nur innerhalb der ersten drei Jahre nach dem Inkrafttreten des Gesetzes gestellt werden können, so werden auch Anträge aus § 397 auf die ersten drei Jahre nach dem Inkrafttreten des Gesetzes beschränkt bleiben müssen.

An sich hätten solche Anträge von den hierfür in Frage kommenden Angestellten so rechtzeitig gestellt werden müssen, daß noch vor dem 1. Jan. 1913, dem Zeitpunkt des Inkrafttretens des Gesetzes, über sie hätte entschieden werden können. Die Unkenntnis der gesetzlichen Bestimmungen hat es wohl hauptsächlich verschuldet, daß solche Anträge in sehr großer Anzahl verspätet gestellt worden sind und auch fortlaufend noch immer zahlreich bei der RVAnstalt eingehen.

Anfangs ist mit Rücksicht hierauf in allen Fällen die Befreiung mit Wirkung vom 1. Jan. 1913 ausgesprochen und die Rückzahlung bereits geleisteter Beiträge angeordnet worden.

Dauernd konnte das Verfahren aber nicht beibehalten werden, da damit eine nicht unerhebliche Schädigung der RVAnstalt verbunden gewesen wäre. Der RVAnstalt würde ein großer Teil derjenigen Beiträge verloren gehen, die ihr rechnungsmäßig in allen den Fällen verfallen müssen, in denen vor Ablauf der Wartezeit der Versicherungsfall eintritt.

Es sind deshalb für die weitere Behandlung von Anträgen aus § 397 folgende Grundsätze von dem Direktorium der RVAnstalt beschlossen worden:

1. Unter sinngemäßer Anwendung des § 12 Abs. 2 wirkt für alle vom 1. Okt. 1913 an gestellten Anträge die Befreiung vom ersten Tage des Monats an, in dem der Antrag eingegangen ist. Ist dieser nicht unmittelbar an die RVAnstalt gerichtet, so gilt als Zeitpunkt des Einganges der Tag, an dem er der zuständigen unteren Verwaltungsbehörde

(Ausgabestelle) vorgelegt ist. Der Eingang des Antrags beim Rentenausschuß gilt dem Eingang bei der RVAnstalt gleich.

2. Die bis zum Tage der Wirkung des Befreiungsantrags fällig gewordenen Monatsbeiträge verbleiben der RVAnstalt für Angestellte und werden, falls sie nicht entrichtet sein sollten, nachträglich eingefordert. Über den Tag der Wirkung des Befreiungsantrages hinaus gezahlte Beiträge werden ohne Zinsen zurückerstattet (AVM. 1913 S. 178/179).

§ 398.

Tritt der Versicherungsfall innerhalb der ersten fünfzehn Jahre nach dem Inkrafttreten dieses Gesetzes ein, ohne daß ein Anspruch auf Leistungen nach diesem Gesetze geltend gemacht werden kann, so steht beim Tode des Versicherten der hinterlassenen Witwe oder dem Witwer oder, falls solche nicht vorhanden sind, den hinterlassenen Kindern unter achtzehn Jahren ein Anspruch auf Erstattung der Hälfte der für den Verstorbenen eingezahlten Beiträge zu. Bei der freiwilligen Versicherung werden drei Viertel der von dem freiwillig Versicherten eingezahlten Beiträge zurückerstattet. Der Anspruch verfällt, wenn er nicht innerhalb eines Jahres nach dem Tode des Versicherten geltend gemacht wird.

1. Während der Übergangszeit treten für die große Anzahl der in höheren Altersjahren stehenden Angestellten auch wegen der größeren Sterbenswahrscheinlichkeit besondere Härten ein, da ihren Hinterbliebenen erst nach 60 Beitragsmonaten (§ 396 Abs. 1) Bezüge gewährt werden. Dasselbe ist der Fall, wenn die Berufsunfähigkeit des Versicherten innerhalb der ersten 60 Beitragsmonate eintritt; denn beim späteren Tode des berufsunfähigen Angestellten gehen die Hinterbliebenen gleichfalls leer aus. Da nach dem Inkrafttreten des Gesetzes die Angestellten in der Regel in jüngeren Jahren in die Versicherung eintreten, verlieren diese Fälle nach Ablauf der Übergangszeit ihre Bedeutung. Bei den verhältnismäßig hohen Beiträgen, die für die Hinterbliebenen verloren gehen, erscheint es billig, ihnen in solchen Fällen die von dem verstorbenen Ernährer selbst entrichteten, also die Hälfte der für ihn geleisteten Beiträge zurückzugewähren. Bei der freiwilligen Versicherung, wo der versicherte Angestellte die gesamten Beiträge selbst entrichtet hat, sind drei Viertel der entrichteten Beiträge zu erstatten.

2. Versicherungsfall: Dieser kann eintreten durch
a) den Tod des Versicherten (§§ 28 ff.),
b) dessen dauernde Berufsunfähigkeit (§ 25 Abs. 1),
c) vorübergehende Berufsunfähigkeit (§ 25 Abs. 2),
d) Vollendung des 65. Lebensjahres (§ 25 Abs. 1).
Doch kommen nach der zweifellosen Absicht des Gesetzes (und der Natur der Sache) hier nur die beiden Fälle unter a und b in Betracht. Aber auch im Falle unter b entsteht der Anspruch auf Beitragserstattung nicht sofort, sondern erst, wenn der Versicherte stirbt, wobei es jedoch nichts ausmacht, wenn sein Tod erst nach Ablauf der ersten 15 Jahre nach dem Inkrafttreten des Gesetzes eintritt.

3. ersten 15 Jahre: Also in den Jahren 1913 mit 1927.

4. ohne daß ... geltend gemacht werden kann: Nämlich weil die Wartezeit (§§ 48, 396) nicht erfüllt ist. Die Anwartschaft muß auch im Falle des § 398 erhalten sein (weil auch diese Beitragserstattung eine Versicherungsleistung ist, auf die daher kein Anspruch besteht, wenn die Anwartschaft nicht erhalten ist).

5. der Witwe ... dem Witwer: Beide brauchen nicht bedürftig zu sein. Die Bedürftigkeit der Witwe kommt bei der Angestelltenversicherung (abweichend von der Invalidenversicherung) überhaupt nicht in Betracht; aber auch für den Witwer ist die Bedürftigkeit hier, mangels einer gesetzlichen Vorschrift (anders § 30) nicht Voraussetzung des Anspruchs.

6. Kindern unter 18 Jahren: Sind auch solche nicht vorhanden, so besteht kein Anspruch auf Beitragserstattung. Die etwa vorhandenen anderen Erben haben keinen Anspruch.

7. die Hälfte der... Beiträge: Wenn der Versicherte der Pflichtversicherung unterlag; für die freiwillige Versicherung gilt der nächste Satz des § 398.

8. der für den Verstorbenen eingezahlten Beiträge: Einerlei, wer sie gezahlt hat, also einerlei, ob nach der gesetzlichen Regel der Arbeitgeber und der Versicherte je die Hälfte gezahlt haben oder ob der Arbeitgeber freiwillig mehr gezahlt hat.

War aber der Versicherte von der eigenen Beitragsleistung befreit (§ 390), so besteht kein Anspruch auf Beitragserstattung (AVN. 1913 S. 265; 1914 S. 269).

Der Anspruch auf Beitragserstattung erstreckt sich auch auf die zur Abkürzung der Wartezeit (§ 395) eingezahlte Prämienreserve. Von dieser wird nach § 398 ein Teil zurückerstattet, der bei Pflichtversicherten gleich der halben Summe, bei freiwillig nach § 394 Abs. 1 Versicherten (im Falle des § 394 Abs. 2 gibt es keine Kürzung der Wartezeit!) gleich drei Vierteln sämtlicher für die Abkürzungsjahre angerechneten Monatsbeiträge derjenigen Gehaltsklasse ist, in der die Abkürzung erfolgt ist; es entscheidet dabei, ob der Versicherte auf Grund des § 1 oder des § 394 Abs. 1 in die Versicherung eingetreten ist (AVN. 1913 S. 180, 265). Weiterversicherungsbeiträge (§ 15) werden hiernach wie Pflichtbeiträge zu behandeln sein.

Wenn der Beitrag für den Sterbemonat gemäß § 176 entrichtet ist, so soll den Hinterbliebenen die Hälfte dieses Beitrags erstattet werden, ohne daß geprüft wird, ob die Berechnung nach § 177 für den Sterbemonat zu einer anderen Beitragssumme führen würde (AVN. 1913 S. 210).

9. freiwillige Versicherung: §§ 15, 394. Auch die freiwillige Höherversicherung (§ 19 Abs. 1) wird in Betracht kommen, doch muß sich hier der Anspruch auf Erstattung von drei Vierteln der Beiträge auf die freiwillig über die Pflichtbeiträge gezahlten Beträge beschränken, für die Pflichtbeiträge selbst besteht nur ein Anspruch auf Erstattung der Hälfte. War der Versicherte im Laufe der Zeit teils versicherungspflichtig, teils freiwillig versichert gewesen, so sind ebenfalls Pflichtbeiträge zur Hälfte, die freiwilligen Beiträge zu drei Vierteln zu erstatten.

VII. Gesetzeskraft.

§ 399.

Die Vorschriften dieses Gesetzes, die sich auf die zur Durchführung der Angestelltenversicherung erforderlichen Einrichtungen beziehen, treten mit dem Tage der Verkündung dieses Gesetzes in Kraft.

Im übrigen wird der Zeitpunkt, mit dem das Gesetz ganz oder teilweise für den Umfang des Reichs in Kraft tritt, durch Kaiserliche Verordnung mit Zustimmung des Bundesrats bestimmt.

Zu Abs. 1:

1. die zur Durchführung... erforderlichen Einrichtungen: Dazu gehörte namentlich die Errichtung der RVAnstalt selbst. Auf Grund dieser Bestimmung wurde die Anstalt schon im März 1912 errichtet.

2. Gemäß Kaiserl. Verordn. vom 8. Nov. 1912 (RGBl S. 533) ist das Gesetz am 1. Jan. 1913 in vollem Umfang in Kraft getreten.

Urkundlich unter Unserer Höchsteigenhändigen Unterschrift und beigedrucktem Kaiserlichen Insiegel.

Gegeben, Berlin im Schloß, den 20. Dezember 1911.

(L. S.) **Wilhelm.** Delbrück.

Anhang.

Wahlordnung für die Wahl der Vertrauensmänner und Ersatzmänner (§§ 145 ff. des Versicherungsgesetzes für Angestellte).

Vom 3. Juli 1912.

(RGBl. 1912 S. 419.)

§ 1.

Die Vertrauensmänner und ihre Ersatzmänner werden für den Bezirk der unteren Verwaltungsbehörde gewählt. An die Stelle dieses Bezirkes tritt, soweit die oberste Verwaltungsbehörde die Bezirke mehrerer unterer Verwaltungsbehörden zu einem Bezirke zusammengefaßt hat, der Gesamtbezirk.

Die Wahl leitet die nach § 321 oder § 145 Abs. 3 des Versicherungsgesetzes für Angestellte bestimmte untere Verwaltungsbehörde.

Der Leiter der unteren Verwaltungsbehörde kann sich durch die Beamten vertreten lassen, die im übrigen zu seiner Vertretung befugt sind. Die oberste Verwaltungsbehörde kann zulassen, daß der Leiter der unteren Verwaltungsbehörde auch einen anderen Beamten dieser Behörde mit seiner Vertretung beauftragen darf.

§ 2.

Der Wahlleiter bestimmt, an welchem Orte sowie zu welcher Zeit und zu welchen Tagesstunden die Stimmzettel abzugeben sind. Er macht sie unter Mitteilung eines Auszugs aus den gesetzlichen Vorschriften über

Wahlberechtigung und Wählbarkeit mindestens zweimal in dem für die amtlichen Bekanntmachungen der unteren Verwaltungsbehörde bestimmten Blatte bekannt; das Muster einer Bekanntmachung ist in Anlage 1 beigefügt.

Zwischen der ersten Bekanntmachung und dem Wahltag, bei mehreren Wahltagen dem ersten, muß eine Frist von mindestens sechs Wochen liegen.

Als versicherte Angestellte im Sinne dieser Bestimmungen gelten die Personen, die nach § 188 des Versicherungsgesetzes für Angestellte verpflichtet sind, sich eine Versicherungskarte ausstellen zu lassen.

§ 3.

Die Wahlen der Vertrauensmänner aus den Arbeitgebern und den versicherten Angestellten können zu verschiedenen Zeiten stattfinden.

Die wahlberechtigten Arbeitgeber nehmen nur an der Wahl der Vertrauensmänner aus den Arbeitgebern, die wahlberechtigten versicherten Angestellten nur an der Wahl der Vertrauensmänner aus den versicherten Angestellten teil.

§ 4.

Jeder Wahlberechtigte hat eine Stimme. Jedoch haben Arbeitgeber, die mehr als fünfzig, aber nicht mehr als hundert versicherte Angestellte beschäftigen, zwei Stimmen. Für je weitere angefangene hundert versicherte Angestellte erhöht sich die Zahl um eine Stimme.

Kein Arbeitgeber hat mehr als zwanzig Stimmen.

§ 5.

Wahlberechtigt als Arbeitgeber sind — wenn sie nicht als Angestellte wahlberechtigt sind — auch

1. die gesetzlichen Vertreter geschäftsunfähiger und beschränkt geschäftsfähiger natürlicher Personen,
2. bei juristischen Personen die Mitglieder des Vorstandes, bei Gesellschaften mit beschränkter Haftung die Geschäftsführer, bei anderen Handelsgesellschaften die persönlich haftenden Gesellschafter, soweit sie nicht von der Vertretung ausgeschlossen sind. Sind hiernach für eine juristische Person oder Gesellschaft mehrere wahlberechtigte Personen vorhanden, so darf nur eine von ihnen das Wahlrecht ausüben.

Sind Reich oder Staat Arbeitgeber, so kann für das Reich der Reichskanzler, für den Staat die oberste Verwaltungsbehörde über die Ausübung des Wahlrechts das Nähere bestimmen.

§ 6.

Wählbar als Arbeitgeber sind auch die im § 5 Abs. 1, 2 bezeichneten Personen, ferner die bevollmächtigten Betriebsleiter sämtlich, wenn sie nicht als Angestellte wählbar sind.

§ 7.

In den Bekanntmachungen (§ 2 Abs. 1, 2) sind die Wahlberechtigten aufzufordern, für die Wahl Vorschlagslisten bis spätestens 3 Wochen vor dem Wahltag, bei mehreren Wahltagen vor dem ersten Tage, dem Wahlleiter einzureichen. Zugleich sind sie darauf hinzuweisen, daß nur für unveränderte Vorschlagslisten gestimmt werden darf.

§ 8.

Die Vorschlagslisten sind für die Arbeitgeber und die versicherten Angestellten getrennt aufzustellen. Jede Vorschlagsliste soll mindestens so viel Namen enthalten, als Vertrauensmänner und Ersatzmänner (§ 145 Abs. 2, § 150 des Versicherungsgesetzes für Angestellte) zu wählen sind; sie darf höchstens die doppelte Anzahl solcher Namen aufweisen.

Die Vorgeschlagenen sind nach Vor- und Zunamen, Stand oder Beruf und Wohnort zu bezeichnen und in erkennbarer Reihenfolge aufzuführen. Mangels anderer ausdrücklicher Erklärung wird angenommen, daß die an erster Stelle Aufgeführten als Vertrauensmänner vorgeschlagen werden.

Die Vorschlagslisten müssen von mindestens fünf Wahlberechtigten unter Benennung eines für weitere Verhandlungen bevollmächtigten Vertreters unterschrieben sein. Der Wahlleiter kann einen Nachweis über die Wahlberechtigung der Unterzeichner verlangen.

§ 9.

Die Vorschlagsliste soll die Wählervereinigung, von der sie ausgeht, nach unterscheidenden Merkmalen kenntlich machen.

Ist die Wählervereinigung nicht kenntlich gemacht und kommt der Vertreter der Aufforderung dies nachzuholen nicht binnen einer vom Wahlleiter bestimmten Frist nach, so bezeichnet der Wahlleiter den Vorschlag (§ 12 Abs. 1).

§ 10.

Ist eine Person auf mehreren Listen vorgeschlagen, so wird sie vom Wahlleiter aufgefordert, sich binnen einer Frist für eine bestimmte Liste zu entscheiden. Erklärt sie sich nicht innerhalb dieser Frist, so wird ihr Name auf allen Vorschlagslisten gestrichen. Den bevollmächtigten Vertretern ist dies unverzüglich mitzuteilen und anheimzugeben, binnen einer Frist Ersatzvorschläge zu machen. Personen, die bereits in einer Vorschlagsliste aufgeführt sind, dürfen dabei nicht vorgeschlagen werden.

§ 11.

Hat ein Wähler mehrere Vorschlagslisten unterzeichnet, so ist seine Unterschrift auf allen Vorschlagslisten zu streichen; den bevollmächtigten Vertretern (§ 8 Abs. 3) ist nötigenfalls die Beschaffung anderer Unterschriften an Stelle der gestrichenen binnen einer Frist zur Vermeidung der Ungültigkeit der Vorschlagslisten aufzugeben.

§ 12.

Der Wahlleiter versieht die Vorschlagslisten mit dem Tage des Einganges und einem Buchstaben nach der Reihenfolge des Einganges.

Er prüft die Vorschlagslisten und teilt etwaige Anstände alsbald dem bevollmächtigten Vertreter (§ 8 Abs. 3) mit. Zur Beseitigung der Anstände ist eine Frist zu setzen.

§ 13.

Die Vorschlagslisten sind ungültig, wenn sie verspätet eingereicht werden, oder wenn sie den Vorschriften des § 8 Abs. 3 nicht entsprechen und der Mangel nicht rechtzeitig behoben wird.

Ist ein vorgeschlagener Vertrauensmann oder Ersatzmann nicht in der im § 8 Abs. 2 vorgeschriebenen Weise bezeichnet und kommt der bevollmächtigte Vertreter der Aufforderung, die Bezeichnung zu ergänzen, nicht rechtzeitig nach, so wird der Name des unvollständig Bezeichneten gestrichen.

Enthält eine Vorschlagsliste eine größere als die zugelassene Zahl von Vertrauens- und Ersatzmännern, so werden diejenigen Vorgeschlagenen gestrichen, deren Namen den in zulässiger Zahl vor ihnen Genannten folgen.

§ 14.

Zwei oder mehr Vorschlagslisten können in der Weise miteinander verbunden werden, daß sie den Vorschlagslisten anderer Wählervereinigungen gegenüber als eine einzige Vorschlagsliste gelten. In diesem Falle müssen die Unterzeichner der Vorschlagslisten oder die bevollmächtigten Vertreter (§ 8 Abs. 3) übereinstimmend spätestens bis zum Ablauf des elften Tages vor dem Wahltag, bei mehreren Wahltagen vor dem ersten Tage, die Erklärung abgeben, daß die Vorschlagslisten miteinander verbunden sein sollen. Andernfalls ist die Erklärung über die Verbindung ungültig.

§ 15.

Die Beseitigung der Anstände soll bis zum Ablauf des elften Tages vor dem Wahltag, bei mehreren Wahltagen vor dem ersten Tage, beendigt sein.

Frühestens neun und spätestens drei volle Tage vor dem Wahltag, bei mehreren Wahltagen dem ersten Tage, sind die gültigen Vorschlagslisten von dem Wahlleiter gleichzeitig mit ihrer Bezeichnung (§§ 9, 12) öffentlich bekannt zu machen. Hierbei ist auf die Zusammengehörigkeit verbundener Vorschlagslisten hinzuweisen.

§ 16.

Wird innerhalb der Frist des § 7 nur eine Vorschlagsliste von den Arbeitgebern oder den versicherten Angestellten eingereicht, so findet bei dieser Gruppe keine Wahl statt. Die in der Vorschlagsliste gültig verzeichneten Personen gelten in der für den Wahlbezirk erforderlichen Zahl in der Reihenfolge des Vorschlags als gewählt.

§ 17.

Die Wahlhandlung ist öffentlich.

Zum Zwecke der Stimmabgabe kann die untere Verwaltungsbehörde örtliche Stimmbezirke einrichten. In diesem Falle bestimmt sie den Vorsteher der Wahl und seinen Vertreter aus der Zahl der öffentlichen Beamten.

§ 18.

Die Wähler haben sich über ihre Wahlberechtigung auszuweisen. Für die versicherten Angestellten dient die Versicherungskarte als Ausweis, für die Arbeitgeber eine von der Gemeindebehörde des Betriebssitzes ausgestellte Bescheinigung nach dem Muster in Anlage 2. Bei den zweiten und folgenden Wahlen nach dem Inkrafttreten des Gesetzes dürfen nur solche Versicherungskarten als Ausweis dienen, in denen wenigstens ein Beitrag innerhalb der letzten zwölf Monate vor der Wahl nachgewiesen ist.

§ 19.

Das Wahlrecht wird in Person und durch Abgabe eines Stimmzettels ausgeübt. Die Stimmzettel dürfen nicht unterschrieben sein und keinen Protest oder Vorbehalt enthalten. Sie sind außerhalb des Wahlraums handschriftlich oder im Wege der Vervielfältigung herzustellen.

Der Wahlberechtigte darf sein Wahlrecht nur in dem Stimmbezirk, in welchem er wohnt, ausüben.

Es kann nur für unveränderte Vorschlagslisten gestimmt werden; als veränderte Vorschlagslisten gelten auch solche, in welchen die Reihenfolge der Vorgeschlagenen geändert worden ist. Es genügt, daß der Wähler die Bezeichnung der Liste (§§ 9, 12) angibt, für die er sich entscheidet. Im übrigen sind Stimmzettel, die von den Vorschlagslisten abweichen, ungültig.

§ 20.

Die zur Ausübung ihres Wahlrechts Erschienenen sind in Listen einzutragen, von denen die eine für die Arbeitgeber, die andere für die versicherten Angestellten bestimmt ist. In den Listen ist die fortlaufende Nummer, Name und Beruf der Erschienenen, in der Liste der versicherten Angestellten auch der Name des Arbeitgebers, bei dem der Versicherte beschäftigt ist, anzugeben.

Wird ein zur Wahl Erschienener als nicht wahlberechtigt zurückgewiesen, so ist sein Name gleichwohl in der Liste, für die er sich angemeldet hat, aufzuführen; der Zurückweisungsgrund ist dabei zu vermerken.

Zur Aufnahme der Stimmzettel ist für Arbeitgeber und versicherte Angestellte je eine besondere Wahlurne aufzustellen, in welche die Wahlberechtigten ihre Stimmzettel in einem verschlossenen Umschlag, der mit dem Stempel der Reichsversicherungsanstalt versehen ist, durch die Hand des dazu bestimmten Beamten hineinlegen. Hat ein Arbeitgeber mehrere Stimmen (§ 4), so hat er jeden Stimmzettel in besonderem Umschlag zu verschließen.

Die Umschläge werden von der Reichsversicherungsanstalt geliefert und sind im Wahlraum den Wahlberechtigten zur Verfügung zu stellen.

§ 21.

Nach Ablauf der zur Wahl festgesetzten Zeit sind nur noch die Personen, die bereits im Wahlraum anwesend sind, zur Wahl zuzulassen.

Alsdann wird die Wahl für geschlossen erklärt und auf den Listen von dem dazu bestimmten Beamten durch Namensunterschrift bescheinigt, daß sich während der festgesetzten Zeit niemand weiter zur Ausübung des Wahlrechts gemeldet habe.

§ 22.

Hierauf sind die Umschläge aus den beiden Wahlurnen zu entnehmen und getrennt zu zählen. Ergibt sich hierbei eine Abweichung von der in den Listen festgestellten Zahl der zur Abgabe ihrer Stimme Zugelassenen, so ist dies nebst dem zur Aufklärung Dienlichen in der Niederschrift (§ 23) zu vermerken.

Die Umschläge dürfen nicht geöffnet werden.

§ 23.

Über die Wahlhandlung ist eine Niederschrift zu fertigen, welche Zeit und Ort der Wahlhandlung, die Gesamtzahl der Wähler, die abgestimmt haben, ferner die bei der Wahl sich etwa ergebenden Beanstandungen, die Entscheidungen über die Zulassung zur Wahl sowie alle sonstigen Vorfälle enthält, die für die Gültigkeit der Wahl in Betracht kommen. Die Niederschrift ist vom

Vorsteher der Wahl (§ 17 Abs. 2) oder dessen Vertreter zu unterschreiben.

§ 24.

Falls die Stimmabgabe in örtlichen Stimmbezirken stattgefunden hat, werden die Umschläge mit den Wählerlisten und der Niederschrift in einem versiegelten Paket unverzüglich, spätestens aber am dritten Tage nach der Wahlhandlung, dem Wahlleiter übersendet.

§ 25.

Den Arbeitgebern ist es gestattet, an Stelle der persönlichen Stimmabgabe ihren Stimmzettel dem Wahlleiter innerhalb einer von diesem bestimmten Zeit brieflich einzusenden. Beizufügen ist der Ausweis über die Wahlberechtigung (§ 18), der nicht zurückgegeben wird. Die erforderlichen Umschläge sind den Arbeitgebern von dem Vorsteher der Wahl (§ 17) auf Verlangen auszuhändigen.

Nachträglich eingehende Stimmzettel sind ungültig.

§ 26.

Zur Feststellung des Wahlergebnisses beruft der Wahlleiter vier im Wahlbezirke Wohnhafte zu Beisitzern; die Beisitzer sollen zur Hälfte aus den Arbeitgebern und zur anderen Hälfte aus den versicherten Angestellten entnommen werden.

Der Wahlleiter verpflichtet die Beisitzer durch Handschlag auf gewissenhafte Erfüllung ihrer Obliegenheiten.

Der Wahlleiter und die Beisitzer bilden den Wahlvorstand.

§ 27.

Der Wahlvorstand stellt die Zahl der abgegebenen gültigen Stimmen und die Zahl der für jede Vorschlagsliste abgegebenen gültigen Stimmen fest.

Befinden sich in einem Umschlag mehrere Stimmzettel, so gelten sie als ein Stimmzettel, wenn sie gleichlautend sind; andernfalls sind sie nicht zu zählen.

Jeder gültige Stimmzettel zählt als eine Stimme.

§ 28.

Die Vertrauens- und Ersatzmänner werden unter die Vorschlagslisten nach dem Verhältnis der Zahl der ihnen zugefallenen Stimmen (§ 27) verteilt, und zwar in der Reihenfolge der der Größe nach geordneten Höchstzahlen, die sich bei der folgenden Rechnung ergeben, für die in Anlage 3 als Muster mehrere Beispiele beigefügt sind.

Die den einzelnen Vorschlagslisten zugefallenen Stimmenzahlen sind in einer Reihe nebeneinander zu stellen und sämtliche durch 1, 2, 3, 4 usw. zu teilen. Die ermittelten Teilzahlen sind nacheinander reihenweise unter den Zahlen der ersten Reihe aufzuführen. Die Teilung ist fortzusetzen, bis anzunehmen ist, daß höhere Zahlen als aus den früheren Reihen für die Zuweisung von Sitzen in Betracht kommen, nicht mehr entstehen, Bruchteile von Zahlen sind wegzulassen.

Zunächst werden die Sitze für die Vertrauensmänner und danach die Sitze für die ersten und für die zweiten Ersatzmänner verteilt. Sind bei der Verteilung des letzten Sitzes der Vertrauensmänner oder der ersten oder der zweiten Ersatzmänner mehrere gleiche Zahlen vorhanden, so entscheidet das Los über die Reihenfolge.

§ 29.

Verbundene Vorschlagslisten gelten gegenüber anderen als eine einzige.

Die auf sie entfallenden Sitze werden demnächst auf die einzelnen verbundenen Vorschlagslisten nach dem im § 28 bestimmten Verfahren verteilt.

§ 30.

Für die Zuweisung der auf die einzelne Vorschlagsliste entfallenden Sitze an die vorgeschlagenen Bewerber ist die Reihenfolge maßgebend, in der die Bewerber in der Liste aufgeführt sind.

Sind einer Vorschlagsliste mehr Sitze zuzuweisen, als auf ihr Bewerber vorgeschlagen sind, so sind alle auf ihr Vorgeschlagenen gewählt. Die überzähligen Sitze werden unter die übrigen Vorschlagslisten durch Fortsetzung des im § 28 bestimmten Verfahrens verteilt. War jedoch die Vorschlagsliste, für welche Sitze überzählig sind, mit anderen Vorschlagslisten verbunden, so fallen die überzähligen Sitze zunächst diesen Vorschlagslisten zu.

§ 31.

Über die Prüfung des Wahlergebnisses ist eine Niederschrift zu fertigen. In ihr sind Zeit und Ort der Verhandlung, die Namen der Mitglieder des Wahlvorstandes, die Gesamtzahl der abgegebenen gültigen Stimmen, ferner die jeder Vorschlagsliste und jeder Gruppe verbundener Vorschlagslisten zugefallene Stimmenzahl, die berechneten Höchstzahlen, deren Verteilung auf die Vorschlagslisten und die Namen der Gewählten anzugeben.

Der Reichsversicherungsanstalt ist unverzüglich eine Abschrift der Niederschrift zu übersenden.

§ 32.

Das Ergebnis der Wahl ist durch den Wahlleiter spätestens eine Woche nach dem Wahltag in dem für die amtlichen Bekanntmachungen der unteren Verwaltungsbehörde bestimmten Blatte bekannt zu machen.

§ 33.

Gleichzeitig ist es den Gewählten mit der Aufforderung mitzuteilen, sich über die Annahme der Wahl zu erklären. Geht binnen einer Woche eine Erklärung nicht ein, so gilt die Wahl als angenommen.

Lehnt ein Gewählter die Wahl mit Erfolg ab (§§ 116, 153 des Versicherungsgesetzes für Angestellte), so gilt an seiner Stelle der auf derselben Liste nach ihm Vorgeschlagene, noch nicht Gewählte als gewählt. § 30 Abs. 2 gilt entsprechend.

Ersatzwahlen finden während der Dauer der Wahlzeit nicht statt.

§ 34.

Die Gültigkeit der Wahl kann binnen einem Monat nach der Bekanntmachung des Wahlergebnisses bei der unteren Verwaltungsbehörde angefochten werden. Auf Beschwerde entscheidet die höhere Verwaltungsbehörde endgültig.

Die Anfechtung der Wahl hindert nicht die Ausübung des Amtes als Vertrauensmann.

§ 35.

Die Wahl, sei es einer, sei es beider Gruppen, ist ungültig, wenn gegen wesentliche Vorschriften über das

Wahlverfahren verstoßen und weder eine nachträgliche Ergänzung möglich noch nachgewiesen ist, daß durch den Verstoß das Wahlergebnis nicht verändert werden konnte.

Ist die ganze Wahl ungültig, so ist alsbald ein neues Wahlverfahren einzuleiten. Ist nur die Wahl der Arbeitgeber oder diejenige der versicherten Angestellten ungültig, so ist nur die Wahl der betreffenden Gruppe zu wiederholen.

§ 36.

Ungültig ist die Wahl einer Person, die zur Zeit der Wahl nicht wählbar war.

Ungültig ist die Wahl einer Person, von der oder zu deren Gunsten von Dritten die Wahl rechtswidrig (zu vergleichen insbesondere §§ 107 bis 109, 240, 339 des Reichsstrafgesetzbuchs) oder durch Gewährung oder Versprechung von Geschenken beeinflußt worden ist, es sei denn, daß dadurch das Wahlergebnis nicht verändert werden konnte.

§ 33 Abs. 2, 3 gilt entsprechend.

§ 37.

Von der endgültigen Feststellung des Wahlergebnisses ist der Reichsversicherungsanstalt unverzüglich Mitteilung zu machen. Zugleich hat der Wahlleiter das endgültige Ergebnis der Wahl zu veröffentlichen.

§ 38.

Die Akten über die Feststellung des Wahlergebnisses und die Stimmzettel sind bis zum Ablauf der Wahlzeit von der die Wahl leitenden Stelle aufzubewahren.

§ 39.

Die oberste Verwaltungsbehörde kann zur Ausführung dieser Wahlordnung näheres bestimmen.

Anlage 1.

Muster einer Bekanntmachung[1]), betreffend die Wahl der Vertrauensmänner und Ersatzmänner (§§ 145 ff. des Versicherungsgesetzes für Angestellte).

Die Wahl der Vertrauensmänner und Ersatzmänner für die Angestelltenversicherung findet statt:

für die Arbeitgeber[2])

am .... (vom ...., den .... bis .... den ......)[3]) von .... Uhr .... mittags bis .... Uhr .... mittags,

für die Angestellten

am .... (vom ...., den .... bis .... den ......) von .... Uhr .... mittags bis .... Uhr .... mittags,

für den Wahlkreis umfassend ....

....

Gewählt wird:

für Stimmbezirk A (§ 17 Abs. 2 der Wahlordnung) in ....

für Stimmbezirk B in ....

für Stimmbezirk C in ....

Es sind zu wählen .... Vertrauensmänner und .... Ersatzmänner.

---

[1]) Diese Bekanntmachung ist mindestens zweimal in dem für die amtlichen Bekanntmachungen der unteren Verwaltungsbehörde bestimmten Blatte zu erlassen. Zwischen der ersten Bekanntmachung und dem Wahltag (beziehungsweise dem ersten Wahltag) muß eine Frist von mindestens sechs Wochen liegen.

[2]) Die Wahlen können auch zu gleicher Zeit stattfinden.

[3]) Die Klammer bedeutet, daß die untere Verwaltungsbehörde bestimmen kann, ob die Stimmabgabe an einem Tage oder an mehreren Tagen stattfinden soll. Die untere Verwaltungsbehörde kann unter den mehreren Fassungen wählen.

[[1]) Die Vertrauensmänner- und Ersatzmänner werden je zur Hälfte aus den versicherten Angestellten, die nicht Arbeitgeber sind, und aus den Arbeitgebern der versicherten Angestellten gewählt.

Die Vertrauens- und Ersatzmänner aus den Arbeitgebern werden von den Arbeitgebern der versicherten Angestellten, die übrigen von den versicherten Angestellten gewählt.

Wahlberechtigt sind volljährige Deutsche, männlichen und weiblichen Geschlechts, sofern sie zu den versicherten Angestellten oder deren Arbeitgebern gehören und im Bezirke des/der .... (Name des Wahlbezirkes) wohnen.

Wahlberechtigt als Arbeitgeber sind — wenn sie nicht als Angestellte wahlberechtigt sind — auch

1. die gesetzlichen Vertreter geschäftsunfähiger und beschränkt geschäftsfähiger natürlicher Personen,
2. bei juristischen Personen die Mitglieder des Vorstandes, bei Gesellschaften mit beschränkter Haftung die Geschäftsführer, bei anderen Handelsgesellschaften die persönlich haftenden Gesellschafter, soweit sie nicht von der Vertretung ausgeschlossen sind. Sind hiernach für eine juristische Person oder Gesellschaft mehrere wahlberechtigte Personen vorhanden, so darf nur eine von ihnen das Wahlrecht ausüben.

Wählbar sind nur Versicherte, die nicht Arbeitgeber sind, und Arbeitgeber der versicherten Angestellten, die im Bezirke des des/der .... (Name des Wahlbezirkes) wohnen oder beschäftigt werden oder ihren Betriebssitz haben.

Wählbar als Arbeitgeber sind — wenn sie nicht als Angestellte wählbar sind — auch:

1. die gesetzlichen Vertreter geschäftsunfähiger und beschränkt geschäftsfähiger natürlicher Personen,
2. die Mitglieder des Vorstandes einer juristischen Person, die Geschäftsführer einer Gesellschaft mit

---

[1]) Die in Klammern [] stehenden Ausführungen können gestrichen werden, wo ein Bedürfnis für eine eingehendere Belehrung nicht besteht.

beschränkter Haftung, die persönlich haftenden Gesellschafter bei anderen Handelsgesellschaften, soweit sie nicht von der Vertretung ausgeschlossen sind,

3. die bevollmächtigten Betriebsleiter.

Weder wahlberechtigt noch wählbar ist, wer

1. infolge strafgerichtlicher Verurteilung die Fähigkeit zur Bekleidung öffentlicher Ämter verloren hat oder wegen eines Verbrechens oder Vergehens, das den Verlust dieser Fähigkeiten zur Folge haben kann, verfolgt wird, falls gegen ihn das Hauptverfahren eröffnet ist,
2. infolge gerichtlicher Anordnung in der Verfügung über sein Vermögen beschränkt ist.

Angestellte, die nach § 390 des Versicherungsgesetzes für Angestellte von der Beitragsleistung befreit sind, sind sowohl wahlberechtigt als auch wählbar.]

Gewählt wird schriftlich nach den Grundsätzen der Verhältniswahl.

Die Wahlberechtigten werden aufgefordert, Vorschlagslisten für die Wahl bis spätestens drei Wochen vor dem Wahltag, bei mehreren Wahltagen vor dem ersten bei dem unterzeichneten Wahlleiter .... einzureichen.

Die Vorschlagslisten sind für die Arbeitgeber und die versicherten Angestellten getrennt aufzustellen. Jede Vorschlagsliste soll mindestens soviel Namen enthalten, als Vertrauensmänner und Ersatzmänner zu wählen sind; sie darf höchstens die doppelte Zahl solcher Namen aufweisen.

Die Vorgeschlagenen sind nach Vor- und Zunamen, Stand oder Beruf und Wohnort zu bezeichnen und in erkennbarer Reihenfolge aufzuführen. Mangels anderer ausdrücklicher Erklärung wird angenommen, daß die an erster Stelle Aufgeführten als Vertrauensmänner vorgeschlagen werden.

Die Vorschlagslisten müssen von mindestens fünf Wahlberechtigten unter Benennung eines für weitere

Verhandlungen bevollmächtigten Vertreters unterschrieben sein.

Die Vorschlagsliste soll die Wählervereinigung, von der sie ausgeht, nach unterscheidenden Merkmalen kenntlich machen.

Hat ein Wähler mehrere Vorschlagslisten unterzeichnet, so wird seine Unterschrift auf allen Vorschlagslisten gestrichen.

Die Vorschlagslisten sind ungültig, wenn sie verspätet eingereicht werden oder wenn sie nicht vorschriftsmäßig unterschrieben sind und der Mangel nicht rechtzeitig behoben wird.

Zwei oder mehr Vorschlagslisten können in der Weise miteinander verbunden werden, daß sie den Vorschlagslisten anderer Wählervereinigungen gegenüber als eine einzige Vorschlagsliste gelten. In diesem Falle müssen die Unterzeichner der Vorschlagslisten oder die bevollmächtigten Vertreter übereinstimmend spätestens bis zum Ablauf des elften Tages vor dem (ersten) Wahltag die Erklärung abgeben, daß die Vorschlagslisten miteinander verbunden sein sollen. Andernfalls ist die Erklärung über die Verbindung ungültig.

Wird von den Arbeitgebern oder von den versicherten Angestellten bis zum .... nur eine Vorschlagsliste eingereicht, so findet für die betreffende Gruppe keine Wahl statt. Die in der Vorschlagsliste gültig verzeichneten Personen gelten dann in der für den Wahlbezirk erforderlichen Zahl in der Reihenfolge des Vorschlags als von dieser Gruppe gewählt.

Die Wähler haben sich über ihre Wahlberechtigung auszuweisen. Für die versicherten Angestellten dient die Versicherungskarte als Ausweis,[1]) für die Arbeitgeber eine von der Gemeindebehörde (dem Gutsvorsteher) des Betriebssitzes ausgestellte Bescheinigung. Die Arbeit-

[1]) Bei den zweiten und folgenden Wahlen ist zuzusetzen: »falls in derselben wenigstens ein Beitrag innerhalb der letzten zwölf Monate vor der Wahl nachgewiesen ist«.

geber werden aufgefordert, sich die Bescheinigung ausstellen zu lassen.[1])

Das Wahlrecht wird in Person und durch Abgabe eines Stimmzettels ausgeübt. Die Stimmzettel dürfen nicht unterschrieben sein und keinen Protest oder Vorbehalt enthalten. Sie sind außerhalb des Wahlraums handschriftlich oder im Wege der Vervielfältigung herzustellen.

Den Arbeitgebern ist es gestattet, an Stelle der persönlichen Stimmabgabe ihren Stimmzettel dem Wahlleiter unter Beifügung des Ausweises über ihre Wahlberechtigung brieflich einzusenden. Die erforderlichen Umschläge erhalten die Arbeitgeber auf Verlangen von dem Vorsteher der Wahl des örtlichen Stimmbezirkes ausgehändigt. Der Brief muß spätestens am .... bei der unterzeichneten Behörde eingegangen sein. Nachträglich eingehende Stimmzettel sind ungültig.

Jeder Wahlberechtigte hat eine Stimme. Arbeitgeber, die mehr als fünfzig, aber nicht mehr als hundert versicherte Angestellte beschäftigen, haben zwei Stimmen. Für je weitere angefangene hundert versicherte Angestellte erhöht sich die Zahl um eine Stimme. Kein Arbeitgeber hat mehr als zwanzig Stimmen.

Hat ein Arbeitgeber mehrere Stimmen, so hat er jeden Stimmzettel in einem besonderen Umschlag zu verschließen.

Enthält ein Umschlag mehrere Stimmzettel, so gelten sie als ein Stimmzettel, wenn sie gleichlautend sind; andernfalls sind sie ungültig.

Der Wahlberechtigte darf sein Wahlrecht nur in dem Stimmbezirk, in dem er wohnt, ausüben.

Es kann nur für unveränderte Vorschlagslisten gestimmt werden; auch die Reihenfolge der Vorgeschlagenen in der Vorschlagsliste darf nicht geändert werden.

---

[1]) Ein Muster für die Bescheinigung ist in der Anlage 2 abgedruckt.

[[1]) Ungültig ist die Wahl einer Person, die zur Zeit der Wahl nicht wählbar war.

Ungültig ist ferner die Wahl einer Person, von der oder zu deren Gunsten von Dritten die Wahl rechtswidrig (§§ 107 bis 109, 240, 339 des Reichsstrafgesetzbuchs) oder durch Gewährung oder Versprechung von Geschenken beeinflußt worden ist, es sei denn, daß dadurch das Wahlergebnis nicht verändert worden ist.]

.... den .... 19 ......

....

(Unterschrift.)

---

[1]) Die in Klammern [] stehenden Ausführungen können gestrichen werden, wo ein Bedürfnis für eine eingehende Belehrung nicht besteht.

Anlage 2.

Muster
für die Bescheinigung der Arbeitgeber gemäß § 149 des Versicherungsgesetzes für Angestellte.

Dem / Der .... zu
(Name des Arbeitgebers)

wird bescheinigt, daß er / sie regelmäßig mindestens einen (mehr als ...., aber nicht mehr als ....) versicherte(n) Angestellte(n) nach dem Versicherungsgesetze für Angestellte vom 20. Dezember 1911 beschäftigt.

, den 19

(L. S.) ....
(Unterschrift der Gemeindebehörde oder des Gutsvorstehers.)

Anlage 3.

Muster
der Rechnung nach §§ 25 bis 27 der Wahlordnung.

I. Beispiel.

Es seien für die Arbeitgeber-(Angestellten-) Gruppe 4 Vertrauensmänner und 8 Ersatzmänner zu wählen. Für die Wahlen seien fünf Listen A, B, C, D, E aufgestellt. Es seien Stimmen entfallen auf

A	B	C	D	E
6212	5626	1224	968	912

Die Bildung der Teilzahlen hat folgendes Ergebnis:

Teilung durch	A	B	C	D	E	C+D+E
1.	6212	5626	1224	968	912	3104
2.	3106	2813	612	484	456	1552
3.	2070	1875	408	322	304	1034
4.	1553	1406	306	242	228	776
5.	1242	1125	244	193	182	620
6.	1035	937	204	161	152	517
7.						

I. Ordnung der Höchstzahlen bei unverbundenen Listen

1. 6212 (Liste A)
2. 5626 (Liste B)
3. 3106 (Liste A)
4. 2813 (Liste B)

} Vertrauensmännersitze

5. 2070 (Liste A)
6. 1875 (Liste B)
7. 1553 (Liste A)
8. 1406 (Liste B)

} Erste Ersatzmännersitze

9. 1242 (Liste A)
10. 1224 (Liste C)
11. 1125 (Liste B)
12. 1035 (Liste A)

} Zweite Ersatzmännersitze

Demnach kommen auf

	Sitz Nr. 1	Sitz Nr. 2	Sitz Nr. 3	Sitz Nr. 4
Vertrauensmänner . .	A	B	A	B
Erste Ersatzmänner . .	A	B	A	B
Zweite Ersatzmänner .	A	C	A	B

II. Ordnung der Höchstzahlen bei Verbindung der Listen C, D und E

1. 6212 (Liste A)	Vertrauensmännersitze	5. 2813 (Liste B)	Erste Ersatzmännersitze
2. 5626 (Liste B)		6. 2070 (Liste A)	
3. 3106 (Liste A)		7. 1875 (Liste B)	
4. 3104 (Liste C+D+E)		8. 1553 (Liste A)	

9. 1552 (Liste C+D+E)	Zweite Ersatzmännersitze
10. 1406 (Liste B)	
11. 1242 (Liste A)	
12. 1125 (Liste B)	

Demnach kommen auf

	Sitz Nr. 1	Sitz Nr. 2	Sitz Nr. 3	Sitz Nr. 4
Vertrauensmänner	A	B	A	verbundene Liste (C)
Erste Ersatzmänner	B	A	B	A
Zweite Ersatzmänner	verbundene Liste (D)	B	A	B

II. Beispiel.

Es seien für die Arbeitgeber- (Angestellten-) Gruppe 3 Vertrauensmänner und 6 Ersatzmänner zu wählen. Für die Wahlen seien 4 Listen A, B, C, D aufgestellt. Es seien Stimmen entfallen auf

A	B	C	D
6212	952	946	942

Die Bildung der Teilzahlen hat folgendes Ergebnis:

Teilung durch	A	B	C	D	B+C+D
1.	6212	952	946	942	2840
2.	3106	476	473	471	1420
3.	2070	317	315	314	946
4.	1553	238	236	235	710
5.	1242	190	189	188	568
6.	1035	158	157	157	473

I. Ordnung der Höchstzahlen bei unverbundenen Listen

1. 6212, 2. 3106, 3. 2070 } (Liste A) Vertrauensmännersitze

4. 1553, 5. 1242, 6. 1035 } (Liste A) Erste Ersatzmännersitze

7. 952 (Liste B), 8. 946 (Liste C), 9. 942 (Liste D) } Zweite Ersatzmännersitze

Demnach kommen auf

	Sitz Nr. 1	Sitz Nr. 2	Sitz Nr. 3
Vertrauensmänner . .	A	A	A
Erste Ersatzmänner . .	A	A	A
Zweite Ersatzmänner . .	B	C	D

II. Ordnung der Höchstzahlen bei Verbindung der Listen B, C, D

1. 6212 (Liste A), 2. 3106 (Liste A), 3. 2840 (Liste B+C+D) } Vertrauensmännersitze

4. 2070 (Liste A), 5. 1553 (Liste A), 6. 1420 (Liste B+C+D) } Erste Ersatzmännersitze

7. 1242 (Liste A), 8. 1035 (Liste A), 9. 946 (Liste B+C+D) } Zweite Ersatzmännersitze

Demnach kommen auf

	Sitz Nr. 1	Sitz Nr. 2	Sitz Nr. 3
Vertrauensmänner .	A	A	verbundene Liste (B)
Erste Ersatzmänner .	A	A	verbundene Liste (C)
Zweite Ersatzmänner .	A	A	verbundene Liste (D).

---

2. Wahlordnung für die Wahlen der Mitglieder des Verwaltungsrats, der Beisitzer der Rentenausschüsse, der Schiedsgerichte und des Oberschiedsgerichts sowie ihrer Ersatzmänner (§§ 109 ff., 131 ff., 160 ff., 164 des Versicherungsgesetzes für Angestellte).

Vom 22. Oktober 1912.

(RGBl. 1912 S. 513.)

---

§ 1.

Die Mitglieder des Verwaltungsrats, die Beisitzer der Rentenausschüsse, der Schiedsgerichte und des Oberschiedsgerichts sowie ihre Ersatzmänner werden durch die Vertrauensmänner gewählt.

Die Wahl leitet ein Beauftragter des Reichskanzlers.

§ 2.

Der Wahlleiter bestimmt den Zeitraum, innerhalb dessen die Stimmzettel einzusenden sind (Wahlfrist), und macht ihn unter Mitteilung eines Auszugs aus den gesetzlichen Bestimmungen über Wahlberechtigung und Wählbarkeit spätestens zwei Monate vor dem letzten Tage der Frist im Deutschen Reichs- und Königlich Preußischen Staatsanzeiger bekannt.

§ 3.

An der Wahl der Vertreter der Arbeitgeber nehmen nur die Arbeitgebervertreter unter den Vertrauensmännern, an der Wahl der Vertreter der versicherten Angestellten nur die Angestelltenvertreter unter den Vertrauensmännern teil.

§ 4.

In der Bekanntmachung (§ 2) sind die Vertrauensmänner aufzufordern, für die Wahl Vorschlagslisten nach dem in Anlage 1 beigefügten Vordruck in Größe des Reichsformats (33 × 21 Zentimeter) bis spätestens einen Monat vor dem letzten Tage der Wahlfrist dem Wahlleiter einzureichen. Zugleich sind sie darauf hinzuweisen, daß nur für unveränderte Vorschlagslisten gestimmt werden darf.

§ 5.

Die Vorschlagslisten sind für die Mitglieder des Verwaltungsrats, die Beisitzer der Rentenausschüsse, der Schiedsgerichte und des Oberschiedsgerichts getrennt aufzustellen sowohl für die Wahl der Vertreter der Arbeitgeber als auch für die der versicherten Angestellten. Jede Vorschlagsliste soll mindestens so viel Namen enthalten, als Vertreter und Ersatzmänner (§ 109 Abs. 1, § 111 Abs. 3, § 132 Abs. 1, § 134 Abs. 1, § 160 Abs. 2, § 161 Abs. 1 Satz 1, § 164 Abs. 1 a. a. O.) zu wählen sind; sie darf höchstens die doppelte Anzahl solcher Namen aufweisen.

Die Vorgeschlagenen sind nach Vor- und Zunamen, Stand oder Beruf und Wohnort zu bezeichnen und in erkennbarer Reihenfolge aufzuführen.

Die Vorschlagslisten müssen von mindestens fünf Vertrauensmännern unter Benennung eines für weitere Verhandlungen Bevollmächtigten unterschrieben sein.

§ 6.

Ist eine Person auf mehreren Listen vorgeschlagen, so wird sie vom Wahlleiter aufgefordert, sich binnen einer Frist für eine bestimmte Liste zu entscheiden. Erklärt sie sich nicht innerhalb dieser Frist, so wird ihr Name auf allen Vorschlagslisten gestrichen. Den Bevollmächtigten (§ 5 Abs. 3) ist dies unverzüglich mitzuteilen und anheimzugeben, binnen einer Frist Ersatzvorschläge zu machen. Personen, die bereits in einer Vorschlagsliste aufgeführt sind, dürfen dabei nicht vorgeschlagen werden.

§ 7.

Hat ein Vertrauensmann mehrere Vorschlagslisten unterzeichnet, so ist seine Unterschrift auf allen Vorschlagslisten zu streichen; den Bevollmächtigten (§ 5

Abs. 3) ist nötigenfalls aufzugeben, an Stelle der gestrichenen Unterschriften binnen einer Frist zur Vermeidung der Ungültigkeit der Vorschlagslisten andere Unterschriften zu beschaffen.

§ 8.

Der Wahlleiter versieht die Vorschlagslisten mit dem Tage des Einganges und mit Buchstaben nach der Reihenfolge des Einganges.

Er prüft die Vorschlagslisten und teilt etwaige Anstände alsbald dem Bevollmächtigten (§ 5 Abs. 3) mit. Zur Beseitigung der Anstände ist eine Frist zu setzen.

§ 9.

Die Vorschlagslisten sind ungültig, wenn sie verspätet eingereicht werden, oder wenn sie den Vorschriften des § 5 Abs. 3 nicht entsprechen und der Mangel nicht rechtzeitig behoben wird.

Ist ein vorgeschlagener Vertreter oder Ersatzmann nicht in der in § 5 Abs. 2 bestimmten Weise bezeichnet und kommt der Bevollmächtigte (§ 5 Abs. 3) der Aufforderung, die Bezeichnung zu ergänzen, nicht rechtzeitig nach, so wird der Name des unvollständig Bezeichneten gestrichen.

Enthält eine Vorschlagsliste eine größere als die zugelassene Zahl von Vertretern und Ersatzmännern, so werden diejenigen Vorgeschlagenen gestrichen, deren Namen den in zulässiger Zahl vor ihnen Genannten folgen.

§ 10.

Zwei oder mehr Vorschlagslisten können in der Weise miteinander verbunden werden, daß sie den Vorschlagslisten anderer Wählervereinigungen gegenüber als eine einzige Vorschlagsliste gelten. In diesem Falle müssen die Unterzeichner der Vorschlagslisten oder die Bevollmächtigten (§ 5 Abs. 3) übereinstimmend spätestens bis zum Ablauf des elften Tages vor dem letzten Tage der Wahlfrist die Erklärung abgeben, daß die Vorschlagslisten miteinander verbunden sein sollen. Andernfalls ist die Erklärung über die Verbindung ungültig.

§ 11.

Die Beseitigung der Anstände soll bis zum Ablauf des elften Tages vor dem letzten Tage der Wahlfrist beendigt sein.

Frühestens neun und spätestens sechs volle Tage vor dem letzten Tage der Wahlfrist sind die gültigen Vorschlagslisten von dem Wahlleiter gleichzeitig mit ihrer Bezeichnung (§ 8 Abs. 1) im Deutschen Reichs- und Königlich Preußischen Staatsanzeiger öffentlich bekannt zu machen. Hierbei ist auf die Zusammengehörigkeit verbundener Vorschlagslisten hinzuweisen.

§ 12.

Wird innerhalb der Frist des § 4 für die Mitglieder des Verwaltungsrats, die Beisitzer der Rentenausschüsse, der Schiedsgerichte oder des Oberschiedsgerichts nur eine Vorschlagsliste von den Vertretern der Arbeitgeber oder der versicherten Angestellten eingereicht, so findet bei dieser Gruppe keine Wahl statt. Die in der Vorschlagsliste gültig verzeichneten Personen gelten in der Reihenfolge des Vorschlags als gewählt.

§ 13.

Gewählt wird mittels Stimmzettel. Die Stimmzettel sind in einem verschlossenen Umschlag dem Wahlleiter einzureichen. Stimmzettel, die nach Ablauf der Wahlfrist eingehen, sind ungültig.

Für die Wahlen der Mitglieder des Verwaltungsrats, der Beisitzer der Rentenausschüsse, der Schiedsgerichte und des Oberschiedsgerichts ist je ein besonderer Stimmzettel erforderlich, dessen Vordruck und Farbe von der Reichsversicherungsanstalt bestimmt wird. Die Vordrucke für die Stimmzettel werden von der Reichsversicherungsanstalt geliefert.

Die Stimmzettel müssen von dem wählenden Vertrauensmanne mit Namen und Vornamen, Beruf und Wohnort unterschrieben sein und dürfen keinen Protest oder Vorbehalt enthalten.

Es kann nur für unveränderte Vorschlagslisten gestimmt werden; als veränderte Vorschlagslisten gelten auch solche, in welchen die Reihenfolge der Vorgeschlagenen geändert worden ist. Es genügt, daß der Wähler die Bezeichnung der Liste (§ 8 Abs. 1) angibt, für die er sich entscheidet. Im übrigen sind Stimmzettel, die von den Vorschlagslisten abweichen, ungültig.

§ 14.

Nach Ablauf der Wahlfrist stellt der Wahlleiter die Zahl der abgegebenen gültigen Stimmen und die Zahl der für jede Vorschlagsliste abgegebenen gültigen Stimmen fest.

Befinden sich in einem Umschlag mehrere Stimmzettel derselben Art, so gelten sie als ein Stimmzettel, wenn sie gleichlautend sind; andernfalls sind sie nicht zu zählen.

Jeder gültige Stimmzettel zählt als eine Stimme.

§ 15.

Die Sitze der Vertreter und der Ersatzmänner werden unter die Vorschlagslisten nach dem Verhältnis der Zahl der ihnen zugefallenen Stimmen (§ 14) verteilt, und zwar in der Reihenfolge der der Größe nach geordneten Höchstzahlen, die sich bei der folgenden Rechnung ergeben, für die in Anlage 2 als Muster mehrere Beispiele beigefügt sind.

Die den einzelnen Vorschlagslisten zugefallenen Stimmenzahlen sind in einer Reihe nebeneinanderzustellen und sämtliche durch 1, 2, 3, 4 usw. zu teilen. Die ermittelten Teilzahlen sind nacheinander reihenweise unter den Zahlen der ersten Reihe aufzuführen. Die Teilung ist fortzusetzen, bis anzunehmen ist, daß höhere Zahlen, als aus den früheren Reihen für die Zuweisung von Sitzen in Betracht kommen, nicht mehr entstehen, Bruchteile von Zahlen sind wegzulassen.

Zunächst werden die Sitze für die Vertreter und danach die Sitze für die ersten und für die zweiten Ersatzmänner verteilt. Sind bei der Verteilung des letzten Sitzes der Vertreter oder der ersten oder der zweiten Ersatzmänner mehrere gleiche Zahlen vorhanden, so entscheidet das Los über die Reihenfolge.

§ 16.

Verbundene Vorschlagslisten gelten gegenüber anderen als eine einzige.

Die auf sie entfallenden Sitze werden demnächst auf die einzelnen verbundenen Vorschlagslisten nach dem im § 15 bestimmten Verfahren verteilt.

§ 17.

Für die Zuweisung der auf die einzelne Vorschlagsliste entfallenden Sitze an die vorgeschlagenen Bewerber ist die Reihenfolge in der Abteilung der Vorschlagsliste maßgebend, in der die Bewerber in der Liste aufgeführt sind.

Sind einer Vorschlagsliste mehr Sitze zugewiesen, als auf ihr Bewerber in der Abteilung der Vorschlagsliste vorgeschlagen sind, so sind alle auf ihr Vorgeschlagenen gewählt. Die überzähligen Sitze werden auf die entsprechenden Abteilungen der anderen Vorschlagslisten durch Fortsetzung des im § 15 bestimmten Verfahrens verteilt. War jedoch die Vorschlagsliste, für welche Sitze überzählig sind, mit anderen Vorschlagslisten verbunden, so fallen die überzähligen Sitze zunächst diesen Vorschlagslisten zu.

§ 18.

Über die Prüfung des Wahlergebnisses ist eine Niederschrift zu fertigen. In ihr sind Zeit und Ort der Verhandlung, die Gesamtzahl der abgegebenen gültigen Stimmen, ferner die Stimmenzahl, die jeder Vorschlagsliste und jeder Gruppe verbundener Vorschlagslisten zugefallen ist, die berechneten Höchstzahlen, deren Verteilung auf die Vorschlagslisten und die Namen der Gewählten anzugeben.

§ 19.

Das Ergebnis der Wahl ist durch den Wahlleiter im Deutschen Reichs- und Königlich Preußischen Staatsanzeiger bekannt zu machen.

§ 20.

Gleichzeitig ist den Gewählten ihre Wahl mit der Aufforderung mitzuteilen, sich über die Annahme der

Wahl zu erklären. Geht binnen einer Woche eine Erklärung nicht ein, so gilt die Wahl als angenommen.

Lehnt ein Gewählter die Wahl mit Erfolg ab (§§ 116, 117, 136, 137, 161, 164 a. a. O.) so gilt an seiner Stelle der auf derselben Liste nach ihm Vorgeschlagene, noch nicht Gewählte als gewählt. § 17 Abs. 2 gilt entsprechend.

Ersatzwahlen finden während der Dauer der Wahlzeit nicht statt.

§ 21.

Die Gültigkeit der Wahl kann binnen einem Monat nach der Bekanntmachung des Wahlergebnisses bei den sich aus § 111 Abs. 4, § 134 Abs. 2, § 161 Abs. 3, § 164 a. a. O. ergebenden Stellen angefochten werden. Der Streit über die Wahl wird nach den angeführten Vorschriften entschieden. Das Oberschiedsgericht entscheidet in der Besetzung nach § 288 a. a. O., jedoch ohne die Versicherungsvertreter, solange solche noch nicht gewählt sind.

Die Anfechtung der Wahl hindert nicht die Ausübung des Amtes als Vertreter.

§ 22.

Die Wahl, sei es einer, sei es beider Gruppen, ist ungültig, wenn gegen wesentliche Vorschriften über das Wahlverfahren verstoßen und weder eine nachträgliche Ergänzung möglich noch nachgewiesen ist, daß durch den Verstoß das Wahlergebnis nicht verändert werden konnte.

Ist die ganze Wahl ungültig, so ist alsbald ein neues Wahlverfahren einzuleiten. Ist nur die Wahl der Vertreter der Arbeitgeber oder diejenige der versicherten Angestellten ungültig, so ist nur die Wahl der betreffenden Gruppe zu wiederholen.

§ 23.

Ungültig ist die Wahl einer Person, die zur Zeit der Wahl nicht wählbar ist.

Ungültig ist die Wahl einer Person, von der oder zu deren Gunsten von Dritten die Wahl rechtswidrig (zu vergleichen insbesondere §§ 107 bis 109, 240, 339 des Reichsstrafgesetzbuchs) oder durch Gewährung oder Versprechung von Geschenken beeinflußt worden ist, es sei denn, daß dadurch das Wahlergebnis nicht verändert werden konnte.

§ 20 Abs. 2, 3 gilt entsprechend.

§ 24.

Der Wahlleiter hat das endgültige Ergebnis der Wahl im Deutschen Reichs- und Königlich Preußischen Staatsanzeiger zu veröffentlichen.

§ 25.

Die Akten über die Feststellung des Wahlergebnisses und die Stimmzettel sind bis zum Ablauf der Wahlzeit bei der Reichsversicherungsanstalt für Angestellte aufzubewahren.

Anlage 1.

Vorschlagsliste
für die Mitglieder des Verwaltungsrats[1]) und ihrer Ersatzmänner als Vertreter der Arbeitgeber[2]).

A. Zu Mitgliedern[3]) werden vorgeschlagen:

Lfd. Nr.	Vor- und Zuname	Stand oder Beruf	Wohnort
1.	....	....	....
2.	....	....	....
3.	....	....	....
4.	....	....	....

B. Zu ersten Ersatzmännern werden vorgeschlagen:

Lfd. Nr.	Vor- und Zuname	Stand oder Beruf	Wohnort
1.	....	....	....
2.	....	....	....
3.	....	....	....
4.	....	....	....

1) oder: »die Beisitzer des Rentenausschusses«,
»der Beisitzer des Schiedsgerichts«,
»der Beisitzer des Oberschiedsgerichts«.

2) oder: »als Vertreter der versicherten Angestellten«.

3) oder: »zu Beisitzern«.

C. Zu zweiten Ersatzmännern werden vorgeschlagen:

Lfd. Nr.	Vor- und Zuname	Stand oder Beruf	Wohnort
1.	....	....	....
2.	....	....	....
3.	....	....	....
4.	....	....	....

(Unterschriften: Vor- und Zuname.)

1. ....
2. ....
3. ....
4. ....
5. ....

Zu weiteren Verhandlungen ist bevollmächtigt:

....	....	....
(Vor- und Zuname.)	(Stand oder Beruf.)	Wohnort.)

Anlage 2.

Muster
der Rechnung nach §§ 15 bis 17 der Wahlordnung.

I. Beispiel.

Es seien für die Arbeitgeber-(Angestellten-)Gruppe 12 Vertreter und 24 Ersatzmänner zu wählen. Für die Wahlen seien 4 Listen A, B, C, D aufgestellt. Es seien Stimmen entfallen auf:

Liste:	A	B	C	D
	6212	952	946	942

Die Bildung der Teilzahlen hat folgendes Ergebnis:

Teilung durch:	A	B	C	D	B+C+D
1.	6212	952	946	942	2840
2.	3106	476	473	471	1420
3.	2070	317	315	314	946
4.	1553	238	236	235	710
5.	1242	190	189	188	568
6.	1035	158	157	157	473
7.	887	136	135	134	405
8.	776	119	118	117	355
9.	690	105	105	104	315
10.	621	95	94	94	284
11.	564				258
12.	517				236
13.	477				
14.	443				
15.	414				
16.	388				
17.	365				
18.	345				
19.	326				
20.	310				
21.	295				
22.	282				
23.	270				
24.	258				
25.	248				
26.	238				

1. Ordnung der Höchstzahlen bei unverbundenen Listen:

1.	6212	(Liste A)	Vertretersitze,
2.	3106	(Liste A)	
3.	2070	(Liste A)	
4.	1553	(Liste A)	
5.	1242	(Liste A)	
6.	1035	(Liste A)	
7.	952	(Liste B)	
8.	946	(Liste C)	
9.	942	(Liste D)	
10.	887	(Liste A)	
11.	776	(Liste A)	
12.	690	(Liste A)	
13.	621	(Liste A)	Erste Ersatzmännersitze,
14.	564	(Liste A)	
15.	517	(Liste A)	
16.	477	(Liste A)	
17.	476	(Liste B)	
18.	473	(Liste C)	
19.	471	(Liste D)	
20.	443	(Liste A)	
21.	414	(Liste A)	
22.	388	(Liste A)	
23.	365	(Liste A)	
24.	345	(Liste A)	
25.	326	(Liste A)	Zweite Ersatzmännersitze,
26.	317	(Liste B)	
27.	315	(Liste C)	
28.	314	(Liste D)	
29.	310	(Liste A)	
30.	295	(Liste A)	
31.	282	(Liste A)	
32.	270	(Liste A)	
33.	258	(Liste A)	
34.	248	(Liste A)	
35.	238	(Liste A)	
36.	238	(Liste B)	

demnach kommen auf:

Sitz	Nr. 1	Nr. 2	Nr. 3	Nr. 4	Nr. 5	Nr. 6
Vertreter	A	A	A	A	A	A
Erste Ersatzmänner .	A	A	A	A	B	C
Zweite Ersatzmänner .	A	B	C	D	A	A

Sitz	Nr. 7	Nr. 8	Nr. 9	Nr. 10	Nr. 11	Nr. 12
Vertreter	B	C	D	A	A	A
Erste Ersatzmänner .	D	A	A	A	A	A
Zweite Ersatzmänner .	A	A	A	A	A	B,

also auf

Liste A 9 Vertreter, 9 erste Ersatzmänner, 8 zweite Ersatzmänner,

Liste B 1 Vertreter, 1 erster Ersatzmann, 2 zweite Ersatzmänner,

Liste C 1 Vertreter, 1 erster Ersatzmann 1 zweiter Ersatzmann,

Liste D 1 Vertreter, 1 erster Ersatzmann, 1 zweiter Ersatzmann.

2. Ordnung der Höchstzahlen bei Verbindung der Listen B, C, D:

1.	6212	(Liste A)	Vertretersitze,
2.	3106	(Liste A)	
3.	2840	(Liste B+C+D)	
4.	2070	(Liste A)	
5.	1553	(Liste A)	
6.	1420	(Liste B+C+D)	
7.	1242	(Liste A)	
8.	1035	(Liste A)	
9.	946	(Liste B+C+D)	
10.	887	(Liste A)	
11.	776	(Liste A)	
12.	710	(Liste B+C+D)	
13.	690	(Liste A)	erste Ersatzmännersitze,
14.	621	(Liste A)	
15.	568	(Liste B+C+D)	
16.	564	(Liste A)	
17.	517	(Liste A)	
18.	477	(Liste A)	
19.	473	(Liste B+C+D)	
20.	443	(Liste A)	
21.	414	(Liste A)	
22.	405	(Liste B+C+D)	
23.	388	(Liste A)	
24.	365	(Liste A)	

25. 355 (Liste B+C+D)	Zweite Ersatzmännersitze,
26. 345 (Liste A)	
27. 326 (Liste A)	
28. 315 (Liste B+C+D)	
29. 310 (Liste A)	
30. 295 (Liste A)	
31. 284 (Liste B+C+D)	
32. 282 (Liste A)	
33. 270 (Liste A)	
34. 258 (Liste A)	
35. 258 (Liste B+C+D)	
36. 248 (Liste A)	

demnach kommen auf:

Sitz	Nr. 1	Nr. 2	Nr. 3	Nr. 4	Nr. 5	Nr. 6
Vertreter	A	A	B	A	A	C
Erste Ersatzmänner .	A	A	C	A	A	A
Zweite Ersatzmänner	C	A	A	D	A	A

Sitz	Nr. 7	Nr. 8	Nr. 9	Nr. 10	Nr. 11	Nr. 12
Vertreter	A	A	D	A	A	B
Erste Ersatzmänner .	D	A	A	B	A	A
Zweite Ersatzmänner	B	A	A	A	C	A

also auf

Liste A 8 Vertreter, 9 erste Ersatzmänner, 8 zweite Ersatzmänner,

Liste B 2 Vertreter, 1 erster Ersatzmann, 1 zweiter Ersatzmann,

Liste C 1 Vertreter, 1 erster Ersatzmann, 2 zweite Ersatzmänner,

Liste D 1 Vertreter, 1 erster Ersatzmann, 1 zweiter Ersatzmann.

II. Beispiel.

Es seien für die Arbeitgeber- (Angestellten-) Gruppe 10 Vertreter und 20 Ersatzmänner zu wählen. Für die Wahlen seien 4 Listen A, B, C, D aufgestellt. Es seien Stimmen entfallen auf:

Liste:	A	B	C	D	B+C+D
	4140	2840	1892	952	5684

Die Bildung der Teilzahlen hat folgendes Ergebnis:

Teilung durch:	A	B	C	D	B+C+D
1.	4140	2840	1892	952	5684
2.	2070	1420	946	476	2842
3.	1380	946	630	317	1894
4.	1035	710	473	238	1421
5.	828	568	378	190	1136
6.	690	473	315	158	947
7.	591	405	270	136	812
8.	517	355	236	119	710
9.	460	315	210	105	631
10.	414	284	189	95	568
11.	376	258			516
12.	345				473
13.	318				437
14.	295				406
15.					378
16.					355
17.					334
18.					315.

1. Ordnung der Höchstzahlen bei unverbundenen Listen:

1. 4140 (Liste A) 2. 2840 (Liste B) 3. 2070 (Liste A) 4. 1892 (Liste C) 5. 1420 (Liste B) 6. 1380 (Liste A) 7. 1035 (Liste A) 8. 952 (Liste D) 9. 946 (Liste B) 10. 946 (Liste C)	Vertretersitze,	11. 828 (Liste A) 12. 710 (Liste B) 13. 690 (Liste A) 14. 630 (Liste C) 15. 591 (Liste A) 16. 568 (Liste B) 17. 517 (Liste A) 18. 476 (Liste D) 19. 473 (Liste B) 20. 473 (Liste C)	Erste Ersatzmännersitze,

21. 460 (Liste A)
22. 414 (Liste A)
23. 405 (Liste B)
24. 378 (Liste C)
25. 376 (Liste A)
26. 355 (Liste B)
27. 345 (Liste A)
28. 318 (Liste A)
29. 317 (Liste D)
30. 315 (Liste B)

} Zweite Ersatzmännersitze

demnach kommen auf:

Sitz	Nr. 1	Nr. 2	Nr. 3	Nr. 4	Nr. 5
Vertreter	A	B	A	C	B
Erste Ersatzmänner	A	B	A	C	A
Zweite Ersatzmänner	A	A	B	C	A

Sitz	Nr. 6	Nr. 7	Nr. 8	Nr. 9	Nr. 10
Vertreter	A	A	D	B	C
Erste Ersatzmänner	B	A	D	B	C
Zweite Ersatzmänner	B	A	A	D	B,

also auf

Liste A 4 Vertreter, 4 erste Ersatzmänner, 5 zweite Ersatzmänner,
Liste B 3 Vertreter, 3 erste Ersatzmänner, 3 zweite Ersatzmänner,
Liste C 2 Vertreter, 2 erste Ersatzmänner, 1 zweiter Ersatzmann,
Liste D 1 Vertreter, 1 erster Ersatzmann, 1 zweiter Ersatzmann.

2. Ordnung der Höchstzahlen bei Verbindung der Listen B, C, D:

1. 5684 (Liste B+C+D)
2. 4140 (Liste A)
3. 2842 (Liste B+C+D)
4. 2070 (Liste A)
5. 1894 (Liste B+C+D)
6. 1421 (Liste B+C+D)
7. 1380 (Liste A)
8. 1136 (Liste B+C+D)
9. 1035 (Liste A)
10. 947 (Liste B+C+D)

} Vertretersitze,

11. 828 (Liste A)
12. 812 (Liste B+C+D)
13. 710 (Liste B+C+D)
14. 690 (Liste A)
15. 631 (Liste B+C+D)
16. 591 (Liste A)
17. 568 (Liste B+C+D)
18. 517 (Liste A)
19. 516 (Liste B+C+D)
20. 473 (Liste B+C+D)

} Erste Ersatzmännersitze,

21. 460 (Liste A)
22. 437 (Liste B+C+D)
23. 414 (Liste A)
24. 406 (Liste B+C+D)
25. 378 (Liste B+C+D)
26. 376 (Liste A)
27. 355 (Liste B+C+D)
28. 345 (Liste A)
29. 334 (Liste B+C+D)
30. 318 (Liste A)

} Zweite Ersatzmännersitze,

demnach kommen auf:

Sitz	Nr. 1	Nr. 2	Nr. 3	Nr. 4	Nr. 5
Vertreter	B	A	C	A	B
Erste Ersatzmänner . .	A	B	C	A	B
Zweite Ersatzmänner .	A	B	A	C	B

Sitz	Nr. 6	Nr. 7	Nr. 8	Nr. 9	Nr. 10
Vertreter	D	A	B	A	C
Erste Ersatzmänner . .	A	D	A	B	C
Zweite Ersatzmänner .	A	D	A	B oder C [1])	A,

also auf

Liste A 4 Vertreter, 4 erste Ersatzmänner, 5 zweite Ersatzmänner,
Liste B 3 Vertreter, 3 erste Ersatzmänner, 3 zweite Ersatzmänner,
Liste C 2 Vertreter, 2 erste Ersatzmänner, 1 zweiter Ersatzmann,
Liste D 1 Vertreter, 1 erster Ersatzmann, 1 zweiter Ersatzmann.

---

[1]) Das Los entscheidet.

Anleitung des Direktoriums der RVAnstalt, betr. den Kreis der nach dem Versicherungsgesetz für Angestellte vom 20. Dezember 1911 versicherten Personen.

Vom 20. Juni 1912.[1])

A. Versicherungspflicht.

1. **Einleitung.** — Das Gesetz nimmt davon Abstand, den Begriff des Angestellten zu bestimmen. Es grenzt den Kreis der VersPflichtigen dadurch ab, daß nach unten hin alle der handarbeitenden Bevölkerungsklasse angehörenden Personen (Arbeiter, Gehilfen, Gesellen, Lehrlinge, Dienstboten), nach oben hin die Selbständigen von der Versicherung ausgeschlossen werden. Abweichend von der RVO. erfaßt das Gesetz auch solche Angestellte, die in einer über das Maß der Betriebsbeamten und Werkmeister hinaus gehobenen Stellung beschäftigt werden, insbesondere Personen mit einer höheren, mehr künstlerischen oder wissenschaftlichen Tätigkeit, sowie Angestellte in leitender Stellung.

In der Abgrenzung der innerhalb dieses allgemeinen Rahmens in Betracht kommenden Personengruppen schließt sich das Gesetz in der Hauptsache an die RVO. an (vgl. § 210 Abs. 3, 4).

Die allgemeinen Bedingungen der VersPflicht sind, daß eine zu den im Gesetze genannten Gruppen gehörende Person, die das 16. Lebensjahr vollendet hat und nicht berufsunfähig ist, gegen Entgelt als Angestellter beschäftigt ist und daß ihr Jahresverdienst 5000 Mark nicht übersteigt.

Der Eintritt in die versicherungspflichtige Beschäftigung ist nach Vollendung des 60. Lebensjahres ausgeschlossen.

---

[1]) Unter „Gesetz" ist das Versicherungsgesetz für Angestellte vom 20. 12. 11, unter Paragraphen ohne nähere Bezeichnung sind die Paragraphen dieses Gesetzes zu verstehen.
RVO. = Reichsversicherungsordnung.

Die Versicherung kann frühestens mit dem Inkrafttreten des Gesetzes beginnen.

2. **Räumlicher Bereich.** Allgemeines. — Der Versicherungszwang ergreift grundsätzlich alle im Inlande — deutsche Schutzgebiete gelten hierbei als Ausland — verrichteten Tätigkeiten ohne Rücksicht darauf, ob sie mit einem ausländischen Betriebe zusammenhängen (z. B. auf Fahrzeugen eines ausländischen Schiffahrtsbetriebs geleistet werden), oder ob die im Inlande (z. B. in einer an der Grenze belegenen Fabrik) tätige Person im Auslande wohnt. Jedoch gelten fremde Kriegsschiffe oder unter der Flagge ihres Staatsoberhaupts fahrende sonstige fremde Seeschiffe auch bei ihrem Aufenthalt in deutschen Häfen völkerrechtlich nicht als Inland. Da es zweifelhaft sein kann, inwieweit ausländische Staaten oder Personen, die nicht der inländischen Gerichtsbarkeit unterstehen, für die von ihnen im Inlande beschäftigten Personen die Pflichten der Arbeitgeber zu erfüllen haben, ist dem Bundesrat in § 5 die Befugnis gegeben worden, den deutschen Bediensteten solcher Staaten oder Personen die Pflichten der Arbeitgeber aufzuerlegen.

Bedienstete deutscher Beamten im Auslande. — Da der Versicherungszwang begrifflich an den Grenzen der inländischen Staatsgewalt seine Schranke findet, unterliegen im Auslande beschäftigte Personen grundsätzlich der Versicherungspflicht nicht, ohne Unterschied, ob sie selbst Inländer oder Ausländer, ob sie bei Inländern oder bei Ausländern bedienstet sind.

Nach § 3 sind jedoch Deutsche versichert, die bei einer amtlichen Vertretung des Reichs oder eines Bundesstaats im Ausland oder bei deren Leitern oder Mitgliedern beschäftigt sind. Das Gesetz hat hierbei die Behörden im Auge, die zur Vertretung des Reichs oder eines Bundesstaats im völkerrechtlichen Sinne berufen sind.

Ausstrahlung eines inländischen Betriebes. — Eine weitere Ausnahme von dem Grundsatz in Abs. 2 gilt, wenn eine im Auslande stattfindende Tätigkeit nach Lage des besonderen Falles als Teil, Zubehör, Fortsetzung oder Ausstrahlung eines inländischen Betriebs anzusehen ist. Sie ist dann versicherungspflichtig. Beispiele: im Auslande belegene Grenzstation eines inländischen Eisenbahnunternehmens; Herstellung von Bauten im Auslande von einem inländischen Betrieb aus mit dazu ausgesandten Arbeitskräften. Daß die beschäftigte Person vorher im Inland in demselben Betriebe tätig war, ist nicht erforderlich.

Ähnliches gilt, wenn persönliche Bedienstete ihren Arbeitgeber bei einem vorübergehenden Aufenthalt im Auslande begleiten.

In allen diesen Beziehungen kann der Reichskanzler mit Zustimmung des Bundesrats mit auswärtigen Staaten nach Maßgabe des § 362 eine abweichende Regelung vereinbaren.

Seeschiffahrt. — Während die obigen Grundsätze auch auf die Binnenschiffahrt Anwendung finden, unterliegt die Seeschiffahrt einer abweichenden Regelung. Hier entscheidet nach § 1 Abs. 1 Nr. 6 lediglich die Staatszugehörigkeit des Fahrzeugs. Die deutschen Seeschiffe gelten, wo sie sich auch befinden, gewissermaßen als deutscher Boden, die Tätigkeit der Besatzung (der Inländer wie der Ausländer) als Tätigkeit im Inland. Ebenso ist umgekehrt die Besatzung (s. darüber Ziff. 18) fremder Seefahrzeuge auch in deutschen Gewässern von der Versicherung frei.

I. Allgemeine Voraussetzung der Versicherungspflicht.

3. **Persönliche Umstände.** — Alter. — Der Versicherungszwang beginnt mit dem ersten Tage des 17. Lebensjahrs.

Eine Altersgrenze nach oben sieht das Gesetz in der Gestalt vor, daß Personen, die das 60. Lebensjahr vollendet haben, in den Kreis der Versicherungspflichtigen nicht eintreten können.

Geschlecht. Familienstand. — Keinen Unterschied machen grundsätzlich Geschlecht oder Familienstand. Das Gesetz findet Anwendung ebensowohl auf männliche wie auf weibliche Personen, auf Verheiratete wie auf Ledige.

Jedoch begründet die Beschäftigung eines Ehegatten durch den anderen keine Versicherungspflicht (§ 6).

Staatsangehörigkeit. — Wird ein Beschäftigungsverhältnis gemäß Ziff. 2 durch das Gesetz räumlich erfaßt, so ist es, vorbehaltlich der Vorschrift in § 362, ohne Belang, ob der Arbeitgeber oder der Beschäftigte oder beide deutscher oder fremder Staatsangehörigkeit sind. Namentlich sind die im Inlande beschäftigten Ausländer grundsätzlich versicherungspflichtig, wenn sie auch demnächst in das Ausland zurückzukehren beabsichtigen und daher keine Aussicht auf Erfüllung der Wartezeit oder den Bezug der Versicherungsleistungen haben.

4. **Erwerbsfähigkeit.** — Berufsunfähigkeit schließt die Versicherungspflicht aus. Berufsunfähig ist der Versicherte, dessen Arbeitsfähigkeit infolge körperlicher Gebrechen oder infolge Schwäche seiner körperlichen und geistigen Kräfte auf weniger als die Hälfte der Arbeitsfähigkeit eines körperlich und geistig gesunden Versicherten von ähnlicher Ausbildung und gleichwertigen Kenntnissen und Fähigkeiten herabgesunken ist (§ 25 Abs. 1 Satz 2). Die Frage nach der Berufsunfähigkeit wird sich in den einfacheren Fällen einheitlich beantworten lassen. Wo das nicht zutrifft, ist sie in die beiden Fragen zu zerlegen, wieviel Personen gleicher Art zu verdienen imstande sein müßten, um erwerbsfähig zu sein (Verdienstgrenze), und ob der Einzelne nach seinem körperlichen und geistigen Zustande diesen Betrag durch angemessene Tätigkeit noch erreichen kann (persönliche Leistungsfähigkeit).

Zu den körperlichen Gebrechen im Sinne der angeführten Vorschriften gehören auch die Krankheiten.

5. **Unselbständigkeit.** — Allgemeines. — Die in § 1 Abs. 1 bezeichneten Personen sind nur dann versicherungspflichtig, wenn sie als Angestellte beschäftigt werden. Danach wird tatsächliche Arbeitsleistung vorausgesetzt; jedoch steht eine ständige Dienstbereitschaft, die auch für die Pausen Unfreiheit mit sich bringt, der wirklichen Arbeit gleich. Ferner besteht das Beschäftigungsverhältnis während eines Urlaubs fort.

Das „Beschäftigtwerden" setzt ein Verhältnis persönlicher und wirtschaftlicher Abhängigkeit des Beschäftigten von einem Arbeitgeber voraus. Auf die rechtliche Erscheinungsform dieser Beziehungen kommt es nicht entscheidend an; ein Beschäftigungsverhältnis kann z. B. in die Gestalt eines Pachtvertrags gekleidet sein.

Mittelbares Beschäftigungsverhältnis. — Es kommen mittelbare Beschäftigungsverhältnisse vor, bei denen der Beschäftigte von einem Mittelsmann angenommen wird, der Erfolg seiner Tätigkeit aber einem Dritten zugute kommt und der Entgelt für seine Tätigkeit in der dem Mittelsmanne gewährten Vergütung enthalten ist. Ein derartiges Beschäftigungsverhältnis kann zwischen dem Arbeitgeber und dem Mittelsmanne vereinbart sein. Es ist aber auch dann anzunehmen, wenn der Beschäftigte ohne ausdrückliche Abrede mit dem Arbeitgeber, aber mit dessen Wissen die dem Mittelsmann übertragenen Arbeiten in erheblichem Umfange verrichtet, so besonders wenn der letztere regelmäßig verhindert ist, die Arbeiten selbst zu verrichten. Der Beschäftigung mit Wissen und Willen des Arbeitgebers steht es gleich, wenn dieser nach Lage der Umstände annehmen muß, daß der Beschäftigte zur Ausführung der ihm übertragenen Aufgaben einer Mithilfe bedarf. Dies kann z. B. bei der Ehefrau eines Geschäftsführers zutreffen, die durch ihre Tätigkeit eine fremde Hilfskraft ersetzt.

Beteiligung bei einem Gesamtunternehmen. Ein Beschäftigungsverhältnis liegt nicht vor, wenn mehrere Personen gemeinsam bei demselben Unternehmen mitwirken; z. B. können die Mitglieder einer genossenschaftlich gestalteten Musikkapelle gleichberechtigte Mitunternehmer sein.

Anderseits schließt die Beteiligung bei einem Gesamtunternehmen nicht aus, daß der einzelne Beteiligte ein versicherungspflichtiger Angestellter dieses Unternehmens ist. So kann das Direktionsmitglied einer Privatsparkasse deren Betriebsbeamter sein, obwohl er zugleich Garant ist; ferner kann das Mitglied einer Molkereigenossenschaft, als ihr Buchhalter, Handlungsgehilfe, oder ein Mitreeder auf einem seiner Reederei gehörigen Schiffe Kapitän sein.

6. Entgelt. — Die Versicherungspflicht ist auf Personen beschränkt, die gegen Entgelt tätig sind. Zum Entgelt gehören neben Gehalt oder Lohn auch Gewinnanteile, Sach- und andere Bezüge, die der Versicherte, wenn auch nur gewohnheitsmäßig, statt des Gehalts oder Lohnes oder neben ihm von dem Arbeitgeber oder einem Dritten erhält (§ 2 Abs. 1).

Es kommt also nicht darauf an, worin die Leistung besteht, sofern sie nur Vermögenswert hat. Neben der Hingabe von Geld oder Naturalien kommt namentlich die Gewährung von Gelegenheit zu einem lohnenden Nebenerwerb in Betracht. Zum Entgelt gehören auch Provisionen. Ferner, soweit sie für den Versicherten einen wirtschaftlichen Vorteil bedeuten, Reisespesen und Reisekosten; dagegen nicht der Teil der Vergütung, der z. B. den Postagenten für Beschaffung, Heizung und Beleuchtung eines Dienstraums gewährt wird und dafür erforderlich ist.

Zum Entgelt gehören auch sogenannte Weihnachtsgratifikationen und ähnliche Leistungen, die ohne Vertragszwang in gewisser Höhe gegeben zu werden pflegen.

Von den in § 2 erwähnten Arten des Entgelts bezeichnet „Gehalt" die auf längere Zeiträume bemessene Vergütung für Dienstleistungen höherer Art, „Lohn" die auf kürzere Zeiträume oder nach der Menge der Leistung bemessene Vergütung für untergeordnete Leistungen. „Gewinnanteil" ist jeder Anteil am Ertrage der Arbeit, bei Handlungsgehilfen u. dgl. meist nach dem Geschäftsgewinn eines Jahres bemessen, aber auch die in anderer Weise nach dem Ertrage bemessene Vergütung (z. B. Erhöhung der festen Vergütung bei Verstärkung des Betriebs). „Sachbezüge" umfaßt alles, was als Gegenstand menschlichen Gebrauchs oder Verbrauchs verwendbar oder verwertbar ist, also nicht nur Wohnung, Kleidung, Nahrungsmittel, Feuerung u. dgl., sondern auch z. B. Landnutzung, Viehfutter, Aussaat, Erlaubnis zur Einstellung von Schafen in die Herde des Dienstherrn, so daß sie an Futter und Weide teilnehmen, sowie freie ärztliche Behandlung.

Die Vorschrift des § 2 Abs. 1 bezieht sich nicht nur auf Sachleistungen neben Geldlohn, sondern auch auf einen ausschließlich in Sachbezügen bestehenden Entgelt.

Für Sachbezüge sieht Abs. 2 des § 2 eine Wertfestsetzung nach Ortspreisen vor, die namentlich für die Anwendbarkeit des § 16 Bedeutung hat.

7. **Freier Unterhalt.** — Nach § 7 des Gesetzes ist eine Beschäftigung, für die als Entgelt nur freier Unterhalt gewährt wird, versicherungsfrei. Der „freie Unterhalt" erfüllt an sich den Begriff des Entgelts; § 7 nimmt ihm diese Eigenschaft nicht, begründet vielmehr nur eine Ausnahme hinsichtlich des Eintritts der Versicherungspflicht.

„Freier Unterhalt" ist dasjenige Maß von wirtschaftlichen Gütern, das zur unmittelbaren Befriedigung der notwendigen Lebensbedürfnisse des Angestellten erforderlich ist. Hierzu gehören jedoch nicht nur Unterkunft, Beköstigung, Kleidung u. dgl., sondern auch mancherlei kleinere, je nach dem Alter, dem Geschlecht und den Lebensgewohnheiten verschiedene Leistungen.

Im einzelnen ist folgendes zu bemerken:

a) **Sachleistung, nicht Geldlohn.** — Grundsätzlich kommen nach der vorstehenden Begriffsbestimmung nur Sachleistungen in Betracht. Wer nur Geldzahlungen empfängt, mögen sie auch den unbedingt zum Lebensunterhalt erforderlichen Betrag nicht übersteigen oder nicht einmal erreichen, fällt nicht unter § 7. Andernfalls würde zu Unrecht eine Arbeit schon deshalb von der Versicherung frei sein, weil sie gering gelohnt wird. Die Geringfügigkeit der Zahlung kann indes die Eigenschaft als Arbeitsentgelt ausschließen.

Geldaufwendungen des Arbeitgebers, um z. B. den Arbeitnehmer bei einem Dritten in Kost zu geben oder einzumieten, machen den Arbeitsentgelt nicht zu einem Geldlohne. Dies trifft auch dann zu, wenn der Arbeitgeber in jedem Bedarfsfalle dem Bediensteten selbst den zur Anschaffung des erforderlichen Gegenstandes (z. B. von Kleidungsstücken) notwendigen Geldbetrag gibt. Die Vorschrift des § 7 ist im allgemeinen auch dann anwendbar, wenn zwar ursprünglich Geldlohn verabredet war, dieser aber demnächst nicht gezahlt, sondern auf den tatsächlich gewährten Unterhalt verrechnet wird. Anderseits verliert die Vergütung nicht dadurch die Eigenschaft des Barlohns, daß sie dem Beschäftigten lediglich in Gestalt des freien Unterhalts zugute kommt.

b) **Nebensächliche Geldleistungen.** — Neben dem vollständigen oder teilweisen Unterhalte gewährte unerhebliche Barlohnzahlungen (z. B. sogenanntes Taschengeld), die den Empfänger in den Stand setzen sollen, gewisse geringfügige Lebensbedürfnisse zu befriedigen, haben häufig, auch wenn sie nicht lediglich freigebige Zuwendungen und dann überhaupt nicht „Entgelt" sind, keine selbständige rechtliche Bedeutung. Vielmehr nehmen sie als nebensächliches Zubehör das Wesen der Hauptleistung, nämlich der Unterhaltsgewährung an. Ob dies zutrifft, läßt sich nur nach Lage des einzelnen Falles unter Berücksichtigung der Lebensumstände der Beteiligten entscheiden.

c) **Art und Maß der Sachleistungen.** — Damit § 7 anwendbar wird, müssen die Sachbezüge nach Art und Maß zur Bestreitung des Unterhalts geeignet und bestimmt sein. Eine Reihe von Sachbezügen scheidet schon damit aus, daß sie nicht zur unmittelbaren Befriedigung der Lebensbedürfnisse dienen (Landnutzung, Weide, Gespannvorhaltung u. dgl.). Aber auch Lebensmittel usw. brauchen nicht unter den Begriff des Unterhalts zu fallen. Dies ist vielmehr nur dann der Fall, wenn die Lebensmittel nach Umfang und Art des Bedarfs unmittelbar zum Ver- und Gebrauch, nicht aber nach vorbestimmtem Maße zu beliebiger Verfügung gegeben werden.

8. **Löhnung durch Dritte oder an Dritte.** — Ein Beschäftigtwerden gegen Entgelt kann in der Weise vorkommen, daß dieser nicht von dem eigentlichen Arbeitgeber, sondern von Dritten gewissermaßen für Rechnung des Arbeitgebers hergegeben wird (vgl. § 2 Abs. 1 am Ende), oder daß nicht der Arbeitnehmer, sondern eine Mittelsperson die Vergütung von dem Arbeitgeber empfängt.

Unter dem ersteren Gesichtspunkte sind die Gebühren, auf die manche Arten von Angestellten anstatt fester Besoldung angewiesen werden, als „Entgelt" im gesetzlichen Sinne anzusehen.

Unter den zweiten Gesichtspunkt gehören Fälle, wie der einer Ehefrau, die durch den Arbeitgeber ihres Ehemanns mit einem Teil der von diesem übernommenen Arbeiten ohne gesonderte Bezahlung beschäftigt wird (vgl. Ziff. 5).

9. **Obergrenze des Jahresarbeitsverdienstes.** — Der Jahresarbeitsverdienst des Beschäftigten darf 5000 Mk. nicht übersteigen, wenn die Versicherungspflicht Platz greifen soll.

Einkünfte aus anderen Quellen als der Lohnarbeit, z. B. ein Zinseinkommen, bleiben bei der Berechnung des Jahresarbeitsverdienstes außer Betracht. Ferner ist abzurechnen, was auf die Arbeitsleistung einer anderen Person, z. B. der Ehefrau, als Vergütung entfällt.

Zusammenzurechnen ist, was dieselbe Person aus verschiedenen unter das Gesetz fallenden Stellungen bezieht.

II. Die einzelnen Gruppen der Versicherungspflichtigen.

10. **Angestellte in leitender Stellung. Hauptberuf.** Angestellte in leitender Stellung sind Personen, die nach der Art ihrer Stellung nicht zu ausführender, sondern zu selbständiger Tätigkeit berufen sind, also z. B. die Betriebsdirektoren in Industrie und Bergbau, die Leiter kaufmännischer Betriebe, die Verwaltung größerer Landgüter. Sie sind versichert, wenn diese Beschäftigung ihren Hauptberuf bildet.

Das Erfordernis, daß die Beschäftigung als Angestellter den Hauptberuf des Beschäftigten bilden müsse, schließt die Anwendung des Gesetzes für vorübergehend Beschäftigte sowie für solche Angestellte aus, die ihre Stellung nur nebenamtlich versehen (z. B. Gewerbetreibende, die nebenbei die Geschäfte eines Gemeindeschreibers, eines Postagenten, des Rendanten einer Darlehnskasse wahrnehmen). Der Hauptberuf bestimmt sich bei mehreren Erwerbstätigkeiten nach dem Verhältnisse der auf sie verwendeten Arbeitszeit und des dafür gewährten Entgelts. Wenn neben einer hierher gehörigen Tätigkeit keine andere Erwerbstätigkeit ausgeübt, vielmehr der Lebensunterhalt im übrigen aus Vermögen bestritten wird, so bildet sie darum nicht notwendig den Hauptberuf. Es kommt noch darauf an, ob die Beschäftigung, sei es, weil sie die Arbeitskraft hauptsächlich in Anspruch nimmt, sei es, weil sie den Beschäftigten einem bestimmten Gesellschaftskreise zuweist, für die Lebensstellung tatsächlich oder nach seiner Ansicht maßgebend ist; dabei wird auch auf die Höhe und Sicherheit des Arbeitsentgelts Wert zu legen sein. Werden mehrere Tätigkeiten ausgeübt, deren jede den Beschäftigten zum Angestellten macht, so kommt es darauf an, ob die Gesamtheit dieser Beschäftigungen gegenüber der sonstigen, nicht versicherungspflichtigen Tätigkeit den Hauptberuf bildet.

11. **Betriebsbeamte.** — Das Gesetz faßt Betriebsbeamte, Werkmeister und andere Angestellte in gehobener Stellung nach gewisser Richtung hin zusammen.

Der Begriff des Betriebsbeamten erfordert das Vorhandensein eines Betriebs und eine gewisse Stellung innerhalb dieses Betriebs.

Ein Betrieb in diesem Sinne ist ein Inbegriff fortdauernder wirtschaftlicher, d. h. auf Erwerb gerichteter Tätigkeiten. Die Gemeinnützigkeit des Unternehmens schließt den Betriebsbegriff nicht aus. Der Stellung des Betriebsbeamten im Betrieb ist eigentümlich ein Zurücktreten der persönlichen Mitwirkung bei den Herstellungs- und Gewinnungsvorgängen, eine gewisse Beteiligung bei der Leitung, eine Aufsichtsstellung gegenüber den nur ausführenden Arbeitern, Gesellen und Gehilfen. Ein Betriebsbeamter ist demnach eine in dem Betriebe mit einer über die Tätigkeit des Arbeiters oder Gehilfen hinausgehenden, leitenden oder beaufsichtigenden Stellung betraute Person.

Die Geschäfte eines Einzelhaushalts bilden keinen Betrieb, auch nicht die Bewirtschaftung eines Haus- oder Ziergartens. Wohl aber kann die Wirtschaftsführung eines Pensionats und ähnlicher Anstalten den Betriebsbegriff erfüllen. Dasselbe gilt, wenn mit der Hauswirtschaft ein gewerbliches Unternehmen oder eine Landwirtschaft verbunden ist.

Um wirtschaftliche Tätigkeiten handelt es sich nicht bei der Ausübung obrigkeitlicher Befugnisse. Demgemäß sind die lediglich bei den sogenannten regiminellen Aufgaben der Kommunalverwaltung beschäftigten Personen nicht Betriebsbeamte, und zwar auch dann nicht, wenn sich ihrer eigentlichen Amtsverwaltung eine wirtschaftliche Tätigkeit, z. B. auf dem Gebiete der Land- oder Forstwirtschaft oder des Bauwesens, hinzugesellt.

Soweit aber der Staat oder die Gemeindeverbände Träger eines besonderen auf Erwerb gerichteten Unternehmens sind, wie bei staatlichen Fabriken, Berg- und Hüttenwerken, einer städtischen Brauerei oder Gasanstalt, einer städtischen Sparkasse, bei Gemeindeforsten usw., ist auch ein Betrieb im Sinne des Gesetzes gegeben.

Ein Betrieb kommt ferner nicht in Frage bei den Verwaltungen der Versicherungsträger.

Als Betriebsbeamte sind hiernach anzusehen, soweit sie nicht Angestellte in noch höherer, insbesondere in leitender Stellung sind:

die Gutsverwalter, Gutsinspektoren und in ähnlicher Stellung Beschäftigten, die technisch gebildeten Betriebsbeamten in Industrie, Bergbau, Baugewerbe, Gärtnerei, Tierzucht, Forstwirtschaft, Jagd, Handel und Verkehr, einschließlich der Gast- und Schankwirtschaft, z. B. Prokuristen, Disponenten, Betriebsinspektoren, Ingenieure, Chemiker und Techniker in Fabriken, Leiter einer zu einem Bergbaubetriebe gehörigen Musik- (Berg-) Kapelle, der Kolorist einer Kattunfabrik, der Aufsichtsbefugnisse gegenüber dem Farbkochmeister und dessen Personal sowie anderen Arbeitern ausübt, der Kassierer einer Volksbank, der Inspektor einer Versicherungsgesellschaft.

Betriebsbeamte sind nur versicherungspflichtig, wenn diese Beschäftigung ihren Hauptberuf bildet; vgl. hierüber Ziff. 10.

12. **Werkmeister.** — Der Werkmeister bildet eine Mittelstufe zwischen dem Betriebsbeamten und dem Gewerbegehilfen (Vorarbeiter, Arbeiter), in der die betriebsleitende und die auf körperlicher Mitwirkung beruhende Tätigkeit ungefähr von gleicher Bedeutung sind. Hierher gehören neben eigentlichen „Werkmeistern", Obersteiger und Steiger, die mit einer gewissen Selbständigkeit ausgestatteten Monteure größerer Bauunternehmungen, Zuschneider in besonderen Fällen.

Werkmeister sind nur dann versicherungspflichtig, wenn diese Beschäftigung ihren Hauptberuf bildet; vgl. hierüber Ziff. 10.

13. **Andere Angestellte.** — Die Klasse „andere Angestellte" ist zuerst durch das InvVersG. vom 13. Juli 1899 in die Versicherungsgesetzgebung eingeführt worden. Dieses Gesetz fügte die „sonstigen Angestellten, deren dienstliche Beschäftigung ihren Hauptberuf bildet", hinzu, um Ungleichheiten zu beseitigen, die dadurch erwuchsen, daß Personen in zwar abhängiger, aber doch die der eigentlichen Arbeiter usw. überragender Stellung versicherungsrechtlich verschieden beurteilt werden mußten, je nachdem, ob sie einem „Betriebe" (vgl. Ziff. 11) angehörten oder nicht. Die Gesetzesänderung sollte hauptsächlich solche Personen treffen, die innerhalb eines nicht unter die Bezeichnung „Betrieb" fallenden, aber ähnlich gearteten Inbegriffs von Geschäften eine von dessen Leitung abhängige und durch sie näher bestimmte Stellung einnehmen, gleichwohl nach der Art ihrer Tätigkeit nicht mehr zur Klasse der niederen, lediglich ausführenden Hilfsarbeiter gezählt werden können, anderseits auch nicht eine höhere, mehr wissenschaftliche Tätigkeit ausüben. Das hindert aber nicht, den Begriff „andere Angestellte" auch auf Personen anzuwenden, die in einem auf Erwerb gerichteten Betriebe tätig sind.

Die RVO. bezeichnet diese Personengruppen als „andere Angestellte in ähnlich gehobener Stellung".

Das Versicherungsgesetz für Angestellte erweitert den Kreis dieser Personen, indem es auch die in einer höheren Stellung befindlichen Angestellten hinzufügt. Danach können auch Personen in einer eigentlich wissenschaftlichen Beschäftigung hierher gehören, zumal die Art der Vorbildung keinen Unterschied begründet. Anderseits schränkt das Gesetz den Begriff der „anderen Angestellten“ ein, indem es die Bureauangestellten herausnimmt und besonders behandelt.

Mit diesem Vorbehalte gehören hierher hauptsächlich die Angestellten mittlerer Stufe, das wissenschaftlich, technisch oder kaufmännisch gebildete Verwaltungs- und Aufsichtspersonal in öffentlichen oder privaten Verwaltungen und Geschäftsbetrieben jeder Art sowie im Haushalte, soweit nicht der Begriff des Betriebsbeamten zutrifft.

Angestellte in einer Stellung, welche ähnlich wie die der Betriebsbeamten und Werkmeister gehoben ist oder sie überragt, sind z. B.:

Chemiker und Techniker in Fabriken, Mustermaler, Zeichner in Konstruktionsbureaus von Fabriken oder in Architektenbureaus, Lokomotivführer, u. U. Oberkellner, Küchenchefs,

Fleischbeschauer und Trichinenschauer, die in Schlachthäusern angestellt oder als Einzelbeamte tätig sind, Erheber, Eichmeister, Bezirksbauschätzer, Feuerschauer und Bezirksbaukontrolleure in Baden, Stadtmissionare, Postagenten und ihre Vertreter, Küster, wenn sie nicht lediglich niedere Dienste verrichten, Verwalter bei gemeinnützigen Stiftungen, Hausväter von Wohltätigkeitsanstalten oder Rettungshäusern, soweit sie nicht als Erzieher anzusehen sind, ferner Privatsekretäre, Kinderfräulein, Gesellschafterinnen, Hausdamen, Repräsentantinnen,

Justitiare,

das Verwaltungspersonal an Bibliotheken, wissenschaftlichen Instituten, wissenschaftlichen und Kunstsammlungen im Musik-, Theater- und Schaustellungswesen, das Verwaltungs- und Wartepersonal an Krankenanstalten,

Redakteure und Schriftsteller, soweit zur Presse gehörig, die Berichterstatter der Presse und die sonstigen Journalisten; dagegen nicht Berichterstatter, die lediglich Nachrichten für Anzeige- u. dgl. Blätter sammeln, ohne daß dabei selbständige geistige Leistungen in Frage kämen.

Zu den Angestellten gehören — wie in den Verhandlungen im Reichstage festgestellt wurde — nicht die sogenannten Ökonomiebaumeister (d. s. Großknechte, die als Gehilfen anzusehen sind), Handwerksgesellen, die vorübergehend, z. B. nach dem Tode des Meisters, einen Handwerksbetrieb leiten, ferner im allgemeinen nicht die Agenten der Versicherungsgesellschaften. Flieger werden im allgemeinen als Chauffeure, die einen Motor bedienen, zu betrachten sein.

Angestellte sind nur dann versicherungspflichtig, wenn diese Beschäftigung ihren Hauptberuf bildet; vgl. hierüber Ziff. 10.

14. **Bureauangestellte.** — Bureauangestellte, soweit sie nicht mit niederen oder lediglich mechanischen Dienstleistungen beschäftigt werden. Danach sind die lediglich mit körperlichen Arbeiten, z. B. mit dem Reinigen der Zimmer oder mit Botendiensten beschäftigten Personen, von der Versicherung ausgeschlossen. Aber auch die in einem Bureau mit schriftlichen Arbeiten beschäftigten Personen sind nicht sämtlich versicherungspflichtig. Vielmehr sind Personen, die lediglich abschreiben, gleichviel ob mit der Hand oder mit der Maschine, versicherungsfrei. Versichert sind dagegen Expedienten, Registratoren, Kalkulatoren, Kassenbeamte, Gemeindeschreiber, Gemeinderechner, Kirchenrechner, Personen, die in Rechtsanwaltsbureaus Schriftsätze anfertigen oder Kostenrechnungen aufstellen, Rechnungsführer und Buchhalter der Gutsverwaltungen, Stenographen.

Bureauangestellte sind nur dann versicherungspflichtig, wenn diese Beschäftigung ihren Hauptberuf bildet; vgl. hierüber Ziff. 10.

15. **Handlungsgehilfen. Gehilfen in Apotheken.** — Handlungsgehilfen sind nach § 59 HGB. vom 10. Mai 1897 (RGBl. S. 219) Personen, „die in einem Handelsgewerbe zur Leistung kaufmännischer Dienste angestellt" sind. Was als Handelsgewerbe anzusehen ist, bestimmt sich nach den Vorschriften der §§ 1—3 HGB. Zu den Handlungsgehilfen gehören hiernach Verkäufer,

Kassierer, Reisende, Korrespondenten, Buchhalter; dagegen weder die in gesindeähnlicher Stellung beschäftigten Hilfspersonen, wie Hausdiener, Ausläufer, Wächter, noch auch die bei den gewerblich-technischen Aufgaben eines Betriebs mitwirkenden Arbeitskräfte, wie Gesellen, Fabrikarbeiter, Packer, Rollkutscher, Koch oder Kellner eines Gastwirts, Zuschneider.

Neben den Handlungsgehilfen führt das Gesetz in § 1 Abs. 1 Nr. 3 auch die Gehilfen in Apotheken auf.

16. **Bühnen- und Orchestermitglieder.** — Schauspieler, Artisten und Musiker sind nach § 1 Abs. 1 Nr. 4 des Gesetzes versicherungspflichtig, wenn sie Bühnen- oder Orchestermitglieder sind. Ob das der Fall ist, läßt sich nur nach der Lage des einzelnen Falles bestimmen. Ein Orchester kann schon beim Zusammenwirken von drei oder vier Personen gegeben sein. Vorauszusetzen ist, daß sich die Mitwirkenden einem Dirigenten oder einem sonstigen Unternehmer derart unterordnen, daß sie als abhängig, nicht als Mitunternehmer anzusehen sind.

Schauspieler, Artisten oder Musiker, die nicht Bühnen- oder Orchestermitglieder sind, können je nach den Umständen selbständige Unternehmer, insbesondere Mitunternehmer (vgl. Ziff. 5), oder Gewerbegehilfen eines Wirtes — und dann versicherungsfrei — oder als „andere Angestellte" nach Nr. 2 in Abs. 1 des § 1 versicherungspflichtig sein.

Die in Übereinstimmung mit der Ausdrucksweise der RVO. (vgl. § 165 Abs. 1 Nr. 4, § 1226 Abs. 1 Nr. 4 daselbst) hinzugefügten Worte „ohne Rücksicht auf den Kunstwert der Leistungen" schließen eine Unterscheidung aus, wie sie in der früheren Rechtsprechung der Krankenversicherung und der Invalidenversicherung gemacht wurde und wonach die höhere, mehr künstlerische Tätigkeit im Gegensatze zu der mehr gewerblichen Betätigung versicherungsfrei blieb.

17. **Lehrer und Erzieher.** — Die Tätigkeit der Lehrer und Erzieher richtet sich auf die geistige Entwicklung auf dem Gebiete der höheren und elementaren Wissenschaften und der schönen Künste sowie auf

die Bildung des Charakters und des Gemüts. Im allgemeinen ist danach die Tätigkeit des Lehrers eine höhere, mehr geistige Arbeit, die ein gewisses Maß von Bildung und Kenntnissen voraussetzt. Dahin gehört auch die Unterweisung in körperlichen Übungen und Fertigkeiten, soweit sie dem Erziehungszwecke dient.

Zur Lehrtätigkeit in diesem Sinne gehört dagegen nicht der vom Erziehungszwecke losgelöste und überwiegend nach gewerblichen Gesichtspunkten betriebene Unterricht in körperlichen und mechanischen Fertigkeiten, wie er in Reit- und Schwimmanstalten, Fahrradinstituten, von Fecht- oder Tanzlehrern oder Schneiderinnen erteilt wird. Die von solchen Instituten oder Unternehmern angestellten Reit- usw. Lehrer sind nicht Lehrer im Sinne des § 1 Abs. 1 Nr. 5, sondern Gewerbegehilfen. In besonderen Fällen können sie „andere Angestellte" im Sinne der Nr. 2 sein.

Für die Beurteilung, ob jemand Lehrer ist, macht es keinen Unterschied, ob er Erwachsene oder Unerwachsene unterrichtet, ob er Lehrgegenstände der allgemeinen Bildung oder der Fachbildung behandelt (Lehrer an einer gewerblichen Fortbildungsschule, an einer Handelsschule, Baugewerkschule, Ackerbauschule, an einem Militärpädagogium, Technikum usw.).

Der Versicherungszwang ergreift aber nur Lehrer und Erzieher in abhängiger Stellung, wie angestellte Lehrer an öffentlichen oder privaten Schulen oder Anstalten und Hauslehrer; ferner solche Personen, die aus dem Stundengeben bei wechselnden Auftraggebern ein Gewerbe machen (selbständige Musiklehrer, Sprachlehrer usw.), und zwar auch, soweit sie im eigenen Hause unterrichten. Dagegen nicht Lehrer oder Erzieher, die Inhaber einer Lehranstalt sind.

Es sind versichert:

18. **Schiffsbesatzung.** — Aus der Schiffsbesatzung deutscher Seefahrzeuge und aus der Besatzung von Fahrzeugen der Binnenschiffahrt Kapitäne, Offiziere des Decks- und Maschinendienstes, Verwalter und Verwaltungsassistenten sowie die in einer ähnlich gehobenen

oder höheren Stellung befindlichen Angestellten ohne Rücksicht auf ihre Vorbildung, sämtlich, wenn diese Beschäftigung ihren Hauptberuf bildet (§ 1 Abs. 1 Nr. 6).

Als deutsches Seefahrzeug gilt jedes Fahrzeug, das unter deutscher Flagge fährt und ausschließlich oder vorzugsweise zur Seefahrt benutzt wird. Vgl. hierzu das Gesetz, betreffend das Flaggenrecht der Kauffahrteischiffe vom 22. Juni 1899 (RGBl. S. 319), 29. Mai 1901 (RGBl. S. 184).

Über die Frage, ob eine Beschäftigung den Hauptberuf bildet, vgl. Ziff. 10.

19. **Selbständige Personen.** — Selbständige Personen sind nach dem Gesetze nicht versicherungspflichtig. Nach § 4 kann aber der Bundesrat allgemein die Versicherungspflicht auf solche Personen erstrecken, welche eine ähnliche Tätigkeit wie die in § 1 genannten auf eigene Rechnung ausüben, ohne in ihrem Betrieb Angestellte zu beschäftigen. Der Bundesrat hat von dieser Ermächtigung bisher noch keinen Gebrauch gemacht.

Wegen der freiwilligen Versicherung der Unternehmer vgl. Ziff. 21.

III. Ausnahmen von der Versicherungs- oder Beitragspflicht.

20. **Ausnahmen von der Versicherungspflicht.** — a) Allgemeines. — Die §§ 8 bis 14 regeln eine Reihe von Ausnahmen von der Versicherungspflicht. Sie gehen davon aus, daß die Versicherung entbehrlich ist für Personen, die bereits auf anderem Wege eine ausreichende Fürsorge erhalten oder die wegen des Zweckes oder der Art ihrer Beschäftigung oder wegen ihres vorgeschrittenen Lebensalters voraussichtlich nicht zu einer anspruchreifen Anwartschaft gelangen werden.

In diesen Fällen tritt die Ausnahme von der Versicherungspflicht teils unmittelbar kraft Gesetzes ein beim Vorliegen der gesetzlichen Voraussetzungen, teils wird sie auf Antrag des Arbeitgebers durch den Bundesrat oder auf Antrag des Versicherten durch den Rentenausschuß ausgesprochen.

b) Freiheit kraft Gesetzes.

aa) Nach § 8 bestimmt der Bundesrat, wieweit vorübergehende Dienstleistungen versicherungspflichtig sind. Eine solche Bestimmung ist noch nicht ergangen.

bb) Weiter schreibt § 9 folgendes vor:

„Versicherungsfrei sind die in Betrieben oder im Dienste des Reichs, eines Bundesstaats, eines Gemeindeverbandes, einer Gemeinde oder eines Trägers der reichsgesetzlichen Arbeiter- oder Angestelltenversicherung Beschäftigten, wenn ihnen Anwartschaft auf Ruhegeld und Hinterbliebenenrente im Mindestbetrage nach den Sätzen einer vom Bundesrate festzusetzenden Gehaltsklasse (§ 16) gewährleistet ist; dabei ist das Durchschnittseinkommen der betreffenden Beamtenklassen zu berücksichtigen.

Das gleiche gilt für die Geistlichen der als öffentlich-rechtliche Korporationen anerkannten Religionsgesellschaften sowie für Lehrer und Erzieher an öffentlichen Schulen oder Anstalten.

Ob eine Anwartschaft als gewährleistet anzusehen ist, entscheidet für die Beschäftigten in Betrieben oder im Dienste des Reichs oder eines vom Reiche beaufsichtigten Trägers der reichsgesetzlichen Arbeiter- oder Angestelltenversicherung der Reichskanzler; im übrigen entscheidet die oberste Verwaltungsbehörde desjenigen Bundesstaats, in dessen Betrieben oder Dienst die Beschäftigung stattfindet oder in dessen Gebiete der Gemeindeverband oder die Gemeinde liegt oder der Träger der reichsgesetzlichen Arbeiterversicherung seinen Sitz hat. In den Fällen des Abs. 2 entscheidet die oberste Verwaltungsbehörde desjenigen Bundesstaats, in dessen Gebiete die Korporation oder die öffentliche Schule oder Anstalt ihren Sitz hat.“

Als Gemeindeverbände und Gemeinden kommen nur die politischen Verbände und Gemeinden in Betracht. Welche Verbände als Gemeindeverbände zu gelten haben, bestimmt die oberste Verwaltungsbehörde (§ 321 Abs. 1 Nr. 1).

Ist bezüglich eines Verbandes keine Entscheidung der obersten Verwaltungsbehörde ergangen, so entscheiden die rechtsprechenden Behörden.

Für die Abgrenzung der Begriffe des Ruhegeldes und der gewährleisteten Anwartschaft wird die Rechtsprechung auf dem Gebiete der Invalidenversicherung als Anhalt dienen können.

cc) Nach § 10 sind versicherungsfrei:

1. Beamte des Reichs, der Bundesstaaten, der Gemeindeverbände und der Gemeinden, Geistliche der als öffentlich-rechtliche Korporationen anerkannten Religionsgesellschaften, Lehrer und Erzieher an öffentlichen Schulen oder Anstalten, solange sie lediglich für ihren Beruf ausgebildet werden, sowie die im Reichs- oder Staatsdienste vorläufig beschäftigten Beamten und vorläufig beschäftigten Geistlichen der als öffentlich-rechtliche Korporationen anerkannten Religionsgesellschaften,
2. Angestellte in Eisenbahn-, Post- und Telegraphenbetrieben des Reichs oder der Bundesstaaten, die Aussicht auf Übernahme in das Beamtenverhältnis und Anwartschaft auf eine ausreichende Invaliden- und Hinterbliebenenfürsorge haben,
3. Personen des Soldatenstandes, die eine der in § 1 bezeichneten Tätigkeiten im Dienste oder während der Vorbereitung zu einer bürgerlichen Beschäftigung ausüben, auf die § 9 anzuwenden ist,
4. Personen, die während der wissenschaftlichen Ausbildung für ihren zukünftigen Beruf gegen Entgelt unterrichten,
5. Ärzte, Zahnärzte und Tierärzte in ihrer beruflichen Tätigkeit.

Ob die Voraussetzungen der Nr. 1, 2 vorliegen, entscheiden die nach § 9 Abs. 3 zuständigen Stellen.

Die Vorschrift in Abs. 1 Nr. 4 trifft z. B. zu auf Hilfslehrer, die in der Zeit der Vorbereitung auf die zweite Lehrerprüfung an Volksschulen unterrichten, und auf ausländische Lehrer, die in der Heimat die erforderlichen Prüfungen teilweise abgelegt haben und in Deutschland, wo sie die deutsche Sprache erlernen wollen, an einer Privatschule unterrichten; dagegen nicht auf Lehrer, die zwischen der Ablegung der Prüfung und ihrer Verwendung im öffentlichen Schuldienst an einer Privatanstalt unterrichten, noch auf französische Lehramtsassistenten an einer deutschen höheren Schule.

c) Befreiung auf Antrag.

aa) § 11 schreibt folgendes vor:

„Auf seinen Antrag wird von der Versicherungspflicht befreit,

wem von dem Reiche, einem Bundesstaat, einem Gemeindeverband, einer Gemeinde oder einem Versicherungsträger der reichsgesetzlichen Arbeiterversicherung, oder

wem auf Grund früherer Beschäftigung als Lehrer oder Erzieher an öffentlichen Schulen oder Anstalten Ruhegeld, Wartegeld oder ähnliche Bezüge im Mindestbetrage nach den Sätzen der Gehaltsklasse A bewilligt sind und daneben Anwartschaft auf Hinterbliebenenfürsorge (§ 9) gewährleistet ist."

Über den Antrag entscheidet der Rentenausschuß (§ 98).

Das Nähere hierüber, sowie über den Widerruf der Befreiung und den Verzicht auf sie, regeln die §§ 12, 13.

bb) Für die Übergangszeit gilt folgendes:

Angestellte, die beim Inkrafttreten des Gesetzes das 55. Lebensjahr bereits vollendet haben, werden auf ihren Antrag von der Versicherungspflicht befreit, wenn ihnen die Abkürzung der Wartezeit nicht gestattet wird oder aus einem anderen Grunde unmöglich ist (§ 397).

cc) § 14 bestimmt folgendes:

„Der Bundesrat kann auf Antrag des Arbeitgebers bestimmen, wieweit § 9, § 10 Nr. 1, 2, §§ 11 bis 13 gelten für

1. die in Betrieben oder im Dienste anderer öffentlicher Verbände oder von Körperschaften oder von Eisenbahnen des öffentlichen Verkehrs oder als Lehrer und Erzieher an nicht öffentlichen Schulen oder Anstalten Beschäftigten, wenn ihnen mindestens die im § 9 bezeichneten Anwartschaften gewährleistet sind oder sie lediglich für ihren Beruf ausgebildet werden,

2. Personen, denen auf Grund früherer Beschäftigung bei solchen Verbänden oder Körperschaften oder Eisenbahnen, Schulen oder Anstalten Ruhegeld, Wartegeld oder ähnliche Bezüge im Mindestbetrage nach den Sätzen der vom Bundesrate festgesetzten Gehaltsklasse (§ 9) bewilligt sind und daneben eine Anwartschaft auf Hinterbliebenenfürsorge (§ 9) gewährleistet ist,
3. Beamte und Bedienstete der landesherrlichen Hof-, Domanial-, Kameral-, Forst- und ähnlichen Verwaltungen, der Herzoglich Braunschweigischen Landschaft, der Fürstlich Hohenzollernschen Fideikommißverwaltung und der standesherrlichen Verwaltungen sowie Angestellte in Betrieben, für die eine besondere Invaliden- und Hinterbliebenenversorgung bereits durch reichs- oder landesrechtliche Vorschriften geregelt ist".

dd) Befreiung des Angestellten von der Beitragsleistung.

Angestellte, für die vor dem 5. Dezember 1911 bei öffentlichen oder privaten Lebensversicherungsunternehmungen (§ 1 des Gesetzes über die privaten Versicherungsunternehmungen vom 12. Mai 1901, RGBl. S. 139) ein Versicherungsvertrag geschlossen ist, können auf ihren Antrag von der Beitragsleistung befreit werden, wenn der Jahresbetrag der Beiträge für diese Versicherungen beim Inkrafttreten dieses Gesetzes mindestens den ihren Gehaltsverhältnissen zur Zeit des Antrags entsprechenden Beiträgen gleichkommt, die sie nach diesem Gesetze zu tragen hätten.

Das Gleiche gilt für Angestellte, die beim Eintreten in die versicherungspflichtige Beschäftigung das 30. Lebensjahr überschritten haben und seit mindestens 3 Jahren in einer dem ersten Absatz entsprechenden Weise versichert sind (§ 390).

Der Antrag auf Befreiung von der Beitragsleistung ist in der ersten Aufnahmekarte (§ 188) zu stellen. Mit dem Antrag ist der Versicherungsschein (Aufnahmeschein u. dgl.) vorzulegen. Die Befreiung ist in der Aufnahme-

und Versicherungskarte zu bescheinigen. Streit über die Befreiung wird nach § 210 entschieden (§ 391).

B. Freiwillige Versicherung.

21. Freiwillige Versicherung. — I. Die Selbstversicherung kennt das Gesetz nur in den Fällen des § 394. Dort ist folgendes bestimmt:

„Im ersten Jahre nach dem Inkrafttreten dieses Gesetzes hat die Reichsversicherungsanstalt auf Antrag Angestellten mit einem Jahresarbeitsverdienste von 5000 bis unter 10000 Mark zu gestatten, sich nach den Vorschriften dieses Gesetzes über die freiwillige Versicherung selbst zu versichern, wenn sie den Nachweis führen, daß sie in den letzten 4 Kalenderjahren vor dem Inkrafttreten des Gesetzes eine nach diesem Gesetz ohne Rücksicht auf das Jahreseinkommen versicherungspflichtige Beschäftigung in mindestens 30 Kalendermonaten ausgeübt haben.

Dasselbe Recht steht Personen zu, die in ihrem Betriebe regelmäßig höchstens 3 versicherungspflichtige Personen beschäftigen, vorausgesetzt, daß sie in mindestens 30 Kalendermonaten eine den Bestimmungen des § 1 entsprechende Beschäftigung ausgeübt haben.

Die im § 51 bezeichneten Zeiten sind der versicherungspflichtigen Beschäftigung gleich zu achten."

II. Über die freiwillige Weiterversicherung schreibt § 15 folgendes vor:

„Wer aus einer versicherungspflichtigen Beschäftigung ausscheidet und mindestens 6 Beitragsmonate auf Grund der Versicherungspflicht zurückgelegt hat, kann die Versicherung freiwillig fortsetzen. Hat er 120 Beitragsmonate zurückgelegt, so kann er sich die bis dahin erworbene Anwartschaft durch Zahlung einer Anerkennungsgebühr (§ 172 Abs. 2) erhalten.

Unter den gleichen Voraussetzungen kann die Versicherung auch während des Aufenthalts des Versicherten im Auslande freiwillig fortgesetzt oder aufrecht erhalten werden."

Eine freiwillige Versicherung ist höchstens in derjenigen Gehaltsklasse zulässig, die dem Durchschnitte der letzten 6 Pflichtbeiträge entspricht oder am nächsten kommt (§ 18).

III. Über die freiwillige Höherversicherung bestimmt § 19 folgendes:

„Der Versicherte kann bis zum vollendeten 25. Lebensjahr in eine höhere Gehaltsklasse, als der Höhe seines Jahresarbeitsverdienstes entspricht, übertreten.

Ein Versicherter, der in eine versicherungspflichtige Beschäftigung mit geringerem Entgelt, als seiner bisherigen Gehaltsklasse entspricht, eintritt, kann in seiner bisherigen Gehaltsklasse bleiben, falls er mindestens 6 Beitragsmonate in der höheren Gehaltsklasse auf Grund der Versicherungspflicht zurückgelegt hat.

Der Arbeitgeber ist nur dann zum höheren Beitrage verpflichtet, wenn dies vereinbart worden ist."

Merkblatt der Reichsversicherungsanstalt für Angestellte für die Einleitung eines Heilverfahrens (§§ 36 bis 43 des Versicherungsgesetzes für Angestellte).

Vom 27. Januar 1914.

I. Allgemeines.

Um die infolge Erkrankung drohende Berufsunfähigkeit eines Versicherten abzuwenden, kann die Reichsversicherungsanstalt in den ihr geeignet erscheinenden Fällen ein Heilverfahren gewähren, soweit nicht bereits durch einen Träger der reichsgesetzlichen Arbeiterversicherung (Krankenkasse, Landesversicherungsanstalt, Berufsgenossenschaft usw.) ein solches eingeleitet ist. Dasselbe gilt, wenn zu erwarten ist, daß ein Heilverfahren den bereits berufsunfähigen Empfänger eines Ruhegeldes wieder berufsfähig macht.

Die Reichsversicherungsanstalt ist also nicht verpflichtet, jedem Antrage auf Einleitung eines Heilverfahrens zu entsprechen. Daraus ergibt sich, daß dem

Antragsteller gegen die Ablehnung eines Heilverfahrens ein Rechtsmittel (Berufung, Beschwerde) nicht zusteht.

Für Heilverfahren, die ohne Genehmigung der Reichsversicherungsanstalt begonnen oder durchgeführt sind oder in einer anderen als der bewilligten Form durchgeführt werden, wird Kostenerstattung grundsätzlich abgelehnt.

Akute Erkrankungen (Blinddarm-, Brustfell-, Lungenentzündungen, Gallensteinkoliken, Schlaganfälle, akute Augen- und Ohrenerkrankungen u. a., ferner Infektionskrankheiten wie Typhus, Diphtherie, Scharlach u. a.) können im Sinne des § 36 des Gesetzes nicht Gegenstand eines Heilverfahrens sein.

Ferner sind vor der Übernahme eines Heilverfahrens ausgeschlossen: Geisteskrankheiten, Epilepsie, schwere Hysterie u. a., sowie alle Erkrankungen, bei denen die Wiederherstellung der Berufsfähigkeit ausgeschlossen ist.

Ebensowenig fallen Verletzungen und Unfallerkrankungen, z. B. Unfallneurosen, in das Heilverfahrungsgebiet der Reichsversicherungsanstalt. Für die Behandlung von Unfallfolgen tritt die Reichsversicherungsanstalt nur dann ein, wenn es sich um eine verzögerte Wiederherstellung der Berufsfähigkeit handelt, und wenn von anderer Seite eine Verpflichtung zur Übernahme eines Heilverfahrens nicht besteht.

Es ist auch nicht Aufgabe der Reichsversicherungsanstalt, für die den Krankenkassen obliegenden Pflichten einzutreten oder im Falle von Krankheiten der erwähnten Art bei solchen Versicherten, die keiner Krankenkasse angehören, die mangelnde materielle Vorsorge für den etwaigen Eintritt einer Krankheit zu ersetzen.

Sogenannter Erholungsurlaub im Rahmen des gewöhnlichen Sommerurlaubs entspricht nicht den Voraussetzungen für die Gewährung eines Heilverfahrens, ebensowenig eine Kur, zu deren Durchführung nur eine verhältnismäßig kurze Zeit zur Verfügung steht.

Heilverfahren in Orten außerhalb des deutschen Reichsgebietes werden nicht gewährt.

Es muß außerdem billigerweise verlangt werden, daß die Versicherten im Rahmen ihrer wirtschaftlichen

Verhältnisse selbst zur Erhaltung ihrer Gesundheit und Berufsfähigkeit beitragen. Infolgedessen werden Kosten für sogenannte kleine Heilmittel wie Bruchbänder, Brillen, Gummistrümpfe, Plattfußeinlagen, Plattfußschuhe usw. nicht übernommen.

Nach Abschluß eines Heilverfahrens werden Mittel zu sogenannten Haus- oder Nachkuren nicht gewährt.

Anträge auf Verlängerung eines von der Reichsversicherungsanstalt bewilligten und in der Durchführung begriffenen Heilverfahrens müssen durch den behandelnden Arzt rechtzeitig unter eingehender Begründung eingereicht werden.

Wiederholungen einer Kur auf Kosten der Reichsversicherungsanstalt sind binnen Jahresfrist nach Ablauf eines gewährten Heilverfahrens überhaupt nicht, später nur in besonderen Fällen statthaft.

Im Hinblick auf die große Zahl der während der Sommermonate und in der Zeit des gewöhnlichen Sommerurlaubs gestellten Anträge wird ausdrücklich darauf hingewiesen, daß die Winterkuren den Sommerkuren insbesondere auch bei Lungenleiden im Erfolge gleichstehen. Die Reichsversicherungsanstalt muß sich daher vorbehalten, nicht dringliche Heilverfahren auf den Winter zu verlegen, wozu sie wegen der im Sommer fast ständigen Vollbelegung namentlich der Lungenheilstätten häufig gezwungen ist.

II. Antrag nebst Anlagen.

Die Anträge auf Einleitung eines Heilverfahrens werden zweckmäßig unmittelbar bei der Reichsversicherungsanstalt, Abteilung II H, Berlin-Wilmersdorf, Hohenzollerndamm eingereicht. Es empfiehlt sich, nicht gleichzeitig bei der Reichsversicherungsanstalt und einem Träger der Arbeiterversicherung einen Heilverfahrensantrag zu stellen, weil durch die notwendigen Rückfragen Verzögerungen in der Erledigung eintreten. Im allgemeinen ist erforderlich, daß die Stellung des Antrages einige Wochen vor dem gewünschten Beginn der Kur erfolgt. Vormerkungen für eine spätere Durchführung eines Heilverfahrens finden nicht statt, da die bei Stellung des Antrages eingereichten ärztlichen Zeugnisse alsdann keine verläßliche Unterlage mehr bilden.

Das von der Reichsversicherungsanstalt, den Ortsausschüssen oder den Vertrauensmännern erhältliche Antragsformular ist auf das genaueste auszufüllen. Es ist zweckmäßig, hierbei die Hilfe der Ortsausschüsse oder der Vertrauensmänner in Anspruch zu nehmen. Wenn durch Ungenauigkeit oder Fehler in der Ausfüllung des Antragsformulars zeitraubende Rückfragen erforderlich werden, ist eine Verzögerung im Beginn des Heilverfahrens unvermeidlich.

In dem Antrage ist auch anzugeben, ob das Heilverfahren innerhalb der nächsten Wochen ohne Störung für die beruflichen oder häuslichen Verhältnisse des Antragstellers begonnen werden kann. Es ist dringend erwünscht, den Arbeitgeber von der Einreichung des Antrages in Kenntnis zu setzen.

Zur Ausstellung der Fahrpreisbescheinigung, zur Festsetzung der Höhe des Hausgeldes oder etwaiger Zuschüsse bei Heilmitteln usw. ist die Einreichung eines behördlichen Nachweises über das jährliche Gesamteinkommen in jedem Falle erforderlich. Der Nachweis ist durch Beifügung der Steuerveranlagung, der letzten Steuerquittung oder durch eine behördliche Bescheinigung (Ortspolizeibehörde, vorgesetzte Dienstbehörde des Antragstellers u. a.) zu führen.

III. Ärztliche Bescheinigung, vertrauensärztliches Gutachten.

Sofern der Antragsteller sich bereits in Behandlung eines Arztes befindet, ist dem Antrag eine von diesem Arzte ausgestellte Bescheinigung über

a) Art der Krankheit,
b) Dauer der bisherigen Behandlung,
c) Notwendigkeit und
d) Aussicht

des beantragten Heilverfahrens beizufügen.

Die Bestimmung der Gebührenhöhe für diese Bescheinigung, für welche ein Formular nicht vorgesehen ist, bleibt dem behandelnden Arzt überlassen. Die Reichsversicherungsanstalt zahlt zu diesen Gebühren gegen Vorlage der ärztlichen Quittung einen Zuschuß bis zu drei Mark, wenn die Bescheinigung den gestellten Bedingungen (a bis d) entspricht.

Die Erledigung des Antrages wird beschleunigt, wenn gleichzeitig ein Gutachten auf vorgeschriebenem Formular durch einen Vertrauensarzt der Reichsversicherungsanstalt ausgestellt wird. Das Gutachten muß von dem Vertrauensarzt der Reichsversicherungsanstalt unmittelbar und verschlossen übersandt werden. Das Ergebnis der vertrauensärztlichen Untersuchung ist dem Antragsteller nicht bekannt zu geben. Dem Vertrauensarzt ist bei der Untersuchung die Bescheinigung des behandelnden Arztes vorzulegen. Formulare für die Gutachten sind in Händen der Vertrauensärzte. Namen und Adressen der Vertrauensärzte teilen die Reichsversicherungsanstalt, die Ortsausschüsse und die Vertrauensmänner auf Anfrage mit.

Von den Gebühren für das vertrauensärztliche Gutachten ist nur ein Teil — zurzeit drei Mark — von dem Antragsteller zu tragen und sofort an den Arzt zu entrichten; den Hauptteil der Gebühren trägt die Reichsversicherungsanstalt.

IV. Bescheid der Reichsversicherungsanstalt.

Über die Genehmigung oder Ablehnung des Antrages erteilt die Reichsversicherungsanstalt einen Bescheid, gegen den ein gesetzliches Rechtsmittel (Berufung, Beschwerde) nach den Bestimmungen des Versicherungsgesetzes für Angestellte nicht gegeben ist.

Die für die Ablehnung eines Heilverfahrens maßgebenden Gründe werden nicht bekannt gegeben.

Nach Eingang der Genehmigung eines Heilverfahrens muß eine weitere Mitteilung über den festgesetzten, gewöhnlich kurzfristigen Zeitpunkt abgewartet werden, an dem die Übersiedelung in die bezeichnete Heilanstalt zu erfolgen hat.

V. Hausgeld.

Angehörige des Erkrankten, deren Unterhalt er ganz oder überwiegend aus seinem Arbeitsverdienst bestritten hat (hierher rechnet nicht die Abgabe von Gehalt für gewährte Wohnung, Verpflegung, Kleidung usw.), erhalten unter bestimmten Voraussetzungen während des dem Erkrankten von der Reichsversicherungsanstalt bewilligten Heilverfahrens als Unterstützung ein sogenanntes Hausgeld.

VI. Gewährung sogenannter größerer Heilmittel.

Zu den sogenannten „größeren Heilmitteln“ (künstlichen Gliedmaßen, orthopädischen Stützapparaten usw.) gewährt die Reichsversicherungsanstalt einen angemessenen Zuschuß, sofern die Beschaffung derartiger Heilmittel den bei der Gewährung eines Heilverfahrens maßgebenden Grundsätzen entspricht. Außer den auch bei einem ständigen Heilverfahren erforderlichen Unterlagen (Antragsformular, Bescheinigung des behandelnden Arztes, vertrauensärztliches Gutachten, Einkommensbescheinigung) ist dem Antrag ein Kostenvoranschlag über die durch das Heilmittel entstehenden Kosten beizufügen.

VII. Zahnheilverfahren.

Die Reichsversicherungsanstalt gewährt in den Fällen, in welchen ein umfangreicherer Ersatz von Zähnen zur Abwehr drohender Berufsunfähigkeit notwendig wird, nach ihrem Ermessen auf Antrag einen Zuschuß bis höchstens zur Hälfte der durch einen einfachen Zahnersatz entstehenden Kosten. Es wird ausdrücklich bemerkt, daß für Zahnbehandlung Zuschüsse nicht bewilligt werden.

Dem Antrag, der ohne Benutzung eines Antragsformulars unmittelbar bei der Reichsversicherungsanstalt zu stellen ist, sind beizufügen:

a) eine kurze ärztliche Bescheinigung darüber, daß der Ersatz von Zähnen notwendig ist zur Vermeidung des Eintritts der Berufsunfähigkeit, z. B. infolge von Magenleiden oder Ernährungsstörungen,

b) ein Voranschlag eines Zahnarztes oder Zahntechnikers auf vorgeschriebenem Formular über Art und Ausdehnung des noch erforderlichen Zahnersatzes sowie über die Kosten.

Für die ärztliche Bescheinigung wird dem Antragsteller gegen Vorlage der Quittung des Arztes bis auf weiteres ein Zuschuß bis zu drei Mark gewährt.

Es wird ausdrücklich darauf hingewiesen, daß für bereits begonnene oder durchgeführte Zahnheilverfahren Kosten nicht erstattet werden.

---

5. Bekanntmachung, betreffend weitere Erleichterungen der Beitragsentrichtung für Angestellte, die während des Monats von mehreren Arbeitgebern beschäftigt werden (§ 177 des Versicherungsgesetzes für Angestellte).

Auf Grund des § 184, § 187 Abs. 3 des Versicherungsgesetzes für Angestellte bestimmt die Reichsversicherungsanstalt für Angestellte mit Genehmigung des Reichskanzlers in Abänderung der Nr. 1 der Bekanntmachung vom 31. Oktober 1912 (AVN 1913, S. 48) folgendes:

Wenn ein Angestellter, der während eines Beitragsmonats von mehreren Arbeitgebern beschäftigt wird, von ihnen mit der Einzahlung der Beiträge für seine Versicherung beauftragt ist, so hat der Arbeitgeber die nach § 181 Abs. 2, 3 des Versicherungsgesetzes für Angestellte erforderlichen Übersichten und Veränderungsanzeigen nicht aufzustellen und einzureichen. Dagegen sind von dem Angestellten Listen nach dem anliegenden Muster RfA. II Nr. 80 aufzustellen und einzureichen.

Berlin-Wilmersdorf, den 16. Juni 1914.

Direktorium der Reichsversicherungsanstalt für Angestellte.

Koch. Dr. Beckmann. Dr. Lehmann. Dr. Hager.
Roth.

RfA. II Nr. 80.

Der Vordruck ist nur verwendbar bei der Beitragsentrichtung für einen Versicherten, der während des Beitragsmonats von mehreren Arbeitgebern beschäftigt wird und von ihnen mit der Einzahlung der Beiträge beauftragt ist.

Liste der vom Versicherten im Auftrage seiner sämtlichen Arbeitgeber eingezahlten Beiträge.

Des Versicherten

.... (Vor- und Zuname, bei Frauen auch Geburtsname)	.... Wohnort
.... (Geburtstag) .... (Geburtsort)	Straße Nr. .... (Postanstalt)
.... (Berufsstellung)	.... (Kreis, Amt) (Staat) .... (Oberpostdirektion)

Ist der Versicherte gemäß § 390 VGfA. von der eigenen Beitragsleistung befreit worden? (Ja, nein)

Die auf das Postscheckkonto der Reichsversicherungsanstalt bei dem Postscheckamt in Berlin für d Monat .... 191 am ten 191 mittels (roter) Zahlkarte eingezahlte Beitragssumme setzt sich folgendermaßen zusammen:

Lfd. Nr.	Des Arbeitgebers Vor- und Zuname Berufsstellung Wohnort und Straße	Kalendermonate, für die Beiträge fällig sind*)	Gezahltes Entgelt (Honorar)		Fällige Beiträge				Bemerkungen (z. B. Datum des Zu- oder Abgangs beim Arbeitgeber)
					8% (§ 390 : 4%) des Entgelts (Spalte 4)		Spalte 5 aufgerundet auf 10 ₰ (§ 390 : 5 ₰)		
			ℳ	₰	ℳ	₰	ℳ	₰	
1	2	3	4		5		6		7
1									
bis 10									
		Summe . .							(Erst unter der Gesamtsumme aller Beiträge ausfüllen!)
	Postscheckamtsgebühr (bei Einzahlungen bis 25 ℳ . . 5 Pf., über 25 ℳ . . 10 Pf.)								
			Gesamteinzahlung . .						

*) Vierteljährliche nachträgliche Beitragsentrichtung ist nur für Lehrer und Erzieher zugelassen; für sonstige Angestellte sind die Beiträge spätestens am Schlusse eines jeden Beitragsmonats zu entrichten.

Seite 2.

Lfd. Nr.	Des Arbeitgebers Vor- und Zuname Berufsstellung Wohnort und Straße	Kalendermonate, für die Beiträge fällig sind	Gezahltes Entgelt (Honorar)		Fällige Beiträge: 3% (§ 390 : 4%) des Entgelts (Spalte 4)		Fällige Beiträge: Spalte 5 aufgerundet auf 10 ₰ (§ 390 : 5 ₰)		Bemerkungen (z. B. Datum des Zu- oder Abgangs beim Arbeitgeber)
			ℳ	₰	ℳ	₰	ℳ	₰	
1	2	3	4		5		6		7
		Übertrag:			. . . .				
11									
bis 25									
		Summe . .							(Erst unter der Gesamtsumme aller Beiträge ausfüllen!)
	Postscheckamtsgebühr (bei Einzahlungen bis 25 ℳ . . 5 Pf., über 25 ℳ . . 10 Pf.)								
				Gesamteinzahlung . .					

Seite 3.

Lfd. Nr.	Des Arbeitgebers Vor- und Zuname Berufsstellung Wohnort und Straße	Kalendermonate, für die Beiträge fällig sind	Gezahltes Entgelt (Honorar)		Fällige Beiträge: 8% (§ 390 : 4%) des Entgelts (Spalte 4)		Fällige Beiträge: Spalte 5 aufgerundet auf 10 ₰ (§ 390 : 5 ₰)		Bemerkungen (z. B. Datum des Zu- oder Abgangs beim Arbeitgeber)
			ℳ	₰	ℳ	₰	ℳ	₰	
1	2	3	4		5		6		7
		Übertrag:			. . . .				
26									
bis 40									
		Summe . .							
	Postscheckamtsgebühr (bei Einzahlungen bis 25 ℳ . . 5 Pf., über 25 ℳ . . 10 Pf.)								
					Gesamteinzahlung . .				

Briefporto
(10 ₰;
im Ortsverkehr
5 ₰)

Vom Absender zu frankieren:

An

das Direktorium der Reichsversicherungsanstalt für Angestellte

Berlin-Wilmersdorf

Hohenzollerndamm 193/195.

Die Vordrucke RfA. II Nr. 80 erhält der Versicherte unentgeltlich bei der Ausgabestelle seines Wohnortes oder, falls dort keine vorrätig sein sollten, beim Direktorium der Reichsversicherungsanstalt. Letzteres verabfolgt ferner auf Anfordern eine Zusammenstellung der Vorschriften über die Beitragsentrichtung für Versicherte, die während eines Beitragsmonats von mehreren Arbeitgebern beschäftigt werden (Umdruck RfA. II Nr. 81).

6. Merkblatt der Reichsversicherungsanstalt für Angestellte für die Entrichtung der Beiträge zur Angestelltenversicherung für Versicherte, die während eines Beitragsmonats von mehreren Arbeitgebern beschäftigt werden (z. B. Sprach-, Musik- und sonstige versicherungspflichtige Lehrer, Erzieher, Stundenbuchhalter, Krankenpfleger).

Die Beauftragung des Versicherten mit der Einzahlung der Beiträge.

I. Aufbringung der Mittel und Höhe der Beiträge.

Die Arbeitgeber und der Versicherte bringen gemeinsam die Mittel für die Versicherung auf. Sie entrichten für jeden Kalendermonat, in welchem eine versicherungspflichtige Beschäftigung stattgefunden hat, laufend Beiträge zu gleichen Teilen (§ 170 VGfA.).

Eine Vereinbarung, daß der Versicherte die Mittel für die Versicherung allein aufbringen solle, ist nichtig (§ 345 Abs. 1 S. 2 a. a. O.).

Gemäß § 177 a. a. O. hat jeder einzelne Arbeitgeber, der den Versicherten während des Beitragsmonats beschäftigt hat, 8% des für die Beschäftigung gezahlten Entgelts (Honorars) als Beitrag zu entrichten. Die hiernach sich für jeden einzelnen Arbeitgeber und jeden einzelnen Beitragsmonat ergebenden Beiträge sind auf 10 Pf. aufzurunden. (Beispiel: Entgelt 15,60 ℳ, Beitrag = 8% von 15,60 = 1,248, aufgerundet auf 1,30 ℳ).

Der Versicherte muß sich bei der Zahlung des Entgelts seine Beitragshälfte (4%, aufgerundet auf 5 Pf.) abziehen lassen.

Die Arbeitgeber dürfen nur auf diesem Wege den Beitragsanteil des Versicherten wieder einziehen. Sind Abzüge bei einer Honorarzahlung unterblieben, so dürfen sie nur noch bei der nächsten nachgeholt werden, es sei denn, daß die Arbeitgeber die Beiträge ohne ihr Verschulden nachträglich entrichten (§§ 178, 179).

Ist der Versicherte gemäß § 390 a. a. O. von der eigenen Beitragsleistung befreit worden — was auf der Versicherungskarte amtlich bescheinigt sein muß —, so haben die Arbeitgeber nur ihre Beitragshälften (4%) zu entrichten. Die sich hiernach für jeden einzelnen Arbeitgeber und jeden einzelnen Beitragsmonat ergebenden Beiträge sind auf 5 Pf. aufzurunden. (Beispiel: Entgelt 15,60 ℳ, Beitrag = 4% von 15,60 = 0,624 ℳ, aufgerundet auf 0,65 ℳ).

Ist der Versicherte während eines ganzen Beitragsmonats nur von einem einzigen Arbeitgeber beschäftigt worden, so sind die Beiträge nach Gehaltsklassen (§§ 16, 172 a. a. O.; Tabelle auf der Versicherungskarte) zu berechnen.

II. Zahlungsfristen.

Die Einzahlung der Beiträge hat bei der Zahlung des Entgelts (Honorars), spätestens am Schluß des Beitragsmonats zu erfolgen. (Bekanntmachung vom 24. Mai 1912 I. B. Abs. 1 — AVN 1913, S. 46 —).

Für Lehrer und Erzieher können aber auch die im Laufe eines Kalendervierteljahrs fällig gewordenen monatlichen Beiträge zusammen, und zwar spätestens bis zum 15. des Monats entrichtet werden, der dem Vierteljahr folgt, für das die Beiträge zu zahlen sind. Die Arbeitgeber haben von der Absicht der vierteljährlichen Zahlung der Reichsversicherungsanstalt Anzeige zu machen (Bekanntmachung vom 31. Oktober 1912, Nr. 2 Abs. 1 — AVN 1913, S. 48). Bei der Beitragsentrichtung für Krankenpfleger, Stundenbuchhalter usw. verbleibt es hingegen bei den Vorschriften des Abs. 1 (monatliche Einzahlung).

III. Haftung der Arbeitgeber. Beauftragung des Versicherten mit der Einzahlung.

Die Arbeitgeber sind verpflichtet, für sich und den Versicherten die fälligen Beiträge an die Reichsversicherungsanstalt portofrei einzuzahlen. Zuwiderhandlungen sind mit Strafe bedroht. (§ 340 a. a. O.) Rückständige

Beiträge werden von den Arbeitgebern im Verwaltungszwangsverfahren beigetrieben (§ 227 a. a. O.).

Eine Vereinbarung zwischen den Arbeitgebern und dem Versicherten, daß der Reichsversicherungsanstalt gegenüber nur der Versicherte die Verantwortung für die Beitragszahlung tragen solle, ist nichtig (§ 345 Abs. 1 S. 2 und Abs. 2).

Die Arbeitgeber können den Versicherten aber beauftragen, die Beiträge in einer Summe mittels einer Zahlkarte an die Reichsversicherungsanstalt für sie einzuzahlen. Der Reichsversicherungsanstalt gegenüber haften aber auch in diesem Falle ausschließlich die Arbeitgeber: sie sind verantwortlich für die rechtzeitige Beitragsentrichtung, welche von der Reichsversicherungsanstalt überwacht wird.

Durch die Beauftragung des Versicherten mit der Einzahlung der Beiträge wird die Beitragsentrichtung wesentlich vereinfacht; die Arbeitgeber werden deshalb wohl ausnahmslos davon absehen, die Beiträge selbst einzeln einzuzahlen, sondern werden ausschließlich von der Befugnis Gebrauch machen, die Einzahlung durch den Versicherten besorgen zu lassen. In den nachstehenden Vorschriften ist deshalb dieser Regelfall vorangestellt (unten IV).

Die Arbeitgeber sollen der Reichsversicherungsanstalt von der Auftragserteilung Mitteilung machen. Diese Mitteilung kann bei Lehrern und Erziehern mit der oben unter II Abs. 2 Satz 2 verlangten Anzeige verbunden werden und kann etwa folgenden Wortlaut haben:

„Wir zeigen der Reichsversicherungsanstalt an, daß wir die Beiträge für die Klavierlehrerin Fräulein Hedwig Schulze, wohnhaft zu Bruchsal, Wagnerstraße Nr. 11, Oberpostdirektionsbezirk Karlsruhe, vierteljährlich einzahlen werden sowie die Versicherte mit der Einzahlung der Beiträge und der Aufstellung und Einsendung der Liste über die fälligen Beiträge (s. unter IV) beauftragt haben.

(Folgen die Namen der Arbeitgeber unter Angabe des Berufes, des Wohnortes, der Straße und der Hausnummer.)"

IV. Einzahlung der Beiträge durch den Versicherten im Auftrage seiner sämtlichen Arbeitgeber. Aufstellung und Einsendung der „Liste" (Vordruck RfA. II Nr. 80).

Die Beitragsentrichtung erfolgt ausschließlich im Postscheckverkehr (Bekanntmachung vom 24. Mai 1912, I. B).

Die fälligen Beiträge hat der Versicherte bei der Postanstalt seines Wohnortes mittels besonderer Zahlkarte (rotbrauner Druck auf rotem Papier) auf das bei dem Postscheckamt in Berlin errichtete Konto der Reichsversicherungsanstalt bar einzuzahlen.

(Inhaber von Postscheckkonten können die Beiträge auch durch Überweisung entrichten. Dazu sind die gewöhnlichen Überweisungsformulare zu benutzen, von denen der anhaftende Abschnitt von dem Kontoinhaber abzutrennen und zu beseitigen ist. Statt dieses Abschnittes ist der Überweisung bei der Übersendung an das Postscheckamt ein besonderer Gutschriftzettel beizufügen. Diese Gutschriftzettel werden in Blocks zu 50 Stück — zum Preise von 10 Pf. für einen Block — von den Postscheckämtern an die Kontoinhaber abgegeben.)

Die Zahlkartenformulare hat der mit der Einzahlung beauftragte Versicherte bei der Postanstalt seines Wohnsitzes zu beziehen. Sie werden zum Preise von 5 Pf. für 10 Stück verabfolgt; einzelne Formulare werden am Schalter der Postanstalten unentgeltlich abgegeben.

Auf den Formularen ist die Nummer des Postscheckkontos aufgedruckt, welches für Einzahlungen aus dem Bereich des Oberpostdirektionsbezirkes errichtet ist, in welchem der Versicherte seinen Wohnsitz hat. Die 50 Oberpostdirektionsbezirke haben die Kontonummern 30001—30050. Der Versicherte hat stets die Einzahlung bei der Postanstalt seines Wohnsitzes zu bewirken und darf nur die für seinen Oberpostdirektionsbezirk ausgegebenen Zahlkartenformulare benutzen.

Auf der Vorderseite des Zahlkartenabschnittes hat der Versicherte seinen Namen und Wohnsitz (Ort, Straße mit Hausnummer, Postanstalt) sowie die Beitragsmonate des Kalendervierteljahrs genau und leserlich anzugeben. Zweckmäßig ist schließlich noch ein Vermerk (unter dem Namen des Versicherten), daß die Beiträge im Auftrage sämtlicher Arbeitgeber eingezahlt sind.

Auf der Rückseite des Zahlkartenabschnittes befindet sich eine zur Nachprüfung der Beitragssumme dienende Kontrollübersicht, deren Ziffer II auszufüllen ist, z. B.:

a) 8% des Entgelts von 300 ℳ = 24 ℳ,
oder, wenn der Versicherte von der eigenen Beitragsleistung befreit ist:

b) 4% (§ 390 a. a. O.) des Entgelts von 300 ℳ = 12 ℳ.

Ferner ist in der letzten Rubrik noch anzugeben, wann die Nachweisung über die fälligen Beiträge (bzw. die „Liste“, vgl. unten) abgesandt ist.

Für jede Einzahlung mittels Zahlkarte wird vom Postscheckamt vom Konto der Reichsversicherungsanstalt eine Postgebühr abgebucht. Sie beträgt (ab 1. Juli 1914) bei Einzahlungen bis 25 ℳ .. 5 Pf., bei Einzahlungen über 25 ℳ .. 10 Pf. (§ 5 des Postscheckgesetzes). Diese Gebühr ist auf Grund des § 181 des Versicherungsgesetzes für Angestellte der Reichsversicherungsanstalt zurückzuerstatten und deshalb mit der Beitragssumme zusammen einzuzahlen; sie ist allein von den Arbeitgebern zu tragen[1]).

Der mit der Zahlkarte verbundene Posteinlieferungsschein wird bei der Einzahlung nach Vollzug des Postvermerks an den Einzahler ausgehändigt. Er dient den Arbeitgebern (bzw. dem von ihnen beauftragten Versicherten) als Quittung über die eingezahlten Beiträge. Er ist vom Versicherten sorgsam aufzubewahren.

Der Versicherte hat gleichzeitig mit der Beitragszahlung eine „Liste der vom Versicherten im Auftrage seiner sämtlichen Arbeitgeber eingezahlten Beiträge“ einzusenden. Hierzu sind die Vordrucke RfA. II Nr. 80 zu verwenden, die der Versicherte unentgeltlich bei der

---

[1]) Bis zum 30. Juni betrug die Postgebühr für jede Einzahlung mittels Zahlkarte 12 Pf.

Ausgabestelle seines Wohnortes oder, falls dort keine vorrätig sein sollten, vom Direktorium der Reichsversicherungsanstalt für Angestellte, Berlin-Wilmersdorf, Hohenzollerndamm 193/195, erhält. (§§ 181, 187 a. a. O.; Bekanntmachung des Direktoriums vom 16. Juni 1914.)

Die Vordrucke können sowohl bei vierteljährlicher (für Lehrer und Erzieher) als auch bei monatlicher (für sonstige Angestellte; s. oben II) Beitragszahlung verwendet werden.

Bei jeder neuen Beitragszahlung ist eine neue Liste einzusenden; die Reihenfolge der Arbeitgeber (Spalte 2) ist möglichst ständig beizubehalten. Es empfiehlt sich, bereits bei der Absendung der Liste über die fälligen Beiträge die neue Liste für den nächsten Monat bzw. (bei Lehrern und Erziehern) für das nächste Kalendervierteljahr anzulegen und nach Ablauf eines jeden Monats das erhaltene Honorar einzutragen.

Jede einzelne Rubrik der Liste ist sorgsam und leserlich auszufüllen.

Die Liste ist mit Briefporto zu frankieren; die Portokosten haben die Arbeitgeber zu tragen.

V. Einzahlung der Beiträge durch die einzelnen Arbeitgeber selbst. Aufstellung und Einsendung der Übersicht und Veränderungsanzeigen.

Falls die Arbeitgeber von der Befugnis, die Einzahlung der Beiträge durch den Versicherten besorgen zu lassen, nicht Gebrauch machen wollen, so hat jeder einzelne Arbeitgeber die Beiträge selbst einzuzahlen. Die Ausführungen unter IV über die Entrichtung der Beiträge im Postscheckverkehr gelten entsprechend. Die einzelnen Arbeitgeber haben jedoch stets die Einzahlungen bei der Postanstalt ihres Wohnortes zu bewirken und dürfen nur die für ihren Oberpostdirektionsbezirk ausgegebenen Zahlkartenformulare verwenden. Ferner haben sie auf der Vorderseite der Zahlkartenabschnitte ihren Namen, Wohnort usw. anzugeben.

Gemäß § 181 a. a. O. hat jeder einzelne Arbeitgeber bei der ersten Beitragszahlung eine Übersicht über die fälligen Beiträge einzusenden. Ferner hat er bei der zweiten und den folgenden Beitragsleistungen eine Veränderungsanzeige einzusenden, wenn die Höhe oder Berechnung eines Beitrags gegen die des Vormonats abweicht, oder wenn der Versicherte aus seinem Dienst ausscheidet (Abgang), oder wenn ein anderer Versicherter in seinen Dienst eintritt (Zugang). Zu diesen Übersichten und Veränderungsanzeigen können in dem vorliegenden Falle der Beschäftigung eines Versicherten durch mehrere Arbeitgeber während des Kalendermonats neben gewöhnlichen Vordrucken RfA II Nr. 3 auch besondere Postkartenvordrucke benutzt werden, die von den Ausgabestellen der Angestelltenversicherung unetgeltlich verabfolgt werden. Bei vierteljährlicher Beitragszahlung (für Lehrer und Erzieher, die bei mehreren Arbeitgebern während eines Beitragsmonats tätig sind; s. oben II) sollen diese Postkartenvordrucke von den Arbeitgebern ausschließlich benutzt werden.

VI. Vermerk der Beitragsentrichtung in der Versicherungskarte.

Die Verwendung von Marken ist ausgeschlossen (Bekanntmachung des Direktoriums vom 24. Mai 1912, durch welche die Vorschriften des § 187 a. a. O. über die Quittungsleistung durch Marken außer Kraft gesetzt worden sind).

Die Einzahlung der Beiträge an die Reichsversicherungsanstalt haben die Arbeitgeber in der Versicherungskarte durch Eintragung des vollen, an die Reichsversicherungsanstalt abgeführten Beitrags und Beischrift ihres Namens handschriftlich oder durch Stempel zu vermerken. Eine Einsendung der Versicherungskarte an die Reichsversicherungsanstalt zur Kontrolle ist ohne deren besonderes Anfordern zu unterlassen.

Wenn der Versicherte vermeiden will, daß ein Arbeitgeber das von den andern Arbeitgebern gezahlte Entgelt erfährt, so kann er sich von der Ausgabestelle mehrere Versicherungskarten ausstellen lassen und gleichzeitig benutzen.

Die Arbeitgeber können den Versicherten ferner bevollmächtigen, in ihrer Vertretung den Vermerk in der Versicherungskarte einzutragen.

Es genügt, wenn für die Einzahlung sämtlicher Beiträge eines Monats eine einzige Querspalte benutzt wird und der Versicherte nur seinen eigenen Namen angibt, mit dem Zusatz: „In Vertretung."

Falls der Versicherte auf eine Handhabe zur Nachprüfung der ihm erwachsenen Anwartschaften auf die Versicherungsleistungen keinen Wert legt, kann er auch gänzlich auf den Eintrag in der Versicherungskarte verzichten. Die Grundlage für die Berechnung der Versicherungsleistungen ist lediglich das bei der Reichsversicherungsanstalt angelegte und weitergeführte Konto des Versicherten.

Ein Verzicht auf die Ausstellung der Versicherungskarte ist jedoch nicht zulässig.

7. Merkblatt der Reichsversicherungsanstalt für die Entrichtung der Beiträge zur Angestelltenversicherung.

(Neue Fassung, gültig vom 1. Juli 1914 ab)
— Vgl. AVN. 1914 S. 4. —

1. Der Arbeitgeber ist verpflichtet, für sich und seine Angestellten die am Schlusse eines jeden Monats fälligen Beiträge spätestens bis zum 15. des nächsten Monats an die Reichsversicherungsanstalt portofrei einzuzahlen (§ 181 des Versicherungsgesetzes für Angestellte). Zuwiderhandlungen sind mit Strafe bedroht (§ 340 a. a. O.). Rückständige Beiträge werden im Verwaltungszwangsverfahren beigetrieben (§ 227 a. a. O.).

In den Fällen des § 176 a. a. O. (Beschäftigung bei einem einzigen Arbeitgeber einen vollen Beitragsmonat hindurch) sind die Beiträge nach Gehaltsklassen zu entrichten (Tabelle auf der Versicherungskarte und auf den Vordrucken RfA. II Nr. 3, siehe unten Nr. 2).

In den Fällen des § 177 a. a. O. (Beschäftigung bei mehreren Arbeitgebern oder nicht einen vollen Beitragsmonat hindurch) hat jeder einzelne Arbeitgeber acht Hundertstel des für die Beschäftigung gezahlten Entgelts als Beitrag zu zahlen. Der hiernach für jeden einzelnen Beitragsmonat und jeden einzelnen Arbeitgeber sich ergebende Beitrag ist auf 10 Pfennig aufzurunden. *Das ganze Entgelt ist in der Nachweisung (s. u. Nr. 2) anzugeben.*

Ist der Angestellte gemäß § 390 a. a. O. von der eigenen Beitragsleistung befreit, so hat der Arbeitgeber nur seine Beitragshälfte (bzw. 4 Prozent, aufgerundet auf 5 Pfennig) an die Reichsversicherungsanstalt abzuführen (§ 392 a. a. O.).

Bei Erkrankungen, militärischen Übungen und Beurlaubungen des Angestellten sind Beiträge für ihn fortzuentrichten, solange er Gehalt bezieht.

2. Der Arbeitgeber hat bei der ersten Beitragszahlung eine Nachweisung (Übersicht nach § 181 a. a. O.) über seine versicherungspflichtigen Angestellten und die fälligen Beiträge aufzustellen und vorher oder bei der Einzahlung der Beiträge an die Reichsversicherungsanstalt für Angestellte in Berlin-Wilmersdorf, Hohenzollerndamm, portofrei einzusenden. Hierzu erhält er die Vordrucke (RfA. II Nr. 3) bei der Ausgabestelle für die Angestelltenversicherung seines Sitzes. Bis zu 20 Angestellten dient der einseitige Vordruck. Bei mehr als 20 Angestellten kommen mehrere einseitige Vordrucke oder Einlagevordrucke, die gleichfalls von der Ausgabestelle abgegeben werden, zur Verwendung. In die Nachweisung sind die Angestellten in der Reihenfolge der Gehaltsklassen, mit der Klasse A beginnend, und innerhalb jeder Gehaltsklasse alphabetisch nach dem Namen einzutragen.

3. Beschäftigen mehrere Arbeitgeber den Versicherten während des Monats (§ 177 a. a. O.), so können an Stelle der Nachweise (siehe vorstehend Nr. 2) Postkartenvordrucke benutzt werden, die gleichfalls von der Ausgabestelle ausgehändigt werden.

4. Die Beitragseinzahlung erfolgt im Postscheckverkehr mittels besonderer (roter) Zahlkarten, die der Arbeitgeber bei seiner Postanstalt erhält. Die Erläuterungen zur Ausfüllung und Benutzung sind auf der Rückseite der Formulare angegeben. Die Postgebühr beträgt bis *25 M = 5 Pfennig, über 25 M = 10 Pfennig* und ist vom Arbeitgeber miteinzuzahlen. — Inhaber von Postscheckkonten können die Beiträge auch durch Überweisung entrichten. Dazu sind die gewöhnlichen Überweisungsformulare zu benutzen, von denen der anhaftende Abschnitt vom Kontoinhaber abzutrennen und zu beseitigen ist. Statt dieses Abschnitts ist der Überweisung bei der Übersendung an das Postscheckamt ein besonderer Gutschriftzettel beizufügen. Diese Gutschriftzettel werden in Blocks zu 50 Stück — zum Preise von 10 Pf. für einen Block — von den Postscheckämtern an die Kontoinhaber abgegeben.

Der Arbeitgeber hat auf der Vorderseite des Zahlkartenabschnitts (bzw. des Gutschriftzettels) seinen Namen, Wohnort, Straße und Postanstalt genau und leserlich, wenn möglich mittels Stempels, anzugeben, und zwar in genauer Übereinstimmung mit seinen Angaben auf den Nachweisungen bzw. Veränderungsanzeigen. Er hat ferner die auf der Rückseite der Zahlkartenabschnitte (bzw. Gutschriftzettel) befindliche Kontrollübersicht, die zur Nachprüfung der Beitragssumme dient, auszufüllen.

Als Quittung über die eingezahlten Beiträge dient der Posteinlieferungsschein (bzw. der Lastschriftzettel des Postscheckamtes).

5. Für Lehrer und Erzieher aller Art, die bei mehreren Arbeitgebern während eines Monats tätig sind, können die (gemäß § 177 a. a. O.) fälligen Beiträge nach vorheriger Anzeige an die Reichsversicherungsanstalt vierteljährlich eingezahlt werden. In diesem Falle sollen die Postkartenvordrucke — siehe oben Nr. 3 — benutzt werden.

Der Lehrer kann von seinen mehreren Arbeitgebern beauftragt werden, die Einzahlung der Beiträge an die Reichsversicherungsanstalt für sie zu besorgen. Die Arbeitgeber haben hiervon der Reichsversicherungsanstalt Mitteilung zu machen. Der Lehrer hat, wenn die Einzahlung für mehrere Arbeitgeber mittels einer Zahlkarte erfolgt, gleichzeitig eine Liste an die Reichsversicherungsanstalt einzusenden. Die Liste hat Namen, Wohnort und Straße der Arbeitgeber, das von ihnen für jeden einzelnen Monat gezahlte Entgelt sowie die Höhe des Beitrages (8% bzw. 4% des Entgelts, aufgerundet *für jeden Monat und jeden Arbeitgeber* auf 10 bzw. 5 Pf.) zu enthalten. *Vordrucke zu dieser Liste (RfA. II Nr. 80) liefert auf Ansuchen die Reichsversicherungsanstalt.*

Der Lehrer kann von seinen Arbeitgebern bevollmächtigt werden, in ihrer Vertretung den Vermerk in der Versicherungskarte (s. unten Nr. 8) vorzunehmen.

6. Bei der zweiten und den folgenden Beitragszahlungen müssen die Veränderungen *(mit ihren genauen Eintrittsdaten)* angegeben werden, welche die Abweichung gegen die vorherige Beitragssumme klarstellen und die Konten der einzelnen Angestellten beeinflussen. Veränderungen sind dann gegeben, wenn Angestellte

a) aus dem Dienst ausscheiden (Abgang, *z. B. wegen Stellenwechsels, Selbständigwerdens, Invalidität, Tod)*;

b) in den Dienst neu eingestellt werden (Zugang);

c) Gehaltsänderungen erfahren, *die einen andern Beitrag bedingen.*

7. Zu den Veränderungsanzeigen sind dieselben Vordrucke (RfA. II Nr. 3) wie für die Nachweisung bei der ersten Beitragszahlung (siehe vorstehend Nr. 2) zu verwenden. Die Veränderungen sind nach der Einteilung zur Nr. 6 unter a (Abgang), b (Zugang), c (Gehaltsänderung) gesondert aufzuführen. *Ein Muster einer Veränderungsanzeige (RfA. II Nr. 72) kann von der Reichsversicherungsanstalt bezogen werden.* Sind keine Veränderungen eingetreten, so ist dieses durch Berichtigung des auf den Zahlkartenabschnitten (bzw. Gutschriftzetteln) unter der Kontrollübersicht (siehe oben Nr. 4) vorgesehenen Textes zu vermerken. Die Veränderungsanzeigen sind vor der nächsten Beitragszahlung, spätestens gleichzeitig mit ihr, an die Reichsversicherungsanstalt abzusenden.

8. Die Einzahlung der Beiträge an die Reichsversicherungsanstalt hat der Arbeitgeber in der Versicherungskarte durch Eintragung des vollen, an die Reichsversicherungsanstalt abgeführten Beitrages und Beischrift seines Namens oder seiner Firma handschriftlich oder durch Stempel zu vermerken.

Die Verwendung von Marken ist in den Fällen des § 177 a. a. O. ausgeschlossen (Bekanntmachung des Direktoriums vom 24. Mai 1912), in den Fällen des § 176 a. a. O. durch die Einzahlung der Beiträge im Postscheckverkehr durchaus entbehrlich geworden. Sie können in letzteren Fällen nach Fälligkeit, Nachprüfung und Verbuchung der eingegangenen Beiträge auf besonderen Antrag dem Arbeitgeber, der hierfür die Porto- und Einschreibgebühren zu tragen hat, verabfolgt werden.

9. Arbeitgeber, die Angestellte in mehreren Betrieben (Filialen) an demselben Orte oder an verschiedenen Orten beschäftigen, können die Beiträge von dem Hauptbetrieb aus zahlen. Sie haben diese Absicht unter Angabe ihrer sämtlichen Betriebe der Reichsversicherungsanstalt anzuzeigen. Auch die Nachweisungen (Veränderungsanzeigen) sind alsdann vom Hauptbetriebe aus einzusenden. Hierzu ist ein einziger Vordruck RfA. II Nr. 3 (event. mit Einlagebogen, siehe oben Nr. 2 und 7) zu verwenden, auf dem jedoch die einzelnen Betriebe getrennt anzuführen sind. Im Kopf dieses Vordruckes ist jedoch nur der Hauptbetrieb, von dem aus die Zahlung erfolgt, anzugeben.

10. *Zum Verständnis der unter Nr. 11 gegebenen Zusammenstellung der bei der Beitragszahlung zur Angestelltenversicherung von den Arbeitgebern zu beachtenden Vorschriften ist ein kurzer Überblick über die bei der Reichsversicherungsanstalt getroffenen Buchungseinrichtungen notwendig:*

Für jeden versicherten Angestellten wird bei der Reichsversicherungsanstalt eine Kontokarte geführt, auf der die für ihn gezahlten Beiträge verbucht werden.

Die Kontokarten der versicherten Angestellten eines und desselben Arbeitgebers liegen zusammen (nach Gehaltsklassen und den Anfangsbuchstaben der Namen ge-

ordnet) in einer Mappe, die die Adresse und die Buchungsnummer dieses Arbeitgebers trägt.

Die Mappen der Arbeitgeber sind innerhalb jedes Oberpostdirektionsbezirkes (Buchungsbezirks) nach Postanstaltsbezirken und innerhalb der Postanstaltsbezirke alphabetisch nach dem Namen der Arbeitgeber geordnet. Dieser Anordnung entspricht auch die Reihenfolge der Buchungsnummern.

Hat ein Arbeitgeber einen Beitrag mittels der für seinen Oberpostdirektionsbezirk eingeführten roten Zahlkarte auf das für diesen Oberpostdirektionsbezirk eingerichtete Postscheckkonto der Reichsversicherungsanstalt eingezahlt, so gibt das Postscheckamt Berlin der Reichsversicherungsanstalt durch Übersendung des (linken) Abschnittes der Zahlkarte davon Nachricht. Solcher Zahlkartenabschnitte gehen aus den 50 Oberpostdirektionsbezirken des Deutschen Reiches insgesamt bis zu 25000 und mehr an einem Tage bei der Reichsversicherungsanstalt ein.

Ein Zahlkartenabschnitt ohne Angabe des Absenders ist zunächst unanbringlich, eine Anfrage an die Postanstalt, bei der die Zahlkarte aufgegeben ist, meist ergebnislos. Erst durch die Antwort des betreffenden Arbeitgebers (s. Nr. 11, XII) auf ein erhaltenes Mahnschreiben kann noch Aufklärung erfolgen.

Ein Zahlkartenabschnitt mit einer andern Absenderadrsese, als auf der Arbeitgebermappe steht, kann zu einer falschen Arbeitgebermappe genommen werden, da unter den mehr als 300000 Arbeitgebermappen sich leicht eine solche mit gleich oder ähnlich lautender Aufschrift finden kann, oder führt zur Anlegung einer neuen Arbeitgebermappe; denn da der Arbeitgeber die Beiträge zu zahlen hat, muss zunächst angenommen werden, dass es sich um einen neuen Arbeitgeber handelt (s. Nr. 11, VI). Freiwillig Versicherte tun gut, auf dem Zahlkartenabschnitt stets hinzuzufügen: „Freiwillige Versicherung".

Die Benutzung einer für einen andern Oberpostdirektionsbezirk bestimmten Zahlkarte verzögert die Verbuchung, da der Abschnitt in den andern Buchungsbezirk wandert und erst von diesem an den richtigen Buchungsbezirk weitergeleitet wird (s. Nr. 11 II).

Nach den Veränderungsanzeigen der Arbeitgeber wird bei der Reichsversicherungsanstalt die von ihnen erstmalig übersandte Übersicht über ihre versicherten Angestellten berichtigt. Ohne eine solche vollständig auf den Stand des laufenden Beitragsmonats gebrachte Übersicht ist eine richtige Verbuchung der übersandten Beiträge auf die Konten der Versicherten unmöglich (s. Nr. 11, III, IV, VII, IX—XI).

Die Veränderungsanzeige muss eben deswegen auch vor dem Zahlkartenabschnitt zur Buchungsstelle gelangen. Das kann aber nur geschehen, wenn die Veränderungsanzeige auf dem Vordruck RfA. II Nr. 3 erstattet wird. Sie ist dann äusserlich erkennbar und wird von der Posteingangsstelle der Reichsversicherungsanstalt sofort der richtigen Buchungsstelle zugeführt (s. Nr. 11, IV)

11. *Zusammenstellung der bei der Beitragszahlung zur Angestelltenversicherung von den Arbeitgebern zu beachtenden Vorschriften:*

I. *Beiträge nebst Postgebühren (bis 25 M = 5 Pf., über 25 M. = 10 Pf.) spätestens bis zum 15. jeden Monats für den verflossenen Monat mittels roter Zahlkarte an die Reichsversicherungsanstalt in Berlin-Wilmersdorf senden!*

II. *Nur rote Zahlkartenvordrucke dazu verwenden, die von einer Postanstalt im Oberpostdirektionsbezirk des Arbeitgebers bezogen sind!*

III. *Veränderungsanzeige nicht vergessen! Mit 10 Pf. (Briefporto) frankiert vor Absendung der Beiträge an die Reichsversicherungsanstalt senden!*

IV. *Zu Veränderungsanzeigen stets den Vordruck RfA. II Nr. 3 benutzen (nicht Postkarten oder gewöhnliche Briefe)!*

V. *Vorder- und Rückseite des (linken) Zahlkartenabschnittes dem Vordruck gemäss sorgfältig ausfüllen!*

VI. *Als Absender der Beiträge auf dem (linken) Zahlkartenabschnitt ausnahmlos unter stets gleicher Bezeichnung den Arbeitgeber (nicht einen Angestellten desselben oder sonstigen Dritten) in deutlicher Schrift angeben!*

VII. *Auf Zahlkartenabschnitt und Veränderungsanzeige stets den Betriebssitz (auch Strasse und Hausnummer), niemals einen vorübergehenden Aufenthaltsort des Arbeitgebers angeben!*

VIII. *Ausser der Veränderungsanzeige keine sonstigen Anfragen oder Mitteilungen auf den Vordruck RfA. II Nr. 3 setzen!*

IX. *Vordruck RfA. II Nr. 3 für Veränderungsanzeigen nach Anleitung des von der Reichsversicherungsanstalt zu beziehenden Musters (RfA. II Nr. 72) genau und vollständig ausfüllen!*

X. *Im Kopf des Vordruckes RfA. II Nr. 3 den Arbeitgeber und seinen Betriebssitz genau so bezeichnen wie auf dem (linken) Zahlkartenabschnitt!*

XI. *Die Adresse des Arbeitgebers bei allen Beitragssendungen (auf den Zahlkartenabschnitten wie im Kopf der Vordrucke RfA. II Nr 3) stets in derselben unveränderten Form anführen!*

XII. *Auf zu Unrecht ergangene Mahnungen der Reichsversicherungsanstalt (meist veranlasst durch Nichtbeachtung einer der vorstehenden Vorschriften seitens des Arbeitgebers) sofort antworten, an welchem Tage, bei welcher Postanstalt, in welchem Betrage, unter welchem Absendernamen und auf welches Postscheckkonto die Einzahlung des Beitrages erfolgt ist!*

XIII. *Bei allen Eingaben an die Reichsversicherungsanstalt die Buchungsnummer des Arbeitgebers angeben! (Jedem Arbeitgeber wird die Buchungsnummer, unter der er bei der Reichsversicherungsanstalt geführt wird, bei der erstmaligen Übersendung der Kontoauszüge für seine Angestellten mitgeteilt.) Für jede Angelegenheit möglichst ein besonderes Briefblatt benutzen!*

XIV. *In allen Antwortschreiben auf Anfragen der Reichsversicherungsanstalt die Geschäftsnummer der Anfrage angeben!*

8. Verordnungen über Geschäftsgang und Verfahren der Rentenausschüsse, der Schiedsgerichte und des Oberschiedsgerichts.

RGBl. 1913 S. 103, 329, 341.

a) Verordnung des Reichskanzlers über Geschäftsgang und Verfahren der Rentenausschüsse.

Vom 14. Februar 1913.

(RGBl. S. 103.)

Auf Grund des § 123 Abs. 2 AVG. verordne ich nach Anhören des Direktoriums der Reichsversicherungsanstalt für Angestellte folgendes:

A. Einleitende Bestimmungen.

Vorsitzender, Beisitzer und Hilfsbeamte des Rentenausschusses.

§ 1.

Das Direktorium der RVAnstalt veröffentlicht im Reichsanzeiger die Namen der Vorsitzenden und ihrer Stellvertreter sowie den Ort, wo sich die Geschäftsräume der Rentenausschüsse befinden.

§ 2.

Der Vorsitzende des Rentenausschusses verpflichtet die Beisitzer (Versicherungsvertreter) spätestens in der ersten Verhandlung, zu der sie zugezogen werden, auf die gewissenhafte Erfüllung ihrer Amtspflichten eidlich (§ 139 Abs. 1 AVG.).

Die Verpflichtung gilt für die Dauer der Wahlzeit. Im Falle der Wiederwahl genügt die Verweisung auf die frühere Verpflichtung.

§ 3.

Die Versicherungsvertreter haben folgenden Eid, der ihnen vorzusprechen ist, zu leisten:

„Sie schwören bei Gott dem Allmächtigen und Allwissenden, die Pflichten eines Versicherungsvertreters im Rentenausschusse getreulich zu erfüllen und Ihre Stimme nach bestem Wissen und Gewissen abzugeben."

Die Vertreter leisten den Eid, indem jeder einzelne die Worte spricht:

„Ich schwöre es, so wahr mir Gott helfe."

Der Schwörende hat bei der Eidesleistung die rechte Hand zu erheben.

Über die Verpflichtung ist eine Niederschrift aufzunehmen.

§ 4.

Der Vorsitzende verpflichtet im Auftrag des Direktoriums der RVAnstalt die Hilfsbeamten des Rentenausschusses, soweit dies nicht bereits anderweit geschehen ist, eidlich auf die gewissenhafte Erfüllung ihrer Amtspflichten.

Dieser Eid lautet: „Ich N. N. schwöre bei Gott dem Allmächtigen und Allwissenden, die Pflichten eines . . . des Rentenausschusses für Angestelltenversicherung gewissenhaft zu erfüllen, so wahr mir Gott helfe".

Der Eid ist vorzusprechen. Der Schwörende hat bei der Eidesleistung die rechte Hand zu erheben.

Über die Verpflichtung ist eine Niederschrift aufzunehmen.

§ 5.

Die Versicherungsvertreter haben dem Vorsitzenden anzuzeigen, wenn durch eine Änderung in ihren persönlichen Verhältnissen die Voraussetzungen ihrer Wählbarkeit (§ 151 AVG.) wegfallen.

Werden dem Vorsitzenden von einem Versicherungsvertreter Tatsachen bekannt, die seine Wählbarkeit ausschließen oder eine grobe Verletzung seiner Amtspflicht darstellen (§ 138 AVG.), so hat der Vorsitzende den Versicherungsvertreter zu den Sitzungen einstweilen nicht zuzuziehen. Vor der Enthebung vom Amte ist dem Versicherungsvertreter Gelegenheit zur Äußerung zu geben.

§ 6.

Der Vorsitzende des Rentenausschusses setzt im voraus für jedes Kalenderjahr, erforderlichenfalls für kürzere Abschnitte des Kalenderjahrs, die Reihenfolge fest, in der die Versicherungsvertreter und ihre Stellvertreter zu den mündlichen Verhandlungen zugezogen werden sollen.

Die Gründe, aus denen in Ausnahmefällen von der im Abs. 1 festgesetzten Reihenfolge abgewichen wird, sind in den Akten zu vermerken.

Innerer Geschäftsgang.

§ 7.

Alle Bescheide, Beschlüsse, Anordnungen, Verfügungen, Ersuchen, Berichte usw. ergehen unter dem Namen des Rentenausschusses. Hat mündliche Verhandlung unter Zuziehung von Beisitzern stattgefunden, so ist dies anzugeben.

§ 8.

Der Vorsitzende führt die Geschäfte und Verhandlungen des Rentenausschusses, zeichnet die Verfügungen und Entscheidungen und vollzieht die Reinschriften — vorbehaltlich der §§ 11, 62 —. Er regelt, leitet und beaufsichtigt den Geschäftsgang bei dem Rentenausschusse.

Der Tag des Einganges ist auf den eingehenden Schriftstücken zu vermerken.

§ 9.

Der Vorsitzende des Rentenausschusses hat in Angelegenheiten der Angestelltenversicherung Auskunft zu geben. Die mündliche Auskunft wird in Dienststunden erteilt, die dem Bedürfnis entsprechend zu bemessen und in geeigneter Weise bekannt zu geben sind.

Der Vorsitzende ist befugt, mit der Auskunfterteilung seinen Stellvertreter oder andere geeignete Beamte zu beauftragen.

Der Antragsteller kann auf schriftliche Anfrage verwiesen werden.

§ 10.

Bei Behinderung des Vorsitzenden tritt an seine Stelle, vorbehaltlich des § 62, der dienstälteste oder

der von dem Vorsitzenden besonders bestimmte Stellvertreter.

Dabei bleibt dem Vorsitzenden die Befugnis vorbehalten, im einzelnen Falle eine Amtshandlung selbst zu übernehmen.

Ausfertigungen und Abschriften, Vereinfachung des Geschäftsganges.

§ 11.

Ausfertigungen und Abschriften sind als solche zu bezeichnen.

Die Ausfertigungen werden am Schlusse mit dem Siegel des Rentenausschusses (§ 12) versehen und entweder vom Vorsitzenden unterzeichnet oder auf seine Anordnung von einem Bureau- oder Kanzleibeamten des Rentenausschusses in der Weise vollzogen, daß unter die einschließlich der Unterschrift gefertigte Abschrift gesetzt wird:

„Beglaubigt"

und daß der Beamte diesen Zusatz unter Bezeichnung seiner Amtseigenschaft unterschreibt.

Das Direktorium der Reichsversicherungsanstalt für Angestellte kann, soweit es sich nicht um Verfügungen mit entscheidendem Inhalt (§ 43) handelt, anordnen oder genehmigen, daß und in welcher Form der Erlaß einfacher Verfügungen, insbesondere vorbereitender, prozeßleitender und ähnlicher Art, sowie die Vollziehung der Reinschriften durch einen Bureau- oder Kanzleibeamten geschehen darf.

Siegel. Geschäftssprache.

§ 12.

Der Rentenausschuß führt das Siegel der Reichsversicherungsanstalt mit der Bezeichnung des Rentenausschusses und seines Sitzes.

Für die Geschäftssprache vor dem Rentenausschusse gelten die §§ 186 bis 193 des Gerichtsverfassungsgesetzes entsprechend. Schriftstücke, die nicht in deutscher Sprache abgefaßt sind, brauchen nicht berücksichtigt zu werden.

B. Ordnung des Verfahrens.

I. Allgemeine Bestimmungen.

Örtliche Zuständigkeit.

§ 13.

Im Falle des § 216 des Versicherungsgesetzes für Angestellte ist der Rentenausschuß des Beschäftigungsorts, im Falle des § 347 AVG. sowohl der Rentenausschuß des Wohnorts des Beschuldigten als auch der Rentenausschuß, in dessen Bezirk die strafbare Handlung begangen worden ist, zuständig.

Im übrigen gelten für die örtliche Zuständigkeit die gesetzlichen Vorschriften.

Mündliche Verhandlung, Zuziehung von Beisitzern.

§ 14.

Die Entscheidung wird vom Vorsitzenden entweder allein oder unter Zuziehung von Beisitzern getroffen. Im ersteren Falle kann, im letzteren muß mündlich verhandelt werden.

Mündliche Verhandlung unter Zuziehung von Beisitzern muß stattfinden,

wenn es sich um Feststellung von Ruhegeld wegen Berufsunfähigkeit handelt,

ferner in den Fällen der §§ 24, 46, 68, 69, § 75 Abs. 2 AVG.

Mündliche Verhandlung findet jedoch nicht statt, wenn

1. Versicherungsträger und Versicherter über Grund und Höhe des erhobenen Anspruchs einig sind,
2. es sich lediglich um die Höhe des Ruhegeldes handelt,
3. es sich um die Erfüllung der Wartezeit handelt, es sei denn, daß die Entscheidung von der Feststellung der Versicherungspflicht oder der Versicherungsberechtigung oder des Beginns der Berufsunfähigkeit abhängt,
4. der Rentenempfänger ausdrücklich erklärt hat, keinen Anspruch auf Weitergewährung des Ruhegeldes oder

der Rente zu haben, und der Akteninhalt diese Erklärung rechtfertigt,

5. lediglich der Zeitpunkt des Wegfalls des Ruhegeldes oder der Rente in Frage steht.

Der Vorsitzende kann nach seinem Ermessen ohne mündliche Verhandlung entscheiden, sofern bei Feststellung der Leistungen lediglich Aufrechnung streitig ist.

§ 15.

Der Vorsitzende kann auch in anderen als den im § 14 bezeichneten Fällen, insbesondere in denen der §§ 11, 13, 210, 211, 340 AVG., nach seinem Ermessen mündliche Verhandlung mit oder ohne Zuziehung von Beisitzern anordnen.

Wird mit Beisitzern entschieden, so ist je ein Versicherungsvertreter der Arbeitgeber und der versicherten Angestellten zuzuziehen.

Die Verhandlungen, die nicht die Feststellung der Leistungen betreffen, sind nicht öffentlich.

Anträge.

§ 16.

Die Anträge sind schriftlich oder mündlich zu stellen.

Wird ein Antrag mündlich gestellt, so ist darüber eine Niederschrift zu fertigen.

Die Anträge sollen den Anspruch bestimmt bezeichnen, sowie die Tatsachen und Beweismittel angeben, die zu seiner Begründung dienen.

Ist diesen Erfordernissen nicht vollständig genügt, insbesondere der Antrag nicht hinreichend bestimmt, so hat der Vorsitzende des Rentenausschusses die Ergänzung zu veranlassen. Er hat auch dahin zu wirken, daß die Parteien die angemessenen und sachdienlichen Anträge stellen.

Vertretung der Parteien.

§ 17.

Die Schriftsätze müssen entweder von dem Antragsteller selbst oder seinem gesetzlichen Vertreter oder von einem Bevollmächtigten unterzeichnet sein.

§ 18.

Die Beistände prozeßfähiger Personen, die mit diesen erschienen sind, sind neben den Parteien auf deren Verlangen zu hören.

§ 19.

Die Prozeßfähigkeit der Parteien, die Vertretungsbefugnisse sowie die Vollmachten sind von Amts wegen zu prüfen. Der Vorsitzende hat darauf hinzuwirken, daß etwaige Mängel beseitigt werden.

§ 20.

Für nicht prozeßfähige Parteien ohne gesetzlichen Vertreter hat der Vorsitzende die Bestellung eines solchen (Vormundes oder Pflegers) zu veranlassen. Bis zu dessen Eintritt kann der Vorsitzende der Partei für das Verfahren einen besonderen Vertreter bestellen. Diesem stehen in dem Verfahren alle Parteirechte außer der Empfangnahme von Zahlungen zu.

Das Gleiche gilt, wenn der Aufenthaltsort der Partei oder ihres gesetzlichen Vertreters unbekannt oder vom Sitze des Rentenausschusses[1]) weit entfernt ist.

Die nicht prozeßfähige Partei ist auf ihr Verlangen selbst zu hören.

§ 21.

Die Vollmacht muß schriftlich erteilt werden. Ehegatten, Verwandte oder Verschwägerte der aufsteigenden Linie und volljährige Verwandte oder Verschwägerte der absteigenden Linie können auch ohne den Nachweis einer schriftlichen Vollmacht zur Vertretung zugelassen werden. Dasselbe gilt von den im § 257 Abs. 2 AVG. bezeichneten Personen; indessen ist diesen die Nachbringung einer schriftlichen Vollmacht aufzugeben. Die Partei muß die Prozeßführung gegen sich gelten lassen, wenn sie auch nur mündlich Vollmacht erteilt oder wenn sie die Prozeßführung ausdrücklich oder stillschweigend genehmigt hat.

Die Vorschriften des Versicherungsgesetzes für Angestellte über die Zurückweisung von Bevollmächtigten und

[1]) Im RGBl. ist versehentlich gesagt: Versicherungsamts.

Beiständen (§ 257 AVG.) gelten für das Verfahren vor dem Rentenausschuß auch außerhalb der Fälle, für die jene Vorschriften getroffen sind.

Beifügung von Abschriften.

§ 22.

Von den eingereichten Schriftstücken ist für jeden Beteiligten eine Abschrift beizufügen. Der Vorsitzende des Rentenausschusses kann jedoch die Einreichung von Abschriften der Schriftstücke erlassen. Er kann auch die erforderlichen Abschriften anfertigen lassen und die Kosten dafür vom Antragsteller einziehen.

Mitteilung des Antrags an die Beteiligten.

§ 23.

Jedem Beteiligten wird der Antrag oder der wesentliche Inhalt des Antrags mit dem Anheimgeben mitgeteilt, binnen einer bestimmten Frist, die in der Regel nicht länger als zwei Wochen zu bemessen ist, eine Gegenerklärung abzugeben. Dabei ist darauf hinzuweisen, daß auch verhandelt und entschieden werden kann, wenn die Gegenerklärung nicht innerhalb der Frist abgegeben sei. Für die Beifügung von Abschriften der Gegenerklärung gilt § 22 entsprechend.

Die Frist zur Gegenerklärung kann auf Antrag verlängert werden.

Der Inhalt der Gegenerklärung ist nach dem Ermessen des Vorsitzenden des Rentenausschusses dem Antragsteller mitzuteilen.

Akteneinforderung.

§ 24.

Wenn die Reichsversicherungsanstalt für Angestellte oder der sonst Verpflichtete dem Rentenausschusse die Vorverhandlungen nicht gleichzeitig mit dem Antrag auf Entscheidung oder mit der Gegenerklärung eingereicht hat, so hat der Vorsitzende des Rentenausschusses sie unverzüglich einzufordern.

Die Vorverhandlungen umfassen die sämtlichen Schriftstücke über den Anspruch, die bei der Reichsversicherungsanstalt für Angestellte oder bei dem sonst

Verpflichteten vorhanden sind, einschließlich derjenigen, welche sich in Vorakten befinden oder etwa im Laufe des Verfahrens neu entstanden sind. Die neuen Schriftstücke sind auch ohne Auffordern unverzüglich nachzureichen.

Zuziehung Dritter.

§ 25.

Dritte, die an dem Ausgang des Verfahrens ein berechtigtes Interesse haben, können vom Vorsitzenden des Rentenausschusses auf Antrag oder von Amts wegen zum Verfahren zugezogen werden.

Solche Dritte sind auch ohne Zuziehung jederzeit berechtigt, dem Verfahren beizutreten, Ausführungen zu machen und Anträge zu stellen.

Sie sind im Falle der Zuziehung oder des Beitritts von dem Gange und dem Ausgang des Verfahrens in Kenntnis zu setzen.

Klarstellung des Sachverhalts.

§ 26.

Für die Vorbereitung der Entscheidung und für die Klarstellung des Sachverhalts gelten die §§ 252, 241 bis 249 AVG. auch in anderen als den dort vorgesehenen Fällen entsprechend.

Der Vorsitzende soll zu Ermittelungen über die persönlichen Verhältnisse der Versicherten tunlichst die Vertrauensmänner heranziehen.

§ 27.

Sollen in oder außerhalb einer mündlichen Verhandlung Beweise erhoben, insbesondere Zeugen oder Sachverständige vernommen werden, so ist den Beteiligten eine Nachricht über Zeit, Ort und Gegenstand der Beweisverhandlung mit dem Bemerken zuzustellen, daß ihnen die Anwesenheit bei der Vernehmung auf ihre Kosten freistehe.

Zwischen der Benachrichtigung und dem Tage der Beweisverhandlung soll in der Regel ein Zeitraum von mindestens drei Tagen liegen.

Die Beteiligten sind berechtigt, den Zeugen oder Sachverständigen oder einem anderen Beteiligten diejenigen Fragen vorlegen zu lassen, welche sie zur Aufklärung der Sache für dienlich halten. Der Vorsitzende kann ihnen gestatten, selbst Fragen zu stellen. Zweifel über die Zulässigkeit einer Frage entscheidet der Vorsitzende.

§ 28.

Der Vorsitzende kann das persönliche Erscheinen jedes Beteiligten zur Erörterung des gestellten Antrags oder zu einer Beweiserhebung anordnen. In diesem Falle ist dem Geladenen zu eröffnen, daß ihm auf Verlangen dafür bare Auslagen und Zeitverlust vergütet werden, und daß aus dem Nichterscheinen ungünstige Schlüsse für seinen Anspruch gezogen werden können.

§ 29.

Neben dem persönlichen Erscheinen oder an dessen Stelle kann der Vorsitzende zur Aufklärung des Sachverhalts dem Versicherten ausnahmsweise gestatten, sich auf Kosten der Reichsversicherungsanstalt (§§ 30 bis 33) einen Vertreter zu nehmen. Der Vorsitzende bestimmt Art und Umfang der Vertretung; er kann auch den Vertreter selbst bestimmen.

§ 30.

Dem Vertreter werden auf seinen Antrag die zur zweckentsprechenden Rechtsverfolgung aufgewendeten Auslagen erstattet, auch kann ihm für seine Mühewaltung eine angemessene Vergütung gewährt werden. Die Vergütung für die Mühewaltung darf 50 Mark nicht übersteigen. Der Antrag ist an den Vorsitzenden zu richten, die Unterlagen für die Berechnung sind glaubhaft zu machen.

Die baren Auslagen werden besonders erstattet; der Vorsitzende kann sie auch in die Vergütung einbeziehen oder neben der Vergütung einen Pauschbetrag festsetzen.

Reisekosten werden nur erstattet, wenn der Vorsitzende zur Ausführung der Reise vorher ermächtigt hatte. Nachträgliche Genehmigung ist ausnahmsweise statthaft, wenn die Reise notwendig war.

Für den durch eine Reise verursachten Zeitaufwand kann neben der Vergütung des Abs. 1 eine besondere Entschädigung gewährt werden, die 50 Mark nicht überschreiten darf.

Als Reise gilt nicht eine Fahrt im Orts-, Vororts- oder Nachbarortsverkehre. Der Vorsitzende kann mit Zustimmung der Reichsversicherungsanstalt hierüber näheres bestimmen.

§ 31.

Sind mehrere Streitfälle zu gemeinsamer Verhandlung und Entscheidung verbunden, so werden die nach § 30 zu zahlenden Beträge nur einmal gewährt, insoweit nicht durch die Behandlung eines Falles besondere Kosten entstanden sind.

§ 32.

Die Kosten werden nach den §§ 29 bis 31 auch dann erstattet, wenn der Vertretene unterliegt.

Weitere Kosten werden auch im Falle des Obsiegens nicht erstattet.

§ 33.

Die Entscheidungen, die der Vorsitzende nach den §§ 29 bis 32 trifft, sind endgültig.

§ 34.

Den Zeugen und Sachverständigen ist mit der Ladung der Gegenstand ihrer Vernehmung mitzuteilen. Aus besonderen Gründen, namentlich zur Herbeiführung einer unbeeinflußten, wahren Aussage, kann hiervon abgesehen werden. Die Gründe sind in den Akten zu vermerken.

§ 35.

Über die Beweisaufnahme ist unter Zuziehung eines vereidigten oder durch Handschlag verpflichteten Schriftführers eine Niederschrift aufzunehmen.

Den Zeugen und Sachverständigen ist ihre niedergeschriebene Aussage unmittelbar nach der Vernehmung vorzulesen oder zur Durchsicht vorzulegen und Gelegenheit zur Berichtigung und Ergänzung zu geben. In der Niederschrift ist zu bemerken, daß sie vorgelesen oder vorgelegt und daß sie genehmigt ist, oder welche Einwendungen erhoben sind.

§ 55 Abs. 2, § 56 Abs. 2 sind anzuwenden.

Über das Ergebnis eines Augenscheins außerhalb der mündlichen Verhandlung kann in einfacheren Fällen der Vorsitzende oder der von ihm beauftragte Versicherungsvertreter allein eine Feststellung zu den Akten bringen.

Abs. 1 bis 3 und § 27 gelten nicht für eine lediglich vorbereitende Befragung von Auskunftspersonen einschließlich der Fälle des § 26 Abs. 2.

§ 36.

Bei der Frage nach der Versicherungspflicht oder dem Recht zur freiwilligen Versicherung erstreckt sich die Aufklärung des Sachverhalts insbesondere auf folgendes:

1. ob und gegebenenfalls welche Familienbeziehungen zwischen dem Arbeitgeber und dem Versicherten bestehen oder bestanden haben,
2. ob der Versicherte erst im vorgeschrittenen Alter in die Versicherung eingetreten ist oder nur verhältnismäßig wenige Beiträge geleistet sind, aus welchen Gründen dies geschehen ist und wie seine wirtschaftlichen Verhältnisse vor und während der Versicherungszeit gewesen sind.

Unterbrechung des Verfahrens.

§ 37.

Die Vorschriften des § 239 Abs. 1, 2 und der §§ 241, 249 der Zivilprozeßordnung über die Unterbrechung des Verfahrens gelten entsprechend.

Mitteilung neuen Vorbringens und der Beweisergebnisse.

§ 38.

Vor der Entscheidung über zulässige und rechtzeitige Anträge soll den Beteiligten von erheblichem neuem tatsächlichem Vorbringen der Gegner und von Beweiserhebungen, die ohne ihre rechtzeitige Benachrichtigung (§ 27 Abs. 2) in ihrer Abwesenheit stattgefunden haben, Kenntnis und Gelegenheit zur Äußerung binnen angemessener Frist gegeben werden.

Entscheidung.

§ 39.

Der Rentenausschuß entscheidet innerhalb der erhobenen Ansprüche nach freiem Ermessen.

§ 40.

In der Entscheidung werden die nach § 311 AVG. einem Beteiligten etwa auferlegten Kosten festgesetzt.

§ 41.

Die Kosten (§ 40) werden wie Gemeindeabgaben beigetrieben.

§ 42.

Am Schlusse der Entscheidung, die über einen Anspruch ergeht, ist darauf hinzuweisen, ob ein Rechtsmittel und zutreffendenfalls welches Rechtsmittel gegen sie gegeben, innerhalb welcher Frist, wie und wo es einzulegen ist (§§ 270, 328, 329 AVG.).

§ 43.

Entscheidungen werden schriftlich abgefaßt. Soweit sie durch ein Rechtsmittel anfechtbar sind, müssen sie mit Gründen versehen werden, in anderen Fällen können die Gründe beigefügt werden. Den Beteiligten sind die Entscheidungen und Gründe in Ausfertigung (§ 11) zuzustellen (§§ 335, 336 des Versicherungsgesetzes für Angestellte).

Über die Art der Zustellung kann das Direktorium der Reichsversicherungsanstalt näheres bestimmen.

§ 44.

Für die Kostenentscheidung sowie für die Berichtigung und Ergänzung der Entscheidung sind die Vorschriften der §§ 261, 264, 265, 311 AVG. auch außerhalb der darin vorgesehenen Fälle entsprechend anzuwenden.

§ 45.

§ 310 AVG. findet auch auf andere Entscheidungen des Rentenausschusses als die über Leistungen der Reichsversicherungsanstalt Anwendung.

II. Verfahren mit mündlicher Verhandlung.

Verhandlungsort.

§ 46.

Die mündliche Verhandlung findet in der Regel am Sitze des Rentenausschusses statt. Der Vorsitzende ist jedoch befugt, die Verhandlung an einem anderen Orte des Bezirkes des Rentenausschusses anzuberaumen.

Verhandlungszeit.

§ 47.

Von Ort und Zeit der mündlichen Verhandlung sind die Beteiligten zu benachrichtigen, und zwar in der Regel durch eingeschriebenen Brief oder gegen Postzustellungsurkunde. Wird einer der Beteiligten durch einen Bevollmächtigten vertreten, so wird dieser benachrichtigt; beide werden benachrichtigt, wenn das persönliche Erscheinen eines der Beteiligten angeordnet ist. Sind mehrere Bevollmächtigte einer Partei vorhanden, so genügt die Zustellung an einen Bevollmächtigten. Ein Ausweis über die Zustellung soll zu den Akten gebracht werden.

§ 48.

Zwischen der Mitteilung der Verhandlungszeit und dieser selbst soll regelmäßig ein Zeitraum von mindestens einer Woche liegen. Die Gründe für eine Abweichung von der Regel sind aktenkundig zu machen.

§ 49.

Die Parteien sind in der Mitteilung von der Verhandlungszeit darauf hinzuweisen, daß ihre Ansprüche von Amts wegen geprüft werden, daß ihr persönliches Erscheinen oder das Erscheinen eines Vertreters nicht erforderlich ist, und daß auch im Falle ihres Ausbleibens verhandelt und entschieden werden kann. Bei der Anordnung des persönlichen Erscheinens einer Partei ist ihr zu eröffnen, daß ihr auf Verlangen bare Auslagen und Versäumnis vergütet werden (§ 253 Abs. 2, § 261 AVG.), und daß aus dem Nichterscheinen ungünstige Schlüsse für ihren Anspruch gezogen werden können.

§ 50.

Die Reihenfolge der Sachen, die zur mündlichen Verhandlung gelangen, wird durch den Vorsitzenden bestimmt und durch Aushang vor dem Sitzungszimmer bekannt gemacht; die Sachen werden nach Aufruf in der Regel in der Reihenfolge erledigt, wie sie der Aushang ergibt.

Verhandlung.

§ 51.

Gegen Personen, die auf Grund des § 258 AVG. aus dem Sitzungszimmer entfernt worden sind, wird in gleicher Weise verfahren, wie wenn sie sich freiwillig entfernt hätten.

§ 52.

Wird bei der Verhandlung ein Bevollmächtigter oder Beistand zurückgewiesen (§ 257 AVG.), ohne daß dies der Partei vorher rechtzeitig angedroht worden ist, so ist, falls die Partei nicht erschienen ist oder falls sie es beim Erscheinen auf Befragen beantragt, die Verhandlung auszusetzen und eine neue Verhandlungszeit anzuberaumen.

§ 53.

Die mündliche Verhandlung wird vom Vorsitzenden geleitet und beginnt mit der Darstellung des Sachverhalts durch ihn oder durch eine andere von ihm hierzu bestimmte, beim Rentenausschusse beschäftigte Person.

Demnächst sind die erschienenen Beteiligten zu hören. Der Vorsitzende hat das Sach- und Streitverhältnis mit ihnen zu erörtern und dahin zu wirken, daß sie über alle erheblichen Tatsachen sich vollständig erklären sowie die angemessenen und sachdienlichen Anträge stellen.

Die Anträge können ergänzt, berichtigt oder geändert werden.

Der Vorsitzende hat den Versicherungsvertretern auf Verlangen zu gestatten, Fragen an die erschienenen Parteien, Parteivertreter, Beistände, Zeugen und Sachverständigen zu stellen. Zweifel über die Zulässigkeit der Fragen entscheidet der Vorsitzende.

Beschließt der Rentenausschuß eine Beweiserhebung, so soll die Aufnahme des Beweises, soweit dies tunlich ist, sofort erfolgen; insbesondere sollen Zeugen und Sachverständige, deren Vernehmung zweckdienlich erscheint, sofort vernommen werden, falls sie zur Stelle sind oder unverzüglich gestellt werden können. Im übrigen kann der Rentenausschuß die Ausführung des Beschlusses dem Vorsitzenden übertragen.

Niederschrift.

§ 54.

Über die mündliche Verhandlung ist auch außerhalb der im Gesetze vorgesehenen Fälle (§ 263 AVG.) durch einen verpflichteten Schriftführer eine Niederschrift aufzunehmen.

Sie enthält Ort und Tag der Verhandlung, die Bezeichnung der verhandelten Sache, ferner den Namen und die Amtsbezeichnung des Vorsitzenden und des Schriftführers sowie Namen und Beruf des Vertreters der Arbeitgeber, des Vertreters der versicherten Angestellten und des etwa zugezogenen Dolmetschers unter Bezeichnung der Eigenschaft, in der sie mitwirken, schließlich die Namen der erschienenen Beteiligten, Vertreter und Beistände sowie die Angabe, ob öffentlich verhandelt oder die Öffentlichkeit ausgeschlossen ist.

§ 55.

Die Niederschrift hat den Gang der Verhandlung im allgemeinen wiederzugeben. Insbesondere sind aufzunehmen

1. Erklärungen der Beteiligten, welche die Zurücknahme eines Antrags bezwecken, Anerkenntnisse, Verzichtleistungen und Vergleiche sowie andere Parteierklärungen, namentlich Geständnisse, deren Feststellung der Rentenausschuß beim Schlusse der mündlichen Verhandlung für angemessen erachtet,
2. solche Anträge und erheblichen Erklärungen der Beteiligten, welche von dem Inhalt der Schriftsätze abweichen,

3. die Aussagen der Zeugen und Sachverständigen und die Feststellung, ob sie beeidigt sind oder nicht,
4. das Ergebnis eines Augenscheins,
5. die Entscheidungen des Rentenausschusses (Bescheid- oder Beschlußformel, Inhalt der Verfügungen),
6. ein Vermerk über Verkündung der Entscheidungen, soweit diese vorgeschrieben ist (§ 262 AVG. und § 59).

Der Aufnahme in die Niederschrift steht die Aufnahme in eine Schrift gleich, die der Niederschrift als Anlage beigefügt, als solche vom Vorsitzenden und Schriftführer gekennzeichnet und in der Niederschrift aufgeführt ist.

§ 56.

Die Niederschrift ist, soweit sie die Nummern 1 bis 3 des § 55 betrifft, den Beteiligten vorzulesen oder zur Durchsicht vorzulegen. In der Niederschrift ist zu bemerken, daß dies geschehen und die Genehmigung erfolgt ist oder welche Einwendungen erhoben sind.

Die Niederschrift ist von dem Vorsitzenden und dem Schriftführer zu unterzeichnen. Ist der Vorsitzende verhindert, so genügt die Unterschrift des Schriftführers. Die Tatsache der Verhinderung des Vorsitzenden ist in der Niederschrift zu vermerken.

Mitwirkende an den Entscheidungen.

§ 57.

Bei den Entscheidungen dürfen nur Mitglieder mitwirken, vor denen die mündliche Verhandlung stattgefunden hat.

Beratung und Abstimmung.

§ 58.

Die Beratung und Beschlußfassung sind nicht öffentlich. Außer den zur Entscheidung Berufenen und dem Schriftführer dürfen nur diejenigen bei dem Rentenausschusse beschäftigten Personen zugegen sein, welchen der Vorsitzende des Rentenausschusses die Anwesenheit zu ihrer Ausbildung gestattet hat.

Bei der Abstimmung (§ 260 AVG.) stimmen zunächst die Versicherungsvertreter, und zwar zuerst der dem

Lebensalter nach jüngere. Die § 196, 197 des Gerichtsverfassungsgesetzes gelten entsprechend.

Die Abstimmung der einzelnen Mitglieder darf keinen schriftlichen Ausdruck finden.

Über den Hergang bei der Beratung und über das Stimmenverhältnis ist zu schweigen.

Verkündung.

§ 59.

Die Entscheidungen, die im Feststellungsverfahren auf Grund mündlicher Verhandlung ergehen, sind öffentlich zu verkünden, auch wenn die Öffentlichkeit der Verhandlung ausgeschlossen war. Die Gründe werden verkündet, soweit dies für erforderlich gehalten wird.

§ 60.

Die Verkündung der Entscheidung kann auf eine spätere Sitzung vertagt werden, die in der Regel sofort anzuberaumen ist und binnen einer Woche stattfinden soll.

Schriftliche Abfassung der Entscheidung.

§ 61.

Die Entscheidung wird schriftlich abgefaßt. Sie enthält eine gedrängte Darstellung des Sachverhalts unter Hervorhebung der Anträge (Tatbestand) und die Entscheidungsgründe (§ 43); äußerlich davon zu sondern ist die Entscheidungsformel.

Im Eingang der Entscheidung sind die Beteiligten und ihre gesetzlichen Vertreter, der Rentenausschuß, der Vorsitzende, die Beisitzer, die an der Entscheidung teilgenommen haben, aufzuführen. Auch ist der Sitzungstag, an dem die Entscheidung ergangen ist, zu bezeichnen und anzugeben, ob mündlich verhandelt ist.

§ 62.

Die Urschrift der Entscheidung wird von dem Vorsitzenden, sofern er aber behindert ist, für ihn von dem an Lebensjahren ältesten Beisitzer unterzeichnet.

Erteilung und Ausfertigung von Abschriften.

§ 63.

Die Ausfertigung der Entscheidung soll binnen zwei Wochen nach der Entscheidung den Beteiligten oder ihren gesetzlichen Vertretern zugestellt werden.

§ 64.

Ist ein Beteiligter durch einen Bevollmächtigten vertreten, so ist diesem die Ausfertigung zuzustellen. Sind mehrere Bevollmächtigte einer Partei vorhanden, so genügt die Zustellung an einen Bevollmächtigten.

Öffentlichkeit des Verfahrens.

§ 65.

Über die Ausschließung der Öffentlichkeit (§ 255 Abs. 2 AVG.) ist in nicht öffentlicher Sitzung zu verhandeln, wenn ein Beteiligter es beantragt oder der Rentenausschuß es für angemessen erachtet.

§ 66.

Für die Verkündung der Urteilsgründe oder eines Teiles der Gründe kann die Öffentlichkeit ausgeschlossen werden, wenn sie eine Gefährdung des öffentlichen Wohles oder der Sittlichkeit besorgen läßt oder ein Beteiligter es beantragt.

Verhandlungen außerhalb der Sitzung.

§ 67.

Verhandlungen außerhalb der Sitzung — insbesondere Beweisaufnahmen (§§ 27 bis 35) — sind nicht öffentlich.

III. Sonderbestimmungen für die Feststellung von Leistungen.

§ 68.

Den Anträgen auf die Leistungen der Angestelltenversicherung, die an den Rentenausschuß zu richten sind, sind die zu ihrer Begründung dienenden Beweisstücke beizufügen, und zwar insbesondere die in den §§ 69 bis 75 bezeichneten Urkunden. Für die Gebühren-

und Stempelfreiheit dieser Urkunden gelten die §§ 337, 338 AVG.

An Stelle der danach erforderlichen Sterbeurkunde des Versicherten ist gegebenenfalls eine Erklärung der Gemeindebehörde über seine Verschollenheit beizubringen (§ 33 des Versicherungsgesetzes für Angestellte).

§ 69.

Beim Anspruch auf Ruhegeld wegen Berufsunfähigkeit sollen die Versicherungskarten, die Bescheinigungen über Krankheitszeiten, militärische Dienstleistungen oder den Besuch einer staatlich anerkannten Lehranstalt (§ 54 AVG.) und etwaige Nachweise über die Beitragsleistung bei einer Ersatzkasse vorgelegt werden.

§ 70.

Beim Anspruch auf Ruhegeld wegen Alters ist der Geburtsschein vorzulegen.

Im übrigen gilt § 69.

§ 71.

Beim Anspruch auf Witwenrente sind, soweit der Verstorbene nicht bereits Ruhegeld bezogen hat, die Heirats- und Sterbeurkunde vorzulegen. Daß die Witwe nicht wieder geheiratet hat, ist glaubhaft zu machen; eidesstattliche Versicherung ist zugelassen.

Im übrigen gilt § 69.

§ 72.

Beim Anspruch auf Witwerrente sind die Heirats- und Sterbeurkunde vorzulegen, auch ist glaubhaft zu machen, daß der Witwer nicht wieder geheiratet hat; eidesstattliche Versicherung ist zugelassen. Ferner sind vorzulegen eine Bescheinigung der Gemeindebehörde über die Bedürftigkeit des Witwers, endlich auch eine Bescheinigung der Gemeindebehörde des letzten Wohnorts der Verstorbenen darüber, daß diese wegen Erwerbsunfähigkeit ihres Ehemanns den Lebensunterhalt ihrer Familie ganz oder überwiegend aus ihrem Arbeitsverdienste bestritten hat.

Im übrigen gilt § 69.

§ 73.

Beim Anspruch auf Waisenrente sind vorzulegen die Geburtsurkunden der Waisen, die etwa vorhandenen Bestallungen der Vormünder oder Pfleger, ferner die zur Begründung des Anspruchs erforderlichen Heirats- und Sterbeurkunden, die Bescheinigung der Gemeindebehörde des Wohnorts der über 16 Jahre alten weiblichen Waisen, daß diese nicht verheiratet sind (§ 64 Abs. 2 AVG.).

Außerdem sind beizufügen

1. bei einem Anspruch nach § 30 AVG. eine Bescheinigung der Gemeindebehörde des Wohnorts der Verstorbenen darüber, daß diese wegen Erwerbsunfähigkeit ihres Ehemanns den Lebensunterhalt ihrer Familie ganz oder überwiegend aus ihrem Arbeitsverdienste bestritten hat,
2. bei einem Anspruch nach § 31 AVG. eine Bescheinigung der Gemeindebehörde des Wohnorts der Verstorbenen darüber, daß, seit wann und aus welchen Gründen sich der Ehemann von der häuslichen Gemeinschaft ferngehalten und seiner väterlichen Unterhaltspflicht entzogen hat,
3. bei einem Anspruch nach § 31 Abs. 2 AVG. eine Bescheinigung der in Nr. 2 bezeichneten Gemeindebehörde darüber, daß und seit wann der Vater sich seiner Unterhaltspflicht entzogen hat.

Im übrigen gilt § 69.

§ 74.

Beim Anspruch auf Abfindung (§ 60 AVG.) sind die Sterbeurkunde und die das Verwandschaftsverhältnis klarstellenden Urkunden vorzulegen, auch hat der Antragsteller glaubhaft zu machen, daß ihm besser Berechtigte nicht bekannt sind.

Im übrigen gilt § 69.

§ 75.

Es sind vorzulegen bei Ansprüchen aus

a) § 62 AVG. die Heiratsurkunde,
b) § 63 AVG. die Geburtsurkunde und eine etwaige Heiratsurkunde,

c) § 398 AVG. die Sterbeurkunde und bei Ansprüchen von Witwen oder Witwern die Heiratsurkunden, bei Ansprüchen von Kindern die Geburtsurkunden und die Sterbeurkunde auch des anderen Elternteils.

Im übrigen gilt § 69.

§ 76.

Der Rentenausschuß hat die Vollständigkeit der vorgelegten Beweisstücke zu prüfen und dahin zu wirken, daß fehlende Beweisstücke nachgeliefert werden. Dabei sind die Vorschriften über Gebühren- und Stempelfreiheit (§§ 337, 338 AVG.) zu beachten. Die nicht offensichtlich begründeten oder unbegründeten Anträge sind tunlichst in persönlicher Verhandlung insbesondere auch durch Vertrauensmänner mit dem Antragsteller zu erörtern.

§ 77.

Der Rentenausschuß hat festzustellen, ob der Antragsteller bereits früher Anträge auf Gewährung von Leistungen der Angestelltenversicherung oder der Unfall-, Invaliden- und Hinterbliebenenversicherung gestellt hat und welche Bescheide ihm erteilt worden sind.

Der Rentenausschuß hat von den betreffenden Versicherungsträgern die Akten und Belege einzufordern (Abschrift und Auszug aus den Versicherungskonten der Reichsversicherungsanstalt, die etwa vorhandenen Verhandlungen über Streit wegen der Versicherungspflicht, über Beitragsüberwachung, über Heilbehandlung, in geeigneten Fällen auch über frühere Invalidenrenten-, Altersrenten- und Hinterbliebenenansprüche sowie die etwa vorhandenen Unfall- und Krankenkassenakten usw.).

§ 78.

Wird Ruhegeld wegen Berufsunfähigkeit verlangt, so hat der Antragsteller eine ärztliche, behördliche oder andere zuverlässige Bescheinigung vorzulegen, aus der sich seine Beschwerden, der körperliche Befund, die Berufsunfähigkeit und ihre Dauer ergeben.

Läßt sich der Antragsteller das Gutachten von einem von der Reichsversicherungsanstalt hierzu bestellten Arzte ausstellen, so trägt die Reichsversicherungsanstalt zwei Drittel der dadurch entstehenden Kosten.

§ 79.

Bei der Frage nach der Berufsunfähigkeit (§ 25 AVG.) ist der Beginn der Berufsunfähigkeit tunlichst genau zu ermitteln, namentlich dann, wenn davon die Erfüllung der Wartezeit abhängt, oder wenn sich die Berufsunfähigkeit infolge von Alterserscheinungen oder Krankheiten allmählich herausgebildet hat.

Dabei ist festzustellen, ob der Versicherte in den letzten Jahren die Beschäftigung wegen Krankheit hat aussetzen müssen, ob er die Beschäftigung freiwillig aufgegeben oder ob der Arbeitgeber ihn wegen mangelnder Arbeitsfähigkeit entlassen hat, ob, unter welchen Verhältnissen und namentlich gegen welche Vergütung er etwa noch beschäftigt worden ist.

§ 80.

Bei der Frage nach der Bedürftigkeit (§§ 30, 69 AVG.) ist festzustellen, wie die Lebens- und Wirtschafts-, die Erwerbs- und die sonstigen Einkommensverhältnisse des Rentenbewerbers sind, insbesondere, ob und zutreffendenfalls welche unterstützungspflichtige Personen vorhanden sind und ihrer Unterstützungspflicht ausreichend nachkommen.

§ 81.

Bei Ruhegeld und Witwerrentenansprüchen ist von einer ärztlichen Untersuchung und Begutachtung des Rentenbewerbers dann abzusehen, wenn sich klar ergibt, daß

1. die Wartezeit nicht erfüllt oder die Anwartschaft erloschen ist,
2. ein Antrag auf Ruhegeld ohne die nach § 266 AVG. erforderliche Bescheinigung wiederholt wird,
3. der Witwer nicht bedürftig ist (§ 30 AVG.).

§ 82.

Von einer äztlichen Untersuchung und Begutachtung kann in der Regel abgesehen werden, wenn

1. die Berufsunfähigkeit durch einen Unfall herbeigeführt ist und der Verletzte eine Unfallrente erhält,

2. ein Antrag auf Ruhegeld, der bei Anerkennung der Berufsunfähigkeit wegen Nichterfüllung der Wartezeit zurückgewiesen worden war, wiederholt wird, ohne daß ein Anhalt dafür vorliegt, daß der Rentenbewerber seit der letzten Ablehnung infolge Besserung seines Körperzustandes wieder erwerbsfähig gewesen ist;
3. augenscheinlich erkennbar oder in einem Heilverfahren oder in anderer Weise glaubhaft nachgewiesen ist, daß Berufsunfähigkeit nicht vorliegt, oder daß und seit wann dauernde Berufsunfähigkeit eingetreten ist.

§ 83.

Kommt der Vorsitzende des Rentenausschusses auf Grund der Ermittelungen zur Ansicht, daß der erhobene Anspruch begründet ist, so hat er zunächst von einer mündlichen Verhandlung abzusehen und die Akten an die Reichsversicherungsanstalt zur Äußerung darüber zu senden, ob sie den Anspruch anerkennt.

§ 84.

Auf Antrag der Reichsversicherungsanstalt ist zur mündlichen Verhandlung ihr Vertrauensarzt zuzuziehen und zu hören.

§ 85.

Den Versicherungsvertretern sind, abgesehen von eiligen Fällen, die Namen der Antragsteller, deren Anträge zur Verhandlung kommen, sowie die Art ihrer Ansprüche mitzuteilen.

§ 86.

Wird die Einstellung einer Rentenzahlung deshalb erforderlich, weil der Berechtigte eine Freiheitsstrafe von mehr als einem Monat verbüßt oder in einem Arbeitshaus oder in einer Besserungsanstalt untergebracht ist (§ 75 AVG.), so ist durch Anfrage bei der Gemeindebehörde festzustellen, ob der Berechtigte im Inland Angehörige hat, die er ganz oder überwiegend aus seinem Arbeitsverdienst unterhalten hat.

C. Schlußbestimmungen.

Geschäftsbericht.

§ 87.

Der Vorsitzende des Rentenausschusses erstattet alljährlich der Reichsversicherungsanstalt einen Geschäftsbericht.

Inkrafttreten der Verordnung.

§ 88.

Diese Verordnung tritt mit ihrer Verkündung in Kraft.

b) Verordnung über Geschäftsgang und Verfahren der Schiedsgerichte für Angestelltenversicherung.

Vom 21. Juni 1913.

(RGBl. 1913 S. 329).

I. Allgemeines.

§ 1.

Der Reichskanzler veröffentlicht im Reichsanzeiger die Namen der Vorsitzenden und ihrer Stellvertreter sowie den Ort, wo sich die Geschäftsräume der Schiedsgerichte befinden.

§ 2.

Der Vorsitzende leitet und beaufsichtigt die Geschäfte beim Schiedsgerichte. Er zeichnet die Verfügungen und Entscheidungen und vollzieht die Reinschriften, soweit nicht diese Verordnung etwas anderes bestimmt.

Die oberste Verwaltungsbehörde kann die Vollziehung der Reinschriften durch Beglaubigungsvermerk eines Bureau- oder Kanzleibeamten zulassen.

Der Vorsitzende des Schiedsgerichts übt die unmittelbare Dienstaufsicht über die Hilfskräfte aus.

§ 3.

Der Vorsitzende verpflichtet die Hilfskräfte des Schiedsgerichts, soweit sie nicht bereits einen Diensteid geleistet haben, eidlich auf die gewissenhafte Erfüllung der Amtspflichten.

Dieser Eid lautet: „Ich N. N. schwöre bei Gott dem Allmächtigen und Allwissenden, die Pflichten eines .... des Schiedsgerichts für Angestelltenversicherung gewissenhaft zu erfüllen, so wahr mir Gott helfe."

Der Eid ist vorzusprechen. Der Schwörende erhebt bei der Eidesleistung die rechte Hand. § 51 Abs. 5 des Gerichtsverfassungsgesetzes gilt entsprechend.

Über die Verpflichtung ist eine Niederschrift aufzunehmen.

§ 4.

Der Vorsitzende verpflichtet die Beisitzer (Versicherungsvertreter) spätestens in der ersten Verhandlung, zu der sie zugezogen werden, auf die gewissenhafte Erfüllung ihrer Amtspflichten eidlich (§ 161 Abs. 1 in Verbindung mit § 139 Abs. 1 des Versicherungsgesetzes für Angestellte).

Der Eid ist den zu Vereidigenden vorzusprechen und lautet:

„Sie schwören bei Gott dem Allmächtigen und Allwissenden, die Pflichten eines Versicherungsvertreters des Schiedsgerichts für Angestelltenversicherung getreulich zu erfüllen und Ihre Stimme nach bestem Wissen und Gewissen abzugeben."

Die Versicherungsvertreter leisten den Eid, indem jeder einzelne die Worte spricht:

„Ich schwöre es, so wahr mir Gott helfe."

Der Schwörende erhebt bei der Eidesleistung die rechte Hand. § 51 Abs. 5 des Gerichtsverfassungsgesetzes gilt entsprechend.

Über die Verpflichtung ist eine Niederschrift aufzunehmen.

Die Verpflichtung gilt für die Dauer der Wahlzeit. Im Falle der Wiederwahl genügt die Verweisung auf die frühere Verpflichtung.

§ 5.

Die Versicherungsvertreter haben dem Vorsitzenden anzuzeigen, wenn durch eine Änderung in ihren persönlichen Verhältnissen die Voraussetzungen ihrer Wählbarkeit (§ 161 in Verbindung mit §§ 134, 112 bis 114 des Versicherungsgesetzes für Angestellte) wegfallen.

Werden dem Vorsitzenden von einem Versicherungsvertreter Tatsachen bekannt, die seine Wählbarkeit ausschließen oder eine grobe Verletzung seiner Amtspflicht darstellen (§ 161 in Verbindung mit § 138 des Versicherungsgesetzes für Angestellte), so hat er den Versicherungsvertreter zu den Sitzungen einstweilen nicht zuzuziehen. Vor der Enthebung vom Amte ist dem Versicherungsvertreter Gelegenheit zur Äußerung zu geben.

§ 6.

Für die Geschäftssprache vor dem Schiedsgerichte gelten die §§ 186 bis 193 des Gerichtsverfassungsgesetzes entsprechend. Schriftstücke, die nicht in deutscher Sprache abgefaßt sind, brauchen nicht berücksichtigt zu werden.

§ 7.

Das Schiedsgericht führt ein Siegel, das in der Mitte den Reichsadler und in der Umschrift die Bezeichnung des Schiedsgerichts unter Angabe seines Sitzes enthält.

§ 8.

Der Vorsitzende des Schiedsgerichts erstattet am Schlusse eines jeden Geschäftsjahrs seiner Aufsichtsbehörde einen Geschäftsbericht; eine Abschrift des Geschäftsberichts ist dem Reichskanzler vorzulegen; der Bundesrat kann Näheres bestimmen.

II. Ordnung des Verfahrens.

A. Verfahren in Berufungssachen.

1. Allgemeine Bestimmungen.

§ 9.

Die Berufung ist schriftlich einzulegen. Sie kann auch zu Protokoll einer inländischen Behörde oder eines Organs der Reichsversicherungsanstalt erklärt werden.

In der Berufung sollen die Parteien, der Gegenstand des Anspruchs, der Bescheid, der angefochten wird, bezeichnet, ein bestimmter Antrag gestellt und die zur Begründung erforderlichen Tatsachen und Beweismittel angegeben werden.

Wird ein Schriftsatz eingereicht, so ist für jede Gegenpartei eine Abschrift beizufügen.

§ 10.

Die Berufung ist entweder von dem Beteiligten selbst oder von seinem gesetzlichen Vertreter oder von einem Bevollmächtigten zu unterzeichnen. Das gleiche gilt für die übrigen Schriftsätze.

Die Vollmacht muß schriftlich erteilt werden. Ehegatten, Verwandte oder Verschwägerte der aufsteigenden Linie und volljährige Verwandte oder Verschwägerte der absteigenden Linie können auch ohne den Nachweis der Vollmacht zur Vertretung zugelassen werden. Dasselbe gilt von den im § 257 Abs. 2 des Versicherungsgesetzes für Angestellte bezeichneten Personen, jedoch haben diese schriftliche Vollmacht nachzubringen. Die Partei muß die Prozeßführung gegen sich gelten lassen, wenn sie auch nur mündlich Vollmacht erteilt oder wenn sie die Prozeßführung ausdrücklich oder stillschweigend genehmigt hat.

Die Prozeßfähigkeit einer Partei, die Vertretungsbefugnis eines gesetzlichen Vertreters und die Vollmachten sind von Amts wegen zu prüfen.

§ 11.

Für nicht prozeßfähige Parteien ohne gesetzlichen Vertreter hat der Vorsitzende die Bestellung eines solchen (Vormundes oder Pflegers) zu veranlassen. Bis zu dessen Eintritt kann der Vorsitzende der Partei für das Verfahren einen besonderen Vertreter bestellen. Diesem stehen in dem Verfahren alle Parteirechte außer der Empfangnahme von Zahlungen zu.

Ein besonderer Vertreter kann auch bestellt werden, wenn der Aufenthaltsort der Partei oder ihres gesetzlichen Vertreters unbekannt oder vom Sitze des Schiedsgerichts weit entfernt ist.

Die Kosten eines besonderen Vertreters nach Abs. 1, 2 sind Kosten des Verfahrens.

Die nicht prozeßfähige Partei ist auf ihr Verlangen selbst zu hören.

§ 12.

Der Tag des Einganges der Berufung ist sofort auf der Urschrift und den Abschriften zu vermerken. Fehlen die Abschriften, so hat sie das Schiedsgericht anzufertigen und den Vermerk des Einganges auf sie zu übertragen. Die Kosten der Abschriften können von dem Antragsteller eingezogen werden.

Der Vorsitzende teilt jeder Gegenpartei eine Abschrift der Berufung mit dem Anheimgeben mit, binnen einer bestimmten Frist, die in der Regel nicht über zwei Wochen zu bemessen ist, eine Gegenschrift einzureichen. Dabei ist zu vermerken, daß auch verhandelt und entschieden werden kann, wenn die Gegenschrift innerhalb der Frist nicht eingeht. Die Frist kann auf Antrag verlängert werden.

Der Gegenschrift und etwaigen weiteren Schriftsätzen sind Abschriften, eine für jede Gegenpartei, beizufügen. Sind die Abschriften nicht eingereicht, so fordert sie das Schiedsgericht nachträglich ein oder fertigt sie selbst an. Das gleiche gilt von weiteren Schriftsätzen, falls sie neue und wesentliche Anführungen enthalten. Dabei ist Abs. 1 Satz 3 anzuwenden.

§ 13.

Die Vorverhandlungen sind, soweit sie nicht gleichzeitig mit der Berufung eingereicht werden, unverzüglich beizuziehen.

Sie umfassen die sämtlichen Schriftstücke über den Anspruch, die bei dem Rentenausschuß oder der Reichsversicherungsanstalt für Angestellte vorhanden sind, einschließlich derjenigen, welche sich in Vorakten befinden oder etwa im Laufe des Verfahrens neu entstanden sind. Die neuen Schriftstücke sind auch ohne Auffordern unverzüglich nachzureichen.

Der Rentenausschuß hat auf Erfordern des Schiedsgerichts eine Abschrift des angefochtenen Bescheids einzureichen.

§ 14.

Dritte, die an dem Ausgang des Verfahrens ein berechtigtes Interesse haben, können vom Schiedsgericht auf Antrag oder von Amts wegen zum Verfahren zugezogen werden.

Solche Dritte sind auch ohne Zuziehung jederzeit berechtigt, dem Verfahren beizutreten, Ausführungen zu machen und Anträge zu stellen.

Sie sind im Falle der Zuziehung oder des Beitritts von dem Gange und dem Ausgang des Verfahrens in Kenntnis zu setzen.

Die §§ 9 bis 12 gelten entsprechend.

§ 15.

Die Beteiligten sind berechtigt, den Zeugen und Sachverständigen diejenigen Fragen vorlegen zu lassen, welche sie zur Aufklärung der Sache oder der Verhältnisse des Befragten für dienlich halten. Der Vorsitzende kann ihnen die unmittelbare Fragestellung gestatten. Zweifel über die Zulässigkeit einer Frage entscheidet das Schiedsgericht. Findet die Vernehmung nicht vor diesem statt, so entscheidet vorläufig der Leiter der Verhandlung.

§ 16.

Den Zeugen und Sachverständigen ist mit der Ladung der Gegenstand ihrer Vernehmung mitzuteilen. Aus besonderen Gründen, namentlich zur Herbeiführung einer unbeeinflußten, wahren Aussage, kann hiervon abgesehen werden. Die Gründe sind in den Akten zu vermerken.

§ 17.

Die Vorschriften des § 239 Abs. 1, 2 und der §§ 241, 249 der Zivilprozeßordnung über die Unterbrechung des Verfahrens gelten entsprechend.

§ 18.

Der Vorsitzende kann den Beteiligten — unbeschadet der Vorschriften des § 274 in Verbindung mit § 248 des Versicherungsgesetzes für Angestellte — gestatten, Einsicht in die Akten zu nehmen und sich daraus gegen Erstattung der Kosten Ausfertigungen, Auszüge und Abschriften erteilen zu lassen.

Dritten Personen kann der Vorsitzende ohne Einwilligung der Parteien die Einsicht der Akten nur gestatten, wenn ein rechtliches Interesse glaubhaft gemacht wird.

Die Entwürfe zu Entscheidungen sowie Schriftstücke, die Abstimmungen betreffen, werden weder vorgelegt noch abschriftlich mitgeteilt.

§ 19.

Die Sitzungen finden in der Regel am Sitze des Schiedsgerichts statt.

Der Vorsitzende kann zu Sitzungen an andere Orte des Bezirkes einberufen.

Der Reichskanzler kann nach Anhören der Reichsversicherungsanstalt für Angestellte das Nähere bestimmen.

Die Sachen, die verhandelt werden sollen, werden durch Aushang vor dem Sitzungszimmer bekanntgemacht und in der Regel in der Reihenfolge erledigt, wie sie der Aushang ergibt.

§ 20.

Von Ort und Zeit der mündlichen Verhandlung sind die Beteiligten, ihre gesetzlichen Vertreter oder, falls sie Bevollmächtigte bestellt haben, diese, und zwar in der Regel durch eingeschriebenen Brief oder gegen Postzustellungsurkunde zu benachrichtigen. Außer dem Bevollmächtigten ist der Beteiligte selbst zu benachrichtigen, wenn sein persönliches Erscheinen angeordnet ist. Sind mehrere Bevollmächtigte einer Partei vorhanden, so genügt die Benachrichtigung eines Bevollmächtigten. Ein Ausweis über die Benachrichtigung soll zu den Akten gebracht werden.

Die Beteiligten sind darauf hinzuweisen, daß auch im Falle ihres Ausbleibens verhandelt und entschieden werden kann. Wird das persönliche Erscheinen des Antragstellers angeordnet, so ist ihm dabei zugleich zu eröffnen, daß aus seinem Nichterscheinen ungünstige Schlüsse für seinen Anspruch gezogen werden können.

Das persönliche Erscheinen des Antragstellers kann auch angeordnet werden, wenn außerhalb der mündlichen Verhandlung Beweis erhoben wird. Dabei gilt Abs. 2 Satz 2. § 261 Abs. 1, 2 des Versicherungsgesetzes für Angestellte gilt entsprechend; auf Beschwerde gegen die Verfügung, welche die Vergütung festsetzt oder ablehnt, entscheidet das Oberschiedsgericht.

§ 21.

Zwischen der Mitteilung der Verhandlungszeit und der Verhandlung selbst soll in der Regel ein Zeitraum von mindestens einer Woche liegen. Die Gründe für eine Abweichung von der Regel sind aktenkundig zu machen.

Dies gilt auch für die Beweiserhebung außerhalb der mündlichen Verhandlung.

§ 22.

Wird bei der Verhandlung ein Bevollmächtigter oder Beistand zurückgewiesen, ohne daß dies dem Beteiligten vorher rechtzeitig angedroht worden ist, so ist, falls der Beteiligte nicht erschienen ist, oder falls er es beim Erscheinen auf Befragen beantragt, die Verhandlung auszusetzen und eine neue Verhandlungszeit anzuberaumen.

Gegen Personen, die auf Grund des § 258 des Versicherungsgesetzes für Angestellte aus dem Sitzungszimmer entfernt worden sind, wird in der gleichen Weise verfahren, wie wenn sie sich freiwillig entfernt hätten.

§ 23.

Das Verfahren beim Ausschluß der Öffentlichkeit richtet sich nach § 174 Abs. 2, § 175 Abs. 1 des Gerichtsverfassungsgesetzes.

§ 24.

Die mündliche Verhandlung wird vom Vorsitzenden geleitet und beginnt mit der Darstellung des Sachverhalts durch ihn oder durch eine andere von ihm hierzu bestimmte, beim Schiedsgerichte beschäftigte Person.

Demnächst sind die erschienenen Beteiligten zu hören. Der Vorsitzende hat das Sach- und Streitverhältnis mit ihnen zu erörtern und dahin zu wirken,

Der Vorsitzende oder das Schiedsgericht kann Auskünfte der Vertrauensmänner einholen. Die Äußerungen der Vertrauensmänner unterliegen keinen Formvorschriften.

§ 30.

Das Schiedsgericht entscheidet innerhalb der erhobenen Ansprüche nach freiem Ermessen.

§ 31.

Die Beratung und Beschlußfassung sind nicht öffentlich. Außer den zur Entscheidung Berufenen und dem Schriftführer dürfen nur die beim Schiedsgerichte beschäftigten Personen zugegen sein, denen der Vorsitzende die Anwesenheit zu ihrer Ausbildung gestattet hat.

Die Entscheidung darf nur von den Mitgliedern des Schiedsgerichts getroffen werden, die an der Verhandlung der Sache teilgenommen haben.

Bei der Abstimmung stimmen zuerst die Vertreter der Angestellten, dann diejenigen der Arbeitgeber nach der Reihenfolge ihres Lebensalters, und zwar der jüngste zuerst. Der Vorsitzende stimmt zuletzt. Das Schiedsgericht entscheidet nach Stimmenmehrheit. Die §§ 196, 197 des Gerichtsverfassungsgesetzes gelten entsprechend.

Die Abstimmung der einzelnen Mitglieder darf keinen schriftlichen Ausdruck finden.

Über den Hergang bei der Beratung und über das Stimmenverhältnis ist zu schweigen.

§ 32.

Bei der Verkündung des Urteils werden die Gründe mitgeteilt, soweit dies für erforderlich gehalten wird.

Die Beratung, Beschlußfassung und Verkündung des Urteils kann auf eine spätere Sitzung vertagt werden, die in der Regel sofort anzuberaumen ist und binnen einer Woche stattfinden soll.

§ 33.

Das Urteil enthält außer den Gründen eine gedrängte Darstellung des Sach- und Streitstandes auf Grund der gesamten Verhandlungen unter Hervorhebung der in der Sache gestellten Anträge (Tatbestand) und die hiervon und von den Gründen äußerlich zu sondernde Urteilsformel. Bei endgültigen Urteilen genügt neben der Urteilsformel die Angabe der Gründe.

Im Eingang des Urteils sind die Beteiligten und ihre gesetzlichen Vertreter, das Schiedsgericht, das die Entscheidung gefällt hat, und die Mitglieder des Schiedsgerichts, die mitgewirkt haben, die letzteren nach § 26 Abs. 2 aufzuführen. Auch ist der Sitzungstag, an dem die Entscheidung ergangen ist, zu bezeichnen und anzugeben, daß mündlich verhandelt ist.

Im Falle der Behinderung des Vorsitzenden unterzeichnet für ihn der an Lebensjahren älteste Beisitzer das Urteil.

§ 34.

Eine Ausfertigung des Urteils soll spätestens binnen drei Wochen nach der Verkündung den Beteiligten oder ihren gesetzlichen Vertretern zugestellt werden. Sind die Beteiligten durch Bevollmächtigte vertreten, so ist die Ausfertigung diesen zuzustellen. Sind mehrere Bevollmächtigte einer Partei vorhanden, so genügt die Zustellung an einen Bevollmächtigten.

§ 35.

Ausfertigungen und Abschriften sind als solche zu bezeichnen.

Die Ausfertigungen erhalten die Überschrift: „Im Namen des Reichs."

Am Schlusse wird die Ausfertigung mit dem Siegel des Schiedsgerichts versehen und von dem Vorsitzenden, im Falle seiner Verhinderung von seinem Stellvertreter unterzeichnet.

Hat die oberste Verwaltungsbehörde bestimmt, daß die Ausfertigungen von einem Bureau- oder Kanzleibeamten des Schiedsgerichts unterzeichnet werden, so ist unter die einschließlich der Unterschrift gefertigte Abschrift zu setzen:

„Die Übereinstimmung dieser Ausfertigung mit der Urschrift wird hierdurch beglaubigt."

Der Beamte unterschreibt diesen Zusatz unter Beifügung seiner Amtseigenschaft.

§ 36.

Der Rentenausschuß, dessen Bescheid angefochten war, erhält eine Abschrift des Urteils.

§ 37.

Neben dem persönlichen Erscheinen oder an dessen Stelle (§ 274 in Verbindung mit § 253 Abs. 2 des Versicherungsgesetzes für Angestellte, § 20 Abs. 2, 3) kann der Vorsitzende zur Aufklärung des Sachverhalts dem Versicherten ausnahmsweise gestatten, sich auf Kosten der Reichsversicherungsanstalt (§§ 38 bis 41) einen Vertreter zu nehmen. Der Vorsitzende bestimmt Art und Umfang der Vertretung; er kann auch den Vertreter selbst bestimmen.

§ 38.

Dem Vertreter werden auf seinen Antrag die Auslagen erstattet, die er zur zweckentsprechenden Rechtsverfolgung aufgewendet hat, auch kann ihm für seine Mühewaltung eine angemessene Vergütung gewährt werden. Die Vergütung für die Mühewaltung darf 50 Mark nicht übersteigen. Der Antrag ist an den Vorsitzenden zu richten, die Unterlagen für die Berechnung sind glaubhaft zu machen.

Die baren Auslagen werden besonders erstattet; der Vorsitzende kann sie auch in die Vergütung einbeziehen oder neben der Vergütung einen Pauschbetrag festsetzen.

Reisekosten werden nur erstattet, wenn der Vorsitzende zur Ausführung der Reise vorher ermächtigt hatte. Nachträgliche Genehmigung ist ausnahmsweise statthaft, wenn die Reise notwendig war.

Für den durch eine Reise verursachten Zeitaufwand kann neben der Vergütung des Abs. 1 eine besondere Entschädigung gewährt werden, die 50 Mark nicht übersteigen darf.

Als Reise gilt nicht eine Fahrt im Orts-, Vororts- und Nachbarortsverkehre. Der Vorsitzende kann mit Zustimmung der Reichsversicherungsanstalt hierüber Näheres bestimmen.

§ 39.

Sind mehrere Streitfälle zu gemeinsamer Verhandlung und Entscheidung verbunden, so werden die nach § 38 zu zahlenden Beträge nur einmal gewährt, soweit nicht durch die Behandlung eines Falles besondere Kosten entstanden sind.

§ 40.

Die Kosten werden nach den §§ 37 bis 39 auch dann erstattet, wenn der Vertretene unterliegt.

Weitere Kosten werden auch im Falle des Obsiegens nicht erstattet.

§ 41.

Die Entscheidungen, die der Vorsitzende nach den §§ 37 bis 40 trifft, sind endgültig.

§ 42.

Die auf Grund des § 311 des Versicherungsgesetzes für Angestellte einem Beteiligten auferlegten Kosten werden in der Entscheidung festgesetzt und wie Gemeindeabgaben beigetrieben.

2. Besondere Bestimmungen.

§ 43.

Im Falle des § 378 Abs. 2 des Versicherungsgesetzes für Angestellte ist dasjenige Schiedsgericht zuständig, in dessen Bezirk der Berechtigte zur Zeit der Berufungseinlegung wohnt oder beschäftigt ist. Im übrigen gelten § 230 Abs. 2, §§ 231, 232 des Versicherungsgesetzes für Angestellte entsprechend.

Eine entgegenstehende Vereinbarung ist nichtig.

B. Verfahren in Beschlußsachen.

1. Allgemeine Bestimmungen.

§ 44.

§ 272 des Versicherungsgesetzes gilt entsprechend.

Ist die Beschwerde unzulässig oder verspätet, so kann sie der Vorsitzende zurückweisen. § 271 Abs. 2 des Versicherungsgesetzes für Angestellte gilt.

§ 45.

Zu der Entscheidung sind außer dem Vorsitzenden oder dessen Stellvertreter je zwei Versicherungsvertreter der Arbeitgeber und der Versicherten zuzuziehen. §§ 275, 276 des Versicherungsgesetzes für Angestellte gelten entsprechend.

§ 46.

Die Bestimmungen des Berufungsverfahrens über Ausschluß und Ablehnung von Personen (§ 274 in Verbindung mit §§ 233 bis 237 des Versicherungsgesetzes für Angestellte), über die Einleitung des Verfahrens, die Vertretung der Parteien und die Beteiligung Dritter (§§ 9 bis 14), über die Klarstellung des Sachverhalts und die Beweiserhebung (§ 274 in Verbindung mit §§ 241 bis 249, 259, 261 des Versicherungsgesetzes für Angestellte, §§ 15, 16, § 20 Abs. 3, §§ 21, 29, 37 bis 41), über die Unterbrechung des Verfahrens (§ 17) und die Akteneinsicht (§ 18) gelten entsprechend.

Der Vorsitzende kann jedoch die Einreichung von Abschriften der Schriftsätze erlassen und von der Anfertigung von solchen und ihrer Mitteilung an die übrigen Beteiligten Abstand nehmen.

§ 47.

Der Vorsitzende sowie das Schiedsgericht kann den Vollzug der angefochtenen Entscheidung aussetzen.

§ 48.

Die Verhandlungen im Beschlußverfahren sind nicht öffentlich.

§ 49.

Eine mündliche Verhandlung findet nur auf Anordnung des Vorsitzenden oder auf Beschluß des Schiedsgerichts statt. Für die mündliche Verhandlung gelten die Bestimmungen des Berufungsverfahrens über ihre Vorbereitung, über die Verhandlungszeit, die Anhörung der Beteiligten, die Zurückweisung von Bevollmächtigten oder Beiständen, die Aufrechterhaltung der Ordnung, den Gang und die Niederschrift der mündlichen Verhandlung sowie die Verkündung der Entscheidung (§ 274 in Verbindung mit §§ 252, 253, 256 bis 259 des Versicherungsgesetzes für Angestellte, § 20 Abs. 1, 2, § 21 Abs. 1, §§ 22, 24 bis 28, 32) entsprechend. § 19 Abs. 4 ist anzuwenden.

Im übrigen sind die Bestimmungen über den Verhandlungsort, über Beratung und Beschlußfassung sowie über die Urteile und ihre Zustellung (§ 274 in Verbindung mit § 260 des Versicherungsgesetzes für Angestellte, § 19 Abs. 1 bis 3, § 31 Abs. 1 Satz 2, Abs. 2 bis 7, §§ 33 bis 36) entsprechend anzuwenden, auch wenn nicht mündlich verhandelt ist.

§ 50.

Die Entscheidungen ergehen unter der Überschrift „Beschluß".

§ 51.

Das Schiedsgericht kann im Falle des § 210 Abs. 2 des Versicherungsgesetzes für Angestellte die Abgabe an das Oberschiedsgericht ablehnen, wenn nach seinem freien Ermessen die Voraussetzungen für die Abgabe der Sache an das Oberschiedsgericht nicht vorliegen. Die Entscheidung ist endgültig.

§ 52.

Will das Schiedsgericht von einer amtlich veröffentlichten grundsätzlichen Entscheidung des Oberschiedsgerichts abweichen, so hat es die Sache unter Begründung seiner Rechtsauffassung an das Oberschiedsgericht abzugeben. Dieses entscheidet an Stelle des Schiedsgerichts. Von der Abgabe der Sache sind die Reichsversicherungsanstalt und die anderen Beteiligten zu benachrichtigen.

§ 53.

Ist die Beschwerde begründet, so kann das Schiedsgericht entweder selbst in der Sache entscheiden oder sie an die Vorinstanz zurückverweisen. Diese ist an die rechtliche Beurteilung gebunden, die der Aufhebung der angefochtenen Entscheidung zugrunde liegt.

§ 54.

Die §§ 311, 312 des Versicherungsgesetzes für Angestellte und § 42 sind anzuwenden.

§ 45.

§ 55.

Die § 264, § 265 Abs. 1 und 3 sowie die §§ 297 bis 301, § 302 Abs. 1, Abs. 2 Satz 1, §§ 303 bis 305, § 306 Abs. 1 Satz 1, Abs. 2, §§ 307 bis 309 des Versicherungsgesetzes für Angestellte gelten entsprechend.

2. Besondere Bestimmungen.

§ 56.

In den Fällen der §§ 217, 358 des Versicherungsgesetzes für Angestellte entscheidet dasjenige Schiedsgericht, in dessen Bezirke die Pflichtwidrigkeit oder die strafbare Handlung begangen ist. Sind hiernach mehrere Schiedsgerichte zuständig, so entscheidet das zuerst angegangene. Hält dieses ein anderes für zuständig, so gibt es die Sache an dieses weiter.

Hält sich auch dieses nicht für zuständig, so entscheidet das Oberschiedsgericht über die Zuständigkeit.

III. Schlußbestimmung.

§ 57.

Diese Verordnung tritt mit ihrer Verkündung in Kraft.

c) Verordnung über Geschäftsgang und Verfahren des Oberschiedsgerichts für Angestelltenversicherung.

Vom 21. Juni 114.

(RGBl. 1913 S. 341.)

I. Allgemeines.

§ 1.

Der Reichskanzler veröffentlicht im Reichsanzeiger die Namen des Vorsitzenden und seiner Stellvertreter sowie den Ort, wo sich die Geschäftsräume des Oberschiedsgerichts befinden.

§ 2.

Der Vorsitzende leitet und beaufsichtigt die Geschäfte beim Oberschiedsgerichte. Er zeichnet — unbeschadet der §§ 295, 296 des Versicherungsgesetzes für Angestellte

— die Verfügungen und Entscheidungen und vollzieht die Reinschriften, soweit nicht diese Verordnung etwas anderes bestimmt.

Der Reichskanzler kann die Vollziehung der Reinschriften durch Beglaubigungsvermerk eines Bureau- oder Kanzleibeamten zulassen.

Der Vorsitzende des Oberschiedsgerichts übt die unmittelbare Dienstaufsicht über die Hilfskräfte aus.

§ 3.

Der Vorsitzende verpflichtet durch Handschlag die als Beisitzer zugezogenen ständigen Mitglieder des Reichsversicherungsamts und die richterlichen Beamten vor ihrer ersten Dienstleistung auf die gewissenhafte Erfüllung ihrer besonderen Obliegenheiten als Beisitzer des Oberschiedsgerichts.

Er verpflichtet ferner die Hilfskräfte des Oberschiedsgerichts, soweit sie nicht bereits einen Diensteid geleistet haben, eidlich auf die gewissenhafte Erfüllung der Amtspflichten.

Dieser Eid lautet:

„Ich N. N. schwöre bei Gott, dem Allmächtigen und Allwissenden, die Pflichten eines . . . . . des Oberschiedsgerichts für Angestelltenversicherung gewissenhaft zu erfüllen, so wahr mir Gott helfe."

Der Eid ist vorzusprechen. Der Schwörende erhebt bei der Eidesleistung die rechte Hand. § 51 Abs. 5 des Gerichtsverfassungsgesetzes gilt entsprechend.

Über die Verpflichtung ist eine Niederschrift aufzunehmen.

§ 4.

Der Vorsitzende verpflichtet die Versicherungsvertreter spätestens in der ersten Verhandlung, zu der sie zugezogen werden, auf die gewissenhafte Erfüllung ihrer Amtspflichten eidlich (§ 164 Abs. 1 in Verbindung mit den §§ 161, 139 des Versicherungsgesetzes für Angestellte).

Der Eid ist den zu Vereidigenden vorzusprechen und lautet:

oder wenn sie die Prozeßführung ausdrücklich oder stillschweigend genehmigt hat.

Die Prozeßfähigkeit einer Partei, die Vertretungsbefugnis eines gesetzlichen Vertreters und die Vollmachten sind von Amts wegen zu prüfen.

§ 11.

Für nicht prozeßfähige Parteien ohne gesetzlichen Vertreter hat der Vorsitzende die Bestellung eines solchen (Vormundes oder Pflegers) zu veranlassen. Bis zu dessen Eintritt kann der Vorsitzende der Partei für das Verfahren einen besonderen Vertreter bestellen. Diesem stehen in dem Verfahren alle Parteirechte außer der Empfangnahme von Zahlungen zu.

Ein besonderer Vertreter kann auch bestellt werden, wenn der Aufenthaltsort der Partei oder ihres gesetzlichen Vertreters unbekannt ist.

Die Kosten eines besonderen Vertreters nach Abs. 1, 2 sind Kosten des Verfahrens.

Die nicht prozeßfähige Partei ist auf ihr Verlangen selbst zu hören.

§ 12.

Die Revisionsschrift soll den Anspruch bezeichnen, einen bestimmten Antrag enthalten und die Gesichtspunkte angeben, aus denen sich die Nichtanwendung oder die unrichtige Anwendung des bestehenden Rechtes oder ein Verstoß wider den klaren Inhalt der Akten oder wesentliche Mängel des Verfahrens ergeben.

§ 13.

Der Tag des Einganges der Revision ist sofort auf der Urschrift und den Abschriften zu vermerken. Fehlen die Abschriften, so hat sie das Oberschiedsgericht anzufertigen und den Vermerk des Einganges auf sie zu übertragen. Die Kosten der Abschriften können von dem Antragsteller eingezogen werden.

Der Vorsitzende teilt jeder Gegenpartei eine Abschrift der Revision mit dem Anheimgeben mit, binnen einer bestimmten Frist, die in der Regel nicht über zwei Wochen zu bemessen ist, eine Gegenschrift einzureichen. Dabei ist zu vermerken, daß auch verhandelt

§ 7.

Das Oberschiedsgericht führt zwei Siegel:

1. ein großes, das dem Siegel des Reichsgerichts entspricht und bei förmlichen Ausfertigungen, insbesondere der Urteile, gebraucht wird,
2. ein kleineres, das in der Mitte den Reichsadler und in der Umschrift die Bezeichnung „Oberschiedsgericht für Angestelltenversicherung" enthält.

§ 8.

Vorladungen und sonstige nur dem Geschäftsbetriebe dienende formularmäßige Schreiben werden durch die Unterschrift eines dazu bestimmten Beamten und unter Beifügung des Siegels des Oberschiedsgerichts beglaubigt.

§ 9.

Der Vorsitzende erstattet dem Reichskanzler am Schlusse eines jeden Geschäftsjahrs einen Geschäftsbericht.

II. Ordnung des Verfahrens.

A. Verfahren in Revisionssachen.

§ 10.

Die Revision ist schriftlich einzulegen. Sie ist entweder von dem Beteiligten selbst oder von seinem gesetzlichen Vertreter oder von einem Bevollmächtigten zu unterzeichnen. Das gleiche gilt für die übrigen Schriftsätze. Für jede Gegenpartei ist eine Abschrift beizufügen.

Die Vollmacht muß schriftlich erteilt werden. Ehegatten, Verwandte oder Verschwägerte der aufsteigenden Linie und volljährige Verwandte oder Verschwägerte der absteigenden Linie können auch ohne den Nachweis der Vollmacht zur Vertretung zugelassen werden. Dasselbe gilt von den im § 257 Abs. 2 des Versicherungsgesetzes für Angestellte bezeichneten Personen; jedoch haben diese eine schriftliche Vollmacht nachzubringen. Die Partei muß die Prozeßführung gegen sich gelten lassen, wenn sie auch nur mündlich Vollmacht erteilt oder wenn sie die Prozeßführung ausdrücklich oder stillschweigend genehmigt hat.

Die Prozeßfähigkeit einer Partei, die Vertretungsbefugnis eines gesetzlichen Vertreters und die Vollmachten sind von Amts wegen zu prüfen.

§ 11.

Für nicht prozeßfähige Parteien ohne gesetzlichen Vertreter hat der Vorsitzende die Bestellung eines solchen (Vormundes oder Pflegers) zu veranlassen. Bis zu dessen Eintritt kann der Vorsitzende der Partei für das Verfahren einen besonderen Vertreter bestellen. Diesem stehen in dem Verfahren alle Parteirechte außer der Empfangnahme von Zahlungen zu.

Ein besonderer Vertreter kann auch bestellt werden, wenn der Aufenthaltsort der Partei oder ihres gesetzlichen Vertreters unbekannt ist.

Die Kosten eines besonderen Vertreters nach Abs. 1, 2 sind Kosten des Verfahrens.

Die nicht prozeßfähige Partei ist auf ihr Verlangen selbst zu hören.

§ 12.

Die Revisionsschrift soll den Anspruch bezeichnen, einen bestimmten Antrag enthalten und die Gesichtspunkte angeben, aus denen sich die Nichtanwendung oder die unrichtige Anwendung des bestehenden Rechtes oder ein Verstoß wider den klaren Inhalt der Akten oder wesentliche Mängel des Verfahrens ergeben.

§ 13.

Der Tag des Einganges der Revision ist sofort auf der Urschrift und den Abschriften zu vermerken. Fehlen die Abschriften, so hat sie das Oberschiedsgericht anzufertigen und den Vermerk des Einganges auf sie zu übertragen. Die Kosten der Abschriften können von dem Antragsteller eingezogen werden.

Der Vorsitzende teilt jeder Gegenpartei eine Abschrift der Revision mit dem Anheimgeben mit, binnen einer bestimmten Frist, die in der Regel nicht über zwei Wochen zu bemessen ist, eine Gegenschrift einzureichen. Dabei ist zu vermerken, daß auch verhandelt und entschieden werden kann, wenn die Gegenschrift innerhalb der Frist nicht eingeht. Die Frist kann auf Antrag verlängert werden. In besonderen Fällen kann von Einforderung einer Gegenschrift abgesehen werden.

Der Gegenschrift ist für jede Gegenpartei eine Abschrift beizufügen. Sind die Abschriften nicht eingereicht, so fordert sie das Oberschiedsgericht nachträglich ein oder fertigt sie selbst an. Das gleiche gilt von weiteren Schriftsätzen, falls sie neue und wesentliche Anführungen enthalten. Dabei ist Abs. 1 Satz 3 anzuwenden.

§ 14.

Die Vorverhandlungen sind, soweit sie nicht gleichzeitig mit der Revision eingereicht werden, unverzüglich beizuziehen.

Sie umfassen die sämtlichen Schriftstücke über den Anspruch, die bei den Vorinstanzen oder der Reichsversicherungsanstalt für Angestellte vorhanden sind, einschließlich derjenigen, welche sich in Vorakten befinden oder etwa im Laufe des Verfahrens neu entstanden sind. Die neueren Schriftstücke sind auch ohne Aufforderung unverzüglich nachzureichen.

Das Schiedsgericht hat eine Abschrift des angefochtenen Urteils einzureichen.

§ 15.

Dritte, die an dem Ausgang des Verfahrens ein berechtigtes Interesse haben, können vom Oberschiedsgericht auf Antrag oder von Amts wegen zum Verfahren zugezogen werden, unbeschadet des § 382 Abs. 1 Satz 3 des Versicherungsgesetzes für Angestellte.

Solche Dritte sind auch ohne Zuziehung jederzeit berechtigt, dem Verfahren beizutreten, Ausführungen zu machen und Anträge zu stellen.

Sie sind im Falle der Zuziehung oder des Beitritts von dem Gange und dem Ausgang des Verfahrens in Kenntnis zu setzen. Die §§ 10 bis 13 geltend entsprechend.

§ 16.

Die Vorschriften des § 239 Abs. 1, 2 und der §§ 241, 249 ZPO. über die Unterbrechung des Verfahrens gelten entsprechend.

§ 17.

Der Vorsitzende kann den Beteiligten — vorbehaltlich der Vorschriften der §§ 291, 274, 248 des Versicherungsgesetzes für Angestellte — gestatten, Einsicht in die Akten zu nehmen und sich daraus gegen Erstattung der Kosten Ausfertigungen, Auszüge und Abschriften erteilen zu lassen.

Dritten Personen kann der Vorsitzende ohne Einwilligung der Parteien die Einsicht der Akten nur gestatten, wenn ein rechtliches Interesse glaubhaft gemacht wird.

Die Entwürfe zu Entscheidungen sowie Schriftstücke, die Abstimmungen betreffen, werden weder vorgelegt noch .abschriftlich mitgeteilt.

§ 18.

Der Vorsitzende ernennt einen Berichterstatter, der auf Anordnung zu dem Termine zur mündlichen Verhandlung einen schriftlichen Bericht nebst Gutachten zu erstatten hat. Der Vorsitzende kann mehrere Berichterstatter bestellen.

§ 19.

Von Ort und Zeit der mündlichen Verhandlung sind die Beteiligten, ihre gesetzlichen Vertreter oder, falls sie Bevollmächtigte bestellt haben, diese, und zwar in der Regel durch eingeschriebenen Brief oder gegen Postzustellungsurkunde zu benachrichtigen. Außer dem Bevollmächtigten ist der Beteiligte selbst zu benachrichtigen, wenn sein persönliches Erscheinen angeordnet ist. Sind mehrere Bevollmächtigte einer Partei vorhanden, so genügt die Benachrichtigung eines Bevollmächtigten. Ein Ausweis über die Benachrichtigung soll zu den Akten gebracht werden.

Die Beteiligten sind darauf hinzuweisen, daß auch im Falle ihres Ausbleibens verhandelt und entschieden werden kann. Wird das persönliche Erscheinen des Antragstellers angeordnet, so ist ihm dabei zugleich zu eröffnen, daß aus seinem Nichterscheinen ungünstige Schlüsse für seinen Anspruch gezogen werden können.

Die Sachen, die verhandelt werden sollen, werden durch Aushang vor dem Sitzungszimmer bekanntgemacht und in der Regel in der Reihenfolge erledigt, wie sie der Aushang ergibt.

§ 20.

Zwischen der Mitteilung der Verhandlungszeit und dieser selbst soll in der Regel ein Zeitraum von mindestens einer Woche liegen. Die Gründe für eine Abweichung von der Regel sind aktenkundig zu machen.

§ 21.

Wird bei der Verhandlung ein Bevollmächtigter oder Beistand zurückgewiesen, ohne daß dies dem Beteiligten vorher rechtzeitig angedroht worden ist, so ist, falls der Beteiligte nicht erschienen ist, oder falls er es beim Erscheinen auf Befragen beantragt, die Verhandlung auszusetzen und eine neue Verhandlungszeit anzuberaumen.

Gegen Personen, die auf Grund des § 258 des Versicherungsgesetzes für Angestellte aus dem Sitzungszimmer entfernt worden sind, wird in der gleichen Weise verfahren, wie wenn sie sich freiwillig entfernt hätten.

§ 22.

Das Verfahren beim Ausschluß der Öffentlichkeit richtet sich nach § 174 Abs. 2, § 175 Abs. 1 GVG.

§ 23.

Die mündliche Verhandlung wird vom Vorsitzenden geleitet und beginnt mit der Darstellung des Sachverhalts durch einen Berichterstatter.

Demnächst sind die erschienenen Beteiligten zu hören. Der Vorsitzende hat das Sach- und Streitverhältnis mit ihnen zu erörtern und dahin zu wirken, daß sie über alle erheblichen Tatsachen sich vollständig erklären sowie die angemessenen und sachdienlichen Anträge stellen.

Der Vorsitzende hat den Beisitzern auf Verlangen zu gestatten, Fragen zu stellen. Zweifel über die Zulässigkeit der Fragen entscheidet das Oberschiedsgericht.

§ 24.

Zu den Sitzungen ist ein vereidigter Schriftführer zuzuziehen.

Die Niederschrift enthält Ort und Tag der Verhandlung sowie die Namen der mitwirkenden Personen unter Angabe von Beruf und Eigenschaft, in der sie mitwirken.

Der Gang der Verhandlung ist in der Niederschrift nur im allgemeinen anzugeben. Aufzunehmen sind Anerkenntnisse, Verzichtleistungen und Vergleiche sowie die Urteilsformel, ferner sollen auch die Anträge und erheblichen Erklärungen der Beteiligten aufgenommen werden, soweit sie von den Anträgen und Erklärungen in den Schriftsätzen abweichen.

Die Niederschrift ist von dem Vorsitzenden und dem Schriftführer zu vollziehen, und, wenn sie eine Urteilsformel enthält, auch von dem Berichterstatter.

§ 25.

Das Oberschiedsgericht entscheidet innerhalb der erhobenen Ansprüche nach freiem Ermessen.

§ 26.

Die Beratung und Beschlußfassung sind nicht öffentlich.

Die Entscheidung darf nur von den Mitgliedern getroffen werden, die an der Verhandlung der Sache teilgenommen haben.

Das Oberschiedsgericht entscheidet nach Stimmenmehrheit.

Bei der Abstimmung werden die Stimmen in folgender Reihenfolge abgegeben:

1. von den Berichterstattern,
2. von dem Vertreter der versicherten Angestellten,
3. von dem Vertreter der Arbeitgeber,
4. von den richterlichen Beamten,
5. von den Mitgliedern des Reichsversicherungsamts,
6. von dem Vorsitzenden.

In der ersten Gruppe richtet sich die Reihenfolge der Abstimmung nach der Reihenfolge der Bestellung zum Berichterstatter, in der vierten und fünften Gruppe nach dem Dienstalter beim Oberschiedsgerichte, bei gleichem Dienstalter nach dem Lebensalter. Der dem Dienst- oder Lebensalter nach Jüngere stimmt zuerst.

Die §§ 196, 197 GVG. gelten entsprechend.

Die Abstimmung der einzelnen Mitglieder darf keinen schriftlichen Ausdruck finden.

Über den Hergang bei der Beratung und über das Stimmenverhältnis ist zu schweigen.

§ 27.

Bei der Verkündung des Urteils werden die Gründe mitgeteilt, soweit dies für erforderlich gehalten wird.

Die Beratung, Beschlußfassung und Verkündung des Urteils kann auf eine spätere Sitzung vertagt werden, die in der Regel sofort anzuberaumen ist und binnen einer Woche stattfinden soll.

§ 28.

Das Oberschiedsgericht stellt fest, ob seine Entscheidung grundsätzliche Bedeutung hat. Die Feststellung ist aktenkundig zu machen.

§ 29.

Das Urteil ist mit Gründen zu versehen.

Im Eingang des Urteils sind die Beteiligten und ihre gesetzlichen Vertreter sowie die Mitglieder des Oberschiedsgerichts, die mitgewirkt haben, aufzuführen. Auch ist der Sitzungstag, an dem die Entscheidung ergangen ist, zu bezeichnen und anzugeben, daß mündlich verhandelt ist.

§ 30.

Eine Ausfertigung des Urteils soll spätestens binnen drei Wochen nach der Verkündung den Beteiligten oder ihren gesetzlichen Vertretern zugestellt werden. Sind die Beteiligten durch Bevollmächtigte vertreten, so ist die Ausfertigung diesen zuzustellen. Sind mehrere Bevollmächtigte einer Partei vorhanden, so genügt die Zustellung an einen Bevollmächtigten.

§ 31.

Ausfertigungen und Abschriften sind als solche zu bezeichnen.

Die Ausfertigungen erhalten die Überschrift: „Im Namen des Reichs."

Am Schlusse wird die Ausfertigung mit dem Siegel des Oberschiedsgerichts versehen und von dem Vorsitzenden, im Falle seiner Behinderung von einem der nach § 288 des Versicherungsgesetzes für Angestellte zugezogenen Mitglieder des Reichsversicherungsamts oder der richterlichen Beamten unterzeichnet.

Hat der Reichskanzler bestimmt, daß die Ausfertigungen von einem Bureau- oder Kanzleibeamten des Oberschiedsgerichts unterzeichnet werden, so ist unter die einschließlich der Unterschriften gefertigte Abschrift zu setzen:

„Die Übereinstimmung dieser Ausfertigung mit der Urschrift wird hierdurch beglaubigt."

Der Beamte unterschreibt diesen Zusatz unter Beifügung seiner Amtseigenschaft.

§ 32.

Das Schiedsgericht, dessen Entscheidung angefochten war, erhält eine Abschrift des Urteils.

§ 33.

Die auf Grund des § 311 des Versicherungsgesetzes für Angestellte einem Beteiligten auferlegten Kosten werden in der Entscheidung festgesetzt und wie Gemeindeabgaben beigetrieben.

§ 34.

Soweit eine Beweisaufnahme stattfindet, gelten die Bestimmungen der Verordnung über Geschäftsgang und Verfahren der Schiedsgerichte für Angestelltenversicherung entsprechend. Ebenso gelten entsprechend die Bestimmungen der §§ 37 bis 41 jener Verordnung.

B. Verfahren im Falle des § 280 des Versicherungsgesetzes für Angestellte.

§ 35.

Im Falle des § 280 des Versicherungsgesetzes für Angestellte kann der Vorsitzende des Oberschiedsgerichts oder das Oberschiedsgericht entweder selbst neue Ermittlungen anstellen oder den Vorsitzenden des überweisenden Schiedsgerichts hiermit beauftragen. Gelangt der Vorsitzende des Oberschiedsgerichts in Übereinstimmung mit dem Berichterstatter auf Grund der Ermittlungen zu der Ansicht, daß die Entscheidung nicht mehr von der Entscheidung der Rechtsfrage, derentwegen die Abgabe erfolgt ist, abhängt, so verweist er die Sache an das Schiedsgericht zurück. Die Entscheidung bindet das Schiedsgericht. § 280 Satz 3 des Versicherungsgesetzes für Angestellte gilt entsprechend.

Das Oberschiedsgericht kann die Entscheidung ablehnen, wenn das Schiedsgericht zu Unrecht die Revision für ausgeschlossen erachtet hat.

§ 36.

Die für das Verfahren vor dem Schiedsgericht erteilte Vollmacht behält ihre Gültigkeit. Im übrigen gelten für das Verfahren die §§ 288, 289, 291 bis 296 des Versicherungsgesetzes für Angestellte sowie die § 10 Abs. 2, 3, § 11, § 13 Abs. 3, § 14 Abs. 1, 2, §§ 15 bis 31, 33, 34 entsprechend.

Der Rentenausschuß, dessen Bescheid angefochten war sowie das Schiedsgericht, das die Sache abgegeben hat, erhalten je eine Abschrift des Urteils.

C. Verfahren in Beschlußsachen.

§ 37.

Das Oberschiedsgericht entscheidet in der im § 288 des Versicherungsgesetzes für Angestellte angegebenen Besetzung. § 292 dieses Gesetzes gilt.

§ 38.

§ 289 des Versicherungsgesetzes für Angestellte gilt.

§ 39.

Für Eingaben in Beschlußsachen gelten die §§ 10, 11, 13, 14 entsprechend.

Der Vorsitzende kann jedoch die Einreichung von Abschriften der Schriftsätze erlassen und von der Anfertigung von solchen und ihrer Mitteilung an die übrigen Beteiligten Abstand nehmen.

§ 40.

Ist der Vorsitzende mit dem Berichterstatter darüber einig, daß die Beschwerde unzulässig oder verspätet ist, so kann er sie zurückweisen. § 290 Satz 2 des Versicherungsgesetzes für Angestellte gilt entsprechend.

§ 41.

Der Vorsitzende sowie das Oberschiedsgericht kann den Vollzug der angefochtenen Entscheidung aussetzen.

§ 42.

Die Bestimmungen des Revisionsverfahrens über die Ernennung von Berichterstattern (§ 18), über die Beteiligung Dritter (§ 15), über die Klarstellung des Sachverhalts und die Beweiserhebung (§§ 291, 274 in Verbindung mit §§ 241 bis 249, 259, 261 des Versicherungsgesetzes für Angestellte, § 34 dieser Verordnung in Verbindung mit §§ 15, 16, § 20 Abs. 3, §§ 21, 29, 37 bis 41 der Verordnung über Geschäftsgang und Verfahren der Schiedsgerichte für Angestelltenversicherung), über die Unterbrechung des Verfahrens (§ 16) und die Akteneinsicht (§ 17) gelten entsprechend.

§ 43.

Die Verhandlungen im Beschlußverfahren sind nicht öffentlich.

§ 44.

Eine mündliche Verhandlung findet nur auf Anordnung des Vorsitzenden oder auf Beschluß des Oberschiedsgerichts statt. Für die mündliche Verhandlung gelten die Bestimmungen des Revisionsverfahrens über ihre Vorbereitung, über Verhandlungszeit und -ort, die Anhörung der Beteiligten, die Zurückweisung von Bevollmächtigten oder Beiständen, die Aufrechthaltung der Ordnung, den Gang und die Niederschrift der mündlichen Verhandlung sowie die Verkündung der Entscheidung (§§ 291, 274 in Verbindung mit §§ 252, 253, 256 bis 259 des Versicherungsgesetzes für Angestellte, §§ 19 bis 21, 23, 24, 27) entsprechend.

Im übrigen sind die Bestimmungen des Revisionsverfahrens über Beratung und Beschlußfassung sowie über die Urteile und ihre Zustellung (§ 295 des Versicherungsgesetzes für Angestellte, § 26 Abs. 2 bis 8, §§ 28 bis 31) entsprechend anzuwenden, auch wenn nicht mündlich verhandelt ist.

§ 45.

Die Entscheidungen ergehen unter der Überschrift „Beschluß.

§ 46.

Ist eine Sache auf Grund des § 210 Abs. 2 des Versicherungsgesetzes für Angestellte an das Oberschiedsgericht abgegeben, so prüft dieses, ob es sich um eine noch nicht feststehende Auslegung gesetzlicher Vorschriften von grundsätzlicher Bedeutung handelt.. § 35 Abs. 1 gilt entsprechend.

§ 47.

Hat das Schiedsgericht nach § 52 der Verordnung über Geschäftsgang und Verfahren der Schiedsgerichte für Angestelltenversicherung die Sache an das Oberschiedsgericht abgegeben, so gilt § 35 Abs. 1 entsprechend.

§ 48.

§ 293 Abs. 1 Satz 1, Abs. 2 des Versicherungsgesetzes für Angestellte gilt entsprechend.

§ 49.

Die §§ 311, 312 des Versicherungsgesetzes für Angestellte und § 33 sind anzuwenden.

§ 50.

§ 264 Abs. 1, Abs. 3 Satz 1, Abs. 4, § 296, § 265 Abs. 1 und 3 sowie die §§ 297 bis 301, § 302 Abs. 1, Abs. 2 Satz 1, §§ 303 bis 309 des Versicherungsgesetzes für Angestellte gelten entsprechend.

§ 51.

§ 294 des Versicherungsgesetzes für Angestellte, § 28 sind anzuwenden.

III. Schlußbestimmung.

§ 52.

Diese Verordnung tritt mit ihrer Verkündigung in Kraft.

9. Belehrung der Reichsversicherungsanstalt über Ausfüllung der Aufnahme- und Versicherungskarten durch die Angestellten.

(A. V. N. 1913 S. 122.)

Zur Ergänzung des Vordrucks für die Eintragungen in die Karten wird folgendes an die Hand gegeben:

1. Die Aufnahmekarten sind mit Ausnahme des letzten Abschnitts der Rückseite, die erste Seite der Versicherungskarte ist bis zum ersten Striche auszufüllen.
2. Hat der Arbeitgeber in mehreren Orten Unternehmungen, so ist als Sitz des Betriebs derjenige anzugeben, in welchem der Angestellte beschäftigt ist.
3. Als Kinder unter 18 Jahren sind nicht nur die aus der bestehenden oder einer früheren Ehe des Antragstellers hervorgegangenen, sondern auch die durch nachfolgende Ehe oder Ehelichkeitserklärung legitimierten und die an Kindesstatt angenommenen Kinder, und alle vaterlosen (§ 29 des Versicherungsgesetzes für Angestellte) Kinder weiblicher Angestellten anzugeben.[1])
4. Der Jahresarbeitsverdienst ist nach den auf der Rückseite der Aufnahmekarte angeführten gesetzlichen Vorschriften zu ermitteln und einzustellen.
5. Die Tabelle „Zur Nachprüfung des Kontos des Angestellten" wird im Interesse des Angestellten verlangt, damit etwaige Abweichungen zwischen den Beitragssummen seiner Versicherungskarten und seinem Konto bei der Reichsversiche-

[1]) Für diejenigen Versicherten, die Bedenken tragen, ihrem Arbeitgeber eine Einsicht in die Aufnahmekarte zu gewähren, wird ausdrücklich bemerkt, daß nach § 188 a. a. O. in erster Linie der Versicherte selbst — ohne Vermittlung des Arbeitgebers — die Ausstellung der Versicherungskarte mittels Aufnahmekarte bei der Ausgabestelle zu beantragen hat. Weder die Ausgabestelle noch die Reichsversicherungsanstalt ist befugt, über den Inhalt der Aufnahmekarte, insbesondere über die Familienverhältnisse des Versicherten irgend welche Mitteilungen zu machen.

rungsanstalt alsbald aufgeklärt werden können. Die Ausfüllung kommt erst beim Antrag auf eine zweite oder folgende Versicherungskarte in Frage. Anzugeben sind die seit Beginn der Versicherung für den Angestellten entrichteten Beiträge und zwar für jede Gehaltsklasse auf einer besonderen Zeile und getrennt nach den Beiträgen in den früheren und der letzten Versicherungskarte. Sind statt der festen monatlichen Beiträge 8% des Entgelts als Beitrag gezahlt (§ 177 des Gesetzes), so ist dies, wie in dem nachfolgenden Beispiele, besonders anzugeben.

Es sind bisher Beiträge nachgewiesen

zu je		in den früheren Karten			in der letzten Karte			zusammen		
ℳ	₰	Zahl	ℳ	₰	Zahl	ℳ	₰	Zahl	ℳ	₰
4	80	36	172	80	—	—	—	36	172	80
6	80	20	136	—	—	—	—	20	136	—
9	60	30	288	—	30	288	—	60	576	—
13	20	—	—	—	18	237	60	18	237	60
8%		10	160	—	—	—	—	10	160	—
								144	1282	40

6. Auf der Rückseite der ersten Aufnahmekarte (§ 391 a. a. O.) ist ein etwaiger Antrag auf Grund des § 390 a. a. O. auf Befreiung von der eigenen Beitragsleistung zu stellen unter genauer Bezeichnung der Lebensversicherungsunternehmungen, mit denen vor dem 5. Dezember 1911 Lebensversicherungsverträge geschlossen worden sind, der Nummern der Versicherungsscheine (Policenummern usw.), des Datums des Abschlusses und der Wirksamkeit der einzelnen Verträge (Beginn der Versicherung) sowie des Jahresbetrags der von dem Angestellten selbst entrichteten Beiträge ohne Abzug einer etwaigen Dividende. In der Mitte der Karte ist neben der Zeile „Gesetzlicher Jahresbeitrag

des „Angestellten" der Beitrag, den der Angestellte nach dem auf der Vorderseite eingestellten Jahresarbeitsverdienste zu zahlen hat, anzugeben. Bei Stellung des Antrags hat der Angestellte den Versicherungsschein (Aufnahmeschein, Police usw.), die Prämienquittungen aus den beiden letzten Jahren usw. der Ausgabestelle mit der Aufnahmekarte vorzulegen. Sie werden dem Antragsteller nach Erledigung des Antrags zurückgegeben.

7. Der letzte Abschnitt der Rückseite der Aufnahmekarte darf nur von der Ausgabestelle ausgefüllt werden; ebenso der zweite und dritte Abschnitt auf Seite 1 der Versicherungskarte.

10. Verfügung des Reichspostamts, betr. Zahlkarten und Gutschriftzettel zur Beitragsentrichtung für die Angestellten-Versicherung.

Vom 20. Dezember 1912.

(ABlRP. S. 315.)

Reichspostamt.

Mit dem Inkrafttreten des Versicherungsgesetzes für Angestellte — 1. Januar 1913 — werden die Beiträge für die Angestelltenversicherung von den Arbeitgebern im Wege des Postscheckverkehrs entrichtet werden. Zu diesem Zwecke sind für das Direktorium der Reichsversicherungsanstalt für Angestellte in Berlin-Wilmersdorf die in der Anlage 1 aufgeführten Postscheckkonten beim PSchA. in Berlin eröffnet worden. Die Beiträge sind von den Arbeitgebern dem Postscheckkonto zuzuführen, das die Bezeichnung des OPD.-Bezirkes trägt, in dem der Wohnort des Arbeitgebers liegt.

I. Zur Einzahlung der Beiträge mit Zahlkarte sind besondere Zahlkartenformulare (S 1 h) auf rotem Papier in rotbraunem Druck nach der Anlage 2 zu verwenden. Bei den einzelnen Postanstalten werden lediglich Zahlkarten mit dem Vordrucke des OPD.-Bezirkes vorrätig gehalten, in dem die Postanstalt liegt.

Die Postanstalten geben diese Zahlkarten unter den gleichen Bedingungen wie die gewöhnlichen Zahlkarten an das Publikum ab.

Zur Beitragsentrichtung dürfen von den Arbeitgebern nur Zahlkarten verwandt werden, die von der Postanstalt am Wohnort des **Arbeitgebers** — in Orten ohne Postanstalt von der Bestell-Postanstalt — bezogen worden sind. Sollten Arbeitgeber versehentlich blaue Zahlkartenformulare verwenden, so sind sie darauf aufmerksam zu machen, daß zu diesem Zwecke das besondere rote Formular zu benutzen ist.

Der erste Bedarf an Zahlkartenformularen S 1 h wird den Postanstalten durch die OPD. bis zum 1. Januar 1913 zugehen. Später sind diese Formulare wie die gewöhnlichen Zahlkarten S 1 zu beziehen.

II. Inhaber von Postscheckkonten können die Beiträge auch **durch Überweisung** entrichten. Diesen Überweisungen — und zwar sowohl den Einzelüberweisungen als auch den Sammelüberweisungen — sind bei der Überweisung an das PSchA. besondere Gutschriftzettel (S 30 b) nach dem Muster der Anlage 3 beizufügen. Der dem Überweisungsformular anhaftende Abschnitt ist in solchen Fällen vom Kontoinhaber abzutrennen und zu beseitigen.

Die Gutschriftzettel werden in Blocks zu 50 Stück — zum Preise von 10 Pf. für einen Block — von den PSchA. an die Kontoinhaber abgegeben. Sie können auch durch die Privatindustrie hergestellt werden, wenn sie mit dem amtlichen Formular genau übereinstimmen.

Anlage 1.

Verzeichnis

der für das Direktorium der Reichsversicherungsanstalt für Angestellte in Berlin-Wilmersdorf, Hohenzollerndamm 193/195, zum Zwecke der Beitragsentrichtung beim P.Sch.A. in Berlin eröffneten Postscheckkonten.

Für das Direktorium der Reichsversicherungsanstalt für Angestellte sind Postscheckkonten eröffnet			
mit der zusätzlichen Bezeichnung	unter der Nummer	mit der zusätzlichen Bezeichnung	unter der Nummer
A. Für das Reichs-Postgebiet.			
Bezirk	Berlin Nr.	Bezirk	Berlin Nr.
Aachen	30 001	Hannover	30 022
Berlin	30 002	Karlsruhe	30 023
Braunschweig . . .	30 003	Kiel	30 024
Bremen	30 004	Königsberg	30 025
Breslau	30 005	Köslin	30 026
Bromberg	30 006	Konstanz	30 027
Cassel	30 007	Leipzig	30 028
Chemnitz	30 008	Liegnitz	30 029
Coblenz	30 009	Magdeburg	30 030
Cöln	30 010	Metz	30 031
Danzig	30 011	Minden	30 032
Darmstadt . . .	30 012	Münster	30 033
Dortmund	30 013	Oldenburg	30 034
Dresden	30 014	Oppeln	30 035
Düsseldorf	30 015	Posen	30 036
Erfurt	30 016	Potsdam	30 037
Frankfurt (Main) .	30 017	Schwerin	30 038
Frankfurt (Oder) . .	30 018	Stettin	30 039
Gumbinnen	30 019	Straßburg	30 040
Halle	30 020	Trier	30 041
Hamburg	30 021		
B. Für Bayern.			
Augsburg	30 042	Nürnberg	30 046
Bamberg	30 043	Regensburg	30 047
Landshut	30 044	Speyer	30 048
München	30 045	Würzburg	30 049
C. Für Württemberg.			
Württemberg . . .	30 050		

Anlage 2.

Vorderseite.

Ober-Postdirektionsbezirk
Düsseldorf

Aufgabe-
stempel

eingezahlt am .... auf

Konto Nr. 30015

Postscheckamt Berlin NW 7

.... Mark .... Pf.

Absender
Name: ....
Wohnort: ....
Postanstalt: ....

Dieser Abschnitt wird vom Postscheckamte der Reichsversicherungsanstalt übersandt

Zahlkarte

auf .... Mark Pf.

Aufgabestempel

Zu wiederholen (die Mark in Buchstaben)

Mark Pf.

zur Gutschrift auf das Konto Nr. 30015 des Direktoriums der Reichsversicherungsanstalt für Angestellte (*Bezirk Düsseldorf*) in Berlin-Wilmersdorf bei dem Postscheckamt in

Berlin NW 7

Postvermerk

Nr.

eingetragen durch:

am ....

Ankunfts-Nr.

Slh(12. 12)

Posteinlieferungsschein

(Der Vordruck oberhalb des Raumes für den Postvermerk ist vom Einzahler auszufüllen.)

(die Mark in Buchstaben)

Mark Pf.

zur Gutschrift auf das Konto Nr. 30015 des Direktoriums der Reichsversicherungsanstalt für Angestellte in Berlin-Wilmersdorf bei dem Postscheckamt in Berlin NW 7.

Postvermerk

Aufgabestempel

Aufgabe-Nr. ....

Post-annahme

....

Rückseite.

Fällige Beiträge. I. Nach § 176 des Gesetzes

in Gehaltsklasse von über ... ℳ bis zu .. ℳ	Buchstabe	von je ℳ	Anzahl ganze	Anzahl halbe	im Gesamtbetrage von ℳ	₰
—550	A	1.6				
550—850	B	3.2				
850—1150	C	4.8				
1150—1500	D	6.8				
1500—2000	E	9.6				
2000—2500	F	13.2				
2500—3000	G	16.6				
3000—4000	H	20.0				
4000—5000	J	26.6				
II. Nach § 177: a) 8% des Entgelts von . . . . . ℳ =						
b) 4% (§ 390) des Entgelts von . . . . . ℳ =						
Summe . .						
Dazu Postgebühr (bis auf weiteres 12 Pf.) . . =						
Gesamtbetrag . .						

Die Nachweisung (Postkarte)*) über die fälligen Beiträge
ist abgesandt am ....
ist nicht erforderlich, weil Veränderungen nicht eingetreten sind.
} Das Nichtzutreffende ist zu streichen

*) s. Vermerk auf dem Posteinlieferungschein.

(Durchschlitzt)

a) Zur Beitragsentrichtung für die Angestelltenversicherung dürfen nur solche Zahlkarten verwandt werden, die von der Postanstalt am Wohnorte des Arbeitgebers — in Orten ohne Postanstalt von der Bestellpostanstalt — bezogen worden sind.

b) Die Zahlkarte ist in allen drei Teilen auszufüllen und mit dem Betrage einer Postanstalt — möglichst der vorstehend unter a) bezeichneten zu übergeben.

c) Der Posteinlieferungsschein wird vom Postbeamten vollzogen und dem Überbringer als Bestätigung über die Einzahlung zurückgegeben.

Gedruckt in der Reichsdruckerei.

(Durchschlitzt)

Zur Beachtung bei Einsendung der Beiträge.

1. Bei der erstmaligen Beitragsentrichtung ist die Nachweisung (§ 181 des Gesetzes) gleichzeitig oder vorher an die Reichsversicherungsanstalt abzusenden.
2. Bei den folgenden Beitragsleistungen sind Veränderungsanzeigen einzusenden, wenn es sich handelt:
   a) um Veränderungen in dem Bestande der versicherten Angestellten (Abgänge, Zugänge),
   b) um Gehaltsveränderungen.
3. Bei Versicherten, die von mehreren Arbeitgebern während des Monats beschäftigt werden (§ 177 a. a. O.), können statt der Nachweise (Nr. 1) Postkartenvordrucke benutzt werden. Veränderungsanzeigen sind einzusenden:
   a) bei monatlicher Beitragzahlung, wenn es sich um einen Wechsel in der Person des Angestellten,
   b) bei ¼jährlicher Beitragzahlung (für Lehrer oder Erzieher), wenn es sich um einen Wechsel in der Person des Angestellten oder um Änderungen in dem monatlich gezahlten Entgelt handelt.
4. Die Vordrucke zu 1 bis 3 sind bei den Ausgabestellen der Angestelltenversicherung frei erhältlich, können aber auch von den zum Vertriebe bereiten Geschäften bezogen werden.

Anlage 3.

Vorderseite

Ober-Postdirektionsbezirk
Liegnitz.

.... ℳ .... ₰

zur Gutschrift auf Konto

Nr. **30029**

beim Postscheckamt
in Berlin NW 7

Stempel des P. Sch. A.

überwiesen von

Absender

Name: ....

Wohnort ....

Postanstalt: ....

Konto-Nr.: ....

(S 30 b 12. 12)

Rückseite

Fällige Beiträge. I. Nach § 176 des Gesetzes

in Gehaltsklasse von über ... ℳ bis zu .. ℳ	in Gehaltsklasse Buchstabe	von je ℳ	Anzahl ganze	Anzahl halbe	im Gesamtbetrage von ℳ	im Gesamtbetrage von ₰
—550	A	1.6				
550—850	B	3.2				
850—1150	C	4.8				
1150—1500	D	6.8				
1500—2000	E	9.6				
2000—2500	F	13.2				
2500—3000	G	16.6				
3000—4000	H	20.0				
4000—5000	J	26.6				
II. Nach § 177:						
a) 8% des Entgelts von ... ℳ =						
b) 4% (§ 390) des Entgelts von ... ℳ =						
Summe ...						
Dazu Postgebühr (bis auf weiteres 7 Pf.) =						
Gesamtbetrag ...						

Die Nachweisung (Postkarte über die fälligen Beiträge
ist abgesandt am ....
ist nicht erforderlich, weil Veränderungen nicht eingetreten sind.
} Das Nichtzutreffende ist zu streichen.

11. Bekanntmachung des Reichskanzlers über die Einrichtung von Vordrucken für die Angestellten-Versicherung.

Vom 29. Juni 1912.

(RGBl. S. 408.)

Auf Grund des § 191 des Versicherungsgesetzes für Angestellte vom 20. Dezember 1911 (RGBl. S. 989) hat der Bundesrat bestimmt,

daß die Aufnahmekarte (§ 188 a. a. O.), die Versicherungskarte (§ 185 a. a. O.) und die Übersichten über die fälligen Beiträge (§ 181 a. a. O.) in Größe und Einteilung nach den anliegenden Mustern R. f. A. II Nr. 1, 2, 3 eingerichtet werden.

Der Ausgabestelle der Angestelltenversicherung ausgefüllt einzureichen.

RfA. II Nr. 1

Aufnahmekarte zur Angestelltenversicherung für die Ausstellung der Versicherungskarte Nr. *)

de .... geboren am 18

(Vor- und Zuname, bei Frauen auch Geburtsname; Zuname zu unterstreichen)

zu Kreis / Amt Staat

Zur Zeit der Ausstellung dieser Karte: Wohnort: .... Straße Nr. Postanstalt

Berufsstellung und Beruf

Zur Zeit, am 191 , in Stellung bei dem Arbeitgeber

Name und Betriebsart	Sitz des Betriebs		
	Ort .... (Kreis, Amt)	.... Straße Nr. .... (Staat)	.... (Postanstalt) .... (Oberpostanstalt)

Familienangehörige, bei Kindern Rufname	Ge-schlecht **)	Geburts- Tag	Monat	Jahr	Jahresarbeitsverdienst (§§ 2, 16, 17 des Gesetzes ______ ℳ (Siehe Rückseite)										
					Zur Nachprüfung des Kontos des Angestellten. Es sind bisher Beiträge nachgewiesen										
					zu je		in den früheren Karten			in der letzten Karte			Zusammen		
					ℳ	₰	Zahl	ℳ	₰	Zahl	ℳ	₰	Zahl	ℳ	₰
Ehegatte***) . . .															
Kinder unter 18 Jahren															
1.															
2.															
3.															
4.															
5.															
6.															
7.															
8.															
9.															
10.															

*) In der ersten Aufnahmekarte ist die Nr. 1, in den folgenden sind die Nrn. 2, 3, 4 usw. anzugeben.

**) m = männlich, w = weiblich.

***) Bei verheirateten weiblichen Angestellten sind folgende Fragen mit ja oder nein zu beantworten (§§ 30, 31 des Gesetzes):

1. Ist der Ehemann erwerbsunfähig? ....
2. Wird die Familie ganz oder überwiegend von der Ehefrau aus ihrem Arbeitsverdienst unterhalten? ....
3. Hält der Ehemann sich ohne gesetzlichen Grund von der häuslichen Gemeinschaft fern und entzieht er sich seiner väterlichen Unterhaltspflicht? ....

Siehe Rückseite.

Vorschriften des Versicherungsgesetzes für Angestellte.

§ 2. Zum Entgelt im Sinne dieses Gesetzes gehören neben Gehalt oder Lohn auch Gewinnanteile, Sach- und andere Bezüge, die der Versicherte, wenn auch nur gewohnheitsmäßig, statt des Gehalts oder Lohnes oder neben ihm von dem Arbeitgeber oder einem Dritten erhält.

Der Wert der Sachbezüge wird nach Ortspreisen berechnet, welche die untere Verwaltungsbehörde festsetzt.

§ 17. Soweit das Gehalt in bar, aber nicht jährlich gezahlt wird, gilt als Jahresarbeitsverdienst für die Zugehörigkeit zu den Gehaltsklassen bei wöchentlicher Zahlung das 52fache, bei monatlicher Zahlung das 12fache, bei vierteljährlicher Zahlung das 4fache des gezahlten Betrags. Bei Berechnung von Gewinnanteilen und ähnlichen Bezügen, die ihrem Betrage nach nicht feststehen, wird der Beitrag des letzten Jahres zu Grunde gelegt, für das dem Versicherten die Bezüge zugeflossen sind. Sind ihm bei Fälligkeit des Monatsbeitrags aus der gegenwärtigen versicherungspflichtigen Beschäftigung Bezüge dieser Art noch nicht gezahlt, so gilt für die Berechnung des Jahresarbeitsverdienstes das in bar gewährte Gehalt. Für Sachbezüge wird der nach § 2 Abs. 2 berechnete Wert zu Grunde gelegt.

§§ 16, 172.

Jahresarbeitsverdienst		Beitrag in ℳ für	
Gehaltsklasse	ℳ	1 Monat	12 Monate
A	bis zu 550	1,60	19,20
B	von mehr als 550 „ „ 850	3,20	38,40
C	„ „ „ 850 „ „ 1 150	4,80	57,60
D	„ „ „ 1 150 „ „ 1 500	6,80	81,60
E	„ „ „ 1 500 „ „ 2 000	9,60	115,20
F	„ „ „ 2 000 „ „ 2 500	13,20	158,40
G	„ „ „ 2 500 „ „ 3 000	16,60	199,20
H	„ „ „ 3 000 „ „ 4 000	20,00	240,00
J	„ „ „ 4 000 „ „ 5 000	26,60	319,20

Gesetzlicher Jahresbeitrag des Angestellten = ½ × letzte Spalte . . . . . ______________ ℳ

177. Beschäftigen mehrere Arbeitgeber den Versicherten während des Monats oder findet die Beschäftigung nicht den Beitragsmonat hindurch statt, so hat jeder Arbeitgeber acht Hundertstel des für die Beschäftigung gezahlten Entgelts als Beitrag zu zahlen. Der hiernach für den Monat sich ergebende Beitrag ist auf zehn Pfennig aufzurunden. (Beispiel: Entgelt = 15,60 ℳ; Beitrag: 0,08 · 15,60 = 1,248 ℳ, aufgerundet = 1,30.

Bezeichnung der Lebensversicherungsunternehmungen, mit denen Lebensversicherungsverträge vor dem 5. Dezember 1911 geschlossen sind, die nach § 390 des Gesetzes den Angestellten von der Beitragsleistung befreien sollen*)	Versicherungsschein (Police, Aufnahmeschein usw. Nr.	Datum a) des Abschlusses b) der Wirksamkeit des Vertrags				Jahresbetrag der Beiträge**)	
			Tag	Monat	Jahr	ℳ	₰
1.		a					
		b					
2.		a					
		b					
3.		a					
		b					
					Summe		

*) Hier sind auch die Verträge nach § 390 Abs. 2 unter entsprechender Änderung des nachstehenden Antrags anzuführen.

**) Beiträge des Angestellten ohne Dividendenabzüge usw.

Antrag nach § 390. Unter Vorlegung der aufgeführten Versicherungsscheine und der Prämienquittungen aus dem Jahre 1911 wird nach § 390 des Gesetzes Befreiung von der eigenen Beitragsleistung beantragt. Die vorstehenden und umseitigen Angaben sind wahrheitsgemäß gemacht worden.

.................., den .... 191 ....

(Unterschrift des Angestellten)

Dem Angestellten ist heute Versicherungskarte Nr. .... ausgestellt; er ist auf Grund der vorstehenden Angaben von der eigenen Beitragsleistung befreit, nicht befreit.

(Das Nichtzutreffende ist von der Ausgabestelle zu durchstreichen.)

.................., den .... 191 ....

....

(L. S.) (Unterschrift der Ausgabestelle der Angestelltenversicherung.)

[Seite 1.]

RfA. II Nr. 2.

Versicherungskarte Nr. .... für

....

(Vor- und Zuname, bei Frauen auch Geburtsname, Zuname unterstreichen)

geboren am .... im Jahre 18 ....

zu ...., ...

(Geburtsort) (Kreis, Amt)

Zur Zeit der Ausstellung dieser Karte:

....

(Wohnort, Wohnung)

....

Berufsstellung und Beruf)

Ist der Versicherte von der eigenen Beitragsleistung nach § 390 des Gesetzes befreit? ....

(Ja, nein)

Diese Karte ist ausgestellt

am ....191...... von der Ausgabestelle

(Stempel der Ausgabestelle)

Versicherungsgesetz für Angestellte vom 20. Dezember 1911.

§ 195. Die Karte soll binnen fünf Jahren nach dem Tage der Ausstellung durch eine neue ersetzt werden. Ist dies versäumt, so kann die Ortspolizeibehörde den Versicherten dazu durch Geldstrafen bis zu zehn Mark anhalten.

In den Fällen der §§ 177, 187 ist der Versicherte verpflichtet, spätestens zwei Monate nach Ablauf des Kalenderjahrs die Versicherungskarte der Reichsversicherungsanstalt einzusenden*). Er kann hierzu die Vermittlung der von der Reichsversicherungsanstalt errichteten Beitrags- und Markenverkaufsstellen beanspruchen, die auf Verlangen die Karten gegen Ausstellung einer Empfangsbescheinigung entgegennehmen und an die Reichsversicherungsanstalt einsenden.

Wer die Versicherungskarte nicht rechtzeitig einsendet, kann von der Reichsversicherungsanstalt mit Geldstrafe bis zu zwanzig Mark bestraft werden.

Auf Beschwerde entscheidet der Reichskanzler endgültig.

Die Strafen werden wie Gemeindeabgaben beigetrieben.

*) Die Reichsversicherungsanstalt verzichtet auf die Einsendung.

(Fortsetzung Rückseite)

[Seite 6.]*)

§ 198. Die Karte darf nur die gesetzlich vorgeschriebenen Angaben enthalten und keine besonderen Merkmale tragen; vor allem darf aus ihr nichts über Führung oder Leistungen des Inhabers zu entnehmen sein.

§ 199. Niemand darf eine Versicherungskarte wider den Willen des Inhabers zurückbehalten. Dies gilt nicht für die zuständigen Stellen, wenn sie die Karten zur Neuausstellung, Berichtigung oder Beitragsüberwachung zurückbehalten.

Wer Karten dieser Vorschrift zuwider zurückbehält, ist dem Berechtigten für Nachteile hieraus verantwortlich. Die Ortspolizeibehörde nimmt die Karte ab und händigt sie dem Berechtigten aus.

§ 347. Wer Versicherungskarten mit unzulässigen Eintragungen oder mit besonderen Merkmalen versieht, kann vom Rentenausschusse mit Geldstrafe bis zu zwanzig Mark bestraft werden.

Mit der gleichen Strafe kann bestraft werden, wer in Versicherungskarten den Vordruck fälschlich ausfüllt oder die zur Ausfüllung des Vordrucks eingetragenen Worte oder Zahlen verfälscht oder wissentlich eine solche Karte gebraucht.

Gegen die Entscheidung des Rentenausschusses findet Beschwerde an die Reichsversicherungsanstalt statt. Diese entscheidet endgültig.

§§ 16, 172 (Gehaltsklassen und Beiträge.)

Gehaltsklasse	Jahresarbeitsverdienst ℳ	Beitrag in ℳ für 1 Monat	Beitrag in ℳ für 12 Monate
A	bis zu 550	1,60	19,20
B	von mehr als 550 bis zu 850	3,20	38,40
C	" " " 850 " " 1 150	4,80	57,60
D	" " " 1 150 " " 1 500	6,80	81,60
E	" " " 1 500 " " 2 000	9,60	115,20
F	" " " 2 000 " " 2 500	13,20	158,40
G	" " " 2 500 " " 3 000	16,60	199,20
H	" " " 3 000 " " 4 000	20,00	240,00
J	" " " 4 000 " " 5 000	26,60	319,20

§ 177. Beschäftigen mehrere Arbeitgeber den Versicherten während des Monats oder findet die Beschäftigung nicht den Beitragsmonat hindurch statt, so hat jeder Arbeitgeber acht Hundertstel des für die Beschäftigung gezahlten Entgelts als Beitrag zu zahlen. Der hiernach für den Monat sich ergebende Beitrag ist auf zehn Pfennig aufzurunden.

(Z. B. Entgelt = 15,30 ℳ; Beitrag = 0,08 · 15,30 = 1,224 ℳ oder aufgerundet = 1,30 ℳ.)

§ 392 Abs. 1. In den Fällen des § 390 ist der Arbeitgeber verpflichtet, den nach diesem Gesetz auf ihn entfallenden Beitragsanteil an die Reichsversicherungsanstalt abzuführen; dem Versicherten werden dafür die halben Leistungen des Gesetzes gewährt.

*) Seiten 2 bis 5 folgen umstehend.

[Seiten 2 bis 5]

Im Jahre 191....... sind Beiträge gezahlt **)

für Monat	Betrag in ℳ	Namensbeischrift des Arbeitgebers durch Stempel oder handschriftlich.

**) Im Falle der Verwendung von Marken sind in die Felder Marken einzukleben; sie sind zu entwerten.

[Seiten 2 bis 5.]

Im Jahre 191...... sind Beiträge gezahlt**)

für Monat	Betrag in ℳ		Namensbeischrift des Arbeitgebers durch Stempel oder handschriftlich.

**) Im Falle der Verwendung von Marken sind in die Felder Marken einzukleben; sie sind zu entwerten.

Zum Schließen der Übersicht.

RfA. II Nr. 3.

Übersicht nach § 181 des Versicherungsgesetzes für Angestellte vom 20. Dezember 1911.

— Vom Absender zu frankieren. —

An

das Direktorium der Reichsversicherungsanstalt für Angestellte

Berlin-Wilmersdorf

Hohenzollerndamm.

Zur Beachtung bei Ausfüllung der Rückseite.

1. Vorschriften über die Aufstellung und Einsendung der Übersichten.

Die nach § 181 des Gesetzes bei der ersten Beitragsleistung von den Arbeitgebern einzusendenden Übersichten sind unter Benutzung des umseitigen Formulars (RfA. II Nr. 3) aufzustellen, in dem alle versicherungspflichtigen Angestellten in der Reihenfolge ihrer Gehaltsklassen A, B, C usw. aufzuführen sind. Bei den folgenden Beitragsleistungen sind die Veränderungen, welche die Abweichung gegen die vorherige Beitragssumme klarstellen, anzugeben. Wenn nicht volle monatliche Beiträge fällig und überwiesen sind (§ 177 des Gesetzes), so ist in Spalte 8 statt der Gehaltsklasse der gezahlte Entgelt einzustellen. Der Grund hierfür ist kurz in Spalte 10 anzugeben. Z. B. Zugang am . . ./. . .; Abgang am . . ./. . .; Gehaltsänderung am . . ./. . . usw.

Bei Veränderungsanzeigen sind zuerst Abgänge, dann Zugänge und endlich Gehalts- und sonstige Änderungen aufzuführen; die neue Beitragssumme ist zu erläutern.

Die Übersicht muß an die Anstalt gleichzeitig mit der Einzahlung der Beitragssumme auf das Postscheckkonto abgesandt werden.

§ 339 des Gesetzes. Nehmen Arbeitgeber in die Nachweise oder Anzeigen, die sie nach den Vorschriften des Gesetzes oder den Bestimmungen der Reichsversicherungsanstalt aufzustellen haben, Eintragungen auf, deren Unrichtigkeiten sie kannten oder den Umständen nach kennen mußten, oder unterlassen sie die vorgeschriebenen Eintragungen ganz oder teilweise, so kann die Reichsversicherungsanstalt Geldstrafe bis zu fünfhundert Mark gegen sie verhängen.

2. Vorschriften über Jahresarbeitsverdienst, Gehaltsklassen und Beiträge.

§ 2. Zum Entgelt im Sinne dieses Gesetzes gehören neben Gehalt oder Lohn auch Gewinnanteile, Sach- und andere Bezüge, die der Versicherte, wenn auch nur gewohnheitsmäßig, statt des Gehalts oder Lohnes oder neben ihm von dem Arbeitgeber oder einem Dritten erhält.

Der Wert der Sachbezüge wird nach Ortspreisen berechnet, welche die untere Verwaltungsbehörde festsetzt.

§ 17. Soweit das Gehalt in bar, aber nicht jährlich gezahlt wird, gilt als Jahresarbeitsverdienst für die Zugehörigkeit zu den Gehaltsklassen bei wöchentlicher Zahlung das 52fache, bei monatlicher Zahlung das 12fache, bei vierteljährlicher Zahlung das 4fache des gezahlten Betrags. Bei Berechnung von Gewinnanteilen und ähnlichen Bezügen, die ihrem Betrage nach nicht feststehen, wird der Betrag des letzten Jahres zu Grunde gelegt, für das dem Versicherten die Bezüge zugeflossen sind. Sind ihm bei Fälligkeit des Monatsbeitrags aus der gegenwärtigen versicherungspflichtigen Beschäftigung Bezüge dieser Art noch nicht gezahlt, so gilt für die Berechnung des Jahresarbeitsverdienstes das in bar gewährte Gehalt. Für Sachbezüge wird der nach § 2 Abs. 2 berechnete Wert zu Grunde gelegt.

§§ 16, 172

Gehaltsklasse	Jahresarbeitsverdienst ℳ	Beitrag in ℳ für 1 Monat	Beitrag in ℳ für 12 Monate
1	2	3	4
A	bis zu 550 . . .	1,60	19,20
B	von mehr als 550 „ „ 850 . . .	3,20	38,40
C	„ „ „ 850 „ „ 1 150 . . .	4,80	57,60
D	„ „ „ 1 150 „ „ 1 500 . . .	6,80	81,60
E	„ „ „ 1 500 „ „ 2 000 . . .	9,60	115,20
F	„ „ „ 2 000 „ „ 2 500 . . .	13,20	158,40
G	„ „ „ 2 500 „ „ 3 000 . . .	16,60	199,20
H	„ „ „ 3 000 „ „ 4 000 . . .	20,00	240,00
J	„ „ „ 4 000 „ „ 5 000 . . .	26,60	319,20

§ 177. Beschäftigen mehrere Arbeitgeber den Versicherten während des Monats oder findet die Beschäftigung nicht den Beitragsmonat hindurch statt, so hat jeder Arbeitgeber acht Hundertstel des für die Beschäftigung gezahlten Entgelts als Beitrag zu zahlen. Der hiernach für den Monat sich ergebende Beitrag ist auf zehn Pfennig aufzurunden. (Beispiel: = 15,60 ℳ; Beitrag 0,08 . 15,60 = 1,248 ℳ, aufgerundet = 1,30 ℳ.)

§ 392 Abs. 1. In den Fällen des § 390 ist der Arbeitgeber verpflichtet, den nach diesem Gesetz auf ihn entfallenden Beitragsanteil an die Reichsversicherungsanstalt abzuführen; dem Versicherten werden dafür die halben Leistungen dieses Gesetzes gewährt.

Blatt Nr. ....

Des Arbeitgebers Name und Betriebsart	Sitz des Betriebs	
....	(Ort) .... Straße Nr.	.... (Postanstalt)
....	.... (Kreis, Amt) (Staat)	.... (Oberpostdirektion)

Die dem Postscheckkonto der Reichsversicherungsanstalt bei dem Postscheckamt in Berlin für den Monat .... 191...... am .....ten .... überwiesene Beitragssumme setzt sich wie folgt zusammen*):

Laufende Nr.	Des Angestellten*)		Geburts-			Geburtsort	Überwiesener Betrag		
	Name	Vor-(Ruf-) Name	Tag	Monat	Jahr		Gehaltsklasse	ℳ	Gründe für nicht volle Monatsbeiträge
1	2	3	4	5	6	7	8	9	10

*) Siehe vor der Ausfüllung des Formulars die Vorderseite.

Merkblatt des Rentenausschusses Berlin über den Abzug der Beitragshälfte vom Gehalt.

Der Arbeitgeber, der den Versicherten beschäftigt, hat nach § 176 des Versicherungsgesetzes für Angestellte die gesetzlichen Beiträge an die Reichsversicherungsanstalt für Angestellte zu entrichten. Der Angestellte muß sich aber, wenn er nicht auf Grund einer privaten Lebensversicherung gemäß § 390 des Versicherungsgesetzes für Angestellte von der eigenen Beitragsleistung — das heißt von der ihm obliegenden Beitragshälfte — befreit ist, nach § 178 bei der Gehaltszahlung die Hälfte der Beiträge vom Gehalt abziehen lassen.

Bei Gehaltsvorauszahlungen kann gleichzeitig der Abzug der Arbeitnehmerbeiträge erfolgen.

Die durch Übersendung der Beiträge an die Reichsversicherungsanstalt für Angestellte entstehenden Portokosten stellen keine Beiträge dar; der Arbeitgeber ist daher, da ihm die portofreie Beitragsentrichtung obliegt, nicht berechtigt, dem Angestellten die Hälfte der Postgebühren am Gehalt zu kürzen.

Sind Abzüge bei einer Gehaltszahlung unterblieben, so dürfen sie nach § 179 des Versicherungsgesetzes für Angestellte nur noch bei der nächsten nachgeholt werden, es sei denn, daß der Arbeitgeber ohne sein Verschulden wirksame Beiträge nachträglich entrichtet. Ob ein Verschulden des Arbeitgebers im einzelnen Falle anzunehmen ist, läßt sich ohne Kenntnis der näheren Umstände nicht beurteilen. Waren zum Beispiel die Beiträge gestundet, und wurde von der Stundung Gebrauch gemacht, so liegt eine nachträgliche Entrichtung wirksamer Beiträge ohne Verschulden des Arbeitgebers vor. Irrtum und Ungewißheit über die Versicherungspflicht eines Angestellten schließt jedoch, wie der Rentenausschuß in einem Beschluß vom 27. April 1914 (B. 522/13) ausgesprochen hat, ein Verschulden nur dann aus, wenn der Irrtum oder die Ungewißheit nach Lage der Sache entschuldbar war. „Welcher Maßstab hierbei anzulegen ist — so heißt es in dem Beschluß —, muß sich aus dem Zwecke des Gesetzes ergeben. Die Gesetzesvorschrift trägt der Erfahrungstatsache Rechnung, daß der Angestellte für seinen Lebensunterhalt zumeist auf sein Berufseinkommen angewiesen ist. Sie will Vorsorge treffen, daß durch übermäßige Abzüge am Gehalt die Existenz des Angestellten nicht gefährdet werde. Wie das Gesetz dem Arbeitgeber den Vollzug der Beitragsentrichtung überhaupt, so hat es in den §§ 178, 179 ihm besonders noch die Pflicht auferlegt, den gesetzgeberischen Willen, die Beiträge dem Angestellten nur in gleichmäßig verteilten Beträgen abzunehmen, zur Durchführung zu bringen. Diese Absicht des Gesetzes, einen Schutz für die Existenz des Angestellten zu gewähren, bringt es mit sich, daß der Arbeitgeber nicht wegen eines wenn auch subjektiv oder objektiv berechtigten Zweifels über die Versicherungspflicht des Angestellten den Abzug des Beitrags unterlassen darf. Er muß sich vielmehr, da ihn die Verantwortung trifft, durch Nachfrage an zuständiger Stelle, wie zum Beispiel bei der Ausgabestelle oder dem Direktorium der Reichsversicherungsanstalt für Angestellte oder dem Rentenausschuß, der insbesondere nach dem Gesetze zur Auskunfterteilung in Angelegenheiten der Angestelltenversicherung berufen ist, Gewißheit über die Versicherungspflicht des Angestellten zu verschaffen suchen." Liegt eine die Versicherungspflicht bejahende Äußerung von berufener Stelle vor, so muß der Arbeitgeber vom Zeitpunkt seiner Kenntnis ab die bis dahin fälligen und die laufenden Beiträge für den Angestellten entrichten und ihm bei den Gehaltszahlungen die gesetzlich zulässigen Abzüge machen. Tut er es nicht, so ist seine Unterlassung schuldhaft.

Wenn der Arbeitgeber nachträgliche Abzüge vornehmen will, die der Angestellte für ungerechtfertigt hält, so steht es beiden Teilen frei, bei dem unterzeichneten, in diesen Fragen endgültig entscheidenden Rentenausschuß ein Streitverfahren gemäß § 211 des Versicherungsgesetzes für Angestellte einzuleiten.

Für den Fall, daß nach dem Ausscheiden eines Angestellten aus dem Dienste noch Beiträge zu entrichten sind, hat der Rentenausschuß in einem Beschluß vom 30. September 1914 (B. 1011/13) folgendes ausgesprochen: „Das Versicherungsgesetz für Angestellte zieht grundsätzlich den Arbeitgeber und den Angestellten gleichmäßig zur Beitragsleistung heran (§ 170). Der Reichsversicherungsanstalt für Angestellte gegenüber zahlungspflichtig ist aber allein der Arbeitgeber, er hat nach § 176 die Beiträge für sich und den Angestellten zu entrichten und haftet somit der Reichsversicherungsanstalt für Angestellte in voller Höhe der Beiträge. Seinen Erstattungsanspruch gegenüber dem Angestellten kann der Arbeitgeber nach § 178 nur im Wege des Gehaltsabzuges verwirklichen. Der Angestellte hat sich lediglich bei der jeweiligen Gehaltszahlung innerhalb der Grenze des § 178 Abzüge gefallen zu lassen. Ist der Angestellte ausgeschieden und dadurch der Abzug bei der Gehaltszahlung unmöglich geworden, so gibt es für den Arbeitgeber kein Mittel, seinen Erstattungsanspruch gegenüber dem Angestellten zu verwirklichen. Der Arbeitgeber muß daher die Beiträge in voller Höhe selbst tragen."

Merkblatt des Rentenausschusses Berlin über den Jahresarbeitsverdienst und seine Berechnung.

A.

1. Nach § 2 des Versicherungsgesetzes für Angestellte gehören zum Entgelt im Sinne dieses Gesetzes neben dem Gehalt oder Lohn auch Gewinnanteile, Sach- und andere Bezüge, die der Versicherte, wenn auch nur gewohnheitsmäßig, statt des Gehalts oder Lohnes oder neben ihm von dem Arbeitgeber oder einem Dritten erhält.

2. Zum Jahresarbeitsverdienst gehören demnach:

a) Gehalt oder Lohn,
b) Provisionen,
c) Reisespesen, Reisekosten und alle anderen zur Deckung eines vom Arbeitgeber verlangten Berufsaufwandes besonders ausgeworfenen Beträge insoweit, als sie nicht auf einen durch die geschäftliche Tätigkeit verursachten notwendigen Mehraufwand zu rechnen sind, also entweder Ausgaben im Haushalt ersparen oder in bar erspart werden, mithin einen wirtschaftlichen Vorteil des Angestellten bedeuten (vgl. Nr. 4); demnach gehören zum Beispiel Kleidergelder zum Jahresarbeitsdienst:

aa) insoweit sie für die Beschaffung von Dienstkleidung nicht verausgabt werden,
bb) wenn eine besondere Dienstkleidung nicht zu tragen ist;

d) Mankogelder,
e) Gewinnanteile oder Tantiemen,
f) Gratifikationen; sie werden meist keinen Rechtsanspruch, sondern eine bestehende Gewohnheit zur Grundlage haben; eine Gewohnheit, die sich innerhalb der betreffenden Branche oder innerhalb des betreffenden Betriebes herausgebildet hat, genügt; wird einem Angestellten gekündigt, so daß die Aussicht auf die am Ende des Geschäftsjahres zu zahlende Gratifikation wegfällt, so ist von der Kündigung ab die Gratifikation bei der Berechnung des Jahresarbeitsverdienstes und der monatlich festzustellenden Gehaltsklasse außer Ansatz zu lassen; infolgedessen kann ein Angestellter unter Umständen in eine niedrigere Gehaltsklasse kommen, oder — wenn er versicherungsfrei war, weil sein Jahresarbeitsverdienst 5000 *M* überstieg — versicherungspflichtig werden; die vor der Kündigung zuviel gezahlten Beiträge können aber nicht zurückgefordert werden, auch hat der Eintritt der Versicherungspflicht keine rückwirkende Kraft;
g) diejenigen Beträge, die nach dem Dienstvertrage außer dem dem Angestellten selbst zustehenden Entgelt an die für den Arbeitgeber nicht tätige Ehefrau des Angestellten zu zahlen sind; es ist also der vom Arbeitgeber an beide Eheleute gezahlte Gesamtbetrag als Entgelt des angestellten Ehemannes anzusehen;
h) Schuldentilgungsbeiträge, die für die Leistung des Angestellten mit seinem Einverständnis unmittelbar an Dritte entrichtet werden;
i) die Prämien für eine Lebensversicherung des Angestellten, welche vom Arbeitgeber bezahlt werden, wenn die Versicherung derart abgeschlossen ist, daß dem Angestellten aus dem Versicherungsvertrag ein unmittelbares Recht auf die Versicherungsleistung zusteht; das gleiche gilt für die vom Arbeitgeber zu den Prämien geleisteten Zuschüsse;
k) Arbeitnehmerbeiträge zur Kranken-, Invaliden- und Angestelltenversicherung, deren Leistung der Arbeitgeber

freiwillig übernommen hat; wird aber durch die Hinzurechnung dieser Beiträge zum sonstigen Jahresarbeitsverdienst der Betrag von 5000 *M* überschritten, so unterliegt der Angestellte gleichwohl mit einem Gehalt von 5000 *M* der Versicherungspflicht;

l) der Wert der dem Angestellten gewährten freien Fahrt vom Wohnort zur Arbeitsstätte und umgekehrt;

m) die Sachbezüge, zum Beispiel: die Gewährung freien Unterhalts, freier Beköstigung, Wohnung, Heizung und Beleuchtung.

3. Nicht zum Jahresarbeitsverdienst gehören:

a) Kapitalzinsen;

b) Einkünfte aus Gesellschaftsanteilen oder einer sonstigen selbständigen Unternehmertätigkeit;

c) Pensionen;

d) Renten;

e) die Entschädigung dafür, daß der Angestellte vertragsmäßig eine bestimmte Tätigkeit nicht ausübt (Karenzgelder);

f) die Entschädigung für erhöhte Abnutzung von Kleidungsstücken und Schuhzeug bei Feld-, Garten-, Erd- usw. Arbeiten.

4. Von dem gewährten Entgelt dürfen nicht abgezogen werden:

a) solche Unkosten, die nicht (wie zum Beispiel die Reisekosten) besonders ausgeworfen sind, sondern von dem gewährten Entgelt zu bestreiten sind;

b) die den Angestellten zur Last fallenden Beiträge zur Kranken-, Invaliden- und Angestelltenversicherung.

5. Unerheblich ist, ob dem Angestellten wegen einer Gegenforderung des Arbeitgebers (zum Beispiel: weil der Angestellte sich einer Veruntreuung schuldig gemacht hat) das Gehalt ganz oder teilweise nicht ausbezahlt wird.

6. Für denselben Zeitraum, für den das Gehalt gezahlt wird, sind auch die gesetzlichen Beiträge zu entrichten. Hierbei wird von der Erfahrung ausgegangen, daß regelmäßig das Beschäftigungsverhältnis als solches während der Dauer der Gehaltszahlung fortbesteht, mag auch eine wirkliche Betätigung im Dienste des Arbeitgebers zeitwillig durch Urlaub, Krankheit, Ableistung militärischer Übungen, vorzeitige Entlassung und dergleichen wegfallen.

Wenn ein Angestellter einen Teil eines Monats oder einen ganzen Monat hindurch aus einem dieser Gründe nicht für seinen Arbeitgeber tätig ist, aber seinen Entgelt für den vollen Monat weiterbezieht, so sind demgemäß die Beiträge der dem Jahresarbeitsverdienst entsprechenden Klasse zu entrichten.

Ist ein Angestellter während eines ganzen Monats nicht für seinen Arbeitgeber tätig und bezieht er keinen Entgelt, so ist für diesen Monat kein Beitrag zu zahlen.

Ist er während eines Teils des Monats nicht für seinen Arbeitgeber tätig und bezieht er nur für den Rest des Monats Entgelt, so ist für den erstgenannten Teil des Monats kein Beitrag und für den Rest gemäß § 177 des Versicherungsgesetzes für Angestellte acht vom Hundert des gewährten Entgelts zu zahlen.

Wird einem erkrankten Angestellten das Krankengeld auf seinen Entgelt angerechnet, so ist der verbleibende Restbetrag als derjenige Arbeitsverdienst anzusehen, von dem Beiträge zu entrichten sind. Verbleibt kein Restbetrag, so sind auch keine Beiträge zu entrichten.

Ferner sind im Falle vorzeitiger Entlassung eines Angestellten, wenn noch bis zum Schluß der ursprünglichen Vertragszeit das Gehalt fortbezahlt wird, grundsätzlich die Beiträge bis zu diesem letzteren Zeitpunkt fortzuentrichten. Dies gilt sowohl dann, wenn die Gehaltszahlung für die Zeit nach der Entlassung seitens des Arbeitsgebers auf Grund eines vom Angestellten erwirkten Zivilurteils, als auch dann, wenn sie ohne dies erfolgt. In Ausnahmefällen wird allerdings mit dem Aufhören der Dienstleistung im Falle vorzeitiger Entlassung auch das Beschäftigungsverhältnis als solches seinen Abschluß finden. Dazu genügt aber nicht die einseitige Erklärung des Arbeitgebers, daß er auf die Dienste des Angestellten verzichte. Vielmehr bedarf es hierzu einer Vereinbarung beider Teile dahin, daß nicht nur die Tätigkeit des Angestellten für den seitherigen Arbeitgeber aufhören, sondern das gesamte Beschäftigungsverhältnis als solches vorzeitig aufgelöst sein solle. Eine solche Vereinbarung wird selten sein. Sie wird insbesondere dann anzunehmen sein, wenn der Angestellte nach der Entlassung noch vor Ablauf der ursprünglichen Vertragszeit einen neuen Dienst gegen Entgelt antritt.

B.

1. Für die Berechnung des Jahresarbeitsverdienstes bestimmt § 17 des Versicherungsgesetzes für Angestellte folgendes:

Soweit das Gehalt in bar, aber nicht jährlich gezahlt wird, gilt als Jahresarbeitsverdienst für die Zugehörigkeit zu den Gehaltsklassen
bei wöchentlicher Zahlung das 52fache,
bei monatlicher Zahlung das 12fache,
bei vierteljährlicher Zahlung das 4fache
des gezahlten Betrags. Bei der Berechnung von Gewinnanteilen und ähnlichen Bezügen, die ihrem Betrage nach nicht feststehen, wird der Betrag des letzten Jahres zugrunde gelegt, für das dem Versicherten die Bezüge zugeflossen sind. Sind ihm bei der Fälligkeit des Monatsbeitrags aus der gegenwärtigen versicherungspflichtigen Beschäftigung Bezüge dieser Art noch nicht gezahlt, so gilt für die Berechnung des Jahresarbeitsverdienstes das in bar gewährte Gehalt.

2. Als letztes Jahr im Sinne des zweiten Satzes des § 17 gilt das Geschäftsjahr, und zwar dasjenige Geschäftsjahr, für das die Beträge feststehen.

3. Einer Neuberechnung des so ermittelten Jahresarbeitsverdienstes bedarf es nur bei einer im Laufe des Jahres eintretenden Veränderung des Entgelts. In diesem Falle ist von der darauf folgenden ersten Beitragsleistung ab die veränderte Vergütung der Berechnung des Jahresarbeitsverdienstes zugrunde zu legen.

4. Wird das Gehalt mit rückwirkender Kraft erhöht, so sind die dadurch etwa erhöhten Beiträge auch für die Vergangenheit nachzuzahlen. Wird aber das Gehalt auf über 5000 *M* erhöht, so besteht die Versicherungsfreiheit erst für die Zukunft.

5. Provisionen, Spesen (soweit sie als Jahresarbeitsverdienst gelten, vgl. A, 2c), Gewinnanteile oder Tantiemen, Gratifikationen und alle anderen ungewissen Bezüge — das heißt solche Bezüge, deren Betrag nicht im voraus

feststeht — fallen unter § 17 Satz 2 des Versicherungsgesetzes für Angestellte. Sie sind daher bei der Feststellung der Gehaltsklasse zur Beitragsleistung für die Angestelltenversicherung in derjenigen Höhe anzusetzen, in der sie dem Versicherten im letzten Geschäftsjahre zugeflossen sind. War der Angestellte noch kein volles Geschäftsjahr bei demselben Arbeitgeber auf solche Bezüge oder auf Gehalt nebst solchen Bezügen angestellt, so wird

a) wenn er nur auf ungewisse Bezüge angewiesen ist, das ganze laufende Geschäftsjahr hindurch ihr mutmaßlicher, durch Schätzung zu ermittelnder Gesamtbetrag im laufenden Geschäftsjahre angesetzt;
b) erhält der Angestellte dagegen neben ungewissen Bezügen noch festes Gehalt, so kommt bis zur erstmaligen Gewährung der ungewissen Bezüge nur das feste Gehalt zum Ansatz und von da ab neben dem festen Gehalt der durch Schätzung zu ermittelnde mutmaßliche Gesamtbetrag der ungewissen Bezüge im laufenden Geschäftsjahre.

Garantierte Mindestbeträge ungewisser Bezüge gelten als festes Gehalt.

Die vorstehenden Grundsätze gelten nicht nur für den Ansatz von ungewissen Bezügen bei der Beitragsleistung, sondern auch bei der Feststellung des Jahresarbeitsverdienstes zur Prüfung der Versicherungspflicht im Sinne des § 1 Abs. 3 des Versicherungsgesetzes für Angestellte.

Bei ungewissen Bezügen wird es häufiger als beim festen Gehalt vorkommen, daß ein Angestellter bald versicherungsfrei und bald versicherungspflichtig ist, je nachdem die Gesamtsumme seines Jahresarbeitsverdienstes 5000 *M* übersteigt oder nicht. Daher empfiehlt es sich, daß die Angestellten, deren Jahresarbeitsverdienst sich in der Nähe der 5000 *M*-Grenze hält, in den versicherungsfreien Zeiten freiwillig weiterversichern. Diese Fortsetzung der Versicherung kann in der niedrigsten Gehaltsklasse erfolgen, deren Monatsbeitrag sich auf 1,60 *M* beläuft.

6. Bei sogenannten Saisonangestellten, die ihr Gehalt nicht jährlich, sondern in kürzeren Zwischenräumen erhalten, aber nur für einen Teil des Jahres Gehalt beziehen, insbesondere zum Beispiel bei Schauspielern, berechnet sich der

Jahresarbeitsverdienst zur Feststellung der Versicherungspflicht in den verschiedenen Abschnitten des Jahres nach dem wirklichen Einkommen, das der Betreffende in dem Kalenderjahre hat, soweit es sich im Augenblick der Prüfung feststellen läßt. Demnach kommen im Anfang des Kalenderjahres während der Dauer des Winterengagements für Schauspieler, die bereits ein Sommerengagement und ein Engagement für den folgenden Winter besitzen, auch diese Engagements, soweit sie in das laufende Kalenderjahr fallen, in Betracht, dagegen für solche, die noch nicht für den Sommer und den folgenden Winter engagiert sind, nur der in das Kalenderjahr fallende Teil des laufenden Winterengagements. Im Laufe des Sommerengagements kommt sowohl dieses als auch der in das Kalenderjahr fallende Teil des abgelaufenen Winterengagements sowie, wenn ein Engagement für den folgenden Winter bereits abgeschlossen ist, auch dieses bis zum Ablauf des Kalenderjahres zum Ansatz.

Dagegen ist für die Beitragsentrichtung der Jahresarbeitsverdienst nach § 17 Satz 1 zu berechnen, das heißt: er beträgt das Zwölffache der jeweiligen Monatsgage. Ergibt sich hiernach ein Jahresarbeitsverdienst von mehr als 5000 *M*, so gehört der Angestellte, wenn er nach dem vorhergehenden Absatz versicherungspflichtig ist, zur höchsten Gehaltsklasse J. Bezieht zum Beispiel ein Schauspieler für sechs Monate eine Monatsgage von 300 *M*, so sind für ihn die Beiträge der einem Jahresarbeitsverdienst von 12×300 = 3600 *M* entsprechenden Klasse H (3000 bis 4000 *M*) zu entrichten, obwohl sein tatsächlicher Jahresarbeitsverdienst nur 1800 *M* (Klasse E) beträgt. Erhält er in den Wintermonaten je 500 *M*, in den Sommermonaten je 100 *M*, so sind im Winter die Beiträge der Klasse J, im Sommer die der Klasse D (1150 bis 1500 *M*) zu entrichten.

7. Der Wert der Sachbezüge wird nach Ortspreisen berechnet, die die untere Verwaltungsbehörde festsetzt.

Bekanntmachung, betreffend die Angestelltenversicherung während des Krieges. Vom 26. August 1915.

RGBl. 1915 S. 531.

Der Bundesrat hat auf Grund des § 3 des Gesetzes über die Ermächtigung des Bundesrats zu wirtschaftlichen Maßnahmen usw. vom 4. August 1914 (RGBl. S. 327) folgende Verordnung erlassen:

I.

§ 1.

Die Zeiten, in denen Versicherte im gegenwärtigen Kriege dem Deutschen Reiche oder der Österreichisch-Ungarischen Monarchie Kriegs-, Sanitäts- oder ähnliche Dienste geleistet haben, werden, soweit sie in vollen Kalendermonaten bestehen, auf die Wartezeiten und bei Berechnung der Versicherungsleistungen an Ruhegeld und Hinterbliebenenrenten nach dem Versicherungsgesetze für Angestellte als Beitragszeiten angerechnet, ohne daß Beiträge entrichtet zu werden brauchen.

§ 2.

Für die Anrechnung ist die Gehaltsklasse des letzten dem 1. August 1914 vorhergehenden Monats maßgebend, für den ein Pflichtbeitrag entrichtet ist. Für Angestellte, die erst nach dem 31. Juli 1914 versicherungspflichtig geworden sind, ist der letzte Pflichtbeitrag maßgebend, der vor Antritt der im § 1 bezeichneten Dienste geleistet worden ist.

Sind in dem in Betracht kommenden Monat nur Beiträge nach § 177 des Versicherungsgesetzes für Angestellte geleistet, so ist die Gehaltsklasse E maßgebend.

In den Fällen des § 390 des Versicherungsgesetzes für Angestellte wird nur der Arbeitgeberbeitrag angerechnet.

§ 3.

Die im § 1 bezeichneten Dienste werden durch die Militärpapiere nachgewiesen.

§ 4.

Beiträge, die für die im § 1 bezeichneten Zeiten entrichtet worden sind, werden, soweit sie nicht nach

§ 398 des Versicherungsgesetzes für Angestellte zurückerstattet sind, dem Arbeitgeber auf seinen Antrag ohne Zinsen zurückgezahlt; der Arbeitgeber hat dem Angestellten den von ihm eingezogenen Beitragsteil zu erstatten.

Der Antrag auf Rückerstattung von Beiträgen ist spätestens sechs Monate nach Ablauf des Monats zu stellen, in welchem der Frieden geschlossen worden ist. Beim Fehlen eines Friedensschlusses beginnt der Lauf der Frist mit dem Schlusse desjenigen Jahres, in welchem der Krieg beendet ist.

Ist der Antrag innerhalb der Frist nicht gestellt oder wird er abgelehnt, so verbleiben die Beiträge dem Konto des Angestellten; eine Anrechnung der Kriegsmonate als Beitragszeiten nach § 1 findet insoweit nicht statt.

Für die Entscheidung von Streitigkeiten über die Rückerstattung von Beiträgen gelten die §§ 210 ff. des Versicherungsgesetzes für Angestellte entsprechend.

§ 5.

Die vorstehenden Bestimmungen gelten entsprechend für die Fälle der freiwilligen Versicherung. Rückzahlungen nach § 4 werden auf Antrag an den Versicherten geleistet.

§ 6.

Diese Verordnung gilt nicht für solche Versicherte, welche in dem nach §§ 2, 5 maßgebenden Monat bei einer zugelassenen Ersatzkasse (§§ 372 ff. des Versicherungsgesetzes für Angestellte) versichert waren.

II.

§ 7.

Die auf Militärdienstzeiten bezüglichen Vorschriften des § 51 Nr. 1, 2 des Versicherungsgesetzes für Angestellte gelten entsprechend für die Zeiten, in welchen der Versicherte während des gegenwärtigen Krieges sich in feindlicher Gefangenschaft befindet, ohne daß die Voraussetzungen des § 51 Nr. 1, 2 vorliegen.

III.

§ 8.

Versicherte, die während des gegenwärtigen Krieges infolge von Maßnahmen feindlicher Staaten verhindert sind, Beiträge zur freiwilligen Fortsetzung der Versicherung oder die Anerkennungsgebühr für die Aufrechterhaltung der erworbenen Anwartschaften (§ 15 des Versicherungsgesetzes für Angestellte) einzuzahlen, können die Beiträge und die Anerkennungsgebühr abweichend vom § 201 des Gesetzes nachzahlen. Die Nachzahlung hat spätestens bis zum Ablauf desjenigen Kalenderjahrs zu erfolgen, welches dem Jahre folgt, in welchem der Krieg beendet ist.

§ 9.

Bezieht ein Versicherter während des gegenwärtigen Krieges infolge einer Betriebseinschränkung ein geringeres Entgelt als bisher oder wird er infolge einer Beitriebseinstellung stellenlos, so kann er für die Kriegsmonate Beiträge bis zu dem Betrag entrichten, welcher dem Durchschnitt der letzten sechs vor der Betriebseinschränkung oder -einstellung entrichteten Pflichtbeiträge entspricht. Die Mehrbeträge sind spätestens bis zum Ablauf desjenigen Kalenderjahrs zu entrichten, welches dem Jahre folgt, in welchem der Krieg beendet ist.

IV.

§ 10.

Die nach § 392 Abs. 3 Nr. 3 des Versicherungsgesetzes für Angestellte an die Reichsversicherungsanstalt für Angestellte abgetretenen Versicherungsbeträge, die infolge von Kriegstodesfällen während des gegenwärtigen Krieges fällig geworden sind oder noch werden, sind an die Hinterbliebenen der Kriegsteilnehmer nach Abzug der von der Reichsversicherungsanstalt für Angestellte an die Lebensversicherungsunternehmungen weitergezahlten Beiträge zuzüglich 3½ vom Hundert Zinsen und Zinseszinsen zu erstatten.

§ 11.

Anspruchsberechtigt sind die im § 60 Abs. 2 des Versicherungsgesetzes für Angestellte bezeichneten Personen.

§ 12.

Die Übertragung, Verpfändung und Pfändung dieser Ansprüche ist nur in dem im § 93 des Versicherungsgesetzes für Angestellte vorgeschriebenen Umfang zulässig.

§ 13.

Der Anspruch auf Erstattung verfällt, wenn er nicht innerhalb eines Jahres nach dem Tode des Versicherten, in den Fällen, in welchen der Tod vor dem Inkrafttreten dieser Verordnung eingetreten ist, nicht innerhalb eines Jahres nach dem Inkrafttreten dieser Verordnung geltend gemacht worden ist.

§ 14.

Für das Verfahren bei Feststellung der Erstattungsansprüche und bei Entscheidung von Streitigkeiten gelten die Vorschriften des Versicherungsgesetzes für Angestellte (§§ 229 ff.) entsprechend.

V.

§ 15.

Die im § 395 des Versicherungsgesetzes für Angestellte bestimmte Frist, innerhalb welcher eine Abkürzung der Wartezeit zum Bezuge der Leistungen dieses Gesetzes gestattet werden kann, wird für Kriegsteilnehmer bis zum Schlusse desjenigen Kalenderjahrs verlängert, welches auf das Jahr folgt, in welchem der Krieg beendet ist.

VI.

§ 16.

Diese Verordnung tritt mit dem Tage der Verkündung in Kraft. Die Bestimmungen in den §§ 1 bis 12 gelten für die Zeit vom 1. August 1914 an.

Bekanntmachung, betreffend Abkürzung der Wartezeit in der Angestelltenversicherung. Vom 9. Dezember 1915.

(RGBl. 1915 S. 815)

Der Bundesrat hat auf Grund des § 3 des Gesetzes über die Ermächtigung des Bundesrats zu wirtschaftlichen Maßnahmen usw. vom 4. August 1914 (Reichs-Gesetzbl. S. 327) folgende Verordnung erlassen:

Die im § 395 des Versicherungsgesetzes für Angestellte bestimmte Frist, innerhalb welcher eine Abkürzung der Wartezeit zum Bezuge der Leistungen dieses Gesetzes gestattet werden kann, wird für alle Personen, die vor dem 1. Januar 1916 zu den Angestellten im Sinne des § 395 gehören, bis zum Schlusse desjenigen Kalenderjahrs verlängert, welches auf das Jahr folgt, in welchem der Krieg beendet ist.

Bekanntmachung, betreffend die Ausführung des § 8 des Versicherungsgesetzes für Angestellte. Vom 4. Mai 1916.

RGBl. 1916 S. 364.

Auf Grund des § 8 des Versicherungsgesetzes für Angestellte (RGBl. 1911 S. 989) hat der Bundesrat bestimmt:

Die Bekanntmachung, betreffend die Ausführung des § 8 des Versicherungsgesetzes für Angestellte, vom 9. Juli 1913 (RGBl. S. 571) erhält folgenden Zusatz:

3. Dienstleistungen von Angestellten, die bei Stellenlosigkeit in gemeinnützigen Schreibstuben oder in Verpflegungsstationen oder ähnlichen Wohltätigkeitsanstalten während eines verhältnismäßig geringen Zeitraums des Kalenderjahrs beschäftigt werden, auch wenn eine Geldentschädigung gewährt wird.

Bekanntmachung, betreffend die Beitragserstattung nach § 398 des Versicherungsgesetzes für Angestellte. Vom 11. Mai 1916.

RGBl. 1916 S. 370.

Der Bundesrat hat auf Grund des § 3 des Gesetzes über die Ermächtigung des Bundesrats zu wirtschaftlichen Maßnahmen usw. vom 4. August 1914 (RGBl. S. 327) folgende Verordnung erlassen:

§ 1.

Wenn der Versicherte als Angehöriger der bewaffneten Macht des Deutschen Reichs oder eines mit ihm verbündeten oder befreundeten Staates an dem gegenwärtigen Kriege teilgenommen hat (§ 15 des Bürgerlichen Gesetzbuchs) und vor der Feststellung seines Todes während des Krieges vermißt gewesen ist, so wird die Frist für die Geltendmachung des Erstattungsanspruchs nach § 398 Satz 3 des Versicherungsgesetzes für Angestellte, wie folgt berechnet:

Die Frist beginnt

1. mit dem Schlusse des Kalenderjahrs, in welchem der Krieg beendet ist,
2. wenn aber vorher
a) der Tod des Versicherten in das Sterberegister eingetragen wird, mit dem Tage dieser Eintragung,
b) der Versicherte für tot erklärt wird, mit dem Tage, an dem das die Todeserklärung aussprechende Urteil ergeht.

Kommen beide Tage der Nr. 2 in Frage, so ist der frühere maßgebend.

Das Vorstehende gilt entsprechend für Versicherte, die nicht zur bewaffneten Macht gehörten, wenn sie sich bei ihr aufgehalten haben oder ihr gefolgt sind oder wenn sie in die Gewalt des Feindes geraten sind.

§ 2.

Ist der Berechtigte innerhalb der im § 398 Satz 3 des Versicherungsgesetzes für Angestellte oder der im § 1 dieser Verordnung bestimmten Frist infolge von Kriegsverhältnissen verhindert gewesen, den Erstattungsanspruch geltend zu machen, so gilt der Anspruch als rechtzeitig erhoben, wenn er vor dem Ablauf von drei Monaten nach dem Wegfall des Hindernisses geltend gemacht worden ist.

§ 3.

Wird nachgewiesen, daß ein Versicherter, der als verschollen galt, noch lebt, so braucht die Reichsversicherungsanstalt für Angestellte die zu Unrecht erstatteten Beiträge nicht zurückzufordern.

§ 4.

Diese Verordnung tritt mit Wirkung vom 1. August 1914 in Kraft.

Ansprüche auf Beitragserstattung, über die das Feststellungsverfahren am Tage der Verkündung dieser Verordnung schwebt, unterliegen den Bestimmungen dieser Verordnung.

Ist nach dem 31. Juli 1914 eine Beitragserstattung wegen Verfalls des Anspruchs nach § 398 Satz 3 des Versicherungsgesetzes für Angestellte rechtskräftig abgelehnt worden, so ist von Amts wegen zu prüfen, ob die Bestimmungen dieser Verordnung für den Berechtigten günstiger sind. Wird diese Frage bejaht oder wird es von dem Berechtigten verlangt, so ist ihm ein neuer Bescheid zu erteilen.

Bekanntmachung, betreffend die Durchführung des § 392 Abs. 3 Nr. 3 des Versicherungsgesetzes für Angestellte zugunsten berufsunfähiger Kriegsteilnehmer. Vom 14. Juni 1916.

RGBl. 1916 S. 517.

Der Bundesrat hat auf Grund des § 3 des Gesetzes über die Ermächtigung des Bundesrats zu wirtschaftlichen Maßnahmen usw. vom 4. August 1914 (RGBl. S. 327) folgende Verordnung erlassen:

§ 1.

Ist nach § 392 Abs. 3 Nr. 3 des Versicherungsgesetzes für Angestellte durch einen Vertrag zwischen dem Versicherten und der Reichsversicherungsanstalt für Angestellte ein Teil der dem Versicherten zustehenden Versicherungsansprüche gegen die Lebensversicherungsunternehmung an die Reichsversicherungsanstalt für Angestellte abgetreten worden, so gehen die Rechte der Reichsversicherungsanstalt für Angestellte aus einem solchen Vertrag auf Antrag des Versicherten wieder auf ihn über, wenn er

1. im gegenwärtigen Kriege dem Deutschen Reiche oder einem mit ihm verbündeten oder befreundeten Staate Kriegs-, Sanitäts- oder ähnliche Dienste geleistet hat,
2. infolge des Krieges berufsunfähig (§ 25 des Versicherungsgesetzes für Angestellte) geworden ist oder noch wird, und
3. der Reichsversicherungsanstalt für Angestellte die von ihr nach § 392 Abs. 3 des Versicherungsgesetzes für Angestellte an die Lebensversicherungsunternehmung weitergezahlten Beiträge zuzüglich 3 1/2 vom Hundert Zinsen und Zinseszinsen erstattet hat.

Die Reichsversicherungsanstalt für Angestellte hat der Lebensversicherungsunternehmung den Übergang der Ansprüche auf den Versicherten anzuzeigen. Ist die Anzeige der Lebensversicherungsunternehmung zugegangen, so muß dieser gegenüber die Reichsversicherungsanstalt für Angestellte den Übergang gegen sich gelten lassen, auch wenn er nicht erfolgt oder nicht wirksam ist.

Die durch den Übergang und die Anzeige entstehenden Kosten trägt der Versicherte.

§ 2.

Streitigkeiten, die aus Anlaß des § 1 dieser Verordnung zwischen dem Versicherten und der Reichsversicherungsanstalt für Angestellte entstehen, entscheidet der Rentenausschuß und auf Berufung das Schiedsgericht endgültig. Für das Verfahren gelten die §§ 229 ff. des Versicherungsgesetzes für Angestellte entsprechend.

Die Instanzen der Angestelltenversicherung sind an die Entscheidungen der obersten Militärbehörde des Kontingents darüber gebunden, ob eine Gesundheitsstörung als eine Dienstbeschädigung und die Dienstbeschädigung als durch den Krieg herbeigeführt anzusehen ist.

§ 3.

Diese Verordnung tritt mit Wirkung vom 1. August 1914 in Kraft.

Nachtrag.

(Die hier zusammengestellten Entscheidungen und Vollzugserlasse konnten während der Bearbeitung des Textes der Erläuterungen nicht mehr berücksichtigt werden).

Zu § 1.

Zu Anmerkung 6: Wegen des Einflusses der Staatsangehörigkeit siehe auch AVN. 1914 S. 107.

Sind Angestellte für einen inländischen Betriebsunternehmer im Ausland tätig, so sind sie nicht versicherungspflichtig, es sei denn, daß es sich um Angestellte deutscher Reichsangehörigkeit handelt, die entweder bei Grenzstationen beschäftigt sind oder die während einer Beschäftigung im Inland bereits versicherungspflichtig gewesen und entweder ununterbrochen versicherungspflichtig geblieben sind oder ihre Versicherung aufrecht erhalten haben. Als inländische Unternehmung gilt die ausländische Niederlassung einer deutschen Firma dann nicht, wenn sie selbständige Rechtspersönlichkeit hat. Persönliche Bedienstete, die ihren Arbeitgeber ins Ausland begleiten, bleiben versicherungspflichtig (AVN. 1914 S. 86).

Angestellte einer im Ausland domizilierten Gesellschaft, die im Inland eine versicherungspflichtige Beschäftigung ausüben, unterliegen an sich dem Versicherungszwang. Wenn jedoch die ausländische Gesellschaft im Inland kein Vermögen hat, so daß sie zur Erfüllung ihrer gesetzlichen Arbeitgeberpflichten nicht gezwungen werden kann, ist die Aufnahme des Angestellten in die Versicherung nur möglich, wenn die Gesellschaft bereit ist, ohne Zwang die gesetzlichen Pflichten des Arbeitgebers zu erfüllen (AVN. 1914 S. 86).

Zu Anmerkung 8: Zum Begriff des Angestellten siehe AVN. 1915 S. 45.

Zu Anmerkung 10: Über den Begriff des Hauptberufs siehe AVN. 1915 S. 44.

Ständige Dienstbereitschaft kann der Tätigkeit selbst gleichzustellen sein (AVN. 1914 S. 76).

Zinsen aus Grundbesitz sind an sich bei der Beurteilung des Hauptberufs zu berücksichtigen. Sie können aber nur dann ausschlaggebend in Frage kommen, wenn sie so erheblich sind, daß sie für die gesellschaftliche Stellung des Bezugsberechtigten von maßgebender Bedeutung sind, so daß die nebenher betriebene gewinnbringende Beschäftigung nur den Charakter der Liebhaberei erhält (AVN. 1914 S. 257).

Zu Anmerkung 11: Siehe auch AVN. 1915 S. 18 (Vorstandsmitglieder von Aktien-Gesellschaften und Genossenschaften sowie Geschäftsführer von Gesellschaften mit beschränkter Haftung).

Zu Anmerkung 18: Siehe auch AVN. 1914 S. 53 (Probeentnehmer in einem städtischen Schlachthof), S. 57 (Hauswirt eines städtischen Verwaltungsgebäudes), S. 72 (Assistentin in einem Laboratorium für angewandte Chemie), S. 73 (Turnlehrer), S. 75 (Schwester an einer Kleinkinderschule), S. 87 (Klavierstimmer; Kolporteure; Stuhlmeister in Spinnereien und Webereien; Dentisten), S. 94 (Fleischbeschauer und Trichinenschauer), S. 100 (Betriebsschreiber in einer staatlichen Pulverfabrik), S. 105 (Kinderfräulein), S. 108 Spinnmeister), S. 129 (Maschinist eines Wasserwerkes), S. 131 (Schwester vom Roten Kreuz), S. 133 (Büroangestellter einer Hospitalverwaltung), S. 135 (Gutsverwalter), S. 141 (Zeichner), S. 144 (Registraturgehilfe), S. 145 (Bodenmeister einer Speicherei- und Speditionsgesellschaft), S. 147 (Vorwerkmeister in einer mechanischen Baumwollspinnerei), S. 211 (Büroangestellter eines Rechtsanwalts), S. 228 (Lohnschreiber auf einer Baustelle), S. 232 (Büroangestellter), S. 234 (Angestellter in einer staatlichen Pulverfabrik), S. 235 (Palier, Polier), S. 237 (Werkführer in einer Getreidemahlmühle), S. 238 (städtischer Bauaufseher), S. 240 (Angestellter einer Lebensversicherungsgesellschaft, der das Kartenarchiv zu führen hat), S. 255 (Hausverwalter eines städtischen Volksheims), S. 265 (Aushilfsrevisor in einer staatlichen Munitionsfabrik), S. 270 (Röntgenphotographin), S. 275 (Leser in einem Zeitungsausschnittbüro); 1915 S. 2 (Obergärtner in einer Baumschule), S. 3 (Vorarbeiter — Angestellter in gehobener Stellung?), S. 6 (Wirtschaftsdame in einer Klinik), S. 10 (Büroangestellter, dem die Führung des Briefjournals, der sogen. Registrande, obliegt), S. 11 (Gemeindediener und Nachtwächter), S. 20 (Archivbediensteter einer Lebensversicherungsunternehmung), S. 22 (Schriffetzer, der eine Abteilung leitet und Korrekturen liest), S. 26 (Schlachthofaufseher), S. 28 (Appreturmeister), S. 29 (Haushälterin), S. 37 (Arbeitsaufseher in Gefängnisanstalten), S. 39 (Büroangestellte einer Eisenbahnverwaltung), S. 40 (Zuschneider), S. 42 (Palier, Polier), S. 52 (Hilfsschreiber in einem städtischen Steuerbüro; Trichinenschauerin in einem städtischen Schlachthaus).

Zu Anmerkung 19: Zum Begriff des Handlungsgehilfen siehe AVN. 1915 S. 46, 47.

Zu Anmerkung 20: Siehe auch AVN. 1914 S. 50 (Kassenbote), S. 78 (Verkäuferinnen in offenen Ladengeschäften), S. 79 und 95 (Verkäuferin in einem Fleischerladen), S. 87 (weibliche Hilfskräfte bei Lotterieeinnehmern), S. 223 (kaufmännischer Angestellter), S. 272 (Verkäuferinnen in Bäckereien), S. 275 (Leser in einem Zeitungsausschnittbüro); 1915 S. 8 (Verkäufer in einer Mehlniederlage), S. 25 (Stenographin).

Zu Anmerkung 24: Siehe auch AVN. 1914 S. 57 (Privatlehrer, die Musikunterricht erteilen), S. 87 (Professoren, Privatdozenten und Assistenten an den Universitäten und technischen Hochschulen), S. 127 (Handarbeitslehrerin an einer öffentlichen Schule).

Zu Anmerkung 26: Der Jahresarbeitsverdienst im Sinne des § 1 Abs. 3 umfaßt nur den Entgelt für eine an sich nach dem Gesetz versicherungspflichtige Tätigkeit (AVN. 1914 S. 88).

Bei Beschäftigung eines Angestellten durch mehrere Arbeitgeber ist der Wert der Sachbezüge aus einer an sich versicherungspflichtigen, aber nach § 7 versicherungsfreien

Beschäftigung zu dem Einkommen aus der sonstigen versicherungspflichtigen Tätigkeit für die Bestimmung der Versicherungspflicht schlechthin hinzuzurechnen (AVN. 1914 S. 88).

Bei Schauspielern und sonstigen Angestellten, die ihren Gehalt nicht jährlich, sondern in kürzeren Zeiträumen erhalten, aber nur für einen Teil des Jahres Gehalt beziehen, gilt als Jahresarbeitsverdienst im Sinne des § 1 Abs. 3 die Summe der tatsächlich bezogenen Gehaltsraten. Dagegen ist für die Zugehörigkeit zu den einzelnen Gehaltsklassen der Jahresarbeitsverdienst nach § 17 Satz 1 zu berechnen. Ergibt sich hiernach ein Jahresarbeitsverdienst von mehr als 5000 Mark, so gehört der Angestellte zur Gehaltsklasse J (AVN. 1914 S. 88).

Zu Anmerkung 27: Ein zwischen dem Arbeitgeber und dem Angestellten bestehendes Verwandtschaftsverhältnis schließt die Angestellteneigenschaft und damit die Versicherungspflicht nicht aus (AVN. 1914 S. 227).

Gesellschafter einer offenen Handelsgesellschaft sind, auch wenn sie als Geschäftsführer der Gesellschaft einen besonderen Entgelt beziehen, nicht versicherungspflichtig (AVN. 1914 S. 87).

Wenn ein Angestellter, der der Versicherungspflicht unterliegt, mit rückwirkender Kraft als Teilhaber in eine Firma aufgenommen und dadurch versicherungsfrei wird, so gilt die Versicherungsfreiheit nicht rückwirkend, da die Reichsversicherungsanstalt in der Zwischenzeit das Risiko zu tragen hatte, sondern sie wirkt erst von dem Zeitpunkt an, an dem die Aufnahme als Teilhaber vertraglich vorgenommen worden ist. Der Zeitpunkt der Eintragung als Gesellschafter ist hierbei nicht maßgebend (AVN. 1914 S. 219).

Das Direktorium der Reichsversicherungsanstalt hält Personen, die eine an sich versicherungspflichtige Tätigkeit bisher nicht ausgeübt haben und auch nach Beendigung des Krieges voraussichtlich nicht ausüben werden, hinsichtlich einer nur für die Dauer des Kriegszustandes angenommenen, an sich versicherungspflichtigen Beschäftigung nicht für versicherungspflichtig im Sinne des Gesetzes (AVN. 1915 S. 2).

Über Haussöhne als stille Teilhaber siehe AVN. 1914 S. 126.

Zu Anmerkung 28: Es ist nicht der regelmäßige Jahresarbeitsverdienst maßgebend (anders nach der RVO.), sondern der Jahresarbeitsverdienst schlechthin. Bei festen Gehaltsbezügen eines Angestellten ist seine Versicherungspflicht stets nach seinen jeweiligen Bezügen zu beurteilen (AVN. 1914 S. 263).

Zu Anmerkung 29: Siehe auch AVN. 1914 S. 264.

Zu § 2.

Zu Anmerkung 1: Zum Entgelt gehören nur solche Bezüge. die dem Versicherten für geleistete Arbeit gewährt werden, Entschädigungen, die ein Versicherter erhält, weil er vertragsgemäß eine bestimmte Beschäftigung nicht ausübt, bilden daher keinen Entgelt und sind dem Jahresarbeitsverdienst nicht hinzuzurechnen.

Siehe auch das Merkblatt des Rentenausschusses Berlin über den Jahresarbeitsverdienst und seine Berechnung (AVN. 1915 S. 34). Es ist im Anhang abgedruckt.

Zu Anmerkung 2: Über den Anschlag von Dienstkleidung und Barbezügen für Dienstkleidung siehe AVN. 1914 S. 219.

Über den Fall, daß ein Angestellter durch mehrere Arbeitgeber beschäftigt wird und für eine dieser Beschäftigungen nur freien Unterhalt bekommt, siehe AVN. 1914 S. 88.

Zu Anmerkung 3: Wohnt ein Angestellter in einem anderen Orte als dem der gewerblichen Niederlassung des Arbeitgebers und werden ihm von dem Arbeitgeber die Kosten der Fahrt vom Wohnort nach der Arbeitsstelle gewährt, so sind sie als Teile des Jahresarbeitsverdienstes anzusehen (AVN. 1914 S. 81).

Gratifikationen, die vertraglich oder wenigstens gewohnheitsmäßig gewährt werden, sind dem Jahresarbeitsverdienst im ganzen, nicht dem Gehalt in dem Monat, in dem die Gratifikationen gezahlt werden, zuzurechnen, und zwar, soweit sie zahlenmäßig in bestimmter Höhe im voraus zugesichert sind, mit dem Betrage des laufenden Geschäftsjahres, andernfalls mit dem für das letzte Geschäftsjahr dem Angestellten zugeflossenen Betrage. Nach dem hiernach ermittelten Gesamteinkommen bestimmt sich die Gehaltsklasse (AVN. 1914 S. 219).

Der von Büroangestellten durch Anfertigung von Kanzleiarbeiten außerhalb der Dienststunden erzielte Verdienst ist als Teil ihres versicherungspflichtigen Jahresarbeitsverdienstes anzusehen und daher bei Feststellung ihrer Gehaltsklasse in Ansatz zu bringen (AVN. 1914 S. 95).

Zu § 9.

Zu Anmerkung 6: Siehe für Preußen die MinErlasse vom 6. Januar 1913 (LandwMinBl. S. 41), vom 11. und 25. Mai 1913 (HandelsMinBl. S. 404, 405), Abs. 2 bis 4 des MinErlasses vom 2. Juni 1913, Angestellte der Krankenkassen betreffend (HandelsMinBl. S. 442), vom 4. September 1913, die Berg und Hüttenverwaltung betreffend (HandelsMinBl. S. 602), vom 29. und 21. August 1913 (MinBl. der geistlichen und Unterrichtsangelegenheiten S. 751, 777) und vom 22. November 1913 (ebenda 1914 S. 215);

ferner für Mecklenburg-Schwerin die MinBek. vom 12. Februar und 26. Juni 1913, RegBl. S. 41, 159.

Zu Anmerkung 7: Siehe für Preußen die MinErlasse vom 19. August und 18. Oktober 1913 und 8. Juni 1914, ledige Lehrerinnen betreffend (MinBl. der geistlichen und Unterrichtsangelegenheiten 1913 S. 746, 836; 1914 S. 511), und vom 27. Dezember 1913, ledige Beamtinnen betreffend (ebenda 1914 S. 209).

Zu Anmerkung 15: Siehe für Preußen zum MinErlaß vom 13. September 1912 (MinBl. für innere Verwaltung S. 281) den Erlaß vom 24. Februar 1914 (ebenda 1914 S. 123);

für Braunschweig: MinBek. vom 18. November 1913, GVSammlung S. 353;

für Schwarzburg-Sondershausen: Ziff. I der MinV. vom 4. April 1914, GesSamml. S. 147.

Zu § 10.

Zu Anmerkung 7: Siehe für Preußen die MinErlasse vom 14. Januar und 23. Dezember 1913 und vom 8. Juni 1914, MinBl. der geistlichen und Unterrichtsangelegenheiten 1914 S. 266, 251, 511.

Zu § 11.

Zu Anmerkung 3: § 11 ist nicht anwendbar, wenn Ruhegeld usw. von einem Versicherungsträger der reichsgesetzlichen Arbeiterversicherung nicht auf Grund früherer Beschäftigung bei ihm, sondern auf Grund der Versicherung bei ihm gewährt wird (AVN. 1914 S. 117). Eine Knappschaftspension ist kein Bezug im Sinne des § 11 (AVN. 1914 S. 241).

Zu § 14.

Zu Anmerkung 6: Siehe für Preußen den MinErlaß vom 12. Januar 1914, HandelsMinBl. S. 26;

für Sachsen-Koburg die MinBek. vom 10. September 1913, RegBl. S. 377,

für Mecklenburg-Schwerin die MinBek. vom 22. September 1913, RegBl. S. 208.

Zu § 15.

Zu Anmerkung 3: Zur freiwilligen Fortsetzung der Versicherung genügt es nicht, wenn bloß eine versicherungspflichtige Beschäftigung ausgeübt oder nur ein Beitrag für einen Teil des Monats entrichtet wird, vielmehr ist es erforderlich, daß die Beiträge für mindestens 6 volle Monate tatsächlich entrichtet sind, soferne nicht die für die Berechtigung zur freiwilligen Versicherung noch fehlenden Zeiten durch Ersatztatsachen belegt sind. Auf volle Beitragsmonate verrechnete Konkursquoten gelten als volle Monatsbeiträge (AVN. 1914 S. 88).

Zu Anmerkung 4: Wer von der eigenen Beitragsleistung befreit ist, darf, wenn er die Versicherung gemäß § 15 freiwillig fortsetzen will, auch nur die halben Beiträge der gemäß § 18 in Betracht kommenden Gehaltsklasse entrichten (AVN. 1914 S. 88; siehe dagegen 1913 S. 129 und 1915 S. 59).

Zu § 17.

Zu Anmerkung 2: Über Provisionen und Spesen, die ihrem Betrage nach erst nach gewissen Zeitabschnitten festgestellt werden, siehe AVN. 1914 S. 88, über sogenannte Sustentationsgagen bei Orchestermitgliedern (während der Sommermonate) 1914 S. 94.

Der Anwendung der Berechnungsart des § 17 steht der Umstand, daß die Beiträge nach § 177 zu leisten sind, grundsätzlich nicht entgegen (AVN. 1914 S. 219).

Zu § 18.

Zu Anmerkung 3: Es sind die letzten 6 Beiträge, also nicht etwa die letzten Gehaltsklassen, zusammenzurechnen; hieraus ist das Mittel zu bilden (AVN. 1914 S. 219).

Zu § 19.

Zu Anmerkung 2: Die freiwillige Höherversicherung ist auch dann zulässig, wenn die Beiträge nach § 177 zu leisten sind. Der Angestellte kann dabei eine beliebig höhere Gehaltsklasse als diejenige wählen, die rechnerisch seinem Jahresarbeitsverdienst entsprechen würde, wenn die Beiträge nicht nach § 177 zu leisten wären (AVN. 1914 S. 219).

Zu Anmerkung 3: Der Eintritt in die freiwillige Höherversicherung kann dann nicht gestattet werden, wenn der Antrag nach vollendetem 25. Lebensjahr gestellt wird, und zwar gilt dies auch dann, wenn die Versicherungspflicht vorher streitig war (AVN. 1914 S. 88).

Zu § 25.

Zu Anmerkung 7: Ein nicht im vollen Besitz seiner körperlichen Kräfte befindlicher Angestellter, dessen Jahresarbeitsverdienst mehr als die Hälfte desjenigen von anderen Angestellten in der gleichen oder in einer ähnlichen Stellung beträgt und einen wirklichen Entgelt für seine geleistete versicherungspflichtige Tätigkeit, nicht etwa eine Unterstützung, darstellt, ist für berufsfähig erklärt worden (AVN. 1914 S. 142).

Ein sogenannter Evangelist kann trotz Erblindung berufsfähig sein (AVN. 1914 S. 226).

Ein Angestellter, der trotz seiner Krankheit in seinem Beruf 2400 Mark verdient, während er als Gesunder in der gleichen Stellung 3000 Mark verdienen würde, ist nicht berufsunfähig (AVN. 1915 S. 24).

Zu § 36.

Das Heilfürsorgebüro der Reichsversicherungsanstalt befindet sich seit November 1914 in Berlin-Wilmersdorf,

Lauenburgerstraße 16. Daselbst ist auch eine Auskunftsstelle eingerichtet.

Zu § 38.

Ganz oder überwiegend ist soviel wie mehr als zur Hälfte (ABN. 1914 S. 269).

Unter dem zuletzt gezahlten Monatsbeitrag ist der letzte zu verstehen, der vor Einleitung des Heilverfahrens gezahlt wurde. Ist durch Zahlung des Beitrages nach § 177 für jenen Monat mehr gezahlt als der Beitrag der Gehaltsklasse J, so ist nur dieser Betrag zugrunde zu legen (ABN. 1914 S. 267).

Zu § 41.

Zu Anmerkung 4: Streitigkeiten über Gewährung des Hausgeldes entscheidet in erster Instanz der Rentenausschuß, in 2. und letzter Instanz das Schiedsgericht; der Wortlaut des § 41 steht nur scheinbar entgegen (ABN. 1914 S. 267).

Zu § 44.

Zu Anmerkung 6: Siehe die Kaiserliche Verordnung vom 4. April 1915, betreffend das Inkrafttreten des Gesetzes über den Unterstützungswohnsitz vom 30. Mai 1908 im Königreich Bayern, RGBl. S. 221.

Zu § 51.

Zu Anmerkung 5: Unter Ziff. 1 fallen auch freiwillige Übungen (ABN. 1914 S. 219).

Zu Anmerkung 6: Siehe die Bekanntmachung des Reichskanzlers vom 18. März 1915, Kriegsdienste in Österreich-Ungarn betr., RGBl. S. 181.

Zu Anmerkung 7: Siehe für Oldenburg die MinBek. vom 25. März 1913, GesBl. S. 504.

Zu Anmerkung 8: Siehe für Preußen die MinErlasse vom 21. Juni 1913 (HandelsMinBl. S. 470), vom 23. Januar 1914 (HandelsMinBl. S. 54) und vom 10. Juli 1914 (LandwMinBl. S. 275);

für Sachsen-Koburg-Gotha: MinBek. vom 20. März 1913, RegBl. S. 139;

für Sachsen-Altenburg (zur Verordnung vom

24. Dezember 1912): Verordnung vom 16. April 1913, GesSamml. S. 93;

für Anhalt: MinVO. vom 8. April 1913, GesSamml. S. 187;

für Braunschweig: MinBek. vom 9. Juni 1913, G. u. VSamml. S. 221;

für Schwarzburg-Rudolstadt: MinV. vom 3. März 1914, GesSamml. S. 24;

für Schwarzburg-Sondershausen: Ziff. II der MinV. vom 4. April 1914, GesSamml. S. 147.

Als anrechnungsfähige Zeit im Sinne der Ziffer 4 ist die Zeit bis zur Exmatrikulation anzusehen. Hierzu gehören auch Universitätsferien, die zwischen den Universitätssemestern liegen, vorausgesetzt, daß nicht in diesen Ferien tatsächlich wieder eine versicherungspflichtige Tätigkeit ausgeübt worden ist (AVN. 1915 S. 18).

Zu § 54.

Siehe für Preußen den MinErlaß vom 5. August 1913, HandelsMinBl. S. 542;

für Sachsen-Koburg-Gotha: MinBek. vom 9. Juni 1913, RegBl. S. 264;

für Braunschweig: MinBek. vom 14. April 1913, G. u. VSamml. S. 147;

für Schwarzburg-Rudolstadt: MinV. vom 22. Mai 1913, GesSamml. S. 199;

für Schwarzburg-Sondershausen: MinV. vom 10. April 1913, GesSamml. S. 81;

für Reuß ältere Linie: Verordnung vom 2. Oktober 1913, GesSamml. S. 85;

für Bremen: Verordnung vom 21. Mai 1913, GesBl. S. 136.

Zu § 63.

Wegen der Tarife siehe die Bekanntmachung des Direktoriums der Reichsversicherungsanstalt vom 22. Oktober 1914, mit Erläuterungen und Tabellen (AVN. 1914 S. 248).

Zu § 81.

Zu Anmerkung 2: Siehe die Kaiserliche Verordnung vom 4. April 1915, RGBl. S. 221.

Zu § 89.

Zu Anmerkung 4: Siehe für Mecklenburg-Schwerin die Verordnung vom 17. Januar 1913, RegBl. S. 27.

Zu § 157.

Gegen Beschlüsse des Schiedsgerichts, die in der Beschwerdeinstanz ergangen sind, ist — abweichend von §§ 1797 ff. der RVO. — eine weitere Beschwerde an das Oberschiedsgericht nicht zulässig (ABN. 1914 S. 123).

Zu § 170.

Zu Anmerkung 2: Über die Frage, wer Arbeitgeber eines Variété-Ensembles ist, siehe ABN. 1914 S. 136.

Zu Anmerkung 9: Die Vorschrift des Abs. 3 setzt ein Ruhegeld voraus, das auf Grund dieses Gesetzes gewährt wird, das also, soweit es nicht von der Reichsversicherungsanstalt selbst gezahlt wird, auf einem reichsgesetzlichen Anspruch im Sinne des § 380 beruht. Eine Pension, die von einem als Ersatzkasse zugelassenen Institut auf Grund seiner Satzung gewährt wird, ohne daß — mangels Erfüllung der Wartezeit — ein Anspruch auf Grund des Gesetzes gegeben wäre, macht deshalb den Angestellten nicht ohne weiteres beitragsfrei (ABN. 1914 S. 117).

Zu § 176.

Siehe für Preußen die MinErlasse vom 4. Januar 1913, Beitragsanteile des Staats für Fleischbeschauer betreffend, (LandwMinBl. S. 27), und vom 28. Oktober 1913, Beitragsanteile des Staates für Standesbeamte betreffend (MinBl. für innere Verw. S. 214).

Zu § 177.

Zu Anmerkung 8: Ist es nicht mehr möglich, Überschüsse über den Beitrag der höchsten Gehaltsklasse für spätere Monate gutzuschreiben, weil der Versicherungsfall eintritt, so sind die Überschüsse an den Versicherten zurückzuzahlen; das Guthaben wird jedoch nicht verzinst (ABN. 1915 S. 2).

Zu § 178.

Siehe das Merkblatt des Rentenausschusses Berlin über den Abzug der Beitragshälfte vom Gehalt (ABN. 1915 S. 38); es ist im Anhang abgedruckt.

Siehe ferner das Merkblatt des Rentenausschusses über die Beitragsentrichtung während des Krieges, AVN. 1915 S. 49.

Zu § 179.

Dem Arbeitgeber liegt es ob, rechtzeitig entweder die Beiträge einzuzahlen oder doch die zweckdienlichen Schritte zur Feststellung der Beitragspflicht — Auskunftsverfahren gemäß § 122 Ziff. 4, Streitverfahren gemäß § 210 — zu unternehmen. Andernfalls liegt ein Verschulden im Sinne des § 179 vor. Eine Pflicht des Angestellten, den Arbeitgeber auf die Entrichtung der Beiträge für ihn oder auf die Möglichkeit des Abzuges der Beitragshälfte vom Gehalt aufmerksam zu machen, besteht nicht (AVN. 1915 S. 13).

Zu § 181.

Zu Anmerkung 8: Die neueste Fassung des Merkblattes findet sich in AVN. 1914 S. 215; diese ist im Anhang abgedruckt.

Zu § 187.

Zu Anmerkung 4: Siehe die Bekanntmachung des Direktoriums der Reichsversicherungsanstalt vom 16. Juni 1914, betreffend weitere Erleichterungen der Beitragsentrichtung für Angestellte, die während des Monats von mehreren Arbeitgebern beschäftigt werden (AVN. 1914 S. 206), dazu das Merkblatt der Reichsversicherungsanstalt (ebenda S. 208); es ist im Anhang abgedruckt.

Zu § 194.

Siehe für Mecklenburg-Schwerin die Neufassung der Anweisung für die Ausgabestellen vom 4. August 1913, RegBl. S. 187; ferner

für Bremen zu § 3 der Verordnung vom 19. Juli 1912: Verordnung vom 21. Mai 1913, GesBl. S. 136.

Zu § 210.

Zu Anmerkung 7: Die Nichtbeachtung der Vorschrift des Absatzes 2 bewirkt nicht, daß gegen eine an sich nicht weiter anfechtbare Entscheidung ein Rechtsmittel zulässig wird (AVN. 1914 S. 123).

Zu § 320.

Zu Anmerkung 2: Siehe für Preußen auch die MinErlasse vom 31. März 1913, HandelsMinBl. S. 255, vom 2. Juni 1913 (Abs. 1), HandelsMinBl. S. 442, und vom 7. Oktober 1913, MinBl. der geistlichen und Unterrichtsangelegenheiten S. 818. Auch sie betreffen den Vollzug des § 9 Abs. 3.

Zu § 321.

Siehe für Bremen (zur Verordnung vom 19. Juli 1912): Verordnung vom 21. Mai 1913, GesBl. S. 136.

Zu § 366.

Zu Anmerkung 5: Die Verpflichtung zur Gewährung eines Zuschusses gemäß § 366 setzt voraus, daß ein Versicherungsfall der im Gesetz bezeichneten Art vorliegt. Ein solcher liegt bei Berufsunfähigkeit nur dann vor, wenn die Voraussetzungen des § 25 erfüllt sind (AVN. 1915 S. 18).

Zu § 369.

Wegen Genehmigung der Satzungsänderungen siehe für Preußen den MinErlaß vom 3. Mai 1913, HandelsMinBl. S. 404.

Zu § 371.

Zu Anmerkung 2: Siehe für Bremen (zur Verordnung vom 19. Juli 1912) die Verordnung vom 21. Mai 1913, GesBl. S. 136.

Zu § 390.

Zu Anmerkung 3, letzter Absatz: Ein Anspruch auf Befreiung von der eigenen Beitragsleistung besteht nicht, wenn eine vor dem 5. Dezember 1911 durch Kündigung der Versicherungsgesellschaft erloschene Versicherung nach diesem Zeitpunkt durch eine neue Vereinbarung wieder in Kraft gesetzt worden ist (AVN. 1915 S. 37).

Der Anspruch ist ferner nicht begründet, wenn eine vor dem 5. Dezember 1911 abgeschlossene und nach diesem Zeitpunkt prämienfrei gewordene Versicherung vor dem 1. Januar 1913 infolge eines neuen Vertrags dadurch aufgehoben wird, daß die herabgesetzte Versicherungssumme der alten Versicherung gegen den Prämienanspruch der Versicherungsgesellschaft aus der neuen Versicherung aufgerechnet worden ist (AVN. 1915 S. 38).

Zu Anmerkung 4: Der Abschluß eines Versicherungsvertrags mit einer ausländischen privaten Lebensversicherung, die nach dem älteren Rechte zum Geschäftsbetriebe im Inland zugelassen war, aber seit dem Inkrafttreten des Gesetzes über die privaten Versicherungsunternehmungen vom 12. Mai 1901 neue Versicherungsverträge im Deutschen Reich nicht mehr abschließt und deshalb vom Kaiserlichen Aufsichtsamt für Privatversicherung nicht beaufsichtigt wird (§ 104 jenes Gesetzes), gewährt keinen Anspruch auf Befreiung von der Beitragsleistung zur Angestelltenversicherung (AVN. 1915 S. 19).

Hat ein Angestellter einen Vertrag mit einer ausländischen, am 5. Dezember 1911 im Inland zum Geschäftsbetriebe nicht zugelassenen Lebensversicherungsgesellschaft abgeschlossen, so steht ihm ein Anspruch auf Befreiung von der eigenen Beitragsleistung auch dann nicht zu, wenn sich die Gesellschaft nachträglich mit einer der deutschen Aufsicht unterstellten, anderen Gesellschaft vereinigt (AVN. 1915 S. 54).

Zu Anmerkung 8 Abs. 5: Ein Angestellter, der nach § 390 von der eigenen Beitragsleistung befreit ist, hat, solange die Befreiung dauert, keine Berechtigung, freiwillige Beiträge zu entrichten (AVN. 1915 S. 59).

Zu § 391.

Zu Anmerkung 2: Ein Antrag auf Befreiung von der eigenen Beitragsleistung kann, falls er nicht in der ersten Aufnahmekarte gestellt ist, nur innerhalb einer angemessenen Frist nachgeholt werden (AVN. 1915 S. 56).

Zu § 394.

Zu Anmerkung 6: Es ist zulässig, die freiwillige Versicherung gemäß § 394 nach Beendigung einer versicherungspflichtigen Tätigkeit wieder aufzunehmen. Eines erneuten Antrags bedarf es nicht (AVN. 1915 S. 37).

Zu § 397.

Zu Anmerkung 2: Die Befreiung von der Versicherungspflicht gemäß § 397 setzt voraus, daß der Angestellte versucht hat, die Abkürzung der Wartezeit gemäß § 395 zu erlangen, oder daß ihm die Abkürzung der Wartezeit unmöglich ist. Über den Antrag auf Befreiung gemäß § 397 hat die Reichsversicherungsanstalt zu befinden (AVN. 1915 S. 15; siehe auch S. 2).

Alphabetisches Sachregister.

(Die Zahlen bedeuten die Seiten.)

D.

E.

F.

J.

K.

S.

W.